LEXIKON
DER
BUCHKUNST
UND DER BIBLIOPHILIE

Lexikon der Buchkunst
und der Bibliophilie

Herausgegeben
von Karl Klaus Walther

Lexikon der Buchkunst und Bibliophilie

Genehmigte Lizenzausgabe für
Nikol Verlagsgesellschaft mbH & Co. KG
Hamburg 2006

© by K. G. Saur Verlag GmbH & Co. KG
München

Alle Rechte, auch das der fotomechanischen Wiedergabe
(einschließlich Fotokopie) oder der Speicherung auf elektronischen
Systemen, vorbehalten.
All rights reserved.

Einbandgestaltung:
Thomas Jarzina, Köln
Printed in the Czech Republic

ISBN 13: 978-3-937872-27-8
ISBN 10: 3-937872-27-2

www.nikol-verlag.de

INHALT

Autoren   6
Vorwort des Herausgebers   7
Benutzungshinweise   8
Stichwörterverzeichnis   9
Anhang
Literaturverzeichnis   367
Bildnachweis   368
Register   369

AUTOREN

A. K.	Prof. Dr. Albert Kapr, Leipzig	K. M.	Dr. Konrad Marwinski, Weimar
F. M.	Dr. Felicitas Marwinski, Weimar	K. R.	Dr. sc. Karin Rührdanz, Halle (Saale)
H. M.	Dr. Helga Möbius, Berlin	K. K. W.	Dr. Karl Klaus Walther, Halle (Saale)
H. N.	Dr. phil. habil. Helga Neumann, Halle (Saale)	P. T.	Paul Thiel, Berlin
		R. R.	Reimar Riese, Leipzig
H. P.	Hartmut Pätzke, Berlin	S. N.	Siegmar Nahser, Berlin
H. S.	Dr. Hermann Simon, Berlin	U. W.	Dr. Ute Willer, Halle (Saale)
H. W.	Heinz Wegehaupt, Berlin	W. R.	Dr. Wolfgang Reich, Dresden
K. K.	Kurt Kümmel, Berlin	W. Sch.	Dr. Wolfgang Schlieder, Leipzig

Die fotografischen Aufnahmen wurden – von wenigen Ausnahmen abgesehen – von Fred Schindler, Leipzig, eigens für diesen Band hergestellt.

VORWORT DES HERAUSGEBERS

Die Anregung zu diesem Lexikon verdankt der Herausgeber seinem ehemaligen Lehrer, dem langjährigen Generaldirektor der Deutschen Staatsbibliothek und Vorsitzenden der Pirckheimer-Gesellschaft, Professor Dr. Dr. h. c. Horst Kunze. Es war das Bestreben, ein Nachschlagewerk für alle diejenigen zu schaffen, die sich beruflich oder aus Neigung oder aus beidem mit dem Buch, vor allem dem künstlerisch gestalteten, beschäftigen.

Trotz einer umfangreichen internationalen buchwissenschaftlichen Arbeit mit langen Traditionen hat die Arbeit am Lexikon gezeigt, daß die Erforschung einzelner Teilgebiete noch immer Lücken aufweist – vielleicht bietet die Lektüre des Lexikons Anregung, sich dem einen oder anderen Gebiet intensiver zuzuwenden und neue Wege in der Erforschung des literarischen Erbes einzuschlagen.

Der Herausgeber dankt allen Autoren, die durch ihre Mitarbeit, ihre Anregungen und ihr Engagement zur Vollendung des Werkes beigetragen haben. Zu danken ist auch den Gutachtern für weiterführende Hinweise, dem Verlag für die die Arbeit begleitenden Erörterungen und die Abwicklung technischer und organisatorischer Prozesse. Last, but not least sei an dieser Stelle auch allen Bibliotheken, Museen und anderen Institutionen gedankt, die durch die Erlaubnis zur Reproduktion aus ihren sorgsam gehüteten Beständen das Unternehmen unterstützten. *Karl Klaus Walther*

BENUTZUNGSHINWEISE

Das Lexikon besteht aus einem alphabetisch geordneten Stichwortteil, etwa 180 farbigen und 220 schwarzweißen Abbildungen, einem Register der Sachbegriffe, der Künstler und Drucker sowie einem Quellenverzeichnis.

Wo es angebracht erschien, wurde dem Stichwort die Etymologie hinzugefügt. Schriftzeichen aus nichtlateinischen Alphabeten werden transliteriert wiedergegeben. Dabei wurden zusätzlich folgende diakritische Zeichen verwendet: ˉ für lange Vokale, ˘ für offene Vokale, › für die Silbentrennung, . im Arabischen für Konsonanten, die mit besonderem Nachdruck zu sprechen sind.

Der Name des Autors steht abgekürzt am Ende des Stichworts. Die vollständigen Namensformen sind im Autorenverzeichnis v o r diesen Benutzungshinweisen zu finden. Im Anschluß an jedes Stichwort wird – in Auswahl – Literatur zum dargestellten Thema geboten. Einige Monographien übergreifenden Charakters sowie wichtige Bibliographien und Zeitschriften sind gesondert im Literaturverzeichnis n a c h diesen Benutzungshinweisen aufgeführt.

Die Abbildungen dienen der Illustration der Texte, besitzen aber auch hohen eigenständigen Wert. Die Größen der Vorlagen sind in cm in der für die polygraphische Industrie allgemein verwendeten Form Breite × Höhe angegeben. Wenn nicht anders vermerkt, beziehen sich die in den Bildlegenden genannten Maße jeweils auf das Seitenformat des Originals. Die Ziffern in der Marginalienspalte neben dem Text bedeuten Seitenzahlen von Abbildungen, die die im Text an dieser Stelle gemachten Aussagen illustrieren. Es handelt sich dabei nur um Abbildungen, die bei anderen Stichwörtern stehen.

Das kombinierte Sach- und Namenregister enthält die Stichwörter sowie alle Begriffe, zu denen im Text hinreichende Informationen gegeben sind. Die im Text genannten Drucker und Künstler erscheinen im Register mit ausgeschriebenen Vornamen und Lebensdaten. Seitenzahlen, die sich auf Sachbegriffe und Namen beziehen, sind geradstehend gedruckt, die, die auf Abbildungen hinweisen, dagegen kursiv.

Verweisungen auf andere Artikel sind durch ↗ gekennzeichnet.

Abzug
Abzug bezeichnet das für Korrekturzwecke hergestellte Exemplar eines Buches oder einer Illustration vor Beginn des eigentlichen Druckes. K.K.W.

Akzidenzdruck
(lat. accidens = das Zufällige, Hinzukommende, Veränderliche). Sammelbegriff für alle Druckarbeiten, die nicht zum Zeitungs-, Zeitschriften- oder Werkdruck gehören, also Gelegenheitsdrucksachen für den Industrie-, Geschäfts- oder Privatbedarf sind wie Rechnungen, Formulare, Briefbogen, Programme, Werbeprospekte, Etiketten, Annoncen, Urkunden und Familienanzeigen. Die zu diesem Zweck gestalteten Akzidenz- oder Zierschriften können auch für den Satz von Buchtitelblättern verwendet werden (↗ Titelei). Akzidenzdrucke werden meist im ↗ Handsatz hergestellt und stellen in der Gestaltung der Typographie hohe Anforderungen an den Setzer. In den ästhetischen Normen folgen sie dem Zeitgeschmack. In der Frühzeit des Buchdrucks waren die Werkstätten nur mit der Herstellung von Büchern und Einblattdrucken beschäftigt, doch bot sich ihnen bald in den Akzidenzen, die schnell zwischendurch erledigt wurden, eine lohnende Einnahmequelle. Sie führte zur Herausbildung eines eigenen Geschäftszweiges, dem der Akzidenzdruckereien. Heute haben sich die meisten Drucke-

Prospekt des Weimarer Bauhauses von László Moholy-Nagy, 1923

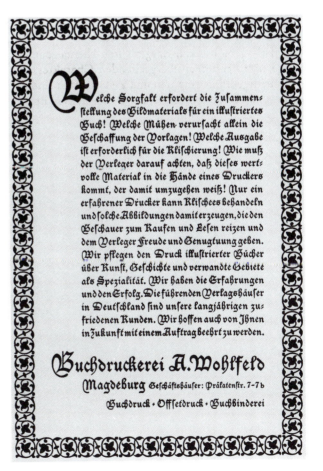

(Werbe-) Anzeige der Buchdruckerei A. Wohlfeld, Magdeburg. Aus: J. Rodenberg, Deutsche Pressen. Wien, 1925. 12,5 × 18,7 cm

reien auf bestimmte Einzelgebiete der Akzidenztypographie spezialisiert. Durch die um 1900 einsetzende ↗ Buchkunstbewegung erhielt auch der Akzidenzdruck neue Impulse (Steglitzer Werkstatt unter F. H. Ehmcke, F. W. Kleukens und G. Belwe; später die Ernst-Ludwig-Presse). K. M.

Lit.: Telingater, S. B.; Kaplan, L. E.: Iskusstvo akcidentnogo nabora. – Moskva, 1964. // Korger, H.: Schrift und Schreiben. – 2. Aufl. – Leipzig, 1975. // Kapr, A.: Schriftkunst. – 3. Aufl. – Dresden, 1982. // Kapr, A.; Schiller, W.: Gestalt und Funktion der Typographie. – 2. Aufl. – Leipzig, 1982.

Aldinen
Bezeichnung für die von dem italienischen Humanisten Aldus Manutius (1449–1515) seit 1495 und seiner Nachfolger bis 1585 in Venedig hergestellten Drucke, die unter Mitarbeit namhafter Gelehrter entstanden. Zu ihnen zählen die sorgfältig edierten griechischen und lateinischen Klassikerausgaben (Aristoteles, 1495/98; Vergil, 1501), Wörterbücher, Grammatiken sowie zeitgenössische Humanistenliteratur. Der 1499 gedruckte allegorische Roman »Hypnerotomachia Poliphili« des Francesco Colonna gilt wegen seiner hervorragenden typographischen und buchkünstlerischen Gestaltung (Umrißholzschnitte) als einer der schönsten Inkunabeldrucke seiner Zeit. Die dort verwendete ↗ Antiqua ist der Ausgangspunkt aller neueren Antiquaformen. Seit 1501 brachte Manutius kleinformatige, handliche und zugleich preisgünstige Bücher in guter Qualität und in hohen Auflagen (1000 Exemplare statt wie bisher 100 bis 500) auf den Markt, die in einer von dem Bologneser Kalligraphen und Stempelschneider Francesco Griffo geschnittenen, rechtsschräggeneigten und raumsparenden Kursive gedruckt waren. Als ↗ Druckermarke benutzte Manutius seit 1502 den Anker mit dem Delphin. Einen Teil seiner Bücher ließ er, so wie es heute üblich ist, bereits vor dem Verkauf binden. Statt der bis dahin üblichen Holzdeckel verwendete er Pappdeckel, so daß ein leichter (meist Maroquin-) Ledereinband, der in Bindetechnik und De-

Einband zu Euripides, Tragoediae ... (griech.) Teil 1. Venedig, 1503. Deutsche Staatsbibliothek, Berlin; Ebd. 63. 10,5 × 17 cm

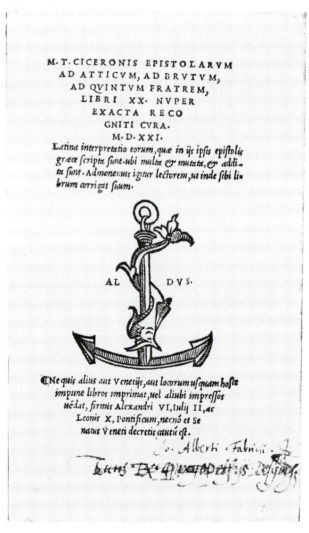

Titelblatt mit Druckermarke des Aldus Manutius zu Ciceronis Epistolarum ad Atticum ... Libri XX. Venedig, 1521. 7,5 × 13,5 cm

Historischer Calender für Damen für das Jahr 1793. Leipzig, Göschen. 6 × 10,5 cm

kor orientalisch beeinflußt war, für seine Drucke charakteristisch ist. Manutius gebührt das Verdienst, die Buchform weiterentwickelt und bereichert zu haben. Er vertrieb seine Drucke in ganz Europa und gab bereits Verlagskataloge mit Preisangaben heraus. Vor allem bei den Humanisten erfreuten sich diese kleinformatigen Aldinen großer Beliebtheit (insgesamt 1049 Drucke). Wegen ihrer hohen buchkünstlerischen Qualität gehören sie zu den bevorzugten bibliophilen Sammelobjekten. K.M.

Lit.: Renouard, A. A.: Annales de l'Imprimerie des Alde. – 3. impr. – Paris, 1834. (Nachdr. Bologna, 1953.) // Omont, H.: Catalogue des livres grecs et latins imprimés par Alde Manuce à Venise. – Paris, 1892. // Bräuninger, F.: Verlegereinbände bei Aldus. – In: Jahrbuch der Einbandkunst. – Leipzig 3/4 (1929/30). – S. 54 – 60. // Fock, G.: Bibliotheca Aldina. – Leipzig, 1930. // Donati, L.: Bibliografia Aldina. – In: Scritti sopra Aldo Manuzio. – Firenze, 1955. – S. 68 – 92. // Lazurskij, V. V.: Al'd i al'diny. – Moskva, 1977. // Lowry, M.: The world of Aldus Manutius. – Oxford, 1979.

Almanach
ursprünglich Bezeichnung für ↗ Kalender mit astronomischen und astrologischen Tafeln. Aus diesen, seit dem 16. Jh. periodisch erscheinenden Veröffentlichungen entwickelte sich im letzten Drittel des 18. Jh. in den Almanachen und Taschenbüchern (beide Begriffe werden oft synonym gebraucht) ein neuer Publikationstyp, der in Format (anfangs Sedez, später Duodez [↗ Format]), Ausstattung, Inhalt und Zweckbestimmung ganz auf das neue bürgerliche Lesepublikum abgestimmt war. Im Laufe der Zeit verlor das Kalendarium, das zunächst beibehalten worden war, an Bedeutung und wurde schließlich aus den Bändchen ganz verdrängt. Ab November eines jeden Jahres erwartete das Publikum mit Spannung und Interesse die neuen Almanache, die zur Kategorie der Geschenkartikel (besonders für Damen) gehörten, denn ihre Lektüre versprach schon wegen des hohen Neuigkeitsgehaltes Belehrung, Unterhaltung und Abwechslung. Im frühen 19. Jh. kann man sogar von einer »Almanach-Mode« sprechen, die »Duodez-Literatur« war in Buchhandlungen, Leihbibliotheken und privaten Büchersammlungen weit verbreitet.

Die Ausstattung der Almanache wurde differenzierten Käuferwünschen gerecht. In der Mehrzahl handelte es sich um schlichte Pappbändchen, doch finden sich unter den Einbänden auch solche, die mit Kupferstichen oder Lithographien geschmückt sind. Sie nehmen in allegorischer Form auf den Inhalt des Almanachs Bezug und können als Vorläufer des Verlegereinbandes angesehen werden. Wertvollere Ausgaben wurden auf Velin-Papier gedruckt, mit Gold- oder Silberschnitt verziert und in marmoriertes Pergament (mit Goldprägung) oder Seide (einfarbig, bemalt oder bestickt) gebunden und in Schubern aufbewahrt.

Die Almanache folgten in ihrem Aufbau einem festen Schema: ein Kupfertitel mit einer dem Titelblatt gegenüberliegenden bildlichen Darstellung (Fronti-

Gothaischer Hofkalender zum Nutzen und Vergnügen auf das Jahr 1804. Leipziger Moden. Kupferstich von G. Boettger sen. Gotha, Ettinger. 6,1 × 10,4 cm

spiz) oder ein gesetzter Titel mit Titelvignette und Titelkupfer leiteten den Almanach ein. Die Motive ergaben sich auch hier aus dem Inhalt, beliebt waren Allegorien, die für den Leser ausführlich gedeutet wurden, und Porträts von Autoren und prominenten Persönlichkeiten. Dem Kalendarium wurden in der Regel Folgen von 6 oder 12 Kupfern beigegeben, die entweder einen Handlungsablauf illustrierten oder aber völlig selbständig existierten. Außerdem wurden sachbezogene bildliche Darstellungen in den Text eingestreut.

Im illustrierten Almanach entwickelte sich eine von Format und Zweckbestimmung abhängige Form der Buchillustration, deren Traditionen tief im 16. Jh. verwurzelt waren und die zu einer beachtlichen Höhe des original illustrierten Buches für ein breites Publikum führte. Es entstand eine vom Kupferstich und von der Radierung getragene druckgraphische Kleinkunst mit hohen Auflagen. Zwischen 1830 und 1840 setzte sich in Almanach-Reihen wie »Aurora«, »Rheinblüten«, »Cornelia« der Stahlstich durch.

Der erste Almanach mit künstlerischem Schmuck erschien 1770. Es war der Berliner »Genealogische Kalender«, der Radierungen von Daniel Chodowiecki (1726–1801) zu Lessings Schauspiel »Minna von Barnhelm« enthielt. Chodowiecki schuf Hunderte von Blättern für Almanache, er hat den bürgerlichen Alltag für die deutsche Kunst erschlossen. Ähnlich produktiv war der Hannoversche Hofmaler Johann Heinrich Ramberg (1763–1840), der für fast 30 Taschenbücher tätig war. Als weitere Künstler sind Johann Wilhelm Meil (1733–1805), Daniel Berger (1744–1824), Johann Georg Penzel (1754–1809), Wilhelm Jury (1763–1829), Ernst Ludwig Riepenhausen (1765–1840) und Franz Ludwig Catel (1778–1856) zu nennen.

Je nach ihrer Zweckbestimmung gab es historisch-genealogische, literarische (»Musenalmanache«) und fachlich orientierte Almanache, aber auch Almanache für bestimmte Altersgruppen (Kinder, Jugendliche), für Geselligkeit und Freundeskreise und, in großer Zahl, für das »schöne Geschlecht«. Der »Gothaische Hofkalender zum Nutzen und Vergnügen«, der sich zu einem Nachschlagewerk über die Adelsgeschlechter entwickelte, wurde 1763 gegründet und brachte es bis zum Ende seines Erscheinens 1942 auf nahezu 700 Bände.

Die Form des Musenalmanachs oder der »Poetischen Blumenlese« wurde aus Frankreich übernommen, wo 1765 bei Delalain in Paris der erste Jahrgang des »Almanac(h) des Muses« in der Absicht erschien, zeitgenössischen französischen Dichtern zu größerer Anerkennung zu verhelfen. Der Göttinger »Musenalmanach« (1770–1804) wurde anfangs von Boie und Gotter und später nacheinander von Voß, Goeckingk, Bürger und Reinhard herausgegeben, er war zeitweise das Organ des »Göttinger Hainbundes«. Vom Göttinger spaltete sich der Hamburgische »Musenalmanach« (1776 bis 1800) ab, ihnen folgten der Berliner, Leipziger, Wiener und andere. Um Schillers »Musenalmanach«

(1796–1800), einem der bedeutendsten Almanach-Unternehmen, versammelte sich ein illustrer Dichterkreis: Goethe, Herder, Hölderlin, Kosegarten, Langbein, Matthisson, Neuffer, Pfeffel, die Gebrüder Schlegel u. a. Der Jahrgang 1797 ging als »Xenien-Almanach«, und der für 1798 als »Balladen-Almanach« in die Literaturgeschichte ein. Schiller wählte erstmals eine Ausstattung im klassizistischen Stil (Antiquatypen, Sedezformat), die Umschläge für 1797 und 1798 wurden nach Entwürfen von Goethe gestochen.

Um die Wende zum 19. Jh. veränderte sich der Publikumsgeschmack. Das literarische Taschenbuch erschien auf dem Büchermarkt. Es enthielt neben Gedichten auch historische Erzählungen, Novellen und Reisebeschreibungen, belehrende und unterhaltende Artikel über häusliche und gesellschaftliche Zustände, über Moden, Erfindungen und literarische Neuerscheinungen. In den literarischen Almanachen veröffentlichten die Autoren ihre neuesten, bis dahin noch ungedruckten Werke, die vom Lesepublikum kritisch rezipiert und diskutiert wurden. Titel wie »Rosen«, »Lilien«, »Vergißmeinnicht«, »Aglaja« und »Penelope« deuten an, daß im weiblichen Lesepublikum eine wichtige Zielgruppe angesprochen wurde. Das »Taschenbuch für Damen« (1798 ff.) zählte zu seinen Mitarbeitern Schiller, Goethe, Jean Paul und L. F. und T. Huber. Der in Leipzig bei Göschen von 1790 bis 1793 veröffentlichte »Historische Calender für Damen« brachte Schillers »Geschichte des 30jährigen Krieges« in Fortsetzungen. Als eine Art Ergänzung zum »Journal des Luxus und der Moden« gaben der Weimarer Verleger Bertuch und der Hofmaler Georg Melchior Kraus von 1787 bis 1789 die »Pandora« in einer Auflage von 6000 Exemplaren heraus.

Aktualität, Periodizität und Kontinuität im Erscheinen schufen ein besonders enges Verhältnis zwischen Verleger, Herausgeber und Autoren einerseits und Käufern und Lesern andererseits. Unter dem Motto »Für jeden etwas« befriedigten die Almanache ein breites Interessenspektrum. Die um einzelne Almanach-Unternehmen sich gruppierenden Dichter- und Freundeskreise betrieben aktive Literaturpolitik. Das »Taschenbuch zum geselligen Vergnügen« (1791 ff.) wandelte sich von einem Unterhaltungs-Almanach im Laufe der Jahre zu einem belletristischen Taschenbuch, es wurde von W. G. Becker und, ab 1815, von F. Kind betreut, pro Jahrgang wirkten durchschnittlich 30 Schriftsteller mit. Das von 1811–1839 von dem Weimarer Literaten S. Schütze redigierte »Taschenbuch, der Liebe und Freundschaft gewidmet« verfolgte ähnliche Ziele. Almanache dienten aber auch der bürgerlichen Freizeitgestaltung, indem sie Rätsel, Lieder, Tänze und Spiele anboten. Kotzebues »Almanach dramatischer Spiele zur geselligen Unterhaltung auf dem Lande« mit Szenenkupfern und Figurinen erschien 32 Jahre hindurch (1803 ff.).

Die fachlich orientierten Almanache und Taschenbücher informierten über die neuesten Erfindungen und Entdeckungen, das Fachwissen wurde in gefälliger Form dargeboten und durch Illustrationen veranschaulicht. Es gab Almanache für nahezu alle Berufsgruppen und Interessen. Auf vielen Gebieten wurden die Almanache und Taschenbücher zum Vorläufer des Fachbuchs und der Fachzeitschrift, außerdem erprobten sie bereits bestimmte Verfahrensweisen des populärwissenschaftlichen Buches.

Als »spätromantische Taschenbücher« erlebten die Almanache einen letzten Aufschwung, für die Biedermeierzeit wurden 300 belletristische Almanach-Unternehmen mit über 1800 Titeln ermittelt. Nach 1848 verschwinden die Almanache vom Büchermarkt, in den sechziger Jahren dann stellen die letzten Reihen mangels Publikumsinteresse ihr Erscheinen ein. Ein Teil der Mitarbeiter wandte sich, wiederum mit unterhaltender und erzieherisch-bildender Tendenz, dem Volkskalender zu, andere schrieben für Zeitungen und Journale, in den neu entstehenden Familienblättern (z. B. »Gartenlaube«, Leipzig 1853 ff.) fanden sie wieder ein resonanzfreudiges Publikum.

»Dichterbücher« und späte Musenalmanache, wie der »Cottasche Musenalmanach« (1891 ff.) und der »Wiener Almanach« (1892 ff.) leiten zu den primär Werbezwecken dienenden Verlags-Almanachen über (Insel-Verlag Leipzig, 1900, 1906 ff.; Eugen Diederichs Jena, 1904 u. ö.; S. Fischer Verlag Berlin, 1905 u. ö.), die originale, bis dahin unveröffentlichte Arbeiten ihrer Autoren und Illustratoren veröffentlichten und einen Überblick über die Verlagsproduktion der letzten Jahre gaben. Sie tradieren ebenso wie die von bestimmten literarischen und künstlerischen Gruppierungen herausgegebenen programmatischen Almanache (»Der Blaue Reiter«, »Almanach der Gruppe 47«) den Almanachtyp bis in unsere Gegenwart und bezeugen seine Wandlungsfähigkeit.

Heute sind die kulturgeschichtlich aufschlußreichen Almanache und Taschenbücher, von denen sich in öffentlichen Bibliotheken, sieht man es im Verhältnis zu ihrer Verbreitung, nur wenige Exemplare erhalten haben, beliebte und begehrte Sammelobjekte.   *F. M.*

Lit.: Grand-Carteret, J.: Les almanachs français : 1600–1895. – Paris, 1896. // Pissin, P.: Almanache der Romantik. – Berlin, 1910. // Köhring, H.: Bibliographie der Almanache, Kalender und Taschenbücher für die Zeit von etwa 1750–1860. – Hamburg, 1929. // Lanckorońska, M. ; Rümann, A.: Geschichte deutscher Taschenbücher und Almanache aus der klassisch-romantischen Zeit. – München, 1954. // Zuber, M.: Die deutschen Musenalmanache und schöngeistigen Taschenbücher des Biedermeier : 1815–1848. – In: Archiv für Geschichte des Buchwesens. – Frankfurt a. M. 1(1958). – S. 398 – 488. // Wiegand, J. ; Kohlschmidt, W.: Musenalmanach. – In: Reallexikon der deutschen Literaturgeschichte. – 2. Aufl. – Bd. 2. – Berlin (West), 1965. – S. 538 – 544. // Marwinski, F.: Almanache, Taschenbücher, Taschenkalender. – Weimar, 1967. // Baumgärtel, E.: Die Almanache, Kalender und Taschenbücher (1750–1860) der Landesbibliothek Coburg. – Wiesbaden, 1970. // Marwinski, F.: Die Almanache und ihr Lesepublikum zwischen 1770 und 1830. – In: Marginalien. – Berlin H. 55, 1974. – S. 51 – 71. // Raabe, P.: Zeitschriften und Almanache. – In: Buchkunst und Lite-

Alphabet

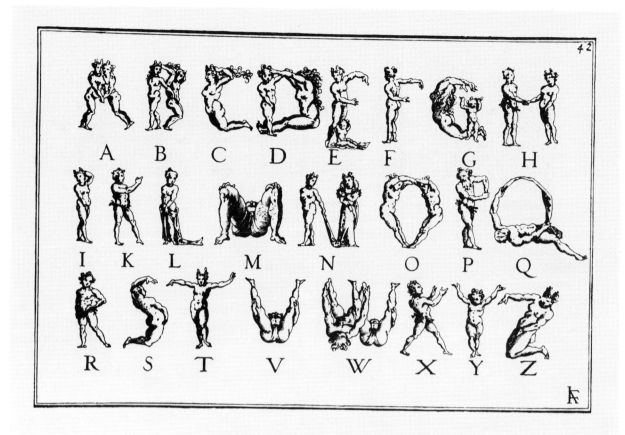

Figuren-Alphabet von Giacomo Franco. 1596

Teufels-Alphabet. Lithographie. Paris, 1836

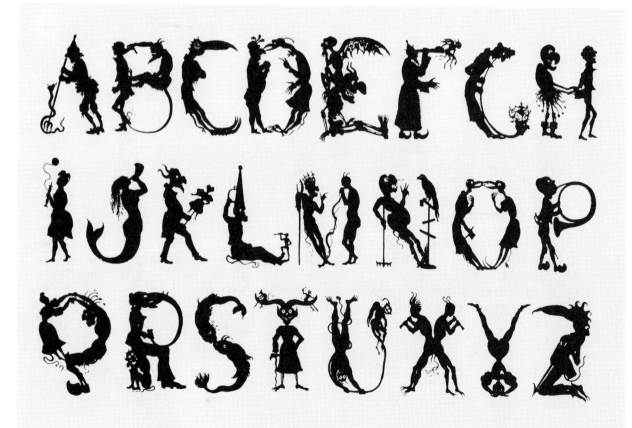

Buchstaben aus einem Zieralphabet von Paul Franck. Holzschnitt. Nürnberg, 1601

ratur in Deutschland 1750–1850. – Bd. 1. – Hamburg, 1977. – S. 145 – 195. // Rosen, E. R.: Das gedruckte Schaufenster. Wesen u. Wandlung d. Verlagsalmanache im 20. Jh. – In: Die Begegnung. – Berlin (West) (T. 1: Folge 17(1981/82). – S. 11 – 67 ; T. 2: Folge 18(1982/83). – S. 11 – 181 ; T. 3: Folge 19(1983). – S. 11 – 134; T. 4: Folge 20(1984/85). // Sarkowski, H.: Almanache und buchhändlerische Werbekataloge : 1871–1914. – In: Aus dem Antiquariat. – Frankfurt a. M. (1983)6, A 193–A 210. (Börsenbl. für d. Dt. Buchhandel, Frankfurt a. M. (1983)51 ; 1 Beil.)

Alphabet

(1) festgelegte Reihenfolge der Schriftzeichen einer Sprache, benannt nach den ersten beiden Buchstaben – Alpha und Beta – des griechischen Alphabets. Die Anordnung der Buchstaben und ihre äußere Gestalt, die ursprünglich Gegenstände des täglichen Lebens bezeichneten, wurde aus dem nordsemitisch-phönikischen Bereich um 1000 v. u. Z. ins Griechische übernommen, zusammen mit der Linksläufigkeit der Schrift. Auf diese Herkunft deuten unter anderem auch die Bezeichnungen für den ersten Buchstaben des Alphabets im Arabischen wie im Hebräischen – Aleph – hin. In der Folgezeit wurden im Griechischen einige der phönikischen Schriftzeichen in ihrer Bedeutung verändert, Zusatzbuchstaben für die noch fehlenden griechischen Konsonanten und die Vokale des Griechischen sowie die Rechtsläufigkeit der Schrift entwickelt. Dadurch entstand eine leicht schreibbare Buchstabenschrift, die nicht unwesentlich zur Entwicklung der griechischen Kultur beitrug. Dieses Alphabet war die Wiege aller weiteren Alphabete und trug, über die Zwischenstufe des Etruskischen, auch zur Herausbildung des lateinischen Alphabets bei. Unter Beibehaltung der Grundordnung bildeten sich, den Bedürfnissen der sprachlichen Entwicklung und der Lautwiedergabe folgend, in einigen europäischen Sprachen Sonderzeichen wie ç (französisch), ñ (spanisch), ł (polnisch) sowie Verbindungen von Grundbuchstaben mit diakritischen Zeichen wie ´, `, ˆ, ˇ heraus. In der ↗ Schriftkunst und der ↗ Typographie ist das Größenverhältnis der Buchstaben des Alphabets zueinander Ausgangspunkt aller Gestaltung. Seit dem 15./16. Jh. wurden *Zieralphabete* entworfen, bei denen die Buchstabenkörper aus Ornamenten, Tier und Menschenfiguren bestehen (H. Weiditz: Kinderalphabet, 1521; Figurenalphabete von H. Holbein d. J., J. Amman).

(2) Im Druck- und Buchbindergewerbe bis etwa 1800 bezeichnete ein Alphabet eine Gruppe von 23 fortlaufenden Druckbogen (i und j sowie u, v, w galten als je ein Buchstabe), deren Abfolge auf diese Weise gekennzeichnet wurde (↗ Bogensignatur). K. K. W.

Lit.: Debes, D.: Das Figurenalphabet. – München-Pullach, 1968. // Jensen, H.: Die Schrift in Vergangenheit und Gegenwart. – 3. Aufl. – Berlin, 1969. // Földes-Papp, K.: Vom Felsbild zum Alphabet. – Dresden, 1970. // Kapr, A.: Schriftkunst. – 3. Aufl. – Dresden, 1982.

altes Buch

Der Begriff »altes Buch« ist in seiner zeitlichen, inhaltlichen und ästhetischen Bestimmung fließend. In Verbindung mit den oft ökonomisch fundierten Begriffen wertvoll oder kostbar fällt der Blick zuerst auf Handschriften, Inkunabeln, Erstausgaben der Belletristik oder der wissenschaftlichen Fachliteratur. Was als alt und wertvoll anzusehen ist, hängt für den Sammler, den Bibliothekar, den Antiquar nicht nur vom derzeitigen Marktwert und den überlieferten Werturteilen ab, sondern auch von seinen Kenntnissen und seinem Verhältnis zum alten Buch.

Mit seinem Einband, den Vorsatzpapieren, alten Provenienzvermerken, handschriftlichen Notizen, Illustrationen, dem Papier, den Wasserzeichen und auch Spuren von Bücherwürmern stellt das alte Buch eine Einheit dar, die über seinen Platz in seiner Zeit und seine Geschicke etwas aussagt. Diese Elemente bilden seine ganz spezielle Aura, die auch kein noch so guter Neudruck hervorbringen kann. Buchbinderische oder konservatorische Maßnahmen sollten dem Rechnung tragen, damit z. B. ein Provenienzvermerk, die handschriftliche Hinzufügung des Autors bei anonymen oder pseudonymen Titeln, charakteristische Einbände und Umschläge nicht unwiederbringlich verlorengehen. Ähnliches gilt für das »Schlachten« alter Bücher, um durch das Heraustrennen der Illustrationen hohe Erlöse zu erzielen, während der Rest des Buches makuliert wird.

Neu aufkommende wissenschaftliche Fragestellungen, ein verändertes Allgemeininteresse, die Revision bisheriger literarischer oder buchhistorischer Positionen beeinflussen das Urteil über das, was als besonders wertvoll und schützenswert anzusehen ist. Gesellschaftliche Verhältnisse und nationale Besonderheiten setzen hier Prioritäten. Zu den als besonders wertvoll und schützenswert anzusehenden Beständen gehören einmalige Überlieferungsträger wie ↗ Handschriften, ↗ Autographen, ↗ Unika (auch von alten Drucken), unikales Sondergut wie Globen, Musikalien, Karten, Einblattdrucke usw., Werke von Seltenheitscharakter wie ↗ Inkunabeln, bibliophile Ausgaben und ↗ Privatdrucke, Werke von hohem künstlerischem Wert wie illustrierte Bücher, künstlerisch wertvolle ↗ Einbände, Werke mit besonderer typographischer Ausstattung, von hohem wissenschafts- oder literarhistorischem oder materiellem Wert (z. B. auch kostbare ↗ Faksimile-Ausgaben), durch Ungunst der Verhältnisse und schlechtes Material gefährdete Werke wie z. B. Zeitungen oder die Veröffentlichungen der Arbeiterbewegung, in sich geschlossene Sammlungen wie Gelehrtenbibliotheken, Nachlässe u. a.

Die Erhaltung und Bewahrung dieser Bestände für künftige Generationen, ihre zusätzliche Erschließung durch spezielle Bibliographien und Kataloge oder gar die komplette Neukatalogisierung sind Arbeiten, die weit über historisch-antiquarische oder bibliophile Interessen hinausreichen und der Untersuchung und Anregung einer Vielzahl von Disziplinen dienen können.

Ein allzu eilfertiges Ausscheiden von Dubletten, vermeintlich »toter« oder mit den gegenwärtigen Benutzungserwartungen und Sammelgebieten einer Bibliothek nicht mehr korrespondierender Bestände kann ebenso wie das nicht genügend durchdachte Umlagern von Beständen in Speicher- und Depotbibliotheken zu nicht wieder gutzumachenden kulturellen Verlusten führen. Das Vorkommen bestimmter Literaturarten in breiter Streuung in Bibliotheken ist, auch wenn sie keiner hohen Benutzung mehr unterliegen, für literatursoziologische, rezeptionsästhetische und buchkundliche Forschungen von nicht zu unterschätzender Bedeutung. Auch wenn der Inhalt beispielsweise alter Dissertationen, theologischer Traktätchenliteratur oder von Personalschriften heute zweitrangig ist, so sind diese Werke Zeugnisse der Kunst der Jünger Gutenbergs und Urbeleg für jede Art retrospektiver nationaler Bibliographie. In ihrer Menge sind sie Zeugnis geistig-kultureller Strömungen und Bestandteil detaillierter Forschungen über die Vergangenheit. Hier ist nicht die Erfassung des textlichen Inhalts, die Lektüre, sondern seine künstlerische und technische Gestaltung das Wesentliche. An die Sammlung, Bewahrung und Erschließung solcher Bestände in öffentlichen Bibliotheken müssen daher andere Maßstäbe als an die Behandlung aktueller Literatur gelegt werden.

Für den privaten Sammler, der das alte Buch nicht als Spekulationsobjekt betrachtet, bietet sich hier ein reizvolles Feld für seine Aktivitäten, solange ein entsprechender Markt vorhanden ist, dessen vielfältiges Angebot und reelle Preise ein Sammeln nach persönlichem Geschmack und mit Sachverstand ermöglichen.

Angesichts der Verluste, die Bibliotheken durch Kriege und Kriegsfolgen erlitten haben, gehören ihre Bestände zum Kulturgut, das entsprechend der Haager Konvention vom 14. Mai 1954 durch besondere Maßnahmen vor Vernichtung, Beschädigung oder Verschleppung zu schützen ist. Darauf aufbauend wurden in einer Reihe von Ländern Verordnungen erlassen, die Handel und Aufbewahrung von Kulturgut einschließlich älterer Buchbestände betreffen. *K. K. W.*

Lit.: Schottenloher, K.: Das alte Buch. – 3. Aufl. – Braunschweig, 1956. // Cave, R.: Rare book librarianship. – London, 1976. // Das historische und wertvolle Buchgut in der Bibliotheksverwaltung. – Wien, 1980. (Biblios-Schriften ; 104) // Die Verantwortung der Bibliotheken bei der Wahrung, Pflege und Verbreitung des kulturellen Erbes. – Berlin, 1981. // Der österreichische Bibliothekartag 1980. – Wien, 1981. (Biblos-Schriften ; 114) // Libri antichi e catalogazione : metodologie e esperienze. – Roma, 1984.

Anonyma

Anonyma sind Werke, die ohne Nennung des Verfassers erschienen sind. Die Gründe lagen in früherer Zeit darin, daß der Autor hinter seinem Werk zurücktrat und bei der relativ kleinen Schicht der Gebildeten als bekannt galt. Die Anonymität diente auch dem Schutz vor Zensur und Verfolgung. Die eindeutige Klärung der Urheberschaft, besonders bei Kleinschrifttum, ist oft nicht möglich. Zeitgenössische Eintragungen in Katalogen und Handexemplaren, in jüngster Zeit auch Stilvergleiche mit Hilfe der elektronischen Datenverarbeitung, vermögen bei der Klärung der Urheberschaft zu helfen. *K. K. W.*

Lit.: Holzmann, M. ; Bohatta, H.: Deutsches Anonymen-Lexikon. – Bd. 1–7. – Weimar, 1902–1928. (Nachdr. 1962.) // Taylor, A. ; Mosher, F. J.: The bibliographical history of anonyma and pseudonyma. – Chicago, 1951.

Antiqua

Die Antiqua (lat. antiquus = alt) entstand aus der Nachbildung der humanistischen ↗ karolingischen Minuskel und wurde erstmals von den aus Deutschland eingewanderten Druckern Sweynheym und Pannartz 1465 als Druckschrift in Italien verwendet. Es ist eine Schrift, die die Rundungen betont, der Verzicht auf schnörkelhafte Ansätze schafft ein klares Schriftbild.

Hausfront und Verkaufsraum der Firma Joseph Baer & Co., Frankfurt a. M., nach 1860. Anonymer Holzschnitt. Aus: M. Sondheim, Gesammelte Schriften. Frankfurt a. M., 1927

Die Frühform der *Renaissance-Antiqua* erhielt ihre Ausprägung durch Nicolaus Jenson 1470 in Venedig. Mit den 1499 für Aldus Manutius geschaffenen sog. Poliphilus-Typen Francesco da Bolognas wurde der erste Druck von bleibender Bedeutung in Antiqua, Francesco Colonnas »Hypnerotomachia Poliphili« (1499), geschaffen. Diese Schrift wurde von Claude Garamond um 1530 weiterentwickelt und gelangte über Nachschnitte bis in die Gegenwart. Die Antiqua der Renaissance ist gekennzeichnet u. a. durch geringen Unterschied der Strichdicke, ausgerundete Serifen, gute Lesbarkeit als Textschrift. Schon in den ersten Jahrzehnten ihrer Entwicklung beginnt die Antiqua die gotischen Typen in Italien, Frankreich und Spanien zu verdrängen, ein Prozeß, der sich in den folgenden Jahrhunderten in England, den Niederlanden, Skandinavien fortsetzt. Kennzeichen der vor allem im 17. Jh. ausgeprägten *Barock-Antiqua* sind der betonte Unterschied der Strichdicke und die weniger gerundeten Serifen. Hier sind vor allem die Bemühungen Christoph van Dycks und des Ungarn Nikolaus Kis in Amsterdam am Ende des 17. Jh. zu nennen, deren Lettern in allen europäischen Ländern Verbreitung fanden. Auf Befehl Ludwigs XIV. wurde 1693 mit der Schaffung der »Romain du Roi« für die Imprimerie Royale begonnen. Grundlage der Buchstabenkonstruktion war ein in 2304 Felder unterteiltes Quadrat. Die Schrift hat eine bis dahin unbekannte Schärfe und Ebenmäßigkeit.

Schriften, die der *klassizistischen Antiqua* zuzurechnen sind, entstanden zuerst zwischen 1780 und 1820. Zu ihren Kennzeichen gehören waagerechte Ansätze der kleinen Buchstaben, starke Kontraste in der Strichdicke, rechtwinklig angesetzte Formen der Serifen. Frühe Formen der klassizistischen Antiqua schufen Didot, Bodoni und Walbaum – ihre Schriften werden noch heute in Nachschnitten verwendet; eine moderne Schöpfung ist die in unserem Jahrhundert entstandene Tiemann-Antiqua.

Anfang des 19. Jh. wurden in England die *Egyptienne* und die *Grotesk* geschaffen. Die Egyptienne entstand aus dem verstärkten Interesse an der altägyptischen Kultur. Ihr Kennzeichen ist die gleichmäßig starke Strichführung, auch die Füßchen sind in der gleichen Stärke wie der übrige Buchstabenkörper, die Schrift wirkt breit und behäbig. Merkmale der Grotesk sind die optisch gleichbleibende Strichdicke und das Fehlen der Serifen, sie gibt also nur das Skelett der Buchstaben wieder. Beide Schriften wurden und werden für Auszeichnungszwecke und Akzidenzen, die Grotesk seit den zwanziger Jahren auch für experimentelle typographische Bestrebungen verwendet.

Nicht alle Alphabete der Antiqua lassen sich den historisch gebundenen Gruppen zuordnen. Nach der Vernachlässigung der Schriftgestaltung im 19. Jh. entstanden um die Jahrhundertwende eine Fülle von Alphabeten, die künstlerische Ausdruckskraft und individuelle Eigenheit verraten. Hierzu gehören u. a. die dem Jugendstil nahestehende Eckmannschrift, die durch Schreiben mit der Breitfeder entstandene Post-Antiqua oder auch die Neuland von Rudolf Koch.

Der exemplarische Charakter älterer Schriften zeigt sich unter anderem darin, daß sie wiederholt nachgeschnitten oder weiterentwickelt wurden, wie z. B. die Antiqua Jensons, die auf William Morris' Golden Type (1890) und Cobden-Sandersons Doves Press (1900) einwirkte.

K. K. W.

Lit.: Kapr, A.: Schriftkunst. – 3. Aufl. – Dresden, 1982.

Antiquariat

Zweig des Buchhandels, der sich dem Ankauf und Vertrieb gebrauchter Erzeugnisse der Buchdruckerkunst (Bücher, Zeitschriften, Zeitungen, Einblattdrucke) und verwandter künstlerischer Vervielfältigungsarten (dekorative und Künstlergraphik), handschriftlicher Dokumente von Bedeutung (Manuskripte, Autographe) sowie solcher Gegenstände des Neubuchhandels widmet, deren Ladenpreis als aufgehoben gilt (Restauflagen und Exemplare vom Verlags- und Sortimentsbuchhandel nicht absetzbarer Titel). Weitere Gegen-

Antiquariat

Amsterdamer Antiquar. Verkaufsstand auf dem Markt. Ölgemälde von Paul Friedrich Meyerheim, 1869. Staatliche Museen, Berlin (West). 52 × 63 cm

stände des Antiquariatsbuchhandels sind Urkunden, Wappen, Siegel, Globen, zuweilen auch Münzen, Gemälde, Plastiken u. a. Kunstgegenstände. Die Grenzen zum Kunst- und Antiquitätenhandel sind fließend. Ein- und Verkaufspreise werden nach den Kriterien von Angebot und Nachfrage festgelegt und sind daher variabel. Die Vervielfältigung kulturhistorisch und wissenschaftlich relevanter Gegenstände des Antiqua-riatsbuchhandels als Faksimile- und Neudrucke (Reprints) veranlaßt das Auftreten des Antiquars auch als Verleger (↗ Neudruck). Als traditionelle Hauptaufgabe des Antiquariats gilt die Vermittlung seltener und kostbarer Druckerzeugnisse (Inkunabeln, illustrierte Bücher, Luxus- und Pressendrucke, Erstausgaben nationaler Literaturen), wertvoller Einbände, Musiknoten, Holzschnitte, Kupferstiche, Lithographien,

Im Antiquariat Henri Leclerc, Paris. Der Besitzer (rechts) im Kreis der französischen Bibliophilen.
Von links Lacombe, Tourneux, Vicaire, Courboin und Gruel. Holzstich von Ch. Wittmann. Um 1870.
Bibliothèque Nationale, Paris. 17,2 × 21 cm

Handzeichnungen, handschriftlicher Zeugnisse aller Art sowie geschlossener Bibliotheken, Sammlungen und Nachlässe.

Vielsprachigkeit und unterschiedliche Gebrauchswerteigenschaften seiner Handelsgegenstände bestimmen die Internationalität des Antiquariats sowie seine starke Spezialisierung. Zu unterscheiden sind die Großbereiche des bibliophilen, auch Seltenheiten-Antiquariats, und des breit gefächerten wissenschaftlichen Antiquariats, dessen Spezialisierungstendenzen mit jenen der Wissenschaften korrespondieren. Das Arbeitsfeld des Kunstantiquariats (Kunstliteratur, Graphik, Kunstgegenstände) ist im Grenzgebiet zwischen bibliophilem Antiquariat und Antiquitätenhandel angesiedelt, das Zeitschriftenantiquariat ist als ein Spezialfall des wissenschaftlichen einzuordnen. Das moderne Antiquariat vertreibt vorrangig verlagsneue Bücher aus Restauflagen und Sortiment. Betriebsgröße, Art der Bezugsquellen und Kundenkreis bestimmen die Vertriebsformen als Ladengeschäft oder überregional wirksames katalogversendendes Antiquariat, wozu auch die Auktionshäuser gehören, deren Spezialität die Versteigerung ganzer Sammlungen ist (↗ Auktion). Dem Zwischenbuchhandel zuzurechnen ist das Großantiquariat, das vom Verleger übernommene Restauflagen an das vertreibende Antiquariat verkauft (↗ Ramsch). Betriebliche Koppelungen zwischen Antiquariat, Sortiment und Verlag sind relativ häufig: nur wenige Firmen jedoch betreiben das Geschäft in allen Bereichen der Branche. Zum Kundenkreis der Antiquariate gehören wissenschaftliche, kulturelle und Informationseinrichtungen, vorab Bibliotheken und Museen, sowie Sammler aus aller Welt.

Die historische Entwicklung des Antiquariats vom unorganisierten Gelegenheitsgeschäft mittelalterlicher Handschriftenhändler (↗ Buchhandel) zum differenzierten Weltmarkt der Gegenwart hat ihren Ursprung zunächst wesentlich im Fehlen geeigneter buchhändlerischer Organisationsformen. Verleger, Drucker und Buchhändler waren mit den herkömmlichen Methoden nicht mehr in der Lage, die Erzeugnisse einer vom 16. Jh. an rasch wachsenden Buchproduktion noch effektiv zu vertreiben. Das seit Mitte des 18. Jh. entstehende Sortiment ließ die ältere noch lieferbare Literatur zunehmend außer acht und konzentrierte sich auf den Vertrieb von Neuerscheinungen. Dadurch entstand eine Marktlücke, die den Aufschwung des Antiquariats vom Trödelbetrieb mit gebundenen Büchern über den Ramschhandel, d. h. das Verschleudern ganzer Auflagen und Bücherlager (↗ Ramsch), zum Fachantiquariat am Beginn des 19. Jh. (Joseph Baer, Frankfurt a. M., bereits 1785) begünstigte. Parallel hierzu wurden im Zeitalter der Glaubensspaltung, der Auflösung der alten Adelsherrschaft und im Gefolge der bürgerlichen Revolution in West- und Mitteleuropa gewaltige Buchbestände in Gestalt von Büchersammlungen aller Art, gesamten Nachlässen usw. freigesetzt, deren organisierte Vermarktung durch Auktionen bereits im 17. Jh. begann (erste Buchauktion bei L. Elzevier, Leiden 1604). Die qualifizierte Vermittlung geschlossener Sammlungen an ein fachkundiges internationales Käuferpublikum gehört bis heute zu den vornehmsten Aufgaben des versierten Antiquars, was zugleich die wissenschaftlich-kulturelle Wirksamkeit des Berufsstandes kennzeichnet.

Die Bedürfnisse der aufkommenden Buch- und Bibliothekswissenschaft bestimmten zu Ende des 18. Jh. das Entstehen des Lagerkatalogs als kommerziellem Hauptkommunikationsmittel des Antiquariats, dessen bibliographische Leistungen die Voraussetzung für den engen funktionalen Zusammenhang zwischen Antiquariat und dem sich etablierenden modernen Wissenschaftsbetrieb bildeten. Bis zum ersten Weltkrieg entwickelten sich in Europa neben einem breiten Spektrum von Spezialantiquariaten einige Weltfirmen mit universaler Lagerhaltung und angeschlossenen Verlagen (Quaritch, Hiersemann, Fock, K. F. Koehler). Das nordamerikanische Antiquariat entwickelte sich im wesentlichen auf der Grundlage eines breiten Bücherstroms aus den wirtschaftlichen und politischen Krisengebieten Europas. Die ökonomische Prosperität, »Wissenschaftsexplosion« und die sog. Nostalgiewelle der letzten Jahrzehnte verursachten nach dem zweiten Weltkrieg eine außerordentliche Belebung des internationalen Antiquariats- und Reprintgeschäfts. Strukturelle Veränderungen des Marktes zeichnen sich infolge der zunehmenden Verwendung von Mikroformen bei der Speicherung wissenschaftlicher Literatur in Bibliotheken und einer wachsenden Verknappung der klassischen Antiquariatsgegenstände ab, der Händler und Sammler gleichermaßen durch ständige Innovation der Interessengebiete und Sammelbereiche zu begegnen suchen.

International zusammengeschlossen sind die bedeutendsten Antiquar-Verbände in der International League of Antiquarian Booksellers (ILAB). Die Interessen der Antiquariate sozialistischer Länder werden durch die jeweiligen nationalen Buchhändlervereinigungen und die zuständigen Außenhandelsorgane vertreten. *K. K.*

Lit.: *Bibliographien und Zeitschriften: Das Antiquariat. –* Wien, 1945–1972. // International Directory of antiquarian booksellers. – Bruxelles, 1958 ff. // Internationale Bibliographie der Antiquariats-, Auktions- und Kunstkataloge / bearb. v. G. Loh. – Jg. 1960–1969 ff. – Leipzig, 1965–1973 ff. // Bibliographie der Antiquariats-, Auktions- und Kunstkataloge / bearb. v. G. Loh. – Folge 1 ff. – Leipzig, 1975 ff.

Monographien und Aufsätze: Dimpfel, R.: Hilfsbuch für wissenschaftliche Buchhändler und Antiquare. – Leipzig, 1927. // Aus Wissenschaft und Antiquariat : Festschrift für Gustav Fock. – Leipzig, 1929. // Hertzberger, M.: Dictionary for the antiquarian booktrade. – Paris, 1956. // Carlssohn, E.: Der Antiquariatsbuchhandel. – In: Der deutsche Buchhandel. – 3. Aufl. – Gütersloh, 1966. – S. 206 – 227. // Otto, P.: Das moderne Antiquariat. – Gütersloh, 1966. (Schriften zur Buchmarktforschung ; 8) // Adolph, R.: Bücher, Sammler, Antiquare. – München, 1971. // Wendt, B.: Der Antiquariatsbuchhandel. – 3. Aufl. – Hamburg, 1974.

Atlas

(1) Bezeichnung für einen Buchtyp, der Tafeln mit geographischen Karten, naturwissenschaftlichen, medizinischen oder technischen Abbildungen, graphischen Darstellungen usw. zu einem oder mehreren Bänden zusammenfaßt und auf diese Weise einen optischen Eindruck von einem ganzen Fachgebiet oder von Teilgebieten verschafft – oft auch als Ergänzung zu einem Textteil.

(2) im ursprünglichen Sinne Bezeichnung für eine umfassende und systematische Sammlung von geographischen Karten in Buchform. Nach Umfang, Inhalt und Verwendungszweck sind zu unterscheiden: a) *Handatlas* (größeres Format, detaillierte Übersichtskarten, alle Erdteile, viele Länderkarten), b) *Schulatlas* (kleineres Format, überwiegend physische Karten, relativ wenige topographische Begriffe, ergänzt durch kleinmaßstäbliche angewandte Karten: Klima, Geologie, Meeresströmungen usw.), c) *Taschenatlas* (Taschenbuchformat, kleiner Maßstab), d) *Spezialatlas* (Wirtschafts-, Geschichts-, Sprachatlas usw.). Neben Weltatlanten gibt es auch Atlanten für einzelne Länder und Provinzen (Länder-, Heimatatlas).

Vorläufer waren die von Kartenhändlern in der ersten Hälfte des 16. Jh. für ihre Kunden zu einem Band zusammengebundenen Kartensammlungen, die Karten ganz unterschiedlichen Formats und Maßstabs von verschiedenen Autoren enthielten und mit einem ↗ Titelblatt versehen waren. Für die Herkunft der Bezeichnung Atlas ist ein Sammelband interessant, den der italienische Kartenhändler A. Lafreri in Rom um 1570 mit einem Kupfertitel versah (»Geographia, tavole moderne di geografia de la maggior parte del mondo«), der den Titanen Atlas aus der griechischen Mythologie mit der Erdkugel (statt des Himmelsgewölbes) auf seinen Schultern zeigt, wobei die farnesische Herakles-Statue des Lysippos von Sikyon als Vorbild diente. Die Kar-

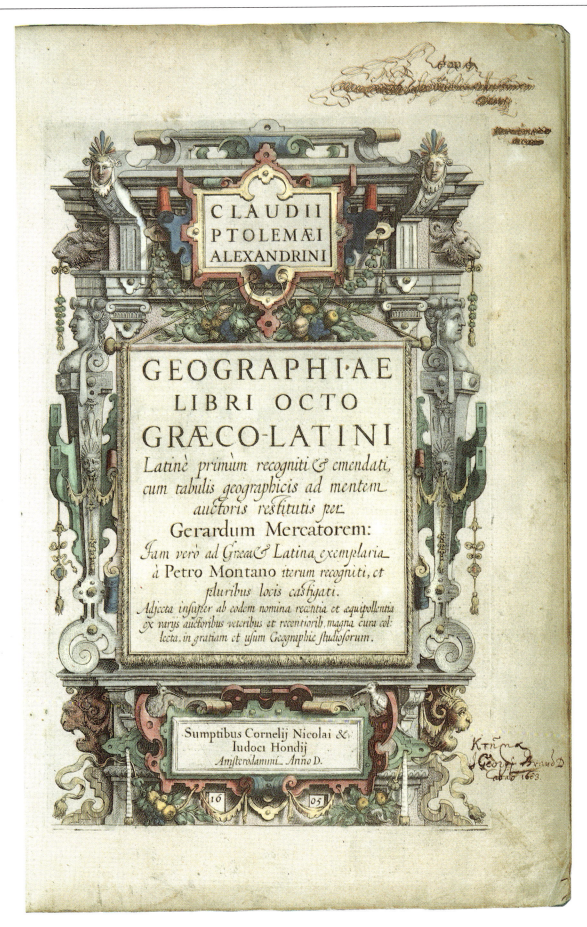

Titelkupfer zu einer Ausgabe des Weltatlas Gerhard Mercators. Amsterdam, Hondius, 1605. 28 × 40,5 cm

Titelkupfer zum Atlas Novus. Nürnberg, J. B. Homann, 1731. 31 × 52 cm

tendrucke des 15./16. Jh. (meist handkolorierte Holzschnitte, aber auch schon Kupferstiche) spiegelten immer noch die geographischen Kenntnisse und Auffassungen des alexandrinischen Astronomen und Geographen Ptolemäus (2. Jh. u. Z.) wider. Ihm werden eine Anzahl byzantinischer Handschriften zugeschrieben, die als »Geographische Anleitung zur Anfertigung von Karten« bezeichnet sind und unter dem Titel »Geographie« mehrfach gedruckt und ständig durch neue Karten angereichert wurden. Bis 1883 erschienen 56 Ptolemäus-Ausgaben, davon 7 bis 1500, 30 bis 1600.

Waren bis ins Mittelalter Karten fast immer als Beigaben zu anderen Werken aufgetreten – abgesehen von monumentalen Wandkarten –, so hatten sie sich mit der Vervollkommnung der Vervielfältigungstechnik zu selbständigen Handelsobjekten entwickelt und wurden einzeln verkauft. Humanismus und Renaissance, das Zeitalter der Entdeckungen brachten eine ungeheure Erweiterung des geographischen Horizonts mit sich, so daß es nahe lag, die Welt nun in einer Zusammenfassung von hoher kartographischer Qualität in einem einzigen Werk vorzustellen. Hatte Lafreri nur eine relativ willkürliche Zusammenstellung vorgenommen, so schufen der flandrische Geograph und Kartograph Gerhard Mercator (1512–1594) und der Antwerpener Kartograph Abraham Ortelius (1527–1598) einen neuen Buchtyp, den Atlas. 1585 begann Mercator nach langen Jahren der kartographischen und technischen Vorbereitungen sein großangelegtes Kartenwerk, das den Titel »Atlas, sive Cosmographiae meditationes de fabrica mundi et fabricati figure« erhalten sollte, zu veröffentlichen. Band 2 wurde 1589 fertig. Die vollständige Ausgabe erlebte Mercator nicht mehr. Vier Monate nach seinem Tode gab sein Sohn Rumold einen weiteren Band heraus. Zusammen mit Jodocus Hondius faßte er dann die erschienenen Bände und weiteres fertiggestelltes Kartenmaterial (insgesamt 107 Karten) zu einer Ausgabe (Duisburg 1595) zusammen, die 1602 noch einmal erschien. Später übernahm Hondius die Kupferplatten, vervollständigte das Kartenmaterial und druckte den Mercator-Atlas weiter. Bis 1637 sind heute 40 Ausgaben bekannt.

Die Bezeichnung Atlas war zum erstenmal von Mercator verwendet worden. Außerdem schmückte er sein Werk mit einem Kupfertitel, der einen mit der Herstellung von Globen beschäftigten Kosmographen zeigt. In ihm haben mehrere Autoren ebenfalls die Gestalt des Riesen Atlas sehen wollen.

Ortelius ließ 1570 (20. Mai) sein »Theatrum orbis terrarum« in Antwerpen erscheinen. Es enthielt 70 Karten auf 53 Blättern, gestochen von F. Hogenberg. Auf Grund der großen Nachfrage kam noch im gleichen Jahr eine zweite Auflage heraus. Ortelius legte Wert darauf, die Namen der Kartographen, deren Karten er für seinen Atlas stechen ließ, zu nennen.

An der Wende des 16. zum 17. Jh. löste sich die Kartographie allmählich von den ptolemäischen Vorbildern. Einzelkarten und Atlanten entstanden als Kupferstichwerke in reichem Barockstil. Mit viel Phantasie wurden die Titelblätter der Atlanten, die Rahmen und Titel der Einzelkarten ausgeschmückt, leere Flächen mit Fabelhaftem ausgefüllt. Die Kupferstichtechnik entsprach den gewachsenen Anforderungen an die Kartographie mehr als der gröbere Holzschnitt, so daß sie ihn im 16. Jh. mehr und mehr verdrängte.

Der Beginn des 17. Jh. war noch ganz von den Atlanten Mercators und Ortelius' beeinflußt. Die Kupfertafeln zu beiden Werken gingen von Drucker zu Drucker und wurden weitgehend genutzt. So brachte Plantin in Antwerpen das »Theatrum« des Ortelius in mehreren Ausgaben heraus. Die letzte erschien dort 1624. Dann gingen die Ortelius-Tafeln wahrscheinlich an den niederländischen Kartenverleger Willem Janszoon Blaeu (1571–1638) über. 1631 veröffentlichte er einen »Appendix Theatri A. Ortelii et Atlantis G. Mercatoris«. 1634 brachten er und sein Sohn Joan Blaeu ein »Theatrum orbis terrarum sive Atlas novus« in zwei Bänden heraus. Nach W. Blaeus Tod setzten die Söhne das Werk fort, eine sechsbändige Ausgabe erschien 1646–1655, eine zwölfbändige (einschließlich Seeatlas) 1664–1665 unter dem neuen Titel »Geographia Blaviana«. Auf besondere Bestellung wurden auch große Atlanten zusammengestellt, wie z. B. der umfangreiche sog. Atlas »Prinz Eugen von Savoien«, dessen 46 Bände sich heute in der Wiener Nationalbibliothek befinden. Sie enthalten u. a. auch handgezeichnete Karten, Städteansichten und Kalender. Aus der Buchbinderwerkstatt von Cors Dircksz (geb. 1595) und dessen Sohn Dirck (geb. 1642) an der Prinsengracht in Amsterdam stammen drei Super-Atlanten: 1. der »Klencke-Atlas« in der British Library London mit 42 Wandkarten (Höhe: 176 cm, gebunden 1660), den zwei Amsterdamer Kaufleute König Karl II. anläßlich seiner Wiedereinsetzung auf den englischen Thron (1660) zum Geschenk machten, 2. der »Kurfürsten-Atlas« in der Deutschen Staatsbibliothek Berlin mit 35 Wand- und 18 Seekarten (Höhe: 170 cm, gebunden 1663), den Fürst Johann Moritz von Nassau, Prinz von Oranien, in Auftrag gab und dem Großen Kurfürsten Friedrich Wilhelm von Brandenburg schenkte, und 3. der Rostocker »Große Atlas« in der Universitätsbibliothek Rostock mit 31 Wandkarten (Höhe: 160 cm, gebunden 1664), der mit großer Wahrscheinlichkeit für Herzog Christian (Louis I.) von Mecklenburg angefertigt wurde. Alle drei Super-Atlanten enthalten Karten bedeutender niederländischer Kupferstecher des Frühbarocks in verschiedenen Auflagen.

Mit der allgemeinen Verbreitung des Atlasses als neuem Buchtyp normalisierte und vereinfachte sich das äußere Bild der Karten und paßte sich zusehends der übrigen Buchproduktion an. Mitte des 18. Jh. hörte die Karte auf, ein Kunstwerk zu sein. Nicht der Künstler war mehr gefragt, sondern der perfekte Techniker, der Drucker. Die moderne Kartographie begann.   *F. M.*

Lit.: Wolkenhauer, W.: Aus der Geschichte der Kartographie. – In: Deutsche geographische Blätter. – Bremen (T. 1: 27(1904). – S. 95 – 116; T. 2: 33(1910). – S. 239 – 264). // Bagrow, L.: Die Geschichte der Kartographie. – Berlin (West), 1951. // Horn, W.: Die Geschichte des Atlas-Titels. – In: Petermanns geographische Mitteilungen. – Gotha 95(1951). – S. 137 – 143. // Bagrow, L.; Skelton, R. A.: Meister der Kartographie. – Berlin (West), 1964. // Leithäuser, J. G.: Mappae mundi. – Berlin (West), 1958. // Habel, R.: Ihr Atlas, e. Betrachtung zu Entstehung u. Inhalt. – Gotha, Leipzig, 1968. // Gerhardt, C. W.: Der Landkartendruck in Geschichte und Gegenwart. – In: Philobiblon. – Hamburg 26(1982). – S. 254 – 288. // Jügelt, K.-H.: Der Rostocker Große Atlas. – In: Almanach für Kunst und Kultur im Ostseebezirk. – Rostock 7(1984). – S. 29–35.

Auflage

Bezeichnung für die vom Verleger nach Gesetz oder Verlagsvertrag festgelegte Gesamtzahl der in einem Fertigungsgang hergestellten Exemplare (Abzüge) eines graphischen Erzeugnisses (Buch, Zeitschrift, Zeitung usw.). Verlagsrechtlich besteht kein Unterschied zu dem an qualitativen Kriterien orientierten Begriff der ↗ Ausgabe, weshalb beide Begriffe oft gleichbedeutend gebraucht werden. Der Verleger ist berechtigt, für Frei-, Rezensions- und als Ersatz für defekte Exemplare einen vertretbaren Zuschuß über die Auflage produzieren zu lassen. Die Auflagenhöhe ist an den Verkaufserwartungen ausgerichtet, die wesentlich vom Inhalt und der Ausstattung des Verlagsobjektes abhängen. Mit wachsender Auflagenhöhe, der in der Regel die jeweils wirtschaftlichste Reproduktionstechnik entspricht, sinken die Herstellungskosten pro Exemplar. Notwendige Neuauflagen, meist gekennzeichnet in numerischer Abfolge, erscheinen entweder unverändert oder in unterschiedlichem Bearbeitungsgrad (z. B. verbessert, erweitert, neubearbeitet). Durch stockenden Absatz entstandene Restauflagen werden vom Verleger entweder an Antiquare verkauft (↗ Ramsch) oder makuliert (Auflagenvernichtung). In beiden Fällen erlischt das Verlagsrecht an der Auflage. Nicht so bei sog. Auflagenuntergang, z. B. durch höhere Gewalt. Zur Wiederbelebung des Absatzes von Auflagenresten wird zuweilen durch Veränderung ihrer bibliographischen Identität vermittels Einhängen eines textlich zugkräftigeren Titelblatts eine Titelauflage veranstaltet.

Schon während der Frühdruckzeit erreichten Bücher Auflagen von bis zu 2000 und mehr Abzügen. Auch die Vorzugsausgabe in Auflagen von stark beschränkter Exemplarzahl geht bereits von hier aus. Spätestens bei den ↗ Flugschriften der Reformationszeit setzt die Tendenz zu Massenauflagen ein. Der Anteil der Mehrfachauflagen an der Gesamtzahl erschienener Titel nimmt mit zunehmender Zahl nur einmal aufgelegter Spezialpublikationen ab. Letztere sind auf Grund ihrer niedrigen Auflageziffern vergleichsweise seltener auf dem Buchmarkt zu finden als mancher alte Druck. Die Regel, daß bearbeitete Neuauflagen die älteren entwerten, ist unter historischen und bibliophilen (Erstausgaben), zuweilen aber auch unter sachlich-wissenschaftlichen Aspekten (so etwa bei den verschiedenen Ausgaben von Linnés »Systema naturae«) nur bedingt gültig.

Der bei Zeitschriften und Zeitungen verwendete Auflagebegriff kann bezeichnen: Druckauflage (Gesamtauflage), Vertriebsauflage (bezahlte und Freiexemplare), bezahlte (verkaufte Exemplare) und Leserauflage (Schätzung der gelesenen Stücke). Unter Auflagenschwindel wird die wahrheitswidrige irreführende Angabe über Auflagenhöhe und -anzahl verstanden. Rechtlich bedenklich sind auch solche, meist bei belletristischen Titeln vorkommende Angaben wie 1. bis 5. Auflage für die ersten 5000 Exemplare eines Fertigungsgangs sowie sog. Nachschußauflagen, die der Verleger ohne Wissen seines Autors produziert. *K. K.*

Lit.: Hack, B.: Über Auflagenbezeichnung im Buch. – In: Börsenbl. für d. Dt. Buchhandel. – Frankfurt a. M. – 21(1965). – S. 816.

Auktion oder Versteigerung

öffentlicher Verkauf von marktgängigen Gegenständen an den Meistbietenden, wobei die Ware vorher besichtigt werden kann. Objekte von Buchauktionen können alle Handelsgegenstände des ↗ Antiquariats sein, bevorzugt wird jedoch die bibliophile Richtung. Partner des Geschäfts sind die Käufer, der vom Auktionshaus bestellte Auktionator und die Verkäufer. Es wird in den meisten Fällen vom Versteigerer im eigenen Namen auf fremde Rechnung, d. h. auf Kommissionsbasis, abgewickelt, wobei die Verkäufer (Einlieferer) für ihre Objekte einen zu erzielenden Mindestpreis (Limit) vereinbaren. Die Einteilung des Warenangebots in einzelne Versteigerungslose geschieht durch den vom Auktionshaus erarbeiteten Katalog, dessen laufende Nummern jeweils einen oder eine Sammlung gleichartiger Titel (Konvolut) repräsentieren. Der Käufer macht sein Gebot entweder schriftlich auf der Grundlage der im Katalog angegebenen Schätzpreise oder durch Zuruf im Auktionslokal, wo er sich u. U. durch einen Kaufmakler, meist einen Antiquar, vertreten lassen kann. Der Auktionator beginnt mit der Versteigerung durch Ausruf beim Limit, falls mehr als ein schriftliches Gebot vorliegt, beim höchsten schriftlichen Gebot. Das Höchstgebot erhält den Zuschlag. Bleibt das Objekt unter dem Ausrufpreis, kann es vom Einlieferer zurückgezogen, bleibt das Mindestgebot mehr als 50 % unter dem Limit, darf kein Zuschlag erteilt werden. Die Auslieferung der ersteigerten Gegenstände erfolgt gegen Barzahlung, zum Zuschlagpreis kommt ein Aufgeld. Die Kosten der Auktion einschließlich der Katalogkosten für nichtversteigerte Objekte sowie die zu erzielende Bruttogewinnspanne des Auktionshauses gehen zu Lasten des Einlieferers. Die verhältnismäßig geringe Höhe der Gewinnspanne erklärt sich aus dem Umstand, daß der Versteigerer keinerlei Handelsrisiko für das Auktionsgut, sondern lediglich ein allgemeines Erfolgsrisiko trägt, das im wesentlichen von der Qualität des angebotenen Materials und des Versteigerungskatalogs sowie von der Zahl, Kaufwilligkeit und -kraft der Bieter abhängt. Zu diesen allgemeinen Bedingungen kommen bei der Preisbildung Besonderheiten der

Auktion bei Sotheby's, um 1795. Aquarell von Rowlandson. Sotheby's London. 14,5 × 23 cm

individuellen Bietgefechte und mögliche irreguläre Situationen durch Ringbildung von Bietern (Corner), die je nach Interessenlage die Gebote durch sog. Kippemachen künstlich niedrig halten oder aber die Preise unverhältnismäßig in die Höhe treiben. Ferner gehen zahlreiche Objekte gewöhnlich an Händler, wodurch die Aussagekraft von Auktionsergebnissen für den Büchersammler relativiert wird, während sie für die Preisbildung im Antiquariatsbuchhandel eine wesentliche Grundlage bieten können. Die Vorteile von Versteigerungen liegen in den Möglichkeiten des schnellen Geldes für Einlieferer und Auktionshaus sowie der autoptischen Prüfung des Angebots durch den Interessenten.

Buchauktionen wurden zunächst nicht als Börsen von Liebhaberwerten, sondern als ein Mittel, nichtabsetzbare Restauflagen von Neuerscheinungen loszuwerden, abgehalten. Dies geschah auf den alten Frankfurter und Leipziger Buchmessen, um dem ↗ Buchführer Rücktransportkosten zu ersparen, als Buchlotterien in England bis ins 18. Jh., in Holland auf den sog. fondsveilingen, wo Verleger und Großantiquare Partieartikel dem Meistbietenden überlassen, bis in die Gegenwart. Gegenstand der ersten Versteigerung im modernen Sinn, 1604 durch Ludwig Elzevier in Leiden veranstaltet, war die Bibliothek der holländischen Gelehrten George und Janus Dousa, die erste englische fand nach diesem Muster 1676 im Buchladen »Zum Pelikan« des Antiquars William Cooper zu London statt. In London begann mit Gründung der Firmen Sotheby & Co. (1747) und James Christie (1766) die Entwicklung jener großen international wirksamen Buch- und Kunstauktionshäuser, die dem Buchauktionsgewerbe den Ruf von Exklusivität verschaffen, wie er etwa von der sensationellen Roxburghe-Auktion (1812) ausging, die zur Gründung der ersten Bibliophilenvereinigung der Welt, dem ebenso exklusiven Roxburghe-Club, führte. Solche Versteigerungen, die im 19. Jh. vor allem in England und Frankreich noch das Erscheinungsbild von Abendunterhaltungen oder Matineen für reiche Bibliophile boten, wandelten sich unter den wirtschaftlichen und gesellschaftlichen Bedingungen des 20. Jh. zu Börsen im Kampf um die jeweils günstigste Geldanlage mit Schwerpunkten in London, New York, Paris und der Schweiz. Die deutsche Tradition, beginnend mit Christian Kirchner um 1670 in Leipzig, das mit Johann August Gottlob Weigel (1773–1846) Versteigerungszentrum wurde, pflegte Auktionen mehr als einen Nebenzweig des Altbücherhandels, der sich, oft von den Fachantiquaren als Preisverderber angefeindet, konform mit der deutschen Antiquariatsentwicklung weitgehend spezialisierte (Autographen, Musikalien, Graphik und Handzeichnungen). Auktionshäuser der BRD vom genannten internationalen Zuschnitt mit Zentren in Hamburg und München sind, bei einer allgemeinen Tendenz des Buchauktionsgeschehens zur Dezentralisierung, erst Resultate der jüngsten Geschichte. In sozialistischen Ländern, so in Polen und der DDR, werden Auktionen zur Deckung des nationalen Sammler- und Bibliotheksbedarfs veranstaltet.

Über Mißbräuche bei Auktionen wie Einschmuggeln von Ladenhütern unter Auktionsgut berühmter Provenienz oder unziemliches Preistreiben beschwerte sich bereits Conrad Mell (Der Gott und Menschen wohlgefällige Kaufmann, 1711), weswegen die Versteigerungen auch unter strenger Bücherpolizei standen.

K. K.

Lit.: Book-Prices Current. – London, 1888 ff. // Book-Auction Records. – London, 1903 ff. // Jahrbuch der Bücherpreise. – Leipzig, 1907–1939. // McKay, G. L.: American book auction catalogues 1713–1937. – New York, 1937. Suppl. 1(1946), 2(1948). // Jahrbuch der Auktionspreise für Bücher und Autographen. – Hamburg, 1950 ff. // Gebauer, H. D.: Bücherauktionen in Deutschland im 17. Jahrhundert. – Bonn, 1981. (Bonner Beiträge zur Bibliotheks- und Bücherkunde ; 28)

Ausgabe

Sammelbegriff für alle nach Inhalt und Form identischen Exemplare eines Druckwerks. Die nähere Bezeichnung ergibt sich aus Unterschieden 1. der Bearbeitungsweise: unveränderte, bearbeitete Ausgabe; 2. der Zweckbestimmung: Studien-, Bühnen-Ausgabe; 3. der Veranlassung: Jubiläumsausgabe, Erinnerungsausgabe; 4. der Erscheinungsweise: Teilausgabe, Lieferungsausgabe; 5. der Ausstattung: Prachtausgabe, Ganzlederausgabe; Ausgabe auf Velinpapier; 6. des Formats: Folio-, Duodez-Ausgabe; sowie 7. aus weiteren Spezifika, die sich z. B. aus Bearbeiter-, Druckeroder Verlegernamen herleiten können. Der verlagsrechtlich gleichbedeutende Begriff der ↗ Auflage deckt die Relevanz der Ausgabe als buchhändlerischer und literarischer Erscheinungsform des Druckwerks nur teilweise ab.

Dies ist z. B. der Fall bei der Erstausgabe als erster buchhändlerischer Veröffentlichung. Diese ist nicht identisch mit dem Erstdruck, einem buchgewerblichen Probedruck. Die in Antiquariatskatalogen oder Spezialbibliographien öfter verwendete Bezeichnung Erstdruck oder Erster Druck der ersten Ausgabe ist auf zuweilen vorkommende verschiedene Ausgabenzustände, d. h. textliche, typographische oder Papierqualitätsunterschiede zwischen den ersten und späteren Stücken derselben Auflage zurückzuführen. Die Erstausgabe muß ferner nicht identisch sein mit der Urausgabe (Editio authentica), die, vom Autor selbst auf der Grundlage seines Manuskripts besorgt, Mutter aller Abzüge der Originalausgaben des Werks ist, deren erste auch als Ausgabe erster Hand bezeichnet wird. Die Erstausgabe kann im Gegenteil auch eine nichtautorisierte sein, was z. B. bei den ersten gedruckten Ausgaben antiker und mittelalterlicher Texte (Editiones principes) stets der Fall ist. Der seit Goethe üblich gewordene Begriff der Ausgabe letzter Hand bedeutet die letzte bei Lebzeiten des Verfassers erschienene Originalausgabe, die meist zugleich auch die endgültige (Editio definitiva) ist. Unter einer posthumen Ausgabe (Editio posthuma oder postuma) ist eine nach dem Tode des Autors auf Grund eines vorliegenden Manuskripts oder durchgesehenen Korrekturabzugs von seinen Rechtsnachfolgern veranstaltete Ausgabe zu verstehen. Die historisch-kritische Ausgabe (Editio historica critica) in der durch die philologische Kritik textlich richtiggestellten Form wird von der Forschung zugleich auch als die inhaltlich beste und vollständigste (Editio optima) gewertet. Wissenschaftlich bedeutsam kann aber auch eine ohne Zustimmung des Verfassers produzierte Nachdruckausgabe (Editio spuria) sein, wenn etwa die Originalausgabe nur als eine von der Zensur »gereinigte« Editio expurgata (auch purificata, castrata, castigata) vorliegt. Unter letzteren Bedingungen ist auch die Editio ne varietur, d. i. eine Ausgabe, an der laut Erklärung des Verfassers keine Veränderungen mehr vorgenommen werden dürfen, nicht mehr als authentisch zu bezeichnen. Textliche Verkürzungen in moralisch-pädagogischer Absicht sind vor allem auch in Schulausgaben (Editiones in usum scholarum) anzutreffen, von denen wohl die sog. Editiones in usum Delphini, Ausgaben antiker Klassiker, die Ludwig XIV. seit 1671 für den Gebrauch des Thronfolgers herstellen ließ, die bibliophil interessantesten sind.

Die mit dem Ausgabebegriff verbundenen lateinischen Bezeichnungen sind heute nur noch Fachleuten und Sammlern geläufig. Dagegen sind einige französische Termini noch international gebräuchlich, so Édition de luxe (Luxus-, Liebhaberausgabe), Édition en regard (Ausgabe eines Originaltextes mit gegenüberstehender Übersetzung); die Édition contrefaite, auch Contrefaçon, ist eine das Original unrechtmäßig imitierende Nachdruckausgabe, die der Originalverleger ohne Wissen des Autors herausbringt (↗ Auflage, Nachdruck). Erfolgt die Wiedergabe eines Werkes mit solcher Originaltreue, daß Original und Reproduktion kaum unterscheidbar sind, liegt eine Faksimile-Ausgabe vor. Ist dies nicht der Fall, z. B. in Farbgebung und verwendeter Papierqualität, handelt es sich um eine Reprint-Ausgabe (↗ Neudruck).

Falsch ist es, individuell, etwa durch Privateinband ausgestattete Exemplare einer Ausgabe, insgesamt mit Ausgabe zu bezeichnen.

K. K.

Autograph

ein von seinem Verfasser eigenhändig geschriebenes Schriftstück (↗ Handschrift). Autographen sind eine besondere Form der Handschriften, die durch die Persönlichkeit des Urhebers Authentizität und eine besondere Note erhalten.

Es gelten aber seit etwa der zweiten Hälfte des 18. Jh. auch Schriftstücke von anderer Hand mit eigenhändigen Verbesserungen oder eigenhändiger Unterschrift hervorragender Persönlichkeiten des öffentlichen oder geistigen Lebens sowie eigenhändig redigierte, korrigierte oder unterschriebene maschinenschriftliche Dokumente (Manuskripte, Typoskripte, Briefe u. a.) als Autographen.

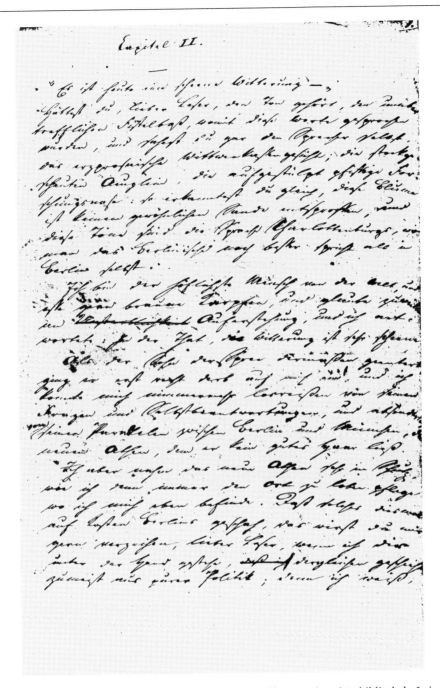

Manuskriptseite von Heinrich Heine zu seinen Reisebildern. Universitätsbibliothek, Leipzig

Schon in der Antike war das Sammeln von Handschriften der Dichter, Gelehrten und Staatsmänner verbreitet. Zur Zeit Ciceros (106–43 v. u. Z.) gab es einen Autographenhandel. Seit dem 12. Jh. wurden Autographen lateinischer Schriftsteller wie Albert Magnus (1193–1280), Thomas von Aquino (1225–1274) und Nikolaus von Kues (1401–1464) gesammelt. Die frühesten bekannten gesammelten Liebesbriefe stammen aus dem 12. Jh. Handschriften wurden wie Reliquien behandelt. Erste bedeutende Sammlungen entstanden in Venedig, Florenz und Rom unter den Medici und unter Papst Nikolaus V. (gest. 1455). Der Grundstock zur Bibliotheca Vaticana mit heute ca. 60 000 Handschriften, darunter Autographen größter Kostbarkeit, wurde gelegt.

Seit der Spätrenaissance wuchs das private Autographensammeln. Zur Zeit Martin Luthers (1483–1546) galt der Besitz von Autographen, besonders der Reformatoren, als Zeichen geistigen Adels. Thomas Rediger (1546–1576), Breslau (Wrocław), und Ludwig Camerarius (1573–1651), Nürnberg, gelten als große Autographensammler. Die Sammlung Camerarius wurde von dessen Sohn weitergeführt. Als Sammlung von vier Gelehrten, als Collectio Camerariana, mit ca. 25 000 Stück in 73 Bänden zur politischen und literarischen Geschichte des 16. und 17. Jh., gelangte sie in die Baye-

Auszüge aus einem Brief Alfred Brehms an das Bibliographische Institut Leipzig vom 30. November 1876

rische Staatsbibliothek. Die Sammlung Camerarius ist die erste Autographensammlung, die katalogisiert wurde.

Seit dem Ende des 16. Jh. wird das »Album amicorum«, das ↗ Stammbuch, zu einer eigenen Domäne des Autographensammelns. In Frankreich legte Philippe de Béthune (1560–1641) mit einer Sammlung von 170 Bänden mit Originalbriefen ab dem 13. Jh. die erste systematische Autographensammlung mit historischer Bedeutung an, die heute zum wertvollen Besitz der Pariser Nationalbibliothek gehört. 1803 fand die erste öffentliche Versteigerung von Autographen (Sammlung Richelieu) in Paris statt, 1815 die zweite, die dritte 1820 – erstmals mit einem gedruckten Katalog. 1822 gab es eine selbständige Autographenversteigerung des Hauses Pluquit in Paris, der größte Teil blieb allerdings unverkauft. Im gleichen Jahr erschien ein gedruckter Lagerkatalog – die Sammlung des Dichters Guilbert de Pixérécourt. Mit der Existenz dieses Auktions- und Lagerkatalogs war die entscheidende Basis für einen Autographenhandel gelegt. Das erste Handbuch für Autographensammler von P. Jules Fontaine »Manuel de l'amateur d'autographe« erschien 1836. Zu den bedeutenden Autographensammlern des 19. Jh. gehört auch Johann Wolfgang von Goethe.

Die Sammlung Alexander Meyer Cohns, 1905 und 1906 bei J. A. Stargardt (Berlin) versteigert, war eine der größten der Zeit. Stefan Zweig hat vor seiner Emigration seine Sammlung von 4000 Objekten selbst aufgelöst. Weitere bedeutende Sammler des 20. Jh. waren der Schweizer Arzt Dr. Robert Ammann, der französische Staatspräsident Robert Schuman, der Verleger Salman Schocken, der Basler Großindustrielle Karl Geigy-Hegenbach.

Große Autographensammlungen gingen oftmals geschlossen in den Besitz wissenschaftlicher Bibliotheken über und bilden die Basis für spezielle Forschungen zu Leben und Werk bedeutender Persönlichkeiten aus Kunst, Literatur, Politik. Wichtige staatliche Sammlungen im deutschen Sprachraum befinden sich in der Deutschen Staatsbibliothek Berlin der Universitätsbibliothek der Humboldt-Universität Berlin, der Schweizerischen Landesbibliothek Bern, der Stadt- und Landesbibliothek Dortmund, der Sächsischen Landesbibliothek Dresden, der Stadt- und Landesbibliothek Düsseldorf, der Wissenschaftlichen Allgemeinbibliothek Erfurt (Amploniana, mittelalterliche Handschriftensammlung 9.–15. Jh.), der Universitätsbibliothek Erlangen, im Freien Deutschen Hochstift Frankfurt am Main, in der Forschungsbibliothek Gotha, der Universitäts- und Landesbibliothek Halle, der Staats- und Universitätsbibliothek Hamburg, der Landesbibliothek Kiel, der Universitätsbibliothek Leipzig (u. a. Sammlung Kestner [18./19. Jahrhundert] und Sammlung Hirzel [Goethe-Autographen]), im Schiller-Nationalmuseum Marbach, in der Bayerischen Staatsbibliothek München, im Germanischen Nationalmuseum Nürnberg, in der Universitätsbibliothek Stuttgart, im Goethe- und Schillerarchiv Weimar, in der Österreichischen Nationalbibliothek Wien, der Zentralbibliothek Zürich, der Ratsschulbibliothek Zwickau.

Der Marktwert einzelner Autographen hat wiederholt Fälscher auf den Plan gerufen, die mit großer Geschicklichkeit zu Werke gingen.   *H. P.*

Lit.: Zweig, S.: Die Autographensammlung als Kunstwerk. – In: Deutscher Bibliophilenkalender für das Jahr 1914. – Wien, 1914. (wieder abgedr. in: Marginalien. – Berlin H. 55, 1974 ; Beil.) // Wolbe, E.: Handbuch für Autographensammler. – Berlin, 1923. // Mecklenburg, G.: Vom Autographensammeln : Versuch einer Darstellung seines Wesens u. seiner Geschichte im deutschen Sprachgebiet. – Marburg, 1963. // Benjamin, M. A.: Autographs : a key to collecting. – New York, 1963. // Jung, H.: Ullstein-Autographenbuch : vom Sammeln handschriftl. Kostbarkeiten. – Frankfurt a. M., 1971.

Autopsie

Autopsie (griech. = Augenschein, Besichtigung) bedeutet die Beschreibung eines Druckes in Bibliographien und Katalogen nach der Vorlage, nicht auf Grund anderweitiger Literaturangaben. Die Autopsie ist beispielsweise die Grundlage für die Verzeichnung von Titeln in Nationalbibliographien.   *K. K. W.*

beschnittenes Exemplar

Bezeichnung für abweichend von der ↗ Auflage an den Rändern des Buchblocks beschnittene Einzelstücke von Druckwerken. Der Grad, in dem dabei die ästhetisch-bibliophile Regel, ein Buch zur Erhaltung seines originären Erscheinungsbildes so wenig wie möglich zu beschneiden, verletzt wird oder gar durch starken Beschnitt Textverluste entstehen, wirkt sich entsprechend mindernd auf den Wert des Exemplars aus, besonders bei bibliophilen Drucken und Vorzugsexemplaren auf größerem Papier. Bei broschierten und Werken im Interimseinband (↗ Broschur) ist zwischen beschnittenen und aufgeschnittenen Exemplaren zu unterscheiden. *K.K.*

Lit.: Bogeng, G. A. E.: Einführung in die Bibliophilie. – Leipzig, 1931. // Henningsen, Th.: Handbuch für den Buchbinder. – St. Gallen, 1969.

Beschreibstoffe

Die Funktion aller Beschreibstoffe ist, als Träger menschlicher Äußerungen in Bild- und Schriftform zu dienen. Diese Aufgabe ergibt sich zum einen aus der Funktion der Schrift und damit aus der Notwendigkeit, die Sprache zu konservieren und so die Verständigung und den Verkehr der Menschen untereinander zu ermöglichen. Zum anderen ist auch das Bild ein Mittel, Beziehungen zwischen den Menschen zu verwirklichen. Dieser übereinstimmende Zweck von Schrift und Bild gestattet es, die Aufgabe der Beschreibstoffe, Bild und Schrift zu tragen, als einheitliche Funktion anzusehen. Das gesellschaftliche Bedürfnis zur Fixierung menschlicher Äußerungen wurde zunächst von ursprünglichen Beschreibstoffen erfüllt, bei denen die Beschreibfläche einen natürlichen Zusammenhang aufweist und die der Mensch der Natur unverändert oder

Abguß einer Tontafel aus Mesopotamien. Weihinschrift des Priesterfürsten Gudea von Lagasch, 3. Jahrtausend v. u. Z. Staatliche Museen zu Berlin. 7,6 × 9,7 cm

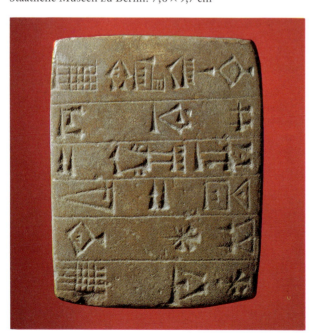

Tonscherbe (Ostrakon) mit koptischer Schrift. Staatliche Museen zu Berlin. Leihgabe an das Deutsche Buch- und Schriftmuseum der Deutschen Bücherei Leipzig.

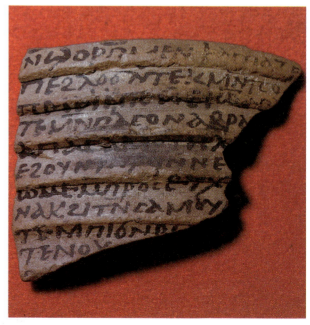

Pergamentmacher. Kupferstich in: Diderot, D. et d'Alembert, Encyclopédie ou dictionnaire raisonné ... Paris, 1751–1772. 20,8 × 13,4 cm

nach einfachster Bearbeitung entnahm. So dienten anfänglich natürlich gegebene Materialien wie Stein, Knochen, Baumrinde und -blätter, Holz u. a. als Schriftträger, und sie sind für besondere Zwecke bis heute in Gebrauch.

Die Herausbildung hochentwickelter Schriftkulturen verlangte Schriftträger, deren Schreibfläche vom Naturvorkommen unabhängiger und die je nach Bedarf in relativ unbeschränkter Menge herstellbar waren. Ihre Bearbeitung erforderte bereits kompliziertere Verfahren. Zu diesen Beschreibstoffen ist Ton zu rechnen, den die Sumerer schon seit Ende des 4. Jahrtausends v. u. Z. verwendeten. In aus Ton geformte Tafeln im Klein- und Großformat, in Kegel, Zylinder und andere Gebilde wurden in feuchtem Zustand Schriftzeichen eingedrückt. Durch Trocknen in der Sonne oder durch Brennen im Feuer erhielt man einen dauerhaften Beschreibstoff, wie die in großer Zahl überlieferten Dokumente der Babylonier, Assyrer und Griechen bezeugen.

Seit dem 4. Jahrtausend v. u. Z. wurde in Ägypten ↗ Papyrus als Beschreibstoff verwendet. Das Blatt entstand durch kreuzweises Übereinanderlegen von aus dem Mark der Papyrusstaude geschnittenen Streifen. Mehrere Blätter wurden zu Bahnen aneinandergeklebt und als Rollen in den Handel gebracht. Papyrus verbreitete sich im Laufe der Entwicklung als wichtiger Exportartikel Ägyptens in alle Länder des Altertums, und es wurde bis zum Mittelalter als Schriftträger benutzt.

Zu den ältesten Beschreibstoffen gehören auch Tierhäute. Zu Leder gegerbt, waren sie in Rollenform im alten Orient weit verbreitet. In späterer Zeit wurde ungegerbte, nur manuell gereinigte und geglättete Haut zu dem bedeutenden Schriftträger ↗ Pergament verarbeitet. Der Name steht vermutlich mit der Stadt Pergamon in Verbindung, wo im 2. Jh. v. u. Z. eine berühmte Bibliothek existierte. Im Altertum neben Papyrus als minderwertiger Beschreibstoff geltend, setzte sich das Pergament seit dem 3. Jh., u. a. für Aufzeichnungen der christlichen Literatur, durch. Seit dem 7. Jh. wurde es dem Papyrus vorgezogen.

Neben Papyrus und Pergament dienten in der Antike für alltägliche Zwecke auch Tonscherben (Ostraka) und mit Wachs beschichtete Holztafeln als Schriftträger. Die Scherben zerbrochener Tongefäße wurden mit Rußtinte beschrieben. Wachstafeln, in die die Schrift mit Metallgriffeln geritzt wurde, fanden bis in das Mittelalter hinein Verwendung. Beginnend im 8. Jh. im islamischen Kulturbereich, verdrängte das ↗ Papier mehr und mehr alle vorherigen Beschreibstoffe, und es wurde im 15. Jh. zum allgemein verwendeten Schriftträger.

W. Sch.

Lit.: Hunter, D.: Papermaking: the history and technique of an ancient craft. – 2. ed. – New York. 1947. // Funke, F.: Buchkunde. – 3. Aufl. – Leipzig, 1969.

Beutelbuch

im 14. bis 16. Jh. verbreitete Sonderform des Bucheinbandes (↗ Einband), bei der der Überzugsstoff (Leder, Samt oder ein anderes biegsames Material) an den Unterkanten der Buchdeckel etwa um die Höhe des Buches verlängert wurde, so daß die beiden Enden verknotet werden konnten. Es kam auch vor, daß das Buch in einen wirklichen Beutel hineingelegt wurde und auf diese Weise jederzeit bequem zur Hand war (Buchbeutel). Meist handelte es sich um Gebets- oder Andachtsbücher oder auch um Gesetzestexte. Auf mittelalterlichen Darstellungen der bildenden Kunst (Gemälde, Graphik, Plastik) erscheint das Beutelbuch als Heiligenattribut. Vom Beutelbuch ist der Hülleneinband zu unterscheiden, bei dem an allen Seiten Leder- oder Stofflappen überhingen, in die das Buch eingeschlagen wurde, um es vor Beschädigungen zu schützen. *K. M.*

Lit.: Loubier, H.: Der Bucheinband von seinen Anfängen bis zum Ende des 18. Jh. – 2. Aufl. – Leipzig, 1926. // Alker, L.; Alker, H.: Das Beutelbuch in der bildenden Kunst : ein beschreibendes Verzeichnis. – Mainz, 1966. // Alker, L.; Alker, H.: Das Beutelbuch in der bildenden Kunst ; Ergänzungen. – In: Gutenberg-Jahrbuch. – Mainz 53(1978). – S. 302 – 308. // Neumüller-Klauser, R.: Auf den Spuren der Beutelbücher. – In: Gutenberg-Jahrbuch. – Mainz 55(1980). – S. 291–301.

Bibel

In der Bibel sind die kanonischen Schriften der christlichen Kirchen zusammengefaßt. Sie besteht aus den 39 Büchern des Alten Testaments und den 27 Schriften des Neuen Testaments. Das Alte Testament wurde im 1. Jahrtausend v. u. Z. als eine Auswahl aus dem unüberschaubar gewordenen jüdischen Schrifttum zusammengestellt. Es enthält die 5 Bücher Mose (Pentateuch), die geschichtlichen Bücher, die Lehrbücher (die das Buch Hiob, die Psalmen, die Sprüche Salomos, den Prediger Salomo und das Hohe Lied Salomos umfassen), und die prophetischen Bücher. Das Neue Testament enthält die 4 Evangelien und die Apostelgeschichte, die Briefe des Paulus, des Petrus, des Johannes, des Jakobus und des Judas sowie die Offenbarung des Johannes (Apokalypse).

Der neutestamentliche Kanon entstand im zweiten/dritten Jahrhundert und er wurde durch Augustin (gest. 430) verbindlich eingeführt. Die Originalsprache des Alten Testament war hebräisch (es wurde in der griechischen Übersetzung, der sog. Septuaginta, ins Christentum übernommen), die des Neuen Testaments griechisch. Unter Hieronymus (347–420) kam eine Übersetzung der ganzen Bibel ins Lateinische zustande. Diese sog. Vulgata (»die allgemein Verbreitete«) blieb für die katholische Kirche bis heute verbindlich. Martin Luther übersetzte die Bibel in der für die evan-

Gebetbuch der Margarethe von Münsterberg, Fürstin von Anhalt, um 1500. Fürst-Georg-Bibliothek der Stadtbibliothek Dessau; Georg 276. 12,5 × 15 cm

Trāſla.Gre.ltr. cū interp.latina.	Transla.B.Hiero.	Ter.Heb.	Gen.	La.viij.	Pritiua.heb.

(Greek, Latin, and Hebrew biblical text columns — Genesis, Noah narrative)

Transla.Chal.

Interp.chal.   **Pritiua chal.**

Complutensische Polyglotte. Madrid, 1514–1517. 26 × 38 cm

Titelkupfer der Polyglotte »Biblia Sacra«. Gedruckt von Plantin, Antwerpen, 1521. 27 × 41 cm

Anfang der Genesis aus der Polyglotte »Biblia Sacra«. Gedruckt von Plantin, Antwerpen, 1521. 27 × 41 cm

gelische Kirche verbindlichen Fassung ins Deutsche. 1534 erschien der erste Druck seiner gesamten Bibel in Deutsch.

Die früheste gedruckte Bibel war die 42zeilige Gutenberg-Bibel von 1455, die den Vulgata-Text enthielt. Die erste deutschsprachige Bibel erschien 1466 bei Mentelin in Straßburg. Als besondere Leistung des Buchdrucks sind die mehrsprachigen Bibeln (Polyglotten) des 16. Jh. (wobei die in den Niederlanden gedruckten eine Vorrangstellung einnehmen) hervorzuheben.

Seit dem 18. Jh. entstanden in mehreren Ländern Bibelgesellschaften, die sich um den Bibeldruck verdient machten (1711 die Cansteinsche Bibelanstalt in Halle, 1804 die Britische und Ausländische Bibelgesellschaft in London, 1814 die Preußische Hauptbibelgesellschaft, seit 1947 die Evangelische Hauptbibelgesellschaft in Berlin). H.N.

Lit.: Schultze, F.: Deutsche Bibel: vom ältesten Druck bis zur Luther-Bibel. – Leipzig, 1934. // Paret, O.: Die Überlieferung der Bibel. – 3. Aufl. – Stuttgart, 1963. // Volz, H.: Martin Luthers deutsche Bibel: Entstehung und Geschichte der Lutherbibel. – Hamburg, 1978. // Die Bibelsammlung der Württembergischen Landesbibliothek Stuttgart. – Bd. 1ff. – Stuttgart, 1984ff.

Bibelillustration

Unter Bibelillustration versteht man die illustrative Ausstattung der Gesamtbibel oder einzelner Bücher des Alten und des Neuen Testaments. Die »Heiligen Schriften« waren für das ganze Mittelalter von größter Bedeutung. In ihrer Bebilderung manifestiert sich höchste künstlerische Qualität.

Nach schriftlichen Überlieferungen gab es schon seit dem 3. Jh. illustrierte biblische Bücher. Sie sind jedoch nur noch in Form von Abschriften aus späterer Zeit erhalten. Die ersten originalen Beispiele sind die Quedlinburger Itala-Fragmente in der Deutschen Staatsbibliothek Berlin. Sie stammen wahrscheinlich aus dem 4. Jh. Es folgen die Wiener Genesis (5.–6. Jh.), der Codex Rossanensis (6. Jh.), das Rabula-Evangeliar (586), das Evangeliar des Corpus Christi College in Cambridge (um 600) und die Josua-Rolle, die eine Kopie des 10. Jh. nach einer Vorlage aus frühchristlicher Zeit ist.

All diese Schriften sind nur einzelne Teile der Gesamtbibel. Bevorzugt illustriert wurden der Pentateuch, der Psalter, die Evangelien und die Apokalypse. Eventuell in der frühchristlichen Zeit vorhandene vollständig illustrierte Bibeln sind verlorengegangen. Ihre Spuren lassen sich in karolingischen Kopien aus der

Bibelillustration

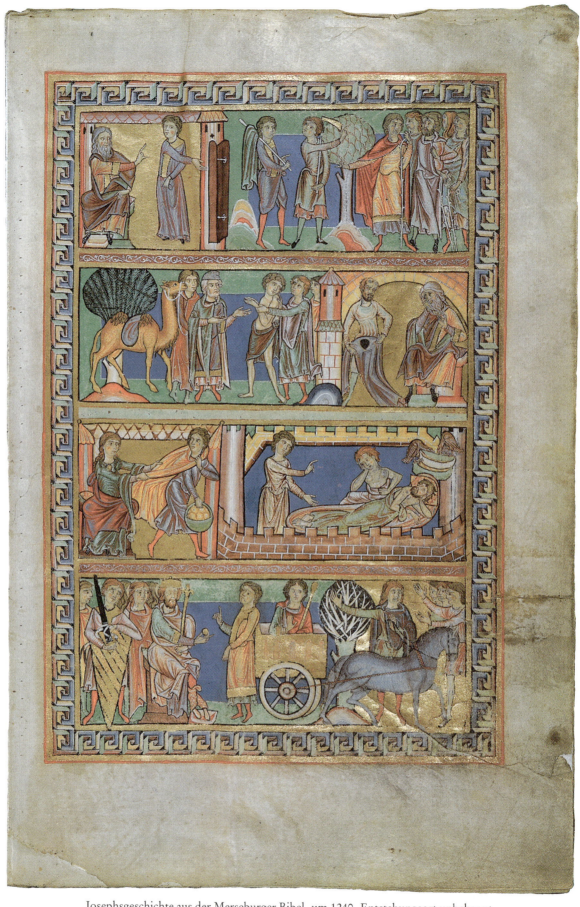

Josephsgeschichte aus der Merseburger Bibel, um 1240. Entstehungsort unbekannt.
Domstift Merseburg; Ms. I 1–3. 35 × 51,5 cm

Martin Luther, Das neue Testament Deutsch. Gedruckt von Hans Lufft, Wittenberg, 1522.
19,2 × 28,8 cm

Schule von Tours finden. Erst seit dem 11. Jh. sind vollständig illustrierte Gesamtbibeln erhalten. Die umfangreichste ist die sog. Gumpertsbibel (12. Jh.) mit
etwa 150 Miniaturen. Andere Bibeln beschränken sich
meist nur auf ornamentalen Schmuck an den Blatträn-
dern oder den Initialen.

Die Gotik entwickelte neue Formen reich bebilder-
ter Bibeln. So ist seit dem 13. Jh. die »Bible moralisée«
hauptsächlich in Frankreich nachzuweisen. Diese Gattung besitzt bis zu 5000 Abbildungen, runde Bildchen
in rechteckiger Umrahmung. Sie illustrieren alt- und
neutestamentliche Texte. Die Bibelstellen wurden mit
Kommentaren versehen, die man wiederum illustrierte. So entstand in diesen Büchern ein reichhaltiges Bild-
programm. Es blieb jedoch für die Kunst des späten
Mittelalters ohne Nachfolge.

Das beliebteste Erbauungsbuch des Mittelalters war
die Biblia pauperum (Armenbibel). Sie war sowohl für
Geistliche wie auch für Laien gedacht. Ihre Bilderfolge
war typologisch aufgebaut, d. h. eine neutestamentliche Szene wurde von zwei Szenen aus dem Alten Testament begleitet. Die ältesten Exemplare stammen aus
dem 14. Jh. Da sie alle in Bayern und Österreich gefunden wurden, wird ihr Ursprung im süddeutschen
Raum vermutet. Die Forschung nimmt an, daß alle Ar-
menbibeln auf die Schrift eines unbekannten Verfassers, wahrscheinlich ein Angehöriger des Benediktinerordens aus der ersten Hälfte des 13. Jh., zurückgehen.
Sie verbreiteten sich dann hauptsächlich in Deutschland. Im 15. Jh. traten neben den Handschriften Ar-
menbibeln in Form von ↗ Blockbüchern auf.

Eine Art Universalgeschichte, die sich an der Bibel
orientierte, stellt die Historienbibel dar. Sie wurde am
Ende des 13. Jh. von Guyard Desmoulin auf der
Grundlage der Historia scholastica des Petrus Comestor (gest. 1179) bearbeitet. Ihre Motive beschränken
sich auf die alttestamentlichen Szenen, erweitert durch
apokryphe Schriften und die vier Evangelien.

Sehr beliebt wurden im Mittelalter Darstellungen aus
der Apokalypse. Die ersten illustrierten Exemplare er-
schienen in England und Frankreich noch im 13. Jh.
Die Sprachgewalt des Textes regte auch in den späteren
Jahrhunderten die Künstler immer wieder zu neuen
Schöpfungen an. Besonders zu nennen ist im deutschen
Raum die Holzschnittfolge zur Apokalypse von Al-
brecht Dürer.

Die ersten gedruckten deutschen Bibeln waren ohne
jeden Bildschmuck. Erst 1475 erschien in Augsburg
von Günther Zainer eine Bibel mit zahlreichen Holzschnitten im Maiblumendekor. Die Bildinitialen illustrierten den biblischen Text und enthielten außerdem
noch Autorenbildnisse, Briefübergabeszenen sowie
eine Darstellung von Gottvater als Weltenschöpfer. Etwa zur gleichen Zeit entstand in Augsburg eine Bibel
von Jodocus Pflanzmann, deren Illustrationen sich von
den Initialen gelöst hatten und als selbständige Holzschnitte in die Kolumnen eingefügt wurden.

Eine weitere, mit Holzschnitten illustrierte Bibel erschien 1470 in Nürnberg bei Andreas Frisner und Jo-

hann Sensenschmidt. Sie griffen wieder auf den reinen
Initialenschmuck zurück, und nur die Darstellung der
Schöpfung erstreckte sich über zwei Kolumnen.

Da sich herausstellte, daß die illustrierten Bibeln bes-
sere Absatzmöglichkeiten boten, wurden von immer
mehr Verlegern Bilderbibeln herausgebracht. Doch
nicht immer wurde dabei die künstlerische Qualität der
Abbildungen genügend berücksichtigt. Außerdem
paßten manche Holzschnitte nicht zu den ihnen zuge-
ordneten Textstellen.

Einen ersten Höhepunkt des deutschen illustrierten
Bibeldrucks bilden die beiden Bibeln, die 1478 in Köln
bei Heinrich Quentell in Niederdeutsch erschienen. Sie
enthielten 113 bzw. 123 Holzschnitte, die über zwei
Spalten hinwegreichten. Außerdem waren sie noch mit
prächtigen Randleisten geschmückt, die französisch-
flämisch-niederländischen Einfluß verrieten. Die
Holzstöcke dieser Bibeln erwarb Anton Koberger für
seinen Verlag und sicherte damit dem Bildschmuck der
Kölner Bibeln auch in Süddeutschland ein ausgedehntes Nachwirken. Auch in der Lübecker Bibel des Steffen Arndes von 1494 wirkten sich die Kölner Vorlagen
noch aus. Der Lübecker Holzschneider entwickelte
den graphischen Stil jedoch weiter, indem er durch
Schraffuren neue Werte schuf, die eine nachträgliche
Kolorierung überflüssig erscheinen ließ. 1522 erschien
in Halberstadt eine Bibel, deren Bilderschmuck in der
Nähe der Cranachschule anzusiedeln ist. Es ist die letzte
deutsche Bibel vor der Luther-Übersetzung.

Im sog. September-Testament, dessen Druck nach
der Luther-Übersetzung im September 1522 abgeschlossen war, gab es nur Illustrationen zur Apokalypse. Sie stammten aus der Cranach-Werkstatt nach Vorlagen von Albrecht Dürer, ausgeführt von den Monogrammisten H. B. und M. B. Es waren 21 Holzschnitte
mit stark antipäpstlicher Tendenz. Bei der 2. Auflage,
die im Dezember 1522 als sog. Dezember-Testament
erschien, wurden verschiedene Änderungen an den Illustrationen vorgenommen, die diese Tendenz etwas
abschwächten.

1534 druckte Hans Lufft in Wittenberg die erste Gesamtbibel in der Luther-Übersetzung, die »Biblia: das
ist die gantze Heilige Schrifft Deudsch«. Sie enthielt
123 Holzschnitte des Monogrammisten M. S., der in
der Cranach-Werkstatt seine Ausbildung erfahren hatte. Die Jahreszahlen auf verschiedenen Holzschnitten
erstrecken sich auf die Jahre 1532, 1533 und 1534 und
deuten darauf hin, wie lange der Künstler an dieser Bibelillustration gearbeitet hat. Für einen kleinen Teil der
Auflage wurden die Holzschnitte handkoloriert, einige
mit Deckfarben, andere mit Aquarellfarben. Dadurch
entstehen bei den einzelnen Exemplaren der gleichen
Auflage völlig unterschiedliche Bildeindrücke. Bis auf
wenige Ausnahmen sind alle Illustrationen 10,8 cm
hoch und 14,7 cm breit. Sie zeichnen sich durch lebendige Fülle des Details und eine dramatische Ausgestaltung des Geschehens aus.

Seit dem 16. Jh. erscheinen immer wieder Prachtausgaben der Bibel mit besonders kostbaren, oft farbigen

 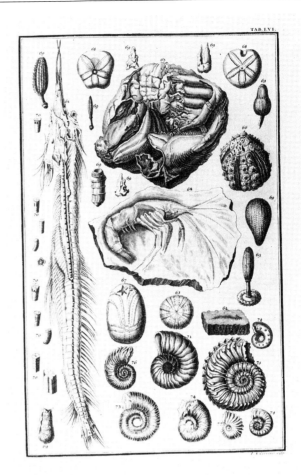

J. J. Scheuchzer, Physica sacra oder Erklärung der in heiliger Schrift vorkommenden Sachen. 1. Abt. Augsburg, 1731. Kupferstiche nach Füssli: Erschaffung und Zeugung des Menschen; Muschel- und Fischformen

Textillustrationen. Zu ihnen gehören die sog. Cranach-Bibeln, die fürstliche Auftraggeber bei Hans Lufft in Wittenberg auf Pergament drucken ließen und die in der Cranach-Werkstatt ausgemalt wurden, und die sog. Kurfürstenbibel, die auf Veranlassung Herzog Ernsts I. des Frommen von Sachsen-Gotha mit den Illustrationen Joachim von Sandrarts bei Endter in Nürnberg erschien. Sie ist die berühmteste der Prachtbibeln. Sie erreichte zwischen 1641 und 1768 14 Ausgaben. Die katholischen Bibeln wurden ebenfalls mit Bildzyklen ausgestattet, z. T. von den gleichen Künstlern, die auch die evangelischen Schriften bebilderten.

Die Illustrationstechnik wurde ab Mitte des 16. Jh. der Kupferstich, später auch die Radierung. Häufig enthielten die Bibeln Abbildungen von verschiedenen Künstlern. So entstand z. B. 1711 in Lüneburg bei dem Verleger Stern die sog. Osianderbibel mit Kupferstichen nach niederländischen Meistern, u. a. nach Rubens und Heemskerk.

Bedeutende Bibelillustrationen des 18. Jh. enthalten die Historische Bilderbibel (1698–1700) des Kupferstechers Johann Ulrich Krauss und Johann Jakob Scheuchzers Kupferbibel »Physica sacra oder Erklärung der in heiliger Schrift vorkommenden Sachen« (1731–1735). Beide stellen Höhepunkte der Augsburger Kupferstecherkunst dar.

Im 19. Jh. hat sich besonders die Künstlergruppe der Nazarener mit Bibelillustrationen beschäftigt. Von Josef von Führich sind bei Dürr in Leipzig einzelne Holzschnittfolgen zur Bibel erschienen: »Der bethlehemitische Weg« (1863), »Er ist auferstanden« (1866), »Der verlorene Sohn« (1869) und »Das Buch Ruth« (1873). Eine Gesamtillustration der Bibel schuf 1834 Julius Schnorr v. Carolsfeld, zusammen mit Friedrich Olivier und Franz Overbeck. Außerdem illustrierte Schnorr v. Carolsfeld die sog. Cottasche Bibel von 1850 und die »Bibel in Bildern« (1853–1860). In Frankreich fanden die Bibelillustrationen von Gustave Doré weite Verbreitung.

Die Künstler der Gegenwart illustrieren meist nur einzelne Teile des Bibeltextes; Marc Chagall schuf jedoch 1956 eine Gesamtillustration der Bibel. In den letzten Jahren ist eine Prachtbibel entstanden, zu der Salvador Dali und andere Künstler die Illustrationen geliefert haben.

H. N.

Lit.: Rost, H.: Die Bibel im Mittelalter. – Augsburg, 1939. // Isermeyer, C.-A.: Bibelillustration. – In: Religion in Geschichte und Gegenwart. – Bd. 1. – 3. Aufl. – Tübingen,

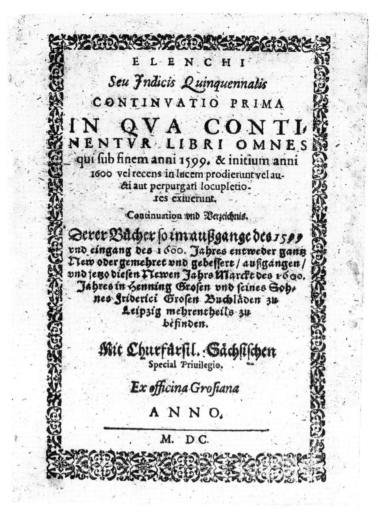

Titelblatt eines Leipziger Meßkatalogs des ausgehenden 16. Jh.
Deutsches Buch- und Schriftmuseum der Deutschen Bücherei. 14,5 × 19 cm

1957. – Sp. 1174 – 1183. // Eule, W.: Zwei Jahrtausende Bibelbuch. – Berlin, 1958, // Schmidt, P.: Die Illustration der Lutherbibel 1522–1700. – Basel, 1962. // Haussherr, R.: Bible moralisée. – Bonn, 1969. (Habilschrift) // Kratzsch, K.: Illuminierte Holzschnitte der Luther-Bibel von 1534. – Berlin, 1982. // Eichenberger, W.; Wendland, H.: Deutsche Bibeln vor Luther. – 2. Aufl. – Hamburg, 1983.

Bibliographien und Kataloge
Der aus dem Griechischen stammende Terminus Bibliographie ist seit dem 17. Jh. die Bezeichnung für eine Literaturliste, die gleichrangig mit Begriffen wie *Katalog, Repertorium, Bücherkunde, Bücherverzeichnis* verwendet wurde und wird. Die Ordnung kann entsprechend dem Sachgebiet alphabetisch, chronologisch oder sachlich sein. Gleiche Möglichkeiten der Ordnung gelten auch für den Katalog, dessen Titelverzeichnung an das Vorhandensein von Büchern und anderen literarischen Dokumenten in einer oder mehreren Bibliotheken, in Buchhandlungen oder Antiquariaten gebunden ist. Der Katalog entsteht auf Grund eines vorhandenen und eingesehenen Exemplars, während einer Bibliographie auch eine bibliographische, durch direkte Einsichtnahme nicht näher verifizierbare Notiz zugrunde liegen kann (↗ Autopsie). Dabei können auch Mischformen auftreten, z. B. wenn die Nationalbibliographie eines Landes auf Grund der Ablieferungen durch die Verleger an die jeweilige Nationalbibliothek erarbeitet wird – die Bibliographie ist dann zugleich Widerspiegelung dessen, was sich in den Katalogen dieser Bibliothek befindet.

Bibliographien und Kataloge sind das notwendige Handwerkszeug für Bibliothekare, Fachwissenschaftler, Sammler, Buchhändler, Antiquare, damit diese sich einen Überblick über die ältere Literatur und die Neuerscheinungen auf ihrem Arbeitsgebiet verschaffen, bzw. den Verfasser, das Jahr der Erstausgabe, den Verleger, den Preis feststellen können. In Umfang und Inhalt werden Bibliographien und Kataloge durch den Nutzerkreis bestimmt, für den sie gedacht sind. Neben dem Ist-Zustand eines Gebietes zeigen Bibliographien und Kataloge auch die Lücken eines Wissensgebietes und können Anregungen für weitere Forschungen geben. So wenig es möglich ist, eine Gesamtübersicht

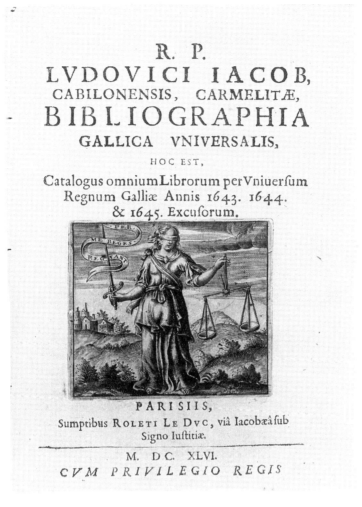

Titelblatt zu Bibliographia Gallica universalis von L. Jacob. Paris, 1646.
17,5 × 22,4 cm

über die literarische Weltproduktion zu schaffen, so wenig ist es auch möglich, eine universale Bibliographie der Bibliographien zu erarbeiten; nationale Bibliographien der Bibliographien und regelmäßige Erhebungen durch die UNESCO vermitteln jedoch laufende Übersichten.

Die Erarbeitung von Bibliographien und Katalogen ist eng mit der Erfindung und Ausbreitung des Buchdrucks verbunden, auch wenn es im Altertum und im Mittelalter, etwa zur Blütezeit arabischer Wissenschaft und Kultur im 8.–11. Jh., schon vereinzelte derartige Verzeichnisse gab. Den frühesten Versuch, das gelehrte Weltschrifttum in lateinischer, griechischer und hebräischer Sprache zusammenzustellen, machte der Schweizer Arzt und Naturforscher Konrad Gesner in seiner »Bibliotheca universalis«, die in drei Teilen nebst Anhängen von 1545–1555 in Zürich erschien. Aus den Verzeichnissen einzelner Buchhändler und Verleger erwuchsen in den meisten europäischen Ländern die Anfänge nationaler Bibliographien, auch wenn zunächst kommerzielle Interessen im Vordergrund standen. Für das deutsche Sprachgebiet sind hier die unter wechselndem Namen erscheinenden Kataloge zu den Frankfurter und Leipziger Buchmessen *(Meßkataloge)* zu nennen. Sie umfassen die Titel, die die Buchhändler als Neuerscheinungen anboten oder die in Kürze erscheinen sollten. Nicht verzeichnet waren neben Schriften, die den Zensurbestimmungen zuwiderliefen, Flugschriften, Dissertationen, ↗ Personalschriften und andere Formen des ↗ Kleinschrifttums, die nur als Rohbogen unter den Buchhändlern ausgetauscht wurden. Mängel der Meßkataloge sind die oft ungenauen Titelangaben, fehlende Verfasser bei anonymen oder pseudonymen Schriften, die Ankündigung von Titeln, die nicht erschienen. Der Wert der Meßkataloge als bibliographische Quelle ist bis heute umstritten.

Mit der Herausbildung von Nationalstaaten, gesetzlichen Regelungen zur Ablieferung von Pflichtexemplaren an eine Bibliothek, die die Funktion der Nationalbibliothek übernahm und für die laufende Herausgabe der Nationalbibliographien verantwortlich wurde, begann seit dem 19. Jh. die kontinuierliche Veröffentlichung von Bibliographien und Katalogen, die die nationale Produktion an Büchern, Zeitschriften, Dis-

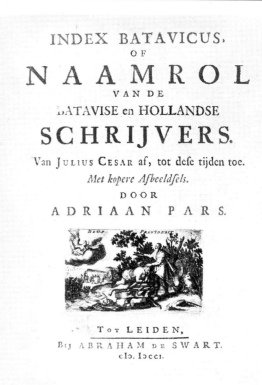

Frontispiz und Titelblatt zu Index Batavicus von A. Pars. Leiden, 1701.
16,5 × 20,5 cm

sertationen, Amtsdruckschriften, Musikalien, Schallplatten usw. verzeichnen. Retrospektive nationale Bibliographien sind z. T. von unterschiedlicher bibliographischer Genauigkeit und Vollständigkeit – lediglich bei den Inkunabelverzeichnissen wurde bereits im 19. Jh. auf eine möglichst exakte Titelbeschreibung Wert gelegt. Die Erarbeitung retrospektiver nationaler Bibliographien oder die Ergänzung älterer Arbeiten, wie sie z. B. aus Ungarn, Polen, der ČSSR bekannt sind, spielt eine wichtige Rolle in der Erschließung des kulturellen Erbes und ist Ausdruck eines Gefühls für nationale Kontinuität, auch wenn, wie in diesen Ländern, die Staatsbildung innerhalb fester Grenzen erst relativ spät erfolgte.

Eine neue Ära der Herstellung von Katalogen begann mit der ersten Veröffentlichung der Kataloge der British Museum Library London (1881) und der Bibliothèque Nationale Paris (1897). Ihrem Beispiel folgten und folgen viele größere und kleinere Bibliotheken bis in die Gegenwart.

Durch Einbeziehung von Sonderbeständen der in der British Library aufgegangenen British Museum Library ist die Neuausgabe des Kataloges jetzt auf ein Vielfaches angewachsen. Darauf aufbauend werden durch sog. Short-title catalogues, also Kataloge mit stark verkürzten Titelaufnahmen, vor allem die Bestände des 16. und 17. Jh. nach sprachlichen Gesichtspunkten zusätzlich erschlossen und sind so gleichzeitig Teil der retrospektiven Bibliographie des jeweiligen Sprachgebietes. Die Anwendung moderner Methoden der Datenverarbeitung und Reproduktion macht auch eine beschleunigte Herstellung von Katalogen für ältere Titel möglich, wie es ein auf den Beständen mehrerer großer englischer Bibliotheken beruhender Katalog für Bücher des 18. Jh. zeigt (Eighteenth-century English books : an author union catalogue. – Newcastle, 1981 ff.). Nachdem der Plan eines Gesamtkataloges der deutschen Bibliotheken, der im Druck nicht über den Buchstaben B hinauskam, durch Verlust des Manuskripts im Kriege aufgegeben werden mußte, wurde durch die Verbindung von Kleistertopf und Schere mit modernen Reproduktions- und Vervielfältigungsmethoden auf der Grundlage der deutschen Nationalbibliographien und ähnlicher Veröffentlichungen für die Jahre 1911–1965 das »Gesamtverzeichnis des deutschsprachigen Schrifttums« (150 Bde., München 1976 bis 1980) zusammengestellt. Mit den gleichen Methoden wurde vom selben Verlag das »Gesamtverzeichnis« für die Jahre 1700–1910 (160 Bde., 1979–1986) hergestellt. Dieses Verzeichnis enthält viele in Bibliotheken nicht mehr nachweisbare Titel. Die auf Mikrofiche oder Mikrofilm vertriebenen Kataloge der Österreichischen Nationalbibliothek Wien, der Universitätsbibliothek Wien, der Königlichen Bibliothek Kopenhagen und vieler anderer Bibliotheken machen deren Bestände einem weiten Nutzerkreis bekannt.

Diese großen, hier nur als Beispiele angeführten Bibliographien und Kataloge sind für den Bibliothekar,

Titelblatt des Katalogs der Akademie der Wissenschaften in St. Petersburg, 1742. 10,5 × 17 cm

Titelblatt des Katalogs der Bibliothek des Grafen Heinrich von Brühl. Dresden, 1750. 19 × 31 cm

Titelblatt zu G. W. Panzer, Annales typographici. Nürnberg, 1793. 20 × 25 cm

Titelblatt des London Catalogue of books. London, 1846. 13 × 21,5 cm

 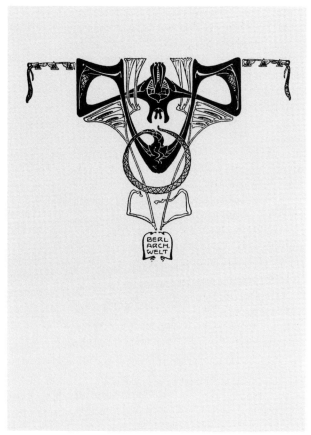

Titelblatt und Vignette des Verlagskatalogs von E. Wasmuth. Berlin, 1903. 17,5 × 24,2 cm

Antiquar und Sammler wichtige Arbeitsmittel, stellen aber in vielen Fällen für spezielle Fragen nur den ersten Einstieg dar. So erlauben die Katalogisierungsregeln z. B. die Kürzung weitschweifiger Titel, summarische Umfangs- und Inhaltsangaben bei Kleinschrifttum. Ältere Bibliothekskataloge wurden z. T. nach unterschiedlichen Gesichtspunkten geführt, ohne daß sie an später erlassene allgemeine Regeln für die Titelaufnahme angeglichen wurden oder die kontinuierliche Ergänzung und Korrektur von Verfasserangaben erfolgte. Bei der Verzeichnung älterer Drucke oder von Sonderbeständen gilt es zu unterscheiden zwischen dem bibliothekarischen Prinzip, d. h. der möglichst rationellen, daher vielleicht auch summarischen Katalogisierung, und dem bibliographischen Prinzip, das den Druck unverwechselbar mehr oder weniger ausführlich beschreiben und das Ergebnis publizieren will. So können Detailprobleme wie Zeilenschlüsse im Titel, die genaue Kollation der Bogen und Seiten, die Zahl der Illustrationen nur durch Spezialbibliographien und -kataloge bewältigt werden.

Bibliographien und Kataloge erscheinen heute meist in einem nüchternen, auf Zweckmäßigkeit orientierten Gewande – lediglich einige große Antiquariate statten ihre Kataloge noch mit Illustrationen aus den zu veräußernden Werken aus. Im 17. und 18. Jh. dagegen finden sich neben einfachen Aushängebogen mit den Titeln der Neuerscheinungen und schlicht gedruckten Katalogen auch solche, die durch ihre Beigaben auf die Bedeutung der verzeichneten Bestände, die gesellschaftliche Stellung des Besitzers oder die Wichtigkeit des Werkes ganz allgemein hinweisen. So finden sich Widmungs- und Glückwunschgedichte z. B. im »Elenchus seu Index generalis«, der die Neuerscheinungen der Jahre 1593–1600 verzeichnet, in Ludovicus Jacobs »Bibliographie Parisiana« bzw. »Bibliographia Gallica universalis« aus der Mitte des 17. Jh. oder in Adam Rudolph Solgers »Bibliotheca sive supellex librorum impressorum« (1760). Neben Abbildungen der Bibliotheken, die beschrieben oder verkauft werden, finden sich Titelbilder, die das Verzeichnis der Bücher als Bestandteil kultureller Tradition kennzeichnen. Das Frontispiz von Adrian Pars' »Index Batavicus« (1701) zeigt vor einer Landschaft die Symbolfigur der Niederlande, umgeben von Attributen der Heraldik und Gelehrsamkeit, daneben ein Bücherregal. Eine ähnliche Auffassung verrät auch das Titelblatt des »London Catalogue of Books« (1846), wo neben der sitzenden Pallas Athene als Göttin der Weisheit die Büsten und Bilder Shakespeares, Newtons, Bacons und Scotts stehen. Repräsentationsbedürfnis und Hinweis auf die Stellung des Besitzers zeichnen die sorgfältig gedruckten Kataloge der Bibliotheken des Grafen Brühl (1750) und der Kaiserlichen Bibliothek in St. Petersburg (1742) aus. Der

Buchschmuck zum Verlagskatalog von Ernst Wasmuth (1903) von Hans Anker wird durch den Charakter des Verlages und das Stilgefühl der Zeit geprägt.

Antiquariats- und Auktionskataloge sowie die oft aus besonderem Anlaß herausgegebenen umfangreichen Verlagskataloge stellen eine über den unmittelbaren Anlaß hinausgehende Quelle zur Identifizierung seltener Ausgaben dar und ergänzen die nationalen Bibliographien. Verlagsverzeichnisse wie die des Malik-Verlages, die detaillierte Bibliographie der Veröffentlichungen des Insel-Verlages oder Kataloge der Antiquariate Rosenthal, Halle, Harrassowitz, Stargardt, Kraus u. a. haben auf Grund ihrer ausführlichen Titelbeschreibungen und Illustrationen z. T. den Rang von Fachbibliographien. Gleiches gilt für die Kataloge der Bibliotheken bedeutender Sammler, die zum Verkauf angeboten wurden und die heute noch wichtige Nachschlagewerke darstellen.

Bibliographien und Kataloge sind das Ergebnis stiller und zäher Arbeit, oft von Generationen, deren Bedeutung mitunter verkannt wird, deren Fehlen aber in allen Bereichen des kulturellen und geistigen Lebens fühlbar würde. *K.K.W.*

Lit.: Schneider, G. : Handbuch der Bibliographie. – 4. Aufl. – Leipzig, 1930. // Bestermann, T. : A world bibliography of bibliographies and of bibliographical catalogues, calendars, abstracts, digests, indexes and the like. – 4. ed. – Vol. 1–5. – Lausanne, 1965–1966. // Nestler, F. : Bibliographie : Einführung in die Theorie und in die allgemeinen bibliographischen Verzeichnisse. – Leipzig, 1977. (Lehrbücher für den bibliothekarischen Nachwuchs ; 7) // Weismann, C. : Die Beschreibung und Verzeichnung alter Drucke : ein Beitrag zur Bibliographie von Druckschriften des 16.–18. Jahrhunderts. – In: Flugschriften als Massenmedium der Reformationszeit. – Stuttgart, 1981. – S. 447 – 614. // Handbuch der bibliographischen Nachschlagewerke / Totok-Weitzel / hrsg. v. H.-J. u. D. Kernchen. – Bd. 1.2. – 6. Aufl. – Frankfurt a. M., 1984–1985. // Bücherkataloge als buchgeschichtliche Quellen in der frühen Neuzeit. – Wiesbaden, 1985.

Bibliomanie

Als Bibliomanie (griech. = Bücherwut) bezeichnet man eine krankhafte Büchersammelleidenschaft. Der Unterschied zwischen dem Bibliomanen und dem Bibliophilen als dem »normalen« Sammler wertvoller Bücher gründet auf psychischen Ausfallserscheinungen im Bereich der Kriterien des Wählens und Wertens, was sich auch auf die Art und Weise der Befriedigung dieses Triebes erstrecken kann. Allerdings ist der Punkt, der den Sammler »vom Herrn zum Knecht seiner Bücher« (Bogeng) werden läßt, schwer markierbar. Bis ins 19. Jh. wurden Bibliomanie und ↗ Bibliophilie synonym gebraucht.

Ein wesentliches Merkmal der Bibliomanie ist der perfektionistische Trieb nach absoluter Vollständigkeit der eigenen Büchersammlung, der bei dem französischen Notar Boulard (1754–1825) dahin ausartete, daß er von 1808 an fünf Häuser mit Büchern, die er nie angesehen hatte, vollstopfte. Soweit nicht kommerziell angesiedelt, ist auch die *Biblioklastie*, das Ausschlachten oder Plündern von Büchern, wofür der Inkunabelfachmann John Bagford (1650–1716) ein Beispiel ist, der Bibliomanie zuzurechnen. Gleiches gilt für die *Bücherkleptomanie*, die im Falle des Professors, Handschriftenexperten und Bücherdiebs Graf Libri (1803 bis 1869) mit dem Delikt der Fälschung von Eignerzeichen verbunden war. Mit dem Geistlichen Johann Georg Tinius (1764–1846), der um Geld für seine Bibliothek etliche Morde beging, und Don Vincente, der 1836 wegen eines vermeintlichen Unikats Amok mit Todesfolge für zehn Personen lief, wurde Bücherleidenschaft zum Kapitalverbrechen. Nur vor dem magischen Hintergrund einer abergläubischen Bücherleidenschaft (Bibliolatrie) wird *Bibliophagie* als die psychische Zwangshandlung, Bücher aufessen zu müssen, verstehbar. Gerichtsnotorisch ist sie als Strafe für Verfasser von Schmähschriften, die ihre literarischen Produkte zu verspeisen hatten, nachgewiesen. *K.K.*

Lit.: Dibdin, T. F. : The bibliomania or bookmadness. – London, 1809. // Nodier, C. : Le bibliomane. – Paris, 1831. // Bogeng, G. A. E. : Die großen Bibliophilen. – Bd. 1. – Leipzig, 1922. // Jackson, H. : The anatomy of bibliomania. – 3. Aufl. – London, 1932. // Merryweather, F. S. : Bibliomania in the middle ages / Rev. ed. by W. A. Copinger. – London, 1933.

bibliophile Gesellschaften

Zusammenschlüsse von Bücherfreunden zur Pflege gemeinsamer Interessen und zur Vertretung ihrer Belange in der Öffentlichkeit. Sie entstanden angesichts der zunehmenden Technisierung der Buchproduktion und des allgemeinen geschmacklichen Verfalls seit Mitte des 19. Jh. und setzten sich besonders in Deutschland für die Beibehaltung handwerklicher Traditionen in der Buchherstellung und für die sorgfältige buchkünstlerische Ausstattung eines Werkes ein (↗ Buchkunstbewegung). Im Mittelpunkt der Arbeit der meisten bibliophilen Gesellschaften steht heute das literarisch oder künstlerisch wertvolle Buch aus Vergangenheit und Gegenwart, sie regen aber auch zur Sammel- und Forschungstätigkeit in allen Bereichen des Buchwesens an und wirken hier im Vorfeld der Antiquariate und Bibliotheken. Sie geben in Vergessenheit geratene Werke älterer Autoren und aktuelle Schriften von Zeitgenossen sowie Faksimile-Ausgaben heraus, sie fördern die praktische Buchgestaltung durch Druckaufträge, z. B. der Vereinspublikationen, die in Form von Jahresgaben meist nur einem begrenzten Mitgliederkreis zugänglich sind. Durch ihre eigenen beispielgebenden Publikationen spornen sie die Verlage zu besonderen Leistungen bei der Gestaltung des modernen Gebrauchsbuches an. Größere bibliophile Gesellschaften verfügen über eigene Publikationsorgane, sie werben durch Vorträge, Veranstaltungen, Wettbewerbe und Ausstellungen. Alle bibliophilen Gesellschaften verfolgen im Prinzip das Ziel, die Freude am schönen Buch beim Leser zu wecken, zu fördern und zu pflegen, sie tragen dadurch zur Überlieferung und Bewahrung wertvollen Kulturgutes bei.

Die Institutionalisierung bibliophiler Bestrebungen begann mit dem 1812 in London gegründeten elitären Roxburghe Club, der speziell für seine Mitglieder Drucke herstellen ließ (Höchstzahl 60 Exemplare), eine Einrichtung, die auch von anderen bibliophilen Gesellschaften übernommen wurde. 1820 entstand die Société des Bibliophiles français, 1884 wurde die bedeutendste bibliophile Gesellschaft in den USA, der Grolier Club in New York, ins Leben gerufen. 1908 wurde die Gesellschaft der tschechischen Bibliophilen in Prag gegründet, ihr folgten bibliophile Vereinigungen für die Slowakei (1930) und Mähren (1931). Die Schweizerische Bibliophilen-Gesellschaft in Zürich entstand 1921 (Organ: Librarium, 1. 1958ff.), 1912 trat die Wiener Bibliophilen-Gesellschaft zusammen. 1920 bildete sich in Moskau die Russische Gesellschaft der Bücherfreunde, die bis 1929 156 Arbeiten veröffentlichte. Als Massenorganisation der sowjetischen Bücherfreunde wurde 1974 die Allunionsgesellschaft der Bücherfreunde gegründet, die eigene Organisationen in den einzelnen Sowjetrepubliken besitzt. Sie propagiert besonders moderne und ältere Literatur unter der Jugend und informiert über das nationale und internationale Buchwesen. Die Bildung eines Netzes moderner Antiquariate und der Aufbau von Restaurierungswerkstätten und Buchmuseen stehen ebenfalls auf ihrem Programm. – In Deutschland wurde 1899 u. a. auf Initiative von Fedor von Zobeltitz (1857–1934) die Gesellschaft der Bibliophilen zu Weimar gegründet (Organ: Zeitschrift für Bücherfreunde, 1897–1936), die die Entstehung von Ortsvereinigungen zur Folge hatte (Leipzig, 1904; Berlin, 1905; München, 1907; Hamburg, 1908). Die vor dem zweiten Weltkrieg bestehenden bibliophilen Gesellschaften setzten z. T. nach 1945 ihre Arbeit fort, so z. B. die Gesellschaft der Bibliophilen e. V. (seit 1948 Sitz München; Organ: Imprimatur, N. F. 1. 1956/57ff.), die Maximilian-Gesellschaft in Hamburg (1911 in Berlin gegründet; Organ: Philobiblon, 1. 1957ff.), der Berliner Bibliophilen-Abend (Neugründung 1954 in Berlin [West]) und die Gesellschaft der Bücherfreunde in Hamburg e. V.

Als Zentrum der Buch- und Graphiksammler der DDR wurde 1956 die Pirckheimer-Gesellschaft im Kulturbund der DDR gegründet, die seit 1957 die Zeitschrift »Marginalien« herausgibt und durch rege Vortrags- und Veranstaltungstätigkeit in den einzelnen Ortsgruppen für das modern gestaltete Buch wirbt, zugleich das Verständnis für das durch das Buch überlieferte kulturelle Erbe weckend und fördernd. – Höhepunkte in der Gesellschaftsarbeit sind die Jahreshauptversammlungen und periodisch stattfindende internationale Begegnungen der Bibliophilen, wie z. B. der von der 1963 gegründeten Association internationale bibliophilie veranstaltete Internationale Bibliophilen-Kongreß (der 1. Kongreß 1959 in München wurde noch vom Berliner Bibliophilenabend in Berlin [West]

ausgerichtet) und der Internationale Exlibris-Kongreß der FISAE (Internationale Vereinigung der Nationalen Exlibris-Gesellschaften). *F. M.*

Lit.: Jung, W.: Wege und Ziele bibliophiler Vereinigungen (1928). – In: Imprimatur. – Frankfurt a. M. – N. F. (1969). – S. 14 – 25. // Rodenberg, J.: Deutsche Bibliophilie in 3 Jahrzehnten. – Leipzig, 1931. // Unger, W.: Der Grolier Club. – In: Marginalien. – Berlin H. 45, 1972. – S. 50 – 64. // Kunze, H.: 25 Jahre Pirckheimer-Gesellschaft. – In: Marginalien. – Berlin H. 84, 1981. – S. 1 – 11. // Fortinski, S. P.: Moskauer bibliophile Organisationen der zwanziger und dreißiger Jahre. – In: Marginalien. – Berlin H. 86, 1982. – S. 37 – 47. // Sommer, L.: Der Leipziger Bibliophilen-Abend 1904–1933. – In: Marginalien. – Berlin H. 98, 1985. – S. 4 – 20.

Bibliophilie

(griech. biblos = Buch, philia = Liebe), im allgemeinen die Liebe zum Buch, im engeren Sinn die Neigung des Bibliophilen (des Bücherfreundes, -liebhabers, -kenners und -sammlers) zu dem von ihm bevorzugten Objekt, die im Extremfall bis zur ↗ Bibliomanie, der krankhaften Hinwendung zum Buch, gehen kann. Die Geschichte der Bibliophilie ist zugleich eine Geschichte der Privatbibliotheken und großer Sammler, aber auch eine Geschichte des Auktionswesens und des Antiquariats. Sammler traten als Initiatoren von öffentlichen Bibliotheken auf, durch Schenkungen und Nachlaßübergaben setzten sich Mäzene ein bleibendes Denkmal. Kurz vor seinem Tod vollendete Richard de Bury (1287–1345) seinen humanistischen Traktat »Philobiblon«, der sich mit der Bücherliebhaberei und Buchpflege beschäftigt. Francesco Petrarca (1304 bis 1374) und Giovanni Boccaccio (1313–1375) ragen unter den Bibliophilen der Renaissance hervor. Die Studienbibliothek Johann Reuchlins (1455–1522) und die gelehrte Familienbibliothek des Nürnberger Patriziers und Ratsherrn Willibald Pirckheimer (1470–1530) zeugen von der Bedeutung des Buches für die Humanisten. In Frankreich setzte Jean Grolier (1479–1565) vor allem durch die kunstvollen Einbände für seine Bibliothek neue Maßstäbe, während das wechselvolle Schicksal der Bibliotheca Thuana im 16. und 17. Jh. auch ein Stück Zeitgeschichte widerspiegelt. Im 18. und 19. Jh. entstanden in Frankreich und England kostbare Liebhaberbibliotheken, deren Besitzer sich ausschließlich nach bibliophil-ästhetischen Gesichtspunkten orientierten. Luxusausgaben und ↗ Tafelwerke in erlesener Ausstattung und kleine Auflagen trugen den neuen bibliophilen Kriterien Rechnung. Seit dem 19. Jh. ging durch die Zunahme der Buchproduktion und mit der Herausbildung des öffentlichen Bibliothekswesens die Bedeutung der privaten Büchersammlungen zurück. Nach 1830 gewann, u. a. bedingt durch die ästhetisch unbefriedigende Situation in der Buchproduktion, das alte, antiquarische Buch an Bedeutung, wobei weniger sein Inhalt als vielmehr Schönheit, Seltenheit oder Einband geschätzt wurden, Gründe, die Bücher zur Kapitalanlage geeignet erscheinen ließen.

Bibliophilie ist ein vielschichtiger Begriff. Die bibliophilen Maßstäbe haben sich den allgemeinen Stil- und Geschmackswandlungen entsprechend ständig verändert. Die französische Bibliophilie war hier beispielgebend. Praktisch wird Bibliophilie oft mit »Sammlertum« gleichgesetzt, doch schließt sie Buchbesitz und -pflege, Bucherwerbung und -verbreitung ebenso ein, wie die Erforschung des Schicksals einer ganzen Büchersammlung oder eines einzelnen Exemplars. Das Interesse des Bibliophilen kann sowohl dem Einzelstück, dem Sonderfall, dem Kuriosum gelten, als auch dem gängigen Gebrauchsbuch oder den ↗ Pressendrucken als »Buchkunstwerk«. Gegenstand der Bibliophilie sind im allgemeinen durch Ausstattung (Illustrationen), Typographie, Einband, Druckqualität und Papier, Alter, Seltenheit und guten Erhaltungszustand sich auszeichnende Werke, deren Wert allerdings oft nur in einem Liebhaberwert besteht. Die Sammelkonzeption eines Bibliophilen erwächst aus seinen literarischen, buch- oder kulturgeschichtlichen Interessen, formale Aspekte (z. B. das Format – »kleinste Bücher« – oder die Publikationsform wie z. B. Einblattdrucke, Flugschriften, Schriftenreihen) sowie werkgeschichtliche Merkmale (Erstausgabe, autorisierte Erstausgabe, Neudrucke, Korrekturexemplare) und thematische Bezüge (bestimmtes Sammelgebiet wie z. B. Märchen oder Wissenschaftsgebiet wie z. B. Astronomie, Literatur über eine bestimmte Person, ein bestimmtes Werk, ein Land, eine Stadt oder eine Begebenheit) spielen dabei eine Rolle. Auf Vollständigkeit im festgelegten Rahmen, auf besondere Exemplare (Widmungsexemplare, numerierte Exemplare, Provenienzexemplare, ↗ Exlibris, Supralibros) und auf die Übereinstimmung von Inhalt und Form in der Buchgestaltung kann ein Sammler Wert legen. Pressendrucke kommen in besonderer Weise bibliophilen Neigungen entgegen.

Private Büchersammlungen werden oft von ihren Besitzern aus den verschiedensten Gründen selbst aufgelöst oder von den Erben verkauft. Einzelne Sammlungsteile können bestehende Sammlungen ergänzen, oder sie bilden die Grundlage für einen Neubeginn, sofern sie nicht in öffentlichen Besitz übergehen und damit dem bibliophilen Sammeln entzogen sind. Bibliophilie ist auch ein sozialpsychologisches Phänomen, eine schöpferische Tätigkeit und ein Bildungselement von hohem Rang. Sie ist Ausdruck individueller Lebensführung und geistiger Lebenshaltung, abhängig nicht zuletzt von den finanziellen Möglichkeiten des Bibliophilen. Der systematisch sammelnde, kenntnisreiche Bibliophile prägt die Bibliophilie der Gegenwart, da nur die Spezialisierung, das Sichbeschränken auf ein überschaubares Sammelgebiet, Erfolg verspricht und der einzelne nicht mit den Millionenbeständen der Großbibliotheken konkurrieren kann. Der echte Bibliophile lehnt Bücher als Kapitalanlage und Objekte sicherer Spekulationsgewinne ab. Liebe zum Buch, Begeisterung, Hingabe und viel Geduld kennzeichnen den Bibliophilen, der auch im »Vorfeld der Buchbibliophilie« (Kunze) tätig werden kann (Sammlung von Briefmarken, Etiketten, Buntpapieren, Ansichtskarten, Programmheften, Verlagsprospekten, Ausstellungskatalogen, Exlibris usw.). Eine über eine lange Lebenszeit aufgebaute, fundierte und abgerundete Sammlung bedeutet stets einen persönlichen Gewinn, sie verschafft Kontakte zu anderen Sammlern und Bücherfreunden, trägt zur Aufbewahrung und Überlieferung von Kulturgut bei und erfreut sich, unabhängig vom momentanen Handelswert, eigener, sachverständiger Wertschätzung. *F. M.*

Lit.: Bogeng, G. A. E.: Die großen Bibliophilen. – Bd. 1–3. – Leipzig, 1922. // Bogeng, G. A. E.: Einführung in die Bibliophilie. – Leipzig, 1931. // Deckert, H.: Privates und öffentliches Sammeln von Büchern. – In: Marginalien. – Berlin H. 47, 1972. – S. 43–53. // Steude, R.: Deutsche Bibliophilie 1899 – 1945. – In: Imprimatur. – Frankfurt a. M. – N. F. (1976). – S. 11–29. // Willms, J.: Bücherfreunde, Büchernarren. – Wiesbaden, 1978. // Kunze, H.: Bibliophilie im Sozialismus (1967). – In: Kunze: Im Mittelpunkt das Buch. – Leipzig, 1980. – S. 107–138. // Berkov, P. N.: Istorija sovetskogo bibliofil'stva (1917–1967). – Moskva, 1983.

Bibliotheken

Sammlungen von Büchern oder Aufbewahrungsorte für Bücher sind seit dem Beginn schriftlicher Überlieferungen bekannt. Sie wurden oft in Zusammenhang mit Höfen, Tempeln und Schulen gegründet und dienten als Sammlung rechtlich-administrativer Unterlagen (Gesetzestexte) oder kultischer Aufzeichnungen. Die früheste noch erhaltene Bibliothek ist die Tontafelbibliothek Assurbanipals (gest. ca. 626 v. u. Z.) in Ninive. Aus der Blütezeit der hellenistischen Kultur ist die Bibliothek von Alexandria am berühmtesten. Errichtet im 3. Jh. v. u. Z., umfaßte sie z. Z. ihres Brandes 47 v. u. Z. 700 000 Schriftrollen. Aus Rom ist für 39 v. u. Z. eine öffentliche Bibliothek belegt; z. Z. Konstantins des Großen (323–337) gab es dort 28 öffentliche Bibliotheken. In Byzanz wurde nach 353 die kaiserliche Bibliothek gegründet, die noch bei Eroberung der Stadt durch die Türken 1453 bestand. In den arabisch-islamischen Ländern entwickelten sich Bibliotheken, Buchhandel, Bibliophilie und Schreiberschulen vor allem während der Abbassidenherrschaft (750 bis 1258). So ist für die Bibliothek in Córdoba ein Bestand von 400 000 Banden überliefert, die Fatimiden-Bibliothek in Kairo soll zwischen 200 000 und 600 000 Bänden umfaßt haben, die Bibliotheken von Provinzfürsten und Gelehrten waren ebenfalls von beachtlichem Umfang. Die Klöster auf deutschem und schweizerischem Boden besaßen zu dieser Zeit vergleichsweise kümmerliche Bibliotheken: Lorch im 9. Jh. 590 Kodices, St. Gallen 428 Handschriften, St. Emmeran um 1000 513 Handschriften, die Kölner Dombibliothek 175 Kodices.

Die Entwicklung der äußeren Form der schriftlichen Überlieferung, von der Tontafel über die Papyrusrolle und den Pergamentkodex zur heutigen Gestalt des Buches, bestimmte die Art und Weise der Aufbewahrung,

Bibliotheken

Innenansicht der Wiener Hofbibliothek vor dem Umbau. Kupferstich, 1685. 30,5 × 19,5 cm

die mit dem Anwachsen der Bestände und der Benutzung auch eigene Räume und spezifisches Mobiliar erforderte. Die Seltenheit handschriftlicher Bücher brachte die Sicherung durch eiserne Ketten mit sich (Kettenbibliothek); die Folianten standen dabei mit der Schnittfläche nach außen und konnten nur auf den angebauten Pulten benutzt werden. Noch um 1610 zeigt eine Abbildung des Inneren der Universitätsbibliothek Leiden diese Art der Aufstellung und Sicherung.

Mit der Verbreitung des Buchdrucks begannen die Bibliotheken schneller zu wachsen als zuvor. Für ihre Entwicklung waren nicht nur Geldzuwendungen und die Leistungsfähigkeit des Buchhandels wichtig, sondern auch die persönlichen Kontakte ihrer Besitzer. Gelehrte vermehrten ihre Bibliotheken durch den Austausch ihrer Veröffentlichungen, Hofhaltungen bedienten sich der Hilfe von Diplomaten und bezahlten Mittelsmänner, um ihren Fundus an Büchern, sog. Kuriositäten und Kunstgegenständen zu erweitern.

Am Ende des 17. Jh. beginnt sich das Innere der Bibliotheken zu wandeln. War die Ausstattung bis dahin meist relativ schlicht, wie es zeitgenössische Abbildungen aus Leiden, Wolfenbüttel, Danzig oder Wien (vor dem Umbau) zeigen, so prägte die jetzt vor allem in Süddeutschland, Österreich, Böhmen und Mähren einsetzende allgemeine Bau- und Gestaltungslust die Aufstellung und Anordnung der Bibliotheksbände. Die Buchbestände wurden Bestandteil der architektonischen Gestaltung prunkvoller Bibliotheksräume. Charakteristisch für die in dieser Zeit entstehenden Bibliotheken, die Entwürfe des Nürnberger Innenarchitekten Johann Jakob Schübler (gest. 1741) zeigen es ebenso wie die Bilder der Bibliotheken Uffenbachs, Solgers oder Garellis, ist die weitgehende Übereinstimmung von ↗ Einbänden, Regalen, Bildern, Wand- und Deckenmalereien, Plastiken, Möbeln, ↗ Lesemaschinen, Globen, Galerien, Türen mit aufgemalten Bücherregalen. Die Gestaltung versuchte meist eine ästhetisch vollendete Darbietung des derzeitigen Bestandes, berücksichtigte aber weniger ein späteres Wachstum. Die Gestaltung von Bibliotheksräumen war und blieb ein immer wieder reizvolles Arbeitsgebiet für Architekten; sie reichte von der prunkvollen Saalbibliothek, die auch dem Repräsentationsbedürfnis der jeweiligen Besitzer diente (Weimar, Kloster Strahov, Stift Melk) bis zu Räumen privat-intimen Charakters, wie sie sich in Potsdam-Sanssouci oder einigen Schlössern der ČSSR und Ungarns finden. Deutlich wird diese Entwicklung beim Vergleich der Innenräume der heutigen Österreichischen Nationalbibliothek in ihrer Gestalt um 1685 mit dem von Fischer von Erlach 1722 entworfenen und von seinem Sohn vollendeten Prunksaal der gleichen Bibliothek. Bei aller Erlesenheit innenarchitektonischer Gestaltung verbindet sich in diesen Bibliotheken der Wunsch nach bequemer Benutzbarkeit mit einer persönlichen Note des Besitzers.

Innenansicht der Stadtbibliothek Danzig (Gdánsk). Kupferstich, 1687. 45 × 31 cm

Ausdruck der inneren Verbundenheit mit Büchern und Bibliotheken, mit dem Gefühl für den Wert des Ererbten und weiter Gepflegten, sind die Abbildungen von Bibliotheksinnenräumen auf Exlibris des 18. Jh. wie z. B. die Hauptbibliothek der Franckeschen Stiftungen in Halle.

Aus Lesegesellschaften, gemeinnützigen Stiftungen und Vermächtnissen entwickelten sich im 18. und 19. Jh. als Ausdruck progressiver Denkweise Stadtbibliotheken mit z. T. bedeutenden Beständen, die die Grundlage für spätere wissenschaftliche Einrichtungen bildeten. Ein Beispiel ist die heutige Stadt- und Universitätsbibliothek Frankfurt am Main, die auf der reich dotierten alten Stadtbibliothek und der Freiherrlich Carl von Rothschildschen öffentlichen Bibliothek (gegr. 1882) beruht. Die nur spärlich dotierten Universitätsbibliotheken erhielten erst im Laufe des 19. Jh. höhere und regelmäßigere Mittelzuwendungen, so daß sie in ihren Erwerbungen nicht nur den steigenden Anforderungen der Zeit besser gerecht werden konnten, sondern durch günstige Antiquariatskäufe auch ihre älteren Bestände zu komplettieren vermochten. In vielen Hofbibliotheken wurde als Ergebnis politischer und wissenschaftlicher Forderungen die Zugänglichkeit und Benutzbarkeit verbessert. Mit dem Anwachsen der Bestände und steigenden Benutzerzahlen setzte sich bei Neu- und Umbauten die Dreiteilung der Bibliotheksgebäude in Verwaltungs-, Benutzungs- (Lesesäle) und Magazinräume durch, Fassaden und Einrichtungen wurden schmuckloser, dafür funktionsbetonter. Letzte Anklänge an Saalbibliotheken finden sich in den Lesesälen der British Library London oder der Bibliothèque Nationale in Paris.

Während sich im 19. Jh. in den meisten europäischen und einigen überseeischen Ländern Nationalbibliotheken zu entwickeln begannen, fehlte eine solche Bibliothek als Sammelstätte der nationalen Buchproduktion und Herausgeberin der Nationalbibliographie auf deutschem Boden. Die ältere deutsche Buchproduktion findet sich heute in solch wichtigen Zentren wie der Deutschen Staatsbibliothek Berlin, der Bayerischen Staatsbibliothek München, der Österreichischen Nationalbibliothek Wien, dazu in einer Reihe königlicher, kurfürstlicher, herzoglicher Hofbibliotheken, die nach der Novemberrevolution von 1918 als Landesbibliotheken weitergeführt wurden und es mit unterschiedlichem Erfolg vermochten, ihren Platz im Bibliothekswesen der Gegenwart zu finden. Seit 1913 ist die Deutsche Bücherei in Leipzig Sammelstätte der in Deutschland, nach 1945 der in der DDR, der BRD und in Berlin (West) erscheinenden Literatur, die in den von ihr herausgegebenen Bibliographien verzeichnet wird. Eine ähnliche Aufgabe erfüllt die 1946 gegründete Deutsche Bibliothek in Frankfurt am Main.

Mit der systematischen Erforschung der Vergangenheit und der Wertschätzung der überlieferten Zeugnis-

Innenansicht der Bibliothek der Universität Leiden mit den an Pulten angeketteten Bänden.
Kupferstich von J. C. Woudanus, 1610

se ist auch die gesonderte Aufstellung und Sicherung von Handschriften und Inkunabeln verbunden. Den sich heraus entwickelnden Handschriften- und Inkunabelabteilungen, wie sie an größeren wissenschaftlichen Bibliotheken mit älteren Beständen bestehen, wurden je nach Bestand noch Sammlungen und Abteilungen für Landkarten, Globen, Porträts, Musikalien, künstlerische Drucke, Zeitungen, Fotografien, Orientalia, Kinderbücher zur Seite gestellt. Steigende Benutzungszahlen und ein durch Umwelteinflüsse sich verschlechternder Erhaltungszustand der Bestände haben über diesen Kreis von Sondersammlungen hinaus zur Bildung von Abteilungen für alte und seltene Drucke geführt, deren Bestände gesondert aufgestellt und nur eingeschränkt benutzbar sind. Besondere Sammlungen innerhalb fast aller großen Bibliotheken bilden Schriften, die aus inhaltlichen Gründen der allgemeinen Benutzung entzogen sind. Das trifft z. B. in Bibliotheken der DDR auf Literatur faschistischen, militaristischen, völkerverhetzenden u. ä. Inhalts zu,

die nur für nachgewiesene wissenschaftliche Zwecke zur Verfügung gestellt wird. Aus Vermächtnissen von Sammlern oder den Ablieferungen der Zensurbehörden stammen die meist gesondert aufgestellten Bestände sog. ↗ Erotica.

Die Bestände vieler Bibliotheken wurden durch die Vermächtnisse und Stiftungen von Privatpersonen gefördert, die unter bibliophilem oder fachwissenschaftlichem Gesichtspunkt Spezialbibliotheken zusammengetragen hatten. Als Beispiele seien genannt die Bibliotheken Buder in Jena und Gustav Freytag in Frankfurt am Main für Flugschriften, die Stolberg-Stolbergische Leichenpredigtsammlung (in Wolfenbüttel), die Bibliothek Leopold von Rankes in Syracuse/USA, die Sammlung deutscher Barockliteratur von Faber du Faur an der Yale Universität (USA), die Sammlung von Kostümliteratur des Verlegers Franz Freiherr von Lipperheide (Berlin [West]). Solche Sammlungen bildeten oft den Grundstock für weitere Erwerbungen auf dem Gebiet. Die möglichst geschlossene Aufstellung von

Entwurf von J. J. Schübler für ein »Studier-Cabinet zur Winters-Zeit«.
Kupferstich, 1. Hälfte des 18. Jh. 18,2 × 30 cm

Bibliotheken bedeutender Persönlichkeiten (Goethe, Voltaire, Schopenhauer, Lenin) ist über den bibliophilen und fachwissenschaftlichen Bezug hinaus wichtig zur Kenntnis der damaligen Besitzer.

Eine nicht unwesentliche Rolle bei der Vermehrung um wertvolle Bestände spielte die Übernahme von Bibliotheken von Privatpersonen, Organisationen, Vereinigungen, Religionsgemeinschaften durch öffentliche Bibliotheken. Die Aufhebung von Klöstern und anderem kirchlichen Besitz am Ende des 18. und in der ersten Hälfte des 19. Jh. brachte vor allem in Frankreich und den katholischen Landesteilen Deutschlands den öffentlichen Bibliotheken einen erheblichen Zuwachs an wertvoller älterer Literatur. Auch die gesellschaftlichen Veränderungen in Ost- und Südosteuropa sowie in der DDR nach dem zweiten Weltkrieg brachten aus aufgelösten Adels-, Schul- und Verwaltungsbibliotheken einen erheblichen Zustrom an Literatur, der die vorhandenen Bestände nicht nur ergänzte, sondern, wie etwa in Polen, den Grundstock für solche schwer getroffenen Bibliotheken wie die Nationalbibliothek Warschau oder die Universitätsbibliothek Wrocław bildete. In Ungarn wurden von 1945 bis 1953 mehr als vier Millionen Bände in staatlichen Besitz überführt. Deren Bearbeitung ergab, daß rund ein Drittel der Hungarica in den älteren ungarischen Bibliographien nicht verzeichnet war. Der Bestand der Universitäts- und Landesbibliothek Sachsen-Anhalt in Halle wuchs auf diese Weise um rund eine Million Bände.

Groß ist die Zahl der Bibliotheken, die im Laufe der menschlichen Geschichte durch kriegerische Auseinandersetzungen, Naturkatastrophen, Unverstand, Gewinnsucht oder Erbteilung zerstört oder deren Bestände in alle Winde zerstreut wurden, wie es das Schicksal der Bibliothek von Alexandria und anderer, bereits erwähnter arabischer Bibliotheken zeigt. Nach der Eroberung Heidelbergs im Dreißigjährigen Krieg (1622) schenkte Maximilian I. von Bayern die Universitätsbibliothek mit ca. 8000 Drucken und 3500 Kodices dem Papst, der sie den vatikanischen Büchersammlungen

Garellische Bibliothek in Wien. Titelblatt zu Die Merkwürdigkeiten der k. k. garellischen öffentlichen Bibliothek am Theresiano von M. Denis. Wien, 1780. 19,5 × 26 cm

einverleiben ließ. Gustav Adolf von Schweden sandte die Mainzer Hofbibliothek 1631 als Kriegsbeute in seine Heimat. Nur durch intensive Nachforschungen ließen sich die prunkvolle Bibliothek des ungarischen Königs Matthias Corvinus (1458–1490) oder die Handbibliothek von Marx und Engels rekonstruieren. Die Auflösung und Vernichtung der Bibliotheken der Arbeiterbewegung, von Freimaurerlogen und jüdischen Kultusgemeinden nach 1933 im Machtbereich des deutschen Faschismus hat z. T. unwiederbringliche Verluste an historisch und kulturgeschichtlich wertvoller Literatur, die nur dort gesammelt war, mit sich gebracht.

Heute sollte die gesicherte Existenz und Pflege kleinerer, historisch gewachsener Bibliotheken an ihrem Standort bei Sicherung der Benutzbarkeit fester Bestandteil der kulturellen Landschaft eines Staates oder einer Region sein, für deren Erhaltung gleiche Kriterien gelten wie für andere Zeugnisse der Vergangenheit, die in Museen zur Schau gestellt werden oder die als historisches Bauwerk ein kulturgeschichtliches Ensemble bilden. Zusammen mit den Nationalbibliotheken, den Universitäts- und Stadtbibliotheken mit älteren wissenschaftlichen Beständen sind Schul-, Adels- und Kirchenbibliotheken im zusammenhängenden deutschen Sprachgebiet und den angrenzenden Ländern Bestandteile einer bis in die Gegenwart bestehenden reich gegliederten Bibliothekslandschaft, die für Bücherfreunde wie für Fachwissenschaftler und einen großen Kreis interessierter Laien aus allen Bevölkerungsschichten noch manche Entdeckung bereithält. Mit aus dieser Erkenntnis heraus verblieben die meisten säkularisierten Bibliotheken der ČSSR an ihrem Standort und werden heute fachmännisch durch die Bibliothek des Nationalmuseums in Prag verwaltet, die auch für die Neukatalogisierung verantwortlich ist. 1980 gelang es, durch geschlossenen Ankauf eine der bedeutendsten Adelsbibliotheken Bayerns, die Oettingen-Wallersteinsche Bibliothek mit 1520 mittelalterlichen Handschriften, 1000 Inkunabeln und 140 000

Bänden Druckschriften vor der Versteigerung und Zerstreuung zu bewahren.

Entsprechend der nationalen und gesellschaftlichen Entwicklung verfügen heute alle Länder der Erde über ein mehr oder weniger ausgebautes Bibliothekssystem, in dem sich kulturelle Traditionen, Alphabetisierungsgrad der Bevölkerung, Umfang der schriftlichen Überlieferung niederschlagen. In abgestufter Form und mit klar umrissenen Funktionen bestehen neben der Nationalbibliothek Universitäts- und Hochschulbibliotheken, fachliche Spezialbibliotheken, allgemein öffentliche Bibliotheken mit solchen Zweigen wie Kinderbibliotheken, Patientenbibliotheken, Blindenbibliotheken. Neue Literaturformen und Medien, die neben das Buch in seiner traditionellen Form getreten sind, erfordern Überlegungen zur Erwerbung und Aufbewahrung für kommende Generationen.

Die nationalen Bibliotheksverbände sind in der IFLA (International Federation of Library Associations / Internationaler Verband der bibliothekarischen Vereine und Institutionen), einer Unterorganisation der UNESCO, zusammengeschlossen, die sich auf ihren Plenartagungen und den Sitzungen der Fachausschüsse mit speziellen Bibliotheksfragen wie etwa der umfassenden Verzeichnung des nationalen Schrifttums oder dem Schutz und der Erhaltung des den Bibliotheken anvertrauten Kulturguts befaßt. Auch wenn die Arbeit der Bibliotheken und ihre äußere Ausstattung heute in der Regel von Spitzwegscher Idylle und Beschaulichkeit weit entfernt sind, so lebt in ihren Beständen und Räumen ein Fluidum fort, das immer wieder anziehend auf die Leser wirkt. Menschen in bedrängten äußeren Lebensumständen wie z. B. viele Emigranten fanden hier eine Stätte für ihre Studien, anderen gewährte der Beruf des Bibliothekars zeitweise den notwendigen Lebensunterhalt (Leibniz, Lessing, Casanova, Erhart Kästner, Paul Zech, Archibald MacLeish).

Bibliothekare und Bibliotheken als Personen und Handlungsraum des Geschehens haben Eingang in die verschiedenen Gattungen der Literatur gefunden (Wilhelm Raabe: Deutscher Adel; Günter de Bruyn: Buridans Esel; der Kriminalroman von Agatha Christie: Murder in the Library; und von Umberto Eco: Der Name der Rose). Wiederholt wurden in der englischen Lyrik der zwanziger und dreißiger Jahre dieses Jahrhunderts Gedichte auf die Bibliothek des British Museum abgefaßt. Besonders eingerichtete Schausammlungen, Sonderausstellungen in oder Führungen durch historische Bibliotheksräume stellen die Verbindung zu einem reichen Erbe der Vergangenheit und für den Besucher stets von neuem ein Bildungserlebnis dar.

K. K. W.

Lit.: Lewanski, R. C.: Subject collections in European libraries. – New York, London, 1965. // Masson, A.: Le décor des bibliothèques du moyen âge à la révolution. – Genève, Paris, 1972. // Baur-Heinhold, M.: Schöne alte Bibliotheken. – 2. Aufl. – München, 1974. // Löschburg, W.: Alte Bibliotheken in Europa. – Leipzig, 1974. // Sondersammlungen in Bibliotheken der DDR. – Berlin, 1975. // Buzas, L.:

Deutsche Bibliotheksgeschichte des Mittelalters. – Wiesbaden, 1975. // Buzas, L.: Deutsche Bibliotheksgeschichte der Neuzeit (1500–1800). – Wiesbaden, 1976. // Vorstius, J.; Joost, S.: Grundzüge der Bibliotheksgeschichte. – 7. neubearb. u. erg. Aufl. – Wiesbaden, 1977. // Gebhardt, W.: Spezialbestände in deutschen Bibliotheken. – Berlin, New York, 1977. // Buzas, L.: Deutsche Bibliotheksgeschichte der neuesten Zeit (1800–1945). – Wiesbaden, 1978. // Rost, G.: Die vielen Bücher! Haben Sie die alle gelesen? : Buch und Bibliothekar im Spiegel der Literatur. – Leipzig, 1981. (Neujahrsgabe der Deutschen Bücherei)

Bilderbogen

Bilderbogen bezeichnen eine besondere Form der volkstümlichen Graphik, die als einseitig bedruckte, meist kolorierte Einblattdrucke (↗ Flugblatt) mit oder ohne Text, jedoch immer mit einem Bild oder einer Bilderfolge versehen, bis in das 20. Jh. eine massenhafte Verbreitung fanden. Fließend sind die Grenzen zum Flugblatt, das auch ohne das Bild auskommen kann, und zur ↗ Bildgeschichte, die nicht an das Einzelblatt gebunden ist.

Als Vorläufer des Bilderbogens gelten die im 14. Jh. von den Briefmalern gefertigten religiösen Andachts- und Erbauungsbilder, die den leseunkundigen Volksschichten als Buchersatz dienen. Im 15. Jh. werden nach Aufkommen des Holztafeldrucks zunehmend auch volkstümliche weltliche Motive dargestellt (Lebensalter, Altweibermühle, Verkehrte Welt u. a.). In den Abbildungen seltener Naturgebilde, Himmelserscheinungen oder anderer sensationeller Merkwürdigkeiten und Geschehnisse übernimmt der Bilderbogen die Aufgabe des Neuigkeitenvermittlers. Seit der Erfindung des Buchdrucks tritt neben das Bild auch der erläuternde Text, und oft werden Verse eigens für die Bilderbogen geschaffen (Hans Sachs). Besondere Zentren der Bilderbogenherstellung sind Nürnberg und Augsburg.

Wurden die Bilderbogen bisher ausschließlich durch den ↗ Holzschnitt vervielfältigt, setzt sich im 17. Jh. der elegantere ↗ Kupferstich als dominierende Drucktechnik durch. Neue Bildinhalte bieten die Ereignisse des 30jährigen Krieges (Schlachten- und Landsknechtbilder, politische und satirische Stoffe). Paulus Fürst in Nürnberg ist der bedeutendste Bilderbogenverleger dieser Zeit. Im 18. Jh. wird der Bilderbogen zum Modeartikel der Verlagshäuser. Dem Zeitgeschmack des Rokoko folgend, stehen Darstellungen galanter Szenen und des Volkslebens im Vordergrund und richten sich gezielt an verschiedene Schichten und Lebensalter. Obgleich zunehmend durch die Almanache und Zeitschriften verdrängt, erlebt der Bilderbogenvertrieb im 19. Jh. durch die Wirksamkeit einiger Verlagshäuser (Nürnberg, München, Neuruppin u. a.) und durch das neue Verfahren der ↗ Lithographie einen lebhaften Aufschwung. Die für den Bilderbogen charakteristische Buntheit wird weiterhin durch Handkolorierung erreicht. Neben die traditionellen Bildmotive treten historische Stoffe, Tagesereignisse sowie Märchen und

»Der Nasenhans«. Kolorierter Kupferstich. Flugblatt, o. O., 1643. Staatliche Galerie Moritzburg Halle. 14,5 × 26 cm

Münchener Bilderbogen. »Der Stier und der Bader«. Kolorierter Holzschnitt, 19. Jh. 33,5 × 43,3 cm

Bilderbogen

»Kasaner Kater«. Beliebter russischer Bilderbogen. Kolorierter Holzschnitt, 18. Jh. 58 × 72 cm

Neuruppiner Bilderbogen der Firma Gustav Kühn. Um 1835. 38 × 47 cm

Neuruppiner Bilderbogen der Firma F. W. Bergemann. 1861. 33,8 × 41,5 cm

8. Leipziger Bilderbogen. Holzstiche und Holzschnitte von Christa Jahr, 1976. 34 × 48 cm

Beschäftigungsspiele für die Kinder. Erst im 20. Jh. wird der Bilderbogen endgültig von den illustrierten Büchern, Zeitschriften, Bildpostkarten u. a. abgelöst. Der Bilderbogen, einst über ganz Europa verbreitet (z. B. »Lubok« in Rußland), lebt formal in den Comics sowie in bewußten Neuschöpfungen (»Leipziger Bilderbogen«) weiter. Größere Bestände von Bilderbogen befinden sich heute in den Sammlungen von Berlin (Märkisches Museum), Nürnberg, Neuruppin, Épinal/Frankreich u. a.   *U. W.*

Lit.: Schottenloher, K.: Flugblatt und Zeitung. – Berlin, 1922. (Bibliothek f. Kunst- u. Antiquitätensammler ; 21) // Spamer, A.: Bilderbogen. – In: Reallexikon zur dt. Kunstgeschichte. – Bd. 2. – Stuttgart, 1948. – Sp. 549–561. // Zaepernick, G.: Neuruppiner Bilderbogen der Firma Gustav Kühn. – Leipzig, 1972. // Brückner, W.: Deutschland : v. 15. bis zum 20. Jh. – München, 1975. (Populäre Druckgraphik Europas) // Vogel, H.: Bilderbogen, Papiersoldat, Würfelspiel und Lebensrad. – Leipzig, 1981.

Bildgeschichten. Comics

in westeuropäischen Ländern, vor allem aber in den USA: *Comic strips* (engl. = lustige Streifen; wenn sie an eine Zeitung gebunden sind; dabei unterscheidet man den farbigen Sunday strip und den schwarzweißen Daily strip) oder *Comic books*, kurz *Comics* (wenn es sich um eigenständige Hefte handelt). Für die nach der Mitte der sechziger Jahre als Massenerscheinung auftretenden Undergroundcomics hat sich die Bezeichnung Comix eingebürgert.

Die Bildgeschichte läßt sich durch folgende Punkte charakterisieren: 1. Erzählung einer fortlaufenden Handlung oder einer Geschichte in mehreren Bildern, oft mit einer Pointe zum Schluß; 2. Einbeziehen von Text in das Bild zur gegenseitigen Verdeutlichung bzw. zur Erzeugung von gegenläufiger Spannung mit der Tendenz zur Integration bzw. Desintegration von Bild und Text, wie sie durch die sog. Sprechblasen erreicht wird (Tendenz zur Dialogisierung); 3. feststehende und stets wiederkehrende Hauptfiguren (Helden); 4. periodische Erscheinungsweise.

Die Synthese von Bild und Text ist das ästhetische Spezifikum der Bildgeschichten. Gerade die Kombination von Bild und Text bietet dem meist ästhetisch ungeschulten Leser oder Betrachter eine in ihrem individuellen wie vor allem aber in ihrem gesellschaftlichen Stellenwert nicht zu unterschätzende Rezeptionshilfe, wie sie für normale Werke der bildenden Kunst (Malerei, Graphik, Plastik) nicht existiert, die aber als Bedürfnis zweifellos vorhanden ist.

Bildgeschichte und Film sind etwa 1895 gleichzeitig entstanden. Trotz aller Unterschiede ist beiden Massenmedien eines gemeinsam: Sie stellen Handlung in einander folgenden Bildern dar. So reichen die Anfänge der optischen Darstellung von Serienbildern auf Plateau (1829) und Stampfer (1834) zurück. Zur gleichen Zeit hatte sich die Firma von Gustav Kühn in Neuruppin neben der Stadt Epinal (Frankreich) zum Zentrum

der ↗ Bilderbogenherstellung in Mitteleuropa entwikkelt. Der Schweizer Rodolphe Töpffer zeichnet seine komischen Bildromane, die, zunächst nur zum privaten Vergnügen gedacht, ab 1833 gedruckt erschienen. In der englischen Karikatur des 18. Jh. tritt bereits die für die späteren Bildgeschichten so charakteristische Sprechblase auf. Weitere Vorläufer sind die Bänkelund Moritatensänger mit ihren Schautafeln.

1865 erschien »Max und Moritz« von Wilhelm Busch; es stand bei der Herausbildung der Comics gegen Ende des 19. Jh., die sich insbesondere in den USA vollzog, Pate. Max und Moritz war das bewußt genutzte Vorbild für die Serie »The Katzenjammer Kids« des aus Deutschland eingewanderten Zeichners Rudolph Dirks. Noch heute ist das ursprüngliche Vorbild der ab dem 12. 12. 1897 existierenden Serie deutlich zu erkennen.

In der Beilage der »World« vom 5. 5. 1895 hatte die zunächst noch namenlose Gestalt eines etwa siebenjährigen Gassenjungen mit kahlem Kopf und knöchellangem Hemd in der Serie »At the Circus in Hogan's Alley« (sinngemäß etwa: Zirkus auf dem Hinterhof) ihr Debut, die später als »Yellow Kid« in die Comicgeschichte eingehen sollte. Ihr charakteristisches gelbes Hemd trägt diese Figur jedoch erst seit dem 5. 1. 1896, weil die Farbe Gelb erst seit diesem Zeitpunkt drucktechnisch möglich war. Hearst warb Outcault von der »World« ab. Outcault zeichnete dann die Serie unter dem Namen »Yellow Kid« ab Mitte 1896 für dessen »New York Journal« eine kurze Zeit lang. Hearst war es auch, der Rudolph Dirks im Jahre 1897, auf dem Höhepunkt des Zeitungskrieges zwischen ihm und Pulitzer, an seine Zeitung »New York Journal« holte. Da »Yellow Kid« inzwischen schon wieder bei der Konkurrenz erschien, wurde Dirks beauftragt, eine amerikanische Version von »Max und Moritz« zu schaffen, von der man sich großen Erfolg bei den vielen, besonders aus Deutschland eingewanderten Lesern versprach. So kam es zu den »Katzenjammer Kids«.

»Yellow Kid« und »Hans and Fritz« (so hießen jetzt die amerikanischen Ableger von Max und Moritz) waren nicht nur die ersten (amerikanischen) Comic-Helden, sie setzten auch bestimmende Maßstäbe für die mehr als dreißigjährige erste Etappe in der Geschichte der (amerikanischen) Bildgeschichten, die vom Januar 1896–Januar 1929 dauerte.

Das Ende dieser Periode wird durch das Auftreten von Mickey Mouse bestimmt (13. 1. 1930, im Trickfilm bereits ab 1928/29).

Bei der Darstellung der Frühzeit der Bildgeschichten hat sich die Forschung bisher fast ausschließlich auf die USA konzentriert und die Entwicklung in Europa weitgehend undifferenziert und lückenhaft dargestellt.

Unerforscht ist gegenwärtig noch die proletarischrevolutionäre Tradition der Bildgeschichte (mit Ausnahme der isoliert dargestellten ROSTA-Fenster, die nicht nur als Sonderform des Groß-Plakates begriffen werden können). Für die Frühzeit konnte bisher lediglich die ab 26. 12. 1912 in der amerikanischen Gewerkschaftszeitung »Industrial Worker« erschienene Serie »Mr. Block« namhaft gemacht werden.

Die zweite Etappe in der Geschichte der Bildgeschichten begann am Vorabend der großen Weltwirtschaftskrise. Sie brachte nicht nur einen radikalen Bruch mit den existierenden Inhalten und Themen und neue Formen der Verteilung der Hefte, sondern sie bedeutete auch eine Veränderung der bisherigen ästhetischen Strukturen und Techniken. Ein Medium, das bisher im wesentlichen Unterhaltung geboten hatte, verlor seine (wie immer gearteten) sozialen Bindungen und diente zunehmend der Flucht aus der Wirklichkeit.

Mit den beiden neuen Serienhelden »Tarzan« und »Buck Rogers«, die beide unabhängig voneinander zu Beginn des Jahres 1923 erschienen, war der Abenteuer-Comic (Adventure strip) auf den Plan getreten. Der Zivilisationsflüchtling »Tarzan of the Apes« (Tarzan, Sohn der Affen), der in der Nachfolge von Robinson Crusoe steht, war dem amerikanischen Publikum bereits seit Oktober 1912 aus den Geschichten von Edgar Rice Burroughs bekannt. »Buck Rogers«, der seine Abenteuer in einer fernen Zukunft erlebte, zog sich ebenfalls aus der als zunehmend bedrückend empfundenen Gegenwart zurück.

Die dritte Etappe begann mit der erfolgreichen Serie »Superman« (Erstveröffentlichung Juni 1938; Text: Jerome Siegel, Zeichner: Joe Shuster).

»Superman« verkörperte drei Themen der zeitgenössischen amerikanischen Massenkunst: 1. den Besucher von einem fremden Planeten; 2. das übermenschliche Wesen; 3. die doppelte Identität. »Superman«, der zahlreiche Nachahmungen anregte, eroberte auch die anderen Massenmedien, wie Radio, Film und (später) das Fernsehen, ja sogar den Broadway mit einem eigenen Musical.

Während des zweiten Weltkrieges engagierten sich die amerikanischen Comic-Helden im Kampf gegen Hitlerdeutschland und dessen Verbündete, und es wurden sogar spezielle Bildgeschichten für die Armee entwickelt. Kleinere Beiträge lieferten Großbritannien, Australien und Kanada.

1942 bis ca. 1948 veröffentlichte der »Daily Worker«, das Zentralorgan der KP der USA, die Serie »Pinky Rankin«, deren gleichnamiger Held den Widerstandskampf der europäischen Partisanen aktiv unterstützte (Zeichner: Dick Floyd). Das gleiche Thema fand seinen slapstickhaften Niederschlag in der französischen Serie »Les Trois Mousquetaires du Maquis«, die bis Mitte 1944 in der Zeitung der französischen Résistance »Le Corbeau Déchaîné« und nach der Befreiung ab Oktober 1944 in der neu gegründeten Zeitung »Coq Hardi« publiziert wurde (Zeichner: Marijac, eigentlich Jacques Dumas).

Die Entwicklung der Bildgeschichten in den anderen (inklusive außereuropäischen) Ländern verlief in diesem Zeitraum (erste Hälfte des 20. Jh.) in vielen Fällen im Schatten der Importe aus den USA oder als deren Echo. In Europa, besonders in Belgien und Frank-

reich, regten sich die ersten Ansätze einer Emanzipation von der amerikanischen Vorherrschaft, die im Falle von Maurice de Bévères (Morris) Westernparodie »Lucky Luke« weit in die Zukunft wiesen (als regelmäßige Serie ab Juni 1947 in der Wochenzeitschrift »Spirou« bis in die Gegenwart). Nach Beendigung des zweiten Weltkrieges zeigten sich besonders in der amerikanischen Comic-Industrie zahlreiche Krisenerscheinungen, die man Anfang der fünfziger Jahre durch Brutalisierung der Bildgeschichten zu »beheben« versuchte. Der Protest der amerikanischen Öffentlichkeit führte zur Einstellung einiger Serien, und die Comic-Industrie fühlte sich veranlaßt, eine freiwillige Selbstzensur einzuführen. Im Oktober 1954 wurde der sog. Comic-Code von der Mehrzahl der Herstellerfirmen unterzeichnet. Diese vierte Etappe ist einerseits dadurch charakterisiert, daß die Öffentlichkeit in allen Ländern von den Comics Notiz nimmt, sie zunächst pauschal verurteilt, man sich aber mit Beginn der sechziger Jahre wissenschaftlich für das gesamte Medium zu interessieren beginnt und damit eine Erforschung der Bildgeschichte und ihrer historischen Entwicklung einsetzt. Gleichzeitig kommt es zur Herausbildung der beiden marktbeherrschenden Comic-Konzerne D. C. und Marvel und auch zur Ausschaltung jeglicher gesellschaftskritischer Ansätze in den Comics selbst.

Um 1960 differenziert sich die Entwicklung der Bildgeschichte erneut, und es kommt zur Herausbildung zweier weiterer Etappen innerhalb weniger Jahre.

Nachdem die POP-Art auf die Comics reagiert, sie von diesen ihre Impulse empfangen hatte und sich auch die Wissenschaft für ein bisher pauschal verurteiltes Medium zu interessieren begann, entstanden in Europa ab 1962 »künstlerische« Bildgeschichten für Erwachsene, womit die fünfte Etappe eingeleitet wurde. Eine der ersten dieser Art war die Bildgeschichte »Barbarella« des französischen Zeichners Jean-Claude Forest, die 1968 mit Jane Fonda in der Hauptrolle verfilmt wurde (Regie: Roger Vadim).

Die endgültige Emanzipation von der amerikanischen Entwicklung erreichten jedoch die französischen Autoren Albert Uderzo (Zeichnungen) und René Goscinny (Text) mit ihrem Helden Asterix, dessen Geschichten zuerst am 29. 10. 1959 in der humoristischen Wochenzeitschrift »Pilote« veröffentlicht wurden.

Im Zusammenhang mit der Hippie- und Studentenbewegung in den USA und den westeuropäischen Ländern entstanden um die Mitte der sechziger Jahre die sog. Undergroundcomics. Damit wurde die sechste Etappe in der Geschichte der Bildgeschichten eingeleitet. Sie verletzten in provokatorischer Absicht alle bis dahin wenigstens noch formal bestehenden Tabus der spätbürgerlichen Gesellschaft, knüpfen aber auch z. T. an vergessene sozialkritische Themen der (amerikanischen) Kunst der 30er Jahre an. Die Undergroundzeichner arbeiten z. T. bewußt primitiv in der Darstellung, um den herkömmlichen Bildgeschichten zuwiderzulaufen. Einige sind im Sinne eines anarchistisch-kleinbürgerlichen Weltverständnisses gesellschaftskri-

Bildfolge aus der weitverbreiteten Asterix-Serie »Le Cadeau de César«. © 1985 Éditions Albert René/Goscinny-Uderzo. 19,6 × 12,2 cm

tisch engagiert, andere leben von der anarchistischen Geste der bloßen Verweigerung. Hauptvertreter: Robert Crumb, dessen Bildgeschichten auch in Europa schnelle Verbreitung fanden.

Die Comics werden heute als eine ernstzunehmende Kunstform betrachtet, deren Verbreitung sich z. B. in der BRD, in Belgien und in Frankreich spezialisierte Verlage, Buchhandlungen, Ausstellungen annehmen und die Gegenstand wissenschaftlicher Erörterungen sind. *P.T.*

Lit.: Daniels, L.: Comix: A history of comic books in America. – New York, 1971. // Kempkes, W.: Bibliographie der internationalen Literatur über Comics. – 2. Aufl. – München, 1974. // Drechsel, W.; Funhoff, J.; Hoffmann, M.: Massenzeichenware; die gesellschaftliche und ideologische Funktion der Comics. – Frankfurt a. M., 1975. // Lecture et bande dessinée. – Aix-en-Provence, 1977. – (Actes du 1er colloque) // Fuchs, W. J.; Reitberger, R.: Comics-Handbuch. – Reinbek, 1983.

Blindband

ein für Werbe- und Ausstellungszwecke als Attrappe gefertigter Band, der allenfalls die Titelei des Druckwerks, sonst aber nur unbedruckte Bogen enthält. Der Buchblock wird entweder in die Original-Einbanddecke eingehängt oder in neutraler Decke im Schutzumschlag präsentiert. *K.K.*

Blindendruck

Der Blindendruck oder auch das *Blindenbuch* ist die Ausgabe eines Werkes mit abtastbaren Buchstaben bzw. Buchstabenteilen oder in Punktschrift, die von Blinden mit den Fingern erfühlt werden. Valentin Hauiy (1745–1822), Begründer der modernen Blindenbildung, stellte 1786 den ersten Blindendruck in tastbaren Lettern her. William Moon (1818–1894) entwickelte aus den dominierenden Teilen der Antiqua-Buchstaben eine Blindenschrift, die noch heute in England und den USA genutzt wird. Verbreiteter als diese und andere Linienschriften ist die von Louis Braille (1809–1852) 1829 geschaffene Punktschrift, die auch von Blinden selbst oder mit einer speziellen Schreibmaschine geschrieben werden kann und in Blindendrucken zu einer Raumersparnis von 30% gegenüber anderen Übertragungsformen führt. Mit sechs in zwei parallelen Reihen wie auf einem Würfel angeordneten Punkten werden durch Auslassungen die Buchstaben des Alphabets codiert. Blindendrucke werden entweder als Unikate mit einer Punktschriftbogenschreibmaschine oder in kleineren Auflagen mittels Punziermaschinen (Stereotypiemaschinen) hergestellt. Gedruckt wird von Zink- oder Weißblechtafeln, in die die Blindenschrift erhaben eingeprägt, oder mit einem plattenlosen Verfahren, bei dem die Druckform aus Prägestiften gebildet wird. Als Bedruckstoff wird festes Spezialpapier, sog. Manilapapier, verwendet.

Blockbuch 60

Doppelseite einer Armenbibel (Biblia pauperum) aus der Mitte des 15. Jh. Blockbuch. Universitätsbibliothek, Leipzig; Rep. II, 114. 21 × 28,5 cm

Blindendrucke werden von Verlagen hergestellt, die meist Blindenbibliotheken angeschlossen sind, zu deren ältesten und bedeutendsten die Deutsche Zentralbücherei für Blinde in Leipzig zählt. Sie bietet jährlich ca. 1500 Bücher und 13 Zeitschriften im Blindendruck zum Verkauf an. *R. R.*

Lit.: Tschirner, S.; Stenzel, R.; Burghardt, W.: Die Deutsche Zentralbücherei für Blinde zu Leipzig. – Leipzig, 1979.

Blockbuch

1. ein mittels Holztafel- oder Blockdruck hergestelltes Buch (auch: *xylographischer Druck*). Der Holztafeldruck war in Ostasien bereits seit dem 7. Jh. bekannt. In Europa entwickelte er sich im 14. Jh. aus dem Zeugdruck (Drucken auf Stoff mit erhaben geschnittenen Holzmodeln) und wurde seit 1418/23 zur Herstellung von ↗ Einblattdrucken (Einzelholzschnitten) verwendet, die rasch und in großen Auflagen, oft nachträglich koloriert, produziert wurden. In den frühen Blockbüchern wird das Reproduktionsverfahren des Holzschnitts noch mit handgeschriebenen Texten verbunden (chiroxylographisches Blockbuch), in den späteren Blockbüchern sind Bild und Text gleichzeitig in die Holztafel geschnitten (xylographisches Blockbuch). Das Blockbuch stellt gewissermaßen ein Bindeglied zwischen der illuminierten Handschrift und dem illustrierten Buch dar. Die Bilder haben den Vorrang, der Umrißstil der Zeichnung erleichtert ein späteres Kolorieren. Die kurzen, oft auf Spruchbändern angebrachten Texte erläutern nur die bildliche Darstellung des Geschehens. Nach der äußeren Form werden drei Gruppen von Blockbüchern unterschieden: 1. Bild und Text befinden sich zusammen auf einer Seite, 2. Bild und Text stehen sich auf getrennten Seiten gegenüber, 3. Texte in Holzschnitt-Technik erscheinen ohne Bildbeigaben. Zunächst erfolgte der Abdruck im Reiberdruckverfahren. Dabei prägte sich der Holzschnitt derart in das Papier ein, daß die Rückseite nicht mehr bedruckt werden konnte (anopisthographischer = einseitiger Druck). Um ein Buch zu erhalten, wurden die Blätter mit ihren leeren Rückseiten zusammengeleimt und gebunden. Erst seit der Erfindung der Buchdruckerpresse konnten die Vorder- und die Rückseite eines Blattes bedruckt werden (opisthographischer = beidseitiger Druck). Da das Herstellungsverfahren der Drucktafel besonders beim Einschneiden der Schrift sehr aufwendig war, haben Blockbücher meist nur einen geringen Umfang. Die ersten entstanden sehr wahrscheinlich in den dreißiger und vierziger Jahren des 15. Jh., sie haben sich neben dem Buchdruck längere Zeit gehalten. In der zweiten Hälfte des 15. Jh. erleb-

Ars moriendi, 7. Ausg., nicht vor 1480. Blockbuch. Sächsische Landesbibliothek, Dresden; Mscr. Dresd. g150^s.
20 × 27 cm

ten sie ihre Blütezeit, sind aber bis um 1520/30 nachweisbar (z. B. Bretonische Seemannskalender), beim ↗ Musiknotendruck bis ins 17. Jh. Es sind 33 Blockbuch-Titel bekannt, die in mehr als 100 meist nur bruchstückhaft überlieferten Ausgaben vorliegen. Bis auf ein Werk stammen sie alle aus Deutschland und den Niederlanden, wo sie vermutlich ihren Ursprung hatten. Die Blockbücher sind überwiegend in lateinischer Sprache abgefaßt. Sie enthielten moraltheologische Schriften, lehrhaft-religiöse Erbauungsliteratur, Legenden, Weissagungen, Schulbuch- und Kalendertexte. Am verbreitetsten waren die Biblia pauperum (Armenbibel; früheste Ausgabe um 1430, ca. 10 verschiedene Ausgaben), Ars moriendi (Die Kunst, auf die rechte Art zu sterben; früheste Ausgabe um 1450 in den Niederlanden entstanden, 13 Ausgaben erhalten), die Apocalypsis Johannis (Johannes-Apokalypse; früheste Ausgabe vermutlich um 1420 in Haarlem entstanden, fünf Ausgaben erhalten) und das Speculum humanae salvationis (Heilsspiegel; um 1470 entstanden, vier Ausgaben erhalten). Als Leser kam neben lateinkundigen Laien in erster Linie der niedere Klerus (pauperes praedicatores) in Betracht, da er in der religiösen Unterweisung schon aus praktischen Gründen des Bildes bedurfte. Die Blockbücher wurden in der Regel von Briefdruckern und Formschneidern handwerksmäßig

hergestellt und volksverbunden gestaltet, in ihnen bilden Text und Bild eine später nicht mehr erreichte Einheit. Sie stellen eine Form des gedruckten Buches dar, die sich unabhängig vom Typendruck entwickelte. Trotz ihrer weiten Verbreitung sind Blockbücher heute sehr selten, da sie im Alltag Verwendung fanden, entsprechend abgenutzt wurden und anfangs der Aufbewahrung nicht wert schienen. Die wenigen erhalten gebliebenen Exemplare zählen zum kostbarsten Besitz der Bibliotheken. Die wichtigsten Blockbücher sind der Öffentlichkeit in Form von Faksimile-Ausgaben zugänglich gemacht worden.

2. Als Blockbuch werden auch die in China und Japan verbreiteten Faltbuchformen (↗ Leporellobuch) bezeichnet. *K. M.*

Lit.: Hochegger, R.: Über die Entstehung und Bedeutung der Blockbücher. – Leipzig, 1891. // Schreiber, W. L.: Handbuch der Holz- und Metallschnitte des 15. Jh. – Bd. 6. – Leipzig, 1928. // Donati, L.: Osservazioni sui libri xilografici. – In: Studi di bibliografia e di storia in onore di Tammaro De Marinis ... – Vol. 2. – Verona, 1964. – S. 207 – 264. // Musper, H. T.: Xylographische Bücher. – In: Liber librorum : 5000 Jahre Buchkunst. – Genf, 1972. – S. 372 – 379. // Kunze, H.: Geschichte der Buchillustration in Deutschland : Das 15. Jh. – Textbd. – Leipzig, 1975. – S. 113 – 131. // Mazal, O.: Buchkunst der Gotik. – Graz, 1975. – S. 133 – 141.

Bogensignatur, auch *Signatur*
Die Bogensignatur bzw. Signatur (lat. signum = Zeichen) ist im Buchdruck die Kennzeichnung der einzelnen Druckbogen durch Buchstaben, Zahlen oder Zeichen, um das richtige Zusammentragen zur buchbinderischen Verarbeitung zu ermöglichen. Die Signaturgebung erfolgte bis zum Beginn des 19. Jh. nach dem sog. Bogenalphabet (23 Buchstaben, ohne j und w). Bei umfangreichen Werken, in denen mehrere Bogenalphabete verwendet werden mußten (z. B. A–Z, Aa–Zz), wurde für den Buchbinder eine Übersicht über die Reihenfolge der Bogen und der eventuell mit einzubindenden Abbildungen beigefügt. Für Vorwort, Inhaltsverzeichnis, Register usw. wurden auch gesonderte Bogensignaturen aus typographischen Zeichen, z. B.)o(, * u. ä., verwendet. Die Feststellung der Reihenfolge der Bogensignaturen durch ↗ Kollationieren dient bei älteren Werken der bibliographischen Identifikation und der Überprüfung der Vollständigkeit.

Seit etwa 1800 steht in der Regel auf der ersten und dritten Seite jedes Bogens die Bogennummer (Prime bzw. Sekunde), oft zusammen mit einem Stichwort des Titels. *K. K. W.*

Briefmaler, auch *Briefdrucker*
Briefmaler bildeten eine spezielle Berufsgruppe im Buchwesen vom 14. bis zum Anfang des 18. Jh., die örtlich und zeitlich nicht genau gegenüber Illuministen, Formschneidern und Winkeldruckern abzugrenzen ist. Ursprünglich widmeten sich Briefmaler nur der ornamentalen oder figürlichen Ausschmückung von Kleinschrifttum (litera brevis), sog. Briefen, wie Nachrichten über besondere Ereignisse in Form von Flugblättern, kürzeren Schriftstücken oder Drucken verschiedener Art, darunter auch Urkunden (Ablaßbriefe). Auch Holzschnitt- und Kupferstichblätter mit Heiligenbildern, die in Kirchen verkauft wurden (Briefkapelle der Lübecker Marienkirche), und Spielkarten »pflegen die mehreste nur briefe zu nennen«, wie Abraham à Sancta Clara schreibt. Briefmaler wurden daher auch Heiligen- oder Kartenmaler genannt, wiewohl die Bezeichnung »maler« nicht ganz zutreffend ist, da sich ihre Aufgabe auf das Zeichnen von Umrissen und Ornamenten beschränkte. Die Buchmalerei war den Illuministen vorbehalten. Spätestens seit dem 16. Jh. verwischen sich jedoch die Grenzen: auch Briefmaler gebrauchen, wie auf Jost Ammans Holzschnitt zu erkennen ist, einfache Tuschfarben zum Kolorieren von Holzschnitten. Die Bezeichnung Briefdrucker wird oft mit dem Übergang zum Buchdruck in Verbindung gebracht, sie ist aber schon im 14. Jh. üblich und verweist auf die Verwendung der aus dem Zeugdruck bekannten Model zur Vervielfältigung von Schmuckornamenten und von Patronen, das sind gewachste Papierschablonen zum serienmäßigen Kolorieren populärer Bilder in großen Auflagen. Vielfach verfaßten die Briefmaler auch selbst die über Kometen, Kriege, Krönungen usw. berichtenden Texte zu den Holzschnitten, waren sie ihre eigenen Formschneider und betrieben auch Herstellung und Handel von ↗ Blockbüchern und Einblattdrucken (↗ Flugblatt). Die Briefmaler, deren Tätigkeit als freie Kunst und nicht als Handwerk galt, standen sozial den ärmeren Volksschichten nahe. Für sie brachten sie bebilderte Gebrauchs- und Erbauungsliteratur geringen Umfangs sowie Spielkarten, Bilderbogen und Kalender preiswert auf den Markt. Im 15. Jh. vor allem in Süddeutschland und der Schweiz verbreitet, dehnt sich der Gewerbezweig im 16. Jh. in Städten wie Nürnberg, Augsburg, Leipzig rasch aus. Allein für Augsburg sind zwischen 1550 und 1750 260 Briefmaler nachweisbar. Begünstigt wurde dieser Aufschwung durch den Buchdruck; er fand in einer Flut aktuellen ↗ Kleinschrifttums zu politischen und sozialen Ereignissen seinen Niederschlag. Auch die populären Blätter des Hans Sachs wurden von Nürnberger und Augsburger Brief-

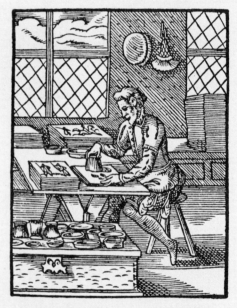

Holzschnitt von Jost Amman aus dem Ständebuch mit Reimen von Hans Sachs. Frankfurt a. M., S. Feyerabend, 1568. 14,3 × 19,9 cm

Einblattdruck mit koloriertem Holzschnitt von Georg Pencz zu einem Gedicht von Hans Sachs. 1535 von Nicolaus Meldeman, Briefmaler zu Nürnberg, hergestellt und vertrieben. Schloßmuseum Gotha. 29 × 40 cm

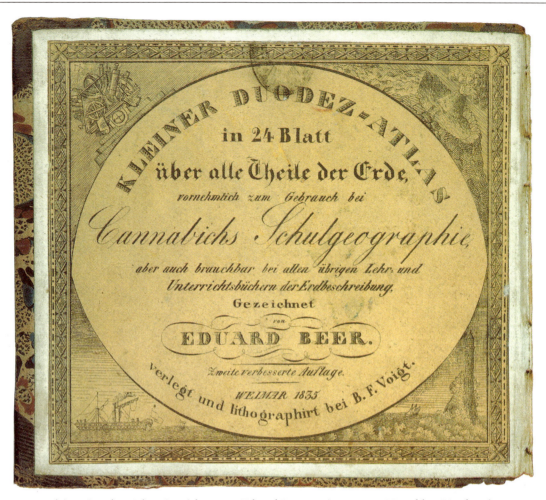

Kleiner Duodez-Atlas. Gezeichnet von Eduard Beer. Weimar, 1835. Umschlag. Vorderseite

malern wie Nicolaus Meldeman, Hans Guldemund u. a. hergestellt und vertrieben. Ebenso religiöse und politische Kampfschriften, libelli famosi, Pasquillen, Scartequen, die von der Obrigkeit vielfach mit Verboten und Verfolgung belegt wurden. Zu Anfang des 18. Jh. ging das Briefmalergewerbe endgültig im Buchdruck, Buchhandel oder auch im Kunsthandel auf.

R. R.

Lit.: Hämmerle, A.: Augsburger Briefmaler als Vorläufer der illustrierten Presse. – In: Archiv für Postgeschichte in Bayern. – München (1928)1. – S. 3 – 14. // Schreiber, W. L.: Die Briefmaler und ihre Mitarbeiter. – In: Gutenberg-Jahrbuch. – Mainz (1932). – S. 53 – 54.

Broschüre

allgemein übliche Bezeichnung für eine Druckschrift geringen Umfangs. Die UNESCO-Statistik erfaßt als Broschüren Werke bis zu 48 Seiten (drei Oktav-Druckbogen) Umfang, unabhängig von deren buchbinderischer Verarbeitung. Der Begriff leitet sich jedoch von der für dieses Kleinschrifttum typischen buchbinderischen Erscheinungsform, der ↗ Broschur, her, wobei diese jedoch – im Gegenteil zum broschierten Buch – nicht als provisorische, sondern als Endform des Einbandes konzipiert ist. Der im englischen Buchhandel gebräuchliche Ausdruck *Pamphlet* charakterisiert die Broschüre zugleich als die geeignete und herkömmliche Publikationsform für Kleinliteratur mit einem populären und aktuellen Lesebedürfnissen dienenden Inhalt.

Eine Broschürenliteratur in diesem Sinne ist bis ins klassische Altertum zurückverfolgbar. Gedruckt liegt sie in Gestalt von ↗ Flugschriften, populären und gelehrten Traktaten sowie als politisches, religiöses und wissenschaftliches Streit- und Agitationsschrifttum vor. Da besonders anfällig für physischen Verschleiß (Verbrauchsliteratur) sowie für Zensurmaßnahmen und Verbote, weist die Broschürenliteratur bestimmter Bereiche, z. B. der ↗ Sozialistica, trotz ursprünglich hoher Auflageziffern eine große Anzahl von Raritäten auf. Die oft geübte generelle Abqualifizierung der Broschüre als minderwichtiges Kleinschrifttum verbietet sich daher bereits unter publikationsgeschichtlichen Gesichtspunkten von selbst.

Buchbinderisch sind Broschüren heute mit Broschüren-Aushängemaschinen von einer Stundenleistung von 2000 und mehr Exemplaren herstellbar. Die Bezeichnung Broschüre wird fälschlicherweise oft für das broschierte Buch überhaupt verwendet. *K. K.*

Kleiner Duodez-Atlas. Umschlag. Rückseite. 15,5 × 13,5 cm

Broschur
ursprünglich eine als Provisorium gedachte Form des Bucheinbandes (franz. brocher = heften), die es dem Käufer eines Werkes ermöglichen soll, es später je nach Bedürfnis oder Geschmack (Bibliothekseinband, Privateinband) bzw. bei Lieferungswerken und Periodica in eine nachgelieferte Originaleinbanddecke fest einbinden zu lassen. Hierfür wird um den vorgefalzten unaufgeschnittenen ↗ Buchblock ein mit diesem deckungsgleicher und an seinem Rücken festgeklebter Umschlag ohne Vorsatz gelegt. Diese sog. *Verlagsbroschur* ist heute bei schöngeistigen und in sich abgeschlossenen wissenschaftlichen Büchern weitgehend vom festen Verlegereinband oder durch als endgültige Einbandform konzipierte Originalbroschuren verdrängt worden, wobei sich die billigere Broschur im Bereich des Kleinschrifttums, der sog. Broschürenliteratur (↗ Broschüre) allgemein, bei umfangreicheren Werken unter Berücksichtigung gebrauchs- und marktspezifischer Gesichtspunkte partiell durchgesetzt hat. Dieselben Aspekte bestimmen sowohl die bei der Fertigung anzuwendende Heftungsart des Buchblocks als auch die für den Umschlag zu verwendende Papierqualität, die vom weichen Papierumschlag über die *Steifbroschur* aus Halbkarton fließend in die stabile *Kartonage* übergehen kann (↗ Papier). Eine Sonderform der Steifbroschur bzw. Kartonage ist die sog. *englische Broschur*, die aus einem neutralen Kartonumschlag besteht, über den ein nur am Rücken festgeklebter bedruckter Umschlag aus Papier mit eingeschlagenen Klappen gelegt wird. Auf dem Buchmarkt sind Steifbroschur und Kartonage seit Mitte der fünfziger Jahre des 20. Jh. unter der Bezeichnung »Paperback« als endgültige Einbände für Taschenbuchausgaben u. a. Werke für breite Käuferschichten im Vormarsch begriffen, was auch für Frankreich, das klassische Land der Interimsbroschur, gilt.

Die Broschur ist Bestandteil der buchgewerblichen oder -künstlerischen Gesamtkonzeption der Ausstattung eines Druckwerkes: 1. durch den neutralen weißen, farbigen oder gemusterten Umschlag, historisch relevant für die Geschichte des Papiers und der Einbandstoffe; 2. durch die Typographie, d. h. den Umschlagtitel, der auch von bibliographischer Bedeutung sein kann; 3. durch die, öfter als beim festen Einband übliche, illustrative oder illustrativ-typographische Gestaltung des Umschlags. Starkem Verschleiß unterworfen, sind Broschuren weit weniger erhalten, als feste Einbände (↗ Broschüre). Ihre kulturhistorische Bedeutung wurde zuerst von Büchersammlern zu Beginn des 19. Jh. erkannt. Seither lassen Bibliophile buchkundlich interessante Broschur-Umschläge mit dem Buchblock zusammen fest einbinden (Couverture conservée).

Als vorläufig zu bezeichnende Umschläge sind bereits für die erste Hälfte des 9. Jh. (Kloster Fulda) nachgewiesen, für Bücher, die in der Art der Aktenheftung zusammengehalten sind, wobei die Lagen des Buchblocks mit außen freiliegenden Fäden durch einen Pergamentrücken geheftet wurden. Wohl als endgültige Einbandform waren Umschläge des späteren Mittelalters gedacht, deren Rücken durch in Ketten- oder Langstichheftung angebrachte Leder- oder Hornplatten versteift wurden. Die Verlagsbroschur taucht bereits 1482 bei Augsburger Drucken des Johann Schönsperger, später in Italien auf. Von diesen mit Holzschnitten versehenen und meist für wenig umfangreiche volkstümliche Bücher verwendeten Umschlägen ist außerordentlich wenig erhalten. Mit den Flugschriften der Reformationszeit beginnt das Zeitalter der Broschüren als Buchgattung, deren Umschläge bis ins 18. Jh. vielfach aus Brokat- oder Buntpapier, bei den Personalschriften meist aus schwarzem Papier gefertigt wurden. Broschierte Buchausgaben dieser Zeit waren auf echte Bünde, Leder- oder Pergamentstreifen geheftet, die Umschläge aus farbigem Kleister- oder Tunkmarmorpapier trugen weder Rücken- noch Deckeltitel und wurden leicht am Rücken oder an Vorsatzblätter angeklebt. Um 1700 schuf Alexis-Pierre Bradel die nach ihm benannte »Cartonnage à la Bradel«, einen soliden Interimseinband mit Leder- oder Leinenrücken, unbeschnittenen Rändern und zuweilen vergoldetem Kopfschnitt. Ähnlich die »Roxburghe-Bindings« des 1812 gegründeten bibliophilen Roxburghe-Clubs: pappbandartige leder- oder papierbezogene Kartonagen mit über den unbeschnittenen Buchblock vorstehenden Deckeln, meist rundem hohlem Rücken, Titel und Kopfschnitt in Gold. Aus ihnen entwickelte sich die englische Broschur. Eine leichte Interims-Steifbroschur war die in Italien zuerst für Bodoni-Drucke verwendete »Legatura alle Bodoni«, die weder beschnitten, noch aufgeschnitten wurde. Pierre Didot ersetzte um 1800 den unbedruckten neutralen Umschlag (couverture muette) durch den mit Rücken- und Deckelschildchen typographisch geschmückten.

In Deutschland setzte sich bereits ab etwa 1750 der mit dem Titel bedruckte Umschlag aus bläulichem oder gelbem Papier durch. Mit dem Zeitalter der ↗ Almanache kam der illustrierte Umschlag auf, der in der deutschen Romantikerbroschur, so bei Philipp Otto Runge (1770–1810), eine erste Blüte erreichte. Zahlreiche illustrierte Umschläge gehören zu den sog. Inkunabeln der ↗ Lithographie (1796–1821). Ab etwa 1850 gelangte in Frankreich, wo die bekanntesten Illustratoren auch die Umschläge zu entwerfen begannen, die künstlerisch gestaltete Broschur zu einem weiteren Höhepunkt. Nach Einführung des Gewebeeinbandes (Archibald Leighton 1820) übernahm gegen Ende des 19. Jh. allmählich der Schutzumschlag des Verlegereinbandes

(↗ Schutzumschlag) deren Funktion. Im Bereich der eigentlichen Broschürenliteratur und der Paperbacks entwickelte sie sich jedoch in modernem Gewand weiter. Der Buchblock von in der Endform des Einbands hergestellten broschierten Werken ist lesefertig beschnitten. *K.K.*

Lit.: Uzanne, O.: L'art dans la décoration extérieure des livres en France et à l'étranger. – Paris, 1898. // Helwig, H.: Handbuch der Einbandkunde. – Bd. 1. – Hamburg, 1953. // Henningsen, T.: Handbuch für den Buchbinder. – St. Gallen, 1969.

Buchbeschläge

Metallteile, meist aus Messing, aber auch aus Edelmetallen, die zum Schutz und zur Verzierung der im Mittelalter liegend aufbewahrten Bücher angebracht wurden: Kanten- und Eckenbeschläge, Schienen (die den Bruch der Holzdeckel verhindern sollten), Nägel mit Buckeln (vier in den Ecken und einer in der Mitte, oft auch nur auf dem hinteren Deckel). Die bis ins 17. Jh. noch gebräuchlichen Schließen (ganz oder teilweise aus Metall oder mit Lederriemen) preßten bei den schweren und sperrigen Einbänden den Buchblock fest zwischen die Holzdeckel und verhinderten so das Eindringen von Staub. Die Buchbeschläge, vor allem die Art der Anbringung, Verschlußrichtung und Anzahl der Schließen (z. B. Mitteleuropa: 2 Schließen am Vorderschnitt; Italien: zusätzlich 2 weitere auf dem Ober- und Unterschnitt) können Hinweise auf Entstehungszeit und Herkunft des Einbandes geben. Einige Gruppen mittelalterlicher Einbände (z. B. die Erfurter) zeichnen sich durch die besondere Art der Ausführung ihrer Buchbeschläge aus. Als figürliche Darstellungen kommen auf den Buchbeschlägen am häufigsten Evangelistensymbole, Tiermotive und Pflanzenornamente vor. Im 15. und 16. Jh. treten die Buchbeschläge, durchbrochen, graviert oder ziseliert, verstärkt als eigenständiges Gestaltungselement in Erscheinung. Eines ihrer Herstellungszentren war Nürnberg. Buchbeschläge werden auch heute noch als Verzierung bei wertvollen und vielbenutzten Einbänden (z. B. Gästebüchern) verwendet. *F.M.*

Lit.: Loubier, H.: Der Bucheinband von seinen Anfängen bis zum Ende des 18. Jh. – 2. Aufl. – Leipzig, 1926. // Helwig, H.: Einführung in die Einbandkunde. – Stuttgart, 1970.

Buchbinderei

Betrieb, in dem das Buch nach Satz und Druck entsprechend den Wünschen des Auftraggebers seine endgültige Form bekommt. Eine Buchbinderei ist entweder ein selbständiges Unternehmen oder Teil einer Druckerei, einer Bibliothek, eines Archivs, einer kunstgewerblichen Hochschule. In handwerklichen Buchbindereien werden einzelne Einbände oder Broschuren angefertigt und kleinere Auflagen eines Werkes gebunden, Bucheinbände repariert und verschiedene Sonderarbeiten wie die Herstellung von Kassen- und Durchschreibe-

Buchbeschläge am Einband des Lorenz-Missale von Ulrich Frenckel. Erfurt, 15. Jh. Domarchiv Erfurt. 30 × 40 cm

Buchbeschläge 68

Buchbeschläge von Paul Müllner aus Nürnberg für den Prachteinband eines Festevangeliars, Epistelperikopenhandschrift, 1507. Universitätsbibliothek, Jena; Ms. El. f. 2. 26 × 37 cm

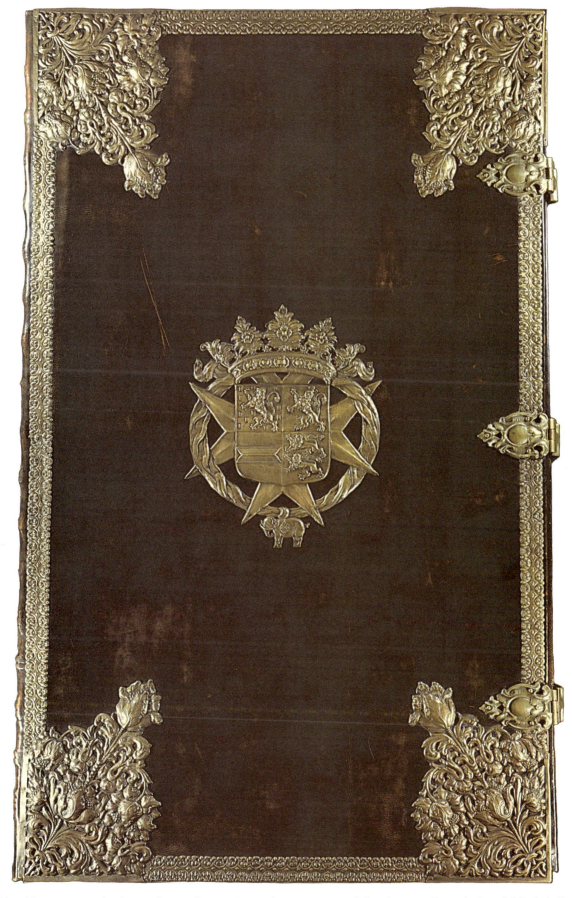

Buchbeschläge am sog. Atlas des Großen Kurfürsten. Amsterdam, 1647–1662. Gebunden 1663. Deutsche Staatsbibliothek, Berlin. 107 × 170 cm

blocks, Rechnungs- und Zeitungsbänden, Kästen, Kassetten, Mappen, Futteralen, Schubern, Urkundenrollen, das Einrahmen von Bildern sowie das Aufziehen von Landkarten auf Leinwand ausgeführt.

152 Beim Handeinband erfolgt die Fertigung vorwiegend manuell. 1. Zunächst wird der Buchblock vorgerichtet: a) Falzen = Vorgang, durch den ein glatt oder plano liegendes Blatt Papier gebrochen oder umgeknickt wird. Der dabei entstehende scharfe Bruch heißt Falz. Kleinere Papiermengen werden von Hand mit dem Falzbein, einem flachen, glatten, etwa 15 cm langen Stück Bein, gefalzt, bei größeren Mengen übernimmt das Falzen die Falzmaschine. b) Pressen in der Stockpresse. c) Anfertigung des Vorsatzes. d) ↗ Kollationieren = Prüfen der Druckbogen auf Vollständigkeit und richtige Reihenfolge mit Hilfe der Paginierung, der Bogensignatur und der Flattermarken. e) Als Vorbereitung zum Heften werden die den künftigen Buchblock bildenden, zu Lagen gefalzten Druckbögen am Kopf und Rücken »aufgestoßen«. 2. Durch das Heften werden die einzelnen Lagen oder Druckbögen in sich und untereinander zum Buchblock verbunden. In der Handbuchbinderei geschieht dies unter Verwendung der Heftlade mit Faden durch die Durchausheftung oder die Wechselstichheftung auf Bünde. Das Heften mit der Heftmaschine kann mit Draht oder Faden durch Blockheftung oder Rückstichheftung vorgenommen werden. Die maschinelle Heftung erfolgt fast ausschließlich auf Gaze. 3. Das Leimen des Buchblockrückens führt zur Festigung der Heftung und der Bogen bzw. Lagen untereinander. Bei leichteren Broschuren verzichtet man weitgehend auf Gaze, die gehefteten Bogen oder Blätter bekommen ihren Halt durch eine Klebebindung (Rückenleimung = Lumbeck-Verfahren). 4. Nach dem Trocknen des Leims wird der Buchblock an den drei Seiten, an denen nicht geheftet bzw. geleimt wurde, beschnitten. (Bei der Klebebindung wird an allen vier Seiten beschnitten, die Rückenseite zuerst vor dem Leimen, die anderen drei Seiten danach). Durch das Beschneiden erhält das Buch glatte ↗ Buchschnitte, zugleich werden die gefalzten Seiten der Druckbogen voneinander getrennt, so daß sich das Buch aufschlagen läßt. Dabei soll von den Seitenrändern so wenig wie möglich weggeschnitten werden. 5. Nach dem Runden wird der Buchblock abgepreßt und hinterklebt, damit das Buch beim Gebrauch seine Form behält. 6. Die Schnitte können am Kopf (Kopfschnitt) oder dreiseitig (Dreiseitenschnitt) gefärbt oder vergoldet werden. Zum Färben werden Pinsel oder Schwamm und Farbe verwendet, beim Vergolden wird mittels eines Eiweißträgers Blattgold aufgelegt und auf den Buchschnitt eingeglättet. 7. Kapitalen nennt man das Anbringen eines Schmuckbandes (Kapitalband) am oberen und unteren Ende des Buchblockrückens durch Klebung. Wird ein Papp-, Pergament- oder Lederstreifen mit farbigem Faden umwickelt und mit der Nadel am oberen und unteren Ende des Buchblockrückens mit den Lagen verstochen, spricht man vom »Bestechen«. 8. Sind die Arbeiten am Buchblock beendet,

Alberthus, Heidelberg

Joh. Fabri, Frankfurt/M.

Petrus Kroger, Greifswald

Wetherhan, Leipzig

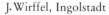

Ulrich Frenckel, Erfurt

J. Wirffel, Ingolstadt

Webmustermeister, Braunschweig

Buchbindernamen des 15. und 16. Jh. Durchreibungen von Einzelstempeln aus der Schwenke-Sammlung der Deutschen Staatsbibliothek Berlin

wird er mit dem in einzelnen Teilen oder vollständig vorgefertigten Einband verbunden: a) Ansetzen = ursprünglich werden beim Handeinband die Buchdeckel einzeln am Buchblock (Abpreßfalz oder tiefer Falz) befestigt oder »angesetzt«, und der ganze Bucheinband wird erst am Buchblock fertiggestellt, da bei dieser Verfahrensweise erst nach dem Befestigen der beiden Buchdeckel der Buchrücken angebracht und der ganze Einband mit dem Bezugsstoff überzogen (Bekleben mit Papier, Gewebe, Kunstleder, Pergament oder Leder) werden kann. Aus Kostengründen wird heute aber auch beim Handeinband in den handwerklichen und Groß-Buchbindereien die Buchdecke vollständig in einem eigenen Arbeitsprozeß hergestellt und erst dann mit dem Buchblock verbunden. b) Einhängen = der geheftete und beschnittene Buchblock wird mit der gesondert von Hand oder auf einer Deckenmachmaschine hergestellten Buchdecke verbunden. Dazu werden die am Buchblock überstehenden Gazestreifen an die Buchdecke geklebt, ebenso die Vorsätze an die Buchdeckel (»Anpappen«). 9. Am Schluß kann der Titel des

Der Buchbinder. Holzschnitt von Jost Amman aus dem Ständebuch mit Reimen von Hans Sachs. Frankfurt a. M., S. Feyerabend, 1568. 14,3 × 19,9 cm

Der Buchbinder. Kolorierter Holzschnitt aus: J. A. Comenius, Orbis sensualium pictus. Nürnberg, Joh. A. Endter, 1754. 10 × 16 cm

Buches durch Hand- oder Prägepressendruck auf dem Rücken und/oder auf dem Vorderdeckel angebracht werden. Üblich ist das Aufkleben von Titelschildern, die auch vorher gedruckt werden können.

Als Werkzeuge dienen dem Buchbinder u. a. Schere, Messer, Falzbein, Pinsel, Lederschärfmesser, Schabeklinge, Goldmesser und Goldkissen; weiterhin Streicheisen, Einzelstempel, Petits fers, Rollen, Filete, Plattenstempel und Buchbinderschriften.

Der Grad der Arbeitsteilung ist in kleineren Handwerksbetrieben gering, der Buchbinder muß alle Arbeitsgänge beherrschen. Die Arbeitsproduktivität in der Handbuchbinderei ist niedriger als in der Großbuchbinderei, die Kosten pro Einband liegen demzufolge höher. Doch zeichnet sich ein solider Handeinband (z. B. bei Bibliothekseinbänden) in der Regel durch eine größere Haltbarkeit aus.

Der künstlerische Handeinband dient durchweg bibliophilen Zwecken. Seine Gestaltung berücksichtigt in Material und Farbe, Einbandtechnik und -verzierung weitgehend die Wünsche und Vorstellungen des Auftraggebers. Er legt vom handwerklichen Können und künstlerischen Einfühlungsvermögen des Buchbinders Zeugnis ab.

Seit der Mitte des 19. Jh. wurden in der Buchbinderei mehr und mehr Maschinen eingesetzt, der Fertigungsprozeß beschleunigte sich. Die industrielle Buchbinderei stellt Broschuren und Einbände in größeren Auflagen her, fast alle erforderlichen Arbeitsgänge sind heute mechanisiert oder automatisiert. Bei den modernen Verlegereinbänden handelt es sich in der Regel um Maschineneinbände.

Die weitgehende Arbeitsteilung in der industriellen Buchbinderei erfordert eine entsprechende Spezialisierung der hier tätigen Arbeitskräfte, trotzdem müssen sie meistens noch mehrere Arbeitsgänge kennen. Großbuchbindereien besitzen neben den Produktionsabteilungen gelegentlich Spezialabteilungen, die auf handwerklicher Basis Buchbinderarbeiten ausführen und zu deren Aufgabengebiet unter bestimmten Voraussetzungen auch die Anfertigung künstlerischer Einbände gehört.

Buchbinderei

Der Buchbinder. Aus: Neuer Orbis pictus für die Jugend oder Schauplatz der Natur, der Kunst und des Menschenlebens. Reutlingen, 1838. 9,3 × 7,4 cm

Der Beruf des Buchbinders entstand in engem Zusammenhang mit der Entwicklung des Buches, speziell mit der Herausbildung des ↗ Kodex. Als ältester bisher namentlich bekannter deutscher bürgerlicher Buchbinder gilt der Buchbinder Hermann, der 1302 in Wien tätig war. Das Ansteigen der Buchproduktion im 15. und 16. Jh. brachte den Buchbindern einen größeren Arbeitsanfall und hatte eine Vervollkommnung der Bindetechniken zur Folge. An vielen Orten organisierten sich die Buchbinder in Zünften (1533 Augsburg, 1534 Wittenberg, 1544 Leipzig, 1564 Dresden, 1596 Erfurt). Wenn auch im 15. Jh. einzelne Drucker einen Teil ihrer Buchproduktion binden ließen (Koberger in Nürnberg, Aldus Manutius in Venedig), kam doch bis Mitte des 19. Jh. der größte Teil der Bücher ungebunden auf den Markt. Es blieb dem Käufer vorbehalten, die Bindeart zu bestimmen.

In den vergangenen Jahrhunderten waren die Buchbinder privilegiert, auf öffentlichen Märkten und Messen mit bestimmten Büchern (Kalender, Gebet- und Gesangbücher, Bibeln, Volksbücher, Schulbücher) Handel zu treiben. Oft befanden sich Buchdruckerei, Buchbinderei und Buchhandel in einer Hand (z. B. Anfang des 16. Jh. Nicolaus Faber in Leipzig). *F. M.*

Der Buchbinder. Aus: Volledige Beschreijving van alle konsten, ambachten, handwerken ... Dordrecht, 1806

Buchführeranzeige des Nürnberger Druckers Friedrich Creußner, um 1477, mit eigenen Drucken und Werken anderer Firmen. 28 × 41,5 cm

Holzschnitt aus dem Volksbuch »Die schöne Melusine« in der Anzeige des Buchführers Gheraert Leeu, Antwerpen, 1491. 17,6 × 25 cm

Lit.: Cockerell, D.: Der Bucheinband und die Pflege des Buches. – 2. Aufl. – Leipzig, 1925. // Kersten, P.: Der exakte Bucheinband. 5. Aufl. – Halle/S., 1929. // Brade, L.; Winckler, E.: Das illustrierte Buchbinderbuch. – 9. Aufl., bearb. v. P. Kersten. – Leipzig, 1930. // Bogeng, G. A. E.: Der Bucheinband. – 3. Aufl. – Halle/S., 1951. // Weisse, F.: Der Handvergolder im Tageswerken und Kunstschaffen. – Stuttgart, 1951. // Fröde, O.: Die Handbuchbinderei. – Leipzig, 1953. // Rhein, A.: Das Buchbinderbuch. – Halle/S., 1954. // Wiese, F.: Der Bucheinband. – 4. Aufl. – Stuttgart, 1964. // Helwig, H.: Das deutsche Buchbinderhandwerk. – Bd. 1.2. – Stuttgart 1962–1965.

Buchblock
Der Buchblock entsteht durch das Zusammentragen von Druckbogen (Titelei, Textbogen, Karten und sonstige Beilagen) in der vorgesehenen Reihenfolge und die Verbindung dieser Teile durch Heftung oder Klebebindung. Der Buchblock wird als Ganzes in den vorgesehenen Einband eingehängt. K. K. W.

Buchführer
Berufsbezeichnung für die Buchhändler im 15. und 16. Jh. Die Vereinigung des Druckers, Verlegers und Buchhändlers in einer Person ließ sich mit der ständig wachsenden Produktion von Büchern und der Notwendigkeit, diese über große Entfernungen zu vertreiben, nicht mehr aufrechterhalten. Ein sich entwickelnder Hausierhandel blieb meist auf den Vertrieb von ↗ Kleinschrifttum und Volksliteratur und auf das Umfeld des Verlagsorts beschränkt, weshalb die Druckerverleger für den Absatz Angestellte oder ihre Teilhaber mit Büchervorräten über Land in größere Städte, vor allem in solche mit Messen wie z. B. Frankfurt a. M. oder Leipzig entsandten, wo sie sich bei entsprechendem Geschäftserfolg auch auf Dauer niederließen und dann nicht selten auch firmenfremde Verlagserzeugnisse anboten. Bedeutende Firmen wie der Nürnberger Großverleger Anton Koberger errichteten feste Agenturen im Ausland. Auf ihre Lagerbestände machten die umherziehenden Buchführer zunächst mit geschriebenen, bald aber mit gedruckten Anzeigen, den Vorläufern der Lagerkataloge, aufmerksam, die um 1500 schon bis zu 200 bei einem Buchführer verfügbare Titel aufweisen konnten. Im Nebengewerbe haben auch in zahlreichen Orten die Buchbinder mit Büchern gehandelt, wobei sie sich nicht auf die nur gebunden absetzbaren Andachts- und Schulbücher beschränkten, sondern auch, wie damals handelsüblich, Drucke in rohen

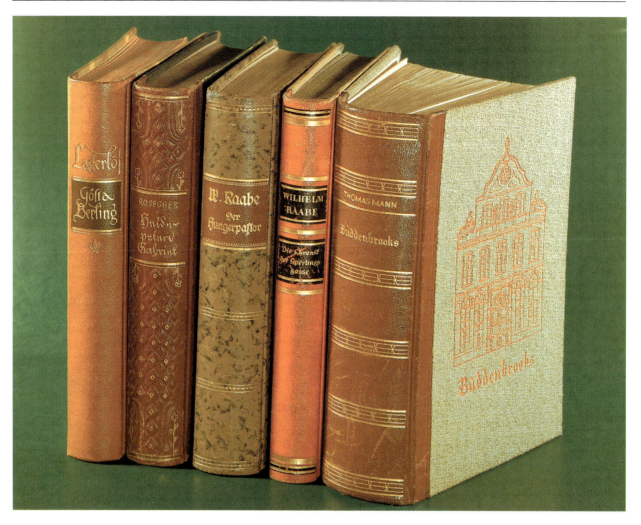

Bände der Deutschen Buch-Gemeinschaft aus den zwanziger Jahren

Bogen vertrieben. Unabhängig von und in lebhafter Konkurrenz mit den angestellten Buchführern, den beamteten Handschriftenhändlern der Universitäten und den zünftlerisch gebundenen Buchbindern formierte sich im letzten Drittel des 15. Jh. der Berufsstand des freien Buchführers, von dem 46 für die Zeit von 1481 bis 1530 allein in Leipzig nachweisbar sind (↗ Buchhandel). K. K.

Buchgemeinschaft, Buchklub
Organisationsform des Literaturvertriebs, bei der sich die Leser in der Regel durch die Entrichtung eines Subskriptionsbeitrages (Abonnement) an der Herstellung und Herausgabe von Büchern beteiligen. Unter weitgehender Ausschaltung eines Absatzrisikos und mit Hilfe hoher Auflagen wird für den Leser eine wesentliche Preissenkung erreicht und ihm außerdem ein rascher, unproblematischer Zugang zum Buch ermöglicht (Versandbuchhandel). Motive für die Mitgliedschaft in einer Buchgemeinschaft sind u. a. die mit einer Titelvorgabe gebotene Unterstützung bei der Buchauswahl und die garantiert regelmäßige Möglichkeit des Bucherwerbs. Dadurch, daß das Buch dem Leser geliefert wird, wird sein Kontakt mit der Literatur ständig neu hergestellt und er bleibt, wenn es sich um ein progressives Unternehmen handelt, auch auf dem laufenden. Das Literaturangebot kann sowohl aus neuen, durch die Buchgemeinschaft verlegten Werken als auch aus Lizenzausgaben bestehen. Die durch eine Buchgemeinschaft vertriebene Literatur kann in einheitlicher Ausstattung erscheinen. Die Breitenwirkung einer Buchgemeinschaft hängt u. a. von dem erreichten Grad der Übereinstimmung zwischen dem angebotenen Leseprogramm und den Lektürevorstellungen der Mitglieder ab, die allerdings durch eine entsprechende Werbung auch manipulierbar sind. Vor allem bei profitorientierten Buchgemeinschaften sind Konzessionen an den Publikumsgeschmack, z. B. auf dem Gebiet der Unterhaltungsliteratur, zu beobachten. Buchgemeinschaften können als genossenschaftliche oder buchhändlerische Unternehmen geführt werden. Bereits 1716 regte Leibniz die Bildung einer wissenschaftlichen Buchgemeinschaft (Societas subscriptionum) an, die später durch Gründungen wie die Dessauer »Buchhandlung der Gelehrten« (1781–1785) für kurze Zeit

Titelblatt und Frontispiz eines Bandes der Büchergilde Gutenberg. Leipzig, 1925. 16 × 21,5 cm

realisiert wurde. Andere Vorläufer der Buchgemeinschaften waren Anfang des 19. Jh. konfessionell gebundene und entsprechend organisierte Lesevereine. In den vierziger Jahren bildeten sich außerhalb des Buchhandels sog. Volksschriftenvereine heraus (Zwickauer Verein zur Verbreitung guter und wohlfeiler Volksschriften, Zschokke-Verein u. a.), die die »unteren Volksklassen« im Sinne des Bürgertums weltanschaulich zu beeinflussen versuchten. 1891 entstand der »Verein der Bücherfreunde«.

Die eigentliche Blütezeit der Buchgemeinschaften lag in den Jahren nach dem ersten Weltkrieg. Der 1919 gegründete »Volksverband der Bücherfreunde« zählte bereits zwei Jahre später über 100 000 Mitglieder. Die »Deutsche Buchgemeinschaft« (gegr. 1924) prägte den Typ in charakteristischer Weise: Literatur aller Zeiten und Genres wurde nach dem Abonnements-Prinzip vertrieben, der Leser erhielt einen repräsentativen Halblederband mit Goldprägung nach eigener Wahl aus dem Angebot. Die gewerkschaftlich orientierte »Büchergilde Gutenberg«, 1924 vom Bildungsverband der Deutschen Buchdrucker ins Leben gerufen, brachte im ersten Jahrzehnt ihres Bestehens 170 Titel in 2,5 Millionen Exemplaren unter ihre Mitglieder im In- und Ausland (1933: 85 000). Durch ihr Leseprogramm und die qualitätsvolle Ausstattung der Bücher hob sie sich von anderen Buchgemeinschaften ab. Ihr erster Lektor, Ernst Preczang, gewann 1926 B. Traven als ständigen Autor. An Leser aus der Arbeiterklasse wandten sich auch der sozialdemokratische »Bücherkreis« (gegr. 1925; etwa 45 000 Mitglieder) und die proletarisch-revolutionäre Buchgemeinschaft »Universum-Bücherei für Alle« (gegr. 1926; etwa 40 000 Mitglieder; 1932: Jahresumsatz 200 000 Bände). Als Autoren waren in diesen Buchgemeinschaften Jack London, Martin Andersen Nexö, Max Barthel, Egon Erwin Kisch, B. Traven und Emile Zola am häufigsten vertreten.

Nach dem zweiten Weltkrieg erlebten die Buchgemeinschaften u. a. in der Bundesrepublik Deutschland einen neuen Aufschwung, teilweise auch auf Betreiben geschäftstüchtiger Unternehmer. 1949 wurden die »Wissenschaftliche Buch-Gesellschaft« Darmstadt und der »Deutsche Bücherbund« Stuttgart gegründet. 1950 folgten der »Europäische Buchclub« Stuttgart und der »Bertelsmann-Lesering«, der nach zehnjährigem Bestehen schon nahezu die Hälfte aller Buchgemeinschafts-Leser (2,5 Millionen) in sich vereinigen konnte. Neben diesen Neugründungen existierten die »Büchergilde Gutenberg« (1954: über 250000 Mitglieder), der »Verband der Bücherfreunde« und die »Deutsche Buchgemeinschaft« in traditioneller Weise fort.

In der DDR bildeten sich zunächst Buchgemeinschaften bei den Berliner Verlagen Kultur und Fortschritt – für die Verbreitung des sowjetischen Buches – und Neues Leben – zur Propagierung des guten Jugendbuches. Sie gingen auf in dem »buchclub 65«, eine Buchgemeinschaft, die von mehreren Verlagen (u. a. Aufbau-Verlag Berlin und Weimar, Rütten & Loening Berlin, Neues Leben Berlin) unter Geschäftsführung des Verlags Volk und Welt Berlin betrieben wird. Für Kinder wurde der »Buchclub der Schüler« gegründet (1984: 180000 Mitglieder). Diese Buchgemeinschaften führen die Leser an gute Bücher heran und bieten den Anreiz, sich für relativ wenig Geld eine gute Bibliothek aufzubauen, die durch Vielfalt und Niveau gekennzeichnet ist. *F. M.*

Lit.: Rosin, H.: »Buchgemeinschaft« und Bildungspflege. – In: Bücherei und Bildungspflege. – Leipzig 6(1926). – S. 103–119. // Hiller, H.: Die Buchgemeinschaften. – In: Der deutsche Buchhandel in unserer Zeit. – Göttingen, 1961. – S. 85–101. // Der Beitrag der Buchgemeinschaften zur Erwachsenenbildung. – München, 1962. // Widmann, H.: Der deutsche Buchhandel in Urkunden und Quellen. – Bd. 2. – Hamburg, 1965. – S. 214–230. // Ehm, G.; Weisbach, F.: Buchgemeinschaften in Deutschland. – Hamburg, 1967. // Ozybulski, R.: Kluby czytelników w Czechoslowacyi. – In: Rocznik Biblioteki Narodowej. – Warszawa 3(1967). – S. 137–153. // Bamberger, R.: 20 Jahre Österreichischer Buchklub der Jugend. – Wien, 1969. // Hein, H.: Die Büchergilde Gutenberg 1924–1933. – In: Marginalien. – Berlin H. 37, 1970. – S. 23–43. // Buchgemeinschaften der Arbeiterbewegung in der Weimarer Republik: e. Bestandsverzeichnis. – Bonn, 1982. // Bunke, H.; Stern, H.: Buchgestaltung für die Literatur der Arbeiterklasse 1918–1933. – Leipzig, 1982. (Neujahrsgabe der Deutschen Bücherei; 1983). // Lorenz, H.: Universum-Bücherei für Alle: proletarisch-revolutionäre Buchgemeinschaft an d. Kulturfront 1926–1933. – In: Marginalien. – Berlin H. 92, 1983. – S. 1–31. // Sommer, H.: »Universum-Bücherei für Alle«: e. Nachtrag; Ergänzungen zu d. Beitrag von H. Lorenz im Heft 92(1983) d. »Marginalien«. – In: Marginalien. – Berlin H. 96, 1984. – S. 22–32. // Bunke, H.: Büchergilde Gutenberg von 1924 bis 1933. – T. 1.2. – In: Börsenblatt für den Deutschen Buchhandel. – Leipzig 151(1984)35. – S. 666–669; 151(1984)36. – S. 686–689. // Stelzer, I.: Buchclub der Schüler – interessant für die ganze Familie. – In: Elternhaus und Schule. – Berlin 33(1984)4. – S. 19. // Knoche, M.: Volksschriftenvereine im Vormärz. – In: Buchhandelsgeschichte (1986)1. – B 1–B 16 (Börsenblatt für den Deutschen Buchhandel. – Frankfurt a. M. (1986) Nr. 22; Beil.)

Buchgestaltung

Sammelbegriff für die künstlerischen und technischen Aktivitäten, deren Ergebnis das in Form und Inhalt ästhetisch ansprechende – schöne – Buch ist (↗ Schönheit des Buches). Dazu gehören die Wahl des richtigen Papiers, die typographische Gestaltung, die Anordnung der Illustrationen und des Buchschmucks, die buchbinderische Verarbeitung. Die eigenständige Tätigkeit des *Buchgestalters* (oder Buchkünstlers) als eines anerkannten Berufes ist das Ergebnis der vor rund 100 Jahren einsetzenden Bemühungen um eine Hebung der allgemeinen Buchausstattung und charakterisiert die auch im Buch- und Druckgewerbe erfolgende Arbeitsteilung und Spezialisierung. Ansätze zu einer bewußten Buchgestaltung sind seit Erfindung des Buchdruckes in Briefen und anderen Äußerungen von Autoren, Herausgebern, Illustratoren, Verlegern zu finden. Sie sind kultur- und buchgeschichtlich aufschlußreich.

K. K. W.

Lit.: Williamson, H.: Methods of book design. – London, 1956. // Kapr, A.: Buchgestaltung. – Dresden, 1963.

Buchhandel

Wirtschaftszweig, der als Vermittler zwischen buchveröffentlichenden und -herausgebenden Einrichtungen (↗ Verlag) und Käufern fungiert. Gegenstände des Buchhandels sind im einzelnen Bücher, Broschüren, Zeitschriften, Musikalien, Kunstblätter, Kalender, Landkarten, Globen, Lehr- und Lernmittel, Schallplatten u. a. Ton- und Bildträger sowie Mikroformen (Mikrofilme, Microfiches, Mikratkarten) literarischer Erzeugnisse. Die traditionelle Unterscheidung verschiedener Buchhandelsbereiche nach Herstellern (Verlage), Vermittlern (Kommissions- und Großbuchhandel) und Verbreitern (Sortimentsbuchhandel, Antiquariat, Reise-, Versand- und Kolportagebuchhandel) ist durch den inneren Strukturwandel des modernen Verlagswesens und seine Abkopplung vom Vertrieb (↗ Verlag) nur noch bedingt gültig. Die Berufsbezeichnung *Buchhändler* faßt den Personenkreis zusammen, der im Rahmen dieser Handelsbereiche eine anerkannte Ausbildung abgeschlossen hat, und wird geprägt durch das Berufsbild des Sortimenters als dem sich mit dem Vertrieb verlagsneuer Literatur befassenden Einzelhändler. Sie taucht im deutschen Sprachgebrauch im 16. Jh. auf und löst die Bezeichnung ↗ Buchführer ab.

Bis zur Erfindung der Buchdruckerkunst war Buchhandel ein Geschäft mit geschriebenen Büchern (Handschriften). Die Nachfrage wuchs im klassischen Altertum derart, daß Verleger regelrechte Bücherfabriken einrichteten, in denen der Text von Lohnschreibern (librarii) abgeschrieben oder einer größeren Anzahl von Schreibsklaven (servi literati) gleichzeitig diktiert wurde. Den Vertrieb der bis zu 1000 Exemplaren zählenden Auflagen besorgten spezialisierte Händler (bibliopolae) in Ladengeschäften. Mit dem Ende der Antike wurde das Buch zum Gebrauchsgegenstand für den Klerus. In den Scriptorien der Klöster wurden durch Abschreiben die benötigten Exemplare hergestellt und zirkulierten als Tausch- und Leihgaben. Erst im 13. Jh. entwickelten sich Vorformen des neueren

Der Buchhändler. Kupferstich von Jan Luyken, aus: Chr. Weigel, Abbildung der gemeinnützlichen Haupt-Stände. Regensburg. 1698. 31 × 45,5 cm

Der Buchladen. Kolorierter Holzschnitt aus: J. A. Comenius, Orbis sensualium pictus. Nürnberg, Joh. A. Endter, 1754. 10 × 16 cm

Buchhandels an den entstehenden Universitäten (Bologna, Paris, Oxford), wo beamtete Buchschreiber und Handschriftenverleiher (stationarii) Gelegenheitsgeschäfte vor allem mit gebrauchten Handschriften abwickelten und damit zu Stammvätern des Antiquariatsbuchhandels (↗ Antiquariat) wurden. Von wesentlicherer Bedeutung für den gegen Ende des Mittelalters ganz Europa überziehenden Handschriftenhandel wurden jedoch die Aktivitäten solch freier Schreiber und Händler (librarii) wie die des Elsässers Diebolt Lauber (1427–1467 in Hagenau nachgewiesen), dessen »Verlagsprogramm« auch die populäre Literatur der Zeit wie Bilderbücher und illustrierte Historienbibeln einschloß.

Mit Gutenbergs Erfindung wurde das Hauptproblem dieses Handels, den im Zeitalter der Renaissance und des Humanismus rasch ansteigenden Literaturbedarf zu befriedigen, von der technischen Seite her gelöst. Die Druckerverleger des 15. und 16. Jh., deren Produktionskapazitäten sich besonders während der Reformationszeit erheblich erweiterten, organisierten den Absatz zunächst durch reisende Vertriebsbeauftragte, die ↗ Buchführer, die sich bereits im Laufe des 16. Jh. zum Stand der Buchhändler formierten. Mit einer durch steigende Buchproduktion bedingten Arbeitsteilung zwischen Druckern, Verlegern und Buchhändlern vollzog sich in nahezu allen europäischen Ländern die Herausbildung weitgehend selbständiger Gewerbezweige.

Seit der Mitte des 17. Jh. wurde die Entwicklung von Nationalliteraturen und damit die Bildung nationaler bzw. sprachgebietsbezogener Buchmärkte immer deutlicher. Der europäische Buchhandelsverkehr konzentrierte sich an den Meßplätzen Frankfurt a. M. (seit 1564) und Leipzig (seit 1594), wo die Verleger und Händler Bücher in rohen Bogen (in albis) tauschten und die überschießenden Saldi nach Abzug eines Rabatts erst auf der nächsten Messe bezahlten. Trotz offenkundiger Mängel dieses *Change* oder *Verstechen* genannten Verfahrens war es bis ins 18. Jh. hinein üblich.

Ambulanter Graphikhandel vor dem Berliner Schloß. Radierung von Johann Carl Wilhelm Rosenberg, 1786.
Märkisches Museum, Berlin. 17,3 × 13,1 cm

Erst allmählich entwickelte sich ein organisierter Zwischenbuchhandel durch in Frankfurt und Leipzig ansässige Firmen, die Bestände von den Verlegern kommissionsweise übernahmen (Kommissionsbuchhandel), wobei mit zunehmender kaiserlicher Bücherzensur Frankfurt im 18. Jh. seine Bedeutung zugunsten Leipzigs verlor, das zum zentralen Platz des mitteleuropäischen Buchhandels wurde. Vom französischen und englischen Buchhandel unterschied sich der deutsche durch die Dezentralisation von Herstellung und Vertrieb und durch das bis zum Ende des ersten Weltkriegs für alle Verlagserzeugnisse intakt gebliebene Konditionssystem (Bedingtverkehr), das den Sortimentern das Remissionsrecht, d. h. die Rückgabemöglichkeit, nicht absetzbarer Bücher an den Verleger oder Kommissionär einräumte.

Der Bruch mit dem alten Changesystem gab den Anstoß zum Entstehen reiner, von der Bindung an Verleger unabhängiger Sortimentsbuchhandlungen, deren erste von Friedrich Perthes 1796 in Hamburg eröffnet wurde. Mit dieser Entwicklung, die mit der Reorganisation des Kommissions- und Großbuchhandels durch die 1797 erfolgte Gründung der Buchhändlerbörse als der Abrechnungsstelle des »Leipziger Platzes« parallel lief und durch den 1825 ins Leben gerufenen *Börsenverein der Deutschen Buchhändler* abgeschlossen wurde, war die Geschäftsgrundlage des modernen buchhändlerischen Verkehrs im deutschen Sprachgebiet geschaffen. Für die Verleger waren die hierdurch gegebenen Möglichkeiten insofern von Bedeutung, als die erhebliche Entlastung vom Vertriebsgeschäft zugleich ein wesentliches Mittel war, die Kalkulationsgrundlagen der Buchherstellung zu regulieren und sich im 19. Jh. der Lösung der Probleme des Verlags- und Urheberrechts zuzuwenden. Kennzeichnend für die Entwicklung des Vertriebs ist die fortschreitende fachliche Spezialisierung in Sortiment und Antiquariat seit Mitte des 19. Jh.

Von Verlag und Vertrieb weitgehend boykottiert wurde nach 1848 mit einsetzender Reaktion die Literatur der sich organisierenden Arbeiterbewegung. So entstand im letzten Viertel des 19. Jh. ein organisationsgebundenes oder der Bewegung nahestehendes Verlagswesen und Vertriebsnetz, das sich zur Zeit des Sozialistengesetzes in der Illegalität bewährte, nach dem ersten Weltkrieg mit seinen buchhändlerischen

Briefkopf des Ateliers Gaber & Richter. Holzschnitt von Ludwig Richter, 1856. 10 × 6,8 cm

Der Antiquar auf der Leipziger Messe. Aquarell von Georg Emanuel Opiz, um 1820.
Museum für Geschichte der Stadt Leipzig. 34 × 29 cm

Buchhandel

Porträts der Gründer des ersten Buchhändlervereins in Leipzig, P. E. Reich, P. G. Kummer, der die erste zentrale Abrechnungsstelle im Richterschen Caffee-Haus (oben rechts) einrichtete, und C. Horvath, der ab 1797 die »Alte Buchhändler-Börse« ins alte Paulinum der Universität verlegte. 1836 wurde das eigene Haus, die »Deutsche Buchhändler Börse«, eingeweiht.
Lichtdruck

Einrichtungen (in Deutschland z. B. Gewerkschafts-, Konsum- und genossenschaftliche Volksbuchhandlungen) bedeutenden Aufschwung nahm, aber schließlich dem Faschismus zum Opfer fiel.

Vor dem Hintergrund einer gesteigerten Buchproduktion (1870: 10 000 Titel; 1910: 30 000 Titel), eines hierdurch verursachten verschärften Konkurrenzkampfes und der faktischen Umwandlung der Leipziger Kommissionsfirmen zu Kreditinstituten, kam es 1918 zur Gründung der Firma Koehler & Volckmar AG & Co, die bis 1945 vor allem über den Zwischenbuchhandel den gesamten deutschsprachigen Markt kontrollierte und über Leipzig, über das auch der buchhändlerische Verkehr von mehr als 1000 ausländischen Firmen lief, auch international Einfluß nahm.

In den westeuropäischen Ländern, den USA und Japan entwickelte sich seit dem zweiten Weltkrieg ein differenzierter, oft modischen Trends folgender »Literaturbetrieb«, der sich auf die Zahl der erscheinenden Buchtitel (↗ Verlag) auswirkte, einen harten Wettbewerb auslöste und zu Konzernbildungen führte. Jenseits des »etablierten« Buchhandels entstand in diesen Ländern im Zusammenhang mit sozialen und politischen Protestbewegungen und an Vorbildern der Arbeiterbewegung orientiert, eine in der Regel sich als Vertretung unterdrückter gesellschaftlicher Minderheiten verstehende »alternative« Verlags- und Buchhandelsszene mit oft eigenen, meist aber wenig konstanten Vertriebsnetzen.

In den sozialistischen Staaten organisierte sich der Buchhandel auf der Grundlage nationaler Traditionen und unter den Bedingungen gesellschaftlich geplanter Produktion und Verteilung zentral geleitet bei Ausgliederung des Verlagswesens als einer selbständigen wirtschaftlichen Struktureinheit. Die Abwicklung von Export-Import-Geschäften übernehmen staatliche Außenhandelsbetriebe (z. B. die Meshdunarodnaja Kniga in der Sowjetunion). Die Organisation folgt entweder traditionellen Strukturen (z. B. in der DDR Konzentration in Leipzig) oder der territorialen Gliederung des Landes wie in der UdSSR. Letzteres trifft im wesentlichen auch für die Netze des Bucheinzelhandels zu, deren Dichte, Sortimentsbreite, Spezialisierung und Vertriebsmethoden (Ladengeschäft, Versandbuchhandel, ambulanter Handel in Betrieben usw.) von den Besonderheiten des örtlichen und regionalen Literaturbedarfs und infrastrukturellen Gesichtspunkten bestimmt werden. Nicht mehr existent ist die gewerbsmäßig betriebene Leihbücherei als ein Sonderzweig des Buchhandels, deren literaturverbreitende Funktionen von einem Netz öffentlicher allgemeinbildender Bibliotheken übernommen wurde.

Die Internationalisierung der Verlags- und Buchhandelstätigkeit durch Koproduktionen, Auflagen- und Lizenzgeschäfte spiegelt sich in der steigenden Zahl von *Buchmessen* wider. Außer Leipzig gehören hierzu: Frankfurt a. M. (seit 1949), Tokio (seit 1954), Belgrad (seit 1955), Warschau (seit 1956), Jerusalem (seit 1966), Sofia (seit 1968), Brüssel, Kairo (seit 1969), Prag (seit 1970) sowie in jüngster Zeit Moskau. Bemerkenswert ist der Trend zur Spezialisierung, so in Paris (Salon international du livre et de la presse scientifique et technique, seit 1964) und Bologna (Messe des Kinderbuchs, seit 1964). Nationale Buchmessen finden u. a. in Finnland, Italien und Spanien, in den USA und einigen Ländern Lateinamerikas statt.

Die bereits 1403 in London gegründete Stationers' Company gilt als älteste *Buchhändlervereinigung*. Moderne Interessenverbände entstanden seit dem Beginn des 19. Jh., so in den Niederlanden die Vereeniging ter Bevordering van de Belangen des Boekhandels und

1825 der Börsenverein der Deutschen Buchhändler zu Leipzig, auf dessen Initiative auch die Gründung der Deutschen Bücherei Leipzig zurückgeht. Zu internationalen Zusammenschlüssen haben es nur Fachvereinigungen (↗ Antiquariat, ↗ Verlag) gebracht. Der deutsche Börsenverein war auch für ausländische Mitglieder offen (1933 830 ausländische von insgesamt 3606 Mitgliedern). Die gleiche Praxis übt auch der 1948 gegründete Börsenverein des Deutschen Buchhandels e. V., Frankfurt a. M.

Der Börsenverein der Deutschen Buchhändler zu Leipzig versteht sich als nationale Fach- und Berufsorganisation der im Verlagswesen und im Buchhandel der DDR tätigen Mitarbeiter. Die nationalen Verbände sind gewöhnlich auch Herausgeber buchhändlerischer Fachzeitschriften und von Bibliographien der Neuerscheinungen der Länder. *K. K.*

Lit.: Bibliographien und *Nachschlagewerke:* Kliemann, H. ; Meyer-Dohm, P.: Buchhandel. Bibliographie. – Gütersloh, 1963. // Der deutsche Buchhandel / hrsg. v. H. Hiller ; W. Strauß. – 4. Aufl. – Gütersloh, 1968. // Fries, H.: Titelverzeichnis der wichtigsten Bibliographien und Kataloge des Buchhandels. – Zürich, 1970. // Handbuch des Buchhandels / hrsg. v. P. Meyer-Dohm ; W. Strauß. – Bd. 1 ↑. – Hamburg, 1971–1977. // The book trade of the world / Ed. by S. Taubert. – Bd. 1: Europe and International section. – Hamburg, 1972. // Fachliteratur zum Buch- und Bibliothekswesen. – 12. Ausg. 1976–1979. – München–Pullach, 1981. // Internationales Buchhandels-Adreßbuch. – München, 1978. // Stöckle, W.: ABC des Buchhandels. – 3. Aufl. – Grafenau, 1978. // Adreßbuch für den deutschsprachigen Buchhandel. – 3 Bde. – Frankfurt a. M., 1982.

Monographien: Kirchhoff, A.: Die Handschriftenhändler des Mittelalters. – 2. Aufl. – Leipzig, 1853. // Kapp, F. ; Goldfriedrich, J.: Geschichte des deutschen Buchhandels. – Bd. 1–4 und Register. – Leipzig, 1886–1923. // Uhlig, F.: Geschichte des Buches und des Buchhandels. – 2. Aufl. – Stuttgart, 1962. // Kalhöfer, K.-H.: Leben und Werk deutscher Buchhändler. – Leipzig, 1965. // Widmann, H.: Der deutsche Buchhandel in Urkunden und Quellen. – Bd. 1.2. – Hamburg, 1965. // Govorov, A. A.: Istorija knižnoj torgovli. – Moskva, 1966. // Hiller, H.: Zur Sozialgeschichte von Buch und Buchhandel. – Bonn, 1966. (Bonner Beiträge zur Bibliotheks- und Bücherkunde ; 13). // Taubert, S.: Bibliopola: Bilder und Texte aus der Welt des Buchhandels. – Bd. 1–2. – Hamburg (1966). // Kleberg, T.: Buchhandel und Verlagswesen in der Antike / Dt. von E. Zunker. – Darmstadt, 1967. // Käsmayr, B.: Die sogenannte Alternativpresse ... seit 1968. – Augsburg, 1974. // Widmann, H.: Geschichte des Buchhandels. – T. 1: Bis zur Erfindung des Buchdrucks sowie Geschichte des deutschen Buchhandels. – Wiesbaden, 1975. // Schulz, G.: Buchhandels-Ploetz: Abriß der Geschichte des deutschsprachigen Buchhandels von Gutenberg bis zur Gegenwart. – 2. Aufl. – Freiburg, 1980.

Buchillustration

Unter Buchillustration (lat. illustrare = erleuchten, Licht in eine Sache bringen) werden Abbildungen verstanden, die dazu dienen, die Aussagekraft eines Textes zu unterstreichen, Akzente zu setzen und die Wirkung des Gelesenen zu vertiefen. Die mit der Entstehung des

Buchillustration

Holzschnitt von Leonhard Beck aus: Der Theuerdanck. Nürnberg, J. Schönsperger, 1517. 22 × 35 cm

Kupferstich von F. Campion zu Chapelain, La Pucelle ou la France delivrée. Paris, 1656. 9 × 15,3 cm

Buchdrucks verbundene Buchillustration ist die Weiterentwicklung der ↗ Buchmalerei, die die handschriftliche Herstellung von Büchern begleitete. Buchillustration ist mit den Ausdrucksformen der zeitgenössischen Kunst verbunden und bedient sich der zum jeweiligen Zeitpunkt verfügbaren Reproduktionstechniken. Hierbei sind zwei Funktionen zu unterscheiden: Buchillustration als Zier und Schmuck (↗ Buchschmuck) eines belletristischen oder religiösen Werkes und in dokumentarischer Funktion zur Illustration eines wissenschaftlichen Textes (↗ Buchillustration einzelner Fachgebiete). Bildeten vor Erfindung des Buchdrucks Illustrationen und Ornamente eine aus der gleichen Feder stammende Einheit, so setzte mit der Entstehung des gedruckten Buches eine Differenzierung zwischen beiden ein. Dabei sind die Übergänge manchmal fließend. Während der Buchschmuck im weiteren Sinne auch die Gesamtausstattung des Buches umfaßt, dient die Illustration der Texterläuterung, ist also eigentlich eine Textillustration.

Unter dieser Voraussetzung kann die Illustration auf gesonderten Blättern stehen oder auch in den laufenden Text einbezogen sein, wobei es vom Stand der technischen Entwicklung und den künstlerischen Intentionen abhängt, ob die Abbildungen getrennt vom Text stehen, in diesen übergehen oder sich auch auf die gegenüberliegende Seite erstrecken.

Die Themen der Buchillustration nach Erfindung des Buchdrucks waren Stoffe der Bibel, Volksbücher, Ritterromane, Werke des klassischen Altertums und das weite Feld naturwissenschaftlicher und medizinischer Werke, für die bis ins 16. Jh. hinein der ↗ Holzschnitt verwendet wurde. Zu den bedeutendsten Leistungen des beginnenden 16. Jh. zählen die vom kunstliebenden Kaiser Maximilian I. angeregten buchkünstlerischen Unternehmungen wie das »Gebetbuch«, der »Theuerdanck« und die Bilderfolge zum »Weißkunig«. Durch das Wirken Dürers, Burgkmairs, Becks, Schäuffelins und anderer Künstler erreichten Illustration und Schmuck eine Vollendung und Schönheit, die

»Unterhaltungen über die Vielfalt der Welten«. Kupferstich von B. Picart zu de Fontenelle, Œuvres diverses. Amsterdam, 1743. 19,2 × 28,7 cm

die Nachwelt, so auch Goethe, begeisterten. Ein ausgedehntes Feld der Illustration waren im 16. Jh. die ↗ Bibeln, auf den ↗ Flugschriften und Einblattdrucken der frühbürgerlichen Revolution finden sich zahlreiche, z. T. künstlerisch bedeutungsvolle Holzschnitte.

Aus dem Formenreichtum, der sich im 16. Jh. herausgebildet hatte und dem die Kupferstichtechnik neue Gestaltungsmöglichkeiten eröffnete, entwickelte sich die Buchillustration des 17. Jh. Das ↗ Titelblatt als ↗ Kupferstich oder das ↗ Frontispiz mit dem Porträt des Autors und einer allegorischen Darstellung sind dabei Schmuckelemente, deren Einzelteile sich als austauschbar und dem Zeitstil verbunden erweisen. Titelblätter wie etwa das von Rubens für die Werke von Justus Lipsius sind die prächtig geschmückte Eingangspforte eines sonst schmucklosen Buches. Bei Chapelains »La Pucelle« (1656), einer Darstellung des Lebens der Jeanne d'Arc, wird die Illustration zur Apotheose des französischen Herrscherhauses, wenn im Hintergrund Schloßbauten im Stil von Versailles zu sehen sind. Zu den durch Fülle und Variationsreichtum ihrer Abbildungen herausragenden Beispielen der Buchillustration des 17. Jh. gehören die ↗ Emblembücher.

Von den Zentren der Buchillustration, wie von Venedig im 16. Jh., den Niederlanden und Frankreich im 17. Jh., aber auch von Augsburg und Nürnberg, gingen stilbildende Leistungen aus, wobei sich allmählich auch nationale Besonderheiten entwickelten. In Frankreich wurden dank der vom Feudaladel gepflegten Bibliophilie und dem gesteigerten Schmuckbedürfnis im Rokoko Buchschmuck und Buchillustration zur höchsten Vollendung geführt. Die Entwicklung der deutschen Buchillustration des 18. Jh., anfangs noch unter dem Einfluß des Barock stehend, ging von Augsburg und Nürnberg aus und fand in der Folgezeit ihre Zentren in Sachsen, Hamburg und Berlin. In der Mitte des Jahrhunderts setzte sich im Stil eine Abkehr vom französisch orientierten Rokoko durch, die Darstellungen bewegten sich in einer bürgerlichen Sphäre, deren liebevoller Schilderer Daniel Chodowiecki wurde. Am En-

Buchillustration

Textumrahmung, Zeichnung und Initiale von Alfred Rethel zu »Daz ist der Nibelunge Liet«. Leipzig, 1840.
22,5 × 30 cm

Illustrationen von Mishima Yunosuke zu Dichtergrüße aus dem Osten. Japanische Dichtungen, übertr. von K. Florenz.
Leipzig, 1904. 14,5 × 19 cm

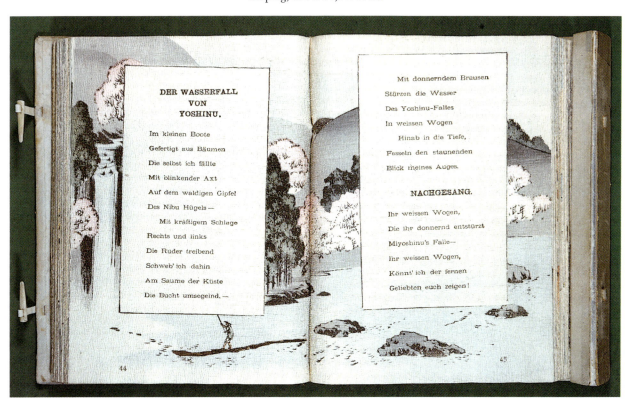

Holzschnitt von Ludwig Richter zu Schillers Lied von der Glocke, 1857

Illustration von Aubrey Beardsley zu T. Malory, Morte Darthur. London, 1909. 19,5 × 25,3 cm

de des 18. Jh. entwickelte der Engländer William Blake als Einzelgänger eine hohe Form der Buchillustration mit ausgeprägten stilistischen Eigenheiten, in die er den Text einbezog.

Mit der Herausbildung eines sozial weitgefächerten Lesepublikums mit neuen, vielfältigen Wünschen nach Bildung, Information und Unterhaltung entstanden im Laufe des 19. Jh. neue Bereiche der Buchillustration wie ↗ Bilderbogen, Kunstbücher, Reisealben, Karikaturenserien. In die Zeitschriften fanden Illustrationen zu historisch-politischen Ereignissen, Naturkatastrophen, neuen Erfindungen, zu Moden oder als Untermalungen belletristischer Texte Einzug. Die gleichbleibende Qualität der Illustrationen bei hohen Auflagen wurde vor allem durch die neuen Techniken der ↗ Lithographie, des ↗ Holz- und des ↗ Stahlstichs erreicht, die als Mittel der Reproduktionsgraphik und als originäres künstlerisches Ausdrucksmittel zum Einsatz kamen. Für England kann man dabei von einer Bevorzugung des Stahlstichs und des Holzstichs sprechen, in Frankreich waren es Lithographie und Radierung, in Deutschland Holzschnitt, Holzstich und Lithographie. Durch die nahezu unbegrenzte Reproduzierbarkeit, gepaart mit künstlerisch-adäquater Umsetzung des Textes, hatten die Illustrationen eine z. T. langandauernde stilbildende Wirkung. Hingewiesen sei auf die Verbreitung der humoristisch-realistischen Illustrationen von Cruikshank und Phiz (Knight Hablot Browne) zu den Werken von Dickens auch in Deutschland oder das »Abkupfern« von Illustrationen aus dem »Penny Magazine« in Meyers Universum.

Unter den deutschen Künstlern, die im 19. Jh. Buchillustrationen schufen, sind Friedrich Ludwig Richter, Moritz von Schwind und Alfred Rethel zu nennen. Zu den Hauptleistungen gehören Menzels realistische Illustrationen zu Kuglers »Geschichte Friedrichs des Großen« (1839–1842) sowie zu Kleists »Zerbrochenem Krug« (1877) und Chamissos »Peter Schlemihl«. Delacroix, Doré (Goethes »Faust«, Rabelais' »Gargantua und Pantagruel«, Cervantes »Don Quijote«), Johannot, Grandville (Swifts »Gulliver«) gehören zu den bedeutendsten französischen Buchillustratoren der Zeit, während Gavarni bereits die Darstellungsweise der Jahrhundertwende vorwegnimmt.

Auch auf dem Gebiet der Buchillustration ist William Morris mit seinem Kreis der große Anreger und Erneuerer. Aus vielfältigen Quellen mittelalterlicher und zeitgenössischer Kunst schöpfend, weckte er bei Zeitgenossen und Nachfolgern ein ausgeprägtes Empfinden für Form und Stil, das sich über Beardsley, Ricketts, Lucien Pissarro bis in den Expressionismus fortsetzte. Die Technik des Holzschnitts als Mittel der Buchillustration anstelle des Reproduktionsholzstichs wurde ebenso wie andere Techniken neu entdeckt oder

246,
247

218

219

349

Holzschnitte von Ernst Ludwig Kirchner. Vortitel und Titelblatt zu G. Heym, Umbra vitae. München, 1924.
15,5 × 22,5 cm

weiterentwickelt. Die Anfänge der neuen Buchillustration liegen in Deutschland und Österreich zwischen 1890 und 1910 in den literarisch-künstlerischen Zeitschriften wie »Jugend«, »Pan«, »Ver sacrum«, »Simplicissimus« und in der Tätigkeit privater Pressen oder engagierter Druckereien und Verlage. Sie halfen den Bereich künstlerischer Ausdrucksmöglichkeiten erweitern, wobei der nach der Zeitschrift »Jugend« benannte Stil nur eine der künstlerischen Strömungen vor dem ersten Weltkrieg ist. Trotz solcher Gemeinsamkeiten wie der stark linearen Komponente, der Überdehnung und Komprimierung von Körpern, wie sie sich u. a. bei Beardsley, Ricketts und Gulbransson findet, oder einem floreal-märchenhaften Stil (H. Vogeler) sind Ausgangspositionen und weitere Entwicklung der beteiligten Künstler zu verschiedenartig, als daß diese Bezeichnung mehr sein könnte als ein Sammelbegriff für eine teilweise heterogene Erscheinung.

Die Ästhetisierung des Lebens, wie sie sich in der Kunst und Literatur um 1900 findet, wird begleitet von der Entdeckung oder Wiederentdeckung verschütteter literarischer Überlieferungen, der Zuwendung zur nationalen oder ausländischen Folklore und der Beschäftigung mit menschlichen Existenzen in Extremsituationen oder als Außenseiter der Gesellschaft. So wurden Werke Wildes, Heines, Jean Pauls, Théophile Gautiers, Voltaires »Candide«, Chamissos »Peter Schlemihl«, Coopers »Lederstrumpf«, aus 1001 Nacht »Ali Baba« und »Sindbad« mehrfach, unter anderem von Künstlern wie Beardsley, Kubin, Heckel, Preetorius und Kirchner, illustriert. Jenseits modischer Strömungen sind in der Buchillustration zwei Grundtendenzen erkennbar – die raumfüllende, alles bedeckende Illustration, wie sie aus dem 17. Jh. bereits bekannt ist, und die an ostasiatischen Vorbildern geschulte, auf die wesentlichen Elemente der Aussage konzentrierte, die frei im Raum steht.

Die hier erkennbar werdenden künstlerischen und inhaltlichen Tendenzen fanden ihre Fortsetzung und Weiterentwicklung im Expressionismus mit seinen vielfältigen Ausdrucksformen, mit denen sich seine Vertreter bemühten, gesellschaftliche Wahrheiten zu verdeutlichen. Neben der Erschütterung durch das Erlebnis des ersten Weltkrieges finden sich hier pathetisch-didaktische, folkloristisch-naturhafte (Richard Janthur) und phantastisch-dämonische Tendenzen (Kubin, Klee, Grammatté) vereint, die ihre Entsprechung in der Literatur haben – bemerkenswert zu jener Zeit künstlerische Doppelbegabungen wie Kokoschka, Barlach, Kubin. Zu den hervorragenden Beispielen expressionistischer Buchillustration und -gestaltung gehört Georg Heyms »Umbra vitae« (1924), zu dem Ernst Ludwig Kirchner Holzschnitte, Einbandgestaltung, Titelfassung und typographische Gestaltung

Buchillustration

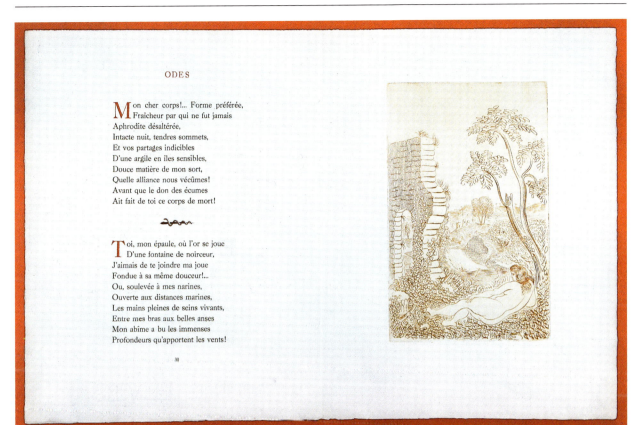

Radierung von Demetrios Galanis zu P. Valéry, Odes. Paris, 1926. 25,7 × 33 cm
Federzeichnung von Max Schwimmer zu J. W. Goethe, Römische Elegien. Berlin, 1956

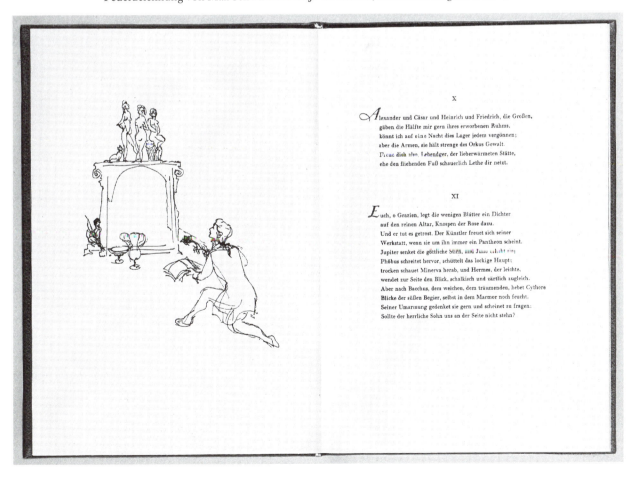

Buchillustration von Werner Klemke zu J. Ringelnatz, Nie bist du ohne Nebendir. Berlin, 1976

Radierung von Harry Jürgens zu T. Nashe, Der glücklose Reisende oder Das Leben des Jack Wilton. Berlin, 1982. 9,3 × 15,4 cm

schuf. Als künstlerisch ausdrucksvolles Mittel der Buchillustration erwies sich auch die von John Heartfield ursprünglich für Veröffentlichungen des Malik-Verlages eingeführte Fotomontage.

Über Ländergrenzen hinwegreichende künstlerische Verbindungen, eine weltoffene Haltung der Leser und nicht zuletzt die Mittel und Möglichkeiten zur Reproduktion von Illustrationen haben seit dem Beginn des 20. Jh. eine Internationalisierung der Buchillustration bewirkt, wie es die Illustrationen von Mishima Yunosuke (1904), die Übernahme klassischer japanischer und chinesischer Holzschnitte in den Übersetzungen des Insel-Verlages aus diesen Literaturen oder die Illustrationen Anatoli Kaplans vor allem zur jiddischen Literatur zeigen. Mit der Übernahme ausländischer Illustrationen wurde nicht nur das Werk lebender Künstler verbreitet, sondern die literarischen Werke erhielten auch dadurch eine spezifische, den Text unterstützende Aura.

Aus diesen vielschichtigen Wechselbeziehungen heraus reizen Werke des weltliterarischen Erbes und der Gegenwartsliteratur immer wieder zur Illustration. Im Schaffen auf diesem Gebiet offenbaren sich vielfältige künstlerische Ausdrucksformen, Stile und Techniken, die nicht unbeeinflußt sind von nationalen Traditionen und Zeitströmungen.

Die Buchillustration erfährt dort ihre größte Resonanz, wo ihre Förderung und Verbreitung im Dienste des Buches Teil des allgemeinen Bildungsprozesses ist. Die Bedeutung des künstlerisch illustrierten Buches findet ihren Niederschlag in nationalen und internationalen Wettbewerben und Ausstellungen (z. B. Schönste Bücher des Jahres [↗ Buchkunst]). Auf Grund ihrer Illustrationen und sonstigen Ausstattung herausragende Werke gehören vielfach zu den gesondert aufgestellten Beständen entsprechender Spezialabteilungen in Bibliotheken und Museen. *K.K.W.*

Lit.: Rümann, A.: Das illustrierte Buch des 19. Jahrhunderts in England, Frankreich und Deutschland 1790–1860. – Leipzig, 1930. // Lanckorońska, M.; Oehler, R.: Die Buchillustration des 18. Jh. in Deutschland, Österreich und der Schweiz. – T. 1–3. – Frankfurt a. M., 1932–1934. // Lang, L.: Expressionistische Buchillustration in Deutschland 1907–1927. – Leipzig, 1975. // Schwanecke, E.: Die Buchillustration der DDR. – Leipzig, 1974. // Kunze, H.: Geschichte der Buchillustration in Deutschland : das 15. Jahrhundert ; Textbd. Bildbd. – Leipzig, 1975. // Ludovici, S. S.: Arte del libro : tre secoli di storia del libro illustrato dal quattrocento al seicento. – Milano, 1976. // Die Buchillustration im 18. Jh. – Heidelberg, 1980. // Text und Bild : Aspekte des Zusammenwirkens zweier Künste in Mittelalter und früher Neuzeit. – Wiesbaden, 1980. // Harthan, J.: The history of the illustrated book : The western tradition. – London, 1981. // Die Buchillustration in Deutschland, Österreich und der Schweiz seit 1945 : ein Handbuch / hrsg. von W. Tiessen. – Bd. 1–5. 1945–1981. – Neu-Isenburg, 1983. // Kunze, H.: Vom Funktionswandel der Buchillustration, bes. im 16. und 17. Jh. – In: Studien zum Buch- und Bibliothekswesen 3(1983). – S. 66 – 72. // Heidtmann, F.: Wie das Photo ins Buch kam. – Berlin, 1985.

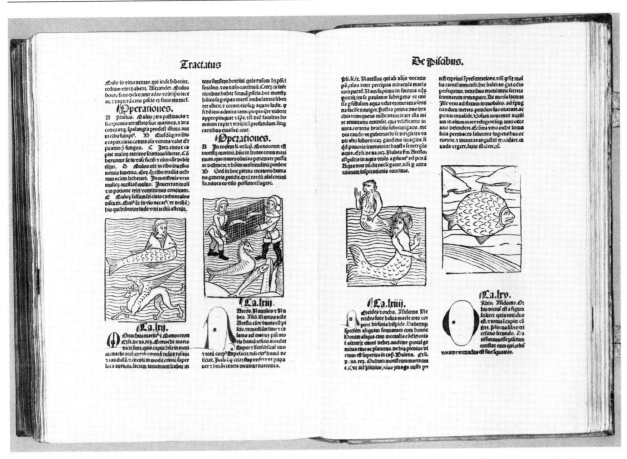

Holzschnitte mit Fischen und Fabelwesen in J. Wonnecke von Cube, Hortus sanitatis. Mainz, Jacob Meydenbach, 1491. Universitätsbibliothek, Leipzig. 25,5 × 31 cm

Buchillustration einzelner Fachgebiete

Die Buchillustration einzelner Fachgebiete, vor allem des medizinischen, naturwissenschaftlichen und technischen Bereichs, ist eng mit der Entwicklung des jeweiligen Faches verbunden und erfährt ihre Darstellung oft im Rahmen wissenschaftsgeschichtlicher Abhandlungen. In der Wiedergabe der Erfindungen und Entdeckungen durch die Autoren selbst oder die nach ihren Vorlagen und Angaben arbeitenden Holzschneider, Kupferstecher, Zeichner, Radierer, Lithographen spiegeln sich eigene Beobachtungen, Erfahrungen und künstlerische Fähigkeit wider. Gleichzeitig vermitteln die Abbildungen einen Einblick in die allgemeingeschichtliche Entwicklung, in die Erweiterung des Weltbildes seit dem Ausgang des Mittelalters. Die Illustration ist auch im Zusammenhang mit den technischen Wiedergabemöglichkeiten, der Einfügung in das Buch, sei es auf einer Textseite, sei es als gesonderte Tafeln auf speziellem Papier, zu sehen und damit auch ein Beispiel der inneren Entwicklung des technischen Vorganges, der in unserer Zeit bei der Reproduktion von Gemälden, bei Bildern aus dem Weltraum oder von Strukturdetails z. T. wahre Triumphe feiert.

Die Exaktheit in der Wiedergabe von Details entwickelte sich am frühesten in den technischen Disziplinen, in denen die Darstellung von Pumpen, Windmühlen, Bergwerken, seit der einsetzenden Baulust des 17. Jh. auch von Architekturzeichnungen, Einblicke in den Stand der Technik erlaubt. Diese Abbildungen sind vielfach die Grundlage heutiger denkmalpflegerischer Arbeiten. Am Anfang steht hierbei Georg Agricolas immer wieder aufgelegtes und auch ins Deutsche übersetzte Bergwerksbuch »De re metallica« (1556). Der Architekt und Ingenieur Georg Andreas Böckler widmete sich in seinem »Theatrum machinarum novum« (1661) den verschiedenen Arten von Mühlen und Pumpen und ihrer Anwendung, etwa bei der Bekämpfung eines Brandes. In die zweite Hälfte des 17. Jh. fällt auch das Wirken Joachim von Sandrarts (1606–1688) in Nürnberg. Als Kupferstecher und Verleger, der auch andere Künstler beschäftigte, beschrieb er in umfangreichen Werken wie der »Teutschen Academie« (1675) Kunstdenkmäler und Gebäude Roms mit genauen Maßangaben und Aufrissen. Johann Jakob Schübler (gest. 1741) schuf reich illustrierte Werke zum Bau und zur Ausgestaltung von Kirchen, Schlössern, Gärten usw., die z. T. stilbildend wirkten. Der Eindruck dieser exakten Darstellungen war so nachhaltig, daß auch die Anhänger der Alchemie sich genauer Zeichnungen bedienten, um ihre Ausführungen glaubhaft zu machen, wie es z. B. Sebaldus Schwaertzer in seiner »Chrysopoeia« (Hamburg 1718) tat. Der Schweizer

Buchillustration einzelner Fachgebiete

Kolorierter Holzschnitt. Insekten. Zu K. von Megenberg, Das Buch der Natur. Augsburg, H. Schönsperger, 1499. Universitäts- und Landesbibliothek Sachsen-Anhalt, Halle. 19 × 26,5 cm

Exotische Pflanze, gezeichnet von G. D. Ehret. Aus C. J. Trew, Plantae selectae quarum imagines ad exemplaria naturalia Londini in hortis curiosorum nutrita. Nürnberg, 1750. 34 × 50,5 cm

Naturforscher Johann Jakob Scheuchzer (1672–1733) gab von 1731 an die sog. Kupferbibel heraus. Nach Zeichnungen Johann Melchior Füsslis schufen Augsburger Kupferstecher eindrucksvolle Darstellungen der in der Bibel vorkommenden Naturereignisse, Wunderzeichen, Pflanzen und Tiere, in denen sich der Kenntnisstand des 18. Jh. niederschlägt (↗ Bibelillustration). Zu den großen, umfassenden bildlichen Darstellungen von Handwerk, Manufaktur, Medizin, Tier- und Pflanzenreich gehören auch die Ergänzungsbände zur von Diderot und d'Alembert herausgegebenen »Encyclopédie, ou dictionnaire raisonné des sciences, des arts et des metiers« (1751 ff.), die im Folioformat in verschiedenen Ausgaben erschienen. Von der reinen Beschreibung technischer Vorgänge war es dann nur noch ein Schritt zur Untermauerung technischer Verbesserungen durch Illustrationen wie etwa in Johann Lukas Deybaldts »Über die Zurichtung der Backöfen und Obstdarren zum Gebrauche des Torfs und der Braunkohle« (Halle 1809).

Die Materie bringt es mit sich, daß alle derartigen Darstellungen nüchtern und zweckgerichtet, ähnlich modernen Konstruktionszeichnungen, wirken, die Menschen werden bei der Ausübung ihrer oft mühevollen Tätigkeit gezeigt. Allegorien und Symbole finden sich allenfalls auf Titelblättern und dienen eher dem Anreiz zum Kaufen oder dem Repräsentationsverlangen. Eine der wenigen Ausnahmen bildet vielleicht das Kupfer in Jacob Christian Schäffers »Sämtliche Papierversuche« (Regensburg 1772), wo Putten im Geschmack des Rokoko bei der Arbeit gezeigt werden. Die meist nüchternen und sachbezogenen Illustrationen in der anatomischen Beschreibung widerspiegeln – von A. Vesalius' »De humani corporis fabrica libri septem« (Basel 1542) bis zur französischen Enzyklopädie – eine den jeweiligen Erkenntnisstand aufnehmende Traditionslinie. Bei der Darstellung des menschlichen Skeletts, das den Gedanken an den »Sensenmann« weckt, zeigt sich auch der Zeitgeschmack, wenn es, wie in einem der Ergänzungsbände zur französischen Enzyklopädie, mit numerierten Knochen in sinnender Haltung an einem Grabstein lehnt. Die veränderten Vorstellungen von der Erde und ihrem Platz im Universum durch die kopernikanische Wende prägten auch Werke der sphärischen Trigonometrie, der Erd- und Himmelskunde. Ist Johannes de Sacrobustos im

Kolorierter Kupfertitel zu E. Blackwell, Herbarium selectum ... (Sammlung der Gewächse, die zum Arzney-Gebrauch in den Apotheken aufbehalten werden). Nürnberg, 1757. 23 × 36 cm

Allegorische Darstellung der Papierherstellung. Titelkupfer aus J. C. Schäffer, Versuche und Muster ohne alle Lumpen oder doch mit einem geringen Zusatze derselben Papier zu machen. Bd. 1. Regensburg, 1765. 13,5 × 18,3 cm

15. und 16. Jh. wiederholt aufgelegtes Werk »De sphaera« in der Ausgabe von 1495 noch mit relativ einfachen Holzschnitten versehen, so enthält die Wittenberger Ausgabe mit dem Vorwort Melanchthons nicht nur stark veränderte Abbildungen, sondern auch solche mit übereinander befestigten, beweglichen Scheiben, durch die die Bewegungen der Himmelskörper verdeutlicht werden konnten. Ähnlich ist es mit dem »Astronomicum Caesareum« (Regensburg 1532) des Petrus Apianus. In Form eines Astrolabs sind kolorierte Holzschnitte übereinander befestigt und drehbar. Die aus der älteren Astronomie und der Astrologie bekannten Himmelsfiguren dienen hier, farbig ausgemalt, der Ausschmückung des Werkes. Die Popularisierung gesicherter astronomischer Kenntnisse aus dem Geist der Aufklärung zeigt der Kupferstich B. Picarts zu den Werken Fontenelles (1743).

Optisch eindrucksvoller und seit ihrem Entstehen begehrtes Objekt der Sammler sind die zahlreichen Werke mit Abbildungen aus dem Tier- und Pflanzenreich. In ihrer Gestaltung, vor allem auch in der naturgetreuen Kolorierung, verbinden sich hohe ästhetische Ansprüche der bildenden Kunst mit denen der Forschung und Belehrung. Vom Tiermaler werden lebenswahre Haltung, der charakteristische Ausdruck, die exakten Körperproportionen, die Färbung von Gefieder und Fell in seinen Bildern verlangt, der botanische Zeichner hat die Alltagsformen der Pflanze, das Aussehen der Samen, Früchte, Wurzeln, auch den Querschnitt durch einzelne Teile, darzustellen. Mit der Einführung des Buchdrucks erfolgte auch, wie z. B. bei den Kräuterbüchern, erstmals eine ausgedehnte Verbreitung bisher nur in Handschriften und mündlicher Überlieferung tradierten Wissens.

Eine der am reichsten illustrierten Inkunabeln ist Johann Wonnecke von Cubes »Hortus sanitatis« (Mainz: Jacob Meydenbach 1491) mit Abbildungen von 530 Pflanzen, 392 Tieren und 144 Mineralen. Auch Konrad von Megenbergs »Buch der Natur« (Augsburg 1499) enthält zahlreiche kolorierte Holzschnitte aus dem Tier- und Pflanzenreich. In diesen frühen Werken finden sich auch Darstellungen von Fabelwesen, wie sie aus der Antike, der Bibel und der Mythologie überliefert sind. Solche Phantasieprodukte verschwanden im Laufe des 16. Jh., allgemein nahmen Wirklichkeitstreue und künstlerische Fertigkeit zu. Im Einzelfall las-

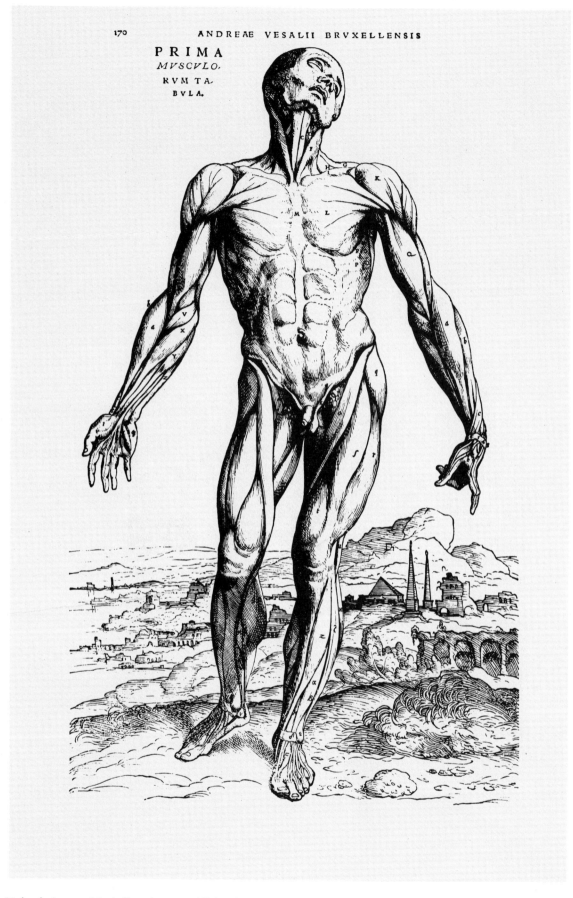

Holzschnitt vom Muskelbau des menschlichen Körpers. Aus: A. Vesalius, De humani corporis fabrica libri septem. Basel, 1542. 28 × 42 cm

Arbeitsgänge und technische Einrichtungen zur Erzgewinnung über Tage. Aus: G. Agricola, Berckwercks Buch. Frankfurt a. M., 1580. 21 × 31,5 cm

Buchillustration einzelner Fachgebiete

Ein Brand wird mit Hilfe einer Wasserpumpe bekämpft. Kupferstich aus: G. A. Böckler, Theatrum machinarum novum. Nürnberg, 1661. Bildgröße 24 × 17,5 cm

sen sich in Wahl des Gegenstandes und seiner Wiedergabe Wechselbeziehungen zu zeitgenössischen künstlerischen Strömungen ablesen wie etwa in Ernst Haeckels »Kunstformen der Natur« (1904).

In dem Bemühen, die Farbenpracht der Vorlagen zu erreichen, entstanden zahlreiche, meist großformatige Werke, die teils von Hand koloriert wurden, teils durch Zusammendruck mehrerer Kupfertafeln oder andere Verfahren entstanden. Dabei waren im 18. Jh. Deutschland und England auf dem Gebiet der naturwissenschaftlichen Buchillustration führend. Zu den Prachtwerken des 18. Jh. gehören u. a. Carl von Linnés »Hortus Cliffortianus« (Amsterdam 1737), Christoph Jacob Trews »Plantae selectae, quarum imagines ad exemplaria naturalia Londini in hortis curiosorum nutrita« (Augsburg 1790–1792), Elizabeth Blackwells »Herbarium Blackwellianum emendatum« (Nürnberg 1750 ff.).

Grundlegend für die Vogelkunde des 19. Jh. wurden die illustrierten Werke zur Vogelkunde von Johann Andreas Naumann und seinem Sohn Johann Friedrich, nachdem Vogelbilder bereits ein Jahrhundert früher zu einer Modeerscheinung geworden waren. Während die Abbildungen, bei aller Farbenfreude, schon den sachlichen Geist naturwissenschaftlicher Forschung erkennen lassen, zeigen die kolorierten Titelkupfer zum erwähnten Buche Elizabeth Blackwells oder von August Rösel von Rosenhofs »Die natürliche Historie der Frösche hiesigen Landes...« (Nürnberg 1758) gleichermaßen Freude am Ornamentalen im Stil der Zeit und an einer ästhetisch ansprechenden Darstellung der Lebewesen und Pflanzen.

Am Ende des 18. und zu Beginn des 19. Jh. begann die Zeit der diplomatisch und staatlich unterstützten Expeditionsreisen in fremde Länder. Ausstattung und Zahl der Beteiligten erlaubten exakte kartographische Arbeiten, umfangreiche archäologische Grabungen und genaue Zeichnungen von Land und Leuten. So vermitteln beispielsweise die Radierungen, die nach Zeichnungen J. J. Moriers, des Sekretärs der britischen Gesandtschaft in Persien am Anfang des 19. Jh., zu dessen Reisebüchern angefertigt wurden, einen wirklichkeitsgetreuen Eindruck der durchreisten Gebiete. Die bei diesen Expeditionen vorgefundenen archäologischen und architektonischen Denkmäler mit ihren vielen, bis dahin unbekannten Details führten zum Herauswachsen der Illustrationen aus dem Text in großformatige ↗ Tafelwerke, die die Berichte ergänzten. Ein Beispiel dafür ist die von C. L. F. Panckoucke in 2. Auflage 1821–1829 herausgegebene »Description de l'Égypte ou recueil des observations et des recherches qui ont été faites en Égypte«.

Im 19. Jh. entstanden durch die Fortschritte der Illustrationstechnik und der technischen Verarbeitung im

Buchillustration einzelner Fachgebiete

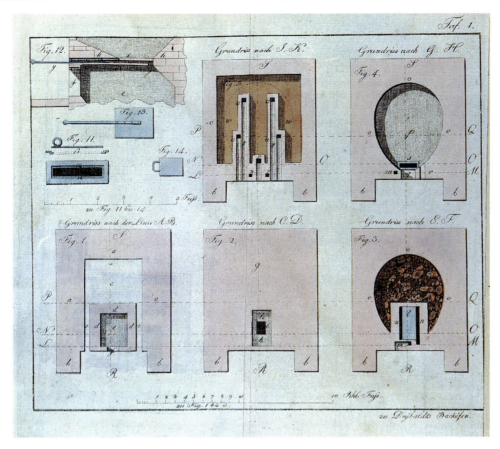

Zeichnungen zum Bau von Backöfen. Faltblatt aus: J. L. Deybaldt, Über die Zurichtung der Backöfen und Obstdarren zum Gebrauche des Torfs und der Braunkohle. Halle, 1809. 22 × 19 cm

Kannenpflanze aus E. Haeckel, Kunstformen der Natur. 2. Sammlung. Leipzig, 1904. 26 × 34,5 cm

Kolorierter Stich aus: Das kleine Buch der Meereswunder. Insel-Bücherei Nr. 158. Leipzig, 1936. 11,7 × 17,9 cm

Druck- und Bindevorgang Zeitschriften mit kolorierten Beilagen, wie die frühen Modezeitschriften, oder mit Stahlstichen, die teils im Text, teils als Beilagen erscheinen.

Die Buchillustration einzelner Fachgebiete im 20. Jh. zeichnet sich durch Vervollkommnung der Wiedergabetechnik aus, bei Zeichnungen verbinden sich, auch in Lehr- und Schulbüchern, didaktischer Zweck, Anschaulichkeit und Übersichtlichkeit. Zu den bemerkenswerten Leistungen gehören die meist in den dreißiger Jahren erschienenen Bändchen der Inselbücherei mit ihren farbigen Wiedergaben von Vögeln, Muscheln, Pilzen, Bäumen, Blumen, die noch heute die Begeisterung des Laien wie des Fachmannes zu wecken vermögen und damit in einer Tradition stehen, die bis an die Anfänge der Buchillustration zurückreicht.

K.K.W.

Lit.: Nissen, C.: Die illustrierten Vogelbücher. – Stuttgart, 1953. // Nissen, C.: Die botanische Buchillustration. – 1.2. – Stuttgart, 1951. (Suppl. 1966.) // Nissen, C.: Die zoologische Buchillustration : ihre Bibliographie und Geschichte. – 1.2. – Stuttgart, 1969–1978. // Timm, R.: Die Illustration in populärwissenschaftlichen deutschen Schriften 1830–1870. – Berlin, Humb.-Univ., Phil. Fak., Diss. A, 1973. // Kunze, H.: Geschichte der Buchillustration in Deutschland : das 15. Jahrhundert. – Textbd. Bildbd. – Leipzig, 1975. // Kozák, J. ; Schmidt, P.: Abbildungen seismologischen Inhalts in europäischen Drucken des 15.–18. Jh. – In: Geschichte der Seismologie, Seismik und Erdgezeitenforschung. – Potsdam, 1981. – S. 86 – 98. // Thornton, J. L. ; Reeves, C.: Medical book illustration : a short history. – New York, 1983.

Buchklub ↗ Buchgemeinschaft

Buchkunst

um 1900 aufgekommener, auch heute noch umstrittener Begriff für alle mit der ästhetischen Gestaltung eines Buches in Zusammenhang stehenden künstlerischen Leistungen. Diese können sich entweder, wie es in der Vergangenheit der Fall war, a) auf Teilbereiche der Buchausstattung oder, wie es die von England ausgehende ↗ Buchkunstbewegung forderte, b) auf das Buch in seiner Gesamtheit beziehen (↗ Pressendrucke; Wettbewerbe Schönste Bücher).

Das Buch ist in erster Linie ein Gebrauchsgegenstand, seine Ästhetik erwächst aus der werkgerechten Form, die vor allem die Gebrauchtüchtigkeit und die Zweckmäßigkeit für Leser und Benutzer garantieren muß. Im künstlerisch gestalteten Buch, in dem sich ästhetische und technische Gesichtspunkte überschneiden, klingen im Idealfall Inhalt (= literarische Aussage des Textes) und Form (= Buchformat, ↗ Schutzumschlag, ↗ Einband, ↗ Papier, Schrift, typographische Anordnung des Textes, Proportionen des Satzspiegels, textadäquate künstlerische Illustrationen, Druckqualität, Farbgebung) in allen Teilen zusammen.

In den vergangenen Jahrhunderten kannte man, sieht man von den durch den Zeitgeschmack vorgegebenen Stilelementen einmal ab, noch kein »Programm«; das Buch war das Ergebnis eines mehrteiligen Arbeitsprozesses, an dem Auftraggeber, Verleger, Drucker, Schriftentwerfer, Illustratoren und Buchbinder unter Wahrung ihrer Eigenständigkeit mitwirkten. Deshalb gelangen in der Regel nur in Teilbereichen der Buchausstattung über das Handwerklich-Technische hinausgehende künstlerische Leistungen (↗ Buchmalerei, ↗ Buchillustration, ↗ Buchschmuck, ↗ Einband, ↗ Schriftkunst, ↗ Drucken). Um die Lektüre zu erleichtern und die Wirkung von Literatur zu vertiefen, sollte nach heutiger Auffassung stets der Inhalt des Buches seine äußere Form bestimmen, wobei auch dem Leserkreis, für den es konzipiert ist, Rechnung zu tragen ist. Ein Buch kann dann als schön bezeichnet werden, »wenn es in seiner Art den Eindruck der Vollkommenheit erweckt, für die menschliche Kultur Zeugnis ablegt und sie bereichert« (Kapr). Buchkünstlerische Leistungen in diesem Sinne sind selten. *F. M.*

Buchkunstbewegung

zusammenfassende Bezeichnung für die in Deutschland Ende des 19. Jh. einsetzenden und bis etwa in die dreißiger Jahre des 20. Jh. reichenden Bestrebungen zur Hebung des künstlerischen Niveaus der Buchproduktion, die von bedeutenden Malern, Bildhauern, Architekten, Schriftstellern, Verlegern, Druckern und Bibliophilen getragen wurde. Wenn in Beweggründen und Ansatzpunkten auch unterschiedlich, so waren sich die Initiatoren doch einig in der Überwindung der Geschmacklosigkeit auf künstlerischem Gebiet, die der Historismus als eine Folgeerscheinung der industriellen Entwicklung und der Technisierung der Produktionsprozesse im 19. Jh. hervorgebracht hatte. Die Reformbestrebungen, die aus Protest gegen diese »Kulturlosigkeit« entstanden, ergriffen alle an der Buchherstellung maßgeblich beteiligten Länder; in Deutschland wurden sie besonders beispielhaft weiterentwickelt. Zu den Vorläufern der Buchkunstbewegung zählt u. a. der Schriftsteller und Bibliophile Eduard Grisebach (1845–1906), der in den Jahren 1873 bis 1875 in Wien seine Dichtungen in anspruchsvoller Ausstattung herausbrachte, in seiner Auffassung darin Stefan George verwandt. Ähnliche Ziele verfolgten bereits in dieser Zeit die Druckereien von R. von Decker in Berlin, Carl Berend Lorck und W. Drugulin in Leipzig.

Die Münchner Kunstgewerbe-Ausstellung von 1876 gab mit ihrer Abteilung »Unser Väter Werk« den Anstoß zur Herausbildung der Münchner Renaissance (oder des Münchner Stils), die ihre Vorbilder in der »altdeutschen Kunst« fand. Durch ihre Rückbesinnung auf das handwerklich geschaffene Meisterwerk und die daraus entwickelten Prinzipien zur Gestaltung des schönen, harmonisch und organisch gegliederten Buches sowie durch ihre Berufung auf Werk- und Materialgemäßheit und den Einsatz der Schrift als wichtigstes Gestaltungsmittel leitete sie die buchkünstlerische Reformbewegung ein. Die Münchner Renaissance

Holzschnitte von Melchior Lechter zu M. Maeterlinck, Der Schatz der Armen. Leipzig, Diederichs, 1898.
18 × 21 cm

blieb nur von zeitlich und lokal begrenzter Wirkungsmöglichkeit, da sie der Gefahr einer schematischen Übertragung alter Werkformen auf das moderne Buch und deren Konfektionierung durch die Kunstindustrie nicht entging. Eine zum Überladen neigende altertümliche Typographie und eklektizistische Buchausstattung waren für sie charakteristisch. Bedeutende Vertreter waren der Journalist, Verleger und Drucker Georg Hirth (»Der Formenschatz der Renaissance«, 1874 bis 1911), der Augsburger Verleger Max Huttler, der Mainzer Drucker Wilhelm Heinrich Wallau und der Buch- und Schriftkünstler Otto Hupp, der seinen »Münchner Kalender« (ersch. 1885–1935) im repräsentativen Neu-Renaissancestil schöpferisch gestaltete. 1880 erschien bei Stroefer in München die von dem 23jährigen Max Klinger illustrierte Ausgabe des Märchens »Amor und Psyche« von Apuleius, die sich in Illustrationen, Buchschmuck und Typographie deutlich von den geschmacklosen, schwülstigen »Prachtwerken« der Zeit abhob und einen Markstein in der Buchgestaltung darstellte. Es war das erste Buch, dessen Gesamtausstattung in der Hand *eines* Künstlers lag.

Von England erhielt die sich anbahnende Buchkunstbewegung wohl die nachhaltigsten Anregungen. Der vielseitig begabte Dichter, Maler, Handwerker und Sozialist William Morris (1834–1896) richtete 1891 eine eigene kleine Druckerei, die Kelmscott Press, ein, um die Buchgestaltung nach dem Vorbild der mittelalterlichen Handwerkskunst neu zu beleben. Nach ihrem und der von Cobden-Sanderson 1900 ins Leben gerufenen Doves Press Muster wurden viele ↗ Privatpressen gegründet, die zunächst die Realisierung des »schönen Buches« unabhängig von merkantilen Interessen verfolgten. Es ging ihnen vorrangig um die Interpretation eines Textes mit Hilfe buchgestalterischer Mittel. Durch Morris war der Sinn für handwerkliche Qualität wiederbelebt worden, er führte zur Besinnung auf die einfache Schönheit der Lettern und zur Verwendung guter Papiere und Farben, mit denen sich ein ästhetischen Ansprüchen genügender Druck herstellen ließ. Qualitätsmaßstäbe, die bei der teuren Produktion ursprünglich nur einem kleinen Kreis zugute kamen, wurden im Laufe der Buchkunstbewegung auch auf das Gebrauchsbuch für ein breites Publikum übertragen, womit die Buchkunstbewegung eines ihrer wichtigsten Ziele erreichte.

Als Teil einer allgemeinen Erneuerungsbewegung des Kunsthandwerkes setzte die deutsche Buchkunstbewegung in den neunziger Jahren des 19. Jh. ein. Sie wurde von Dichtern und Literaten angeregt, von Zeitschriften vorgeführt und verfochten und schließlich von progressiven Verlegern in die Tat umgesetzt. ↗ Bibliophile Gesellschaften, ↗ Privatpressen und gewerbliche Offizinen stellten sich ebenso in ihren Dienst wie zahlreiche junge Künstler, die sich auf das Schriftschaffen und den Buchschmuck spezialisierten. Die Vertreter der Buchkunstbewegung versuchten, ausgehend von der Schrift und einer neuartigen Typographie, dem Buch eine zeitgemäße Gestalt zu geben. Text, Schrift, Druckfarbe, Papier und Einband sollten zu einer von

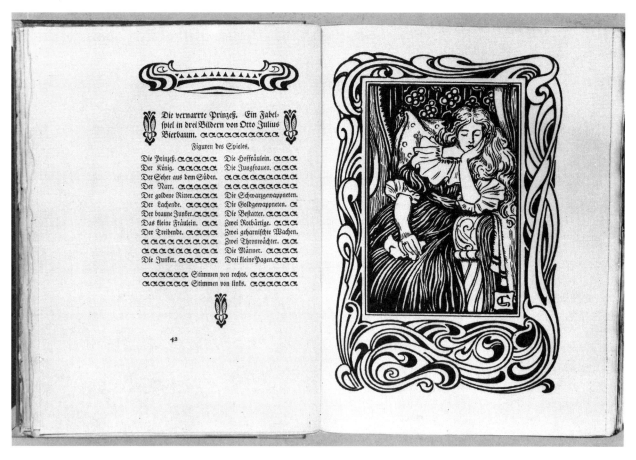

Buchschmuck von Georges Lemmen zur »Insel«. Berlin 1(1899). 20,5 × 24 cm

Modeströmungen unabhängigen selbstverständlichen Einheit von wertbeständiger, zeitloser Aussage zusammengefügt werden, das Gesamtkunstwerk Buch bilden. Dabei warf das illustrierte Buch besondere Fragen auf, grundsätzlich waren zwei Auffassungen zu unterscheiden: die eine, bei der sich die Illustrationen gleichberechtigt oder sich unterordnend in den Text einfügten, die andere, wo sie relativ selbständig neben dem Text standen, ihn sogar sprengten und den Übergang zum Mappenwerk darstellten.

Die Buchkunstbewegung wurde wesentlich durch Zeitschriften gefördert, in denen die Arbeiten der jungen Künstler einer breiteren Öffentlichkeit bekannt gemacht wurden. Ab 1895 erschien in Berlin der »Pan« (bis 1899), der von Otto Julius Bierbaum und Julius Meier-Graefe unter Mitarbeit bekannter Schriftsteller und Künstler herausgegeben und bei Drugulin gedruckt wurde. Die Zeitschrift gab der neuen Buchkunstbewegung starke Impulse. Ein Jahr später folgten die »Jugend« (München 1896ff.) und der »Simplizissimus« (München 1896ff.). Die 1897 gegründete »Zeitschrift für Bücherfreunde« nahm sich auch der neuen Bewegung an. Das erste Heft trug einen Umschlag von Joseph Sattler, der mit seinen Illustrationen zu dem vierbändigen Werk von Heinrich Boos »Geschichte der rheinischen Städtekultur« (1897–1901, gedruckt bei Otto von Holten in Berlin) Aufsehen erregt hatte.

Zur Ausstattung der Zeitschrift »Die Insel« (1899 bis 1902), herausgegeben von Bierbaum, Alfred Walter Heymel und Rudolf Alexander Schröder, wurden u. a. Heinrich Vogeler und Emil Rudolf Weiß herangezogen, sie bedeutete den eigentlichen Durchbruch zur Buchkunstbewegung, aus der Zeitschrift ging der Insel-Verlag hervor. Von 1908 bis 1909 verlegte Hans von Weber in München die Zeitschrift »Hyperion«, die von Walter Tiemann gestaltet wurde und die buchkünstlerische Bestrebungen zusammenfaßte.

Als erster Verleger stellte sich Eugen Diederichs in den Dienst der Buchkunstbewegung. Er gründete 1896 in Florenz einen Verlag, mit dem er später nach Leipzig übersiedelte, ab 1904 war er in Jena ansässig. Buchkünstler wie E. R. Weiß, der an die klassische Typographie um 1800 anknüpfte, Fritz Hellmuth Ehmcke, Johann V. Cissarz, Fidus, Vogeler und Marcus Behmer gaben seiner Verlagsproduktion das charakteristische Gepräge. Diederichs übertrug ihnen nicht nur den bildlichen oder ornamentalen Schmuck, sondern auch die gesamte Druckeinrichtung. 1898 erschien als eines der originellsten Werke der Buchkunstbewegung bei Diederichs »Der Schatz der Armen« von Maurice Maeterlinck, den Melchior Lechter illustrierte und der unter persönlicher Aufsicht des Künstlers bei Otto von Holten in Berlin gedruckt wurde. Lechter brach mit dem herkömmlichen Satzbild, er vermied die weißen

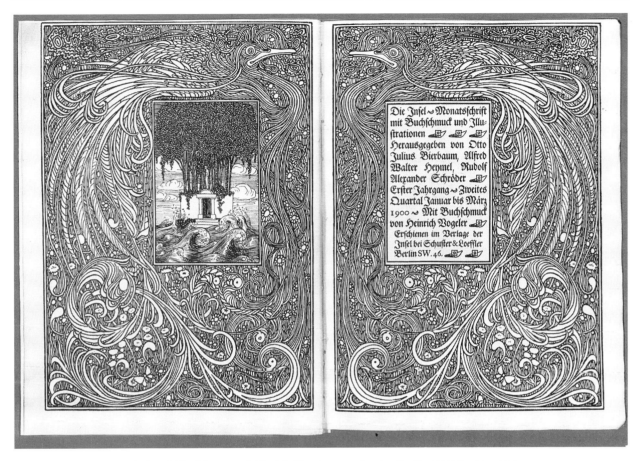

Vortitel und Titelblatt von Heinrich Vogeler zur »Insel«. Berlin 1(1900). 18 × 23,6 cm

Flächen bei den Kapitelanfängen und -enden und erzielte dadurch in sich geschlossene Schriftseiten.

Der 1899 gegründete Insel-Verlag setzte sich seit 1905 unter seinem Leiter Anton Kippenberg für preiswerte Bücher in künstlerischer Ausstattung ein, um das Ansehen des Gebrauchsbuches zu heben. 1912 erschien das erste Bändchen der Insel-Bücherei. Bedeutende drucktechnische Leistungen des Verlages waren die Faksimile-Ausgabe der Gutenberg-Bibel (1913 bis 1914) und der Manessischen Liederhandschrift (1927 bis 1929).

Georg Müller in München ließ die Werke seines Verlages (gegr. 1903) seit 1907 durch Paul Renner betreuen, H. von Weber in München, der Herausgeber des »Zwiebelfisch« und Initiator der »Drucke für die Hundert«, zog für seinen Verlag (gegr. 1906) Alfred Kubin und Emil Preetorius als Illustratoren heran, während Albert Langen in München vorzugsweise mit Thomas Theodor Heine zusammenarbeitete. Im Kurt Wolff Verlag (gegr. 1912), München, erschien als Krönung der expressionistischen Buchillustration in Deutschland 1924 Georg Heyms »Umbra Vitae« mit den Holzschnitten von Ernst Ludwig Kirchner. S. Fischer in Berlin (gegr. 1886) bot moderne Belletristik in geschmackvoller Ausstattung (besonders durch E. R. Weiß) an. Bruno Cassirer in Berlin pflegte als Verleger mehr die freiere, illustrative Richtung, wie sie Karl Walser, Max Slevogt, Lovis Corinth, Max Liebermann und Hans Meid vertraten.

In der 1901 gegründeten Steglitzer Werkstatt, die vorwiegend ↗ Akzidenzdrucke herstellte, vereinigten sich für kurze Zeit drei junge Künstler, F. H. Ehmcke, Georg Belwe und Friedrich Wilhelm Kleukens, die später in der Buchkunstbewegung führende Positionen einnehmen sollten. Beispielhafte Leistungen vollbrachten die Privat- oder Liebhaberpressen, wie die Janus-Presse in Leipzig, die als erste deutsche Presse 1907 von W. Tiemann und Carl Ernst Poeschel gegründet wurde, die Ernst-Ludwig-Presse in Darmstadt (gegr. 1907 durch F. W. Kleukens), die Rupprecht-Presse in München (gegr. 1914 durch F. H. Ehmcke), die Cranach Presse in Weimar (gegr. 1913 durch Harry Graf Kessler) und die Bremer Presse (gegr. 1911 durch Ludwig Wolde und Willy Wiegand, seit 1921 in München). Das Druck- und Verlagswesen verdankt den Privatpressen wertvolle Anregungen, neben Liebhaberausgaben wurden auch Ausgaben hergestellt, die von Verlagen (z. B. durch den Insel-Verlag) vertrieben wurden.

In ihren Erneuerungsbestrebungen wurden die Verlage durch leistungsfähige Druckereien und Schriftgießereien unterstützt. Für die Reform der buchgewerblichen Betriebe setzte sich C. E. Poeschel ein, dessen Offizin Poeschel & Trepte neben anderen wie O. von Holten in Berlin, Knorr & Hirth in München, W. Dru-

Buchschmuck von F. H. Ehmcke für die Steglitzer Werkstatt. Frontispiz und Titelblatt zu E. Barrett Browning, Sonette nach dem Portugiesischen. Leipzig, Diederichs, 1903. 18 × 21,5 cm

gulin und die Spamersche Druckerei in Leipzig die Forderungen der Buchkunstbewegung unterstützte. Eine große Zahl neuer typographischer Schriften wurde von führenden Schriftgießereien wie Gebr. Klingspor (Offenbach), D. Stempel AG (Frankfurt a. M.), Bauersche Gießerei (Frankfurt a. M.), Genzsch & Heyse (Hamburg) sowie von der Reichsdruckerei in Berlin auf den Markt gebracht und damit die Grundlagen für eine moderne Typographie geschaffen. Die von dem Maler Otto Eckmann 1900 entworfene und bei Klingspor herausgebrachte monumentale »Eckmann-Schrift« bedeutete einen Wendepunkt in der damaligen Schrift- und Buchkunst, sie war eine völlige Neuschöpfung. Im gleichen Jahr folgte Peter Behrens mit seiner strengeren »Deutschen Schrift«, auch »Behrens-Schrift« genannt.

Befruchtend wirkte sich der Jugendstil auf die deutsche Buchkunstbewegung aus. Eine weitere bemerkenswerte Tendenz im ersten Viertel des 20. Jh. war das Wiederanknüpfen an die besten Leistungen der Typographie vergangener Epochen. – Aus der experimentellen Frühphase gingen die Maximen für eine neue Buchkultur hervor, die, ausgehend von der Typographie, schnell ihren eigenen Stil fand und mit modernen technischen Produktionsverfahren zu arbeiten lernte. Zahlreiche Künstler stellten sich ganz in den Dienst der Buchgestaltung, es bildeten sich Arbeitskreise und miteinander konkurrierende Gruppierungen, die zeitweilig verschiedene Richtungen vertraten. Das geschmückte, »malerische« Buch trat gegenüber dem »rein typographischen« Buch allmählich zurück.

1914 bot die Internationale Buch- und Graphik-Ausstellung (BUGRA) in Leipzig einen ersten internationalen Leistungsvergleich, sie demonstrierte die vielseitigen Begabungen, die auf dem Gebiet des buchgraphischen Gewerbes tätig waren. Namen wie J. Sattler, M. Lechter, Fidus, E. R. Weiß, O. Eckmann, P. Behrens, F. H. Ehmcke, H. Vogeler, Rudolf Koch, E. Preetorius, W. Tiemann, F. H. Ernst Schneidler, Hugo Steiner-Prag, Th. Th. Heine, Joseph Hegenbarth, Karl Rössing, Hans Thoma, Otto Hettner, L. Corinth, Max Liebermann, Emil Orlik, H. Meid, M. Slevogt, A. Kubin, K. Walser, Walter Klemm, Rolf von Hoerschelmann, Paul Scheurich, Otto Dorfner, Ignatz Wiemeler, Carl Sonntag jun., Peter A. Demeter und Frieda Thiersch umreißen das Spektrum der in der Buchkunstbewegung engagierten Kräfte, die auf ein interessiertes und aufnahmebereites Publikum stießen.

Im Verlauf der Buchkunstbewegung bildete sich der Beruf des Buchkünstlers bzw. Buchgestalters heraus, der die Gesamtausstattung einer Verlagsproduktion oder aber auch nur einzelne Werke betreute. Die Durchdringung eines ganzen Gewerbekomplexes mit künstlerisch-ästhetischen Vorstellungen hatte auch einen wirtschaftlichen Aufschwung der daran beteiligten Betriebe (Schriftgießereien, Druckereien, Papierfabriken, Buchbindereien) zur Folge. So wurde der Verlagseinband besonders durch E. R. Weiß, W. Tiemann und

F. H. Ehmcke gefördert, Großbuchbindereien wie E. A. Enders, Hübel & Denck, die Leipziger Buchbinderei-AG vorm. G. Fritzsche, alle in Leipzig, und Lüderitz und Bauer in Berlin realisierten ihre Vorstellungen.

Der Nachwuchs wurde von bedeutenden Buchkünstlern wie W. Tiemann, P. Renner und F. H. Ehmcke an Kunstgewerbeschulen und Akademien ausgebildet und der erreichte Stand dadurch gesichert. In den zwanziger Jahren hatte die Buchkunstbewegung bereits eine gewisse Breitenwirkung erreicht. Die Inflation bewirkte eine verstärkte Nachfrage nach »wertbeständigen« Pressen- und Liebhaberdrucken, der die Verleger durch die Herausgabe aufwendiger Luxusdrucke entgegenkamen. Bibliophile Ausgaben wurden zu Objekten merkantiler Spekulation.

Die von der »Neuen Sachlichkeit« oder dem Bauhausstil ausgehende konstruktive oder funktionelle Typographie wurde durch Jan Tschichold und Georg Trump, beide Schüler von P. Renner, verfochten. In der UdSSR vertrat sie El Lissitzky. Ihre Merkmale waren Asymmetrie, Block- und später Flattersatz, Verzicht auf Ornamente, starke Kontraste im Helldunkel und die Bevorzugung der Grotesk als sachlich betonte Schriftform.

Einen weiteren Höhepunkt in der Buchkunstbewegung bildete die Internationale Buchkunst-Ausstellung 1927 in Leipzig, die von dem Lehrer an der Leipziger Akademie, H. Steiner-Prag, organisiert und vom Verein Deutsche Buchkünstler veranstaltet wurde. Die Rolle des bibliophilen Buches als Schrittmacher für die Qualität des Massenbuches wurde erkannt. Mit der »Pressa« 1928 in Köln und der Ausstellung »Goethe in der Buchkunst der Welt« 1932 in Leipzig wurde in gewisser Weise ein Schlußpunkt gesetzt. Das ursprüngliche Programm der Buchkunstbewegung, nämlich die Entwicklung von Regeln für ein künstlerisch gestaltetes Buch, die Hebung des allgemeinen künstlerisch-technischen Niveaus der Buchproduktion, die gute Gestaltung des Gebrauchsbuches einschließlich des Verlagseinbandes und des Schutzumschlags durch den Verleger und die Berufsausbildung des Buchgestalters, war inzwischen erfüllt worden.

1929 fand in Deutschland erstmals die Auszeichnung der »Schönsten Bücher« aus der Verlagsproduktion eines Jahres statt mit dem Zweck, den guten Geschmack und die Sorgfalt bei der Massenherstellung des preiswerten Buches zu fördern. Die Bücher wurden nach Schrift, Typographie, Schmuck, Illustrationen, Einband, Papier und technischer Ausführung in Übereinstimmung von Inhalt und Form beurteilt. Der Insel-Verlag und die Offizin Poeschel & Trepte leisteten in dieser Hinsicht Vorbildliches. Nationale Wettbewerbe um schönste Bücher werden heute in vielen Ländern durchgeführt, um die Buchproduktion anzuregen, z. B. in Belgien, Bulgarien, der Bundesrepublik Deutschland, in der DDR seit 1951/52, in Frankreich, Großbritannien, Japan, Kanada, Österreich, Polen, Rumänien, Schweden, Schweiz, Tschechoslowakei,

Ungarn, in der UdSSR und in den USA. Die progressiven Traditionen der Buchkunstbewegung werden auch in den vom Rat der Stadt Leipzig und vom Börsenverein der Deutschen Buchhändler zu Leipzig veranstalteten Internationalen Buchkunst-Ausstellungen (1965, 1971, 1977, 1982) fortgeführt, die mit Wettbewerben und Fachtagungen verbunden sind. Als bibliophil gestaltetes Buch gilt heute nicht mehr allein der in geringer Auflagenhöhe hergestellte künstlerische Druck, sondern auch das mit Hilfe der modernen Technik produzierte, qualitätsvoll und ästhetisch ausgeführte preiswerte Gebrauchsbuch. *F. M.*

Lit.: Grautoff, O.: Die Entwicklung der modernen Buchkunst in Deutschland. – Leipzig, 1901. // Loubier, H.: Die neue deutsche Buchkunst. – Stuttgart, 1921. // Ehmcke, F. H.: Vier Jahrzehnte deutscher Buchkunst : 1890–1930. – Berlin, 1933. // Meiner, A.: Die Münchener Renaissance. – In: Gutenberg-Jahrbuch. – Mainz (1935). – S. 313 – 325. // Jost, H.: Die neue Buchkunst in Deutschland. – In: Imprimatur. – Weimar 9(1940). – S. 105 – 128. // Schauer, G. K.: Deutsche Buchkunst 1890–1960. – Hamburg, 1963. // Schaefer, H.: Die Wirksamkeit und Bedeutung Carl Berend Lorcks für das Buchgewerbe, das Verlagswesen und die Anfänge der modernen Buchkunstbewegung in der 2. Hälfte des 19. Jh. in Leipzig. – In: Beiträge zur Geschichte des Buchwesens. – Leipzig 6(1973). – S. 91 – 138. // Eyssen, J.: Buchkunst in Deutschland : vom Jugendstil zum Malerbuch. – Hannover, 1980. // Ziegler, E.: Buchgestaltung in Deutschland 1820–1850. – In: Buchgestaltung in Deutschland 1740–1890. – Hamburg, 1980. // Schubert, U.; Schubert, K.: Jüdische Buchkunst. – T. 1. – Graz, 1983. // Willberg, H.-P.: Buchkunst im Wandel : Die Entwicklung der Buchgestaltung in der BRD. – Frankfurt a. M., 1984.

Buchmalerei, europäische

Buchmalerei bezeichnet innerhalb des übergreifenden Begriffes Buchillustration den handgemalten figürlichen und ornamentalen Buchschmuck. Die gleichwertige Bezeichnung *Miniaturmalerei* leitet sich von dem Farbstoff Mennige (lat. minium) her, den die Schreiber zur Hervorhebung der Initialen benutzten. Gemalt wurde mit feinen Pinseln und Wasser- oder Deckfarben, gezeichnet mit Gänsekiel und farbiger Tinte.

Die Anfänge der Buchmalerei gehen bis auf die Totenbücher des ägyptischen Neuen Reiches (1550–1080 v. u. Z.) zurück. Diese Papyrusrollen von 10 bis 30 m Länge aus der Grabausstattung vornehmer Verstorbener enthielten bereits Bilder zu den rituellen Texten. In der griechischen und römischen Antike muß es eine hochentwickelte Buchmalerei gegeben haben. Ihr illusionistischer Stil der atmosphärischen Farbigkeit und naturnahen Darstellung von Figuren und Räumen ist jedoch nur aus spätantik-frühchristlichen Kopien bekannt. Mit Prachtwerken dieser noch lebendigen antiken Tradition wie der »Wiener Genesis« (3. Viertel 6. Jh.), dem »Rossano-Kodex« (6. Jh.) und dem »Rabulas-Kodex« (586) beginnt das große Zeitalter der christlich-sakralen Buchmalerei. Die christliche Religion schätzte das Buch in besonderer Weise, da es die

Buchmalerei, europäische

»Evangelist Matthäus« mit den für ihn charakteristischen Insignien aus dem Codex Wittekindeus, Fulda (?), um 975.
Deutsche Staatsbibliothek, Berlin; Theol. lat. Fol. I. 30 × 42 cm

Psalter der Königin Ingeborg von Dänemark mit einer Darstellung des Jüngsten Gerichts. Frankreich, um 1210. Musée Condé, Chantilly; Ms. 9. 20 × 30 cm

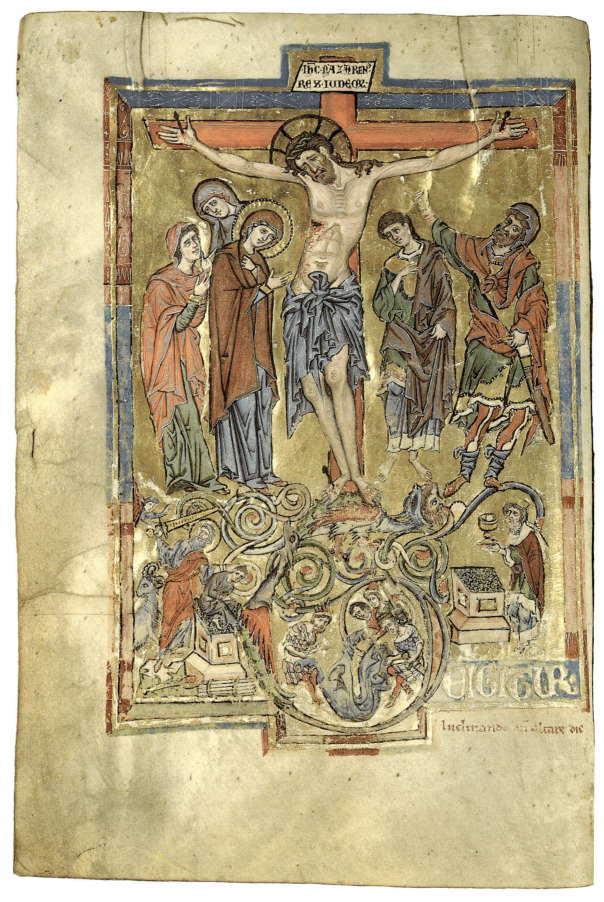

Kreuzigungsszene aus dem Missale des Dompropstes Semeca. Niedersachsen, um 1240. Domschatz Halberstadt; M 114.
23 × 32,5 cm

Kaiser Friedrich II., De arte venandi cum avibus (Die Kunst, mit Vögeln zu jagen), Unteritalien, 3. Viertel des 13. Jh. Biblioteca Apostolica Vaticana; Palat. lat. 1071. 25,5 × 35,7 cm

Doppelseite aus dem Codex Manesse (Heidelberger Liederhandschrift), Anfang des 14. Jh. Her Friderich von Husen.
Nach dem Faksimile des Insel-Verlages, Leipzig, 1927

Heiligkeit des Gotteswortes verkörperte, zentrales Gerät der Liturgie war und in der erlesen kostbaren Erscheinung von Einband, Schrift und Bild die unsichtbare Schönheit Gottes sichtbar machte. Diesem Gebrauch entsprechend waren die Zentren der Buchkunst seit dem frühen Mittelalter die großen Klöster, vor allem die Galliens und Oberitaliens, in denen bereits im 7. Jh. leistungsfähige Scriptorien arbeiteten. Diese merowingische Buchmalerei führte eine eigenartige Verschmelzung der wuchernden angelsächsischen Tierornamentik, der flächenfüllenden Flechtband- und Rosettenornamente des Mittelmeerraumes und frühchristlicher Symbolmotive kleinasiatischer Herkunft herbei. Im Gegensatz zur insularen Buchmalerei der gleichen Zeit strebte sie jedoch nach klarer Ordnung der phantasievollen Schmuckelemente durch deren Bindung an Initialen, rahmende Bögen oder Zierleisten.

Eine Erneuerung der Buchmalerei durch Anlehnung an spätantike Handschriften leitete Karl der Große ein, der die Buchkunst wie die gesamte Kultur am Aachener Hof zentralisierte. Von den kaiserlichen Werkstätten aus wurden auch die vornehmsten Klöster wie Reims, Tours, Metz zu erstrangigen Leistungen angespornt. Das antike Vorbild erweist sich in der klaren Komposition, der naturnahen Raum- und Landschaftsgestaltung und in der Würde der menschlichen Figur, während die Expressivität der Form, am überraschendsten in den Federzeichnungen des »Utrecht-Psalters« (um 830), weit darüber hinausgeht. Karolingische Buchmalerei ist repräsentative Hofkunst, vom Herrschaftsanspruch der Kaiser und ihrer höchsten Würdenträger geprägt. Auch die ottonischen Kaiser von Otto I. bis Heinrich III. bewirkten als anspruchsvolle Auftraggeber eine neue Blüte der Buchmalerei. Daneben bildeten seit dem 10. Jh. die Werkstätten der Reichsklöster und Bischofsresidenzen wie Trier, Köln, Echternach, Fulda, Hildesheim, Regensburg zunehmend selbständigen künstlerischen Charakter aus. Die unverwechselbare Eigenart der ottonischen Buchmalerei besteht in ihrer symbolhaft vergeistigten Bildsprache, die fern von jeglichem Illusionismus die Ausdrucksgebärde der menschlichen Figur zu visionärem Pathos steigert. Neu ist die ausführliche Evangelienillustration, die Gelegenheit zu reich bewegten Szenen bot. Hauptwerke sind der Codex Egberti (um 980), das Evangeliar Ottos III. (um 990), das Perikopenbuch Heinrichs II. (Anfang 11. Jh.) und die Bamberger Apokalypse (um 1000). Einen eigenwilligen Stil, der jahrhundertelang nachwirkte, bildeten im 10. Jh. die Miniatoren der englischen Abtei Winchester aus. Angelsächsische Tradition, karolingischer Klassizismus und byzantinische Formensprache verbanden sich zu dramatisch

Bibel Wenzels IV. Prag, 1390–1400. Detail, Wildmann und Bademädchen. Österreichische Nationalbibliothek, Wien; Cod. 2759. Größe des Ausschnitts 6 × 4,3 cm

bewegter Fülle in Figurenbildung und Ornamentik (Benediktionale des Aethelwold, um 980).

Romanische Buchmalerei (Ende 11. Jh. bis um 1200) ist durch Vereinheitlichung ebenso wie durch Sonderung gekennzeichnet. Gleichmäßige Ausbreitung und quantitativ bedeutende Steigerung der Produktion sind mit gemeinsamen Grundzügen der Formensprache verbunden: die Auffassung der Figur als körperhaftplastische, jedoch ornamental zergliederte Form und die insgesamt ruhige, feste Bildordnung, beides Ausdruck einer organischen, an der empirisch wahrnehmbaren Realität orientierten Weltsicht. Bedeutenden Anteil daran hatte ein neues Verständnis für antike und byzantinische Kunst, das dem Höhepunkt um 1200 zustrebte und die gotische Epoche vorbereitete. Das gilt auch für funktionale Wandlungen. Die moralisierenddidaktischen Absichten der bildlichen Textinterpretationen kennzeichnen ein persönlicheres Verhältnis zur christlichen Glaubenslehre. Der berühmte »AlbaniPsalter« (um 1120 in der englischen Abtei St. Albans geschaffen) formuliert, man solle »spiritualiter« verstehen, was die Bilder »corporaliter« zeigen. Die lehrhafte Symbolik verbindet sich in der Fabelwelt der Ornamentik, die Tier-, Mensch-, Monstren- und Rankengeflechte zu Metaphern für Gut und Böse, Tugend und Laster macht, mit vitaler Gestaltungsfreude. Die großen Zusammenhänge der Welt- und Menschheitsexistenz versuchen die naturkundlichen Lehrbücher, die Bestiarien und die weltdeutenden Enzyklopädien unter dem Aspekt der Heilsgeschichte zu erfassen. Die wichtigsten enzyklopädischen Bilderhandschriften sind der »Hortus deliciarum« der Herrad von Landsberg (1167 bis 1197) und der »Liber floridus« des Lambert von St. Omer (um 1120). Mit zahlreichen luxuriös ausgestatteten Psaltern setzt die im Spätmittelalter kulminierende Entwicklung des persönlichen Andachtsbuches für hochgestellte weltliche Persönlichkeiten ein. Regionale Sonderentwicklungen steuern originäre Beiträge zur romanischen Buchkunst bei. In Mittelitalien entstanden die Riesenbibeln (über einen halben Meter hoch) mit ihrer wuchtigen Formensprache. Auf Süditalien sind die Exultet-Rollen beschränkt, deren Bildschmuck bestimmt war, in der Osterliturgie synchron mit dem Text der Gemeinde vorgeführt zu werden. Die maasländische Buchmalerei hat, der Goldschmiedekunst folgend, die typologische Gegenüberstellung von Szenen des Alten und des Neuen Testament in Bildpaaren erstmalig systematisiert. Aus Spanien und Südfrankreich kam die große Gruppe der Beatus-Apokalypsen, unter denen die Handschrift aus St. Sever, Mitte 11. Jh., eines der bedeutendsten Denkmäler mittelalterlicher Malerei ist. Neue Impulse gaben die Zen-

Goldene Bulle Karls IV. Prag, 1400. Titelseite. Österreichische Nationalbibliothek, Wien; Cod. 338. 29,5 × 42 cm

Schule des Giovannino de Grassi, Stundenbuch der Isabella von Castilien, um 1400. Koninklijke Bibliotheek, Den Haag; Ms 76 F 6. 16,3 × 21,2 cm

tren der Klosterreform Cluny und Cîteaux. Die deutsche romanische Buchmalerei setzte im südwestdeutschen Einflußbereich des Reformklosters Hirsau ein. Noch das letzte große Werk eines spätromanisch expressiven Linearismus, das »Berthold-Missale« um 1210, kam aus dem schwäbischen Kloster Weingarten. Für die Buchmalerei wichtige Kunstlandschaften sind ferner Österreich und Bayern mit den Hauptorten Salzburg und Regensburg/Prüfening und schließlich Niedersachsen. In Klöstern und Bischofssitzen wie Corvey, Helmarshausen, Hildesheim, Goslar, Halberstadt und Magdeburg bildete sich eine reiche Buchmalerei von hohem Rang und eigenem Charakter heraus, einerseits durch die Beziehung zur byzantinisch geprägten Maaskunst, andererseits gefördert durch weltliche und geistliche Territorialfürsten, besonders Heinrich den Löwen. Hier reiften am frühesten die Bedingungen für die deutsche Stilwende zur gotischen Malerei. Die für den Hof der Thüringer Landgrafen zwischen 1211 und 1213 hergestellten Andachtsbücher (»Landgrafen-Psalter«, »Elisabeth-Psalter«) zeigen zum erstenmal den Zackenstil, der scharfbrüchige Ge-

Buchmalerei, europäische

Brüder von Limburg, Les très riches heures du Duc de Berry, 1410–1416. Darstellung des Gartens Eden. Musée Condé, Chantilly; Ms. 65. 21 × 29 cm

wandformen zur Steigerung des dynamischen und expressiven Charakters der Bildsprache benutzte und alsbald die deutsche Malerei weithin beherrschte. Höhepunkte dieser eigentümlichen sächsischen Auseinandersetzung zwischen westeuropäisch-frühgotischen und byzantinischen Formelementen, die ein Äußerstes an spätromanischem Reichtum der Bildung von Figuren, Landschaft, Raum und Bewegung bieten, sind das Goslarer Rathausevangeliar und das Halberstädter »Semeca-Missale« (beide um 1240).

Die bedeutendsten Veränderungen in der Geschichte der Buchmalerei vollzogen sich seit etwa 1200 im Zu-

Buchmalerei, europäische

Brevier des Königs Ferdinand und der Königin Isabella von Spanien. Ende 15. Jh. Forschungsbibliothek Gotha; Ms. II 24. 15 × 22 cm

sammenhang mit Veränderungen des gesamten Weltbildes und der Struktur der Gesellschaft. Mit den Bedürfnissen neuer Bildungsschichten wuchsen den Illustratoren vielseitige Aufgaben zu. Neue Objekte der Illustration – zusätzlich zu den weiterhin hergestellten sakralen Büchern – waren Bilderbibeln, die französischen Romane und die deutschen Epen, Chroniken und Rechtsbücher, Liedersammlungen, private Andachtsbücher (die Stundenbücher), die philosophischen, naturkundlichen und literarischen Schriften der Antike. Das Buch wurde einerseits Gebrauchsgegenstand, vor allem für die Gelehrten der Universitäten, anderseits Kunstgegenstand für die Angehörigen der Hocharistokratie, wobei sich ästhetisches Wohlgefallen und Repräsentationsbedürfnis verbanden. Den riesigen Bedarf an Handschriften konnten die Klosterscriptorien nicht mehr bewältigen: Schreiben und Ausstatten von Büchern wurde bürgerlicher Laienberuf. Als europäisches Zentrum der Buchkunst setzte sich im 13. Jh. Paris durch, wo der Hof Ludwigs des Heiligen und die mit ihm rivalisierenden aristokratischen Kreise, die Sorbonne und die Kathedralschule Notre Dame ein kunstfreundliches Klima ohnegleichen schufen. Um die Jahrhundertmitte arbeiteten hier zahlreiche arbeitsteilig organisierte Ateliers, die zum Teil seriell produzierten und eine beträchtliche Leistungskapazität entwickelten. Hier vollzog sich eine auf Europa ausstrahlende Entwicklung vom voluminös-plastischen frühgotischen Stil (»Psalter der Königin Ingeborg«, um 1210) zum hochgotischen sog. Pariser Stil der Jahrhundertmitte, der eng mit dem Schönheitsideal des königlichen Hofes verbunden war. Ein preziöser Linearismus zeichnet die fließenden Konturen der Gewänder und der kapriziös bewegten Figuren. Hauptwerke sind der »Isabella-Psalter« und der »Ludwig-Psalter« (um 1255–1265). Die Wendung am Jahrhundertende zum Lieblichen und Fülligen ist erstmalig mit einem Malernamen verbunden: Nach dem »Maître Honoré d'Amiens« wird diese Vorstufe für den »süßen neuen Stil« des frühen 14. Jh. »Style Honoré« genannt. Eine Glanzzeit der Buchmalerei brach an, als sich der französische Königshof im 14. Jh. erneut als prägendes Zentrum der Kultur erwies. In der ersten Hälfte des Jahrhunderts hatte das Atelier des Jean Pucelle den Stil der höfischen Eleganz und seelenvollen Vergeistigung weitergebildet, der auch in Deutschland Resonanz fand, z. B. in der »Manessischen Liederhandschrift«, um 1314 im Gebiet von Zürich im Auftrag des Hauses Habsburg entstanden. Eine einzigartig verschwenderische Bücherbegeisterung aber führten Bildungsniveau, Kunstverstand, Repräsentations- und Luxusbedürfnis des französischen Königs Karl V. (1338–1380) und seiner nach der Krone strebenden Brüder, der Herzöge Jean de Berry (1340–1416) und Philipp des Kühnen von Burgund (1342–1404) herauf. In ihrem Dienst arbeitete eine Vielzahl von Malern, die zumeist Buch- und Monumentalmalerei zugleich betrieben und die zum großen Teil aus den Niederlanden kamen. Namen wie Jacquemart de Hesdin, André Beauneveu, Jean de Bondol und die Brüder von Limburg sowie zahlreiche anonyme Meister, die nach den Besitzern ihrer Werke benannt wurden, stehen für diese glanzvolle Kunst, in der vergegenwärtigende und detailfreudige Naturtreue, lebhaftes und ausführliches Erzählen, perspektivische Raumdarstellung mit virtuos-artifizieller Stilisierung und exklusiver Manier einhergehen. An erster Stelle der fürstlichen Aufträge standen die Stundenbücher: jene Wunderwerke einer intimen und prunkvollen, exakten und stimmungsreichen, an Einfällen unerschöpflichen Malerei, die zwar das fromme Gemüt erbauen sollten, aber wohl mehr die sinnliche Empfänglichkeit

und Genußfähigkeit ihrer Besitzer reizten. Das vollkommenste unter ihnen, »Les très riches heures du Duc de Berry«, zwischen 1410 und 1416 von den Brüdern von Limburg gemalt, wurde nicht zu Unrecht »das schönste Buch der Welt« genannt.

In dem humanistisch gebildeten Kreis am Prager Hof Karls IV. entstand seit 1350 eine neue Buchmalerei, die der französischen an Rang nicht nachstand. Eines der frühesten und schönsten Werke ist der »Liber viaticus«, das Reisebrevier des Kanzlers Johann von Neumarkt. In ihm verbinden sich italienische, französische und heimische Kunsterfahrungen in der kräftigen, malerisch behandelten Körperlichkeit, der Eleganz der Zeichnung und der frisch erzählenden Naturtreue. Die weitere Entwicklung führte zu immer prächtigerer Ausstattung, wobei sich der westeuropäische Stil der kapriziösen Eleganz stärker durchsetzte. Zu unvergleichlicher Blüte gelangte diese Entwicklung in den Handschriften für König Wenzel IV. (reg. 1376–1400), dessen bibliophile Begeisterung eine künstlerisch sehr einheitliche Buchkunst von höchstem Anspruch anregte. Er bevorzugte epische, religiöse und astronomische Werke, auffallend ist dabei die romantisierende Hinwendung zur Vergangenheit. So gehört zu den prachtvollsten Werken der »Willehalm« des Wolfram von Eschenbach und die »Goldene Bulle« Karls IV. Sie alle, auch die mit über 600 Bildern versehene »Wenzelsbibel«, sind durch eine sehr persönliche, auf den König bezogene Symbolik verbunden, die in den Randverzierungen angesiedelt ist. Zu ihren Hauptfiguren gehören die Bademädchen. Delikate Feinheit und gezierte Haltungen der Figürchen, Wohlklang und Eleganz der Gewänder und Ornamente bezeichnen einen der eigenwilligsten Kunstkreise des internationalen Schönen Stils.

Noch weit über das Mittelalter hinaus blühte der gemalte Buchschmuck. Mit der raschen Ausbreitung des gedruckten Buches seit der Mitte des 15. Jh. wurde aber das handgemalte Buch mehr und mehr als exklusive Rarität für Bibliophile hergestellt, die auf das eigens für den Besitzer geschaffene Unikat nicht verzichten wollten. Im Wettstreit mit dem Buchdruck entstanden daher noch immer Meisterwerke einer virtuosen Feinmalerei, die man nun auch als »Miniatur« im Sinne des kleinen Formats schätzte, das den ausschließlich persönlichen Gebrauch garantierte. Zu den anspruchsvollsten Förderern dieser Spätzeit der Buchmalerei gehörten die Kaiser Friedrich III., Maximilian I., Karl V. und noch Rudolf II., Lorenzo di Medici, der ungarische König Matthias Corvinus und der Erzherzog Ferdinand von Tirol. Ältere Traditionen behielten ihr Gewicht, so daß es besonders in Frankreich, Flandern und Oberitalien höchst produktive Spezialistenateliers gab, die für höfische wie für patrizische Besteller, aber auch für den freien Verkauf arbeiteten. Neben vielen anderen Meistern arbeiteten die Familie Bening in Brügge, die Familie Glockendon in Nürnberg, Hans Mielich in München, Jörg Kölderer in Tirol, Attavante degli Attavanti in Florenz, Jean Bourdichon in Frankreich, Ge-

Evangeliar von Lindisfarne, um 700. British Library, London; Cotton Nero D. IV. 24 × 34 cm

org Hoefnagel in Antwerpen und Wien. Doch sind auch die Miniatoren des 16. Jh. zum großen Teil namentlich nicht bekannt.

Beispiele für in den letzten Jahrzehnten hergestellte ↗ Faksimileausgaben bedeutender Handschriften sind: die »Wiener Genesis« (Frankfurt a. M., 1980), der »Rabulas-Kodex« (Olten-Lausanne, 1959), der »Codex Egberti« (Basel, 1960), die »Bamberger Apokalypse« (München, 1958), der »Liber floridus« (Gent, 1968), der »Ludwig-Psalter« (Graz, 1972), die »Manessische Liederhandschrift« (Leipzig, 1923/27, Kassel, 1981), »Les très riches heures« des Herzogs v. Berry (Paris, 1970, München, 1974, Frankfurt a. M., 1978), die »Goldene Bulle« (Graz, 1977). H. M.

Lit.: Diringer, D.: The illuminated book : Its history and production. – New York, 1967. // d'Ancona, P. ; Aeschlimann, E.: Die Kunst der Buchmalerei. – Köln, 1969. // Unterkircher, F.: Die Buchmalerei. – Wien, München, 1974. // Meiss, M.: French painting in the time of Jean de Berry. – Bd. 1.2. – London, 1967, 1974. // Branner, R.: Manuscript painting in Paris during the reign of Saint Louis. – Berkeley/Cal., 1977. // Grimme, E. G.: Die Geschichte der abendländischen Buchmalerei. – Köln, 1980. // Csapodi-Gárdonyi, K.: Europäische Buchmalerei. – Leipzig, Weimar, 1982. // Plummer, J.: The last flowering : French painting in manuscripts 1420–1530. – London, 1982. // Köstler, H.: Stundenbücher : Zur Geschichte und Bibliographie. – In: Philobiblon. – Hamburg 28(1984)2. – S. 95 – 128.

Buchmalerei, insulare

Als »insular« bezeichnet man die Buchmalerei der irischen und englischen Klöster bis zum 9. Jh., die gegenüber der gleichzeitigen kontinentalen (merowingischen) Buchmalerei einen unverwechselbar eigenständigen Charakter besitzt. Sie beginnt mit der vollen

Durchsetzung des Christentums unter den keltischen und angelsächsischen Stämmen im 6. Jh. (aus dieser frühen Zeit ist kaum etwas erhalten) und wird durch die Normanneneinfälle des 9. Jh. beendet. Ihre Eigenart hat jedoch bis weit in das Hochmittelalter hinein für die englische Buchmalerei Bedeutung gehabt.

Die Verbreitung des Christentums haben am frühesten und aktivsten irische Mönche betrieben. Daher vermutete man den Ursprung der insularen Buchmalerei in Irland, zumal sich dort die wichtigsten Handschriften befanden (Durrow, Kells). Neuere Forschungen haben indes erwiesen, daß die schöpferische Rolle erst den von Irland aus gegründeten Klöstern Nordwestenglands (Northumbrien) zukommt. Der eigenartige Stil der insularen Buchmalerei, von Anfang an voll ausgeprägt und auf hohem künstlerischem Niveau, entstand aus der Verbindung von keltisch-geometrischem und germanischem Tiergeflecht-Ornament. Den irischen Missionaren gelang es, diese hochentwickelte Kunstsprache der heidnischen Völker in den Dienst der neuen Religion zu stellen und christlich-figürliche Elemente aus der griechischen und römischen Tradition in sie einzufügen.

Die insulare Buchmalerei hat mit wenigen Ausnahmen Evangeliare geschaffen. Sie enthalten relativ feststehende Schmuckmotive: Aus älteren christlichen Traditionen stammen die ornamentierten Arkaden der Canones-Tafeln, ganzseitige Bilder der schreibenden Evangelisten oder der Evangelisten-Symbole, gelegentlich Szenen aus dem Leben Christi. Die wichtigsten und eigenständig »insularen« Schmuckelemente sind die Anfangsseiten der Evangelien mit übergroßer Initiale und wenigen kunstvoll ausgezierten Anfangsworten sowie einige ganzseitige ornamentale Flächendekorationen, meist auf der Grundlage des Kreuzes.

Den Stil der insularen Buchmalerei kennzeichnen vor allem die in heftigster Dynamik geschwungenen und verflochtenen Linienfigurationen aus geometrischen und tierischen Elementen, die fließend ineinandergleiten. Die lineare Grundstruktur ergreift sogar die Menschen- und Tierfiguren und zerlegt sie in rein ornamentale Motive, die konsequent an die Fläche gebunden werden. Ausnahmen bilden die wenigen direkten Kopien nach spätantiken Vorlagen, wie der Codex Amiatinus in Florenz, geschaffen in Yarrow (Northumbrien) am Anfang des 8. Jh. Trotz der rigorosen Stilisierung aller figürlichen Gestalten und der abstrakten Kalligraphie des Flechtwerkes strahlen die Schmuckseiten der insularen Buchmalerei außergewöhnliche Vitalität und geistige Beweglichkeit aus. Ihre strengen Gestaltungsgesetze zwingen ein Höchstmaß an Phantasie und Bewegung in logisch übersichtliche Ordnung, selbst in den dichtesten Flächenmustern aus endlosem feindrahtigem Liniengeflecht.

Die wenigen überragenden Hauptwerke der insularen Buchmalerei lassen eine gewisse Entwicklung gut erkennen. Das älteste, das »Book of Durrow« in Dublin (zwischen 650 und 700 entstanden), zeigt noch ein breites Bandgeflecht mit Tiermotiven, das sich auf Rahmenleisten und eingegrenzte Flächen beschränkt. Im »Book of Lindisfarne« in London (um 700) hat die flächenfüllende Kalligraphie bereits einen Höhepunkt erreicht. Sehr nahe steht ihm das fast noch virtuos-elegantere Evangeliar in Lichfield (um 740). Im »Book of Kells« in Dublin kann man beobachten, wie die Möglichkeiten des Stils bis an die Grenzen ausgeschöpft werden. An dieser Stelle war die Entwicklung nicht mehr zu überbieten und wohl nicht nur aus äußeren Gründen an einem Endpunkt angelangt. Das »Book of Kells« wurde in Iona, dem Stammkloster des Missionars Columban, am Ende des 7. Jh. begonnen und nach den Wikingereinfällen 802 oder 805 in Kells vollendet. Die üppige Pracht seiner Schmuckseiten erwächst aus der Spannung zwischen den seitengroßen Grundformen (Initialen oder Kreuze) und der Überfülle vielgestaltiger kleinteiliger Ornamentmotive, die sie in dicht verwobenem Muster umhüllen.

Einige Werke der insularen Buchmalerei befinden sich auf dem Festland. Sie entstanden in Klöstern, die irische Mönche im Verlauf ihrer kontinentalen Missionstätigkeit gegründet hatten, oder sie hatten sie dorthin mitgenommen; so z. B. ein Evangeliar in St. Gallen (Mitte 8. Jh.), das Willibrord-Evangeliar aus Echternach in Paris (um 690), das Trierer Evangeliar (um 730), das Cuthbert-Evangeliar in Wien, das in Salzburg zur Zeit des irischen Bischofs Vergilius (743 bis 784) entstand.

Die Hauptwerke der insularen Buchmalerei liegen in ↗ Faksimileausgaben vor: »Book of Kells« (Bern, 1951, London, 1974), »Book of Lindisfarne« (Olten, 1956–1960), »Book of Durrow« (Olten, 1960).   *H. M.*

Lit.: Unterkircher, F.: Die Buchmalerei. – Wien, München, 1974. // Alexander, J. J. G.: Insular manuscripts, 6th to 9th century. – London, 1978. (A survey of manuscripts illuminated in the British Isles; 1)

Buchmalerei, islamische

Die Herausbildung der Malerei wurde im islamischen Kulturbereich von zwei gegensätzlichen Faktoren beeinflußt. Die hohe Wertschätzung, die das Buch als solches genoß, förderte die Entfaltung der Buchkunst, doch wurde die Miniatur erst spät in diesen Prozeß einbezogen. Erst seit der ersten Hälfte des 13. Jh. lassen sich illustrierte Handschriften in größerer Zahl nachweisen. Ungeachtet des berechtigten Mißtrauens gegenüber der Materiallage weisen bestimmte Anzeichen – so die im Gegensatz zur gleichzeitigen Keramikmalerei ausgeprägte Differenzierung in den Traditionsbeziehungen – darauf hin, daß die Malerei als Bestandteil der islamischen Buchkunst zu jenem Zeitpunkt noch keine lange Entwicklung durchlaufen hatte. Dazu könnte beigetragen haben, daß die Situation der Malerei im islamischen Mittelalter problematisch war. Gegen sie wirkte sich zwar nicht in erster Linie die ablehnende Haltung religiöser Autoritäten gegenüber der figürlichen Darstellung aus, wohl aber die Tatsache, daß

Leoparden und Hirsch. Aus der »Kosmographie« des Qazwīnī. Iran, 1. Hälfte des 14. Jh. Forschungsbibliothek Gotha; A 1506. 20,5 × 28,5 cm

Buchmalerei, islamische

König Ḥusrau im Gespräch mit der Prinzessin Šīrīn. Aus der »Ḫamsah« des Niẓāmī. Iran oder Nordwestindien, Mitte des 15. Jh. Deutsche Staatsbibliothek, Berlin; Ms. Sprenger 1475. 15 × 22 cm

Der Held Isfandijār tötet einen Drachen. Aus dem »Šāhnāmah« des Firdausī. Iran, 1489, sog. kommerzieller Širaser Stil. Deutsche Staatsbibliothek, Berlin; Ms. or. Fol. 4255. 24 × 35 cm

die Malerei zur Versinnbildlichung der orthodoxen Interpretation des Islam kaum geeignet war. Erstes und wichtigstes Objekt der Buchkunst war aber der ↗ Koran, so daß das Streben nach seiner kostbaren Ausgestaltung wohl die Entwicklung von Kalligraphie und Illumination vorantrieb, nicht aber die Illustration begünstigte.

Nachdem innere Umwandlungsprozesse ein günstiges Klima für die Einflüsse bilderfreundlicher Kulturen geschaffen hatten und als sich allgemein eine große Aufnahmebereitschaft gegenüber der dekorativen bildlichen Darstellung zeigte – diese begann im 12. Jh. alle Bereiche der Kleinkunst zu beherrschen – profitierte die Buchmalerei möglicherweise als letzte von dieser Entwicklung. Vielleicht könnten die Illustrationen eines 1009 kopierten Textes über die Fixsterne das Eindringen der künstlerischen Darstellung in wissenschaftliche Texte, die auch in den vorangegangenen Jahrhunderten gelegentlich mit erklärenden Zeichnungen versehen gewesen sein dürften, markieren. Allerdings steht dieses Manuskript für zwei Jahrhunderte

fast allein. Erst um 1200 und in den nachfolgenden Jahrzehnten erlebte die arabische Buchmalerei ihre Blüte. Neben byzantinisch beeinflußten Stücken vertritt die Hauptgruppe den sog. seldschukischen Stil, der auf iranisch-mittelasiatische Traditionen zurückzugreifen scheint. Hierzu gehören auch die ersten erhaltenen persischen Manuskripte mit Miniaturen. Zu den Texten, die am häufigsten illustriert wurden, zählt das Fabelbuch »Kalīla und Dimna«. Eine besondere Gruppe stellen die Bagdader Miniaturen zu den »Maqamen« des Harīrī dar, die sich inhaltlich und formal am weitesten vom Hauptstrom der auf die fürstliche Sphäre ausgerichteten seldschukischen Bildkunst gelöst haben und sich auf die Welt der städtischen Ober- und Mittelschichten orientierten.

Während die arabische Buchmalerei noch bis ins 14. Jh. in Syrien und Ägypten mit dekorativ erstarrten Darstellungen ihre Fortsetzung fand, bildete sich im Iran unter der Herrschaft der mongolischen Ilḫāne der neue Zweig der persischen Miniatur heraus. Unter starkem Einfluß ost- und zentralasiatischer Malerei er-

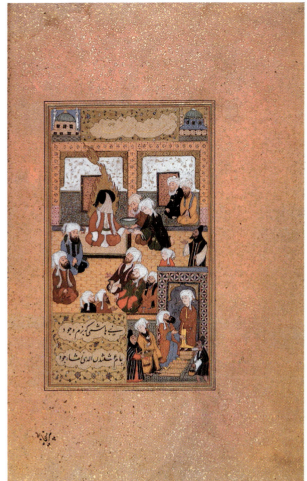

Randmalerei in Gold aus dem »Gulistān« des Saa'dī. Iran, zweites Viertel des 16. Jh., vermutlich höfisches Atelier in Täbris. Museum des Kunsthandwerks Leipzig; B. 11. 4. c. 19 × 29,5 cm

Der Prophet Muḥammad im Kreise seiner Anhänger. Aus dem »Bang wa-bāde« des Fuẓūli. Irak, 1600, Bagdader Schule. Sächsische Landesbibliothek Dresden; Ms. Eb 362. 24,5 × 37,5 cm

schloß sich die persische Buchillustration neue Ausdrucksmöglichkeiten, unter anderem durch die Einbeziehung der Landschaft in die Szene. Die weitere Entwicklung verlief unter einer nahezu ausschließlichen Bindung der Miniatur an die großen Epen und andere klassische Werke der persischen Literatur. Sie boten dem Künstler eine Vielzahl von heroischen und lyrischen Themen, die sich allerdings zumeist im Kreis der aristokratischen Thron-, Kampf-, Jagd- und Festszenen bewegten. Die bildliche Umsetzung der einzelnen Sujets war bald ikonographisch festgelegt. Stilistische Eigenheiten beziehen sich auf das Verhältnis zwischen Aussagekraft und Dekorativität, auf das Ausmaß der Bereicherung der zentralen Szene durch Nebenhandlungen, auf die Rolle der Landschaft im Bild, die allmähliche Herausarbeitung einer Typisierung der Figuren, die Behandlung des Raumes usw. Ungeachtet aller Wandlungsprozesse behielt die Miniatur eine Reihe von Grundzügen, die bereits für die Buchillustration des 13. Jh. kennzeichnend gewesen waren: die Vorherrschaft der Figur, die schwungvolle, kalligraphisch exakte Zeichnung, die reiche Skala leuchtender Farben, die weitgehende Flächigkeit der Darstellung. Außerhalb des Irans wurde die Buchmalerei auch in Mittelasien, in der osmanischen Türkei und von den Mogulherrschern Indiens gepflegt, wo sie eine eigenständige Entwicklung nahm und oft formal wie thematisch neue Wege ging, so bei der Illustration der türkischen Feldzugchroniken. Zentren der Miniaturenproduktion waren die Höfe, da die Unterhaltung eines Ateliers zur Anfertigung von Prachthandschriften große finanzielle Mittel erforderte. Daneben existierten auch städtische Werkstätten, die auf eher handwerklicher Basis für einen größeren Kreis von Auftraggebern arbeiteten.

Seit der zweiten Hälfte des 16. Jh. löste sich die Miniatur mehr und mehr vom Text. Genreszenen und Idealporträts wurden nun häufig zusammen mit den Schriftproben berühmter Kalligraphen in Alben gesammelt.

Die Verlagerung des Interesses auf das dekorative Einzelblatt sowie der allgemeine gesellschaftliche Niedergang führten zu einem Ausklang der Buchmalerei

Buchmalerei, islamische

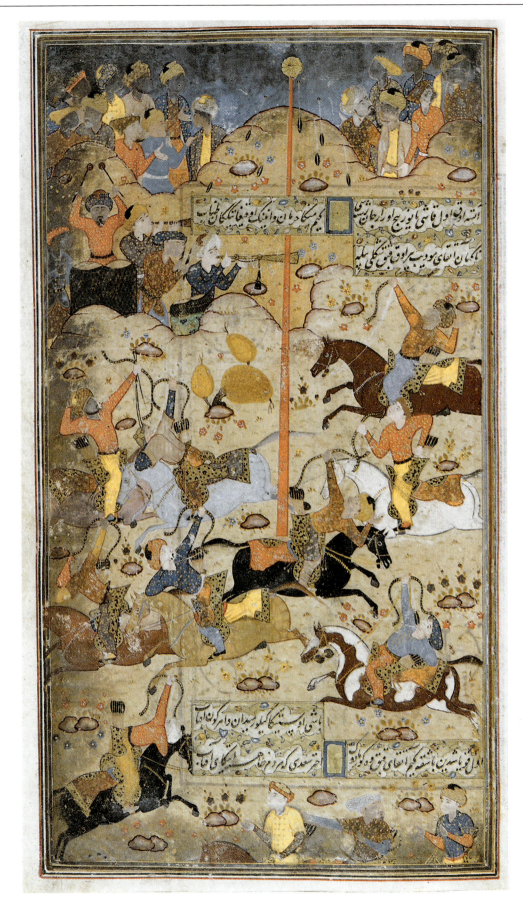

Wettkampf. Aus einem »Dīvān« des ʿAlī Šīr Navāʾī. Iran, 2. Hälfte des 16. Jh. Universitäts- und Landesbibliothek Sachsen-Anhalt, Halle, Bibliothek der Deutschen-Morgenländischen Gesellschaft; Ms. B. 256. 16 × 26,5 cm

im 17. Jh. Versuche ihrer Wiederbelebung im 19. Jh. kollidierten dann bereits mit der Ausbreitung des Buchdrucks.

Sammlungen ↗ Handschriften, islamische, ↗ Schriftkunst, islamische   *K. R.*

Lit.: Gray, B.: Persische Malerei. – Genf, 1961. // Ettinghausen, R.: Arabische Malerei. – Genf, 1962. // Bussagli, M.: Indian miniatures. – London, 1969. // Atasoy, N.; Çağman, F.: Turkish miniature painting. – Istanbul, 1974. // Pugačenkova, G.; Galerkina, O.: Miniatjury Srednej Azii. – Moskva, 1979.

Buchmuseen

Spezialmuseen und wissenschaftliche Forschungszentren, die entweder als selbständige Einrichtungen oder aber als Abteilungen von bedeutenden ↗ Bibliotheken existieren. Sie stellen das Buch als historisch-technisches Produkt, als literarisches Dokument und als Massenkommunikationsmittel dar und erforschen seine Entwicklungsgeschichte unter bestimmten Schwerpunkten, wobei Herstellung, Ausstattung und Vertrieb sowie die Geschichte der Schrift, der Beschreibstoffe und des Einbandes eine besondere Rolle spielen und die vielseitigen Wechselbeziehungen zur Kultur-, Sozial-, Wirtschafts- und Wissenschaftsgeschichte berücksichtigt werden. Buchmuseen veranschaulichen die gesellschaftliche Bedeutung des Buches in Vergangenheit und Gegenwart und geben der zeitgenössischen Buchproduktion vielfältige Anregungen. In Abgrenzung zu den Literatur- und Kunstmuseen demonstrieren sie mit Hilfe musealer Mittel und Methoden den aktuellen Forschungsstand für eine interessierte Öffentlichkeit, sie leisten einen wichtigen Beitrag zur Pflege des kulturellen Erbes.

Bedeutende Buchmuseen sind u. a.: das Deutsche Buch- und Schriftmuseum der Deutschen Bücherei Leipzig (gegr. 1885, seit 1950 der Deutschen Bücherei angegliedert), das Gutenberg-Museum in Mainz (gegr. 1900, Weltmuseum der Druckkunst), das Klingspor-Museum in Offenbach (gegr. 1953, moderne Buch- und Schriftkunst), das Schweizerische Gutenbergmuseum in Bern (gegr. 1900, schweizerische Buchgeschichte), das aus Familienbesitz hervorgegangene Plantin-Moretus-Museum in Antwerpen (seit 1876 städtisch), die Typographische Bibliothek in Antwerpen (gegr. 1907), das Musée du Livre in Brüssel (gegr. 1914), das Rijksmuseum Meermanno-Westreenianum (Museum van het boek) in Den Haag (gegr. 1849, mit einer Spezialsammlung Buchkunst von etwa 1890 bis zur Gegenwart), das Museo Bodoniano in Parma (gegr. 1963), das Victoria and Albert Museum in London (gegr. 1852, mit einer musealen Sammlung über das Buch- und Schriftwesen), das Museum der Oxford University Press, das Museum für Geschichte der Schrift in Tel Aviv, das Tschechoslowakische Buchmuseum im Schloß Žďár nad Sázavou (gegr. 1957) sowie das Staatliche Museum für Bücher und Buchdruck der Ukrainischen SSR in Kiew (gegr. 1974).

Die Handschriften- und Rara-Abteilungen großer wissenschaftlicher Bibliotheken pflegen in Dauer- und Wechselausstellungen seltene und kostbare Werke der Öffentlichkeit zugänglich zu machen und unterstützen auf diese Weise die Tätigkeit der Buchmuseen (z. B. die Bibliothèque Royal Albert I. in Brüssel, die British Library in London, The New York Public Library und The Pierpont Morgan Library, beide New York, die Bibliothèque Nationale in Paris, das Museum der tschechischen Literatur im ehemaligen Kloster Strahov in Prag, die Biblioteca Apostolica Vaticana, die Österreichische Nationalbibliothek in Wien und neuerdings die Herzog-August-Bibliothek in Wolfenbüttel, die sich auch zu einem Forschungszentrum für die westeuropäische Buchgeschichte profiliert hat).   *F. M.*

Lit.: Bockwitz, H. H.: Schrift-, Buch- und Papiermuseen Europas. – In: Bockwitz: Beiträge zur Kulturgeschichte des Buches. – Leipzig, 1956. – S. 150 – 164. // Funke, F.: Tradition und Gegenwartsaufgabe des Deutschen Buch- und Schriftmuseums. – In: Neue Museumskunde. – Berlin 7(1964). – S. 279 – 289. // Kunze, H.: Buchmuseen im Sozialismus. – In: Kunze: Alles für das Buch. – Leipzig, 1976. – S. 150 – 167. // Janssen, F. A.: European Printing Museums. – In: Quaerendo. – Amsterdam 10(1980). – S. 155 – 157, 256 – 257; 11(1981). – S. 69 – 71, 165 – 166.

Buchpflege

(1) alle vorbeugenden Maßnahmen, die seitens des Besitzers ergriffen werden, Bücher (in ihrer Originalausstattung) vor Schaden zu bewahren und ihre Haltbarkeit auf unbegrenzte Zeit zu garantieren. Sie bestehen u. a. in folgendem: sorgfältige Behandlung während der Benutzung (Transport, Lektüre); Schutz vor Feuchtigkeit und direkter Sonnenlichteinwirkung; Vermeidung extremer Hitze- und Kältegrade; zweckmäßige Aufbewahrung in Schränken oder Regalen (Bücher sollten aufrecht, möglichst nach Formaten geordnet und nicht zu eng nebeneinanderstehen, Bücherstützen sind zu empfehlen); Verwendung von Schutzumschlägen, Buchhüllen, -futteralen oder -kästen zum besonderen Schutz wertvoller Bücher; regelmäßige Reinigung zur Vermeidung von Staubansammlung und Insektenbefall. Lederbände sind von Zeit zu Zeit mit einem geeigneten Mittel zu behandeln. Vorsorge und Schadenverhütung sind leichter und weniger kostspielig als die Behebung eingetretener Schäden.

(2) Um die Haltbarkeit und Strapazierfähigkeit eines Bandes für die Dauer der Benutzung und Aufbewahrung zu erhöhen, haben die Bibliotheken unter Verzicht auf die Erhaltung des Originaleinbandes den sog. Bibliothekseinband eingeführt, für den weniger ästhetische Gesichtspunkte als schmutzabweisende Eigenschaften und stabile Verarbeitung charakteristisch sind.

Um den optischen Eindruck des Originaleinbandes zu erhalten, können empfindliche Einbände aber auch lackiert oder mit schmutzabweisenden und leicht zu reinigenden Materialien (Folien) überzogen werden.

Buchrestaurierung

Ein durch Kriegseinwirkung zerstörter Druck vor und nach der Restaurierung durch die Restaurierungswerkstatt der Universitätsbibliothek, Jena. (Petrus Apianus, Instrumentum primi mobilis. Nürnberg, 1534)

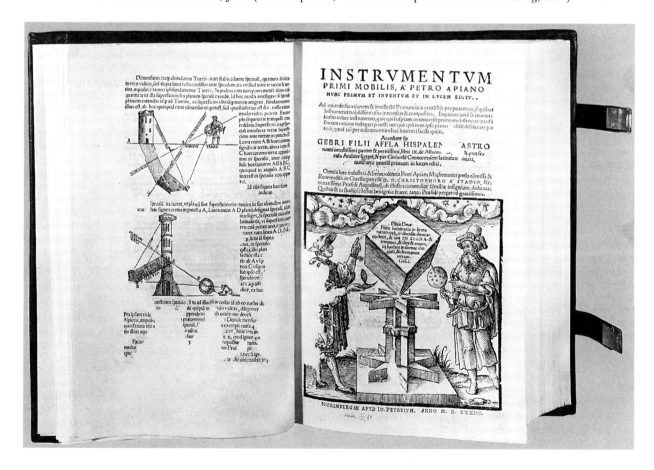

(3) Regelmäßige Buchpflege ist in Ausleihbibliotheken ein spezieller Teil der Bibliotheksarbeit, im allgemeinen können durch sachgemäße Magazinierung Buchschäden weitgehend vermieden werden. Einfache Pflege- und Reparaturarbeiten (Fleckenentfernung, Befestigung loser Seiten und Lagen, Ausbesserung von Rissen, Erneuerung der Heftung) werden in der Regel von der Hausbuchbinderei übernommen, während kompliziertere chemische Behandlungsmethoden in das Arbeitsgebiet des hierfür speziell ausgebildeten Buchrestaurators fallen (↗ Buchrestaurierung).

Das Auffrischen alter und die Wiederherstellung beschädigter Bücher wird auch als *Bibliotherapie* bezeichnet; sie spielt besonders in Bibliotheken mit wertvollen älteren Beständen (Handschriften, Inkunabeln, alte Drucke, Erstausgaben, künstlerische Drucke) eine wichtige, Kulturgut erhaltende Rolle. *F. M.*

Lit.: Cockerell, D.: Der Bucheinband und die Pflege des Buches. – 2. Aufl. – Leipzig, 1925. // Dühmert, A.: Buchpflege: e. Bibliographie. – Stuttgart, 1963. // Buchpflegefibel. – 3. Aufl. – Leipzig, 1968. // Piper, E.: Handbuch der praktischen Buchpflege. – München, 1968.

Buchrestaurierung

Wiederherstellung der Gebrauchsfähigkeit von beschädigten oder materialkranken wertvollen literarischen Dokumenten (Pergament- und Papierhandschriften, Drucke) und historischen Einbänden unter möglichster Wahrung des ursprünglichen oder früheren Zustandes. Fehlende oder beschädigte Materialteile werden lediglich ergänzt, die Restaurierung sollte zu keiner Imitation führen. Zur Buchrestaurierung gehören heute auch vorbeugende Konservierungsmaßnahmen.

Schäden am Buch im weitesten Sinne entstehen durch 1. mechanische Abnutzung (mangelhafte Qualität bei der Herstellung, unsachgemäße Aufbewahrung, häufige Transporte, fahrlässige Behandlung beim Lese- bzw. Entleihungsvorgang), 2. natürliche Alterung des Materials (Brüchigwerden), 3. gewaltsame Einwirkung von außen (Wasser, Feuer), 4. Klimaeinflüsse, 5. biologische Vorgänge (Schimmelpilz- und Mikrobenbefall als Folge feuchter Lagerung, sichtbar durch Stockflecken; Insektenbefall, sichtbar in den etwa 2 mm großen Löchern, die den Bücherwürmern zugeschrieben aber durch Anobien = Pochkäfer verursacht werden), 6. chemische Veränderungen, die sich aus den zeitbedingten Eigenschaften der für Buchherstellung verwendeten Materialien selbst oder als Reaktion auf Umwelteinflüsse ergeben (Säuregehalt des Papiers und des Leders; Farb- und Tintenfraß, Leder- oder Papierverfall). Je nach Schadenslage sind im Einzelfall spezielle Restaurierungsmethoden oder komplexe Verfahrensweisen bei der »Massenrestaurierung« erforderlich.

Die verantwortungsvolle Tätigkeit des Buchrestaurators setzt solides buchbinderisches Können, das auch alte Bindetechniken mit einschließt, chemisches Fachwissen und buch- und kunstgeschichtliche Spezialkenntnisse voraus. Große wissenschaftliche Bibliotheken und Archive verfügen heute in der Regel über eigene Restaurierungswerkstätten. In der DDR sind nach dem zweiten Weltkrieg u. a. an der Deutschen Staatsbibliothek Berlin, an der Deutschen Bücherei Leipzig, an der Sächsischen Landesbibliothek Dresden und an der Universitätsbibliothek Jena derartige Einrichtungen entstanden. *F. M.*

Lit.: *Zeitschriften:* Restaurator. – Copenhagen 1 ff. – 1969 ff. *Monographien und Aufsätze:* Adam, P.: Das Restaurieren alter Bücher. – Halle/S., 1927. // Schweidler, M.: Die Instandsetzung von Kupferstichen, Zeichnungen, Büchern usw. – 2. Aufl. – Stuttgart, 1949. // Ewald, G.: Mikroorganismen als Schädlinge in Bibliotheken und Archiven. – In: Bibliothek und Wissenschaft. – Wiesbaden 3(1966). – S. 13 – 112. // Thamm, W.: Wie restaurieren wir heute? – In: Papier und Druck. – Leipzig 15(1966). – S. B 163 – 167, 182 – 185; 16(1967). – S. B 4 – 8. // Müller, G.: Zur Problematik der Restaurierung und Konservierung wertvoller Bücher und Dokumente auf Papiergrundlage. – In: Zentralblatt für Bibliothekswesen. – Leipzig 83(1969). – S. 301 – 308. // Wächter, O.: Restaurierung und Erhaltung von Büchern, Archivalien und Graphiken. – Wien, Köln, Graz, 1975. // Wächter, W.: Buchrestaurierung. – 2. Aufl. – Leipzig, 1983.

Buchrolle

Buchform des Altertums, aus Leder, ↗ Papyrus oder ↗ Pergament angefertigt, in Ägypten seit dem 4. bis 3. Jahrtausend v. u. Z. nachweisbar, von den Griechen im späten 6. Jh. v. u. Z. übernommen. Sie beherrschte bei den Griechen und Römern über ein Jahrtausend das

Evangelist Matthäus mit Buchrolle und Kodex. Aus dem Codex aureus, Canterbury, um 750. Kungliga Biblioteket, Stockholm; Cod. A 135. Seitenformat 31,8 × 39,4 cm

Buchwesen und lebte, als sie seit dem 4. Jh. u. Z. nach und nach durch den ↗ Kodex verdrängt wurde, in der Pergamentrolle des Mittelalters (rotulus), in der ↗ Thorarolle sowie in der Urkundenrolle (allerdings jetzt senkrecht gerollt) bis heute fort. Ihre Höhe betrug zwischen 5 und 40 cm, die Länge im Durchschnitt 6 m. Sie wurde einseitig in Kolumnen beschrieben, deren Zeilen parallel zur Längsseite der Rolle verliefen, und mit der Schrift nach innen, um einen Stab (umbilicus) gewickelt, stehend in Gefäßen oder liegend im Regal aufbewahrt. Die griechische Buchrolle wurde, nachdem der Stab herausgezogen worden war, beim Lesen mit beiden Händen gehalten und zugleich (rechts) ab- bzw. (links) aufgewickelt, für eine erneute Lektüre mußte sie zurückgerollt werden. In zusammengerolltem Zustand hing ein Streifen (titulus) heraus, aus dem Verfassername und Titel des Werkes ersichtlich waren.

F. M.

Buchschmuck

Mit dem Begriff Buchschmuck werden die Elemente bezeichnet, die der künstlerischen Ausstattung des Buches dienen. Dazu gehören ↗ Initialen, Ranken, Bordüren, Rahmen, typographische Figuren, Signete, ↗ Vignetten, Schlußstücke. Während die ↗ Buchillustration an einen gegebenen Text gebunden ist, unterstreicht der Buchschmuck den ästhetischen Gesamteindruck des Buches, in Gestaltung und Verwendung ist er mit den allgemeinen künstlerischen Entwicklungen verbunden. Vor Erfindung des Buchdrucks, d. h. in der ↗ Buchmalerei, sind die Grenzen zwischen Buchschmuck und Buchillustration fließend, da beide meist vom gleichen Künstler geschaffen wurden, dessen Phantasie und Kunstfertigkeit kaum Grenzen gesetzt waren.

Aus der Handschriftenpraxis wurde in die Frühdrucke die Ausmalung der ↗ Initialen übernommen, d. h. es wurde eine Fläche um den meist unscheinbaren Initialbuchstaben herum freigelassen. Als weitere Verzierungen dienten holzgeschnittene Leisten und Rahmen mit Blüten, Blättern, Ranken, Fabelwesen, in denen sich der Formenreichtum der Renaissance widerspiegelte. Sie wurden entsprechend dem Format des Buches zusammengesetzt und in die Druckform eingespannt. Waren sie anfangs als Holzschnitte für ein bestimmtes Werk geschaffen worden, so ermöglichte die Übertragung dieser Schmuckelemente auf Metallschnitte oder ihre Herstellung in Schriftgießereien die Verwendung nicht nur für mehrere Auflagen des gleichen Werkes, sondern auch für andere Werke und durch andere Offizinen. Das 16. Jh. sah die Herausbildung von zwei charakteristischen, bisher unbekannten Schmuckformen, den rein typographischen Schmuck und die Vignette. Die Herausbildung eines *typographischen Buchschmucks*, der aus kleinsten Elementen zusammengesetzt ist, bedeutete die konsequente Weiterentwicklung der Ideen Gutenbergs, Rahmen und Ranken in Typographie umzusetzen, und eröffnete eine Vielfalt von Anwendungsmöglichkeiten. Damit entfiel

u. a. das Zurechtschneiden der Leisten auf die gewünschte Größe. Ansätze zu typographischem Schmuck in Gestalt von Satzzeichen, sog. Röschen oder Blättchen, finden sich bereits in Capranicas »Arte di ben morire«, Verona 1479. Henri Estienne verwendete typographischen Buchschmuck 1509 im Quincunplex Psalterium, in dem die Zeilen am Ende eines Absatzes in typographische Ornamente auslaufen. Der typographische Schmuck findet seit der Mitte des 16. Jh. weite Verbreitung in Europa. Seine Wirkung erhält er durch die beliebige Aneinanderreihung seiner Elemente, aus der sich meist quadratische oder rechteckige Grundformen ergeben.

Eine Bereicherung erfuhr der Buchschmuck durch die meist als Vignette bezeichneten Zierstücke, deren Entwicklung meist in enger Verbindung zum Ornamentstich steht. Die Formen der Vignette werden aus zwei Quellen gespeist, der aus dem islamischen Kulturbereich stammenden Maureske mit ihren streng stilisierten Blättern und Linien, die jede Einbeziehung von menschlichen und tierischen Wesen vermeidet. Zum anderen nimmt die Vignette, besonders im 17. Jh., Elemente der sich seit der Antike in allen Gebieten der bildenden Kunst findenden Arabeske auf (z. B. vegetabilische Elemente, Menschen, Tier- und Fabelwesen). Die Struktur der Vignetten schließt in der Regel eine Aneinanderreihung aus.

Nachdem die Kunstform der Maureske schnellen Eingang im Kunsthandwerk sowie in der Architektur (z. B. Fontainebleau bei Paris) gefunden hatte, wurde sie auch für den Buchschmuck entdeckt. Die von Bernard Salomon und J. A. Ducerceau geschnittenen, von dem Antwerpener Drucker und Verleger Plantin und seinem ehemaligen Mitarbeiter in Frankfurt am Main, J. Sabon, verwendeten und z. T. weiterentwickelten maureskenartigen Ornamente waren über weite Teile Europas, Amerikas bis nach Ostasien verbreitet und wurden z. T. bis ins 19. Jh. verwendet. Neben der Maureske entwickelten sich in Deutschland nach dem dreißigjährigen Kriege Zierbänder aus Blumenformen, z. B. Rosen, als typographischer Schmuck, der jedoch nicht diese Verbreitung fand. Für die Imprimerie Royale wurden seit 1725 von dem Graveur Louis Luce leichte, zierliche Schmuckelemente geschaffen, die sich dem Charakter der Kupferstiche und Radierungen anpassen sollten. Bei ihrer Anordnung auf dem Titelblatt oder als Einrahmung einer Seite ließen sie der Phantasie des Setzers weiten Spielraum. Diese Formen waren vor allem in Frankreich verbreitet. Zusammen mit dem 1764 erschienenen »Manuel typographique« des französischen Stempelschneiders Pierre Simon Fournier übten diese hier entworfenen Schmuckelemente ihren Einfluß auf Österreich (Johann Thomas von Trattner) und Deutschland (Johann Gottlob Immanuel Breitkopf) aus.

In der Mitte des 18. Jh. wandelte sich der typographische Buchschmuck. Er strahlt nun eine stärkere Geschlossenheit und Ruhe aus, der Schnörkel in seinen unzähligen Varianten streckt sich zur Linie, die Wie-

Gebetbuch Kaiser Maximilians I. Federzeichnung von Albrecht Dürer. Augsburg, J. Schönsperger, 1513. Nach der Faksimileausgabe, Wien, 1906

Buchschmuck

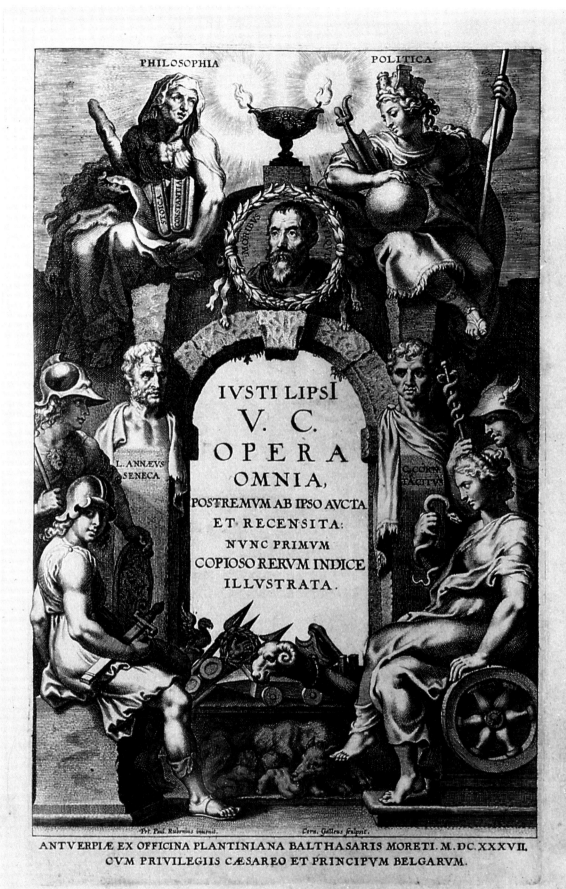

Titelkupfer von Peter Paul Rubens zu J. Lipsius, Opera Omnia. Antwerpen, Plantin-Moretus, 1637. 20 × 31,5 cm

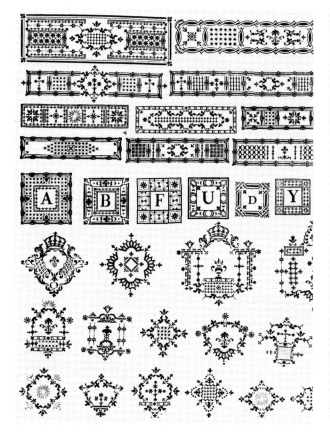

Beispiele für typographischen Buchschmuck aus: S.-P. Fournier le jeune, Modèles des caractères de l'imprimerie. Paris, 1742. Ausschnitt

Titelblatt zu J. T. von Trattner, Zwey neue Depositionen nebst einer kurzgefaßten Prologie und Nachrede der Buchdruckerkunst zu Ehren gewidmet, 1771. 16,5 × 20,5 cm

Buchschmuck von E. R. Weiß zu Terzinen Hugo von Hofmannsthals im »Pan«, Berlin 1(1895/96)2

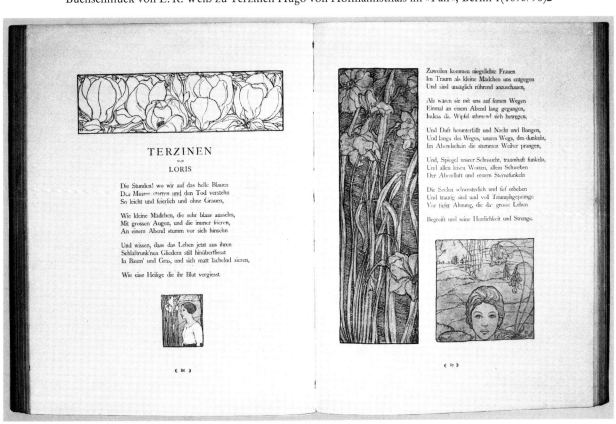

Buchschmuck mit Initialen »G« und »D« von Gustav Klimt in der österreichischen Zeitschrift »Ver sacrum«, Wien 1(1898)2

derentdeckung der Antike bringt auch hier einen Wandel in Richtung auf eine mehr typographische denn ornamentale Ausgestaltung, eine Entwicklung, deren Übergänge jedoch fließend sind, bis durch die Ereignisse der Französischen Revolution und einen gewandelten Geschmack typographische Schmuckelemente völlig zurücktreten.

Bei der weiten Verbreitung des typographischen Buchschmucks des 16.–18. Jh. über ganz Europa bieten seine Elemente, von einzelnen nationalen Eigentümlichkeiten wie beim russischen abgesehen, wenig gesicherte Möglichkeiten, mit seiner Hilfe den fehlenden Druck- oder Verlagsort eines Werkes zu bestimmen, doch sind seine Varianten u. U. für die bibliographische Unterscheidung von Bedeutung.

Die dem Setzer überlassene Verwendung eines serienmäßig hergestellten typographischen Schmucks entsprach nicht den künstlerischen Vorstellungen der

Buchschmuck von Bernhart Pankok (Typen von Georg Schiller) zum Amtlichen Katalog der Ausstellung des Deutschen Reiches anläßlich der Weltausstellung in Paris 1900. Reichsdruckerei, Berlin. 17,5 × 23 cm

Erneuerer der europäischen Buchkunst am Ausgang des 19. Jh., so daß sich Beispiele nur noch vereinzelt finden, wie z.B. auf dem Umschlag von Friedrich Schnacks »Klingsor. Ein Zaubermärchen« (Hellerau: Jakob Hegner 1922) oder bei den schlichten Rahmen der Titelblätter und Werbeanzeigen der Albatross Library (Leipzig) in den dreißiger Jahren, die aus Monotype-Material durch Aneinanderreihung entstanden (z. B. Frederic Prokosch: The Asiatics). Zu den Versuchen, die Möglichkeiten des typographischen Buchschmucks zu erweitern, muß auch die Übernahme von Zierstücken gerechnet werden, die von Aubrey Beardsley und Heinrich Vogeler entworfen und durch Schriftgießereien massenhaft vertrieben wurden. In der Verwendung für Bücher unterschiedlichen Charakters zeigt sich, ebenso wie bei der zeitgenössischen Buchillustration, der Verfall einer ursprünglich schöpferischen Stilrichtung zur Modeerscheinung, die unschöp-

Buchschmuck

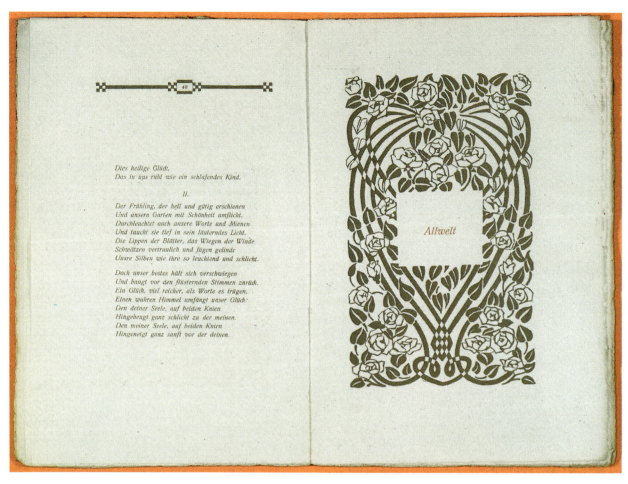

Buchschmuck von Théo van Rysselberghe zu E. Verhaeren, Ausgewählte Gedichte. Berlin, 1904. 16,5 × 25 cm
Vortitel und Titelblatt von Marcus Behmer zu den Ruba'ijat des Omar Chajjâm. Leipzig, 1907. 16,5 × 20,5 cm

Vortitel und Titelblatt von Melchior Lechter zur Shakespeare-Ausgabe von F. Gundolf. Berlin, 1908–1920. 15,5 × 25,5 cm

ferisch nachgeahmt und kommerziell ausgebeutet wurde. Sparsam und als Teil des Gesamtkunstwerkes Buch eingesetzt, wirken Elemente des typographischen Buchschmucks in tradierten wie neugeschaffenen Formen ästhetisch anregend, erhöhen beim ↗ Akzidenzdruck und bei Werbemitteln den äußeren Eindruck.

Auch der *individuell* von Holzschneidern, Kupferstechern und Graveuren *gestaltete Buchschmuck* zeigt Einflüsse der jeweiligen Kunstströmungen aus der Architektur und bildenden Kunst. Charakteristisch in der Verbindung von Illustration und Schmuck sind die auf Betreiben Kaiser Maximilians I. entstandenen Zeichnungen und Holzschnitte zum »Gebetbuch« und zum »Theuerdanck«. Nachschnitte von Leisten, die noch das Stilgefühl der Renaissance verraten, finden sich bis ins 17. Jh. Dazu kommen auch hier, im nichtgegenständlichen Bereich, Anklänge an die Mauresken, um die Schrift auf dem Titel entwickelten sich Zungen, Bänder, Rollungen, Umklammerungen, Blumen und Fruchtgehänge, wie sie sich bei Virgil Solis, Jost Amman, Tobias Stimmer in der 2. Hälfte des 16. Jh. finden. Diese Elemente verbinden sich besonders auf den Kupfertiteln von Werken, die auf eine gewisse Repräsentation Anspruch erheben, mit heraldischen und allegorischen Darstellungen, die dank der umfangreichen em-

blematischen Literatur der Zeit dem Leser deutbar waren. Die große Masse der Bücher weist, außer Signeten und Schlußvignetten, keine nennenswerten Schmuckelemente auf. Zum Schmuck allerdings, weniger zur Illustration, müssen die oft prunkvollen Titelkupfer und Frontispize gerechnet werden, die an die Traditionen des 16. Jh. anknüpfen und sie weiterentwickeln. Diese Blätter stellen gleichsam die prunkvolle Eingangspforte zu einem sonst nicht weiter geschmückten Werk dar, wie z. B. das von Rubens entworfene Titelkupfer zu den Werken von Justus Lipsius (1637). In Kupfer gestochene Titelblätter oder Frontispize, die den Autor zeigen, bleiben bis ins 18. Jh. hinein oft der einzige Schmuck, der z. T. von namhaften Künstlern gestaltet wird. Auf den Titelblättern des 18. Jh. finden sich meist Schmuckelemente allegorischen Inhalts oder solche, die, von der Emblematik herkommend, auf den Inhalt Bezug nehmen. Solche Schmuckelemente, die auch vor Kapitelanfängen oder größeren Abschnitten stehen können, wurden z. T. von namhaften Künstlern wie den Brüdern Crusius, von Meil und Oeser geschaffen. Mit der Bindung an den spezifischen Text stellen sie z. T. bereits wieder Übergangsformen zur Buchillustration dar. Der bewußte Einsatz von Schmuckelementen zusammen mit Text und Abbildung beginnt im

Buchschmuck von Alastair (Hans-Henning Voigt) in O. Wilde, The Sphinx. London, 1920. 22,5 × 30 cm

19. Jh. erst wieder mit dem Wirken Richters, Menzels und Klingers, es setzt sich die Erkenntnis durch, die Buchseite, noch besser die Doppelseite, bei der Gestaltung als eine Einheit zu sehen. Nach dem Verfall buchkünstlerischer und typographischer Leistung im 19. Jh. setzte die bewußte Gestaltung des Buches durch den Künstler ein, wobei alle Teile wie Schutzumschlag, Einband, Schmutztitel, Vorsatzblätter, Titelblatt, Schriftgrad und -type, Text, Kapitelüberschriften usw. gleichermaßen einbezogen wurden. Am Anfang stehen hier die Leistungen des englischen Künstlers und Schriftstellers William Morris (1834 bis 1896). Er orientierte sich in der Typographie und im Buchschmuck, ohne epigonal zu sein, an Vorbildern alter Handschriften und früher Drucke. Eine seiner hervorragendsten Leistungen der von ihm gegründeten Kelmscott Press ist die Ausgabe der Werke Chaucers (1896). Hierfür schuf er Randleisten und Rahmen in verschiedenen Abmessungen für die Texte und Illustrationen, Initialen und große, eigens entworfene Anfangswörter. Es entsteht so eine Geschlossenheit der Buchseite durch einheitliche Struktur von Bordüre, Bild, Initiale und Schrift. Mit den Illustrationen und Vignetten zu Thomas Malorys »Morte Darthur« (1893) schuf Aubrey Beardsley einen unverwechselbaren Buchschmuck, der bereits auf seine spätere Gestaltung von Wildes »Salome« hindeutet. Diese Entwicklung wurde anfänglich gefördert durch kleine, handwerklich orientierte Pressen und wagemutige Verleger, sie gewann an Breite durch die neugegründeten künstlerisch-literarischen Zeitschriften, die z. T. Sprachrohr einzelner Gruppen waren. In Zeitschriften wie »Studio«, »Savoy«, »Yellow Book« in England, »Pan« und »Insel« in Deutschland, »Ver Sacrum« in Österreich zeigen sich die neuen Schmuckelemente zuerst. Die schwungvollen Titelblätter der 1896 gegründeten »Jugend« mit ihrem charakteristischen Rahmenornament und Zierleisten gaben der Bewegung die Bezeichnung Jugendstil, Synonym für Art Nouveau (Frankreich) und Neue Sezession (Österreich). Aufmerksamkeit verdient der Untertitel der »Insel«: Zeitschrift mit Buchschmuck und Illustrationen. Damit wird eine Tendenz reflektiert, die seit dem Schaffen von Morris erkennbar ist – die völlige Ausschmückung ganzer Seiten, von Titelseite und Schmutztitel oder von Doppelseiten in einer verschwenderischen Formenfülle von stilistischer Eigenart, wie es sie seit dem 17. Jh. nicht mehr gegeben hatte. Auch in der von Ernest Rhys herausgegebenen Everyman Library (London) folgten Vorsatzpapiere, Schmutztitel und Titelblätter bis in die dreißiger Jahre den von William Morris beeinflußten Entwürfen von R. L. Knowles. Illustrationen wie Buchschmuck zeichnen seit Morris eine stark lineare Betonung aus. Florale Elemente sind beliebt und halten sich noch bis in die zwanziger Jahre, wie der Titelblattschmuck Walter Tiemanns für Bücher des Insel-Verlages zeigt. Einen eigenen, den Zeitströmungen nur bedingt verpflichteten Stil entwickelte aus dem Kreis um Stefan George Melchior Lechter, der über den teilweise esoterischen Stil der »Blätter für die Kunst« hinausging. Mit Maeterlincks »Der Schatz der Armen« (Florenz, Leipzig: Diederichs 1898), vor allem aber mit der Shakespeare-Ausgabe Friedrich Gundolfs (Berlin: Bondi 1908–1920) schuf Lechter Ausgaben, die bis auf die letzte Seite und den Einband durchkomponiert sind, die unaufdringlich Schönheit und Würde ausstrahlen und dennoch zum Lesen einladen. Bereits in der Mitte des ersten Jahrzehnts dieses Jahrhunderts setzte die Reaktion gegen den Überschwang des Jugendstils ein, typographische Gestaltung und textbezogene Illustration wurden die wichtigsten Elemente der Ausschmückung des Buches. Andere Elemente, vom Bucheinband abgesehen, treten zurück oder werden als nicht weiter hervorhebenswert angesehen und finden heute nur bei besonders auszustattenden Werken ihre Verwendung. Nationale, kulturelle und religiöse Traditionen prägen den Buchschmuck besonders der jungen Nationalstaaten. *K. K. W.*

Lit.: Lotz, A.: Ornamentaler Buchschmuck im deutschen Barock und Rokoko. – In: Philobiblon. – Wien 11(1939). – S. 233 – 254. // Lotz, A.: Typographischer Buchschmuck vom 15.–19. Jh.: seine Entwicklung im Überblick. – In: Imprimatur. – Frankfurt a. M. Folge 10(1950/1951). – S. 133 – 155. // Deutsche Buchkunst 1890–1960. – Bd. 1.2. – Hamburg, 1963. – Vom Jugendstil zum Bauhaus: Deutsche Buchkunst 1895–1930. – Münster, 1981.

Ziselierter Schnitt von Jakob Krause oder Caspar Meuser für Kurfürst August von Sachsen, 1581. Nach: Bucheinbände aus dem XIV.–XIX. Jahrhundert in der Landesbibliothek zu Darmstadt. Leipzig, 1921

Buchschnitt

Bezeichnung für die drei Seiten des Buchblocks (Ober-, Unter- und Vorderschnitt), an denen die Bogen nicht zusammengeheftet und in der Regel beschnitten sind, so daß man das Buch öffnen und lesen kann. Man unterscheidet: 1. Glatter Schnitt, bei dem der Buchblock meist maschinell beschnitten wird; 2. rauher Schnitt, bei dem die Originalbreite erhalten bleibt, da die Lagen einzeln von Hand aufgeschnitten werden, er verleiht dem Buch einen höheren Wert. Ein unaufgeschnittenes Exemplar wird von den Bibliophilen am höchsten geschätzt.

Der Buchschnitt erscheint oft gefärbt (Farbschnitt, Marmorschnitt) oder vergoldet (Goldschnitt bei Lederbänden). Heute wird bei Verlegereinbänden meist nur der Oberschnitt hervorgehoben, um den Buchblock vor Staubeinwirkung oder Vergilben zu schützen. Durch die Einwirkung der Feuchtigkeit quellen die Papierfasern und dichten den Buchblock ab. Im Mittelalter wurden auf dem Vorderschnitt häufig die Buchtitel angebracht. Prachteinbände zeigen im 15. und 16. Jh. (z. B. Jakob-Krause-Einbände) reich mit Ranken, Arabesken, Blütenornamenten, figürlichen Darstellungen und Wappen verzierte Buchschnitte.

K. M.

Büchermaschine ↗ Lesemaschine

Bücherverbrennung

Die Bücherverbrennung ist eine besonders drastische Form der geistigen und politischen Verfolgung eines Gegners, indem dessen geistige Zeugnisse diskriminiert und vernichtet werden. Die Verbrennung ist dabei nicht mit der Verfolgung und Vernichtung des Gesamtbestandes identisch, sondern leitet als symbolischer Akt dieselbe nur ein. Die Verbrennung mißliebiger Schriften ist bereits aus der Antike, den Zeiten des Niedergangs des arabischen Kalifats in Spanien (11./12. Jh.) sowie dem frühen Mittelalter belegt. Bis ins 18. Jh. wurden mißliebige Schriften durch die Hand des als ehrlos geltenden Henkers unter dem Galgen verbrannt, ein Brauch, der in allen europäischen Ländern verbreitet war. Als Vertreter der bürgerlichen Revolution wandte sich der englische Dichter John Milton in seiner »Areopagitica« (1644) gegen diesen Brauch als Anschlag auf den menschlichen Geist. Vor der Verbrennung gerettete Exemplare wurden oft anderweitig nachgedruckt und heimlich für teures Geld vertrieben. Nach dem Machtantritt des Faschismus in Deutschland wurden am 10. Mai 1933 in Berlin und anderen deutschen Städten Tausende von Büchern verbrannt, die aus Bibliotheken der Arbeiterbewegung und der Volksbildung, aus Leihbüchereien und wissenschaftlichen Instituten stammten und als »undeutsch«, »zersetzend«, »kommunistisch«, »jüdisch-bolschewi-

Buntpapier

Tunkmarmorpapier »Schneckenmarmor«, um 1720. Buntpapiersammlung des Deutschen Buch- und Schriftmuseums der Deutschen Bücherei, Leipzig

Brokatpapier des Verlegers Michael Munck. Augsburg, um 1750. Buntpapiersammlung des Deutschen Buch- und Schriftmuseums der Deutschen Bücherei, Leipzig

stisch« bezeichnet wurden. – Die Schreckensvisionen einer Welt, in der alle literarischen Überlieferungen manipuliert oder systematisch vernichtet werden, haben literarische Gestaltung u. a. in George Orwells »1984« (1949) und Ray Bradburys »Fahrenheit 451« (1953) gefunden. *K.K.W.*

Buntbücher ↗ Farbbücher

Buntpapier
Sammelbegriff für Papier, das nach dem Herstellungsprozeß nur oberflächlich gefärbt oder farbig gemustert wird. Es dient, unabhängig von unterschiedlichen Mustertechniken, den gleichen Verwendungszwecken.

Früheste Beispiele für Buntpapier in Europa sind einfarbig gestrichene Rückseiten von Kartenspielen im 15. Jh. Buntpapier wurde ursprünglich zum Auskleiden von Schatullen, Truhen und Schränken verwendet. Seit Ende des 17. Jh. entwickelte es sich als Wandbekleidung zur Papiertapete. Eigentliche Bedeutung erlangte das Buntpapier in der Buchbinderei als Vorsatzpapier, Buchumschlag und Überzugspapier für Pappeinbände seit dem 17. Jh. Diese Entwicklung führte zu größerem Formenreichtum, stärkerer Farbigkeit und vielfältigeren Techniken.

In einfacher handwerklicher Technik wurden Buntpapiere durch Bestreichen oder Sprenkeln mit Leimfarbe, durch Auftragen von gefärbtem Stärkekleister, der anschließend mit einfachen Geräten gemustert wurde (Kleisterpapier), und durch Aufpressen von geschlagenem Blattmetall (Gold- und Silberpapiere) hergestellt. Kattunpapier erhielt man durch Bedrucken mit hölzernen Zeugdruckmodeln. Mit Gold- oder Silberbronze versetzter Firnis wurde zur Herstellung von Bronzefirnispapier mit Holzdruckstöcken verwendet. Der Musterung von Brokatpapieren diente die Prägedrucktechnik mit Hilfe von gravierten Kupferplatten und Metallfolien. Orientalischen Ursprungs war die Herstellung von Tunkmarmorpapier (»Türkisch Papier«). Man benutzte dazu eine aus Carageenmoos bereitete schleimige Flüssigkeit. Das Muster der darauf schwimmenden, mit Ochsengalle versetzten Pflanzenfarben wurde durch Auflegen des Papierbogens auf diesen übertragen. Maroquinpapier war ein mehrfach gestrichenes Papier mit lackartiger Oberfläche, die durch Prägung eine Leder oder andere Werkstoffe imitierende Musterung erhielt.

Ursprünglich färbten Kartenmaler, Futteralmacher und Buchbinder die für den eigenen Bedarf benötigten Buntpapiere selbst. Seit in der Mitte des 17. Jh. ein größerer Bedarf einsetzte und sich vielfältige Techniken entwickelten, bildete sich der eigentliche Beruf des

Kattunpapier aus der 2. Hälfte des 18. Jh. Buntpapiersammlung des Deutschen Buch- und Schriftmuseums der Deutschen Bücherei, Leipzig

Herstellung von Tunkmarmorpapier. Kupferstich in: Diderot, D. et d'Alembert: Encyclopédie ou dictionnaire raisonné... Paris, 1751–1772. 20,7 × 11,1 cm

Buntpapiermachers heraus, der sich aber in mehr oder weniger starker Abhängigkeit von Buchbindern und Papierhändlern befand. Für einige Techniken (z. B. Brokatpapiere) erfolgte im 18. Jh. die Konzentration der Produktion in Gestalt des Verlags (z. B. in Augsburg, Nürnberg und Fürth).

Die mit der Verwendung von Rollenpapier 1840 und mit der Erfindung der Bürstenstreichmaschine im Jahre 1856 eingeleitete industrielle Fertigung ahmte im wesentlichen die handwerklichen Techniken nach.

Hauptverwendungszweck blieb die Buchausstattung, zu der im Laufe der weiteren Entwicklung die Verwendung für Verpackungszwecke als Phantasie- und Geschenkpapier sowie als Überzugspapier für Feinkartonagen hinzutrat. *W. Sch.*

Lit.: Weichelt, A.: Buntpapier-Fabrikation. – 3. Aufl. – Berlin, 1927. // Haemmerle, A.: Buntpapier. – 2. Aufl. – München, 1977. // Grünebaum, G.: Buntpapier. Geschichte. Herstellung. Verwendung. – Köln, 1982.

Census

Verzeichnis (lat. = Besitzerverzeichnis) aller Exemplare eines Buches, der Bücher eines Druckers, Verlegers oder Autors, die sich in Bibliotheken und anderen Sammlungen befinden. Ein Census wird vor allem für Handschriften, Inkunabeln und seltene Bücher erarbeitet.

K.K.W.

Chronogramm

Beim Chronogramm wird das Erscheinungsjahr auf dem ↗ Titelblatt oder im ↗ Kolophon in römischen Zahlen ausgedrückt, die im Titel, in Sinnsprüchen und Widmungen verstreut, in Majuskeln hervorgehoben sind. Aus der Addition dieser Zahlen ergibt sich das Erscheinungsjahr. Beispiel: Im Jahr/ das in nachfolgendem Wundsch begrieffen ist: O Herr GIeb FrIed/ O Herr gIeb Vnsern KeVser eIn gVtiges stiLLes RegIMent (= 1619). Das Chronogramm wurde vor allem im 16. bis 18. Jh. gebraucht.

K.K.W.

Clair-obscur-Schnitt

franz., Bezeichnung für Hell-Dunkel-(↗)Holzschnitt. Für jede Helligkeitsstufe wird ein eigener Holzstock geschnitten und mit der Grundplatte zusammengedruckt. Dadurch verbinden sich die einzelnen Tonwerte miteinander, es entsteht ein stark plastisch wirkendes Bild.

In Deutschland wurde der Clair-obscur-Schnitt unter anderem von Lucas Cranach d. Ä., Hans Burgkmair und Hans Baldung Grien gepflegt, in Italien im 17. Jh. bis tief ins 18. Jh. unter anderem von Parmegianino und Raffael, in den Niederlanden waren es die Stecher Hendrik Goltzius und Frederik Bloemaert und in England der virtuose Holzschneider John Baptist Jackson.

K.K.W.

Lit.: Reichel, A.: Die Clair-obscur-Schnitte des 16., 17. und 18. Jahrhunderts. – Zürich, 1926.

Comics ↗ Bildgeschichten

»Lucretia«. Clair-obscur-Schnitt von Paulus Moreelse, 1612

Dedikation

(lat. = Widmung, Zueignung). Zu allen Zeiten war es üblich, daß der Verfasser, Herausgeber, Schreiber, Drucker oder Verleger eines Werkes dieses aus den verschiedensten Motiven heraus (z. B. erhoffte Protektion, Privilegien, finanzielle Zuwendungen zu einer Zeit, als noch kein Autorenhonorar gezahlt wurde, Dankbarkeit) Vertretern der herrschenden Klasse (Fürsten, Bischöfen, adligen und bürgerlichen Mäzenaten) widmete. Daneben steht aber auch der schlichte Dank an eine dem Autor nahestehende Person. Eine entsprechende Floskel im ↗ Kolophon einer mittelalterlichen ↗ Handschrift oder einer ↗ Inkunabel, eine ausführliche, im Ton untertänig gehaltene Vorrede erfüllten vom 15. bis zum 17. Jh. ihren Zweck ebenso wie der in jüngster Zeit häufig verwandte Dedikationstitel auf einer besonderen Seite, die Bestandteil der ↗ Titelei ist.

Andere Formen der Dedikation stellen das Widmungsexemplar (persönliche Widmung eines Exemplars durch den Autor an eine bestimmte Person), das Dedikationsbild in mittelalterlichen Handschriften (zumeist dargestellt ist die Überreichung des Werkes durch den Autor an den Auftraggeber oder Stifter) und der von der üblichen Ausstattung abweichende Dedikationseinband dar. *F. M.*

Doppeldruck

Ein Druck, der durch neuen Satz einen vorliegenden Druck in Titelform und Satzspiegel so nachahmt, daß er mit den üblichen bibliographischen Angaben nicht von der Vorlage zu unterscheiden ist und Textvarianten selten sind.

Doppeldrucke sind besonders für das 18. Jh. für die Ausgaben der klassischen deutschen Literatur festgestellt worden, finden sich aber auch schon bei Inkunabeln wie der 42zeiligen und der 36zeiligen Bibel und vermutlich auch beim »Catholicon«. Diese Drucke sind nicht als Neuauflagen gekennzeichnet. Der Begriff wurde erstmals in der historisch-kritischen Ausgabe von Schiller »Sämtliche Schriften«, herausgegeben von K. Goedeke, A. Ellissen, R. Köhler u. a., erschienen bei Cotta, Stuttgart, 1867 bis 1876, verwendet.

Mit dem Doppeldruck verwandt sind *Zwitterdrucke*, die bogen- oder druckformenweise von mehreren Sätzen stammen. Erst die genaue Analyse anhand mehrerer Exemplare kann Doppel- und Zwitterdrucke feststellen. *K. K. W.*

Lit.: Boghardt, M.: Analytische Druckforschung. – Hamburg, 1977.

Dedikation aus: Albrecht Dürer »Etliche underricht/ zu befestigung der Stett/ Schloß/ und flecken«. Nürnberg, 1527. 20 × 30 cm

Dedikationsexemplar eines zeitgenössischen Druckes

Doppeldruck des 17. Jh.

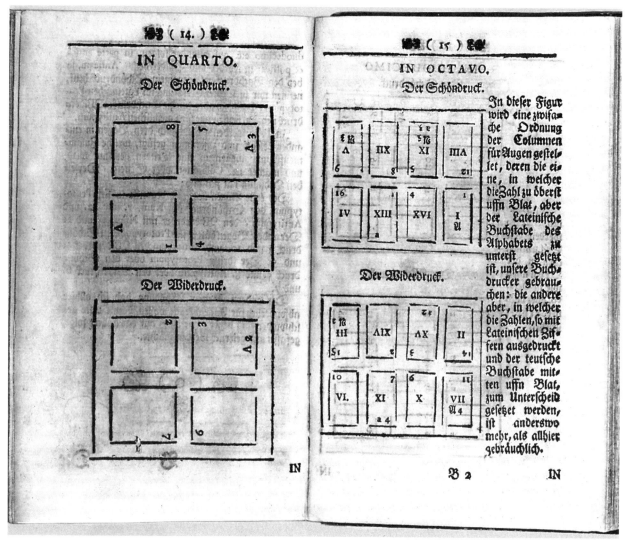

Anordnung der Seiten im Schön- und Widerdruck bei verschiedenen Bogenformaten. Aus: H. Hornschuch, Der bey Buchdruckerey wohl unterwiesene Corrector. Franckfurth und Leipzig, 1739. 10,5 × 17 cm

Druckbogen

Druckbogen sind Erzeugnisse der Fertigungsphase Auflagendruck bei allen Druckverfahren. Sie sind bis ins 18. Jh. die größten zusammenhängenden Papiereinheiten. Durch Falzen und späteres Beschneiden entstehen die einzelnen Blätter eines Buches, wobei die Blattanzahl vom gewählten Format abhängt. So umfaßt z. B. ein dreimal gefalzter Papierbogen (↗ Format Oktav) 16 Seiten auf Vorder- und Rückseite, ein Doppelbogen (Doppelformat), der die Seiten von zwei Buchbinderbogen enthält, 32 Seiten auf Vorder- und Rückseite. Am Fuße des bedruckten Bogens ist auf der ersten und meist auch auf der dritten Seite ein Vermerk, die ↗ Bogensignatur, mitgedruckt. Wenn es das Druckbogenformat zuläßt, kann die Bogensignatur so angebracht werden, daß sie nach dem Beschneiden der Buchblocks wegfällt. *K. K.*

Lit.: Fritzsche, P.: Der Schriftsetzer. – 3. Aufl. – Leipzig, 1968.

Drucken

Der Begriff Drucken, im 16. Jh. auch gelegentlich »Drücken«, findet sich im Sinne des Buchdrucks erstmals bei Albrecht Pfister im Jahre 1462 und entspricht dem lat. imprimere, dessen Ableitungen in einer Reihe europäischer Sprachen diesen Vorgang und seine Produkte bezeichnen. Unter Drucken versteht man die Gesamtheit der Vorgänge zur Vervielfältigung bildlicher oder textlicher Darstellungen in beliebiger Zahl durch Übertragung von Druckfarben und verwandten Substanzen auf einen zu bedruckenden Stoff. Dieser Vorgang findet seine Anwendung für die Herstellung von Büchern, Broschüren, Zeitschriften, Zeitungen, für Werbezwecke, Akzidenzen, die Verpackungsindustrie, ist also in seinem Inhalt weitgefächerter als der Begriff *Buchdruck*, der sich aus der Tatsache ableitet, daß am Anfang der Druck mehr oder weniger umfangreicher Bücher stand.

Vorläufer der uns heute geläufigen Druckverfahren finden sich in Ostasien. Im 11. Jh. erfand der chinesische Schmied Pi Scheng ein Druckverfahren mit beweglichen Lettern, das sich aber wegen der Vielfalt der chinesischen Schriftzeichen nicht durchsetzte. In Korea reichen zuverlässige Nachrichten über den Druck mit beweglichen metallenen Lettern bis ins 11. Jh. zurück, auf diese Weise hergestellte Drucke haben sich aus dem 13. Jh. erhalten. Die wenigen überlieferten zeitgenössischen Quellen haben dazu geführt, daß Gutenbergs Erfindung immer wieder mit diesen und ähnlichen Vorläufern in Verbindung gebracht wird, ohne daß eine lückenlose Beweisführung möglich gewesen wäre.

In Europa finden sich die Vorformen in den Metallschnitten von Namen und Inschriften der Goldschmiede sowie in den ↗ Blockbüchern mit ihren relativ kurzen Texten. Wichtigste Voraussetzung für die Entwicklung des Druckens war die Schaffung von Einzelbuchstaben, die in ihren Maßen zueinander paßten und zu einem Text zusammengesetzt werden konnten, nach dessen Druck sie für Satz und Druck anderer Texte weiterverwendet werden konnten. Für die Herstellung der Buchstaben entwickelte Gutenberg ein leistungsfähiges Gießinstrument, das der Herstellung der Letter als erhabenem, seitenverkehrtem Buchstabenbild diente. Vorbild für die Gestaltung der ersten ↗ Druckschriften waren Handschriften der Zeit, doch begann seit dem 16. Jh. die Entwicklung eigenständiger Schriften, die in ihrer Gestaltung die künstlerischen Strömungen der einzelnen Epochen widerspiegeln (↗ Schriftkunst, ↗ Typographie).

Die Grundausstattung einer Druckerei blieb seit der Erfindung Gutenbergs bis ins 19. Jh. hinein weitgehend konstant und findet heute noch bei der Herstellung von ↗ Handsatz Verwendung. Die benötigten Typen sind nach einem bestimmten System im Setzkasten abgelegt und werden vom Setzer im Winkelhaken zu Wörtern und Zeilen zusammengesetzt. Im Setzschiff wird aus den Zeilen die Druckform gebildet, wobei in diesen beiden Arbeitsgängen auch der Satzspiegel des fertigen Druckes festgelegt wird. Der Satz wird mit einer speziellen Druckfarbe eingefärbt und manuell mit dem Papier zusammengebracht – es entsteht der seit Beginn des Buchdrucks übliche Korrekturabzug (↗ Abzug), der in der Druckerei, im Verlag, meist auch vom Autor auf Fehler beim Satz (falsche, beschädigte, unsaubere Zeichen) durchgesehen wird. Korrektoren waren in den ersten Jahrhunderten des Buchdrucks, vor allem bei wissenschaftlichen und fremdsprachigen Texten, oft Gelehrte von Weltruhm, denen so die Zuverlässigkeit mancher älterer Ausgaben antiker Autoren zu danken ist.

Nach Beseitigung der Fehler erfolgt der Umbruch des Textes, d. h. die Einrichtung zum endgültigen Bogendruck in der Druckerpresse, die von Gutenberg nach dem Vorbild einer Weinpresse konstruiert wurde. Die ausgedruckten Bogen werden abgelegt und im Zuge der weiteren Bearbeitung gefalzt, zu Buchblöcken zusammengetragen und buchbinderisch verarbeitet. Charakteristisch für das Druckgewerbe ist die schon

bald nach Gutenbergs Erfindung einsetzende Arbeitsteilung in Schriftschneider und -gießer, in Setzer, die die Druckform herstellen, und Drucker, die den eigentlichen Druckvorgang abwickelten. In der Vereinigung dieser Tätigkeiten in einer Person, vor allem in der Frühzeit des Druckens, und auch im Zusammenspiel der Gewerke offenbaren sich hohe intellektuelle und handwerkliche Fähigkeiten der Beteiligten. Das aus emotionalen, künstlerischen und wissenschaftlichen Quellen gespeiste besondere Verhältnis zum Finalprodukt, dem Buch, hebt das Druckgewerbe aus der Reihe der anderen, älteren Gewerke deutlich heraus.

Die Herstellung des Satzes aus einzelnen Buchstaben setzte voraus, daß die Lettern in ihren Maßen zueinander paßten, es begann eine Art Normung, die zur Herausbildung des ↗ typographischen Maßsystems führte. Dieser Prozeß wurde vor allem durch die Arbeit der Schriftgießereien erreicht, die ihre Erzeugnisse oft international verbreiteten. Trotz dieses technischen Zwanges zur Normierung zeigen bis ins 19. Jh. Drucke eine Vielfalt charakteristischer Eigentümlichkeiten, aus denen sich Datierung, Auflage, Nachdruck, satz- oder drucktechnische Varianten erkennen lassen. Die auf der Kenntnis der technischen Arbeitsgänge beruhenden Untersuchungen zur Druckgeschichte eines Werkes erfassen heute neben den Inkunabeln auch Drucke des 16.–18. Jh., z. B. die Quart- und Folioausgaben der Werke Shakespeares oder die deutsche Literatur vor allem des 17. und 18. Jh.

Das von Gutenberg entwickelte Druckverfahren war ein *Hochdruckverfahren*, d. h., es drucken die erhabenen Teile der Druckform auf dem Papier. Der zeitgenössische ↗ Holzschnitt, der auf dem gleichen Prinzip beruht, wurde zum adäquaten Illustrationsverfahren, da der Druck von Text und Illustration in einem Arbeitsgang erfolgen konnte. Das *Tiefdruckverfahren* des ↗ Kupferstichs erforderte dagegen getrennte Arbeitsgänge, so daß typographisch hergestellter Text und Kupferstich meist nicht auf einer Seite vereinigt sind. Beide Verfahren eignen sich wegen des Materials nur bedingt für hohe Auflagen. Erst ↗ Stahlstich und ↗ Holzstich, beide in der ersten Hälfte des 19. Jh. entwickelt, ermöglichten die Wiedergabe von Illustrationen in hoher Auflagenzahl bei gleichbleibender Qualität. Der *Flachdruck*, in Gestalt der ↗ Lithographie, wurde 1798 von Alois Senefelder erfunden. Er ist heute Sammelbegriff für die Druckverfahren, bei denen die druckenden und nichtdruckenden Teile der Druckform in einer Ebene liegen. Wichtigste heute verwendete Verfahren sind der Offsetdruck und der Lichtsatz.

Die sprunghaft ansteigende Nachfrage nach Druckerzeugnissen konnte bis ins 19. Jh. nur durch eine große Zahl gleichzeitig arbeitender Pressen, Setzer und Drucker bewältigt werden. Als durchschnittliche Stundenleistung im kontinuierlichen Druck auf der hölzernen Presse gelten 200 Foliobogen. Anton Koberger (gest. 1513) in Nürnberg arbeitete bereits mit 24 Pressen und über 100 Gesellen, J. G. I. Breitkopf in Leipzig beschäftigte 1794 120 Gesellen und hatte etwa 400

Schriftkästen. Im Vergleich zur relativ einfachen technischen Ausstattung der Druckereien war die Schnelligkeit, mit der sie arbeiteten, sowie die Abfolge der Auflagen beachtlich. Luthers Schrift »An den christlichen Adel deutscher Nation« (1520) erreichte 4000 Exemplare in 15 Ausgaben. Seine Übersetzung des Neuen Testaments, nach dem Erscheinungsmonat »Septemberbibel« genannt, erschien im Dezember des gleichen Jahres (1522, »Dezemberbibel«) nochmals. Vor allem an der Zahl der ↗ Flugschriften zu aktuellen Ereignissen, die bis ins 18. Jh. zum Teil umfassender als die Zeitungen berichteten, kann man Schnelligkeit und Leistungsfähigkeit der damaligen Offizinen ermessen.

Nachdem bereits am Ende des 18. Jh. die bisherigen Holzkonstruktionen der Druckerpressen ganz oder teilweise in Eisen ausgeführt wurden, entwickelte Friedrich König aus Eisleben über mehrere Zwischenstufen die Doppelzylindermaschine, die sog. *Schnellpresse*, bei der rotierende Zylinder den zu bedruckenden Bogen auf die Druckform führen. 1814 wurde damit erstmals die Londoner »Times« gedruckt. Seit 1826 druckte Brockhaus in Leipzig auf diese Weise Bücher, ab 1875 lief Meyers Lexikon so »vom Band«. Weiterhin baute König 1816 die Schön- und Widerdruckmaschine, die in einem Arbeitsgang Vorder- und Rückseite des Bogens bedruckte. Mitte des 19. Jh. begann die Entwicklung der Rotationsmaschine. Bei ihr wird der Druck nicht nur von einem ständig rotierenden Zylinder ausgeübt, sondern auch die Druckform ist darauf montiert. Die beiden Zylinder bewegen sich gegenläufig, zwischen ihnen läuft mit gleicher Tourenzahl das Papier von der Rolle, ein Verfahren, das in den modernen Druck übernommen wurde. Diese Beschleunigung des Druckvorganges machte auch eine schnellere Satzherstellung notwendig. Der Durchbruch gelang dem aus Württemberg in die USA eingewanderten Ottmar Mergenthaler 1883 mit seiner Zeilengießmaschine »*Linotype*«. Mit Hilfe einer Tastatur werden Buchstaben zu Zeilen gereiht, diese werden automatisch ausgeschlossen und im Ganzen gegossen. Der amerikanische Ingenieur Tolbert Lanston brachte 1897 ein gebrauchsfähiges Modell einer Einzelbuchstaben-Setz-und-Gießmaschine heraus, die »*Monotype*«. Sie wird u. a. für schwierige Satzarten angewendet und hat sich neben der Linotype die Welt erobert.

Mit den *Lichtsetzmaschinen*, wie sie erstmals der Ungar E. Uher 1930 entwickelt hatte, werden Schriftzeichen, die nicht körperhaft vorhanden sind, positiv oder negativ auf einen lichtempfindlichen Film oder auf Fotopapier übertragen und dienen dann als Druckvorlage. Diese Lichtsetzmaschinen sind in Leistungsfähigkeit und Einsatzmöglichkeiten den Bleisetzmaschinen um ein Vielfaches überlegen, sie machen in den Druckereien Blei- und Schriftvorräte entbehrlich. In der Kombination mit Computern und mit Hilfe von Satz- und Umbruchprogrammen ist eine weitgehend integrierte, menschliche Arbeitskraft kaum noch erfordernde Textverarbeitung möglich. Das im Lichtsatz hergestellte Schriftbild ist in der Vielfalt der Schriftar-

ten und Grade und in der technischen Ausführung dem konventionell hergestellten Satz und Druck durchaus ebenbürtig. In Verbindung mit entsprechenden Druck- und Bindeeinrichtungen ist die Herstellung großer Auflagen innerhalb kürzester Zeit möglich. Das heute fortgeschrittenste Buchproduktionsfließsystem ist in der Lage, pro Stunde z. B. 8000 Exemplare eines Taschenbuches mit 234 Seiten Umfang zu drucken und buchbinderisch zu verarbeiten. Die Durchlaufgeschwindigkeit des Papiers liegt bei 380 m je Minute, für Wartung und Bedienung der Anlage werden 6 Mitarbeiter benötigt.

Die Verbreitung der Buchdruckerkunst erfolgte sehr rasch und wurde anfangs auch im Ausland von deutschen Handwerkern getragen. Die in der Frühdruckzeit und in den ersten Jahren des 16. Jh. führenden Orte verfügten über hinreichend geschickte Handwerker, die Typen und Gerät herstellen und das dafür benötigte Material auf einem offenen und leistungsfähigen Markt erhalten konnten. Auf diese Weise pflanzte sich die Druckkunst auch nach schweren Verlusten durch Kriege oder Zensureingriffe fort und wurde bald auch in den überseeischen Hauptländern europäischer Emigration heimisch. Die Umstände, die frühe Gründungen von Druckereien begünstigt hatten, konnten sich rasch verändern, so daß die Anzahl der Orte, an denen eine kontinuierliche Drucktätigkeit nachweisbar ist (z. B. Köln, Nürnberg, Leipzig) relativ klein ist. In Ländern mit einer starken Zentralgewalt wie England oder Frankreich blieb die Anzahl der Druckorte vorerst begrenzt, in Spanien, Portugal, Rußland bedurfte es meist des kirchlichen Einverständnisses. So unterschiedlich quantitative und qualitative Leistung der Drucker und die Dauer ihrer Tätigkeit waren, sie waren vielfach Pioniere und druckgeschichtlich bedeutsam als Schöpfer neuer Schriften, kultur- und wissenschaftsgeschichtlich wegen der Werke, die sie herausbrachten.

Schon relativ früh begann der Druck in nichtlateinischen Schriften. Im Vordergrund des Interesses standen die Sprachen, in denen die ↗ Bibel und antike Autoren überliefert waren: Hebräisch, Chaldäisch, Griechisch; doch bald folgten weitere Sprachen wie Armenisch, Kyrillisch, Persisch, deren Drucktypen zum Teil von namhaften Gelehrten entwickelt wurden (↗ Schriftkunst, europäische). Damit wurden an die technischen und sprachlichen Kenntnisse der Setzer hohe Anforderungen gestellt, die noch weiter stiegen, wenn z. B. der Paralleldruck eines Textes, wie etwa bei der Bibel, in mehreren Sprachen erfolgte. 1491 wurden von Sweipolt Fiol in Krakau die ersten Bücher mit kyrillischen Schriften gedruckt, 1493/94 sind zwei Drucke des Mönchs Macarius in Cetinje/Montenegro belegbar. 1553 wurde eine Druckerei in Moskau gegründet. Dem Druck des ↗ Talmuds in Soncino 1483–1485 folgte dort 1488 der Druck einer schönen hebräischen Bibel mit reichen Ornamenten und Einfassungen. Der erste griechische Druck, eine Grammatik, erschien 1476 in Mailand, doch erst 1627 wurde eine Presse, die mit griechischen Buchstaben arbeitete, in Konstantinopel eingerichtet. Gregorio de Gregori druckte 1514 in Fano das erste Buch mit arabischen Typen, 1518 erschien in Venedig der ↗ Koran im Originaltext. Von 1514–1517 wurde im spanischen Alcalà de Henares (lat. Complutum) die erste Polyglottenbibel gedruckt, in der neben dem Urtext in Parallelspalten die griechischen, chaldäischen und lateinischen Übersetzungen stehen (Complutensische Polyglotte). Ihr folgten noch im 16. Jh. weitere, oft textkritisch bedeutsame Polyglottenbibeln.

Die in den christlichen Teilen Europas hergestellten Drucke in orientalischen Sprachen dienten der Verbreitung theologischer, juristischer, medizinischer Quellenschriften, der Schaffung von Wörterbüchern und Grammatiken für die Völker, mit denen Europäer bei zunehmender Weltkenntnis mehr und mehr in Kontakt kamen. Satz und Druck in außereuropäischen Sprachen für die katholische Missionstätigkeit wurde seit 1626 durch die vatikanische Tipografia della Congregazione de Propaganda Fide gepflegt, nach deren Beispiel in den protestantischen Ländern Bibelanstalten und -gesellschaften mit ähnlicher Zielstellung entstanden (z. B. Cansteinsche Bibelanstalt in Halle/S. bis 1945).

Obwohl der arabisch-islamische Kulturbereich über eine reiche literarische Tradition verfügt, begann der Druck von Büchern dort erst im 18. und 19. Jh. Dabei hatten die nach der Vertreibung aus Spanien in das türkische Reich, nach Konstantinopel, Saloniki, Aleppo usw. eingewanderten Juden bereits ein reges Druckleben entfaltet (erster hebräischer Druck 1504 in Konstantinopel). Dort entwickelte sich im 16. Jh. auch eines der Zentren des armenischen Buchdrucks. 1706 wurde in Aleppo durch den Patriarchen Antioch Athanasius IV. die erste arabische Druckerei im ganzen Nahen und Mittleren Osten gegründet. Eine zweite Druckerei wurde 1723 durch die Jesuiten im Libanon gegründet. 1726 begann der aus Cluj stammende Ibrahim Müteferrika in Konstantinopel mit dem Druck türkischer Werke in arabischer Schrift, die er z. T. selbst geschnitten hatte. In Ägypten wurde der Buchdruck mit der napoleonischen Eroberung eingeführt und förderte die innerägyptischen Reformbestrebungen der ersten Hälfte des 19. Jh. In Persien wurde zwar die erste Buchdruckerei nach europäischem Vorbild 1816/17 eröffnet, doch überwog dort noch lange die Lithographie, etwa zur Herstellung von Zeitungen. Der Druck von Bibel und Talmud setzte bereits frühzeitig ein, jedoch wurden europäische Drucke des Korans im Original oder in Übersetzung teilweise bis ins 18. Jh. zum Gegenstand heftiger Auseinandersetzungen. Auch den ersten Druckereien mit arabischen Schriftzeichen im Orient blieb der Druck des Korans aus religiösen Gründen verboten, heutige Korandrucke in arabischen Ländern ahmen in ihrem Äußeren handgeschriebene Exemplare nach.

In Europa besaßen und besitzen größere, auf wissenschaftlichen Satz spezialisierte Druckereien einen reichen Fundus von Schriften der lateinischen und nicht-lateinischen Alphabete und einen Stamm versierter Setzer, Drucker und Korrektoren, mit deren Hilfe sie durch sachgerechte Herstellung von Lehrbüchern auch die Bildungsbestrebungen der Entwicklungsländer unterstützen.

Innerhalb des Druckgewerbes bildeten sich spezifische Gebräuche und Ausdrücke heraus, die sich z. T. bis in die Gegenwart erhalten haben. *K. K. W.*

Lit.: Bogeng, G. A. E. ; Barge, H.: Geschichte der Buchdruckerkunst. – 1–2,2. – Hellerau, 1930–1941. // Bauer, K. F.: Aventur und Kunst. – Frankfurt a. M., 1940. // Moran, J.: Printing presses : history and development from the 15th century to modern times. – Berkeley/Cal., 1973. // Geschichte der Druckverfahren. – T. 1–4. – Stuttgart, 1974–1983. // Lexikon der graphischen Technik. – 4. Aufl. – Leipzig, 1977. // Enschedé, C.: Typefoundries in the Netherlands from the 15th to the 19th centuries. – Haarlem, 1978. // Bruckmann's Handbuch der Drucktechnik / hrsg. von E. Stiebner. – 2. Aufl. – München, 1978. // Pow-Key Sohn: Early Korean typography. – Seoul, 1982. // Die Entwicklung der eisernen Buchdruckerpresse : e. Dokumentation / zsgest. v. W. Wilkes. – Darmstadt, 1983. // Ivan Fedorov i vostočno-slavjanskoe knigopečatanie. – Minsk, 1984.

Druckermarke. Signet

Bald nach der Erfindung der Buchdruckerkunst aufgekommene und in den Druckerzeugnissen enthaltene Firmenmarken zur Angabe der Herkunft dieser Werke aus einer bestimmten Offizin. Das älteste bekannte Druckerzeichen findet sich im Wiener Exemplar des 1457 von Johann Fust und Peter Schöffer gedruckten Mainzer Psalters und der 48zeiligen Biblia latina von 1462 und stellt zwei an einem Ast hängende Schilde mit den Hausmarken Fusts (links) und Schöffers (rechts) dar. Im 15. Jh. am Schluß der Druckwerke plaziert, symbolisiert die Druckermarke auch das erste vom Vorbild der mittelalterlichen Handschrift abweichende dekorative Element der Buchkunst der Neuzeit. Entwickelt haben sich die Druckermarken ähnlich den ↗ Wasserzeichen des Papiers aus den im späteren Mittelalter zur Kennzeichnung des Eigentums dienenden Hausmarken. Die Verwandtschaft zu ihnen ist in der Marke Fust-Schöffer oder in der des Michael Wenssler zu Basel noch deutlich erkennbar. Die Druckermarke, bereits 1581 von Johann Fischart als Signet bezeichnet, beglaubigte das Buch als das Werk des betreffenden Druckers im Sinne des Urheberzeichens für ein Produkt menschlicher Kunstfertigkeit.

Die in Holz geschnittene Druckermarke löste weitgehend die anfängliche Ausführung in Metallschnitt ab und wurde zum allseits praktizierten Brauch. Zur Darstellung kamen dabei neben den Hausmarken Winkelhaken und Kreuze in verschiedenen Formen, häufig unter Beigabe des Namens oder der Initialen des Druckers, z. B. ML in der Marke des Melchior Lotter. Beliebt waren auch rebusartige Anspielungen auf den Namen des Druckers, so der Drache im Zeichen des Peter Drach zu Speyer oder zwei gekreuzte Sensen in dem des ersten Nürnberger Druckers Johann Sensen-

Druckermarke 142

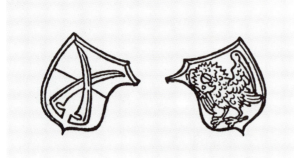

Johann Sensenschmidt und Andreas Fischer, Nürnberg, 1478   Konrad Kachelofen, Leipzig, 1497

Michael Wenssler, Basel, 1488
Johann Koelhoff d. Ä., Köln, 1490

Peter Drach, Speyer, 1498
Geofroy Tory, Paris, 1523

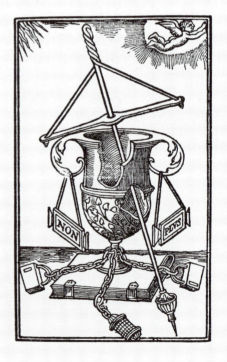

Christoph Froschauer, Zürich, 1526
Melchior Lotter, Leipzig, 1550

Ivan Fedorov, russischer Erstdrucker, Ostrog, 1578
Sigismund Feyerabend, Frankfurt a. M., um 1600

schmidt. Druck- und Verlagsort veranlaßten, das entsprechende Städtewappen ganz oder teilweise in das Signet aufzunehmen, so etwa das Kölner Wappen im Zeichen des Johann Koelhoff. Mit der Kopie des Schongauerschen Kupferstichs »Wappen mit kniendem Mann« im Wappen des Leipziger Druckers Konrad Kachelofen wird bereits große Kunst um das Signet bemüht, die sich in der ersten Hälfte des 16. Jh. bei humanistisch orientierten Druckerverlegern wie Johann Froben in Basel (Ambrosius und Hans Holbein, Hans Lützelburger), Sigismund Feyerabend in Frankfurt a. M. (Jost Amman) und dem Pariser Buchkünstler

Theodor Lerse, Straßburg, 1713
Breitkopf und Härtel, Leipzig, 1719

Heinrich Berger, Tübingen, 1762
Weigand'sche Buchhandlung, Leipzig, 1770

Geofroy Tory fortsetzt, dessen Druckermarke eine zerbrochene Vase mit der Devise NON PLUS einem allegorischen Holzschnitt der »Hypnerotomachia Poliphili« Colonnas nachempfunden ist. Damit setzt sich auch nördlich der Alpen neben den in der Regel heraldische oder fabulierende Elemente verwendenden deutschen Signets die in Italien geschaffene Richtung des ornamental-dekorativen Zeichens durch, das auf der Grundlage emblematischen Schrifttums die Leitidee des jeweiligen Druckers oder Verlegers versinnbildlicht und oft durch eine Devise erläutert wird (↗ Emblembücher). Zu den bekanntesten Marken dieser Art gehören der zuerst 1502 gebrauchte, von einem Delphin umschlungene Anker mit der Devise FESTINA LENTE des Aldus Manutius, die ins Horn stoßende Fama Sigismund Feyerabends, die Minerva mit Ölzweig und Eule (Devise NE EXTRA OLEOS) der Amsterdamer Elzevier. Weite Verbreitung hat eine zuerst 1480 in Venedig vorkommende, die Weltherrschaft der katholischen Kirche symbolisierende Druckermarke, den Erdkreis mit Doppelkreuz darstellend, gefunden. Besonders prächtige, das gesamte Spektrum der genannten dekorativen Möglichkeiten ausschöpfende Zeichen hat der Lyoner Buchdruck des 15. und 16. Jh. hervorgebracht.

Für den Buchkundigen ist das Druckerzeichen von besonderer Bedeutung als ein Hilfsmittel, unfirmierte, undatierte oder defekte Druckwerke näher zu bestimmen. Das gilt auch für die im 15. Jh. im Zusammenhang mit der Entstehung des Titelblatts erscheinenden und oft im Sinne von Firmenmarken den Druckwerken vorangestellten Titelholzschnitte. Mit dem allmählichen Abwandern der Schlußschrift auf das Titelblatt – das erste bibliographisch vollständige 1500 bei Wolfgang Stöckel in Leipzig – gelangte auch die Druckermarke dorthin, zunächst vor allem in Frankreich, wo sie in Verbindung mit Holzschnitt-Titeleinfassungen auftritt. Gegen Ende des 15. Jh. erscheinen infolge der zunehmenden Auflösung der Personalunion zwischen Drucker und Verleger, zunächst in Venedig und Paris, neben und anstelle von Druckermarken auch Verlegerzeichen, denen bald ein bevorzugter und später endgültiger Platz auf dem Titelblatt eingeräumt wird, während die Druckermarke in der Regel, immer kleiner und unauffälliger werdend, am Ende des Druckwerkes verblieb, um schließlich im 17. Jh. fast ganz zu verschwinden. Erst der gesetzlich vorgeschriebene erweiterte Druckvermerk, das sog. Impressum auf der Rückseite des Titels im modernen Buch, läßt den Gebrauch von Druckersignets durch renommierte Firmen

Signets des Insel-Verlags, Leipzig

Peter Behrens, 1899   Eric Gill, 1907   Jan Tschichold, 1931   Walter Tiemann, 1920, 1925   Hellmut Tschörtner, 1958

wieder aufleben. Mit ihrer Verselbständigung und der Plazierung auf dem Titelblatt verschwinden zunehmend die erzählenden, Ort und Namen deutenden Elemente in den Verlegerzeichen. Die sinnbildliche, verlegerische Richtungen symbolisierende Marke setzt sich endgültig durch, ein Brauch, der sich bis in die Gegenwart in den Grundzügen erhalten hat. Das Verlagssignet gewann im Laufe der Zeit die Eigenschaften einer Qualitätsmarke, der mit der Herausbildung des Verlags- und Urheberrechts im 19. Jh. auch eine erhebliche Bedeutung als Schutzmarke zuwuchs. Heute gehören die Signets zur Gattung der Schutz- und Werbemarken, entsprechend dem geltenden Warenzeichenrecht. Dadurch fällt das ihnen ursprünglich innewohnende illustrativ-dekorative Element im Laufe der Entwicklung weitgehend weg. Bis ins 19. Jh. hinein waren die Verlegerzeichen aufschlußreiche kultur- und kunstgeschichtliche Dokumente, die bildhaft die geistigen und künstlerischen Tendenzen der Zeit widerspiegelten und nicht zuletzt auch im weiteren Sinn eine ästhetisch-unterhaltende Beigabe zum Buch darstellten. So die sinnbildhaft befrachteten und mit Zierrat überladenen Marken der Spätrenaissance und des Barock, die zierlichen, oft durch Titelvignetten ersetzten Kupferstichsignets des Rokoko, die lithographischen und Stahlstichzeichen der Romantik und des Biedermeier. Die modernen Verlagssignets, entstanden um 1900 im Zusammenhang mit den Reformen auf dem Gebiet der Typographie, werden vom Gebrauchsgraphiker formal nach den Gestaltungsgrundsätzen werbewirksamer Einprägsamkeit, inhaltlich nach den Intentionen des Verlegers entwickelt und zerfallen in fast ebenso viele Spielarten wie die der Vergangenheit, wobei allerdings die Buchstabensignets überwiegen. Die gesamte Palette der künstlerischen Richtungen des 20. Jh. findet in den Signets ihren Ausdruck; zahlreiche Verlage ließen denn auch ihre Marke, dem jeweiligen Buchgestaltungstrend folgend, unter Wahrung des Grundmotivs abwandeln, z. B. das »Inselschiff« des Insel-Verlags, 1899 von Peter Behrens erstmals gestaltet, von Eric Gill, Walter Tiemann, Jan Tschichold, Hellmut Tschörtner und anderen bis in die Gegenwart wiederholt variiert. Herausragende Leistungen der modernen Signetkunst, als deren Pioniere noch Otto Eckmann (für S. Fischer) und Johann Vinzenz Cissarz (für Eugen Diederichs) genannt werden sollen, sind vergleichsweise selten und wurden nur von ausgesprochenen Buchkünstlern erzielt. Die Herstellung moderner Signets erfolgt meist in Strichätzung; Typosignets, d. h. allein mit den Formen des Setzkastens hergestellte, werden kaum noch verwendet. *K. K.*

Lit.: Roth-Scholtz, F.: Thesaurus symbolorum ac emblematum, i. e. insignia bibliopolarum et typographorum. – Norimbergae ... 1730. // Silvestre, L. C.: Marques typographiques. – Paris, 1853–1867. // Heichen, P.: Die Drucker- und Verlegerzeichen der Gegenwart. – Berlin, 1892. // Roberts, W.: Printers' marks. – London, 1893. // Meiner, A.: Das deutsche Signet. – Leipzig, 1922. // Die Drucker- und Buchhändlermarken des 15. Jahrhunderts. – Bd. 1–4 – München, 1924–1929. // Laurent-Vibert, R. ; Audin, M.: Les marques de libraires et d'imprimeurs en France aux 17. et 18. siècles. – Paris, 1925. // Grimm, H.: Deutsche Buchdruckersignete des 16. Jahrhunderts. – Wiesbaden, 1965. // Kühne, H.: Wittenberger Buchdruckersignets. – Leipzig, 1983. // Wendland, H.: Signete : Deutsche Drucker- und Verlegerzeichen 1457–1600. – Hannover, 1984.

Druckgraphik

übergreifender Begriff für die Verfahren, in denen das vom Künstler geschaffene Werk nicht unmittelbar, sondern durch drucktechnische Vervielfältigung dem Betrachter zugänglich gemacht wird. Hauptsächliche Verfahren sind ↗ Holzschnitt, ↗ Kupferstich, ↗ Radierung, Lithographie mit ihren Abwandlungen und Zwischenformen. Die druckgraphischen Verfahren widerspiegeln den technischen Entwicklungsstand, ihre Anwendung gibt Auskunft über soziale und künstlerische Haltungen und reflektiert auch nationale Besonderheiten. In der Druckgraphik zeigen sich Gestaltungswille und Experimentierfreude. Linienführung, Farben und Kontraste sowie technische Experimente vermitteln Einblick in Zeitströmungen und Lebensgefühl.

Bei der Druckgraphik unterscheidet man Originalgraphik, bei der der Künstler seine Bilderfindung direkt im Material umsetzt, und Reproduktionsgraphik, bei der die Umsetzung nach den Entwürfen des Künstlers oder überhaupt nach einem fremden Vorbild erfolgt. Diese Unterscheidung ist nicht von vornherein ein Qualitätsurteil. Vom 16. bis zur Mitte des 19. Jh. war die Reproduktionsgraphik hochentwickelt und z. T. auch das einzige Mittel, um Kunstwerke zu vervielfältigen (Stecher der Rubensschule, Nutzung der Lithographie).

Da die Herstellung eines Kupferstichs, einer Radierung oder auch einer Lithographie sich in verschiedenen Bearbeitungsgraden und Etappen vollzieht, je nach der Auflagenzahl der Abzug unterschiedliche Zustände aufweist und bei starker Abnutzung die Druckvorlage aufgearbeitet wurde, ergeben sich hieraus Unterschiede in der Qualität der einzelnen Drucke, die deren materiellen und ideellen Wert bestimmen. In Katalogen und Œuvreverzeichnissen sind diese Zustände, die jeden Abzug zu einem Einzelstück machen, zusammen mit den technischen Angaben wie Stich, Ätzung, Kreide- oder Federlithographie usw. genau zu beschreiben, um die einwandfreie Identifizierung eines Exemplars zu gestatten. Der scheinbar mechanische Druckvorgang, wie er z. T. durch spezielle Werkstätten besorgt wird, ist Teil des Gestaltungsprozesses, der oft vom Künstler selbst überwacht wird.

Bis zur Einführung von Vervielfältigungsverfahren auf fotografischer Basis oder im Offsetdruck stellen alle Illustrationen originale Druckgraphik dar, die entweder durch den Künstler selbst oder in Zusammenarbeit mit einem gewerbsmäßig arbeitenden Stecher, Radierer oder Lithographen geschaffen wurde. Die hohen Auflagen des 19. Jh. erforderten widerstandsfähige Druckvorlagen, die u. a. durch den ↗ Holzstich und den ↗ Stahlstich erzielt wurden.

Da die Erzeugnisse der Druckgraphik immer in einer Vielzahl von Exemplaren hergestellt wurden, ist ihr Bestand seit dem 15. Jh. ständig angewachsen, Totalverluste einzelner Blätter sind selten. Dieser reiche Fundus ist nicht nur Gegenstand künstlerischer Betrachtung, er ist auch eine unschätzbare Quelle für die historische und kulturgeschichtliche Erforschung der Vergangenheit, wie sie Eduard Fuchs auf Grund der von ihm gesammelten Blätter in seinen Werken erstmals in diesem Umfang vornahm. *K. K. W.*

Lit.: Ich will wirken in dieser Zeit : Druckgraphik in d. DDR / hrsg. v. V. Frank. – Leipzig, 1974. // Wend, J.: Ergänzendes Handbuch zu den Œuvreverzeichnissen der Druckgraphik. – Leipzig, 1975 ff. // Lang, L.: Der Graphiksammler. – Berlin, 1979. // Benjamin, W.: Eduard Fuchs, der Sammler und Historiker. – In: Benjamin, W.: Allegorien kultureller Erfahrung. – Leipzig, 1984. – S. 249–284. // Brunner, F.: Handbuch der Druckgraphik. – 6. Aufl. – Teufen, 1984.

Druckschrift

(1) auf mechanischem oder chemischem Wege vorgenommene Vervielfältigungen von Texten, bildlichen Darstellungen, Noten zum Zwecke der Verbreitung in Form von Büchern, Zeitschriften, Zeitungen, Landkarten, Musikalien u. ä.

(2) Bezeichnung aller Schriften, die in Form von Drucktypen, Matrizen u. a. in Druckereien im Hand- oder Maschinensatz zur Vervielfältigung von Texten verwendet werden. Je nach dem Zweck ihres Einsatzes unterscheidet man Werkschriften (früher auch Brotschriften genannt) für fortlaufenden Text, Auszeichnungs-, Akzidenz- und Plakatschriften. Die Klassifikation nach Schriftarten wird eng mit der Entstehungszeit der Schriften und der nationalen kulturellen Entwicklung gesehen, so daß es z. T. zu sehr abweichenden Zuordnungen kommt. Im deutschen Sprachgebiet wird unterschieden zwischen sog. runden Schriften (alle Formen der ↗ Antiqua), gebrochenen Schriften (Gotisch, Rundgotisch, Schwabacher, ↗ Fraktur), fremden Schriften (Griechisch, Kyrillisch, Hebräisch, Arabisch, sonstige fremde Schriften).

ABCDEFGHJKLMNOPQRSTUVWXYZ
abcdefghijklmnopqrstuvwxyz
1234567890

Manuskript-Gotisch

ABCDEFGHJKLMNOPQRSTUVWXYZ
abcdefghijklmnopqrstuvwxyz
1234567890

Fleischmann-Gotisch

Alte Schwabacher

ABCDEFGHJKLMNOPQRSTUVWXYZ
abcdefghijklmnopqrstuvwxyz
1234567890

Druckschrift

ABCDEFGHIJKLMNOPQRSTUVWXYZ
abcdefghijklmnopqrſstuvwxyz 1234567890

Luthersche Fraktur

ABCDEFGHIJKLMNOPQRSTUVWXYZ
abcdefghijklmnopqrſstuvwxyz 1234567890

Breitkopf-Fraktur

ABCDEFGHIJKLMNOPQRSTUVWXYZ
abcdefghijklmnopqrſstuvwxyz .,!?-:;& 1234567890

Unger-Fraktur

ABCDEFGHIJKLMNOPQRSTUVWXYZ
abcdefghijklmnopqrſstuvwxyz 1234567890

Peter-Jessen-Schrift

ABCDEFGHIJKLMNOPQRSTUVWXYZ
abcdefghijklmnopqrstuvwxyz 1234567890

Bembo-Antiqua

ABCDEFGHIJKLMNOPQRSTUVWXYZ
abcdefghijklmnopqrstuvwxyz 1234567890

Bembo-Kursiv

ABCDEFGHIJKLMNOPQRSTUVWXYZ
abcdefghijklmnopqrstuvwxyz 1234567890

Garamond-Antiqua

Garamond-Kursiv

ABCDEFGHIJKLMNOPQRSTUVWXYZ
abcdefghijklmnopqrstuvwxyz 1234567890

Druckschrift

ABCDEFGHIJKLMNOPQRSTUVWXYZ
abcdefghijklmnopqrstuvwxyz 1234567890

Caslon-Antiqua

ABCDEFGHIJKLMNOPQRSTUVWXYZ
abcdefghijklmnopqrstuvwxyz 1234567890

Caslon-Kursiv

ABCDEFGHIJKLMNOPQRSTUVWXYZ
abcdefghijklmnopqrstuvwxyz 1234567890

Baskerville-Antiqua

ABCDEFGHIJKLMNOPQRSTUVWXYZ
abcdefghijklmnopqrstuvwxyz 1234567890

Baskerville-Kursiv

ABCDEFGHIJKLMNOPQRSTUVWXYZ
abcdefghijklmnopqrstuvwxyz 1234567890

Holländische Antiqua

ABCDEFGHIJKLMNOPQRSTUVWXYZ
abcdefghijklmnopqrstuvwxyz 1234567890

Holländische Kursiv

ABCDEFGHIJKLMNOPQRSTUVWXYZ
abcdefghijklmnopqrstuvwxyz 1234567890

Walbaum-Antiqua

Walbaum-Kursiv

ABCDEFGHIJKLMNOPQRSTUVWXYZ
abcdefghijklmnopqrstuvwxyz 1234567890

Druckschrift

ABCDEFGHIJKLMNOPQRSTUVWXYZ
abcdefghijklmnopqrstuvwxyz 1234567890

Bodoni-Antiqua

ABCDEFGHIJKLMNOPQRSTUVWXYZ
abcdefghijklmnopqrstuvwxyz 1234567890

Weiß-Antiqua

ABCDEFGHIJKLMNOPQRSTUVWXYZ
abcdefghijklmnopqrstuvwxyz &.,-!?() 1234567890

Weiß-Kursiv

ABCDEFGHIJKLMNOPQRSTUVWXYZ
abcdefghijklmnopqrstuvwxyz 1234567890

Times-Antiqua

ABCDEFGHIJKLMNOPQRSTUVWXYZ
abcdefghijklmnopqrstuvwxyz 1234567890

Times-Kursiv

ABCDEFGHIJKLMNOPQRSTUVWXYZ
abcdefghijklmnopqrstuvwxyz 1234567890

Futuro-Buchschrift

ABCDEFGHIJKLMNOPQRSTUVWXYZ
abcdefghijklmnopqrstuvwxyz 1234567890

Magere Grotesk

Steinschrift

ABCDEFGHIJKLMNOPQRSTUVWXYZ
abcdefghijklmnopqrstuvwxyz 1234567890

ABCDEFGHJKLMOPRSTUWXYZ
abcdefghijklmnopqrstuvwxyz　　　*1234567890*
JNQV

Schreibschrift

АБВГДЕЁЖЗИЙКЛМНОПРСТУФХЦЧШЩЪЫЬЭЮЯ
абвгдеёжзийклмнопрстуфхцчшщъыьэюя　　1234567890

Russische Antiqua

Innerhalb einer Druckschrift, die einen eigenen Namen, oft nach ihrem Schöpfer oder der herstellenden Schriftgießerei, trägt, wird nach *Schriftgraden* unterschieden, die in der Regel von 6–48 p reichen (↗ typographisches Maßsystem). Alle Schriftgrade einer Druckschrift bilden die *Schriftgarnitur*. Um allen Anforderungen des Satzes gerecht werden zu können, gehören zu einem Schriftgrad in den lateinischen Alphabeten ca. 120 Zeichen (Groß- und Kleinbuchstaben, diakritische Zeichen, Ziffern usw.), im Verwendungsbereich des kyrillischen Alphabets und seiner Abwandlungen in der Sowjetunion sind es etwa 350 Zeichen.

Die Ausführung der Schriftgarnituren kann in unterschiedlichen Schnitten: fett, schmal, breit usw. erfolgen. Garnituren und Schriftgrade bilden insgesamt die Schriftfamilie, die alle erforderlichen Elemente zur typographisch ansprechenden Gestaltung eines Textes enthalten sollte.

Die in einem über fünfhundertjährigen Prozeß geschaffenen Druckschriften stellen ein kulturelles und künstlerisches Erbe dar, an das es anzuknüpfen gilt bei der Schaffung von Schriften, wie sie für Zwecke des Bildschirms, des Computers und andere Formen der Textverarbeitung eingesetzt werden.

Die neuen technischen Möglichkeiten des Lichtsatzes und der Computergraphik erleichtern die Nachbildung älterer und die Schaffung neuer Druckschriften mit allen erforderlichen Varianten.

↗ auch Schriftkunst, europäische　　　*K. K. W.*

Lit.: Kapr, A. ; Schiller, W. : Gestalt und Funktion der Typografie. – Leipzig, 1977. – Schauer, G. K. : Klassifikation : Bemühungen um eine Ordnung im Druckschriftenbestand. – Darmstadt, 1978.

durchschossenes Exemplar

Exemplar eines Druckwerkes, bei dem unbedruckte Seiten so in die Druckbogen eingefügt wurden, daß auf jedes bedruckte Blatt ein leeres folgt, das für handschriftliche Ergänzungen oder Eintragungen genutzt werden kann.　　　*R. R.*

Einband

Im engeren Sinne die »äußere Hülle« eines Buches, die den Buchblock umschließt und aus Vorderdeckel, Hinterdeckel und Buchrücken besteht. Der Einband gibt den einzelnen Blättern festen Halt, schützt den ↗ Buchblock und erleichtert die Lektüre des Buches bzw. garantiert seine Benutzbarkeit. Er kann außerdem Träger einer mehr oder weniger künstlerischen Verzierung sein. Im weitesten Sinne wird unter Einband auch der Bindevorgang (↗ Buchbinderei) sowie das Ergebnis dieses Arbeitsprozesses, das gebundene Buch selbst, verstanden.

Nach Material und Bindetechnik können verschiedene Einbandarten unterschieden werden: ↗ Broschur, steife Broschur, Interimsband (Schutzeinband für späteres Einbinden), Pappband, Halbgewebeband, Ganzgewebeband, Halbpergamentband, Ganzpergamentband, Halblederband, Ganzlederband, Halb- und Ganzfranzband (Ansetzen auf »tiefem Falz«). In der Vergangenheit wurde die Broschur (»provisorische« Heftung, dünner Umschlag) als eine Art Übergangslösung aufgefaßt, während ein stabil gebundener Band, ein »Einband« (gerundeter Rücken, überstehende Kanten), für eine längere Dauer berechnet war.

Nach der Art der Herstellung wird zwischen Handeinband und Maschineneinband (in der Regel ein Verlegereinband) unterschieden. Einbandart und -material des Verlegereinbandes werden, da der Einband Teil der Ausstattung ist, vom Verleger festgelegt (»Originaleinband«).

Der heutige Einband ist das Ergebnis einer jahrhundertelangen handwerklich-technischen Entwicklung. Er wurde oft reich verziert, seine Ausschmückung war abhängig von den Modeströmungen der Zeit. Bibliophile Sammler ließen sich ihre Bücher nach ihrem persönlichen Geschmack binden und trugen so zur Herausbildung von »Einbandstilen« bei. Der Einband ist als ein integraler Bestandteil des Buches anzusehen, er bildet mit der Schrift, dem bildlichen und ornamentalen Schmuck, der Farbgebung und der Materialwirkung ein organisches Ganzes. Ältere Einbände nehmen in ihrer Gestaltung in der Regel keinen Bezug auf den Buchinhalt, sie suchen keine Verbindung zum Text. Die Forderung nach Synthese von Inhalt und Form im Einband wurde erst von der ↗ Buchkunstbewegung um 1900 erhoben.

Die Entwicklung des Bucheinbandes beginnt mit der Herausbildung des ↗ Kodex. Im 4. Jh. führt Hieronymus in seinen Schriften Klage über den Luxus in der Ausstattung der Buchdeckel mit Edelsteinen, Gold, Silber und Elfenbeinschnitzereien. Die ältesten erhaltenen Ledereinbände (Lederapplikationen; Durchbrucharbeiten; Vergoldung; Blinddruck: Streicheisen, Stempel, Punzeisen; Lederzeichnung) entstanden im 6. Jh. in Ägypten. Die Heftung auf echte Bünde ist seit 600 bezeugt. Der älteste erhaltene europäische *Lederschnitteinband* wurde um 650 gefertigt.

Der »*karolingische« Einband* wird nicht ganz zutreffend von etwa 800 bis 1000 angesetzt. Es ist zwischen Prachteinbänden (Kleinodieneinbänden) und Gebrauchseinbänden zu unterscheiden. Letztere wurden mit Streicheisenlinien und linear-ornamentalen oder figürlichen Blinddruckstempeln einfach dekoriert, sie wirken im Vergleich zu den sorgfältig geschriebenen und reich illuminierten Handschriften, die sie umschließen, unbeholfen und schmucklos. Unter den Gebrauchseinbänden existieren seitdem neben den festen Holz-Leder-Einbänden als flexiblere Einbandart Einbände mit Pergamentumschlägen (»libri sine asseribus«; später Koperte). Im frühen Mittelalter war der kirchliche Prachteinband ein seltener und kostbarer Gegenstand. Pergamenthandschriften, die für den liturgischen Gebrauch bestimmt waren und zugleich repräsentativen Zwecken dienen sollten, erhielten mit Gold, Edelsteinen und Emailarbeiten verzierte Goldschmiedeeinbände, die häufig im Mittelfeld antike oder byzantinische Elfenbeintafeln überliefern (Codex aureus aus St. Emmeram in Regensburg; München, Bayer. Staatsbibl., Ms. Clm. 14000; um 870. – Codex aureus Epternacensis; Nürnberg, German. Nationalmuseum, KG 1138; zwischen 983/991). – In der Periode der *romanischen Einbände* (11. bis Mitte 13. Jh.) erweiterte sich der Formenschatz der Buchbinderstempel, die Erfindung der Heftlade bot rationellere Arbeitsmöglichkeiten. Romanische Ledereinbände aus dem 12. Jh. zeigen eine Flächenaufteilung in Rechteckform mit Streustempeln oder Stempelreihungen und Rauten- sowie Kreiskompositionen. Auf einem Band

Einband

Bezeichnung der Einzelteile am Bucheinband

wurden bis zu 600 Stempelabdrucke gezählt. Verzierte Einbände des frühen Mittelalters (9.–13. Jh.) sind sehr selten. In der Literatur werden 78 karolingische und 106 romanische genannt.

Der *gotische Ledereinband* (Mitte 13. Jh. bis 1500) umschließt vorwiegend praktisch-wissenschaftliche Texte. Entsprechend war die Ausführung des Einbandes: Holzdeckel mit festem Lederbezug schützten den Pergament- oder Papierbuchblock, Messing- oder Lederschließen preßten den sperrigen Kodex zusammen und gaben ihm Schutz vor Staub und Feuchtigkeit, Metallbuckel sollten das Einbandmaterial vor zu starker Abnutzung bewahren. Der Schmuck erfolgte in Blinddruck mit Einzelstempeln (senkrechte Stempelreihung, Rauten mit Einzelstempeln, Granatapfelmuster, Diagonalmuster, kleinere und größere Plattenstempel). Erst etwa Mitte des 15. Jh. kam die gravierte Rolle in Gebrauch, die das Verzieren wesentlich vereinfachte und neue Möglichkeiten eröffnete. Der Druck größerer Platten mit einer Presse ist schon um 1340 in Köln bekannt gewesen, er wurde aber erst um 1500 allgemein angewandt. Die Stempel auf den Klostereinbänden (»Mönchsbände«) zeigten ornamentalen oder figürlichen Schmuck meist kirchlich-symbolischen Gehalts, der aber keinen direkten Bezug zum Inhalt hatte. Einbände der Universitätsbuchbinder tragen in vielen Fällen Schriftbänder mit dem Namen des Buchbinders (z. B. die Einbände von Johannes Fogel in Erfurt). Das

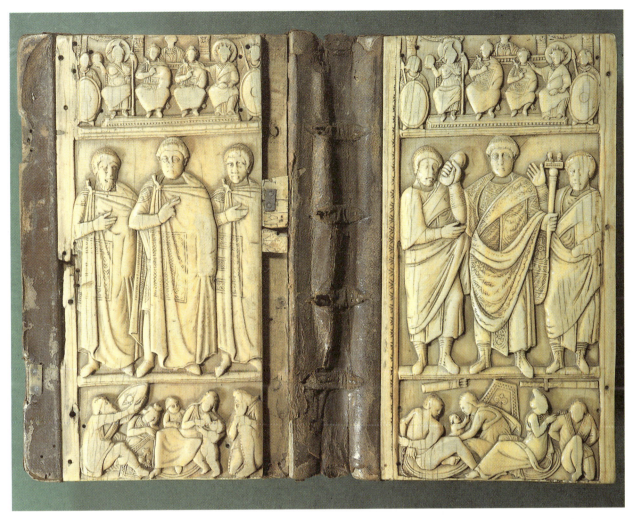

Konsular-Diptychon aus Elfenbein, Außendeckel einer Schreibtafel des 5. Jh. Italien. Im 14. Jh. als Bucheinband für eine Handschrift verwendet. Domschatz Halberstadt; Signatur 45. 38 × 28 cm

»Stempelprogramm« eines Einbandes konnte recht umfangreich sein, doch wurden in der Regel die gleichen Stempel mehrmals wiederholt. Rosetten, Lilien, Adler, Greifen, Löwen und Hirsche waren als Motive sehr beliebt, Blüten- und Laubwerkstempel wurden zur Gestaltung des Rahmens verwendet. Die vergleichende Stempelforschung hat ergeben, daß dieses Material wanderte bzw. mehrere Jahrzehnte hindurch von verschiedenen ortsansässigen Werkstätten benutzt wurde. An zahlreichen mittelalterlichen Einbänden sind heute noch Spuren der eisernen Ketten zu erkennen, mit denen die Bücher aus Gründen der Sicherheit und der Ordnung an die Pulte angeschlossen zu werden pflegten (libri catenati). Derartige ↗ Kettenbücher hat es bis ins 16. Jh. hinein gegeben. Eine besondere Ziertechnik wurde bei den Lederschnitteinbänden des 14. und 15. Jh. angewandt (die Verzierungen wurden mit dem Messer in das aufgeweichte Leder eingeschnitten), von denen sich nur wenige erhalten haben. Sonderformen des Einbandes waren der im 15. und 16. Jh. gebräuchliche Buchbeutel (↗ Beutelbuch), der am Gürtel getragen werden konnte, und der *Hülleneinband*,

bei dem das Buch in die überstehenden Lappen des Einbandleders eingeschlagen wurde.

Mit der Verbreitung des Buchdrucks stiegen die Anforderungen an die Buchbinder. Es bildete sich ein Gebrauchseinband heraus, der sich in Technik und Schmuck vom mittelalterlichen Einband abhob und der in seiner Herstellung wirtschaftlich rentabel war, die Entwicklung des neuzeitlichen Einbandes begann. Die Verwendung von farbigem Leder wurde üblich. Pappdeckel traten an die Stelle der bis dahin gebräuchlichen Holzdeckel, was zu neuen Bindeverfahren und zu handlicheren Buchformaten führte (↗ Aldinen). Neubelebt wurde die europäische Einbandkunst durch Schmuckformen, die aus dem Orient übernommen wurden: Arabesken, Mauresken, Flecht- und Riemenwerk tauchen in vollendeter Komposition auf den Einbänden auf. Die Kunst der Handvergoldung gelangte über Venedig nach Nürnberg und Augsburg, in Erfurt ist sie um 1485/90 nachweisbar. Der Vorderdeckel wurde als Schauseite gestaltet, gelegentlich sogar mit einem aufgedruckten Titel versehen (die Bücher standen nicht im Regal, sondern sie lagen auf Pulten). An-

Einband 154

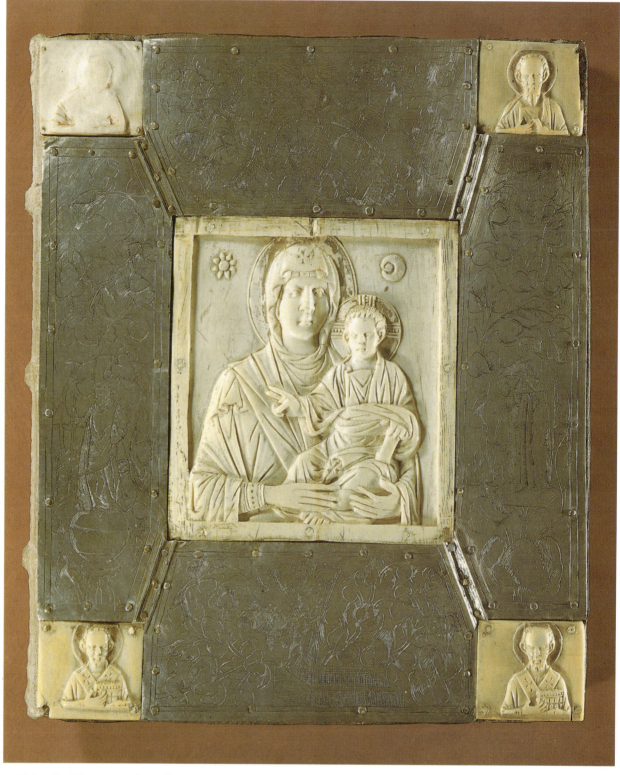

Einband mit byzantinischer Elfenbeinschnitzerei, um 970. Evangeliar, wahrscheinlich aus Niedersachsen. Silberplatten aus dem 16. Jh. Universitätsbibliothek, Jena; Ms. El. f. 3. 22,5 × 27,5 cm

ton Koberger (um 1440–1513) in Nürnberg beschäftigte neben Setzern, Druckern und Illuminatoren auch schon Buchbinder, die einen Teil seiner Bücher mit einem »Verkaufseinband« versahen, doch war es sonst die Regel, daß die Bücher ungebunden auf den Markt kamen. Für Jahrhunderte blieb deshalb der als Einzelstück für einen Liebhaber gefertigte Handeinband entwicklungsbestimmend; erst seit der Mitte des vorigen Jahrhunderts setzte sich der maschinell gefertigte Verlegereinband durch.

Buchdeckel, um 1200, Silber vergoldet, mit Edelsteinen, Perlen und Korallen besetzt, in der Mitte vier Elfenbeintäfelchen (Leben Jesu). Stiftskirche Quedlinburg; Inv.-Nr. 66. 22 × 27,8 cm

Zu den bekanntesten Förderern des Buchbinderhandwerks gehörte König Matthias Corvinus von Ungarn (1443–1490), dessen Bibliothek etwa 2500 Bände zählte, von denen heute nur noch 195 nachweisbar sind. Die »Corvinen« waren teils in farbigem Samt (silberne vergoldete Beschläge und Schließen mit Emailwappen), teils in rotes oder dunkelbraunes Kalbleder gebunden. Als Supralibros (↗ Exlibris) trugen sie das Wappen des Königs mit dem Raben oder das ungarische Wappen.

Einband 156

Einband mit Holzdecke und unvollständig erhaltenen Emailplatten, 12. Jh. Nekrologium von Bleidenstadt. Deutsche Staatsbibliothek, Berlin; Ms. Lat. quart. 651. 17,2 × 26,6 cm

Lederschnitteinband der Mentelin-Bibel, Nürnberg, 1470. Deutsches Buch- und Schriftmuseum der Deutschen Bücherei, Leipzig; Klemm-Slg. II, 30. 1ᵘ. 31 × 42 cm

Einband 158

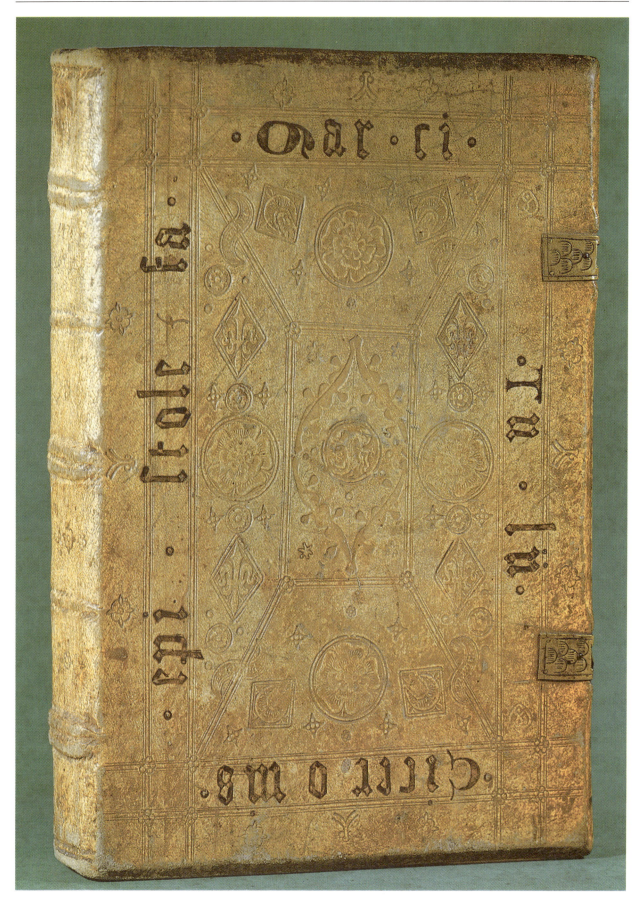

Einband von Kaplan Johann Richenbach aus Geislingen in Württemberg, nach 1478. Blinddruck. Deutsches Buch- und Schriftmuseum der Deutschen Bücherei, Leipzig; Klemm-Slg. II, 63. 2^d. 21 × 31,5 cm

Einband

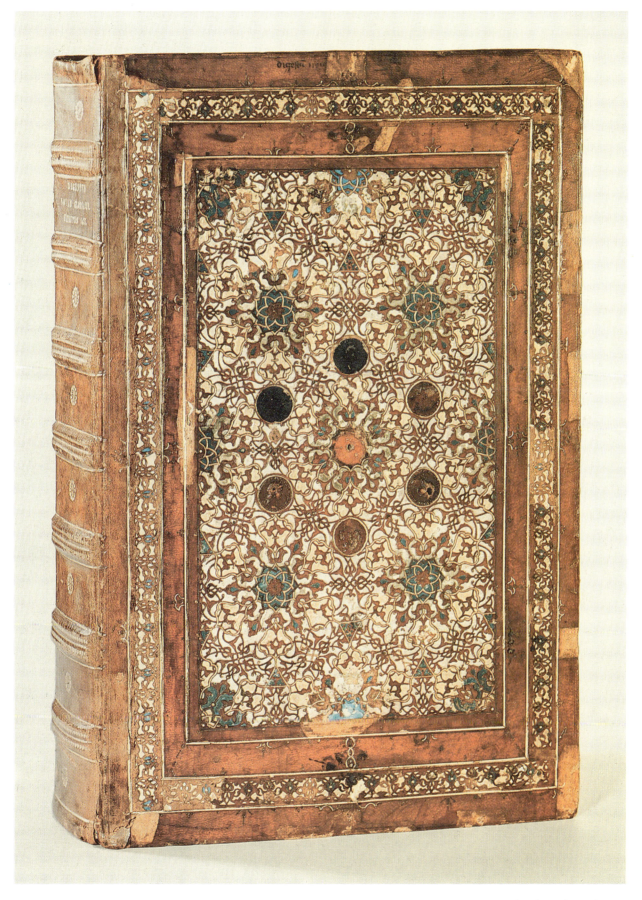

Italienischer Renaissance-Einband mit Arabeskenornament; auf orientalische Vorbilder zurückgehend; Ende 15. Jh.
Forschungsbibliothek Gotha; Mon. typ. 1477 2° 13. 28,5 × 44 cm

Der mit Aldus Manutius in Venedig befreundete französische Gesandte und Bibliophile Jean Grolier (1479–1565) ließ seine Bücher, beeindruckt von der künstlerischen Gestaltung der Aldinen, anfangs in Italien, später in Paris binden. Seine reich mit Bandwerk verzierten und vergoldeten, sogar farbig bemalten Einbände trugen die Aufschrift »IO. Grolierii et amicorum«. Aus seiner Bibliothek haben sich über 500 Werke, größtenteils in kostbaren Originaleinbänden, erhalten. Die auf den *Grolier-Bänden* verwendeten, zuerst in Lyon vorkommenden Azuré-Stempel (schraffierte Blüten- und Blattmotive) fanden lange Zeit Nachahmung. In Deutschland, das in der spätmittelalterlichen Einbandkunst die führende Stellung eingenommen hatte, hielten die Buchbinder beharrlich an überlieferten Formen und alten Techniken fest, die stabilen, mit Kalb- oder Schweinsleder überzogenen und mit Blindpressungen verzierten Holzdeckel-Einbände blieben bis zur Mitte des 16. Jh. vorherrschend, die in Italien und Frankreich gepflegte neue Auffassung des *Renaissance-Einbandes* setzte sich nur langsam durch. Rollen, Platten und Einzelstempel zeigten mannigfaltige Motive: Ornamente, figürliche Darstellungen mit Porträts und Szenen aus der Antike, Mythologie und Geschichte, allegorische Figuren und Bildnisse von Zeitgenossen (z. B. Luther, Melanchthon). Als Mittelstück wurde meist ein flächenfüllender Plattendruck verwendet, umrahmt von streifenbildenden Rollen. Die Wittenberger Einbände heben sich durch ihr stereotyp tradiertes »belehrendes« Programm ab. Der bedeutendste deutsche Buchbinder des 16. Jh. war Jakob Krause (gest. 1585), seit 1566 Hofbuchbinder des Kurfürsten August von Sachsen in Dresden. Für seine Werkstatt sind 171 Einzel-Stempel, 19 Rollen und 38 Platten nachgewiesen worden. Die Pflege des Einbandes lag in Deutschland in den Händen weniger Fürsten und einiger wohlhabender Bürger: So arbeiteten für den kunstliebenden Pfalzgrafen Ottheinrich der Görlitzer Jörg Bernhardt (seit 1550 als Hofbuchbinder) und für den Herzog Julius von Braunschweig Lukas Weischner (nach 1579 in Jena tätig). Nikolaus von Ebeleben (um 1520–1579) ließ sich 1541 in Paris einen Einband im Grolier-Stil anfertigen. Aus seiner Bologneser Studienzeit stammen 13 Bände, in deren Stil Ebeleben später weitere, z. B. durch Jakob Weidlich in Dresden, binden ließ.

Im allgemeinen gehen die deutschen Renaissance-Einbände kaum über das Handwerkliche hinaus; eine der Ursachen für die Stagnation in der Entwicklung des künstlerischen Einbandes ist wohl im Zunftzwang zu suchen. Die besonders in Deutschland im Steigen begriffene Buchproduktion führte bald zur Herstellung stabiler, strapazierfähiger, aber meist unverzierter Gebrauchsbände (sog. *Hornbände*), die den normalen Benutzungsanforderungen des Gelehrten im 17. und 18. Jh. voll entsprachen. Der 30jährige Krieg führte zwangsläufig zu einem Verfall der Handwerkskunst. Der seit 1620 vorkommende *Éventail- oder Fächerstil* hat vermutlich in Italien seinen Ursprung, er verbreite-

te sich in Deutschland und Schweden, weniger in Frankreich. Besonders gut gelungene Beispiele für diesen Stil gingen aus der Heidelberger Hofbuchbinderei hervor. In Frankreich sind vom 16. bis 18. Jh. verschiedene »Einbandstile« zu beobachten, ihre Blütezeit erreicht die französische Einbandkunst im 17. Jh. Die Einbanddekoration war elegant, aber oft überladen. Zur Zeit der Grolier-Einbände kommt eine neue Art der Ausschmückung auf, das sog. Semé oder Semis (»Samenbeet«), auch als Streumuster bezeichnet: das in der Mitte des Deckels prangende Wappen (Supralibros), das den Einband als ein »Provenienzexemplar« kennzeichnete, wurde von kleinen Einzelstempeln (Lilien, Blüten, Punkte) in regelmäßiger Anordnung umschlossen. Die Erfindung des *Fanfare-Stils* (Ende 16./Anfang 17. Jh.) wird dem französischen Hofbuchbinder Nicolas Ève (gest. 1592) zugeschrieben, der Name wurde allerdings erst im 19. Jh. durch den Bibliophilen Charles Nodier geprägt, der sich um 1830 ein im Jahre 1613 gedrucktes Buch (»Les fanfares et courvées abbadesques«) historisierend in diesem Stil von dem Pariser Buchbinder Joseph Thouvenin (1790–1834) hatte binden lassen: Ein Gemisch von Einzelstempeln (Blatt- und Blütenstempel, Spiralen, Palmblattzweige) bedeckte in symmetrischer Anordnung, bis auf ein ausgespartes Mittelfeld, die gesamte Deckelfläche. Eine Anzahl von Einbänden im Fanfare-Stil wurde für den französischen Staatsmann, Historiker und Bibliophilen J. A. de Thou angefertigt.

Beispiele für den industriell gefertigten Einband im Frankreich des 16. Jh. stellen die kleinformatigen, mit Plattenpressungen versehenen sog. *Lyoneser Bändchen* dar. Um 1620 ging der Fanfare-Stil in den *Pointillé-Stil* über, bei dem die Linien in kleine, dicht aneinandergesetzte Punkte aufgelöst wurden, was eine filigranartige Wirkung zur Folge hatte. Der Pointillé-Stil geht vermutlich auf den Buchbinder Le Gascon (tätig zwischen 1620 und 1650) zurück, als Vollender gilt in der 2. Hälfte des 17. Jh. Florimond Badier, von dem allerdings nur drei signierte Einbände überliefert sind. In Amsterdam fertigte die Buchbinderfamilie Magnus Einbände im Pointillé-Stil für die Elzevier-Drucke an. Um 1650 kamen in Frankreich äußerlich schmucklose, nur auf Materialwirkung bedachte Einbände auf – die *Jansenisteneinbände*. Zum Ausgleich wurde die Innenseite des Buchdeckels (Dublüre) oft reich verziert.

Der Pointillé-Stil entwickelte sich Anfang des 18. Jh. zum Spitzenmusterstil (*Dentelle-Stil*), der mit dem Aufkommen des Klassizismus außer Mode kam: Längs des Deckelrandes zogen sich spitzenähnliche, sehr feingliedrig gebildete Kanten hin, deren Zacken dem Mittelfeld zustrebten. Hervorragende Vertreter dieses Stils waren Antoine Michel Padeloupe le jeune (1685 bis 1758) und Nicolas Denis Derôme le jeune (1731 bis 1788). Die Namen der englischen Buchhändler und Buchbinder (?) Samuel Mearne (gest. 1683) und seines Sohnes Charles werden mit drei Einband-Schmuckarten in Zusammenhang gebracht: mit dem *All-over-Style* (der Einband ist »über und über« mit ornamentalen

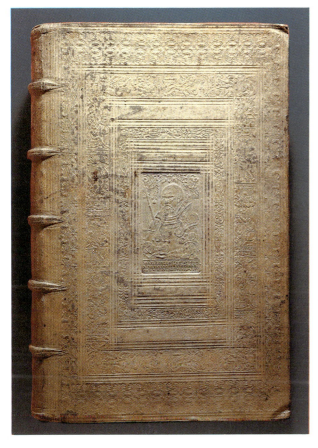
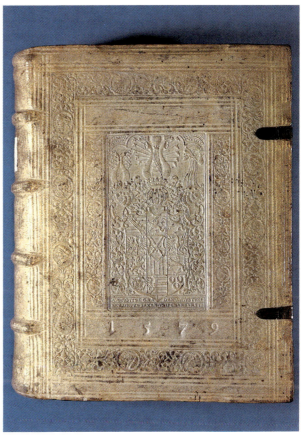

Einband mit dem Porträt des Kurfürsten Johann Friedrich von Adam Müller (?) aus Wittenberg (gedruckt 1549 in Paris). Kirchenbibliothek Arnstadt; Signatur 517. 23 × 35 cm

Einband von Jakob Krause aus Dresden, 1579. Biblia Germanico-Latina, Wittenberg, 1574, 10 Bde. Kirchenbibliothek Arnstadt; Signatur 224–233. 17 × 21 cm

und naturalistischen Stempeln bedeckt, darunter das charakteristische »Wiegenfußmotiv«), mit dem *Cottage-Style* dessen Bezeichnung auf die dem Giebel eines Landhauses ähnelnden Verzierungsformen am oberen und unteren Teil des Rahmens, der das Mittelfeld umgibt, anspielt, und mit dem *Rectangular-Style*, in dem das rechteckige Mittelfeld gegenüber dem Rahmen eine relativ kleine Fläche einnimmt und Rankenwerk und Blütenstempel die Flächen in phantasievoller Weise ausfüllen.

Aus dem Rectangular-Style entwickelte sich Anfang des 18. Jh. der *Harleian-Style*, der um 1900 durch T. J. Cobden-Sanderson und seine Schüler neubelebt wurde. Um die Mitte des 18. Jh. deutete sich ein allgemeiner Geschmackswandel an. Roger Payne (1739 bis 1797), der sich anfangs noch stilistisch an Mearne anlehnte, brachte die Einbandkunst zur höchsten Entfaltung und wirkte besonders auf die französischen Einbandkünstler anregend. Er leitete zum *klassizistischen Einbandstil* über, der in Deutschland u. a. durch den Berliner Kunstbuchbinder Karl Ernst Lehmann (1806 bis 1848; sog. Goethe-Lehmann) vertreten wurde. Der *Etruscan-Style*, auch »englischer Stil« genannt, knüpfte an Motive der etruskischen und der antiken Kunst an, er gab sich im Dekor zurückhaltend. Die Einbände von

James Edwards (1757–1816) fanden besonders in Frankreich Nachahmung, wo der *Empire-Einband* von Derôme le jeune und den Brüdern Bozérian (Werkstatt 1805–1818 in Paris) sowie von P. (?) oder L. G. (?) Purgold (gest. 1930), Germain Simier (gest. nach 1826) und Thouvenin gepflegt wurde. Letzterer begründete auch den »*Kathedralstil*«, eine Dekorationsweise, die gotische Architekturformen auf Bucheinbände übertrug. Im 19. Jh. gewann Frankreich die seit der Renaissance geübte Vorherrschaft in der Einbandgestaltung wieder zurück. Der aus Pforzheim stammende Pariser Buchbinder Georg Trautz (1806/ 1808–1879) setzte in Dekor, Vergoldung und handwerklicher Gediegenheit die Tradition des künstlerischen Handeinbandes erfolgreich fort, während der Einband im allgemeinen bald in sklavischer, gedankenloser Nachahmung historischer Ornamentik erstarrte.

Etwa um 1820 kam eine neue Einbandart, der *Leineneinband*, auf, die Maschine fand verstärkt Eingang in den buchbinderischen Handwerksbetrieb. In der zweiten Hälfte des 19. Jh. entstanden z. B. in Leipzig zahlreiche Großbuchbindereien: Karl Wilhelm Heinrich Sperling (gegr. 1846), Emil Alexander Enders (gegr. 1859), Gottfried Gustav Fritzsche (gegr. 1863) und Hübel & Denck (gegr. 1875).

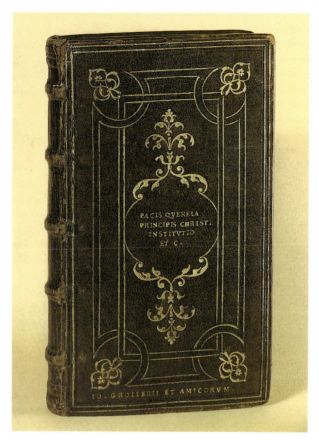 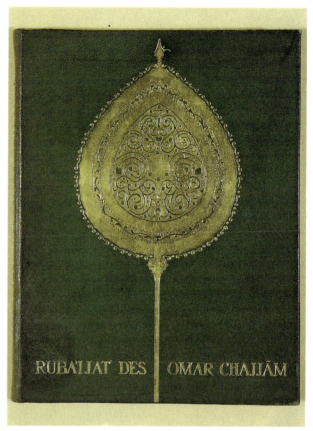

Einband für Jean Grolier, etwa 1530–1540. Deutsche Staatsbibliothek, Berlin; Ebd. 64. 10,5 × 17,2 cm

Einbandgestaltung von Marcus Behmer. Leipzig, Insel-Verlag, 1907. 16,5 × 21 cm

Zwischen der Steigerung der Buchproduktion, der Herausbildung des *Verlegereinbandes*, der in den Einbänden der ↗ Almanache und ↗ Taschenbücher um die Wende zum 19. Jh. seine Vorläufer hat, und dem maschinell hergestellten Einband (Maschineneinband) besteht ein enger Zusammenhang. Die Einbandart wurde jetzt nicht mehr vom Käufer bestimmt, sondern der Verleger gab die Gesamtauflage eines Werkes bei einer Großbuchbinderei zur Weiterverarbeitung in Auftrag. Die schöpferische Gestaltungskraft des Buchbinders wurde durch die kapitalistische Produktionsweise eingeengt und verdrängt, auch die Einbandgestaltung des Verlegereinbandes bewegte sich routinemäßig im Rahmen der verschiedenen Stilimitationen, sie war oft geschmacklos überladen.

Ende des 19. Jh. setzten Bestrebungen ein, sowohl für den künstlerischen Handeinband als auch für den maschinell gefertigten Verlegereinband neue, den veränderten technischen Bedingungen und künstlerischen Vorstellungen gemäße Formen zu entwickeln. Der Begründer der ↗ Buchkunstbewegung, William Morris (1834–1896), wandte auch dem Bucheinband größte Sorgfalt zu. Seit 1893 unterhielt T. J. Cobden-Sanderson (1840–1922) die Doves-Bindery, die zunächst Morris' Meisterdrucke band, dann aber mit der nach klarer Einfachheit strebenden Einbandgestaltung neue Wege ging. Als erster Vertreter der modernen Buchkunst forderte Cobden-Sanderson, daß der Druck- und Einbandkünstler mit dem Dichter aus dem gleichen Erlebnisgrund schöpfen und das Buch zu einem einheitlichen Ganzen gestalten müsse, daß der Einband eine unmittelbare Beziehung zum Buchinhalt auszudrücken habe. Neue Stilelemente lieferte um 1900 zunächst der *Jugendstil* (H. van de Velde, O. Eckmann, P. Behrens, H. Vogeler u. a.), Verleger wie Albert Langen und Eugen Diederichs zogen junge Künstler zur Umschlaggestaltung von Verlegereinbänden heran. Beim Handeinband wurden nunmehr die Schmuckformen aus der Struktur des Einbandes entwickelt und in bezug auf den geistigen Gehalt des Buches gestaltet, ganz im Gegensatz zu den alten Meistern, die ihre Schmuckformen unabhängig vom Buchinhalt wählten und den Einband nur nach dekorativen Gesichtspunkten verzierten. Wegbereiter für die Erneuerung der Einbandkunst waren in Deutschland Paul Adam (1845–1931) und Paul Kersten (1865–1943), der 1897 auf der Thüringischen Gewerbe- und Industrie-Ausstellung erstmalig Einbände mit Jugendstil-Dekorationen ausstellte und damit einem neuen Formgefühl Ausdruck gab. Otto Dorfner (1885–1955), der Schöpfer der »linearen« Buchgestaltung, und Ignatz Wiemeler (1895–1953), Meister der »symbolischen Anspielung«, gaben dem *künstlerischen Handeinband* wertvolle Impulse, indem sie Einfachheit, Materialtreue und hand-

Handeinband von Cobden-Sanderson. The Doves Press, London, 1917. 17 × 23,5 cm

werklich-technische Gediegenheit mit der Forderung nach einer dem Text adäquaten künstlerischen Gestaltung verbanden. In den letzten Jahrzehnten hat sich die Einbandkunst in den meisten Ländern technisch und künstlerisch zu einer beachtlichen Höhe entwickelt. Die originell-individuelle Gestaltung hat den Vorrang, verbindende, normierende Stilmerkmale lassen sich, wie es in der Vergangenheit möglich war, nicht mehr erkennen. Der künstlerisch gestaltete Einband hat auch in der Gegenwart Wirkungsmöglichkeiten und Perspektiven: Er gibt Zeugnis von dem bibliophilen Verhältnis des einzelnen zum Buch, und er kann auch zur Vertiefung des Leseerlebnisses beitragen. Verlage tragen diesen Bedürfnissen Rechnung, indem sie bei bestimmten Werken eine Anzahl Exemplare mit einem Handeinband ausstatten. Bei Verlagseinbänden tritt heute der Einbandschmuck zugunsten des werbewirksam gestalteten ↗ Schutzumschlags zurück, kartonierte Bücher (»Paperbacks«) erfreuen sich nicht zuletzt aus Preisgründen zunehmender Beliebtheit.

Die hohen Preise, die wertvolle alte Einbände seit der Mitte des 19. Jh. auf Auktionen erzielten und zu denen sie im Antiquariat gehandelt wurden, haben zu kunstvollen *Einbandfälschungen* Anlaß gegeben (z. B. bei den sog. Canevari-Einbänden), die sogar die besten Kenner zu täuschen vermochten.

Sammlungen wertvoller alter Einbände finden sich in ↗ Bibliotheken (Deutsche Staatsbibliothek, Berlin; Sächsische Landesbibliothek Dresden u. a.) und ↗ Buchmuseen. Die Bestände größerer Sammlungen wurden in den vergangenen Jahrzehnten durch instruktive Abbildungswerke und, bei Privatsammlungen, durch Auktionskataloge einer breiteren Öffentlichkeit zugänglich gemacht, z. B. British Library London (Wheatley 1889, Fletcher 1896), Bibliothèque Nationale Paris (Bouchot 1888, Meunier 1914, Dacier 1929), Österreichische Nationalbibliothek Wien (Gottlieb 1907, Mazal 1970) und Deutsche Staatsbibliothek (vormals Preußische Staatsbibliothek) Berlin (Husung 1925).

Einbandkunde: Buch- und bibliothekswissenschaftliche Spezialdisziplin, die den historischen Einband in technischer, historischer und ästhetischer Hinsicht einordnet und beurteilt, um die Wirkungsweise eines Buches in einer bestimmten Zeit faßbarer zu machen. Zu diesem Zweck wurden eigene Methoden entwickelt (Stempelvergleich) oder dafür geeignete von der Kunstwissenschaft übernommen (Stilvergleich). Ein wichtiges Hilfsmittel ist die Durchreibung, ein Verfahren, bei dem mittels Blei- oder Kopierstift das charakteristische Äußere eines Einbandes auf dazu geeignetem Papier »abgebildet« wird. Sie dient, ergänzt durch Angaben über das gebundene Werk und zum augenblicklichen Besitzer, durch Provenienzvermerke und Hinweise auf Format, Einbandmaterial, -art und -technik und auf sonstigen Schmuck sowie auf den Erhaltungszustand des Bandes als Grundlage für die Einbandbestimmung (Datierung, Lokalisierung, Festlegung der Buchbinderwerkstatt bzw. des Buchbinders). Durchreibungen finden zu Vergleichszwecken (u. a. künstlerisch-ästhetischer Gesamteindruck, Stempelgröße und -motive) besonders bei mittelalterlichen und Renaissance-Einbänden Verwendung. Die Einbandforschung kann wichtige Aufschlüsse zur Geschichte und Provenienz von Handschriften, Inkunabeln und älteren Druckwerken geben.

Einbände des arabisch-islamischen Kulturkreises ↗ bei Handschriften, islamische. F. M.

Lit.: Gruel, L.: Manuel historique et bibliographique de l'amateur de reliures. – P. 1.2. – Paris, 1887–1905. // Bogeng, G. A. E.: Deutsche Einbandkunst im ersten Jahrzehnt des 20. Jh. – Halle/S., 1911. // Husung, M. J.: Bucheinbände aus der Preußischen Staatsbibliothek zu Berlin, in historischer Folge erl. – Leipzig, 1925. // Loubier, H.: Der Bucheinband von seinen Anfängen bis zum Ende des 18. Jh. – 2. Aufl. – Leipzig, 1926. // Haebler, K.: Rollen- und Plattenstempel des 16. Jh. / unter Mitw. von I. Schunke. – Bd. 1.2. – Leipzig, 1928–1929. // Schreiber, H.: Einführung in die Einbandkunde. – Leipzig, 1932. // Kyriß, E.: Verzierte gotische Einbände im alten deutschen Sprachgebiet. – Textbd., Tafelbd. 1–3. – Stuttgart, 1951–1958. // Helwig, H.: Handbuch der Einbandkunde. – 1.2. Reg. Bd. – Hamburg, 1953–1959. // Geldner, F.: Bucheinbände aus 11 Jahrhunderten. – München, 1958. // Schunke, I.: Studien zum Bilderschmuck der deutschen Renaissance-Einbände. – Wiesbaden, 1959. // Schmidt-Künsemüller, F. A.: 20 Jahre Einbandforschung: e. Bibliographie. – In: Börsenbl. für d. Dt. Buchhandel. –

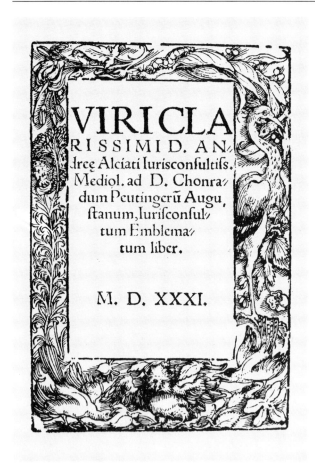

Titelblatt der Erstausgabe von Emblematum liber von Andrea Alciati. Augsburg, Steiner, 1531

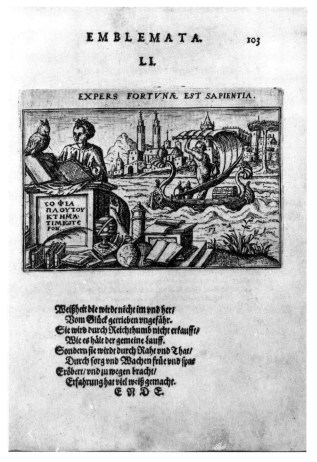

Kupferstich aus: J. J. Boissard, Emblemata. Frankfurt, de Bry, 1593

Frankfurt a. M. 23(1967). – S. 89 – 112. – Auch in: Archiv für Geschichte des Buchwesens. – Frankfurt a. M. 8(1967). – Sp. 1097 – 1143. // Helwig, H.: Einführung in die Einbandkunde. – Stuttgart, 1970. // Schaefer, H.: Einbandsammlung und Einbandforschung. – In: Jahrbuch der Deutschen Bücherei. – Leipzig 7(1971). – S. 93 – 112. // Einbandstudien / hrsg. von U. Altmann. – Berlin, 1972. // Schmidt-Künsemüller, F. A.: Die Kunst des Einbandes. – In: Buchkunst und Literatur in Deutschland 1750–1850. – Bd. 1. – Hamburg, 1977. – S. 249 – 284. // Schunke, I.: Einführung in die Einbandbestimmung. – 2. Aufl. – Dresden, 1978. // Schunke, I.: Die Schwenke-Sammlung gotischer Stempel- und Einbanddurchreibungen nach Motiven geordnet und nach Werkstätten bestimmt und beschrieben. – Berlin, 1979. // Schaefer, H.: Von der Kunst des Handeinbandes. – Leipzig, 1983.

Einblattdruck ↗ *Flugblatt*

Emblembücher
Der Begriff Emblem (griech. emblēma = eingelegte Metallarbeit) wird bereits im Altertum für Zierat allgemein, später in der Bedeutung von Sinnbild und hier häufig im Sinne von Hoheitsabzeichen gebraucht. Emblemata nannte man im Spätmittelalter und in der Renaissance Mustersammlungen von Sinnbildern als Vorlagen für Maler und Kunstgewerbler (so Entwürfe Leonardo da Vincis ca. 1490–1525; B. Cellinis Mützenabzeichen um 1525). Embleme dieser Art bestanden zunächst aus dem Bild, das in Anlehnung an die Hieroglyphik des Horapollon (2. Jh. v. u. Z.) Motive aller Seinsbereiche (Natur, Geschichte, Mythologie, Kunst, Religion) verschlüsselt wiedergibt, und einem Sinnspruch (Motto), der, über oder im Bild plaziert, die gemeinte Richtung des Bildinhalts andeutet. Durch den italienischen Gelehrten Andrea Alciati (1492–1550), der den Emblemen ein drittes Element, Epigramme als eine den Bildinhalt interpretierende Unterschrift (Subscriptio), hinzufügte, entwickelte sich die Emblematik zu einer besonderen imagoliterarischen Kunstgattung. Die Deutung von Bild und Wort forderte Bildung, Verstand und Witz der Zeitgenossen heraus, was zu größter Beliebtheit der Emblembücher führte, die zur gehobenen Unterhaltungs- und damit zur Gebrauchs- und Verbrauchsliteratur der Zeit gehörten. Alciatis »Emblematum liber« (Erstausgabe Augsburg: Steiner 1531) erlebte bis ins 18. Jh. etwa 150 Ausgaben; im Barock stieg die Produktion emblematischer Schriften entweder unter Übernahme der Methodik des Alciati (M. Holtzwart 1581, G. Rollenhagen 1611) oder deren

IMPOSSIBILE.

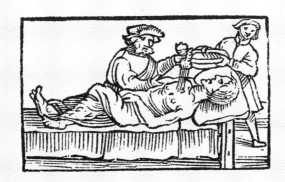

Abluis Aethiopem quid frustra? ah desine, noctis
Illustrare nigræ nemo potest tenebras.

Emblem unter dem Motto »impossibile«, die vergebliche Mühe einer Mohrenwäsche darstellend. Aus: A. Alciati, Emblematum liber; *oben* als Holzschnitt von Jörg Breu aus der Erstausgabe. Augsburg, Steiner, 1531; *links* als Holzschnitt von Mercure Jollat aus der Ausgabe Paris, Wechel, 1542; *rechts* Deutsches Epigramm von W. Hunger aus der Ausgabe Paris, Wechel, 1542

188 AND. ALC. EMBLEM. LIB.

Impoßibile.   LXXXIIII.

Abluis Aethiopem quid frustra? ah desine, noctis
Illustrare nigræ nemo potest tenebras.

Das buechle der verschroten werck. 189

Vnmuglich.   LXXXIIII.

Man wasch ein Moren lang vnd wol,
Hilfft es alles nicht vmb ein har:
Die nacht so finsternuß ist vol,
Mag durch kain liecht nit werden klar:
Der gleichen nim dier eben war,
Naturlich laster, oder sunst
Lang zeit veraltt, wierd nimer gar
Außgelescht, was man braucht fur kunst.

Auflösung (L. van Haecht 1571), auch spezialisiert auf bestimmte Themenbereiche (religiös-moralisierend H. Hugo 1624; erotisch D. Heinsius 1616), sprunghaft an und fand auch im Gelegenheitsschrifttum (Hochzeits-, Widmungsemblemata) Berücksichtigung.

Mit der Theorie der Emblematik befaßten sich neben Alciati selbst Paolo Giovio (1556), J. Fischart (1581) und G. Harsdörffer (1641–1649), die Regeln für die Entwicklung guter Emblemata erarbeiteten. Der maßgebliche Einfluß emblematischen Schrifttums auf Kunst und Literatur des Barock wurde intensiv erst in den letzten Jahrzehnten erforscht. Die Alciati-Ausgaben wurden durchweg mit Holzschnitten versehen, von denen die des Jörg Breu als Ausgangspunkt der Reihe (1531–1534, 5 Auflagen), besonders aber die Ausgaben Paris: Wechel 1534ff. (geschnitten von M. Jollat nach einem Meister der Holbeinschule), die Lyoner Ausgaben der Verleger de Tournes (1547ff., illustriert von B. Salomon, Schrift vielleicht von R. Granjon,) und Roville (1550ff., illustriert von P. Eskrich?) sowie die unter Beteiligung von J. Amman und V. Solis mit 130 Emblemen 1567 in Frankfurt a. M. bei S. Feyerabend erschienene zu erwähnen sind. Bedeutend sind weiter die Emblemata des Hadrianus Junius, Antwerpen: Plantin 1565 mit Holzschnitten von A. Nicolai und G. J. van Kampen nach G. Ballain und P. Huys und das wohl beste deutsche Emblembuch von Mathias Holtzwart (Straßburg 1581) mit Holzschnitten nach T. Stimmer. Sehr selten und textlich wichtig die Aldus-Ausgabe Alciatis (Venedig, 1546). Kupferstiche zuerst in A. Bocchi's Symbolicarum libri V, Bologna 1555 und 1574 (illustriert von G. Bonasone), dann in den Emblemata der Georgette de Montenay (Lyon 1574, illustriert von P. Woeiriot) sowie des Künstler-Verlegers J. T. Bry in Frankfurt (1596), der auch die Sammlungen des J. J. Boissard (zuerst Metz 1588) illustrierte. Manche Kollektionen (H. Junius, J. Sambucus) erschienen zuerst mit Holzschnitten, dann mit Kupfern. Im 17. Jh. setzt sich das Kupfer fast ausschließlich durch, so bei O. Vaenius und J. Cats. Vollständige Emblembücher in sauberem Druck und nicht abgeriebenen Illustrationen sind antiquarische Raritäten. Die Qualität der Emblem-Sammlungen in ihrer Eigenschaft als illustrierte Bücher ist unterschiedlich. – Die Grenzen der Emblematik zur gleichzeitigen Bildliteratur der Imprese (Personalabzeichen mit symbolischer Bedeutung) und den Stammbüchern sind fließend.

K. K.

Erotica. »Narr mit zwei Weibern am Badezuber«. Kupferstich nach Hans Sebald Beham, 17. Jh. Staatliche Galerie Moritzburg Halle. 21,5 × 16 cm

Erotica. »Die ephesische Diana«. Zeichnung von Thomas Theodor Heine. Aus: Der Amethyst (1905)1. 18 × 21 cm

Lit.: Green, H.: Andreae Alciati Emblematum fontes quatuor. – Photo-lith. Facs. – London, 1870. // Verneuil, P.: Dictionnaire des symbols, emblèmes et attributes. – Paris, 1897. // Volkmann, L.: Bilderschriften der Renaissance. – Leipzig, 1923. // Viard, P. E.: André Alciat. – Paris, 1926. // Gelli, J.: Devise, motti e imprese di famiglie e personnaggi italiani. – 2. ed. – Milano, 1928. // Praz, M.: A bibliography of English emblem books. – London, 1947. // Clements, R. J.: Picta poesis. Literary and humanistic theory in Renaissance emblem books. – Rom, 1960. // Freeman, R.: English emblem books. – New York, 1966. // Henkel, A.; Schöne, A.: Emblemata: Handbuch zur Sinnbildkunst des 16. und 17. Jahrhunderts. – Stuttgart, 1967. (Suppl. 1976) // Heckscher, W. S.; Wirth, K.-A.: Emblem, Emblembuch. – In: Reallexikon zur deutschen Kunstgeschichte. – Bd. 5. – Stuttgart, 1967. – Sp. 85 – 228. // Landwehr, J.: German Emblem books 1531–1888. – Utrecht, 1972. // Praz, M.: Studies in seventeenth-century imagery. – 2. Aufl. – Bd. 1.2. – Roma, 1974. // Landwehr, J.: French, Italian, Spanish and Portuguese books of emblems and devices 1534–1827. – Utrecht, 1976.

Erotica

Als Erotica werden von Buchhändlern, Antiquaren, Sammlern oder Zensurbehörden jene Werke der Belletristik und bildenden Kunst aller Zeiten bezeichnet, in denen erotische oder sexuelle Themen behandelt werden. Dem Begriff haftet eine moralische Wertung an, die das so bezeichnete Werk losgelöst aus seinem gesellschaftlichen, literarischen und künstlerischen Zusammenhang betrachtet. Die oft fließende Grenze zur Pornographie, der gewerbsmäßigen Herstellung literarischer und bildlicher Sexualstimulantien, wurde und wird dazu benutzt, durch den unscharfen Begriff Erotica Werke der Kunst und Literatur zu diffamieren und ihren Vertrieb zu behindern. Die Entstehung des Begriffes im 19. Jh. ist Teil einer Verdrängungstaktik gegenüber erotischen und sexuellen Themen in Kunst und Literatur auch der Vergangenheit, die eine unbefangene Betrachtungsweise verhindert (↗ z.B. die gereinigten Ausgaben der klassischen Literatur).

Nuancenreichtum, Phantasie, künstlerische Gestaltungsfähigkeit im schriftlichen wie im bildlichen Ausdruck sind Voraussetzung für eine ästhetisch ansprechende Darstellung erotischer Themen – Andeutungen und Anspielungen vermögen die Phantasie des Lesers oder Betrachters manchmal mehr anzuregen als eine direkte Darstellung. Die private Sammlung sog. Erotica oder die Veröffentlichung in bibliophilen Ausgaben für einen kleinen Kreis ist seit dem Ende des 18. Jh. neben den sehr speziellen persönlichen Interessen auch ein Akt der Auflehnung gegen die Tabuisierung eines Teils des menschlichen Lebens.

Große geschlossene Sammlungen von Erotica befinden sich heute in der Bayerischen Staatsbibliothek München (Bibliothek Krenner), in der Bibliothèque Nationale Paris und in der Private Case Collection der British Library London. Auch wenn moralische Gründe für eine gesonderte Aufstellung in Bibliotheken nicht mehr gelten sollten, so verdienen diese Werke wegen ihrer oft beachtlichen buchkünstlerischen Ausgestaltung Schutz vor zu raschem Verschleiß. *K. K. W.*

Lit.: Hayn, H. ; Gotendorf, A. N.: Bibliotheca Germanorum erotica et curiosa. – 3. Aufl. – Bd. 1–9. – München, 1912–1929. (Neudr. 1967 ff.). – (Murat, W. v.: Register der Personennamen zu Hayn-Gotendorf: Bibliotheca … Bd. 9. – Hamburg, 1984.) // Englisch, P.: Geschichte der erotischen Literatur. – Stuttgart, 1927. (Neudr. 1963.) // Deakin, T. J.: Catalogi librorum eroticorum : A critical bibliography of erotic bibliographies and book-catalogues. – London, 1964. // Pia, P.: Les livres de l'Enfer : Bibliographie critique des ouvrages érotiques dans leurs différentes éditions du XVIᵉ siècle à nos jours. – P. 1.2. – Paris, 1978. // The Private Case: an annotated bibliography of the Private Case erotica collection in the British (Museum) Library. – London, 1981. // Marcus, S.: Umkehrung der Moral : Sexualität und Pornographie im viktorianischen England. – Frankfurt a. M., 1979. // Ars erotica : Die erotische Buchillustration im Frankreich des 18. Jh. / hrsg. v. L. v. Brunn. – 1–3. – Dortmund, 1983. // Lewis, R. H.: The browser's guide to erotica. – London, 1983.

Eselsohr

Das Eselsohr bezeichnet die als Lesezeichen umgeknickte Ecke eines Blattes in einem Buch. Der Begriff stammt aus der kräftigen Ausdrucksweise des Frühneuhochdeutschen und ist im 17. Jh. mehrmals belegt. *K. K. W.*

Exilliteratur

Exilliteratur ist heute der umfassende Begriff für Werke, die zwischen 1933 und 1945 außerhalb des Machtbereichs des deutschen Faschismus geschaffen wurden. Hierzu zählen neben deutschen Autoren auch die der besetzten Länder Europas. Das äußere Erscheinungsbild dieser Literatur wurde von den materiellen Möglichkeiten ebenso bestimmt wie von der beabsichtigten Verbreitung, etwa als in die Heimat einzuschmuggelnde Broschüre. Während der Zeit des Faschismus publi-

zierten 655 Exilverlage in 33 Ländern mehr als 2650 Bücher emigrierter deutscher Autoren. In seinem Umfang und der geographischen Zerstreuung war das Exil während des deutschen Faschismus nicht vergleichbar mit Emigrationsbewegungen etwa des 17. Jh. oder dem selbstgewählten Aufenthalt von Schriftstellern und Künstlern außerhalb des Heimatlandes in der Neuzeit.

Im 17. Jh. entstand in den Niederlanden, z. T. auch in England, eine umfangreiche Exilliteratur, die von Autoren aus fast ganz Europa genährt wurde. Dank der geistigen Toleranz und wirtschaftlichen Macht konnten hier Autoren veröffentlichen, die durch die Verhältnisse in ihrem Heimatland dieses hatten verlassen müssen oder denen die Veröffentlichung dort untersagt war.

Im Vormärz und während der Revolution von 1848 wurden Bücher, Zeitschriften und Zeitungen, die für das deutsche Sprachgebiet bestimmt waren, in belgischen, französischen und Schweizer Verlagen und Druckereien hergestellt und unter den dort lebenden Emigranten ebenso vertrieben wie mit List nach Deutschland eingeschmuggelt. Eine weitere große Welle deutscher Exilliteratur entstand während des Sozialistengesetzes (1878/90), vor allem in der Schweiz und in England.

Die Vertreter der Arbeiterbewegung der osteuropäischen Länder nutzten die vergleichsweise großzügigen presserechtlichen Regelungen und die Leistungsfähigkeit deutscher und anderer europäischer Druckereien, um hier ihre Schriften drucken zu lassen (z. B. Lenins »Iskra« in Leipzig, München, Genf und London; bei Breitkopf und Härtel in Leipzig die Zeitung »Balgarski Oriol«).

Engstirnige moralische und literarische Anschauungen in den USA und Großbritannien ließen nach dem ersten Weltkrieg auf dem europäischen Kontinent, vor allem in Paris, Zeitschriften und Verlage entstehen, in denen Schriftsteller wie James Joyce, D. H. Lawrence, Henry Miller, Ernest Hemingway veröffentlichen konnten. Der durch die Werke von Joyce bekannteste Verlag war Shakespeare & Company in Paris.

Die umfassende bibliographische Verzeichnung der Exilliteratur ist wegen der kleinen Auflagen und des oft konspirativen Vertriebs schwierig und ergänzt die laufenden Nationalbibliographien. Die umfangreichsten Sammlungen deutscher Exilliteratur befinden sich in der Deutschen Bücherei Leipzig und in der Deutschen Bibliothek Frankfurt a. M. *K. K. W.*

Lit.: Zabielska, J.: Bibliography of books in Polish or relating to Poland published outside Poland since Sept. 1. 1939. – 1.2. – London, 1953–1955. // Breycha-Vauthier, A. C.: Die Zeitschriften der österreichischen Emigration 1933–1945. – Wien, 1960. // Halfmann, H.: Zeitschriften und Zeitungen des Exils 1933–1945. – Leipzig, 1969. // Sternfeld, W. ; Tiedemann, E.: Deutsche Exilliteratur 1933–1945. – 2. verb. u. verm. Aufl. – Heidelberg, 1970. // Maas, L.: Handbuch der deutschen Exilpresse 1933–1945. – 1–3. – Frankfurt a. M., 1976–1981. // In jenen Tagen …: Schriftsteller zwischen Reichstagsbrand und Bücherverbrennung. – Leipzig, 1983.

Exlibris für die Universität Wittenberg. Holzschnitt von Lucas Cranach d. Ä., um 1536. 15,2 × 26,4 cm

Handkoloriertes Exlibris für Conrad Witzmann, Holzschnitt, um 1570. 10,5 × 16,4 cm

Exlibris. Supralibros

Das Exlibris (lat. = aus den Büchern; übertragen: aus der Bücherei) ist ein kleinformatiges, durch ↗ Druckgraphik oder Buchdruck vervielfältigtes Blättchen, das mit Bild und Text versehen, den Besitzer eines Buches ausweist und ihn kennzeichnet und das zum Schutz seines Eigentums innen auf den Buchdeckel geklebt wird. Neben Privatpersonen verwenden auch Bibliotheken, Gesellschaften u. a. Einrichtungen Exlibris.

Durch die bereits frühzeitige Ausbreitung über viele Länder hat sich nach zahlreichen Bemühungen um andere Benennungen das aus der lateinischen Beschriftung abgeleitete Substantiv »Exlibris« als der gebräuchlichste Begriff für dieses graphische Bucheignerzeichen durchgesetzt. Bezeichnungen wie Signum bibliothecae, Bibliotheks- oder Bücherzeichen bzw. Aufschriften, wie »Dies Buch gehört...« u. a. sind seltener. Andere, oft veraltete Begriffe kennzeichnen die Bildinhalte (Emblemata, Wappen) oder Sammelgebiete (ex musicis, ex eroticis u. a.).

Neben seiner ursprünglichen Verwendung als Eigentumszeichen wird das Exlibris bis in die Gegenwart mehr und mehr als Sammelobjekt benutzt, was einerseits zu einem großen Aufschwung und einer Vielfalt der Exlibrisherstellung, zum andern aber auch zu einer Zweckentfremdung dieses kleingraphischen Blattes geführt hat.

Abzugrenzen vom Exlibris sind künstlerische Blätter mit eigentumsbezeichnenden Funktionen, die bereits vor dem Aufkommen des Exlibris existierten, sich jedoch nicht ausschließlich auf den Buchbesitz beschränken (Wappen, Widmungsblätter u. ä.) oder die in Büchern angebrachten handgemalten und eingeschriebenen Besitzervermerke. Das auf Bucheinbänden eingeprägte *Supralibros* (auch Super-Exlibris), das besonders im Barock gepflegt wurde und den Bibliotheksbesitzer mit seinem Wappen ausweist, hat mit dem graphischen Einklebeexlibris nur den Zweck gemein. Neben der Eigentumsbezeichnung dient es vor allem dem Buchschmuck.

Im Exlibris vereinen sich buchkundliche, ästhetische und auch soziologische Aspekte. Als graphische Kennzeichnung des Bücherbesitzes weist das Exlibris neben der konkreten Angabe des Namens durch die Schrift in seinem Bildschmuck, mitunter auch durch Worte, Wahl- oder Sinnsprüche, auf die Eigenheiten des Besitzers hin. Neben eindeutigen und verständlichen Verbildlichungen des Namens (redende Exlibris), des Berufes, der Neigungen oder besonderer biographischer Begebenheiten stehen nicht selten subjektive Bilder mit hohem Symbolgehalt, die ohne genaue Kenntnis des Eigners nur schwer zu erschließen sind. Ästhetisch betrachtet, setzt sich das Exlibris aus vielgestaltigen Elementen wie Schrift, Ornament, Symbol und Bild zusammen, deren künstlerische Verbindung nur lose an strenge Regeln gebunden ist, die in ihrer Verschiedenartigkeit jedoch oft nicht leicht zu kombinieren sind. Dennoch haben sich von Anfang seiner Entwicklung an zahlreiche Künstler mit der Gestaltung des Exlibris befaßt. Das macht auch eine stilkundliche und kunstgeschichtliche Einordnung möglich. In der persönlichen Einstellung zum Buch und im Stolz auf seinen Besitz lassen sich im Exlibris gesellschaftliche Verhältnisse und Beziehungen der verschiedenen Zeitepochen ablesen.

Die künstlerische Herstellung des Exlibris ist von vornherein auf Vervielfältigung ausgerichtet, und druckgraphische Techniken, wie ↗ Holzschnitt, ↗ Holzstich, ↗ Kupferstich, ↗ Radierung, seltener die ↗ Lithographie, finden hierbei eine vorrangige Verwendung. Seit dem Aufkommen der fotomechanischen Verfahren gibt es neben den originalgraphisch auch maschinell vervielfältigte Exlibris.

Das Exlibris entwickelt sich mit dem Buchdruck in der ersten Hälfte des 15. Jh. und ist seit 1491 (ältestes datiertes Exlibris) nachweisbar. Das Ursprungsland des Exlibris ist Deutschland, doch es verbreitet sich bald über ganz Europa. Den Anstoß hierzu gibt einmal die neue Besinnung auf die Literatur und – damit verbunden – die Freude am Buchbesitz, zum anderen das Bestreben, die im Gegensatz zu den Unikaten der Buchmalerei gleichförmig wirkenden gedruckten Bücher zusätzlich und persönlich, meist mit dem Wappen des Besitzers, zu kennzeichnen. Exlibris werden vom Adel, der Geistlichkeit, aber auch von vermögenden Patriziern in Auftrag gegeben. Während aus dem 15. Jh. nur einzelne Zeugnisse der Exlibriskunst überliefert sind (Igler-Exlibris, Buxheimer Exlibris, Johann Ras of Koester u. a.), sind aus dem 16. und 17. Jh. Beispiele aus nahezu allen europäischen Ländern erhalten. In Deutschland fertigten bedeutende Künstler, wie Albrecht Dürer, Lucas Cranach d. Ä., Hans Burgkmair, Sebald und Barthel Beham, Georg Pencz, Jost Amman, Virgil Solis u. a. Exlibris an. Neben den anfangs ausschließlich verwendeten Holzschnitt tritt bei der Exlibrisherstellung zunehmend der Kupferstich. Bildmotive sind außer Wappen nun auch das Bildnis des selbstbewußten Eigners sowie religiöse, emblematische und allegorisierende Darstellungen, in denen,

auf das Buch hinweisend, Wissenschaft und Kunst verherrrlicht werden. Besonders kennzeichnend für das Exlibris dieser Zeit ist seine aufwendige ornamentale Rahmengestaltung. Im 18. Jh. erfährt das Exlibris nach einem vorübergehenden Stillstand in seiner Entwicklung durch die Prachtbibliotheken der absolutistischen Herrscher eine Neubelebung, und es erhält neue Bildinhalte. Zu den bisherigen Motiven, die sich im Barock weit monumentaler ausweisen, treten Architekturansichten, Darstellungen von Innenräumen und hier vor allem Bibliotheken. In den reichen Blumen-, Pflanzen- und Landschaftsmotiven der Exlibris zeigt sich die Naturverbundenheit des Rokoko. Künstlerisch bedeutende Exlibris entstehen zu dieser Zeit vorrangig in Frankreich (François Boucher, Charles Eisen, Hubert Gravelot u. a.).

Die grazilen und kleinteiligen Bildformen des Rokoko werden von den klaren und schweren des Klassizismus abgelöst. Inhaltlich gewinnen erzählerische und allegorische Darstellungen aus der antiken Mythologie, wie sie das kulturell interessierte Bürgertum nun verlangt, zunehmend an Bedeutung. In den einfachen Schriftexlibris, die im letzten Drittel des 18. Jh. verstärkt auftreten, zeigt sich die kühle Nüchternheit des Klassizismus, während malerische Holzstichexlibris mit stimmungsvollen Ruinen- und Italienansichten auf die romantische Richtung des ausgehenden 18. Jh. verweisen. Bemerkenswerte Exlibris existieren von Daniel Chodowiecki und Johann Wilhelm Meil. Im 19. Jh. ist ein deutlicher Rückgang in der Exlibriskunst zu verzeichnen. Die Ursachen dieser Entwicklung liegen in erster Linie im Verfall der alten handwerklichen Drucktechniken durch die Einführung der fotomechanischen Verfahren und einer damit einhergehenden Versachlichung der Buchkunst, die das Interesse am künstlerischen Eignerzeichen verlöschen läßt. Auch neue Drucktechniken wie die ↗ Lithographie oder der ↗ Stahlstich vermögen der Exlibrisherstellung keine neuen Impulse zu geben. Erst als sich gegen 1900 die Buchkunst in ihren Reformbestrebungen wieder auf die alten Techniken und Traditionen besinnt und dem Buchschmuck eine große Bedeutung zumißt, werden Bücher wieder zu besitzwürdigen Objekten, die nach Eigentumskennzeichnung verlangen und einen neuen Bedarf an Exlibris hervorrufen. Stilistisch orientieren sich die Exlibriskünstler der Jahrhundertwende anfangs an den überlieferten heraldischen Exlibris, doch finden sie bald zu den dekorativen Gestaltungselementen des Jugendstils, die sich auch im verstärkten Einsatz der Farbe zeigen. Die neue Bedeutung, die das Exlibris zu dieser Zeit als Sammel- und Tauschobjekt erfährt, bewirkt nicht nur einen ungemeinen Aufschwung der Exlibrisherstellung, sondern bringt auch eine außergewöhnliche inhaltliche Bereicherung und Vielfalt der Motive mit sich. Symbolhafte und allegorische Darstellungen mit einer Vorliebe für Verschlüsselungen finden im Jugendstilexlibris eine bevorzugte Anwendung. Bedeutende Künstler, vor allem in England und im deutschsprachigen Raum, befassen sich in den ersten

Exlibris für das Kloster Wessobrunn. Kupferstich (beschnitten) von J. E. Belling, 18. Jh. 7 × 9,5 cm

Exlibris für das Waisenhaus in Casse(?). Kupferstich nach J. H. Tischbein, Ende 18. Jh. 9 × 10,3 cm

Exlibrisholzschnitt von H. Bürkner nach E. Bendemann, um 1840. 11,3 × 12,8 cm

Eigenexlibris von Auguste Kichler, um 1900. Hochdruck. 8,5 × 9 cm

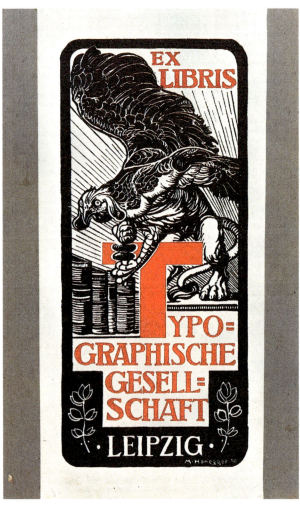

Exlibris für die Typographische Gesellschaft Leipzig von Max Honegger, 1898. 8,8 × 19 cm

Exlibris von Curt Hasenohr für Gustav Drobner, um 1907. 7 × 11,8 cm

Jahrzehnten des 20. Jh. mit der Exlibrisgestaltung (Aubrey Beardsley, Max Klinger, Otto Ubbelohde, Bruno Héroux, Max Slevogt, Heinrich Vogeler, Willy Geiger, Marcus Behmer u. a.). Auch außerhalb Europas wird das Exlibris gepflegt.

In der Geschichte der Exlibriskunst gilt der Jugendstil neben dem 16. Jh. als eine zweite Blütezeit. Auch in der Gegenwart behauptet sich das Exlibris als kleingraphisches Kunstwerk, doch ist seine Verwendung als Bucheignerzeichen zugunsten der als Sammelgraphik weit zurückgetreten.

Das verstärkte Sammeln von Exlibris hat zu einer Einteilung in charakteristische Gruppen geführt, so nach inhaltlichen Schwerpunkten: Wappen-, Bildnis-, Berufs-, Pflanzen-, Architektur-, Akt-, erotische Exlibris. Wo Bildinhalte symbolhaft oder allegorisierend verwendet werden, ist eine eindeutige Zuordnung mitunter schwierig. Ein anderer Gesichtspunkt der Einteilung ist der nach Eignern (Exlibris für Prominente, Künstler, namhafte Auftraggeber, Ehepaare, Kinder u. a.). Eine besondere Stellung nehmen hier die Eigenexlibris ein, die Künstler für sich selbst gestaltet haben.

Auch die Gestaltungsart der Exlibris läßt Unterscheidungen zu, z. B. beim Ornament- oder dem Schrift- und Textexlibris, dessen Inhalt aus Initialen, Monogrammen oder Textzeilen, wie Sprüchen, Mottoversen, Mahnungen an die Entleiher u. ä. besteht. Darüber hinaus aber finden sich auch in den vorwiegend bildhaft angelegten Exlibris vielfach solche Texte. Eine Gruppierung der Exlibris nach ihren Gestaltern ist nur bedingt möglich, da in der Geschichte der Exlibriskunst in vielen Fällen die Künstler nur durch Stilvergleiche oder auch gar nicht zu ermitteln sind.

Eine Sonderform ist das Universalexlibris, das – entweder lose oder bereits eingedruckt im Buchdeckel – so gestaltet ist, daß der jeweilige Besitzer seinen Namen selbst eintragen kann. Die für das Exlibris charakteristische persönliche Beziehung zum Bucheigner fehlt hier völlig. In der Frühzeit des Exlibris kennt man noch das Doppelexlibris, das meist aus dem Wappen und dem Bildnis des Besitzers besteht oder auch gemeinsame Besitzer einer Bibliothek, wie Eheleute, darstellt. Verwendung findet auch der Buchstempel, mit dem das Eignerzeichen direkt in das Buch gesetzt wird.

Exlibris für die Sammlungen des Deutschen Buchgewerbe- und Schrift-Museums zu Leipzig.
Radierung von Bruno Heroux. 1914. 9,2 × 14 cm

Ebenfalls eine Folge des Sammelns und dem damit verbundenen Funktionswandel des Exlibris ist die Unterscheidung nach Luxus- und Gebrauchsexlibris. Während das Luxusexlibris von vornherein auf den Sammel- und Tauschzweck zielt und häufig auch in seiner Gestaltung (Größe, Form) dem ursprünglichen Anliegen nicht mehr gerecht wird, dient das Gebrauchsexlibris unverändert als Eignerzeichen und bleibt an das Buch gebunden. Diese zweigleisige Entwicklung der Exlibriskunst hat zu einer bis in die Gegenwart andauernden Auseinandersetzung um die Funktion des Exlibris geführt, deren Forderungen in erster Linie darin besteht, seine Buchbezogenheit aufrechtzuerhalten.

Zahlreiche Exlibrisfreunde des In- und Auslands sind in Exlibrisgesellschaften organisiert, die mit dem Anwachsen der Sammlerbewegung am Ende des 19. Jh. entstanden (1890 Exlibris Society in England, 1891 Exlibrisverein in Deutschland, 1894 Exlibris Society in den USA u. a.) und auch heute noch in Form von Nachfolgegesellschaften existieren. Die bedeutendste internationale Vereinigung der Gegenwart ist die FI-SAE (Fédération internationale des sociétés d'amateurs d'exlibris; gegründet 1966), deren Vertreter in zweijährigen Abständen auf internationalen Kongressen zusammentreffen. In den einzelnen Ländern vertreten nationale Exlibris- und Kleingraphikgesellschaften sowie bibliophile Vereinigungen die Interessen ihrer Mitglieder, so die Pirckheimer-Gesellschaft (DDR), die Deutsche Exlibrisgesellschaft (BRD), die Österreichische Exlibrisgesellschaft auf deutschsprachigem Gebiet sowie zahlreiche Organisationen in der ČSSR, in Dänemark, in den Niederlanden, in Polen, der Sowjetunion u. a. Auf Kongressen, Ausstellungen und in ihren Publikationen fördern diese Vereine das Ansehen des Exlibris als kleingraphisches Kunstwerk.

Nicht erfaßbar sind die zahllosen privaten Exlibrissammlungen, die durch die Förderung ihrer Auftraggeber ständig anwachsen und nicht selten rein spekulativen Gesichtspunkten dienlich sind. Namhafte öffentliche Bibliotheken und Museen, so das Buch- und Schriftmuseum der Deutschen Bücherei in Leipzig, die Deutsche Staatsbibliothek in Berlin, die Österreichische Nationalbibliothek in Wien, die British Library in

Exlibris für Jean Tyssen. Holzschnitt von Frans Masereel, um 1950. 12,2 × 15,8 cm

Exlibris für Anatoli Kaplan. Holzstich von Karl-Georg Hirsch, 1968. 6,2 × 10 cm

London sowie seit Beginn der achtziger Jahre das Exlibriszentrum der DDR Schloß Burgk, pflegen in ihren umfangreichen Sammlungen das Exlibris als ein Zeugnis der Buch- und Kulturgeschichte von hohem künstlerischem Rang. *U.W.*

Lit.: Warnecke, F.: Die deutschen Bücherzeichen (Ex-Libris) von ihrem Ursprung bis zur Gegenwart. – Berlin, 1890. // Warnecke, F.: Bücherzeichen (Ex-Libris) des 15. und 16. Jahrhunderts. – Berlin, 1894. // Seyler, G. A.: Illustriertes Handbuch der Exlibriskunde. – Berlin, 1895. // Leiningen-Westerburg, Graf E. zu: Deutsche und österreichische Bibliothekszeichen (Exlibris). – Stuttgart, 1901. // Stickelberger, E.: Das Exlibris in der Schweiz und in Deutschland. – Basel, 1904. // Braungart, R.: Deutsche Exlibris und andere Kleingraphik der Gegenwart. – München, 1922. // Braungart, R.: Das moderne deutsche Gebrauchs-Exlibris. – München, 1922. // Zur Westen, W. von: Exlibris (Bücherzeichen). – 2. Aufl. – Bielefeld, Leipzig, 1925. // Wegemann, A.: Schweizer Exlibris bis zum Jahre 1900. – 2 Bde. – Zürich, 1933–1937. // Donin, R. K.: Stilgeschichte des Exlibris. – Wien, 1949. // Geck, E.: Exlibris, Kleingraphik aus fünf Jahrhunderten. – Mainz, 1955. // Hanusch, G.: Von Dürer bis Picasso : Exlibris großer Meister. – Würzburg, 1959. (Das Exlibris ; 2) // Ott, N. H.: Exlibris. – Frankfurt a. M., 1967. // Funke, F. ; Haug, I.: Exlibris. – In: Reallexikon zur deutschen Kunstgeschichte. – Bd. 6. – München, 1973. – Sp. 671 bis 696. // Hopf, A. ; Hopf, A.: Exlibris. – München, 1980. // Franck, H.: Jugendstil-Exlibris. – Leipzig, 1984.

Explicit
(explicit liber, lat. = das Buch ist zu Ende). Beginn der Schlußformel (↗ Kolophon) in mittelalterlichen ↗ Handschriften und in ↗ Inkunabeln, die von der dem ↗ Kodex vorangehenden Rolle (↗ Buchrolle) übernommen wurde, deren Ende mit den Worten »volumen explicitum« (lat. = »die Rolle ist abgewickelt«) angekündigt wurde. Wie das ↗ Incipit wurde auch das Explicit farbig abgesetzt oder durch eine vom übrigen Text abweichende Schriftart hervorgehoben. *F.M.*

Faksimile[ausgabe]
Als Faksimile (lat. fac simile = mache es ähnlich) wird die möglichst originalgetreue Wiedergabe einer Vorlage (einschließlich des Erhaltungszustandes) mit Hilfe drucktechnischer Verfahren bezeichnet. Dabei kann es sich um die Nachbildung von Zeichnungen, Briefen, mittelalterlichen Handschriften (z. B. Psalterien, Apokalypsen), Inkunabeln, frühen Drucken des 16. Jh. oder sonstigen künstlerisch, historisch oder literarisch bedeutenden oder seltenen Werken (Erstausgaben, Almanache, Volkskalender usw.) handeln, die aus den verschiedensten Gründen verdienen, vollständig oder in Teilen einem größeren Interessentenkreis bekanntgemacht zu werden. Die Herstellung von Faksimiles ist an kein bestimmtes Verfahren gebunden, Original und Reproduktion sind oft nur schwer zu unterscheiden. Im Idealfall kann das Faksimile das Original in der Öffentlichkeit ersetzen, d. h. das Original wird benutzungseingeschränkt sicher aufbewahrt. Das Faksimile macht Sammlern, Bibliophilen und Wissenschaftlern diese Objekte sowohl für die Betrachtung als auch für die Forschung und Lehre zugänglich, es ist ein wesentliches Mittel zur Erschließung und Popularisierung des kulturellen Erbes. Sollen Faksimileausgaben den an sie gestellten Anforderungen gerecht werden, müssen sie in ihrer Ausstattung (Originalformat, Farbigkeit, Material des Schriftträgers, Bindeart und Einband) dem Original entsprechen und den gleichen oder zumindest einen ähnlichen Gesamteindruck erwecken.

Faksimileausgaben, von Verlagen sorgfältig geplante, aufwendige Unternehmungen, gelangen in der Regel nur in beschränkter Exemplarzahl und zu relativ hohen Preisen in den Handel. Dem Faksimile sind meist Erläuterungen in Form von Vor- und Nachworten oder selbständigen Kommentarbänden beigegeben, die Entstehung, Migration und den Allgemeinzustand des Originals beschreiben und es fachwissenschaftlich einordnen. Zu den beachtlichsten Faksimileausgaben zählen die Editionen der 42zeiligen Gutenberg-Bibel (1913/14) und der Manessischen Liederhandschrift (1923/27) durch den Leipziger Insel-Verlag, das Goldene Evangelienbuch von Echternach (1982, Koproduktion von S. Fischer in Frankfurt a. M. und Müller & Schindler in Stuttgart) und der Atlas des Großen Kurfürsten (1971, Koproduktion von Edition Leipzig und Belser in Stuttgart.

Weitere Faksimileausgaben ↗ bei Buchmalerei. *F. M.*

Lit.: Hills, L. ; Sullivan, T. J.: Facsimile. – New York, 1949. // Nold, R.: Bedeutende Faksimile-Ausgaben. – In: Antiquariat. – Stammheim 21(1971)10. – S. 137/1 – 142/6. – Hilka, T.: Zur Terminologie und Geschichte der Faksimilierung. – In: Bibliothek : Forschung u. Praxis. – München 9(1985)3. – S. 290 299.

Farbbücher, auch *Buntbücher*
Sammelbezeichnung für amtliche Veröffentlichungen zur auswärtigen Politik oder zur Rechtfertigung des eigenen Standpunktes. Der Name rührt von den Farben der Umschläge her, die einige Staaten traditionell verwenden (weiß: Deutschland vor 1945, z. T. auch DDR und BRD, Portugal; gelb: Frankreich; grün: Italien, Mexiko; blau: Großbritannien). Die ersten Farbbücher wurden 1624 in England veröffentlicht. Dort tragen bis heute auch alle amtlichen Veröffentlichungen wegen ihres blauen Einbandes den Namen Blue Book. Bekannt wurde das von deutschen Antifaschisten 1934 in Frankreich veröffentlichte Braunbuch über den Reichstagsbrandprozeß. *K. K. W.*

Farbfraß
Farbfraß tritt in alten Büchern an den Stellen auf, die mit grüner Farbe aus Kupferazetat (Grünspan) koloriert sind. Ähnliche Schäden bewirkt auch Eisengallustinte – dann als sog. *Tintenfraß* bezeichnet. *K. K. W.*

Fibel
Lehrbuch für den Anfangsunterricht im Lesen und Schreiben, das erste, anschaulich bebilderte Schulbuch, das Kinder als Lesebuch in die Hand bekommen. Neben den Anfangsgründen im Lesen und Schreiben soll es ihnen den Übergang vom geschriebenen zum gedruckten Wort vermitteln. Als Synonyme gelten Begriffe wie *ABC-Buch, Abecedarium, Lesebüchlein*; das Wort Fibel ist vermutlich von Bibel abgeleitet worden (die ersten ABC-Bücher enthielten Lesestücke aus der

Buchstabe H aus dem Neuen ABC-Büchlein des Nürnberger Kunsthändlers Paul Fürst, Nürnberg, um 1660. 8 × 14 cm

Abecedarium, griechisch-russisches Lesebuch des russischen Erstdruckers Iwan Fedorow, Ostrog, 1578. 10 × 16 cm

Bibel und aus dem Katechismus) und seit 1419 nachweisbar. Als Buchgattung entstand die Fibel erst nach der Erfindung des Buchdrucks und mit der Herausbildung eines städtisch-frühbürgerlichen Schulwesens. Sie spiegelt als elementares Schul- und Kinderbuch den jeweiligen Entwicklungsstand des Erziehungswesens, der didaktischen Methoden und der Einstellung zum Kind wider. In methodischer Hinsicht werden u. a. Buchstabier-, Lautier- und Schreib-Lese-Fibeln unterschieden. Heutige Fibeln sind in kindgemäßer Weise gestaltet, sie enthalten sinnvolle Texte und einprägsame bildliche Darstellungen, die den kindlichen Leser behutsam vom Bilderbuch zum Lesebuch hinleiten.

Als Gebrauchsbuch unterliegt die Fibel extremen Belastungen, deshalb hat sich auch von der Fülle der Fibel-Ausgaben vergangener Jahrhunderte nur wenig in unsere Gegenwart gerettet, einzelne Exemplare sind Sammlern heute nur schwer zugänglich.

In übertragenem Sinne wird der Begriff Fibel auch für allgemeinverständliche Elementarbücher verwendet (z. B. Baustilfibel, Schmuckfibel). *F. M.*

Lit.: Hennig, P.: Alte Fibeln. – In: Zeitschrift für Bücherfreunde. – Leipzig 12(1908). – S. 1 – 15. // Rümann, A.: Alte deutsche Kinderbücher. – Wien, 1937. // Schmack, E.: Der Gestaltwandel der Fibel in 4 Jahrhunderten. – Ratingen, 1960. // Gabele, P.: Pädagogische Epochen im Abbild der Fibel. – München, 1962. // Veen, C. F. van; Rap, T. W.: A bibliography of Dutch ABC-books. – Amsterdam, 1965. – Bilderbuch und Fibel / hrsg. v. K. Doderer. – Weinheim, Basel 1972. // Kläger, M.: Zur graphischen und künstlerischen Gestalt der Fibel. – In: Bibliothek und Wissenschaft. – Wiesbaden 18(1984). – S. 47 – 60.

fingierte Erscheinungsorte

Die Verwendung fingierter Druck- und Verlagsorte ist ein Teil der Schutzmaßnahmen der Literaturproduzenten vor obrigkeitlicher Verfolgung, wie er sich auch in der Verwendung von ↗ Anonymen und ↗ Pseudonymen manifestiert. Die Verschleierung des Ursprungs kam im 16. Jh. auf und erlebte ihre Blütezeit im 17. und 18. Jh. Die gesellschaftlichen Veränderungen im 19. und 20. Jh. machten diese Art der Tarnung seltener,

fingierte Erscheinungsorte

Käufer aus allen Bevölkerungsschichten vor einer Buchhandlung der fingierten Firma »Peter Hammer Libraire«.
Umschlag zum Intelligenzblatt zu den Neuen Feuerbränden. Leipzig 1(1808). 16,5 × 22 cm

↗ Exil- und Oppositionsliteratur bedienten sich nun anderer Methoden. Fingierte Erscheinungsorte wurden am häufigsten im deutschen Sprachgebiet, in Frankreich und Italien, in geringerem Maße in England, verwendet. Mit der Verschleierung der Herkunft wurde nicht nur die ↗ Zensur getäuscht, sondern auch der Autor, wenn nämlich der Originalverleger einen ↗ Nachdruck oder einen Teil der Auflage mit fingiertem Impressum herstellte. Die Wahl fingierter Erscheinungsorte ist oft Zeugnis der Phantasie der Zeitgenossen und steckt voll von Anspielungen auf den Text, auf Sitten und Gebräuche der Zeit, z. B. im erotischen Bereich. Trotz aller Vielfalt zeichnen sich gewisse Grundmuster der Fiktionen ab, die sich folgendermaßen gruppieren lassen: 1. Fingierte Erscheinungsorte wie Amsterdam, Hamburg, London, an denen sich Zentren des Buchgewerbes befanden. Dazu kamen die beiden Messeplätze Frankfurt am Main und Leipzig, die während des 18. Jh. meist gemeinsam auf Nachdrucken erschienen. Rom wurde gern als Erscheinungsort antikatholischer Schriften verwendet. Fiktiven Charakter tragen auch Erscheinungsorte wie Edenburg, Oliva, Krakau, Petersburg, Moscau, Warschau, Austerlitz in deutschsprachigen Veröffentlichungen.

2. Anspielungen auf Zeitereignisse, Sitten und Gebräuche sowie literarische Werke wie etwa beim Erscheinungsort Cock(l)ogallinien (1740, 1741, 1745, 1790). Er geht auf die mehrmals ins Deutsche übersetzte »Voyage to Cocklogallinia« zurück, die Jonathan Swift zugeschrieben wird. Ortsnamen aus Nordafrika, dem Nahen Osten und anderen Gebieten Asiens sind geprägt von der Kenntnis antiker und biblischer Überlieferungen sowie den bis ins 18. Jh. andauernden Kriegen mit den Türken. So steht Constantinopel (Istambul, Stambul) zwischen 1684 und 1808 bei diesen Orten mit an der Spitze der Nennungen. Die ersten deutschen Übersetzungen von »1001 Nacht«, die erste Koranausgabe in Deutschland, Montesqieus »Persische Briefe«, Samuel Johnsons »Rasselas«, zeitgenössische Reisebeschreibungen und viele andere, im orientalischen Milieu angesiedelte Werke der schönen Literatur, der Philosophie und Kunst dürften die Wahl von Ortsnamen

wie Algier, Marokko, Memphis, Babylon, Bagdad, Jerusalem, Mekka, Peking, Smirna mitbestimmt haben. Das Echo auf Napoleons Feldzug in Ägypten und Syrien 1798/99 ist beim Auftauchen von Namen wie Alexandrien, Cairo, Egypten zu spüren. Mit der Erhebung der nordamerikanischen Siedler gegen die englische Herrschaft rückten Ortsnamen aus der bis dahin weniger bekannten neuen Welt in das Impressum, wie Boston, Germantown, Neuyork, Washington und Bezeichnungen von Landesteilen wie Californien, Mexiko, Mississippi. In der überaus häufigen Nennung Philadelphias seit 1700 kreuzen sich Bezüge auf die Bibel und die damalige amerikanische Hauptstadt.

3. Mit nationalen Vorstellungen verbinden sich Erscheinungsvermerke wie Deutschland oder Germanien.

4. Lassen sich unter den bisher aufgeführten Beispielen bereits bestimmte Motive für die Namenswahl ablesen, so wird das um so deutlicher bei Zusammensetzungen der Wortstämme Frei-, Fried(en)-, Wahr- mit geographischen Bezeichnungen wie -berg, -burg, -stadt, -tal, -land, so daß hier ein Anklang an tatsächlich existierende geographische Bezeichnungen hergestellt wurde. Zwischen dem ausgehenden 17. Jh. und der Mitte des 19. Jh. treten keine anderen Namensformen in solcher Häufung auf wie Freiburg, Freiberg, Freiheitsburg, Friedberg, Friedensburg, Wahrburg und ähnliche, wobei der Name Freistadt vielfach für Leipzig stehen kann. Ähnlich sprechende Namen sind auch die selteneren Hoffnungsburg oder Frohnshausen. Vergleichbare Tendenzen zeigen sich im französischen, lateinischen und italienischen Sprachbereich mit ähnlich sprechenden Ortsbezeichnungen wie Alethopolis, Irenopolis, Villefranche, Villafranca.

Im deutschen Sprachbereich wird der fingierte Erscheinungsort nur selten mit einem ebenfalls fingierten Drucker oder Verleger gekoppelt. Eine Ausnahme bildet die fiktive Firma Peter Hammer/Pierre Marteau in Köln, die zwischen 1683 und der Mitte des 19. Jh. wiederholt zur Tarnung benutzt wurde. Um die Verzeichnung und teilweise Entschlüsselung der fingierten Erscheinungsorte hat sich der deutsche Verleger, Publizist und Bibliograph Emil Weller (1823–1886) Verdienste erworben. Dennoch weisen Erfassung und Entschlüsselung fingierter Erscheinungsorte noch immer große Lücken auf. Als eine charakteristische Erscheinung des Buch- und Verlagswesens sind sie in ihrer Grundtendenz Spiegelbild der fortschrittlichen Bestrebungen auch in Zeiten, die durch die erzwungene Ruhe autoritärer Machtausübung gekennzeichnet waren. *K. K. W.*

Lit.: Weller, E.: Die falschen und fingierten Druckorte. – 2. Aufl. [Nebst] Nachträge. – Leipzig, 1864–1867. (Neudr. Hildesheim, 1960–1961.) // Walther, K. K.: Zur Typologie fingierter Druck- und Verlagsorte des 17.–19. Jh. – In: Zentralbl. Bibliothekswesen. – Leipzig 91(1977)2. – S. 101 – 107. // Walther, K. K.: Die deutschsprachige Verlagsproduktion von Pierre Marteau, Köln. – Leipzig, 1983 (Zentralbl. Bibliothekswesen : Beih. ; 93).

Fleuron

(franz. = Blumenzierat). Bezeichnung für ein im Buchgewerbe, in der Architektur, in der Goldschmiede- und Textilkunst verwendetes Gestaltungselement aus stilisierten Blumen und Blüten, das sowohl einzeln als auch zu Körben und Buketts zusammengesetzt auftreten kann. (1) In der Buchgestaltung als einzelnes Ornament, größeres Zierstück oder Fries am Kapitelanfang oder am Schluß eines Buches (↗ Vignette) eingesetzt. Seine buchkünstlerische Qualität ist sehr unterschiedlich. (2) Im Buchbinderhandwerk kleiner Schmuckstempel (Blütenstempel) für Blind- und Golddruck (↗ Stempel), aus dem häufig größere Flächenornamente zusammengefügt werden. *F. M.*

Flugblatt, Flugschrift, Einblattdruck

Flugblatt und Flugschrift sind Bezeichnungen, die von C. D. Schubart im 18. Jh. geprägt wurden und die bis dahin gebräuchlichen Begriffe Libell, Tractat, Pasquill, Pamphlet erfolgreich ablösten. Seit dem Beginn quellenorientierter Forschung werden sie zur Erhellung historischer, literaturgeschichtlicher, volkskundlicher, druck- und buchgeschichtlicher Sachverhalte herangezogen. Die Vielfalt der behandelten Themen und die Menge der erhaltenen Exemplare mit unzähligen Varianten im Text, in den Abbildungen und im übrigen äußeren Erscheinungsbild machen sie zu einer Literaturkategorie eigener Art, aus deren näherer Betrachtung sich Einblicke in Vertriebsgepflogenheiten, Rezeption, Bildungsgrad und Informiertheit der Bevölkerung, die Wanderung von Themen und Motiven, das Einwirken der ↗ Zensur ablesen lassen. Die Abgrenzung der Flugblätter und Flugschriften gegenüber äußerlich verwandten Gattungen wie Disputationen, Dissertationen, Erbauungsliteratur, liturgischen und juristischen Texten, Schul- und Lehrschriften liegt in ihrer Bindung an ein aktuelles Ereignis, das berichtet, kommentiert und eventuell auch analysiert wird. Als aktuell können auch solche Themen und Motive verstanden werden, die sich aus einem allgemein verbreiteten Bildungshintergrund (z. B. Bibel) ergeben und zu aktuellen Vorgängen in Bezug gesetzt werden. Flugblätter und Flugschriften erscheinen je nach Anlaß und Gelegenheit, sie sind Vorläufer, aber auch Begleiter und Konkurrent der ↗ Zeitungen. Während der Umfang der Flugschriften stark schwanken kann und sie darin den heutigen ↗ Broschüren verwandt sind, ist er für Einblattdrucke und Flugblätter feststehend. *Einblattdrucke*, die einen Teilbereich der Flugblätter darstellen, sind einseitig bedruckte Blätter, oft im Folioformat. Sie können nur Text enthalten, bestehen aber meist, vor allem in der Frühzeit, aus einem ↗ Holzschnitt oder einem ↗ Kupferstich in der oberen Hälfte des Blattes und einem typographisch hergestellten, erläuternden Text darunter. Einblattdrucke sind der ↗ Druckgraphik, den künstlerisch gestalteten Plakaten, Andachtsbildern, Spielkarten und ähnlichen Erzeugnissen verwandt. Die Entwicklung von ↗ Radie-

Titelholzschnitt zu H. Füßli, Reformationsflugschrift mit Karsthans und Drachen als Begleiter des Papstes. Augsburg, Ramminger, um 1520. 14 × 20,3 cm

Titelholzschnitt zur Reformationsflugschrift »Das die Priester Ee weyber nemen mögen un sollen«. Wittenberg, 1522. 14,5 × 19,7 cm

rung und ↗ Lithographie brachte neue Varianten des Einblattdrucks hervor. *Flugblätter* bestehen aus einem beiderseitig bedruckten Blatt, das auch gefaltet und mit einer Illustration versehen sein kann. Das äußere Erscheinungsbild dieser Literatur wird vom Stand der graphischen und typographischen Technik sowie von zeitgenössischen künstlerischen Strömungen bestimmt, wie es sich z. B. in der Verwendung von Schmuckelementen zeigt.

Die Anfänge der Flugblätter und Flugschriften können mit dem Beginn des Buchdrucks gleichgesetzt werden. Vorläufer der Einblattdrucke waren Heiligenbilder und mittelalterliche Bilderbogen mit kurzen Sentenzen, Unter- oder Überschriften, deren Auflagenhöhe wegen des verwendeten Holzes aber begrenzt war. Um 1490 war der literarische Einblattdruck ausgebildet, wie er sich typusbildend in Sebastian Brants »Von der erlichen Schlacht der Tutschen by Salyn« (1493) manifestierte. Zusammen mit Flugblättern und Flugschriften erleben die Einblattdrucke ihre Blütezeit während der frühbürgerlichen Revolution in Deutschland und während des Dreißigjährigen Krieges. Mit der Ausbreitung der Druckerkunst wurden sie ein in nahezu allen Ländern anzutreffendes Medium, das bis in dieses Jahrhundert hinein Verwendung findet.

Einblattdrucke, Flugblätter und Flugschriften offenbaren von Anbeginn an eine große thematische Vielfalt, die bestimmt wird durch soziale, politische und theologische Auseinandersetzungen. Neben die Argumentation, wie sie im 16. Jh. üblich war, tritt unter dem Eindruck zeitgenössischer Ereignisse im 17. Jh. eine politische Berichterstattung, die nahezu jedes Ereignis, auch auf anderen Erdteilen, erfaßt. In dem Maße, wie sich die periodisch erscheinenden Zeitungen entwickelten, entstanden auch zunehmend kommentierende und analysierende Flugschriften, die ihre Anregungen aus den wechselnden Machtkonstellationen der Zeit erhielten und die real-historischen Ereignisse beim Leser als bekannt voraussetzten.

In den Flugschriften offenbaren sich, wenn auch mitunter versteckt, progressive Unterströmungen, die von der frühbürgerlichen Revolution bis ins 19. Jh. reichen. Sie waren nur selten mit einer Illustration versehen und setzten die Lesefähigkeit des Empfängerkreises voraus. In den illustrierten Einblattdrucken dagegen fanden sich bis ins 19. Jh. neben den politischen Ereignissen, Schlachtbeschreibungen und ähnlichen Vorgängen auch Berichte über auffällige Himmelserscheinungen, Mißgeburten, Unglücksfälle aller Art, Naturkatastrophen, Verbrechen und deren Bestrafung. Der

Titelblatt mit koloriertem Holzschnitt zu »Eyn freuntlichs gesprech zwischen eynem Parfusser münch – ...«. Nürnberg, Höltzel, 1524. 13,5 × 18 cm

Der Karsthans. Titelholzschnitt zu D. Peringers Flugschrift »Eyn Sermon geprediget vom Pauren zu Werd bey Nürnberg am Sontag vor Faßnacht ...«, um 1524. 13,5 × 18,4 cm

phantasievollen Ausschmückung waren dabei keine Grenzen gesetzt, oft wurden wegen des Erfolges bei Neudrucken lediglich die Daten geändert. Dabei handelte es sich nicht allein um die Befriedigung von Neugier und Sensationsgelüsten, sondern, durch die beigefügten moralisch-religiösen Schlußfolgerungen, auch um Aufrufe zur Buße, zur Einkehr. Derartige Tendenzen finden sich auch in den Prognostika: ihre Voraussagen kommender Ereignisse sind aus politischen Konstellationen abgeleitet, Löwen, Adler, Bären, Jungfrauen sind nicht allein Sternbilder, sondern auch heraldische Kennzeichen irdischer Staaten und Orte. Biblische Stoffe und Motive waren so allgemein bekannt, daß sie als Bezugspunkte im Kampf gegen kirchliche und weltliche Mißstände dienten. Biblische Prophezeiungen der Apokalypse und reale Schrecken des Krieges gingen oft eine Synthese ein, wie es das Blatt des dänischen Kupferstechers O. H. v. Lode (gest. 1757) zeigt. Die Legende vom verlorenen Sohn und die Darstellung der Lebensalter zählten ebenfalls zu den beliebten Motiven. Ein international weit verbreitetes Thema waren die Frauen, die nicht immer sehr schmeichelhaft dargestellt wurden. Die meisten Themen sind heute von historischem Interesse, vermitteln aber Einblicke in zeitgenössische Stimmungslagen. Bei Flugschriften und Flugblättern, die sich mit der französischen Ostexpansion unter Ludwig XIV. oder mit den Juden beschäftigten, dürften Grundlagen für weiterwirkende Entwicklungen gelegt worden sein.

Die Gestaltung steht in enger Wechselbeziehung zu gebräuchlichen literarischen und künstlerischen Formen und zur Rezeptionsfähigkeit des Adressaten. So waren die Verse auf den Einblattdrucken oft dazu bestimmt, nach der Melodie eines bekannten Kirchenliedes gesungen zu werden. Der Erfolg eines Blattes beruhte auch auf der glücklichen Verbindung von Text und Bild, wobei durch das Vorsingen die Abbildungen leicht aufgenommen und verstanden werden konnten, da sie vielfach vertraute Elemente enthielten. Sie führten zu einer Deutung der real-historischen Ereignisse und regten den Fluß der Gedanken an, ein Vorgang, der sich nur aus einem intakten Empfinden bildlichen Rezeptionsvermögens erklären läßt. Zumindest ein Teil der emblematischen Darstellungen, der allegorischen Figuren und Symbole dürfte allgemein bekannt gewesen sein. Bei den bildlichen Darstellungen störte es keineswegs, daß sie mehrere zeitlich aufeinanderfolgende Vorgänge vereinten, im Arrangement kann man hier Berührungspunkte zur ↗ Bildgeschichte sehen.

Bereits frühzeitig finden sich in Flugblättern, Einblattdrucken, Flugschriften Typisierungen der auftretenden Personen als Bauern, Seeleute, Soldaten, Kaufleute; als Vertreter ihrer Länder treten in Gesprächen deren Herrscher auf, so daß durch diese Personalisie-

Titelholzschnitt einer gegen Luther gerichteten Flugschrift: J. Cochläus, Septiceps Lutherus ... Leipzig, Schuman, 1529. 14,9 × 19,3 cm

Titelholzschnitt einer Flugschrift der Reformationszeit. J. Watt: Das Wolffgesang, um 1521. Universitäts- und Landesbibliothek Sachsen-Anhalt, Halle. 14 × 19,5 cm

rung der Standpunkt des Landes oder der Blickwinkel eines Standes deutlich werden. Populäre Figur der Reformationszeit war der »Karsthans«, so nach einer Flugschrift aus dem Jahre 1521 genannt, der als Synonym für die Anhänger Luthers aus den unteren Volksschichten galt. Die Gestalt des Pasquinus, verkleinert Pasquillus, bezeichnete ursprünglich eine antike Statue in Rom, an die Sprüche und lose Verse geheftet wurden; diese Figur war bis ins 18. Jh. eine Standardgestalt und gab der Gattung ihren Namen.

Ein weitverbreitetes Stilmittel war die Brieffform, ein Hinweis auf den Ursprung vieler Flugschriften aus dem Umkreis der Höfe und Diplomaten. Neben echten Briefen finden sich fiktive, dazu Gespräche und Dialoge zwischen Vertretern verschiedener Stände und Nationen, sei es auf Erden oder im Reiche der Toten, Träume, angeblich belauschte Gespräche, zufällig gefundene Aufzeichnungen, Begegnungen und Unterhaltungen auf Reisen über den Lauf der Welt. Die Phantasie, die bei diesen Einkleidungen waltet, macht sie zu literarischen Kabinettstücken und verbindet sie mit der zeitgenössischen schönen Literatur. Zu diesen Elementen kamen, vor allem in Titeln der Einblattdrucke und Flugschriften, Übernahmen aus anderen Lebensbereichen wie Ohren-Schmaus, Kochkunst, Wildbret, Schau-Essen, Konfekt, Ballett, (Karten-)Spiel, Katechismus, Testament, Krankheitsbezeich-

nungen wie spanische Kolik oder französische Krankheit (= Syphilis).

Einblattdrucke, Flugblätter und Flugschriften wurden bereits zu einem sehr frühen Zeitpunkt in den Nationalsprachen abgefaßt. Zu wichtigen Vorgängen erschienen sie auch in mehreren Sprachen gleichzeitig, die Kunstfertigkeit des Übersetzers spielte für ihre Wirkung eine wichtige Rolle. Damit erreichten diese Schriften einen weiten Kreis von Rezipienten, die entweder selbst lasen oder vorgelesen bekamen.

Die sprachliche Ausdrucksfähigkeit, die in den Flugschriften der Reformationszeit einen ersten Höhepunkt erreichte, gewann erst in der zweiten Hälfte des 17. Jh., mit der teilweisen Ablösung der Flugschriften von der aktuellen Berichterstattung, an weiterer Nuancierung.

Der Buchdruck ermöglichte die schnelle und wiederholte Herstellung eines Druckes in bis dahin unbekannten Auflagenhöhen. Durch technische Verbesserungen stieg die Leistung der Druckerpressen, so daß in politisch bewegten Zeiten Flugblätter, Flugschriften und Einblattdrucke in dichter Folge erscheinen konnten. Drucktechnische Untersuchungen zeigen, daß auf Grund der Nachfrage oft während des Druckes die Auflagenhöhe verändert wurde. Flugblätter und Flugschriften erhielten ein zunehmend handlicheres Format, mit dem Druck auf besonders dünnem und leich-

Flugblatt. Flugschrift

Flugblatt »Auf- und Niedergang des weiblichen Alters«. Kupferstich, 1625. Staatliche Galerie Moritzburg Halle. 38 × 26,5 cm

tem Papier wurde bis in die Gegenwart versucht, sie auch für das Einschmuggeln in gegnerisches Gebiet besonders geeignet zu machen.

Zentren der Herstellung von Einblattdrucken waren vor allem die süd- und südwestdeutschen Reichsstädte wie Augsburg, Nürnberg, Basel, Straßburg, Frankfurt a. M. Diese führende Stellung behaupteten sie bis ins 18. Jh. hinein mit Firmen wie Merian (Frankfurt a. M.), Fürst und Loschge (Nürnberg), Wolff (Augsburg). Durch die Beschäftigung namhafter Künstler und die Entwicklung der graphischen Techniken gewannen die von hier ausgehenden Blätter auch einen zunehmend dekorativen Charakter. Diese Bilder von Schlachten, Feldzügen, Heerführern, fremden Städten und Ländern waren nicht mehr allein für den »gemeinen Mann« gedacht, sie wurden auch begehrte Objekte innerhalb des Kommunikationsnetzes der herrschenden wie der gebildeten Kreise, sah man hier doch Freunde, Verwandte, Gegner oder anderweitig interessante Personen und Vorgänge in oft eindrucksvoller Weise dargestellt.

Mit der Reformation verlagerte sich die Herstellung von Flugschriften in den mitteldeutschen Raum und fand hier ein in ihrer Zeit mächtiges Zentrum. Schnittpunkte wichtiger Handels- und Verkehrswege entwickelten sich in der Folgezeit zu Zentren des Nachrichtenumschlags und der Verbreitung von Flugschriften und Zeitungen, wie es im 17. Jh. Hamburg und die niederländischen Hafenstädte zeigen. Die Herstellung der Flugschriften und Einblattdrucke erfolgte ursprünglich für einen regional begrenzten Markt. Angesichts der typographischen Angleichung der Ausgaben einer Schrift aneinander, die aber nie vollständig gelang, kann man annehmen, daß sowohl zwischen den Druckern als auch durch Mittelmänner im diplomatischen Dienst über große Entfernungen ein Austausch einzelner Exemplare stattfand, die dann als Vorlagen für Nach- und Neudrucke, Übersetzungen und Bearbeitungen dienten.

Einblattdrucke, Flugblätter und Flugschriften waren nicht immer preiswert und fanden ihre Abnehmer nicht so sehr in den Unterschichten der Handwerker und Bauern als vielmehr im Kreise des Lesekundigen und sozial Höherstehenden. Der kommerzielle Vertrieb erfolgte über Messen und Märkte, im Eigenvertrieb der Drucker, durch Verkauf in Kramläden sowie über den sich entwickelnden Sortimentsbuchhandel. Umfassender, weitreichender und schneller als diese Vertriebsformen war der direkte Austausch zwischen Höfen, Stadtstaaten, Politikern, Publizisten, Gelehrten, der

Flugblatt »Weibermühle«. Kupferstich gez. CAB. Köln, 1650. Staatliche Galerie Moritzburg Halle. 32 × 26 cm

über Konfessions- und Ländergrenzen hinweg erfolgte und an dem Kaufleute, Reisende, Postmeister, Boten, bezahlte Mittelsmänner und »Zeitungsschreiber« beteiligt waren. Der Erhalt und Versand gedruckter wie handgeschriebener Flugschriften gehörte im 17. und 18. Jh. zum täglichen Verwaltungsgeschäft wie der Umgang mit Akten, von denen die gedruckten Schriften mit dem Entstehen von Archiven und Registraturen getrennt und in Bibliotheken überführt wurden. Charakteristisch für diese Zeit sind der Druck auf Bestellung und der gezielte Vertrieb. So sorgten Abgesandte des englischen Parlaments in Westfrankreich, Bremen und Hamburg, in den skandinavischen und den Ostseeländern für die Übersetzung und Verbreitung der wichtigsten Schriften der englischen Revolution. Noch in der Mitte des 18. Jh. bediente sich Friedrich II. von Preußen diplomatischer Kanäle zur Verbreitung von Flugschriften, die seine Politik rechtfertigen sollten.

Eine neuerliche Belebung erfuhren Einblattdrucke, Flugblätter und Flugschriften nach der Französischen Revolution. Trotz strenger ↗ Zensur für Zeitungen und Zeitschriften fanden sich für Flugschriften immer wieder Publikationsmöglichkeiten. Daß Herstellung und Vertrieb nicht ungefährlich waren, zeigt das Beispiel des Verlegers Palm, der für die von ihm verlegte Schrift »Deutschland in seiner tiefsten Erniedrigung« von französischen Truppen 1806 erschossen wurde. Auf Grund der Karlsbader Beschlüsse unterlagen Herstellung und Vertrieb von Flugschriften und Einblattdrucken einer rigorosen Zensur, durch die alle kritischen und freiheitlich gesonnenen Stimmen der zurückliegenden Jahrzehnte zum Schweigen gebracht werden sollten. Nachdem unter dem Eindruck der französischen Julirevolution von 1830 politische Blätter und Karikaturen wieder zu erscheinen begannen, wurde mit Beginn der vierziger Jahre, genährt durch soziale und politische Konflikte, die Zahl der Flugschriften und Einblattdrucke nahezu unübersehbar. Bei der Bekämpfung der ihr unliebsamen Bewegung versuchte sich auch die Reaktion dieser Medien zu bedienen.

Später vertrieb die organisierte Arbeiterschaft Flugblätter, Flugschriften, Broschüren, die in eigenen Druckereien hergestellt wurden, über ihre Organisationen, Mittelsmänner und Buchhandlungen. Der hohe politische Organisationsgrad der Drucker und Setzer ermöglichte auch die Herstellung illegaler Flugschriften und Flugblätter.

Die technische Entwicklung führte dazu, daß Flugschriften und Flugblätter inzwischen auch durch Rake-

Französischer Einblattdruck über den Geldmangel, den der Krieg verursacht »Le Temps miserable qui ne peut attraper l'argent«. Kupferstich von P. Bertrand, 2. Hälfte des 17. Jh. Universitäts- und Landesbibliothek Sachsen-Anhalt, Halle. 58,5 × 44 cm

ten verschossen oder aus Ballonen und Flugzeugen abgeworfen wurden. Englische und amerikanische Flugzeuge warfen während des zweiten Weltkrieges mehrere hundert Millionen Flugblätter über dem deutschen Reichsgebiet ab, von denen aber nur ein geringer Teil die eigentlichen Empfänger erreichte. Flugblätter und Flugschriften, oft mit einfachsten Mitteln hergestellt, waren wichtige Bestandteile des antifaschistischen Kampfes aller Länder. Herstellung, Verbreitung und Besitz mußten vielfach mit dem Leben bezahlt werden.

Mit der wachsenden Lesefähigkeit und der Abstrahierung der Berichterstattung hin zu einer Analyse und Kommentierung, die sich der Visualisierung durch Abbildungen entzog, gewannen die Flugschriften an Boden. Bedenkt man, daß es sich bei den überlieferten Schriften um die Reste eines Kommunikationsprozesses handelt, so zeigt sich, daß im Verhältnis zur Bevölkerungsdichte, der Lesefähigkeit und der Multiplikation durch Vorlesen zumindest die Bewohner in den Städten und im Bereich von Handelsstraßen relativ gut über die Zeitläufte informiert waren.

Größere Sammlungen an Flugschriften in Bibliotheken und Museen gehen vielfach auf private Vorbesitzer und Sammler zurück. Sie sind in die Bestände integriert und durch Art der Katalogisierung und Aufstellung nicht besonders abgehoben. Flugblätter und Einblattdrucke werden, schon wegen ihrer Nähe zu den graphischen Blättern, meist gesondert, u. a. auch in Spezialabteilungen von Museen, aufbewahrt. Umfangreichere Sammlungen befinden sich heute beispielsweise in den Universitätsbibliotheken Halle, Jena, Wrocław, der Sächsischen Landesbibliothek Dresden, der Bayerischen Staatsbibliothek München, der Herzog-August-Bibliothek Wolfenbüttel, der Österreichischen Nationalbibliothek Wien, der British Library London, der Bibliothèque Nationale Paris, der Széchenyi-Nationalbibliothek Budapest; Einblattdrucke finden sich unter anderem auch in der Staatlichen Galerie Moritzburg, Halle, und im Schloßmuseum Gotha.

Abhandlungen zu diesem Gebiet sind nahezu unübersehbar, umfangreichere und zuverlässige bibliographische Beschreibungen und Katalogisierungsvorhaben stammen erst aus der jüngsten Zeit. *K.K.W.*

Lit.: Knuttel, W. P. C.: Catalogus van de pamfletten-verzameling berustende in den Koninklijke Bibliotheek. – T. 1–9. – 's-Gravenhage. 1889–1920. // Schottenloher, K.: Flugblatt und Zeitung. – Berlin, 1922. // Wäscher, H.: Das deutsche illustrierte Flugblatt. – Bd. 1.2. – Dresden, 1955–1956. // Bohatcová, M.: Irrgarten der Schicksale. – Praha, 1966. // Coupe, W. A.: The German illustrated broadsheet in the 17th

Flugblatt. Flugschrift

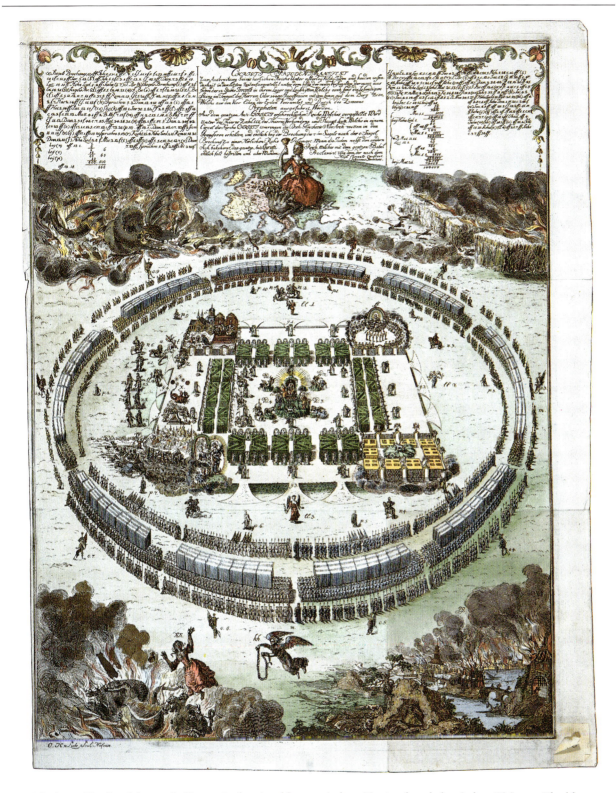

Kolorierter Kupferstich von O. H. von Lode mit zahlenmystischem Text und apokalyptischen Visionen. Flugblatt, 1. Hälfte des 18. Jh. Universitäts- und Landesbibliothek Sachsen-Anhalt, Halle. 39 × 50,5 cm

century. – 1.2. – Baden-Baden, 1966. // Brednich, R. W.: Die Liedpublizistik im Flugblatt des 15.–17. Jahrhunderts. – 1.2. – Baden-Baden, 1975. // Strauss, W. L.: The German single-leaf woodcut 1550–1600. – Vol. 1–3. – New York, 1975. // Köhler, H.-J.: Die Flugschriften : Versuch der Präzisierung eines geläufigen Begriffes. – In: Festgabe für Walter Zeeden. – Münster, 1976. – S. 36–61. // Alexander, D.; Strauss, W. L.: The German single-leaf woodcut 1600–1700. – 2 vols. – New York, 1977. // Flugblatt-Propaganda im zweiten Weltkrieg : Europa / hrsg. v. K. Kirchner. – Bd. 1–7. – Erlangen, 1978–1982. // Walther, K. K.: Kommunikationstheoretische

Aspekte der Flugschriftenliteratur des 17. Jh. – In: Zentralbl. Bibliothekswesen. – Leipzig 92(1978). – S. 215 – 221. // Deutsche illustrierte Flugblätter des 16. und 17. Jh. / hrsg. v. W. Harms. – Bd. 1, 1 ff. – München, 1980 ff. // Ecker, G.: Einblattdrucke von den Anfängen bis 1555 : Untersuchungen zu einer Publikationsform literarischer Texte. – 2 Bde. – Göppingen, 1981. // Paas, J. R.: The German political broadsheet 1600–1700. – Vol. 1 ff. – Wiesbaden, 1985 ff.

Foliant

Bezeichnung für ein großformatiges und umfangreiches Buch, abgeleitet von der bibliographischen Formatangabe Folio (2°), die früher unabhängig vom Umfang für alle aus einmal gebrochenen Bogen zusammengesetzten Bücher verwendet wurde (↗ Format[angabe]). Je nach Größe der zur Buchherstellung benutzten Papierbogen und der Art ihrer Verarbeitung (Ineinanderstecken von Bogenteilen) ergaben sich im Folio-Formatbereich speziellere Bezeichnungen wie Kleinfolio, Großfolio oder Imperialfolio, wobei als eine Art Folio-Grundformat vor Einführung von Normen der Kanzleibogen (33 × 42 cm Blattgröße) galt.

Außerordentlich großformatige und dickleibige Werke werden auch zuweilen mit der dem älteren Buchhandel entstammenden plastischen Bezeichnung »Elefantenfolio« bedacht. *K. K.*

Format[angabe]

Das Format eines Druckwerkes als Bezeichnung für seine Größenverhältnisse in Breite und Höhe ergibt sich aus dem Format des zu seiner Herstellung verwendeten Papierbogens und aus dessen Falzung (Brechung). Hieraus ergeben sich im einzelnen die bibliographischen Formate: Folio (2°) Einbruch-, Quart (4°) Zweibruch-, Oktav (8°) Dreibruch-, Sedez (16° = 16 Blätter) Vierbruchformat. Kleinformate, die sich aus meist ineinandergesteckten Teilen eines Druckbogens ergeben, sind Duodez (12°), Oktodez (18°), Vigesimoquart (24° = 24 Blätter). Zwischenformate wie Kleinoktav (kl. 8°) oder Großfolio (gr. 2°) entstehen aus Größenunterschieden der verwendeten Druckbogen. Querformate entstehen bei überwiegender Breite gegenüber der Höhe, z. B. quer 4°, quer 8°. Von Bedeutung sind diese Formatangaben vor allem für die bibliographische Identifizierung älterer Drucke bis etwa 1800, die oft in verschiedenformatigen Ausgaben erschienen sind, etwa die Goethe-Ausgabe letzter Hand in Groß- und Kleinoktav oder Shakespeare-Ausgaben in Folio, Quarto usw., womit z. B. im Antiquariatsbuchhandel auch sehr unterschiedliche Wertvorstellungen verbunden sind.

Die gleichen Symbole werden auch als Bezeichnung von Grundformatgruppen bei der bibliothekarischen Katalogisierung verwendet, wobei die Höhe des Einbanddeckels maßgebend ist: 8° bis 25 cm, 4° über 25 bis 35 cm, 2° über 35 bis 45 cm, gr. 2° über 45 cm. Diese Formate wurden aus praktischen Gründen für die Aufstellung der Bücher nach Formatgruppen im Magazin

entwickelt. Seit Einführung der für alle deutschsprachigen Länder erarbeiteten »Regeln für die Alphabetische Katalogisierung (RAK)« (in der DDR seit 1976) ist für Bibliotheken die Formatangabe in Zentimetern (Höhe × Breite) verbindlich.

Die Formatwahl bei der Buchherstellung, hier Abmessung der Fläche des beschnittenen Buchblocks Breite × Höhe in Zentimetern, erfolgt nach den Kriterien der Handlichkeit, des Verwendungszwecks und nach ästhetischen Gesichtspunkten durch den Buchgestalter unter Berücksichtigung der gegebenen Normierung der Papierformate. *K. K.*

Lit.: Tschichold, J.: Willkürfreie Maßverhältnisse der Buchseite und des Satzspiegels. – In: Druckspiegel. – Stuttgart 19(1964). – S. 1–13. // Tschichold, J.: Über Buchformate und ihre Proportionen. – In: Papier und Druck. – Leipzig 14(1965). – S. 213–214.

Fraktur

Fraktur (lat., die Gebrochene) ist die Sammelbezeichnung für die gebrochenen Druckschriften, die sich z. T. auf frühe Formen in Schreibschriften aus dem Anfang des 15. Jh. zurückführen lassen (böhmische Handschriften, kaiserliche Kanzleischreiben um 1470). Ihre erste Ausprägung als Druckschrift fand die Fraktur in der *Textur* oder *Gotisch* Gutenbergs und anderer Frühdrucker. Auffallendes Merkmal der gotischen Schrift ist die Brechung der Striche der Kleinbuchstaben. Als Übergangsform der Gotisch zur Antiqua entstand in der Frührenaissance die *Rotunda* oder *Rundgotisch*. Ihre Kleinbuchstaben sind teilweise gerundet. Die *Schwabacher* entstand aus der gotischen Kurrent-(handschrift) und wurde die Schrift, die vor allem in der deutschen frühbürgerlichen Revolution Verwendung fand. Eines ihrer Kennzeichen ist das kleine o mit spitzen Ecken oben und unten, Rundungen nach links und rechts.

Die Form der Fraktur wird bei Kleinbuchstaben durch den Wechsel von bogenförmig geschwungenen und geraden Schäften bestimmt, so bei a, b, d, o, p, q, v, w. Die Großbuchstaben sind bauchig und geschwungen, auf ihr Entstehen aus den Handschriften deuten die sog. Elefantenrüssel wie bei A, B, M, N, P, V, W. Der Gesamteindruck der Fraktur ist schwungvoll, in ihrer Gestalt gestattet sie ein schnelles Erfassen der Wörter. In kleinen Schriftgraden läßt sie sich gut als Textschrift gebrauchen, in großen wirkt sie u. U. wie eine Auszeichnungsschrift. Nach den Vorlagen des kaiserlichen Sekretärs Vinzenz Rockner schuf Johann Schönsperger in Augsburg Typen, mit denen das Gebetbuch Kaiser Maximilians 1513 gedruckt wurde. Die hierfür und auch für den »Theuerdank« entworfenen Typen bilden die Vorstufen der Fraktur. Sie setzte sich erst durch, nachdem Hieronymus Andreae nach Entwürfen des ↗ Schreibmeisters Johann Neudörffer eine Textschrift schnitt, die Dürer in der deutschen Ausgabe seines »Triumphwagens« 1522 verwendete und in der Dürers theoretische Werke 1525–1527 gedruckt wurden. Mit der frühbürgerlichen Revolution setzte sich die Fraktur gegen die Schwabacher durch; sie wird, da für den Druck deutschsprachiger Werke benutzt, auch als deutsche Schrift bezeichnet, war jedoch auch in den Nachbarländern Deutschlands verbreitet. Trotz ihrer weiten Verwendung im 17. Jh. setzte im darauffolgenden Jahrhundert ihr Verfall ein. Die Drucker und Verleger Johann Friedrich Unger und Johann Gottlob Immanuel Breitkopf bemühten sich im 18. Jh. um die Schaffung neuer Frakturschriften ebenso wie der Schriftgießer Justus Erich Walbaum am Anfang des 19. Jh. Nachschnitte dieser Schriften wurden seit dem Beginn des 20. Jh. wieder auf den Markt gebracht und fanden im deutschen Sprachgebiet weite Verbreitung.

Die Schriftkünstler des 20. Jh. schufen wiederholt neue Frakturschriften, unter ihnen ist die von Walter Tiemann zu nennen, die in vielen Büchern des Insel-Verlages eingesetzt wurde.

Seit dem Verbot der Fraktur unter fadenscheinigen Begründungen durch die deutschen faschistischen Machthaber 1941 gab es kaum noch Bücher, die in Fraktur gedruckt wurden. Mit der Einführung neuer Techniken wurde sie endgültig verdrängt und findet sich heute noch bei Akzidenzen, als Auszeichnungsschrift oder bei bibliophilen Anlässen. *K. K. W.*

Lit.: Kapr, A.: Schriftkunst. – 3. Aufl. – Dresden, 1982.

Frontispiz

(lat. frons = Stirn, Vorderseite; specere = schauen, sehen), im Buchdruck des beginnenden 16. Jh. der auf dem ↗ Titelblatt wiedergegebene Holzschnitt, der als bildliche Darstellung den ↗ Titel bzw. den Inhalt des Werkes veranschaulichen sollte oder als Ornament nur dem Schmuck diente. Sein Vorläufer war gewissermaßen der Einleitungsholzschnitt auf der Versoseite des ersten unbedruckten Blattes (↗ Schmutztitel), der beim Aufschlagen der ↗ Inkunabel dem Textbeginn (↗ Incipit) gegenüberstand. Seit Ende des 16. Jh. erscheint das Frontispiz gegenüber dem typographischen Titelblatt als Titelbild oder Titelkupfer. Es enthält vielfach allegorische Darstellungen, das Porträt des Autors oder bildliche Darstellungen, die sich auf den Inhalt des Werkes beziehen. *F. M.*

42, 75, 100, 207, 303

Gebetbuch

Das Gebetbuch ist ein vorwiegend für die private Andacht bestimmtes Buch der christlichen Erbauungsliteratur. Es kann wegen seiner Bebilderung von hohem buchkünstlerischem Wert sein. Man unterscheidet zwischen Brevier, Psalterium und Stundenbuch, wobei Brevier und Psalterium hauptsächlich für die Geistlichkeit bestimmt waren, das Stundenbuch dagegen ausschließlich für den Laien.

111, 201

Das *Brevier* diente der privaten Andacht des Klerikers und war nicht für den Altardienst gedacht. Der Inhalt setzt sich zusammen aus dem Kalendarium, meist mit Brustbildern von Heiligen geschmückt, und dem Gebetsteil mit Vollbildern oder Bildinitialen zu den Hauptfesten. Um die Seiten zogen sich Bildleisten mit realistischen Motiven aus der Natur oder genrehaften Szenen aus dem biblischen Geschehen. Mit der Verbreitung des Buchdrucks wurden die Breviere, wie auch die anderen Gebetbücher, mit Druckgraphik, meist ↗ Holzschnitten, bebildert.

194

Das *Psalterium* ist das wichtigste Gebetbuch für den geistlichen Chordienst. Es enthält die 150 Psalmen, erweitert durch Litaneien und Heiligenlegenden. Seit dem 13. Jh. wurde es auch von Laien benutzt und entwickelte sich dann durch zusätzliche Ausstattung mit Kalendar, Monats- und Heiligenbildern, zum Stundenbuch.

Die Bebilderung des Psalteriums setzt sich aus Szenen des Alten und des Neuen Testaments, die sich mit Psalmversen verbinden lassen, zusammen. Das älteste, vollbebilderte Psalterium ist der »Utrechtpsalter«, um 830 entstanden (Universitätsbibliothek Utrecht). Als Prachthandschrift ist der Psalter Karls des Kahlen aus der Schule von St. Denis zwischen 842 und 869 zu nennen (Bibliothèque Nationale, Paris).

109, 110

Das *Stundenbuch* kommt im 15. Jh. zur vollen Blüte. Die wichtigsten Entstehungsgebiete liegen im niederländisch-französischen Kunstkreis. Die Stundenbücher (franz.: livres d'heures) enthalten den Kalender, Stundengebete, Meßtexte und Lektionen. Künstlerisch am bedeutendsten sind die den Kalender illustrierenden Monatsbilder. Dort erscheinen, losgelöst von den herkömmlichen biblischen Motiven, Darstellungen der Natur, der Architektur und des arbeitenden Menschen. In den Randleisten werden Tiere, Blumen und Pflanzen sowie Menschen in ihrer Tracht, umgeben von zeitgenössischer Architektur in heimischer Landschaft, in leuchtenden Farben dargestellt. Die kostbarste Ausstattung erfuhren die Stundenbücher der Herzöge von Berry (1340–1406) durch die Brüder von Limburg. In den Kreisen des französischen Adels waren die Stundenbücher sehr beliebt. Es gab kleinformatige Ausgaben, die von den Damen am Gürtel getragen wurden, und große Bücher in schweren Einbänden. Nach der Einführung des Buchdrucks erschienen die Stundenbücher im späten 15. Jh. in noch größerer An-

Stundenbuch vom Brügger Meister des Dresdener Gebetbuchs, 1470–1490. Monatsbild März. Sächsische Landesbibliothek, Dresden; Ms. A. 311. Nach einem Faksimile

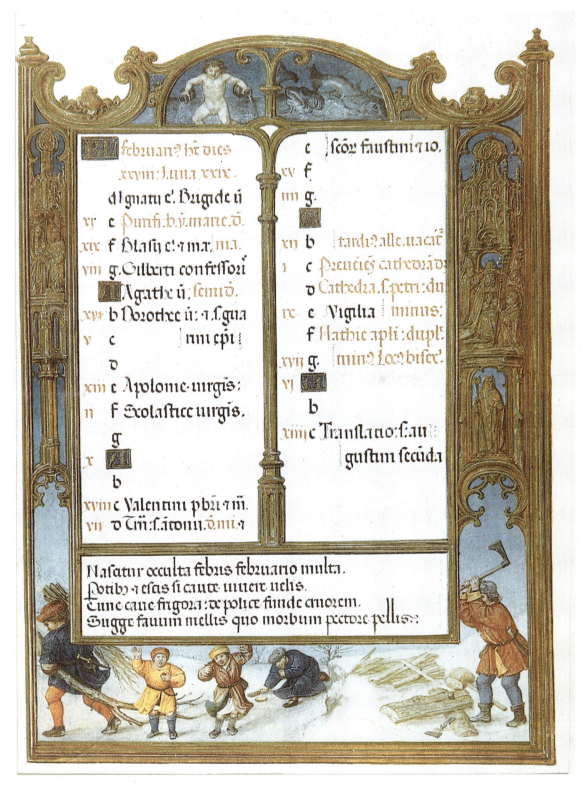

Aus dem Breviarium Grimani, kostbarste Handschrift des flämischen Kulturkreises, entstanden 1480–1520. Bibliothek von San Marco, Venedig. Nach der Faksimileausgabe, Leipzig, 1904

zahl. Die frühesten Exemplare hatten Pergamentseiten und waren noch handkoloriert. Die ersten Stundenbücher mit gedruckten Abbildungen erschienen in Paris 1486/87 bei dem Verleger und Buchdrucker Vérard mit nur wenigen Holzschnitten. 1490 gab der Drucker Jean Dupré Stundenbücher mit dreifarbigen Metallschnitten heraus. Paris hielt sich als Zentrum der Gebetbuch-Produktion, während in Deutschland ihre Zahl gering blieb. 1522 wurde Luthers Gebetbüchlein gedruckt, das den Anfang einer neuen Gattung protestantischer

Gebetbücher bildete, deren bedeutendstes Beispiel der 1729 in Bonn von M. J. C. Kaukol im doppelseitigen Kupferdruck hergestellte »Christliche Seelenschatz auserlesener Gebetter« ist.   *H. N.*

Lit.: Domel, G.: Die Entstehung des Gebetbuches und seine Ausstattung in Schrift, Bild und Schmuck bis zum Anfang des 16. Jh. – Wien, 1921. // Trost, H.: Die Monatsbilder der Brüder von Limburg. – Berlin, 1962.

gereinigte Ausgabe

Als gereinigte Ausgabe *(Editio castigata)* werden solche Werke bezeichnet, aus denen vermeintlich anstößige Stellen (moralischer oder auch politischer Natur) getilgt oder durch andere Formulierungen umschrieben wurden. Die hierfür auch verwendete Bezeichnung »ad usum Delphini« geht auf die unter Ludwig XIV. für den Thronfolger, den Dauphin (Delphinus), veranstaltete kommentierte Ausgabe der lateinischen Klassiker zurück. Sie bezeichnete in der Folgezeit statt der ursprünglichen pädagogisch-philologischen Zielsetzung eine moralisierende oder ästhetisch-pädagogische Absicht, die der Tendenz zur Tabuisierung bestimmter Lebensbereiche entsprach. Nachdem im 18. Jh. die Jesuiten bereits gereinigte Ausgaben der Werke Voltaires und Rousseaus hergestellt hatten, veröffentlichte Thomas Bowdler 1818 eine gereinigte Ausgabe der Werke Shakespeares, die wiederholt aufgelegt wurde. Auch die Werke Goethes und Schillers wurden für Schule, Heim und Theateraufführungen »bearbeitet«. Staatliche Zensurmaßnahmen (↗ Zensur) führten dazu, daß manche Werke erst zu einem späteren Zeitpunkt in der vom Autor vorgesehenen Fassung erscheinen konnten, wie es z. B. die Rekonstruktion von Falladas »Eiserner Gustav« 27 Jahre nach der ersten Fassung von 1938 zeigt. In England bedurfte es erst eines Prozesses Anfang der sechziger Jahre, um die ungekürzte Veröffentlichung von D. H. Lawrences »Lady Chatterley's Lover« zu erreichen.   *K. K. W.*

Gesangbuch

eine Sammlung von Liedern und Gesängen (mit Noten), die vorwiegend zum kirchlichen Gebrauch, aber auch für häusliche Andachten bestimmt ist. Weltliche Gesangbücher nennt man in der Regel Liederbücher.

Die Bezeichnung Gesangbuch hat sich erst im Laufe der Jahrhunderte herausgebildet. In der Reformationszeit wurden im lutherischen Bereich, wo der Gemeindegesang eine große Rolle spielte, Begriffe wie *Enchiridion* (Handbüchlein), Geistliche Lieder und Psalmen dafür verwendet, während in reformierten Gebieten die Benennungen Psalter oder Psalmen Davids gebräuchlich waren. Zu Beginn des 17. Jh. wurden Titel wie Lustgarten, Schatzkästlein voll Kleinodien, Herzensandachten, Himmlische Lieder und Seelenmusik üblich. Der heutige Sammelbegriff kam Mitte des 18. Jh. auf (Kirchengesangbuch) und setzte sich für beide christliche Konfessionen im Laufe des 19. Jh. durch.

Vorläufer des Gesangbuches sind die lateinischen Chorgesangbücher (Graduale, Antiphonar und Hymnar) der vorreformatorischen Kirche. Das Gemeinde-Gesangbuch entstand mit der kirchlichen Reformbewegung des Mittelalters. Das erste Gesangbuch, das Lieder in der Landessprache enthielt, veröffentlichten die Böhmischen Brüder 1501 (tschechisch). In der Reformation erfuhr das überlieferte kirchliche und Volks-Liedgut eine Neubewertung, indem es für den Gemeindegesang passend überarbeitet wurde. In zunehmendem Maße kamen Neuschöpfungen hinzu. Martin Luther hat diese Entwicklung wesentlich gefördert. Als erstes lutherisches Gesangbuch gilt das sog. Achtliederbuch (»Etlich christlich Lieder, Lobgesang und Psalm, dem reinen Wort Gottes gemäß«, Wittenberg 1524), das acht vorher schon als Einblattdrucke verbreitete Gesänge zusammenfaßte. In Straßburg, dem wohl bedeutendsten Druckort für das Gesangbuch, erschienen 1525 das »Straßburger Deutsch Kirchamt« und 1526 die »Straßburger Psalmen, Gebet und Kirchenübung«. Nach dem 30jährigen Krieg kam es zur Herausbildung von territorialen Gesangbüchern, die vom jeweiligen Landesherrn privilegiert wurden und auf ihre Weise die Zersplitterung Deutschlands widerspiegeln. Zu dieser Zeit stellen die Gesangbücher neben der ↗ Bibel und dem ↗ Kalender oft den einzigen Buchbesitz des Bürgers und des Bauern dar.

Im Bereich der katholischen Kirche erscheint mit dem »New Gesangbüchlein« von M. Vehe (Leipzig 1537) das erste deutsche gedruckte Gesangbuch, dem 1567 und öfter J. Leisentritts »Geistreiche Lieder und Psalmen« (Leipzig) folgten, auf die das Diözesan-Gesangbuch (für Bamberg 1576) zurückgeht.

Das 19. Jh. ist durch Bestrebungen zur Vereinheitlichung des Gesangbuches in Deutschland gekennzeichnet.

In ihrer Ausstattung sind die Gesangbücher vor allem für die Entwicklung des Notenbildes interessant. Als bedeutendste buchkünstlerische Leistung gilt das in Großfolio 1541 in Straßburg bei Georg Messerschmidt hergestellte Gesangbuch von M. Bucer, dessen sich dreimal wiederholendes Kopfstück (Musik im Himmel, im Alten und Neuen Testament) von Hans Baldung Grien gezeichnet wurde.

Hohe Wertschätzung erfahren die Gesangbücher in Sammlerkreisen durch ihre Einbände, da sie häufig mit originellen Stickereien und kostbaren Edelmetalldekken verziert sind. Als privater Gebrauchsgegenstand wurden sie dem persönlichen Geschmack entsprechend ausgeschmückt. Im 19. Jh. verflacht die Qualität der künstlerischen Ausgestaltung.   *F. M.*

Lit.: Mahrenholz, C.: Das Evangelische Kirchengesangbuch. – Kassel, 1950. // Handbuch zum Evangelischen Kirchengesangbuch / hrsg. v. C. Mahrenholz. – Bd. 1–3,1. Sonderbd. – Berlin, 1954–1970. // Das deutsche Kirchenlied (DKL): Krit. Gesamtausg. d. Melodien / hrsg. v. K. Ameln ... – Bd. 1: Verzeichnis der Drucke von den Anfängen bis 1800. T. 1.2. – München, Duisburg, 1975–1980. (RISM; B. 8,1)

größte Bücher

Die obere Grenze der Größe eines Buches hängt von den verfügbaren Papierformaten, den Möglichkeiten drucktechnischer Herstellung und der buchbinderischen Verarbeitung ab. Mit zunehmender Größe wird die Benutzbarkeit schwieriger. Übergroße Formate, die meist nur wenig Text enthalten, wurden und werden verwendet bei ↗ Atlanten, bei ↗ Tafelwerken, die Illustrationen zu naturwissenschaftlichen, geographischen und kunsthistorischen Werken enthalten. Beispiele größter Bücher sind der Atlas des Großen Kurfürsten in der Deutschen Staatsbibliothek Berlin (Mitte des 17. Jh., 170 cm hoch, aufgeschlagen 222 cm, Gewicht 125 kg), J. J. Audubons »The Birds of America«. 1.2. London 1827–1838 (Nachdruck in Originalgröße 1985), Richard Lepsius »Denkmäler aus Ägypten und Aethiopien.« 1–6. Leipzig 1897–1913.   *K. K. W.*

Groschenheft

spezielle Form von serienweise hergestellter und in regelmäßigen Abständen erscheinender billiger Massenliteratur. Ihre Anfänge gehen auf die zweite Hälfte des 19. Jh. zurück. In den USA, die in vieler Hinsicht auf die Entwicklung der Groschenhefte gewirkt haben, sind sie seit Januar 1860 durch Erastus F. Beadle (1821 bis 1894) als »Beadle Dime Novel« eingeführt (14tägliches Erscheinen, 32 Seiten, Preis: 10 Cents). Hauptthemen: Wildwest; zunächst in der Tradition von J. F. Cooper. Ab 1868 zwei Hefte im Monat: »Beadle's Pocket Library« sowie »Pluck and Luck«. Bekannteste Autorin der letzten Reihe: Ann S. Stephans (über 200 Hefte). Sie begründete viele der auch heute noch gültigen Klischees, besonders des Wildwest-Genres, die bis in die ↗ Bildgeschichten und den Film nachwirken.

In Deutschland leiten sich die Groschenhefte wahrscheinlich aus der thematischen Tradition des Bänkelsangs und der bei diesen Gelegenheiten verkauften Moritatenhefte ab, die sich um die Jahrhundertwende mit den aus den USA kommenden Genres überlagerten und von ihnen verdrängt wurde (z. B. Buffalo Bill, der Held des Wilden Westens, Berlin 1905, Heft 1 ff., ab Heft 45 ff., Dresden 1906). Allein im Zeitraum von 1888 bis 1912 erschienen in Deutschland 195 verschiedene Lieferungsromane in zumeist 100 Heften sowie weit über 800 einzelne Hefte innerhalb von Serien-Titeln (z. B.: Moderne Zehnpfennig-Bibliothek, 1. Jg. Neurode, 1901 ff.). Nach dem Vorbild J. Vernes und den US-amerikanischen »dime-novels« erschien ab Herbst 1908 die Serie »Der Luftpirat und sein lenkbares Luftschiff«, die es auf wenigstens 165 Hefte brachte. Kennzeichen der meisten Groschenhefte dieser Zeit sind die oft unter Pseudonym schreibenden Verfasser sowie obskure Verlage in kleinen Orten Sachsens und Thüringens.

In westeuropäischen Ländern und den USA haben die Groschenhefte, die heute mehr als einen Groschen kosten, eine thematische Aufspaltung in Sex, Science Fiction, Krieg, Horror, »Liebe und Leid« erfahren und erreichen damit einen größeren, weil differenzierteren Leserkreis.

An die äußere Form, aber mit anderem Inhalt, knüpfen für den Bedarf an Abenteuerliteratur in der DDR die »Kleine Jugendreihe« (Berlin 1950 ff.; 1966 ff. u. d. T. Krimi, Abenteuer, Phantastik – KAP) und »Das neue Abenteuer« (Berlin 1949/50, H. 1–9, 1952 ff.) an.

Als internationales Phänomen sind Groschenhefte bisher weitgehend unerforscht, viele Serien, vor allem aus der Frühzeit, sind nicht mehr erhalten.

Die erste öffentliche Ausstellung von Groschenheften fand im Jahre 1939 in New York statt, wo sie zusammen mit seltenen Büchern gezeigt und von der New York Public Library als »a valuable historical record« bezeichnet wurden (nach: Crawford, 1978).   *P. T.*

Lit.: Jacobowski, L.: China im Kolportage-Roman. – In: Das litterarische Echo. – Berlin 3(1900)2. – Sp. 145 – 147. // Schenda, R.: Volk ohne Buch. – Frankfurt a. M., 1970. // Nagl, M.: Science Fiction in Deutschland. – Tübingen, 1972. (Unters. d. Ludw.-Uhland-Inst. d. Univ. Tübingen; 30) // Ellerbrock, B. u. I.; Thieße, F.: Perry Rhodan: Unters. einer Science Fiction Heftromanserie. – Gießen, 1976. // Crawford, H. G.: Crawford's Encyclopedia of Comic books. – Middle Village/N. Y., 1978.

Handkolorierung

Die Handkolorierung diente der farbigen Ausstattung von ↗ Druckgraphik und Handzeichnungen vor der Einführung des fotomechanischen Farbendrucks. Sie war das am weitesten verbreitete Verfahren zur Herstellung farbiger Graphik neben dem Farbholzschnitt, dem Clair-obscur-Verfahren und der Farblithographie. Die Handkolorierung oblag ursprünglich den ↗ Briefmalern und wurde mit Hilfe von Schablonen auch serienmäßig ausgeführt. Sie erfuhr nach 1700 eine Neubelebung und wurde weitgehend in Manufakturen ausgeübt, vor allem bei der Kolorierung volkstümli-

54, 63 cher Drucke wie ↗ Kalendern, Einblattdrucken, Andachtsbildern. Von Bedeutung war sie für die in jener Zeit entstehenden ↗ Tafelwerke wie Garten-, Architektur- und Kostümbücher, Werke naturwissenschaftlichen und medizinischen Inhalts, Landkarten und Atlanten (↗ Buchillustration einzelner Fachgebiete). Im

95 19. Jh. findet sich die Handkolorierung bei ↗ Stahlstichen und ↗ Lithographien für den Massenbedarf. Heute wird sie nur bei künstlerisch bedeutsamen, meist bibliophilen Werken mit kleiner Auflage verwendet.

Im Kunsthandel wird Alt- und Neukolorierung unterschieden – ältere Graphiken wurden nachträglich koloriert, um einen höheren Marktwert zu erzielen.

K. K. W.

Handsatz

Handsatz ist der rein manuell hergestellte Satz, der bis zur Einführung von Setzmaschinen im 19. Jh. für alle Druckerzeugnisse verwendet wurde. Heute werden noch ↗ Akzidenz- und Werbedrucke, Urkunden, Formulare und komplizierte Formeln im Handsatz hergestellt. Dafür stehen auch Schriften mit einer gewissen künstlerischen Eigenheit zur Verfügung, die für größere Texte oder für den Maschinensatz nicht in Frage kommen.

K. K. W.

Handschriften

Als Handschrift wird alles mit der Hand Geschriebene bezeichnet. Handschriften sind Grundlage und Vorform textlicher Überlieferung vor der Fixierung im Buchdruck. Ein großer Teil der Handschriften aller Zeiten und Kulturkreise ist in Niederschriften überliefert, die nicht von der Hand des Autors stammen. Eigenhändig vom Autor verfaßte Niederschriften, einschließlich Briefe und Tagebücher, gehören zum Teilgebiet der ↗ Autographen. Die Handschriftenkunde ist, ähnlich wie ihr Teilgebiet ↗ Paläographie, an die Zugehörigkeit zu einem Sprach- oder Kulturkreis gebunden, ohne daß damit Gemeinsamkeiten der Arbeitsmethoden von vornherein auszuschließen sind.

Die äußere Form und die Gestaltung der Handschriften hängen vom Zeitpunkt des Entstehens, von den sozialen, kulturellen und künstlerischen Traditionen und dem zur Verfügung stehenden Beschreibstoff (Papyrus, Pergament, Leder, Papier) ab. Die geläufigsten Formen sind die ↗ Buchrolle und der ↗ Kodex als Vorläufer des Buches in seiner heutigen Form, daneben können in Abhängigkeit vom Umfang auch Einzelblätter und einfache Zusammenfassungen in Lagen vorkommen. Teilweise sind Handschriften nur noch in Bruchstücken überliefert. Die Handschriften sind oft reich verziert durch Miniaturen, Initialen, Rand- und Zierleisten und andere Schmuckelemente, die charakteristische Eigentümlichkeiten aufweisen (↗ Buchmalerei). Die Vervielfältigung der Handschriften erfolgte durch Abschreiben. Dabei bildeten sich vielfach gewerbsmäßige Schreibschulen heraus, die eigene Stilelemente aufweisen.

In Handschriften überliefert sind Werke aus nahezu allen Wissensgebieten. Die Auswertung der Texte, der Vergleich mit anderen Fassungen und die Einordnung sind die Grundlage jeder historisch orientierten Forschung. Exemplarspezifische Varianten ermöglichen die Datierung oder weisen auf andere Schreibertraditionen hin. Die fundierten Kenntnisse des Handschriftenbearbeiters ermöglichen es auch, Fälschungen zu entdecken, wie sie in früherer Zeit vorgenommen wurden, um Rechtsansprüche zu begründen oder Käufer von Handschriften zu täuschen. Auch dann, wenn der Inhalt in einer Vielzahl von Exemplaren überliefert ist, wie z. B. bei religiösen Texten, ist jede Handschrift mit allen zu ihr gehörenden Elementen Teil einer Überlieferungskette, die die Gegenwart mit der Vergangenheit verbindet. Während in Mittel- und Westeuropa die Bedeutung der Handschriften als literarische Quelle nach der Einführung des Buchdrucks schnell zurückging, blieben handschriftliche Überlieferungen, z. B. in Rußland, neben dem Buchdruck noch bis zum Ende des 18. Jh. bedeutungsvoll. Im arabisch-islamischen Kulturbereich entstanden erste Druckereien im 19. Jh., obwohl in Europa schon seit dem 15. und 16. Jh. mit orientalischen Typen gedruckt werden konnte.

Handschriften und Manuskripte besitzen bis in die Gegenwart hinein ihre Bedeutung, wenn es sich um Werke handelt, die in ihrer Zeit nicht zum Druck kommen konnten, oder die Vorstufen für andere, spätere Fassungen darstellen. So wurden beispielsweise die im zweiten Weltkrieg verfaßten Sonette Reinhold Schneiders nur maschinenschriftlich vervielfältigt verbreitet.

Wie die Bücher, so haben auch die Handschriften ihre oft wechselvollen Schicksale, wovon äußerer Erhaltungszustand und Provenienzvermerke Kunde geben. Schenkungen, Diebstähle, Kriegs- und Beutezüge, Erwerbungen auf Reisen, bibliophile Sammelleidenschaft oder Forscherdrang der Gelehrten bewirkten, daß sich heute viele Handschriften weitab von ihrem ursprünglichen Entstehungsort oder außerhalb ihres Kulturbereichs befinden. Vor allem Sammler und Gelehrte haben zu allen Zeiten viele Handschriften vor dem Untergang bewahrt. Soziale und politische Veränderungen, auch wirtschaftliche Schwierigkeiten privater Besitzer, haben zu Wanderungen ganzer Handschriftenbestände, mitunter auch zur Zerreißung von Provenienzen geführt. Erinnert sei hier an die Zerstreuung der kostbaren Bibliothek des ungarischen Königs Matthias Corvinus am Ende des 15. Jh., die Überführung der Heidelberger Bestände im Dreißigjährigen Krieg in die Bibliothek des Vatikans, die Säkularisation des Klosterbesitzes in Frankreich und Süddeutschland um 1800. Heute befinden sich alle größeren Handschriftenbestände in staatlichem (Staats- bzw. Nationalbibliotheken, Universitätsbibliotheken) oder kirchlichem Besitz (z. B. Vatikan-Bibliothek, Klosterbibliotheken).

Trotz aller wechselhaften Schicksale und Verluste ist die überlieferte Zahl von Handschriften noch immer beeindruckend. So gibt es ca. 55 000 griechische Handschriften auf der Welt. An deutschsprachigen literarischen Handschriften des Mittelalters wurden bis 1945 mehr als 19 000 beschrieben. An lateinischen Handschriften sind ca. 1 Million erhalten. Weitgehend eine Dunkelziffer ist die Zahl der in Bibliotheken der DDR, der BRD und Westberlins aufbewahrten orientalischen Handschriften. Nach dem jetzigen Stande der Katalogisierung dürften es ca. 100 000 Stück sein, wobei der Anteil arabischer und türkischer Handschriften besonders hoch ist. Die Forschungsbibliothek Gotha besitzt allein rund 4000 orientalische Handschriften. An tibetischen Handschriften finden sich z. B. in der DDR 3000.

Handschriften gehören heute zu den besonders geschützten Beständen der Bibliotheken, Archive und Museen. Ihre Verzeichnung erfordert ein hohes Maß

an Allgemeinbildung und Spezialkenntnissen, die oft erst in jahrelanger Berufstätigkeit erworben werden. Obwohl in den letzten Jahren Regeln für die Handschriftenkatalogisierung ausgearbeitet wurden, bringt jede Handschrift auf Grund ihrer Eigenart für den Bearbeiter neue Probleme und erfordert einen entsprechenden Zeitaufwand. Den Bemühungen der Handschriftenbibliothekare ist es zu danken, daß in den letzten Jahren die Erschließung einzelner Sammlungen, bestimmter Provenienzen, Sprachgruppen oder auch des nationalen Bestandes vorangekommen ist und ihren Niederschlag in einer fast unübersehbaren Zahl von oft auch illustrierten Katalogen gefunden hat.

Faksimile-Ausgaben (↗ bei Buchmalerei, europäische und insulare) besonders schöner und wertvoller Handschriften in hoher technischer Vollendung machen diese einem größeren Kreis von Forschern und interessierten Laien zugänglich und schützen die empfindlichen Originale vor Umwelteinflüssen.

Die Rückbesinnung auf die Kunst des schönen Schreibens hat zur Schaffung von ↗ Druckschriften geführt, die den Duktus von Handschriften nachahmen, darüber hinaus wurden handgeschriebene Bücher namhafter Künstler oder kalligraphisch gewandter Autoren auf lithographischem oder anderem Wege vervielfältigt (z. B. Rudolf Koch, Paul Wiens).

↗ auch Handschriften, europäische, islamische, ostasiatische. *K. K. W.*

Lit.: Zur Praxis des Handschriftenbibliothekars. – Frankfurt a. M., 1980. (Zeitschrift für Bibliothekswesen und Bibliographie : Sonderh. ; 30) // Katalog der Handbibliothek der Handschriftenabteilung ; Bayerische Staatsbibliothek. – 1–8. – Wiesbaden, 1981–1983.

Handschriften, europäische

Zu den europäischen Handschriften gehören: die lateinischen Handschriften (die zahlenmäßig größte Gruppe), außerdem die griechisch-byzantinischen, glagolitisch-kyrillischen sowie die hebräischen und jiddischen Handschriften. Trotz der durch das Schriftbild bedingten Unterschiede bestehen im Äußeren, in der Ausschmückung, im Inhalt gewisse Gemeinsamkeiten, die bei allen sprachlich, kultisch oder regional geprägten Besonderheiten auch vielfältige kulturelle Wechselbeziehungen belegen.

Die Entstehung europäischer Handschriften zwischen Irland und dem alten Rußland ist eng mit der Bildungs- und Alphabetisierungsarbeit der christlichen Missionare verbunden, die nicht nur den neuen Glauben, sondern auch die Kenntnis von Lesen und Schreiben, von antiker Bildung in mannigfachen Aspekten vermittelten.

Durch diese Tätigkeit entwickelten sich als Nachfolge der im römischen Reich verwendeten Schriften eine Reihe charakteristischer Nationalschriften, deren Eigenheiten jedoch ihre Verständlichkeit und damit auch die Rezeption des Inhalts der Handschriften erschwerten. Sie wurden abgelöst durch die am Hofe Karls des

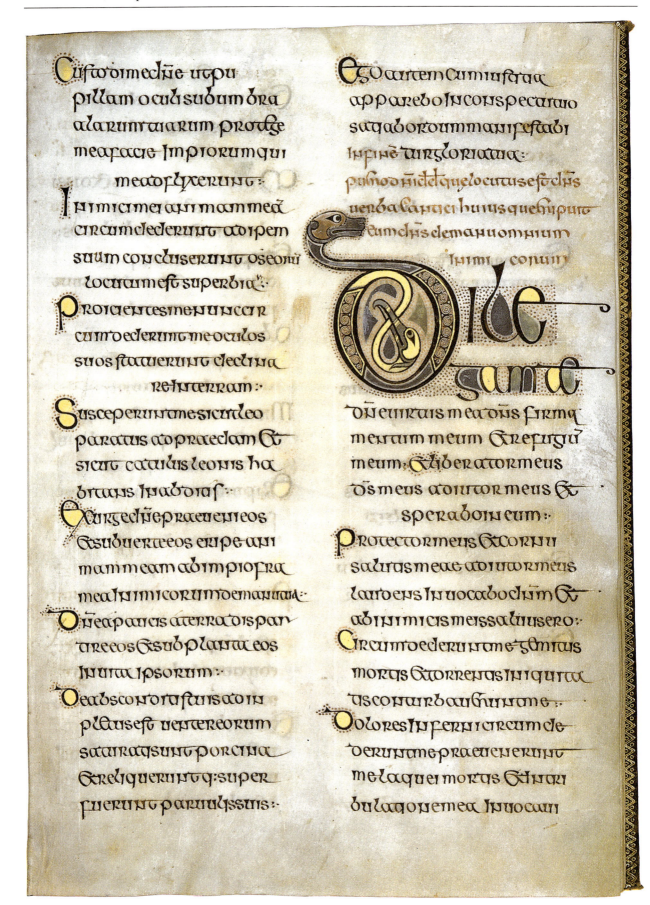

Psalterium Salabergae. Pergamenthandschrift. Angelsächsische Minuskel. Northumbrien, 8. Jh.
Deutsche Staatsbibliothek, Berlin; Ms. Hamilton 553. 25 × 34,5 cm

Erfurter Agrimensoren-Handschrift. Karolingische Minuskel aus dem frühen 11. Jh. Bibliotheca Amploniana der Wissenschaftlichen Allgemeinbibliothek, Erfurt; CA Q. 362. 18,5 × 26 cm

Handschriften, europäische 196

Evangeliarium Ecclesiae Graecae. Bildseite mit dem Evangelisten Markus. Pergamenthandschrift. Konstantinopel, 11. Jh.
Forschungsbibliothek Gotha; Memb. I 78. 24 × 35 cm (Bl. 117ᵛ)

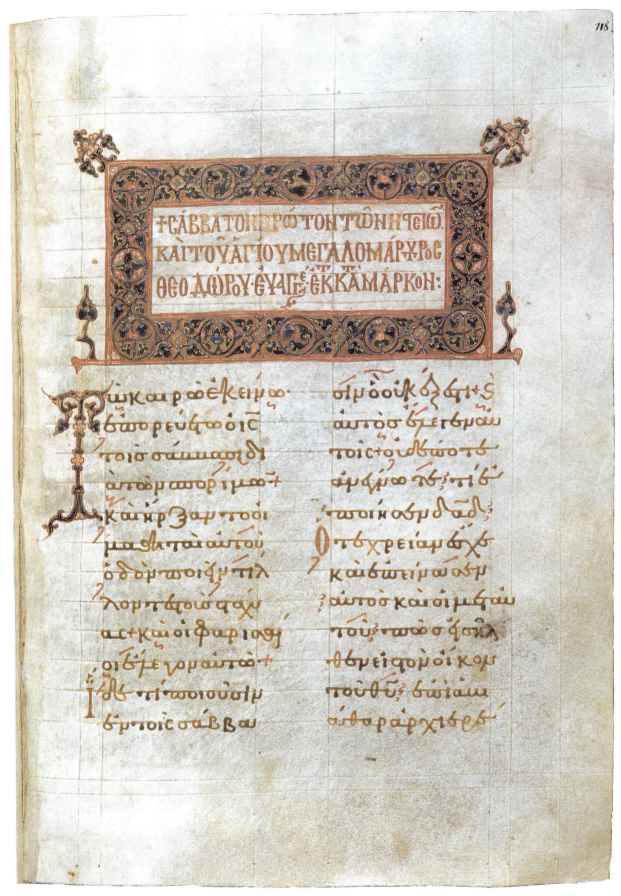

Evangeliarium Ecclesiae Graecae. Pergamenthandschrift. Griechische Minuskel. Konstantinopel, 11. Jh.
Forschungsbibliothek Gotha; Memb. I 78. 24 × 35 cm (Bl. 118ʳ)

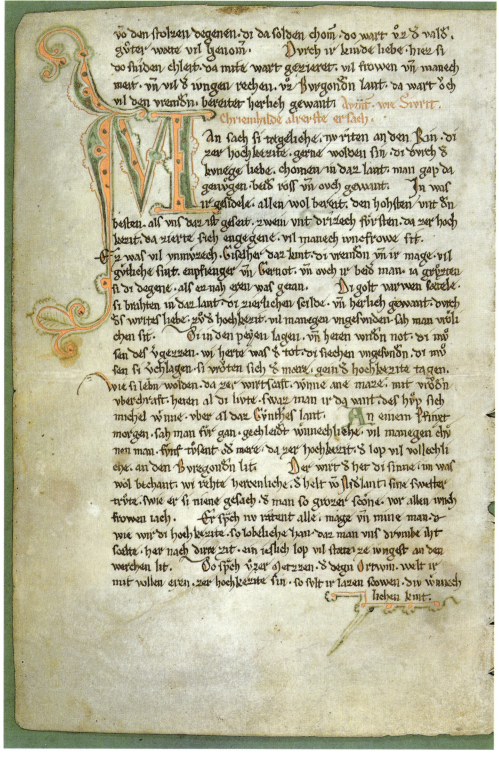

Fragment des Nibelungenliedes, 13. Jh. Pergamenthandschrift. Gotische Buchschrift. Deutsche Staatsbibliothek, Berlin; Fragment 44. 16,2 × 23,6 cm

Großen entstehende ↗ karolingische Minuskel, die über 300 Jahre ihren Grundduktus beibehielt und in Mittel-, West- und Südeuropa verbreitet war.

Zentren kirchlicher und höfischer Bildungsarbeit waren die Klöster, in denen sich regelrechte Schreiberschulen entwickelten, sowie die Höfe der Herrscher, deren Residenzen zur damaligen Zeit noch wechselten. Durch immer neue Abschriften wurde der Inhalt älterer, vom Zerfall bedrohter Handschriften bewahrt, außerdem der Bedarf der neu entstehenden Klöster gedeckt. Bedeutende Schreibzentren waren Reims, Lyon, Lüttich, Köln, Mainz, Konstanz, Regensburg,

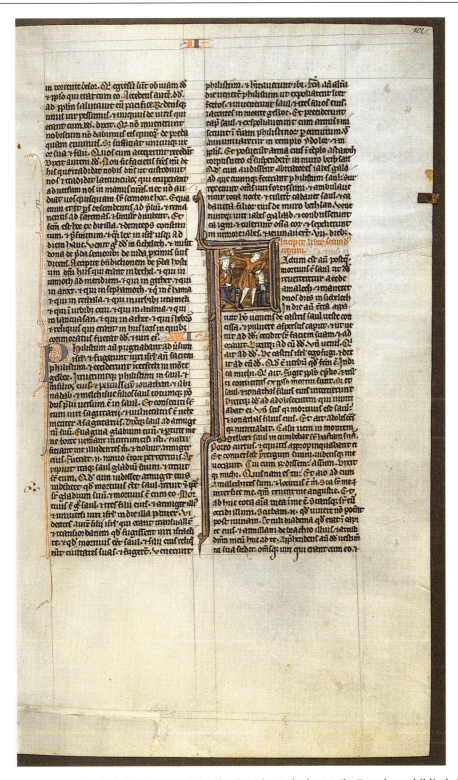

Biblia latina. Pergamenthandschrift. Textura. Nordfrankreich, Ende des 13. Jh. Forschungsbibliothek Gotha; Memb. I 8. 21 × 35 cm

Reichenau, St. Gallen, Bobbio, Verona, Rom, Kiew, Nowgorod. Die hier entstandenen Handschriften zeichnen sich durch Stileigenheiten aus, die die Datierung und die Zuschreibung erleichtern.

Neben der Verbreitung religiöser und juristischer Texte sowie der Werke antiker Autoren beginnen sich in den Handschriften auch frühzeitig Texte in den Volkssprachen sowie erste Darstellungen zur Geschichte eines Volkes zu finden. Genaue Datierungen lassen sich nur vornehmen, wenn diese durch Angaben im ↗ Kolophon, zeitgenössische Eintragungen oder Hinweise im Text unterstützt werden, sonst bleiben

Jenaer Liederhandschrift. Pergament. Gotische Minuskel. Mitteldeutsch-sächsischer Raum, um 1350. Universitätsbibliothek, Jena; Ms. El. f 101. 41 × 57 cm

die Angaben auf das Jahrhundert beschränkt. Die Frage nach der ältesten erhaltenen Handschrift kann nur dort einigermaßen sicher beantwortet werden, wo deren Zahl gering und in ihrer Entstehungszeit fixiert ist.

In Großbritannien sind aus dem 1.–5. Jh., der Zeit der römischen Herrschaft, Handschriften überliefert, im 6.–7. Jh. waren Schreiberschulen in Irland und Wales führend. An bedeutenden Zeugnissen sind zu nennen Book of Kells, 8. Jh.; Beowulf in einer Handschrift vom Ende des 10. Jh. In Deutschland begann unter Karl dem Großen die Aufzeichnung von Volksliteratur. Ältestes Zeugnis sind zwei Seiten Minuskeln, die dem von Godescalc 781–783 geschriebenen Evangelistar Karls des Großen angehängt sind. Aus der zweiten Hälfte des 8. Jh. stammen das althochdeutsche Hildebrandslied, aus dem 9./10. Jh. die Merseburger Zaubersprüche. In Ungarn stammt die älteste lateinische Handschrift, die Gesta Ungarorum, aus dem 11./12. Jh., die ersten ungarischen Schriftdenkmäler aus der Zeit um 1200. In Polen ist die erste erhaltene lateinische Handschrift die Chronik des Gallus Anonymus (ca. 1112–1115). Frankreich hatte eine frühe Blütezeit mit der karolingischen Renaissance. Das erste schriftliche Dokument sind die Straßburger Eide in romanischer und deutscher Volkssprache. Das älteste französische literarische Denkmal ist das Eulalia-Lied (ca. 881).

Im Gebiet der heutigen ČSSR erfolgte im 11. Jh. der Übergang vom alt- (kirchen-) slawischen Alphabet zum lateinischen. Früheste erhaltene Dokumente sind der Vyšehrader Kodex (Evangeliar Ende des 11. Jh.) und die Chronica Boemorum des Kosmas von Prag (ca. 1119). Seit dem Ende des 13. Jh. existieren Handschriften in tschechischer Sprache wie die Reimchronik des Dalimil (begonnen 1308). Die wohl älteste erhaltene slawische Handschrift ist das Evangeliar von Ostromir (1056/57). In der alten Rus entstanden die ältesten Handschriften in der zweiten Hälfte des 9. Jh., hier fand auch Birkenrinde als Beschreibstoff Verwendung, wie die aus dem 11.–15. Jh. erhaltenen Nowgoroder Urkunden zeigen.

Eine Reihe von Handschriften sind berühmt wegen der in ihnen überlieferten Texte oder ihrer Ausstattung, wie z. B. der die gotische Bibel enthaltende Codex argenteus (6. Jh., Uppsala), die Wiener Genesis (6. Jh., Wien), der Codex regius, der die Lieder-Edda enthält (13. Jh., Kopenhagen), die wichtigsten Handschriften des Nibelungenliedes aus dem 13. Jh. (München, St. Gallen, Donaueschingen), die Manessische Liederhandschrift der Minnesänger (14. Jh., Heidel-

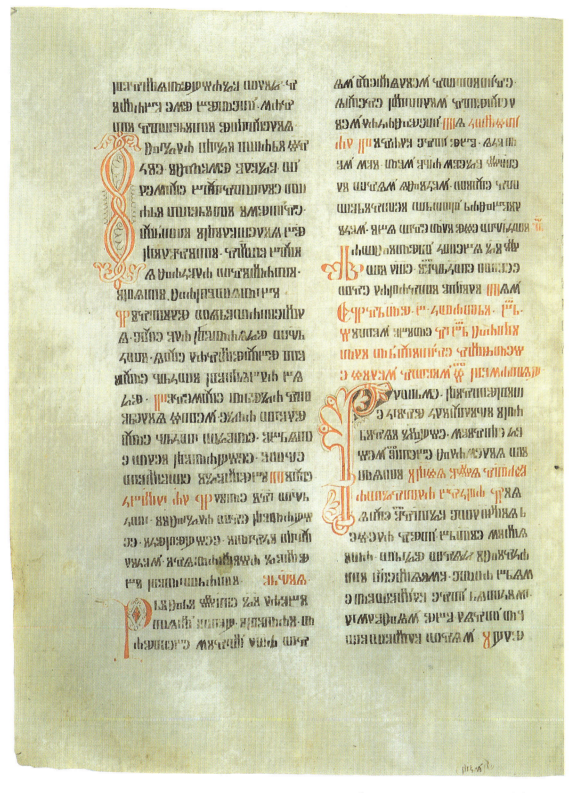

Seite aus einem Brevier. Glagolitische Handschrift. Pergament. 1396. Österreichische Nationalbibliothek, Wien; Cod. slav. 3. 26,7 × 35 cm

berg), das Stundenbuch des Herzogs von Berry (15. Jh., Chantilly).

Gegen Ende des 14. Jh. erlahmte die Schreibertätigkeit in den Klöstern. Dafür suchten weltliche Schreiber in oft gewerbsmäßiger Herstellung den zunehmenden Lesebedarf durch einfach ausgestattete Handschriften zu decken (z. B. Diebold Lauber in Hagenau). Das teure Pergament wich dem billigeren Papier, wurde aber

Hugo von Trimberg, Der Renner (ein Lehrgedicht). Papier, Bastarda. Elsaß, 1419. Universitätsbibliothek, Leipzig; Rep. II 21. 29 × 41 cm

noch für Prachthandschriften oder kostbare liturgische Werke verwendet. Die Humanisten pflegten besonders die Vervielfältigung der griechischen und römischen Klassiker, deren kritische Textfassungen dann den ersten gedruckten Ausgaben zugrunde lagen. Die Ligaturen und Kürzungen, die seit Jahrhunderten bei Handschriften im Gebrauch waren und sich immer weiter entwickelt hatten, wurden auch noch in die Drucke des

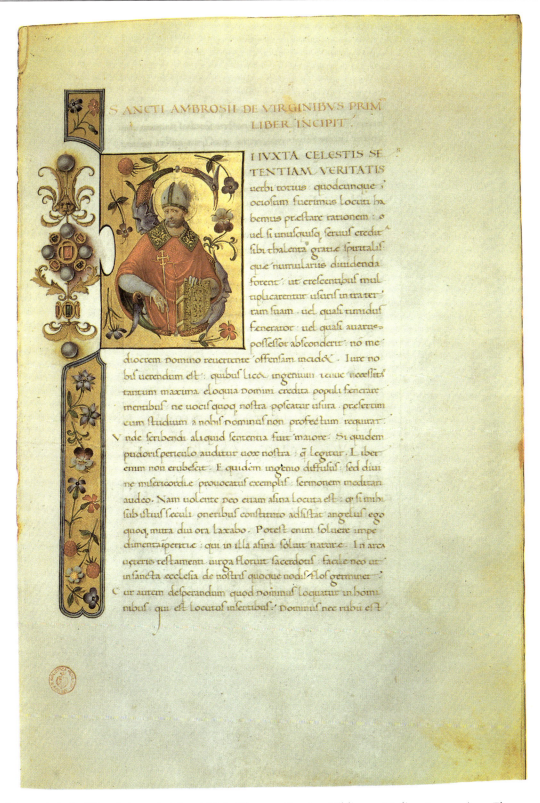

Humanistische Minuskel, geschrieben 1489 in Florenz. Corvine. Biblioteca Medicea Laurenziana, Florenz; Plut. 14 Cod. 22. 23 × 35,2 cm

15. und 16. Jh. übernommen, verlieren sich aber weitgehend am Anfang des 17. Jh.

Im 14./15. Jh. beginnt die systematische Sammlung von Handschriften, die den Gelehrten als Grundlage ihrer textkritischen Arbeit, u. a. an antiken Autoren und Kirchenvätern, kunstliebenden geistlichen und weltlichen Herrschern aber auch als Repräsentationsobjekte dienten.

K. K. W.

Handschriften, europäische

Seite aus dem Chronikon des Joannes Zonaras. Kyrillische Handschrift. Anfang des 16. Jh. Österreichische Nationalbibliothek, Wien; Cod. slav. 126. 21 × 27 cm

Lit.: Zeitschriften: Scriptorium : Revue internationale des études relatives aux manuscrits. – Bruxelles, Ghent, 1946–1947 ff. // Studie o rukopisech. – Praha, 1963 ff. // Codices manuscripti. Zeitschrift für Handschriftenkunde. – Wien, 1977 ff.

Monographien: Löffler, K.: Einführung in die Handschriftenkunde. – Leipzig, 1929. // Geschichte der Textüberlieferung der antiken und mittelalterlichen Literatur. – Bd. 1.2. – Zürich, 1961–1964. // Zur Katalogisierung mittelalterlicher und neuerer Handschriften. – Frankfurt a. M., 1963. // Dain, P.: Les manuscrits. – Paris, 1964. // Kirchner, J.: Scriptura Gothica libraria. – Monachii, 1966. // Kirchner, J.: Scriptura latina libraria. – 2. verb. Aufl. – Monachii, 1970. // Mazal, O.: Buchkunst der Gotik. – Graz, 1975. // Rukopisnaja i pečatnaja kniga. – Moskva, 1975. // Die großen Handschriften der Welt. – München, 1976 ff. // Mazal, O.: Buchkunst der Romanik. – Graz, 1978. // Lülfing, H.; Teitge, E.: Handschriften und alte Drucke. – Leipzig, 1981. // Calkins, R. G.: Illuminated books of the middle ages. – London, 1983.

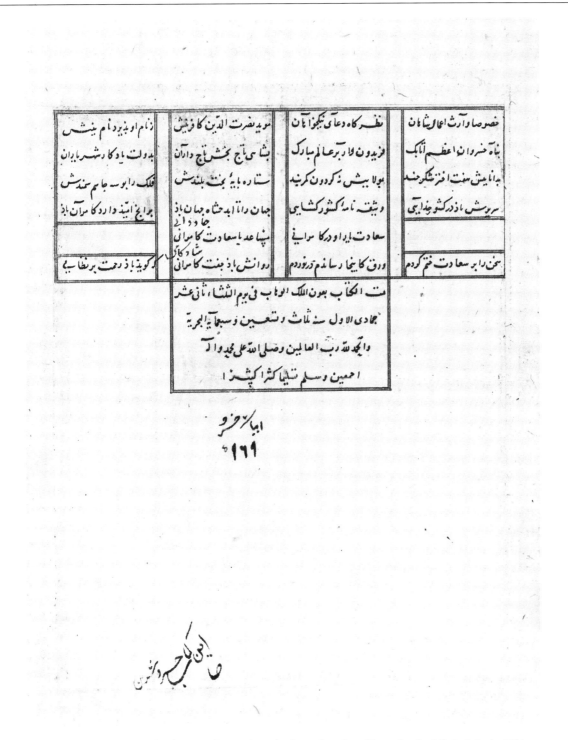

Text mittlerer kalligraphischer Qualität, mit Kolophon. Aus der »Ḥamsah« des Niẓāmī. Irak, 1391.
Staatliche Museen zu Berlin, Islamisches Museum; I. 6957. 18 × 24,5 cm

Handschriften, islamische
Entsprechend dem gesellschaftlichen Entwicklungsstand des muslimischen Gemeinwesens zu Lebzeiten des Propheten Muhammad (gest. 632) und während der Herrschaft der ersten Kalifen dominierte anfangs die mündliche Überlieferung, die sich auf eine hochentwickelte Tradition im vorislamischen Arabien stützen konnte. Diese Form der Überlieferung hat noch bis in die Neuzeit eine herausragende Rolle gespielt, wurde aber bereits seit dem 8. Jh. durch die schriftliche ergänzt und von ihr in der Bedeutung bald übertroffen. Wichtigste Voraussetzung dafür bildete die kulturelle Entwicklung, die Anfang des 9. Jh. ihren ersten Höhepunkt erreichte. Sie war durch den Bildungsanspruch der wohlhabenden Stadtbewohner bestimmt. Arabisch lesen und schreiben zu können, reichte bei weitem nicht aus. Es gehörte eine bestimmte Vertrautheit mit jenen Wissenschaften dazu, die sich aus der Beschäfti-

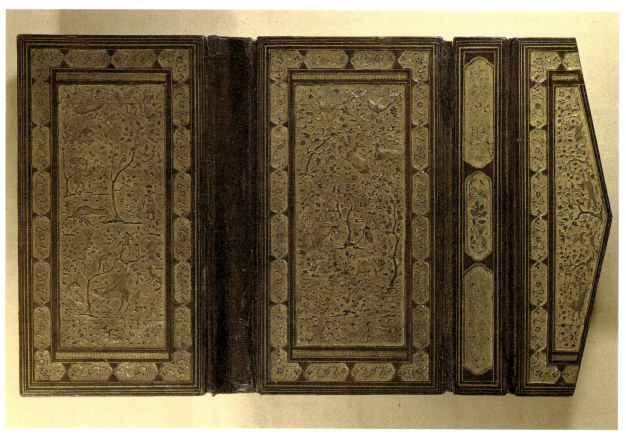

Handschrifteneinband mit Klappe. Leder, gepreßt. »Dīvān« des Amīr Ḥusrau Dihlavī. Iran, 16. Jh. Universitäts- und Landesbibliothek Sachsen-Anhalt, Halle, Bibliothek der Deutschen-Morgenländischen Gesellschaft; Ms. pers. 29. 47×27,5 cm

gung mit dem Koran entwickelt hatten, sowie die Kenntnis von Dichtung und belehrender Unterhaltungsliteratur. Viele Vertreter der städtischen Ober- und Mittelschichten waren zudem nicht nur Literaturkonsumenten, sondern verfaßten auch selbst Abhandlungen – seien es auch nur Zusammenfassungen von Bekanntem. Eine große Anzahl von Übersetzungen griechischer und persischer Werke wurde angefertigt. Umfangreiche Privatbibliotheken wurden einerseits zu einer Notwendigkeit, andererseits zu einer Frage des sozialen Ansehens. Der Bedarf an Textkopien wuchs. Ihre schnelle und relativ billige Herstellung wurde durch die Verwendung von Papier möglich, das seit dem Ende des 8. Jh. aus China im Kalifat Eingang fand. Obwohl die Ausbildung zunächst eine reine Privatangelegenheit war und auch später weitestgehend auf mündlicher Vermittlung beruhte, wurde doch von einem Gelehrten erwartet, daß er möglichst viel von seinem Wissen schriftlich niederlegte. Es galt als verdienstvoll, unter den verschiedensten Gesichtspunkten Biographien zusammenzustellen oder wenigstens eine erbauliche Schrift zu verfassen. Beliebte Werke der Dichtkunst wurden über Jahrhunderte hinweg immer wieder kopiert. Berichte über ↗ Bibliotheken, die von mehreren Hunderttausend Bänden sprechen, zeugen vom Umfang der Handschriftenproduktion. Trotz der Hochschätzung des Buches ist durch zahllose Kriege und Katastrophen nur ein Bruchteil des einstmals Vorhandenen erhalten geblieben.

Die meisten Handschriften waren zweifellos einfache Abschriften, die das Schwergewicht auf einen möglichst vollständigen und gut lesbaren Text legten. Die dekorativen Elemente beschränkten sich dann auf eine mehr oder weniger anspruchsvolle kalligraphische Ausführung, die Hervorhebung von Überschriften und bestimmten Textpassagen durch andersfarbige Tinte; in späteren Jahrhunderten mochte eine Kopfleiste zu Anfang des Textes hinzukommen. Mehr Gewicht maß man schon seit frühester Zeit den Koranabschriften zu. Selbst als dann die Ateliers im Iran und in der osmanischen Türkei vor allem durch die künstlerische Gestaltung poetischer, historischer und belehrend-unterhaltender Werke Berühmtheit erlangten, verlor die Anfertigung prachtvoller Korankopien nicht an Bedeutung.

Arbeitsmittel des Kalligraphen waren entsprechend dem Schriftduktus zugeschnittene Rohrfedern. Die Vorbereitung des Papiers schloß das Zurechtschneiden, Polieren und Liniieren der Blätter ein. Gefärbtes, mit Goldstaub überpudertes und marmoriertes Papier war eine relativ späte Erscheinung. Zur Illumination gehörten auf dem Höhepunkt der buchkünstlerischen Entwicklung (15.–17. Jh.) mehrfarbige Rahmen, Titelköpfe, Medaillons bzw. Rosetten, ganze Schmucksei-

Doppelseitiges Frontispiz aus dem »Šāhnāmah« des Firdausī. Iran, 1593. Deutsche Staatsbibliothek, Berlin; Ms. Diez A Fol. 1. 20,5 × 32,5 cm

ten sowie kleinformatiger Dekor zur Füllung oder Unterstreichung einzelner Stellen. Die Illumination wurde durch ausgeprägt dekorative Illustrationen (↗ Buchmalerei, islamische), die ihrerseits nicht selten in breite Ornamentbänder gefaßt waren, und durch Randmalereien ergänzt. Der Einband mit der charakteristischen Verschlußkappe bestand entweder aus Karton oder aus Leder mit eingepreßtem und vergoldetem Dekor. Seit dem 16. Jh. wurde auch Pappmaché mit Lackmalerei dazu verwendet. Die Herstellung einer solchen Prachthandschrift war mit der Anfertigung von Handschriftenkopien für den täglichen Gebrauch nicht mehr zu vergleichen. Während die in den Basaren arbeitenden Kopisten, von denen aus den ersten Jahrhunderten des Kalifats berichtet wird, sich als Kalligraphen und Illuminatoren betätigten und auch den Großteil der vorbereitenden Arbeiten ausführten, waren die kostbar ausgestalteten Manuskripte der späteren Zeit das Werk größerer Kollektive. Das Istanbuler Hofatelier umfaßte beispielsweise in der zweiten Hälfte des 16. Jh. mehr als hundert spezialisierte Künstler und Handwerker. Auch in den städtischen Werkstätten, über die noch wenig bekannt ist, gab es eine Spezialisierung. Im ↗ Kolophon einer Handschrift erscheint neben dem Namen des Auftraggebers und der Angabe über Ort und Zeit des Abschlusses der Abschrift auch oft der Name des Kalligraphen, wohingegen der Maler seine Arbeiten selten signierte. Die Illuminatoren blieben – von ganz wenigen Ausnahmen abgesehen – anonym. Gerade ihre Werke gestatten es aber, die Entwicklungslinie buchkünstlerischer Gestaltung von Beginn an zu verfolgen. Die Grundform bildete die in den breitformatigen pergamentenen Koranen des 8./9. Jh. ausgeprägte Kombination eines horizontalen Paneels mit einem Anhängsel – dem häufig mit Palmettenformen gefüllten Rundzierat – an der äußeren Schmalseite. Dieses Ausgangsschema ist in den Kapitelköpfen und selbst in den seitenfüllenden hochformatigen Schmuckfeldern nach dem 10. Jh. noch wiederzuerkennen. Flechtbänder, Kassettengliederung, Stern- und Kreuzverband, ein Netz sich schneidender Kreise oder Vielecke sowie der kleinteilige Fülldekor aus stark stilisiertem Rankenwerk erwecken den Eindruck, den Ausschnitt aus einem unendlichen Ornament zu sehen. Seit dem 14. Jh. spielten Kartuschen, Medaillons und Rosetten bei der Flächengliederung eine wichtige Rolle, während die florale Ornamentik ostasiatische Einflüsse aufnahm.

Größere Bestände kunstvoll ausgestalteter arabischer, persischer und türkischer Handschriften befinden sich in den Spezialabteilungen der Nationalbibliotheken einer Reihe europäischer Staaten, in den USA und natürlich in den Ursprungsländern. Die Abteilungen für islamische Kunst in den Museen von nationaler

Handschriften, ostasiatische

Bedeutung haben sich zumeist auf die Sammlung von illustrierten Manuskripten und Albumblättern konzentriert. Über wertvolle Stücke verfügen auch einige große Privatsammlungen islamischer Kunst (USA, Großbritannien).

Während Sammlungs- und Ausstellungskataloge in den letzten Jahren verstärkt die verschiedenen Bereiche der Handschriftenausgestaltung berücksichtigen, fehlt es an größeren zusammenfassenden Abhandlungen zur Buchkunst. *K. R.*

Lit.: Kaziev, A. Ju.: Chudožestvennoe oformlenie azerbajdžanskoj rukopisnoj knigi 13.–17. vv. – Moskva, 1977. // The arts of the book in Central Asia / ed. by B. Gray. – Paris, 1979. // Ismailova, E. M.: Iskusstvo oformlenija sredneaziatskoj rukopisnoj knigi 18.–19. vv. – Taškent, 1982.

Handschriften, ostasiatische
Da die ostasiatische Schriftkultur sehr viel älter ist als die Kenntnisse von der Papierherstellung (der Fund von Baqiao, Prov. Shaanxi, datiert das früheste Papier in das 1. Jh. v. u. Z.; verbreitet und verfeinert wurde die Papierherstellung in China durch Cai Lun um 105 u. Z.), existieren zunächst alte Schriften auf Bronzen und Steintrommeln. Als Handschrift werden all jene Texte bezeichnet, die in *Schrift- bzw. Bild-Text-Rollen* gefaßt sind (chines. shou chuan; japan. makimono). Die Rollen haben durchschnittlich eine Höhe

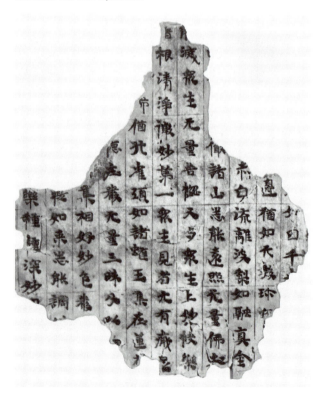

Fragment des buddhistischen »Goldglanzsutra«. Normalschrift (kaishu), Tusche auf Papier, etwa 5. Jh., gefunden in Turfan. Turfansammlung der Akademie der Wissenschaften der DDR, Berlin

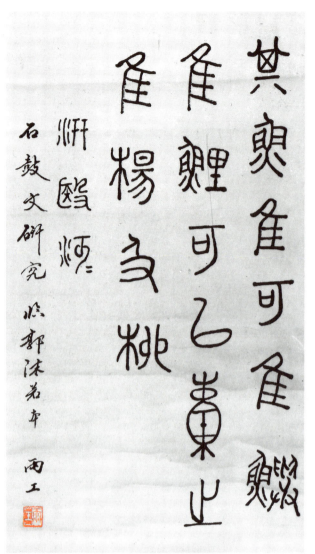

Kalligraphie von Yang Enlin, um 1970. Chinesische Siegelschrift (zhuanshu). Aus: Guo Moruo, Forschung zur Steintrommelschrift. Staatliche Museen zu Berlin, Ostasiatische Sammlung

Detail eines Poems von Mi Fu. Handschrift (Querrolle) in Halbkursiv (xingshu), 12. Jh. Tokyo National Museum

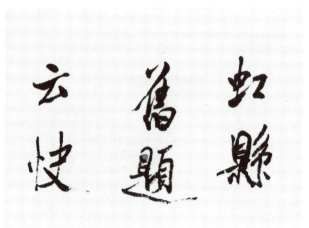

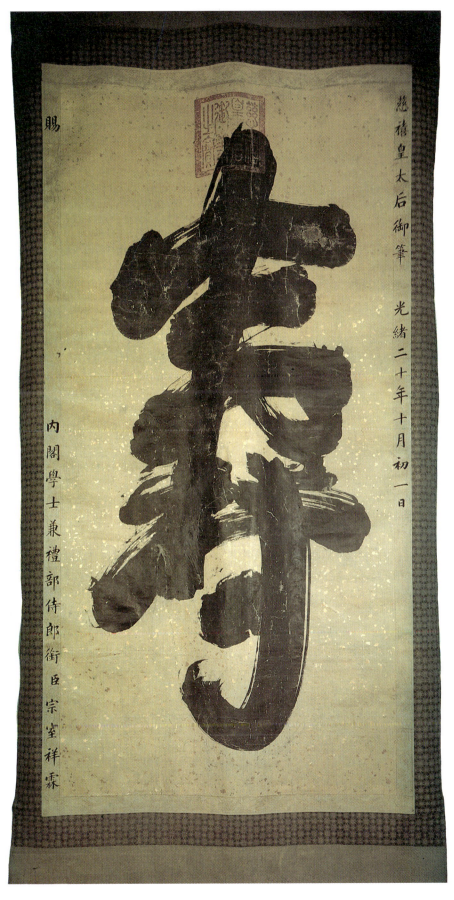

Glückwunschbild mit dem Zeichen »Langes Leben« in Halbkursiv auf einer Längsrolle. An den Bildrändern Normalschrift. Signiert und datiert Kaiserin Ci Xi, 1894. Deutsches Buch- und Schriftmuseum der Deutschen Bücherei, Leipzig

von 20–30 cm und eine Länge bis zu 5 Metern. Als entwicklungsgeschichtlicher Vorläufer dieser Form werden zu Bündeln geheftete Bambustafeln angesehen. Der Buchdruck im Typen- und Plattendruck hat die mit Pinselschrift versehenen Handschriften nicht verdrängt. Schriftrollen werden vor allem im kultischen Bereich und durch die im 20. Jh. selbständig gewordenen Kalligraphen angefertigt. Das frühe Aufkommen des Buchdrucks im 8. Jh. brachte in gleicher Form gefertigte Drucke, die von den Handschriften zu unterscheiden sind, hervor (↗ Drucken).

Die bisher frühesten Funde für Seide als Schriftträger datieren aus der Zeit der Streitenden Reiche Chinas (475–221 v. u. Z.), ausgegraben 1936/37 aus einem Grab in Changsha. Die wegen hervorragender Kalligraphie berühmten Schriftwerke von Wang Xizhi (307–365) »Die Einführung zum Orchideen-Pavillon« (Lantinqxu) und seines Sohnes Wang Xianzhi (344 bis 386) sind nur in Abschriften der Song-Zeit (960–1279) nach bereits verarbeiteten Kopien erhalten.

Auf Grund guter klimatischer Bedingungen sind aus Dunhuang (A. Stein) und Turfan (A. v. LeQoq) / Prov. Gansu, Nordwest-China, frühe Handschriften und Fragmente erhalten geblieben. Der umfangreiche Bibliotheksfund in Dunhuang enthält Handschriften und Drucke aus der Zeit um 500 bis 1050 u. Z. und damit die bisher ältesten Handschriften Chinas. Dazu gehört der Codex sinicus 89, die Abschrift des Lotos-Sutra in vier Rollen (um 500 u. Z.) sowie Codex sin. 90, eine Abschrift des Weisheitssutras aus der Tang-Zeit (618–907 u. Z.). Bei den Grabungen durch Aurel Stein (seit 1907) wurde zugleich die bisher älteste illustrierte und gedruckte Rolle gefunden, das Diamant-Sutra, datiert 868 u. Z. (British Museum London).

Aus Korea sind nach chinesischem Muster gefertigte, illuminierte buddhistische Sutras mit Gold- und Silbermalerei auf indigo- oder purpurfarbenem Papier seit der Groß-Silla-Zeit (668–918 u. Z.) bekannt. Schreib- und klösterliche Kopierbüros führten diese Textausgaben in der Koryu-Zeit (918–1392) zu höchster Blüte. Dazu zählen u. a. das Amitabha-Sutra in Pjöngjang, das Lotos-Sutra in Kaesong und das Diamant-Sutra in London (British Museum) – alle aus der ersten Hälfte des 14. Jh.

Da die gesamte Literatur Ostasiens in kalligraphischer Schrift aufgezeichnet wurde und bis heute die individuelle Handschrift als Ausdruck hoher Bildung gilt, waren die meisten Dichter auch als Schriftkünstler geschätzt. Bis heute gibt es in China jedoch kein Museum für Kalligraphie. Berühmte Handschriften und ihre gedruckten oder nachgeschriebenen Kopien werden in Klöstern, Privatsammlungen und in einigen Bibliotheken aufbewahrt. Eine gute Sammlung früher Schriften besitzt das Kaiserliche Schatzhaus (Shōsōin) von Nara/Japan, das im 8. Jh. errichtet wurde und seither eine unangetastete Sammlung chinesischer und japanischer Kunst bewahrt. Zu den besten Handschriften gehören: »Die gesammelten Schriften« (Zasshu), eine Rolle Regelschrift auf Papier, 27 × 2135 cm, Chi-

na, frühe Tang-Zeit (um 730) sowie die Gedichtsammlung »Shibunritsu« aus Chang'an, China, vom Anfang des 5. Jh.

Das Palastmuseum Beijing (Peking) bewahrt hervorragende Handschriften von Meistern der Song-Zeit (960–1279). Zu nennen sind beispielsweise für den Inhalt und die Schriftform dieser Zeit wesentliche Werke wie die Abhandlungen zur Literatur und Kunst von Mi Fu (1051–1107), »Die Geschichte der Malerei« (Huashi) und »Die Geschichte der Kalligraphie« (Shushi). Huang Tingjian (1045–1105) kopierte die »Autobiographie« des Huai Su (737–um 800) und damit eines der berühmten, heute nicht mehr erhaltenen Schriftwerke der Tang-Zeit im Kursiv-Stil. Die weitere Entwicklung der Handschriften orientierte sich im wesentlichen an den Leistungen dieser Zeit. Das Kopieren buddhistischer, konfuzianischer und daoistischer Schriften, aber auch Handschriften über und mit Poesie und Prosaschriften sind der Höhe- und zugleich authentischer Ausgangspunkt für weitere kalligraphische Werke, die in der Yuan- und Ming-Zeit jedoch häufig im gedruckten Buch Parallelen besitzen. Sonderformen von Handschriften bilden kalligraphisch ausgestattete und bemalte Einzelblätter oder Alben, welche z. B. bei Dichterwettstreiten entstanden, sowie Glückwunschverse in Form von Längs- und Querrollen oder Einzelblättern zu verschiedenen Anlässen des Jahresfestkreises bzw. weiterer Ereignisse.

↗ auch Schriftkunst, ostasiatische   *S. N.*

Lit.: Lee, S. E.: Chinese Art under the Mongols: the Yüan Dynasty (1279–1368). – Cleveland, 1968. // Willetts, W.: Das Buch der chinesischen Kunst. – Leipzig, 1970. // Tseng Yu-ho: Chinese calligraphy. – Philadelphia, 1971. // Goepper, R.; Hiroko, Y.: Sho-Pinselschrift und Malerei in Japan vom 7. bis 19. Jh. – Köln, 1975. // A Sung bibliography / ed. by Y. Hervouet. – Hongkong, 1978. // Böttger, W.: Kultur im alten China. – 2. Aufl. – Leipzig, 1979. // Illustrated catalogues of Tokyo National Museum: Chinese calligraphies. – Tokyo, 1980. // Kraft, E.: Illustrierte Handschriften und Drucke aus Japan: 12.–19. Jh. – Wiesbaden, 1981. // Treasures from the Shōsōin. – Tokyo National Museum, 1981 (japan.). // Yao, S. Wen-Pu: Ostasiatische Schriftkunst. – Berlin (West), 1982. // Das Buch im Orient: Handschriften und kostbare Drucke aus zwei Jahrtausenden. – Wiesbaden, 1982. (Ausstellungskataloge / Bayerische Staatsbibliothek; 27). // Frühe koreanische Druckkunst / hrsg. von Choi, Sun-U. – Seoul, Mainz, 1983. // BI-Lexikon Ostasiatische Literaturen / hrsg. v. J. Berndt. – Leipzig, 1985.

Hieroglyphen

(griech. hieros = heilig, glyphein = einmeißeln: »heilige gemeißelte Zeichen«), im 3. Jh. durch Clemens von Alexandrien geprägte Bezeichnung für die altägyptischen Bilderschriftzeichen, die seit etwa 3000 v. u. Z. nachweisbar sind und bis etwa 200 u. Z. in Gebrauch waren. Sie bestanden aus etwa 700 Wort- und Silbenzeichen und 24 Einzellautkonsonanten, Vokale werden nicht bezeichnet. Die Hieroglyphen wurden mit dem Meißel in Stein gehauen, aber auch mit dem Pinsel auf

Entwicklung der altägyptischen Schrift (sog. Grapowsche Tafel, nach Jensen)

↗ Papyrus, Gefäße oder Wandflächen geschrieben. Die Schreibrichtung verlief ursprünglich in Kolumnen senkrecht von rechts nach links, um 2000 v. u. Z. änderte sie sich in waagerechte Reihen, die linksläufig geführt wurden. Mit den Hieroglyphen begann die Entwicklung zur modernen Vokal- und Konsonantenschrift und damit zum lateinischen Alphabet. Neben den monumentalen, ornamentalen und dekorativen Hieroglyphen für kultische Zwecke bildeten sich in einem Jahrtausende währenden Prozeß zwei vereinfachte Zweigschriften für profane Zwecke auf Papyri heraus: 1. die abgeschliffenere Form der hieratischen (priesterlichen) (Buch-) Schrift, eine der Handschrift angepaßte Kursive, seit etwa 2500 v. u. Z. nachweisbar, aus ihr – sie wurde später nur noch für heilige Schriften verwendet – entstand als stark vereinfachte Form 2. die demotische (volkstümliche) Schrift, die seit dem 10. bzw. 7. Jh. v. u. Z. bis ins 5. Jh. u. Z. in Gebrauch war. Im 2. Jh. v. u. Z. begann man die ägyptische Sprache mit griechischen Buchstaben zu schreiben, im 3. Jh. u. Z. setzte sich das griechische Alphabet, vermischt mit Resten der demotischen Schrift, als sog. koptische Schrift durch.

In der Folgezeit ging die Kenntnis der Hieroglyphen verloren, im Mittelalter sah man in ihnen nur geheimnisvolle mystische Zeichen. 1822 gelang dem französischen Sprachforscher Jean-François Champollion (1790–1832) nach zehnjähriger Arbeit der erste wissenschaftlich abgesicherte Versuch zur Entzifferung der Hieroglyphen auf Grund des 1799 im Nildelta gefun-

Holzschnitt eines unbekannten Meisters aus der Mitte des 15. Jh. Heiliger Hieronymus. Kunstsammlungen zu Weimar.
25,2 × 37,8 cm

denen Steins von Rosette (heute im Britischen Museum, London). Dieser schwarze Basaltstein enthält eine Inschrift in zwei Sprachen (griechisch und ägyptisch) und drei Schriften (Hieroglyphen, demotisch, griechisch). Vom Griechischen ausgehend, gelang die Entzifferung der Namen Ptolemäus und Kleopatra, der Anfang zur Lesung zusammenhängender Texte war gemacht und damit der Schlüssel zur altägyptischen Kultur und Geschichte gefunden. Auf dieser Grundlage erkannte der deutsche Ägyptologe Richard Lepsius (1810–1884) das System der altägyptischen Bilderschrift. Die rege Ausgrabungstätigkeit im 19. und 20. Jh. brachte wertvolles Material zutage und bereicherte, da die Texte jetzt zugänglich waren, unsere Kenntnis von der Vorstellungswelt der alten Ägypter.

F. M.

Lit.: Jensen, H.: Die Schrift in Vergangenheit und Gegenwart. – 3. Aufl. – Berlin, 1969. // Kéki, B.: 5000 Jahre Schrift. – Leipzig, 1976. (akzent ; 23)

Holzschnitt

Der Holzschnitt ist eine Methode der Vervielfältigung im Hochdruckverfahren, die sich seit dem 14. Jh. entwickelt hat. Die Technik des Holzschnitts ist verhältnismäßig einfach. Auf einer Holzplatte, die geglättet

Holzschnitt eines unbekannten Meisters, um 1475. Heiliger Christophorus. Aquarellierter Holzschnitt.
Kunstsammlungen zu Weimar. 24,1 × 35,2 cm

und mit Kreide präpariert ist, werden Linien aufgezeichnet. Der Holzschneider arbeitet dann an den vorgezeichneten Linien entlang, die als Stege stehenbleiben. Die dazwischenliegenden Flächen werden mit dem Hohleisen herausgehoben. In diesem Zustand wird die Platte mit Druckerschwärze eingefärbt. Das geschieht meist mit einer Gummiwalze, die die Farbe gleichmäßig an die Stege abgibt, die vertieften Flächen aber freiläßt. Über die ganze eingefärbte Platte wird dann ein Stück Papier gelegt und entweder mit einem Falzbein vorsichtig festgerieben oder mit einer Presse gleichmäßig angedrückt. Nach dem vorsichtigen Abziehen des Papiers bilden dann die eingefärbten Stege

die Zeichnung des fertigen Holzschnitts. Ursprünglich wurden die Holzschnitte handkoloriert, später versuchte man farbig zu drucken. Für dieses Verfahren wurden mehrere Holzplatten geschnitten. Jede Platte diente zum Druck einer bestimmten Farbe. Die Flächen, die für eine andere Farbe bestimmt waren, wurden entweder ausgespart oder ergaben durch Übereinanderdruck neue Farbwerte. Für den einfachen Farbholzschnitt wurden drei Platten verwendet, doch gibt es auch Blätter mit sechs und mehr über- und nebeneinander gedruckten Farbplatten. An der Herstellung eines Holzschnitts waren meist drei Berufe beteiligt. Der Künstler entwarf die Zeichnung und riß sie auf die

Holzschnitt 214

Holzschnitt mit allegorischer Darstellung zu F. Colonna, Hypnerotomachia Poliphili.
Venedig, Aldus Manutius, 1499. 19,3 × 29 cm

Holzplatte. Er wurde der »Reißer« genannt. Das Ausschneiden aus dem Holz besorgte ein Schreiner oder ein Tischler. Das Kolorieren überließ man wieder einer anderen Berufsgruppe, den ↗ Briefmalern. Dies wurde in einer Art Serienanfertigung durchgeführt. Eine große Zahl Drucke lag nebeneinander, und der Maler malte sie dann jeweils hintereinander mit roter, gelber oder blauer Farbe aus. Unvermeidbar wurden dabei häufig die Außenkonturen übermalt, so daß diese Unachtsamkeit geradezu zum Kennzeichen eines frühen handkolorierten Blattes werden kann.

Ein Vorläufer des Holzschnitts ist der Zeugdruck.

Holzschnitt von Albrecht Dürer, 1497/98. Der kleine Herkules (Die Kämpfenden).
Kunstsammlungen zu Weimar. 28,3 × 39,2 cm

Zuerst waren es nur Ornamente, die in den Holzmodel geschnitten und auf den Stoff gedruckt wurden. Doch im späten 14. Jh. gibt es auch schon einzelne Beispiele für Bilddrucke auf Stoff. Um 1400 erscheinen die ersten auf Papier gedruckten Blätter in Deutschland und den Niederlanden, in Frankreich und Italien etwas später.

Eine materielle Voraussetzung für die Entstehung des Holzschnitts wie auch jeder anderen Vervielfältigungsmethode ist ein in genügender Menge vorhandener und daher billiger bedruckbarer Stoff, der sich im Papier fand. Mit dem Angebot entwickelte sich das Bedürfnis, im eigenen Haus ein Bild für den privaten Gebrauch zu

Holzschnitt

Italienischer Farbholzschnitt von Antonio Maria Zanetti, nach Parmigianino, 1721. Predigender Apostel. Kunstsammlungen zu Weimar. 8 × 15,8 cm

besitzen. Diese Bilder waren in erster Linie Andachtsbilder, die man an die Wand heften konnte, um davor zu beten, wie es sonst nur in der Kirche vor den Altarwerken möglich war. Das setzte große Ausmaße und Farbigkeit der Bilder voraus, damit sie die in sie gesetzten Erwartungen erfüllen konnten. Insgesamt kann das Aufkommen des Holzschnitts als Ergebnis einer allgemeinen Demokratisierung der Kunst seit der Mitte des 14. Jh. betrachtet werden. Das Kunstmonopol der Kirche und der Landesherren verlagert sich zunehmend zugunsten einer größeren Mitbeteiligung des bürgerlichen Menschen.

Die frühesten erhaltenen Holzschnitte sind ↗ Einblattdrucke, von denen durch Verschleiß und Zeitereignisse nur noch wenige Exemplare erhalten sind. Inhaltlich beschränkten sich die Blätter vorerst auf Szenen aus dem Neuen Testament und auf die Darstellung einzelner Heiliger. Besonders bevorzugt wurden in der 1. Hälfte des 15. Jh. Bilder des heiligen Christophorus. Die Figuren füllen meist das ganze Blatt aus, sie sind klar und übersichtlich gezeichnet, ohne besondere Beachtung einer räumlichen und körperlichen Wirkung. Der erste erhaltene Holzschnitt mit einem Datum stellt einen Christophorus aus dem Jahre 1423 dar. Hier gibt es bescheidene Ansätze einer räumlichen Landschaftsgestaltung. Die Meister der frühen Blätter blieben unbekannt. Über das ↗ Blockbuch führt der Weg zu den ersten mit Holzschnitten versehenen Inkunabeln: 1460 des Johannes von Saaz' »Der Ackermann aus Böhmen«, 1461 Boners »Edelstein«, beide in Bamberg von Albrecht Pfister gedruckt. Allgemein üblich wurde es jedoch erst gegen 1470, die gedruckten Bücher mit Holzschnitten zu illustrieren. Von Deutschland ging diese Entwicklung auf Frankreich, die Niederlande und Italien über. Die größte Zahl der illustrierten Bücher stammt aus Augsburg, die qualitätsvollsten aus Ulm.

Weitere wichtige Druckstätten waren Nürnberg, Basel, Straßburg, Mainz, Köln und Lübeck. Künstlerisch bedeutende Holzschnittfolgen entstanden als Bibelillustrationen, so z. B. 1478/79 die Kölner Bibel, deren Druckstöcke 1483 Anton Koberger für seine Nürnberger Bibel benutzte. Auch profane Werke wurden reich mit Holzschnitten bebildert. 1483 druckte Lienhart Holl in Ulm das »Buch der Beispiele«, das von einem unbekannten Künstler illustriert wurde. In Augsburg entstanden u. a. folgende Bücher mit Holzschnitt-Illustrationen: Das »Buch der Natur« von Konrad von Megenberg, gedruckt 1475; die »Griseldis« von Petrarca um 1480; die »Historie der Türken« von Robertus de Remigio, 1482; eine Fabelsammlung mit dem Titel »Buch der natürlichen Weisheit«, 1490, und eine Übersetzung des Dekameron von Boccaccio, 1490. Das Hauptwerk der Nürnberger Druckerei Kobergers wurde die »Weltchronik« von Hartmann Schedel, gedruckt 1493. Sie enthält 1809 Holzschnitte, für die man nun zum erstenmal namentlich bekannte Maler gewann, nämlich Wilhelm Pleydenwurff und Michael Wolgemut. An der Lübecker Bibel, gedruckt bei Steffen Arndes 1494, arbeitete als Hauptmeister Bernt Notke mit, der den Holzschnitt zu einer künstlerischen Qualität führte, an die dann Albrecht Dürer und Lucas Cranach anknüpften. Dürer hatte schon auf seiner Wanderschaft nach Basel bei dem Verleger Amerbach an Holzschnitten gearbeitet, u. a. entstanden 73 Blätter zu Sebastian Brants »Narrenschiff«. 1498 schuf er die Holzschnittfolge zur »Apokalypse«, deren erste Ausgabe 15 Blätter umfaßte. Es folgten die Holzschnitte zum »Marienleben« sowie die »Große Passion« und die »Kleine Passion«. Die bewegten und differenzierten Linien sind von einer starken Ausdruckskraft, so daß eine Kolorierung überflüssig war. Neben Dürer haben fast alle bedeutenden Künstler dieser Zeit für den Holzschnitt gearbeitet. Vor allem sind zu nennen:

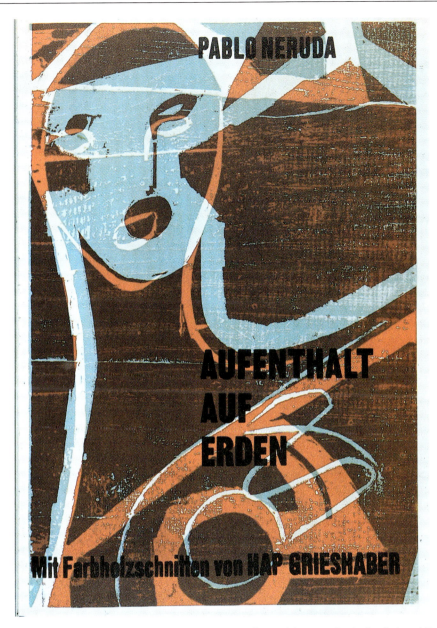

Farbholzschnitt von HAP Grieshaber für den Einband zu Pablo Neruda, Aufenthalt auf Erden. Leipzig, 1973

H. Holbein d. J., A. Altdorfer, H. Baldung, H. Burgkmair, L. Cranach, W. Huber, H. Weiditz. Lucas Cranach d. Ä. gilt als einer der ersten Künstler, die sich mit dem Verfahren des farbigen Drucks beschäftigten.

Der Holzschnitt wurde in der Zeit der Reformation und der Bauernkriege zum wichtigsten Informations- und Propagandawerkzeug. Gegen Ende des 16. Jh. trat er in seiner künstlerischen Bedeutung hinter dem differenzierteren und aufwendigerem ↗ Kupferstich zurück.

Seit dem 19. Jh. begann eine neue Ära des Holzschnitts. Edvard Munch und Paul Gauguin erweckten mit den schwarzen, unterschiedlich starken Linien ganz besondere Stimmungen beim Betrachter. Die Maler der »Brücke« machten den Holzschnitt zum Ausdrucksträger ihrer Naturanschauung. Masereel schuf seine berühmten Bildromane, Barlach, Kollwitz, Pankok, Felixmüller und viele andere nutzten die expressiven Möglichkeiten, die in den einfachen schwarzen, kraftvollen Linien und Flächen stecken können, während HAP Grieshaber den farbigen Holzschnitt nachdrücklich gepflegt hat.

Ungebrochen lief die Tradition des Holzschnitts in Japan und China vom 8. Jh. bis in die Gegenwart (↗ Schriftkunst, ostasiatische). Inhaltlich und stilistisch entwickelte er sich vom graziösen, zarten Abbild heimischer Tiere und Pflanzen bis zum Agitationsbild, das besonders in China nach 1936 zum Unterricht und zur Information eingesetzt wurde. *H.N.*

Lit.: Die Einblattdrucke des 15. Jahrhunderts / hrsg. v. P. Heitz. – Bd. 1–100. – Straßburg, 1906–1942. // Friedländer, J. M.: Der Holzschnitt. – 3. Aufl. – Berlin, 1926. // Bu-

Holzstich

Holzstich von Thomas Bewick. Rohrdommel aus: History of British Birds, 1804

Holzstich von Adolph Menzel zu Franz Kugler, Geschichte Friedrichs des Großen. Leipzig, 1840

cherer, M.: Der Original-Holzschnitt. – Zürich, 1949. // Michener, J. A.: Japanische Holzschnitte von den frühen Meistern bis zur Neuzeit. – München, 1961. // Piltz, G.: Deutsche Graphik. – Berlin, 1968. // Kober, K. M.: Stichel, Nadel, Druckerpresse : e. Einführung in die Kunst der Druckgraphik. – Leipzig, 1981. – Mayer, R.: Gedruckte Kunst. – Dresden, 1984.

Holzstich
Der Holzstich ist eine aus dem ↗ Holzschnitt hervorgegangene Hochdrucktechnik, unterscheidet sich jedoch von diesem durch das verwendete Material des dichten und somit festeren Hirnholzes, vorzugsweise des Buchsbaums. Es wird quer zur Faser in Platten geschnitten. Als Werkzeug dienen Stichel, mit denen das Bild in die Holzplatte eingraviert wird. Der Druckvorgang gleicht dem des Holzschnitts. Auch beim Holzstich können mit verschieden ausgeführten Platten farbige Stiche hergestellt werden, häufiger jedoch trifft man auch die ↗ Handkolorierung an. Die Festigkeit des Hirnholzes ermöglicht einerseits eine sehr prägnante Linienführung (Schwarzlinien-, Faksimilestich) wie auch die Wiedergabe feinster Tonabstufungen (Weißlinientechnik, Tonstich). Das befähigt den Holzstich zur Umsetzung stofflicher, körperlicher und Helldunkelwerte und läßt ihn malerisch erscheinen. Durch diese Eigenschaften wird der Holzstich von Beginn seiner Entwicklung an neben seinem selbständigen künstlerischen Einsatz vorrangig als Reproduktionstechnik verwendet. Die Wiederstandsfähigkeit der Holzstöcke ermöglichte den Druck großer Auflagen in einem Druckgang mit der Schrift. Damit war eine den Erfordernissen der Zeit entsprechende Reproduktionstechnik geschaffen.

Durch den englischen Graveur Thomas Bewick (1753–1828) wird der Holzstich entwickelt und zu einem eigenständigen künstlerischen Ausdrucksmittel gestaltet, das durch seine Feinheit und formale Wandlungsfähigkeit vor allem Einlaß in die Buchillustration findet. Der mühsame handwerkliche Aufwand sowie der wachsende Bedarf an illustrierten Büchern führen dazu, daß die Künstler ihre Zeichnungen von begabten Stechern (Xylographen) in das Holz übertragen lassen, was diesen hohes künstlerisches Einfühlungsvermögen und handwerkliche Perfektion abverlangt. Durch den Holzstich werden hochgradige Meisterleistungen in der Buchkunst (Stiche für Illustrationen von Gustave Doré, Adolph Menzel, Ludwig Richter u. a.) erreicht, daneben wird er jedoch im Laufe des 19. Jh. durch seine massenweise Anwendung zum Reproduzieren fremder Bildvorlagen in Büchern und Zeitschriften zunehmend in eine rein handwerklich-technische Rolle gedrängt, und sein künstlerischer Ausdruck verflacht. Sein Einsatz wird gering, als gegen Ende des 19. Jh. die fotomechanischen Verfahren Einzug halten. Erst im 20. Jh. erfährt der Holzstich als künstlerisches Ausdrucksmittel (Wladimir A. Faworski, Karl Rössing, Hans Alexander Müller u. a.) eine Neubelebung und neue Wertschätzung.

Obgleich in den Jahrzehnten nach dem zweiten Weltkrieg zahlreiche Künstler den Holzstich pflegen, erreicht er in der Buchillustration nur eine vorübergehende Bedeutung (Imre Reiner, Werner Klemke, Karl-Georg Hirsch u. a.), da seine Feinheiten und Nuancierungen in den Tonwerten durch den modernen Druck häufig unbefriedigend wiedergegeben werden. Originalgraphisch wird er weiterhin in der freien Graphik, dem Exlibris und der Gelegenheitsgraphik verwendet. Wer-

Holzstich von Gustave Doré zu Cervantes, Don Quijote de la Mancha. Paris, 1863. 19,6 × 24,6 cm

den xylographische Vorlagen zu neuen Bildern zusammengefügt, entstehen Holzstichcollagen. Vertreter dieser Richtung sind z. B. Max Ernst, Horst Hussel u. a.

U. W.

Lit.: Müller, H. A.: Woodcuts & Woodengraving : How I make them. – New York, 1939. // Reiner, I.: Holzschnitt – Holzstich. – St. Gallen, 1947. // Bucherer, M.: Der Originalholzschnitt. – Zürich, 1949. // Mayer, R.: Gedruckte Kunst. – Dresden, 1984. // Willer, U.: Der Holzstich in der Buchil-

Holzstich von Karl-Georg Hirsch zu Friedrich Engels, Der Deutsche Bauernkrieg. Leipzig, 1974

Holzstich von Wladimir A. Faworski. Kloster Sagorsk, 1919

Holzstich von Karl Rössing zu Bilder zur Odyssee. Frankfurt a. M., 1949–1950

lustration der DDR. – Halle/S., Martin-Luther-Univ., 1984. (Diss. A) // Hanebutt-Benz, E.-M.: Studien zum deutschen Holzstich im 19. Jh. – Frankfurt a. M., 1984. – (Auch: Archiv f. Geschichte des Buchwesens ; 24).

Hornbände
schlichte, unverzierte, sehr stabile Bucheinbände (↗ Einband) aus Pergament, deren Bezug fest auf die Holz- oder Pappdeckel geklebt wurde; ohne durchgezogene Bünde. In der Regel bildet der kalligraphisch mit Tinte auf den Buchrücken geschriebene Titel den einzigen Schmuck, der Schnitt ist meist rot oder grün gefärbt. Bei Halbpergamentbänden sind die Deckel oft mit marmoriertem oder bunt bedrucktem Papier überzogen.

Die Bezeichnung Hornbände leitet sich von dem elfenbeinartigen Aussehen dieser mattglänzenden Einbände ab, die im 17. und 18. Jh. in Deutschland und in den Niederlanden weit verbreitet waren. Hornbände stellen den für die Gelehrtenbibliotheken charakteristischen Gebrauchseinband dar, sie prägen noch heute das äußere Erscheinungsbild älterer wissenschaftlicher Bibliotheksbestände. *F.M.*

Impressum
(lat. = Einprägung, das Eingedruckte). Druckvermerk in Büchern, Broschüren, Zeitschriften und Zeitungen, der heute die Bezeichnung der Ausgabe, Angaben über Verlag, Druckerei, Buchbinderei, Satzschriftart, Zusammensetzung des Redaktionskollegiums, Anschriften von Redaktion und Mitarbeitern, Lizenz-Nummer, Copyright-Vermerk u. a. enthält. Personen, die mit der Einbandgestaltung, mit dem Entwurf des ↗ Schutzumschlages, der ↗ Typographie und der bildlichen Ausstattung des Werkes betraut waren, können ebenfalls aufgeführt werden. Das Impressum befindet sich in Büchern und Broschüren meist auf der Rückseite des ↗ Titelblattes oder am Schluß des Bandes.
↗ auch Kolophon   F. M.

Incipit
(incipit liber, lat. = das Buch fängt an oder »Hic incipit ...«, lat. = hier fängt an ...). Anfang des Textes von mittelalterlichen ↗ Handschriften und von ↗ Inkunabeln, die noch kein ↗ Titelblatt besaßen. Das Incipit wurde in der Regel farbig abgesetzt oder durch eine vom übrigen Text abweichende Schriftart hervorgehoben, ihm entsprach am Schluß des Werkes das den ↗ Kolophon einleitende ↗ Explicit.   F. M.

Index librorum prohibitorum
Der Index librorum prohibitorum (lat. = Anzeiger verbotener Bücher) ist das bekannteste internationale Verzeichnis verbotener Bücher, das seit dem Tridentinischen Konzil (1545–1563) von der katholischen Kirche herausgegeben wurde. Er enthält die Bücher, deren Lektüre oder Besitz für den katholischen Gläubigen verboten ist, sowie die Grundsätze, nach denen ein Werk zu beurteilen ist. Der Index librorum prohibitorum erlebte seit 1559 zahlreiche Neufassungen und war die Grundlage für weitere Zensurbestimmungen in den katholischen Ländern, die bis zur Verbrennung von Büchern und zur Verfolgung von Autoren, Verlegern, Buchhändlern und Druckern reichte. 1948 erschien die letzte internationale Ausgabe, 1966 wurde der Index librorum prohibitorum auf Grund des 2. Vatikanischen

Zwei Erzengel mit Titel-Tafel aus dem Trierer Evangeliar, um 730. Dombibliothek Trier; Cod. 61/134

Konzils aufgehoben. In protestantischen Ländern war der Index mitunter auch Hinweis auf Literatur, die es zu erwerben galt. Zu den Autoren, deren Werke ganz oder teilweise auf dem Index standen, gehörten neben Kritikern aus den Reihen der katholischen Kirche u. a. Alexandre Dumas (Vater/Sohn), André Gide, Heinrich Heine, Thomas Hobbes, Maurice Maeterlinck, Henry Murger, Stendhal, Laurence Sterne, Voltaire.

Alle Maßnahmen zur Durchsetzung des Index konnten nicht verhindern, daß sich in Bibliotheken Süddeutschlands, Österreichs und der ČSSR Bestände finden, die bei ihrem Erscheinen den geltenden Vorstellungen zuwiderliefen. Im heutigen Sprachgebrauch gilt der Begriff Index für alle Verzeichnisse verbotener oder unerwünschter Literatur (↗ auch Zensur).   K. K. W.

Lit.: Die Indices librorum prohibitorum des 16. Jh. / hrsg. v. F. H. Reusch. – Stuttgart, 1886. // Sleumer, A.: Index Romanus. – 11. Aufl. – Osnabrück, 1956.

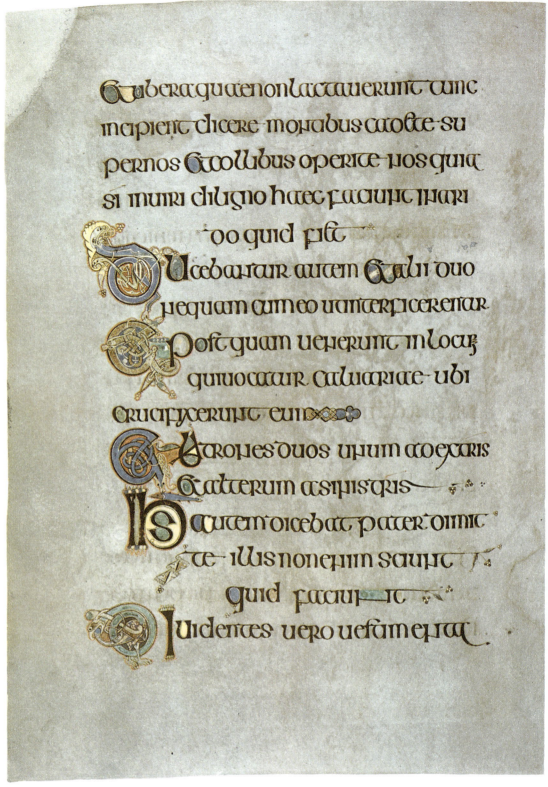

Initialen im Book of Kells. Irland, 8. Jh. Trinity College, Dublin; Ms. 58. Nach dem Faksimile, Bern, 1951

Initiale
(lat. initium = Anfang). Anfangsbuchstabe, der sich durch Größe, Farbe oder Verzierung von den übrigen Buchstaben abhebt. Er kann am Anfang eines Buches, eines Textabschnittes oder einer Zeile stehen und übt für den Leser eine Signalfunktion aus. Die mit künstlerischer Phantasie individuell gestalteten Schmuckinitialen entfalteten sich in den illuminierten Handschriften (↗ Buchmalerei) des 8. bis 15. Jh. zu höchster Pracht: ornamental, figural, zoomorph, historisiert

Initiale N aus dem Reichenauer Evangelistar, um 970. Universitätsbibliothek, Leipzig; Rep. I 57. 22 × 29 cm

(mit hineinkomponierten figürlichen Darstellungen) oder in Rankenwerk auslaufend, das mit Vögeln, Insekten, Pflanzen und Drôlerien belebt war. Im Buchdruck wurde die Form der Handschriften-Initiale weiterentwickelt, zunächst aber der Platz für die Initiale ausgespart und vom Rubrikator nachträglich ausgemalt. Wegweisend waren die Holzschnitt-Initialen des Renaissance-Druckers Erhard Ratdolt in Venedig. Holbein, Dürer, Cranach, Menzel und Slevogt schufen illustrierte Initialen.

Vorzeichnung einer Initiale L(iber) aus einem Evangeliarfragment. Freising, Mitte des 11. Jh. Anfang des Matthäus-Evangeliums. Karolingische Minuskel. Fürst-Georg-Bibliothek der Stadtbibliothek Dessau; Georg 4. 27 × 36,5 cm

295 Bei den Vertretern der modernen Buchkunst (Anna Simons, Ernst Schneidler, Walter Tiemann, Carl Ernst Poeschel) erscheinen die geschriebenen, gezeichneten oder mit typographischem Schmuck gesetzten Initialen in betont sachlicher Form und im Einklang mit der Grundschrift.

K. M.

Lit.: Lehner, E.: Alphabets and Ornaments. – New York, 1952. (Nachdr. 1968) // Cutbrod, J.: Die Initiale in Handschriften des 8. bis 13. Jh. – Stuttgart, 1965. // Gray, N.: Lettering as drawing. – Vol. 1.2. – London, 1970. // Nordenfalk, C.: Die spätantiken Zierbuchstaben. – Stockholm, 1970. // Alexander, J. J. G.: Initialen aus großen Handschriften. – München, 1978.

Initiale F aus der Merseburger Bibel, um 1240. Frühgotische Minuskel. Bibliothek des Domstifts Merseburg; Hs. 1, Bl. 158.
35 × 51,5 cm

Inkunabel
(lat. incunabula = Windeln, Wiege, Ursprung), zusammenfassende Bezeichnung für alle seit der Erfindung Gutenbergs (↗ Drucken) bis zum Jahre 1500 einschließlich mit beweglichen Lettern (gegossenen Buchstaben) gedruckten Bücher und Einblattdrucke (↗ Flugblatt). Zuerst von dem französischen Bibliographen Philippe Labbé (1607–1667) für die »Buchdruckerkunst in der ersten Epoche ihrer Entwicklung« (Kirchner) verwendet, übertrug man die Bezeichnung im 18. Jh. auf das gedruckte Buch dieses Zeitraumes selbst. Da sie im weiteren Sinne ebenso für die ersten

Inkunabel

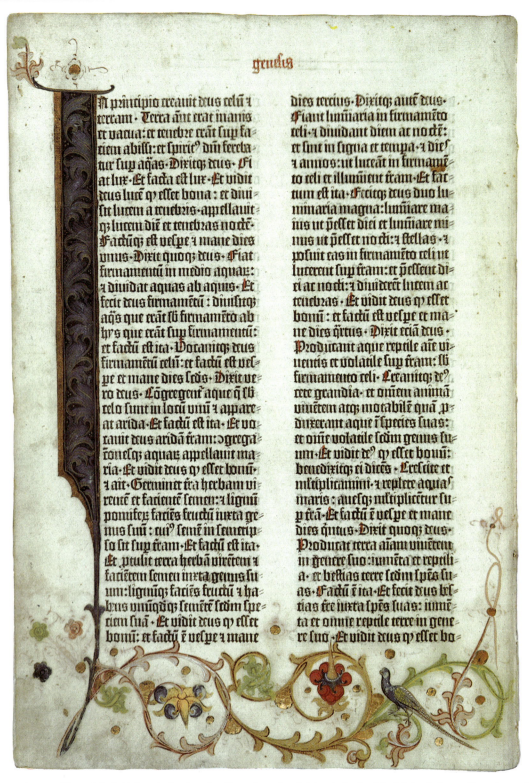

Initiale I aus der 36zeiligen Bibel (Vulgata). Beginn der Genesis (1. Buch Mose). In der Nachfolge Johann Gutenbergs in Mainz oder Bamberg um 1458 gedruckt. Universitätsbibliothek, Jena; 2 Th. XII 1 a. 29 × 41 cm

Ergebnisse neu aufkommender künstlerischer Techniken z. B. in der Graphik als Inkunabel des ↗ Kupferstichs, der ↗ Radierung und der ↗ Lithographie Verwendung findet, hat sich zur besseren Unterscheidung für die Inkunabel des Buchdrucks der Begriff »Wiegendruck« eingebürgert. Neben den Bezeichnungen Inkunabel und Wiegendruck wird auch der mehrdeutige Begriff Frühdruck einerseits synonym gebraucht, andererseits für Druckwerke von den Anfängen des Buchdrucks bis zum Jahre 1520, also z. B. die ↗ Aldinen und Giuntinen mit einschließend, bzw. 1550 verwendet. Schließlich werden mancherorts als Frühdrucke

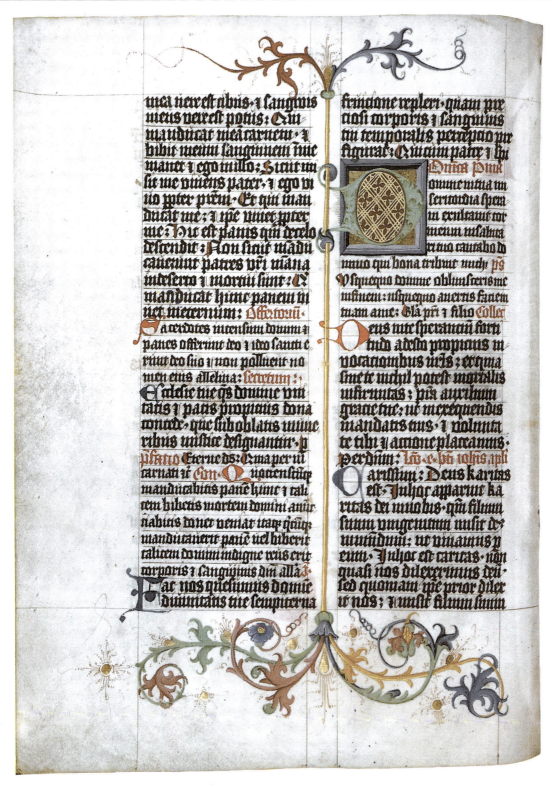

Initiale D mit spätgotischem Rankenwerk aus dem Lorenz-Missale. Pergamenthandschrift, Mitte des 15. Jh. Domarchiv, Erfurt.
30 × 41 cm

nur die Drucke aus den ersten Jahrzehnten des 16. Jh. verstanden.

Die zeitliche Begrenzung für die Inkunabel durch das Jahr 1500 wird schon im ersten überlieferten Katalog einer Inkunabelsammlung vorgenommen, den J. Saubert als »Catalogus librorum proximis ab inventione annis usque ad a. Chr. 1500 editorum« seiner »Historia bibliothecae Noribergensis« (Nürnberg 1643) anfügte. Sie scheint zwar relativ willkürlich gewählt, ist aber damit begründet, daß sich bis zur Jahrhundertwende der Buchdruck in Zentral-, West- und Südeuropa gegenüber der traditionellen Buchhand-

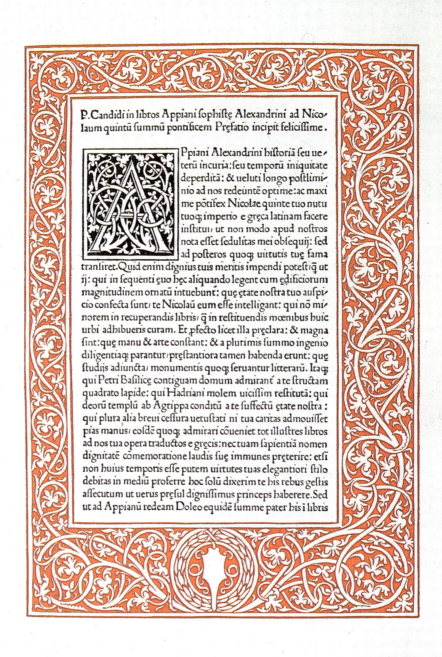

Initiale A aus Appian, Römische Geschichte. Venedig, Erhard Ratdolt, Bernhard Maler und Peter Löslein, 1477.
Frühe Antiqua. Initiale und Rankenwerk wahrscheinlich von B. Maler. Nach dem Faksimile. Leipzig, 1940

schrift durchgesetzt und in seiner technischen Entwicklung einen gewissen Abschluß erreicht hatte. Das mit Hilfe typographischer Mittel hergestellte Buch hatte sich aus der Tradition seines Vorbildes, der mittelalterlichen Handschrift, die zunächst bis in alle Einzelheiten der äußeren Erscheinungsform nachgeahmt wurde und zu einer Vielfalt der ↗ Druckschriften und zu starker nationaler Differenzierung des Buchdrucks geführt hatte, gelöst und zu einer eigenen, der neuen Technik entsprechenden Konzeption mit vereinheitlichender Tendenz gefunden. Die Zeit, in der der Buchdruck noch »in der Wiege lag«, war vorüber. Der Ana-

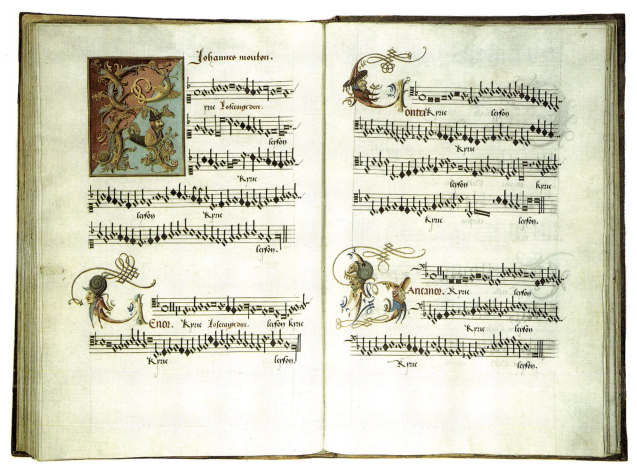

Doppelseite mit Initialen aus einem niederländischen Chorbuch, nach 1512. Universitätsbibliothek, Jena; Chorb. 2.
41,5 × 60 cm

chronismus zwischen moderner Vervielfältigungstechnik und traditionellem Erscheinungsbild war aufgehoben. Der Weg für das Gebrauchsbuch mit zunehmender Auflagenhöhe und abnehmenden Preisen war frei geworden.

In der Wiegendruckzeit wurden an ungefähr 250 Druckorten nach Schätzungen zwischen 27 000 und 40 000 Druckwerke produziert, davon 21 % in den Jahren von der Erfindung des Buchdrucks bis 1480, etwa 29 % zwischen 1481 und 1490 und 50 % in den neunziger Jahren. Zentren des Inkunabeldrucks waren Köln, Augsburg, Leipzig, Straßburg, Nürnberg, Basel, Venedig, Rom, Mailand, Florenz, Paris und Lyon. Rund zwei Drittel der Inkunabeln wurden in diesen Städten hergestellt. Lag die Auflagenhöhe in den Anfangsjahren bei 100 bis 200 Exemplaren, so stieg sie um 1480 auf 400 bis 500 und betrug in Einzelfällen über 1000 Exemplare. – Bei den Inkunabeln herrscht noch die lateinische Sprache vor (über 75 %).

Den Hauptanteil an den Inkunabeln haben ↗ Bibeln, ↗ liturgische Schriften und Erbauungsliteratur. Als erster vollständiger Inkunabeldruck gilt die lateinische 42zeilige Bibel (B 42) aus der Werkstatt Gutenbergs. Sie wurde zwischen 1452 und 1454 in Mainz gesetzt und in ca. 180 Exemplaren gedruckt. Juridica, die Medizin und die Naturwissenschaften sind unter den Inkunabeln nur relativ gering vertreten. Etwa 10 % entfallen auf antike Autoren. In deutscher, französischer, italienischer und in anderen Volkssprachen erscheinen die Humanisten, Volksbücher und Dichtungen. Weit mehr als die mittelalterlichen Handschriften haben die Inkunabeln vor allem durch ihre Auflagenhöhe und ihr Verbreitungsgebiet dazu beigetragen, das im Mittelalter noch lebendige Wissen der Antike aufzunehmen und sicher zu überliefern, so daß den Inkunabeln wissenschaftsgeschichtlich ein hoher Wert beigemessen werden muß.

Spielte bei den ersten Druckern neben dem ↗ Papier auch das ↗ Pergament als Bedruckstoff eine gewisse Rolle, so wird es später vorwiegend für Nobeldrucke bzw. Vorzugsexemplare reserviert.

Wie den Handschriften, so fehlte den Inkunabeln zunächst ebenfalls ein ↗ Titelblatt mit den für ihre Identifikation und Unterscheidung von anderen Drucken für den ersten Blick wünschenswerten bibliographischen Angaben (↗ Titelei). Sie finden sich anfangs nur sporadisch, mit zunehmender Buchproduktion und damit wachsender Konkurrenz jedoch immer häufiger in einer Schlußschrift (↗ Kolophon) oder bereits in einem mehr oder weniger ausführlichen ↗ Impres-

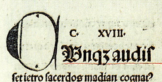

Biblia, Straßburg, 1481. Textseite mit Randglossen. Universitätsbibliothek, Jena; 2 J 205 a. 30 × 41 cm

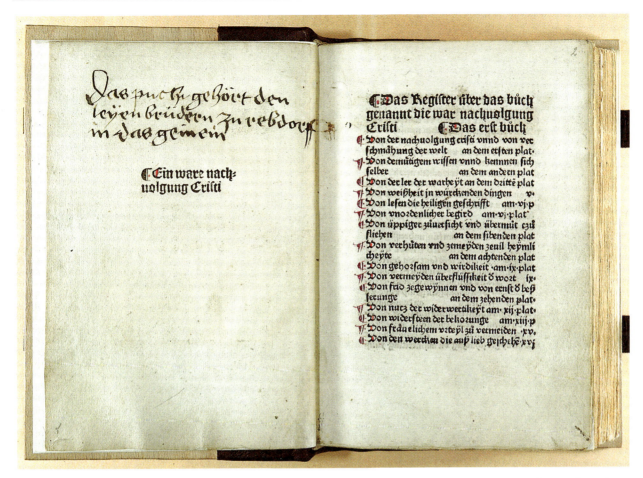

De imitatione Christi; deutsch: Die wahre Nachfolgung Christi. Augsburg, Anton Sorg, 1486. Deutsches Buch- und Schriftmuseum der Deutschen Bücherei, Leipzig; Klemm-Slg. II, 2,5ᵍ. 15 × 21 cm

sum zusammengefaßt, hier und da schon ergänzt durch eine Titelzeile auf der Vorderseite des ersten Blattes des ↗ Buchblocks. Gelegentlich verwenden die Drucker schon eine ↗ Druckermarke zur Kennzeichnung des Produktes ihrer Werkstatt, aus der sich später das bis in die Gegenwart übliche Verlagssignet entwickelte. Begründet wurde diese Praxis von Johannes Fust und Peter Schöffer, die einige Exemplare ihres Mainzer Psalterdrucks von 1457 auf diese Weise kennzeichneten.

Auch die typographische Gestaltung der Druckseiten läßt lange Zeit hindurch das handschriftliche Vorbild erkennen. Kommentierte Textausgaben literarischer, theologischer, juristischer und historischer Art räumen dem Kommentar eine dem Primärtext fast gleichberechtigte Stellung ein. Er umschließt den Text von allen Seiten in »prachtvoller Symmetrie« (Rodenberg), wenn auch meist in kleinerem Schriftgrad. Erst allmählich sinkt er, gewissermaßen als Gegengewicht zu dem den Hauptteil des Satzspiegels beherrschenden Text, als selbständige, nur lose mit ihm durch Indizes verbundene Anmerkungen an den Fuß des Satzspiegels. Die Fußnote hatte ihren endgültigen Platz gefunden.

Die ersten zum Druck der Inkunabeln verwendeten ↗ Druckschriften sind getreue Kopien der um 1450 gebräuchlichen Schreibschriften mit Groß- und Kleinbuchstaben, Abkürzungen (Abbreviaturen) und Anschlußbuchstaben (Ligaturen). Waren diese Schriften zu Beginn der Wiegendruckzeit noch analog der Vielfalt ihrer handschriftlichen Vorbilder historisch-geographisch, territorial und gegebenenfalls sogar lokal beeinflußt, so daß von der Druckschrift und von anderen äußeren Charakteristika (z. B. ↗ Buchschmuck) auf einen bestimmten Drucker geschlossen werden konnte, vollzog sich bis zum Ende des Jahrhunderts eine Angleichung, die bei einigen Druckschriften zu einer allgemeinen Beliebtheit bei den Druckereien und auf dem sich ausweitenden Buchmarkt führte und schließlich den zu druckenden Text für die Wahl der Schrift bestimmend werden ließ: Für den Druck theologischer und juristischer Werke und von Texten in den Volkssprachen wurden gotische Schriften verwendet, den antiken Autoren und den Humanisten war die ↗ Antiqua vorbehalten.

Ähnlich wie die Druckschriften zeigte auch die übrige Ausstattung der Inkunabeln den »gleichen überquellenden Reichtum der Formen« (Kirchner) und Tendenzen zu eigenen, dem technisch erneuerten Medium Buch adäquaten Ausprägungen. Zunächst wurde nur der Text drucktechnisch auf das Papier oder auf das

Arche Noah aus: Hartmann Schedel, Buch der Chroniken. Nürnberg, Anton Koberger, 1493. Universitätsbibliothek, Leipzig; Groß-F. 253. 31 × 47 cm

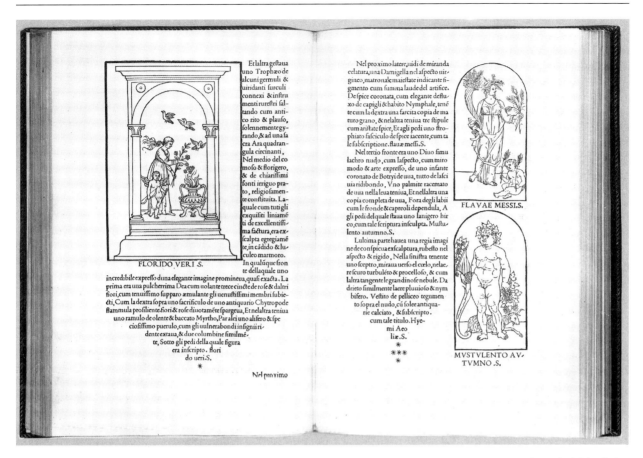

Inkunabel F. Colonna, Hypnerotomachia Poliphili. Venedig, Aldus Manutius, 1499. Universitäts- und Landesbibliothek Sachsen-Anhalt, Halle; Di 2203, 4°. 19,3 × 29 cm

Pergament gebracht. Der Buchschmuck, wie Randleisten, ↗ Initialen und gegebenenfalls die den Text begleitenden eigenständigen oder erläuternden bildlichen Darstellungen wurden in der bei der Handschriftenherstellung seit Jahrhunderten geübten Verfahrensweise durch Rubrikator und Illuminator oder Miniator in traditionellen Formen und Farben hinzugefügt (↗ Buchmalerei). Auf diese Weise bestand die Auflage einer so hergestellten Inkunabel zwar aus drucktechnisch im Text identischen Exemplaren, in ihrer künstlerischen Ausstattung konnten sie aber ganz verschieden ausfallen. Gegen Ende des Jahrhunderts traten jedoch diese individualisierenden Elemente weitgehend zugunsten der druckgraphisch ausgeformten Initiale und des bald unter Nutzung der Erfahrungen des Stempeldrucks (↗ Stempel) und aus der Herstellung des Blockbuches zur Illustration verwendeten ↗ Holzschnittes zurück. Diese Entwicklung ließ die Graphik rasch zu einem Weggefährten der Druckkunst werden und regte Künstler zu Höchstleistungen für die ↗ Buchillustration und in der Buchgestaltung an, die in den ersten Jahrzehnten des 16. Jh. zu bestimmten Grundsätzen fand. Sie setzte um 1460 mit den Drucken Albrecht Pfisters in Bamberg ein. Die von ihm für den Druck der beiden Ausgaben des »Ackermann von Böhmen« des Johannes von Saaz und der Fabelsammlung »Der Edelstein« von Ulrich Boner und einer lateinischen und einer deutschen Ausgabe der »Biblia pauperum« benutzten Holzschnitte stammen von unbekannt gebliebenen Formschneidern. Es sind einfache Umrißillustrationen, die handkoloriert werden konnten. Ständige Verbesserungen an dieser neuen Illustrationstechnik erhöhten das künstlerische Niveau der Holzschnitte selbst und ließen die Qualität der Ausstattung der zahlreichen Drucke von Volksbüchern, Heiligenleben, ↗ Kalendern, Kräuterbüchern, Reiseführern, Chroniken und Wappenbüchern ansteigen. Höhepunkte dieser Entwicklung sind Boccaccios »Von den berühmten Frauen« (bei Johann Zainer in Ulm, 1473), die Fabeln des Äsop (bei Johann Zainer in Ulm, 1475), die niederdeutschen Bibeln von Heinrich Quentell in Köln (um 1478) und Steffen Arndes in Lübeck (1494), Sebastian Brants »Narrenschiff« (bei Bergmann von Olpe in Basel, 1494) und die Drucke von Anton Koberger in Nürnberg »Der Schatzbehalter« (1491) und die »Weltchronik« des Hartmann Schedel mit ihren 1809 Holzschnitten von Michael Wolgemut und Wilhelm Pleydenwurff (1493). Auch den Textdruck zur »Offenbarung des Hl. Johannes«, mit der Albrecht Dürer ein Holzschnittbuch der Wiegendruckzeit von höchster Vollendung schuf, besorgte Koberger (1498). Mit Erhart Ratdolt in Venedig (ab 1486 in Augsburg tätig) fand die italienische Ornamentik der Renaissance als gedruckte Zierbuchstaben, Leisten und Rahmen von besonderer künstlerischer Qualität Eingang in das gedruckte Buch. Als einer der schönsten italienischen Inkunabeldrucke gilt der Druck der »Hypnerotomachia Poliphili« des Francesco Colonna, den der Venezianer Aldus Manutius 1499 herstellte. Eine Besonderheit des Inkunabeldrucks in Frankreich stellen die gegen Ende des 15. Jh. beliebten Livres d'heures (Stundenbücher) mit ihren breiten Leisten und Textumrahmungen und den großen, ebenfalls in Holz- oder Metallschnitt hergestellten Miniaturen im Stil der Handschriftenilluminationen dar. Der Metallschnitt selbst, von Fust und Schöffer bereits 1457 und 1459 für zweifarbige große Initialen in den beiden Mainzer Psalterien verwendet, konnte sich im Buchdruck lange Zeit wegen der Unterschiede im Druckverfahren (Hochdruck, Tiefdruck) nicht durchsetzen.

Gehandelt wurden Inkunabeln in der Regel in ungebundenem Zustand, so daß es dem Besitzer überlassen blieb, wo und wie das erworbene Buch gebunden wurde. So kann man im allgemeinen weder vom Druckort auf den Einbandort noch umgekehrt von einer gelungenen Einbandbestimmung (↗ Einband) auf einen im Druck nicht genannten Druckort schließen. Von dem Nürnberger Drucker und Verleger Anton Koberger ist allerdings bekannt, daß er Teilauflagen seiner Drucke vor allem in Nürnberg binden ließ, bevor er sie verkaufte. Bei den Inkunabeln ist der gotische Einband (lederüberzogene Holzdeckel) allgemein verbreitet, der mit Blinddruck (Einzelstempel) verziert wurde. Feinere Leder, auf Pappdeckel gezogen, kamen in Italien in Gebrauch. Sammler haben die alten, in ihrem Gesamteindruck schlichten, hier und da im Laufe der Zeit beschädigten Einbände des 15. Jh. oft durch neue, ihren bibliophilen Vorstellungen entsprechende moderne Einbände ersetzen lassen, so daß zeitgenössische Originaleinbände außerhalb öffentlicher Bibliotheken Seltenheitswert besitzen.

Im 15. Jh. befanden sich die meisten Inkunabeln in Klöstern und Universitätsbibliotheken. Die Aufhebung der Klöster in den durch die Reformation erfaßten Ländern, die Nationalisierung des Bücherbesitzes in Frankreich während der Französischen Revolution von 1789, die Säkularisierung geistlicher Herrschaften in Deutschland und die Auflösung von Universitäten trugen zur Vernichtung bzw. Zerstreuung auch des Inkunabelbesitzes bei, der sich nur noch z. T. in öffentlichen Bibliotheken oder in Privathand bis heute erhalten hat. Man schätzt die Zahl der erhalten gebliebenen Inkunabeln auf 500 000. Mit 18530 (1985) Inkunabeln steht die Bayerische Staatsbibliothek München an der Spitze der großen Inkunabelsammlungen, gefolgt von der British Library London (10 000 Inkunabeln mit etwa 1000 Dubletten), der Bibliothèque Nationale Paris, der Österreichischen Nationalbibliothek Wien (beide etwa je 8000 Exemplare) und der Biblioteca Apostolica Vaticana.

Viele nationale, regionale und lokale Inkunabelsammlungen sind mustergültig durch gedruckte Kataloge erschlossen und bekannt. Die in öffentlichen Bibliotheken und in Privathand befindlichen Inkunabeln in aller Welt weist der seit 1925 mit Unterbrechungen erscheinende, von der heutigen Deutschen Staatsbibliothek Berlin auf der Grundlage der Autopsie erarbeitete »Gesamtkatalog der Wiegendrucke« (GW) in normierten bibliographischen Beschreibungen nach. Diese werden ergänzt durch die genaue Kollation, eine ausführlichere textliche Beschreibung mit getreuer Wiedergabe bestimmter Stellen des gedruckten Textes, vor allem des ↗ Titels, des ↗ Incipit und des ↗ Explicit und/oder der Schlußschrift (↗ Kolophon), durch bibliographische Quellen und durch die Exemplarnachweise. Zu den Vorläufern des Gesamtkataloges gehören u. a. die »Annalen der älteren deutschen Literatur« von Georg Wolfgang Panzer (Bd. 1. – Nürnberg 1788) und die »Annales typographici« (Bd. 1–5. – Norimbergae 1793–1797) desselben Autors, das »Repertorium bibliographicum« von Ludwig Hain (Vol. 1.2. – Stuttgartiae, Lutetiae Par. 1826–1838; Neudr. Frankfurt a. M. 1920, Berlin 1925, Mailand 1948 u. 1964) und das »Supplement to Hain's Repertorium bibliographicum« (P. 1.2. – London 1895–1902; Neudr. Berlin 1926, Mailand 1950) von Walter Arthur Copinger und die »Appendices ad Hainii-Copingeri Repertorium bibliographicum. Additiones et emendationes« (Fasc. 1–6, Index, Suppl. – Monachii, Monsterii Guestphalorum 1905–1914; Neudr. 1953) von D. Reichling. *F. M.*

Lit.: Muther, R.: Die deutsche Buchillustration der Gotik und der Frührenaissance. – Bd. 1.2. – München, 1884. // Haebler, K.: Typenrepertorium der Wiegendrucke. – Abt. 1–5. – Halle/S., 1905–1924. // Voulliéme, E.: Die deutschen Drucker des 15. Jh. – 2. Aufl. – Berlin, 1922. // Schramm, A.: Der Bilderschmuck der Frühdrucke. – Bd. 1–23. – Leipzig, 1920–1943. // Haebler, K.: Handbuch der Inkunabelkunde. – Leipzig, 1925. (Neudr. Stuttgart, 1967) // Rath, E. von: Aufgaben der Wiegendruckforschung. – Mainz, 1925. // Schulz, E.: Inkunabelsammlungen und ihr wissenschaftlicher Wert : Bemerkungen zur Sammlung Vollbehr. – München, 1927. // Der Buchdruck des 15. Jahrhunderts : e. bibliogr. Übersicht. / hrsg. v. d. Wiegendruck-Ges. – Berlin, 1929–1936. // Beiträge zur Inkunabelkunde. – N. F. 1. 1935, 2. 1938. – F. 3. Bd. 1. 1968 ff. – Berlin, 1965 ff. // Geldner, F.: Die deutschen Inkunabeldrucker. – Bd. 1.2. – Stuttgart, 1968–1970. // Wehmer, C.: Deutsche Buchdrucker des 15. Jh. – Wiesbaden, 1971. // Kunze, H.: Geschichte der Buchillustration in Deutschland : das 15. Jh. – Bd. 1.2. – Leipzig, 1975. // Geldner, F.: Inkunabelkunde. – Wiesbaden, 1978. // Hoffmann, L.: Gutenberg, Fust und der erste Bibeldruck. – T. 1.2. – In: Zentralbl. Bibliothekswesen. – Leipzig 97(1983). – S. 473 – 481 ; 98(1984). – S. 529 – 536.

Kalender
Als »Zeitweiser« und »Zeitplaner« wurden Kalender (lat. calendae = der 1. Tag des Monats) bereits im alten Ägypten (14. Jh. v. u. Z.) entwickelt und waren besonders für landwirtschaftliche Kulturen von Bedeutung.

Die Zeiteinteilung wurde durch Reformen mehrmals geändert: 239 v. u. Z. durch Ptolemäus III., der die altägyptische Zeitrechnung verbesserte, 47 v. u. Z. durch Julius Cäsar (Julianischer Kalender), der den Jahresanfang auf den 1. Januar festlegte, und 1582 durch Papst Gregor XIII. (Gregorianischer Kalender), der bei seiner Einführung als Ausgleich für die inzwischen entstandene Differenz (fehlende Schalttage) auf den 4. Oktober sogleich den 15. folgen ließ. Der Gregorianische Kalender mit seinen Schalttagen wurde in den protestantischen Ländern erst 1700 (»Verbesserter Kalender«), in der Sowjetunion 1923 und in der Türkei 1927 übernommen.

Mit »Kalendarium« wurde ursprünglich das Zins- und Schuldbuch der römischen Geldverleiher bezeichnet, im Mittelalter wurde so die Aufstellung genannt, die bestimmten ↗ liturgischen Büchern (vor allem den Evangeliaren, Lektionaren und Psalterien) und auch den Brevieren (Stundenbüchern) vorangestellt war. Diese Aufstellung enthielt die Tage und ihre Bezeichnung nach den Festen des Kirchenjahres sowie die Gedenktage der Tagesheiligen.

Als ältester illustrierter Kalender gilt der in Kopien des 9. Jh. erhaltene Kalender des römischen Chronographen Filocalus vom Jahre 354. Die Kalenderbilder in den kirchlichen Handschriften des Mittelalters stehen in antiker Tradition, profane Bilder (Tierkreiszeichen, Planetendarstellungen, Tätigkeiten im Jahreslauf) überwiegen. So zeigen die figurierten Initialen des um 1140 entstandenen Kalenders aus der Abtei St. Albans nordwestlich von London (Oxford, Bodleian Library, Ms. Auct. D. 2.6) unter anderem einen Falkner, einen Bauern, der ein Schaf schert und einen Hirten, der Eicheln zum Schweinefüttern von einem Baum schlägt. Die besonders in französischen und burgundischen Livres d'heures (Stundenbüchern) gepflegte Kunst der Miniaturmalerei zeichnete sich durch eine neue, realistische Kunstauffassung aus (Stundenbücher für den Herzog von Berry, Ende 14./Anfang 15. Jh.; Breviarium Grimani, Anfang 16. Jh.). Der älteste vervielfältigte christliche Kalender erschien um 1470 als Holztafeldruck in Form eines Blockbuchs, es war der 1439 berechnete Almanach des Johannes von Gmunden, ein Calendarium perpetuum = immerwährender Kalender, der vom Besitzer durch die beigefügten Berechnungstabellen aktualisiert werden konnte. Bekannter wurde der Kalender des Mathematikers und Physikers Johannes Müller (Regiomontanus). Sein für den Zeitraum 1475/1530 berechneter Kalender, der mehrfach nachgedruckt wurde, erschien erstmals um 1474 in lateinischer und deutscher Sprache, die Auflage soll über 1000 Stück betragen haben. Kalenderdrucke gehörten zu den selbstverständlichen Routinearbeiten der Frühdrucker. Vereinzelt wurden weiterhin handschriftliche Kalender angefertigt, z. B. der mit Miniaturen versehene Prachtkalender des Nürnberger Malers Albrecht Glockendon von 1526. Die Mainzer Kalenderdrucke, die im Zusammenhang mit der Entstehungsgeschichte des Buchdrucks genannt werden, wie der Türkenkalender auf das Jahr 1455 und der Aderlaß- und Laxierkalender 1456, stellen keine Kalender im eigentlichen Sinne dar.

Für *Einblattkalender* war bereits im 15. Jh. die Bezeichnung ↗ Almanach üblich. Nur für ein Jahr berechnet, wurden sie, nachdem sie ihren Zweck erfüllt hatten, weggeworfen. Die meisten der heute bekannten Kalendereinblattdrucke der Inkunabelzeit (zwischen 400 und 500 Exemplare) sind als Makulatur in Einbänden gefunden worden. Diese Kalender enthielten in einer für den Benutzer deutbaren Zeichensprache neben der Jahreseinteilung Angaben der Festtage, Mondphasen und astronomischen Erscheinungen, die mit astrologischen Zutaten und pseudomedizinischen Ratschlägen kombiniert wurden. Typisch war hierfür das sog. Aderlaßmännchen, eine von Tierkreiszeichen umgebene menschliche Gestalt.

Die ältesten *Wandkalender* waren noch schmucklos, erst Günther Zainer stattete seinen deutschen Kalender auf das Jahr 1472 mit einer Initiale, Randverzierungen und einem Spruchband (Neujahrsglückwunsch) aus. An der Herstellung der Kalender waren u. a. Holz- und Formschneider, Briefdrucker und -maler beteiligt, es handelte sich um eine volkstümliche Kunst, in der die

Kalender des Johannes Regiomontanus mit Berechnungen der Gestirnstellungen und mathematisch-astronomischen Formelsatz. Das Kalendarium zeigt den Monat August. Nürnberg, 1474. Forschungsbibliothek Gotha. 15 × 19 cm

Städte Augsburg und Nürnberg lange Zeit führend waren. Die Zahl der vor allem an kleineren Orten erschienenen Kalender ist heute unübersehbar, nur ein ganz geringer Bruchteil hat sich bis in unsere Gegenwart erhalten. Druck und Absatz wurden durch Privilegien geregelt. Verlag und Vertrieb lagen oft in den Händen von Buchbindern.

Die bis etwa 1800 im süddeutschen Raum verbreiteten repräsentativen *Wappenkalender* waren Wandkalender, deren Kopfleiste mit Stadtansichten, Wappen, allegorischen und Heiligengestalten geschmückt war. Sie wurden von Domkapiteln, Kollegiatstiften und Abteien, aber auch von Städten wie Augsburg, Nürnberg und Regensburg in Druck gegeben.

Aus dem immerwährenden Kalender und den jährlich erscheinenden Einblatt- bzw. Wandkalendern entwickelten sich die *Heft- oder Quartkalender*. Der gleiche Satz wurde umgebrochen und ein zweites Mal verwendet, nach der freigelassenen Rekto-Seite wurde die neue, um 1500 aufkommende Form zunächst als *Schreibkalender* (auch Almanach, Tagebüchl) bezeichnet. Mitte des 16. Jh. hatte sich der neue Kalendertyp durchgesetzt, da er sich vorzüglich als Notizbuch eignete. So hat z. B. noch Goethe in den Jahren von 1776 bis 1817 Weimarer, Leipziger, Nürnberger, Regensburger und Gothaer Schreibkalender für seine Tagebuchaufzeichnungen benutzt.

Seit etwa 1570 tauchen in den Kalendern Historien, Biographien und Anekdoten auf, die Kalendergeschichte, oft in Gesprächsform und in Fortsetzungen, wird zu einem festen Bestandteil der *Volkskalender*. Neben Bibel, Gesangbuch, Katechismus, Zeitung und Volksbuch bilden sie jahrhundertelang die Grundlektüre der ländlichen und städtischen Bevölkerung und mußten als Lesebuch und Zeitvertreiber den an sie herangetragenen Literaturbedürfnissen entsprechen. Besonders augenfällig ist die enge Verbindung von Aberglauben und Realität (Horoskope, unglückliche Tage, Wettervorhersagen). Als Wegweiser in eine ungewisse Zukunft waren die »Praktik« und das »Prognosticon astrologicum« unentbehrlich. Kalender wurden berufsmäßig von sog. Kalendermachern berechnet. Der »Auf Hundert Jahr gestellte Curiose Calender / nehmlichen von 1701 bis 1801« des Erfurter Arztes Christoph Hellwig ging ebenso wie der im gleichen Jahr in Marburg erschienene »Hundertjährige Hauß-Calender« auf das »Calendarium oeconomicum practicum perpetuum« des Langenheimer Zisterzienserabtes Mauritius Knauer (1612–1664) zurück, der das Wetter über längere Zeiträume hinweg für voraussagbar hielt. Der »Hundertjährige Kalender« fand weite Verbreitung.

Volkskalender enthielten aber auch Ratschläge für eine gesunde Lebensführung, Genealogien, Lebens-

Nürnberger Wandkalender von 1706. Kupferstich. Kupferstecher und Verleger J. C. Marchand, Nürnberg. Zentralbibliothek der Deutschen Klassik, Weimar; Wkal 16. 48 × 106 cm

Kalender 238

weisheiten, Angaben über Messen und Märkte, Postlinien, gängige Wechselkurse, Maß- und Gewichtseinheiten. Es gab Natur-, Garten-, Landwirtschafts- und Haushaltungskalender, Geschichts-, Historien- und Heldenkalender, Kriegs-, (in Friedenszeiten) Friedenskalender, Bauern- und Gesprächskalender. Die Kalender wurden erstmals 1666 in Württemberg einer amtlichen Revision und damit ↗ Zensur unterworfen. Die 1700 gegründete Berliner Akademie der Wissenschaften erhielt auf Vorschlag von Leibniz zur Bestreitung ihrer laufenden Ausgaben das Kalendermonopol für die Kgl. Preußischen Staaten.

Gegen Mitte des 18. Jh. zeichnete sich ein deutlicher Verfall in der Kalenderproduktion ab, vielerorts wurde versucht, sie im Geiste der Aufklärung zu verbessern (z. B. 1788 in Sachsen). Zwischen 1770 und 1830 liegt die Blütezeit der kleinformatigen ↗ Almanache und *Taschenbücher*, während die Volkskalender Wert auf Tradition und ein sich einprägendes, oft über Jahrzehnte gleichbleibendes Äußere legten. Ihre Illustrationen erschöpften sich in der Verzierung des Titelblattes (Ornamente, allegorische Gestalten, Porträts, Stadtansichten und Karten) und in der Beigabe von *Monatsbildern*, in denen nach 1800 Szenen aus dem bürgerlichen Leben in den Vordergrund traten. Bekannte Künstler wandten dem Volkskalender ihre Aufmerksamkeit zu: Ludwig Richter, Theodor Hosemann, Wilhelm von Kaulbach, Moritz von Schwind, Friedrich Wilhelm Gubitz. Johann Peter Hebel betreute von 1808 bis 1815 bzw. 1819 den in Karlsruhe erscheinenden »Rheinländischen Hausfreund« (1810: Auflage von 50 000 Ex.), Schriftsteller wie Jeremias Gotthelf, Ludwig Bechstein, Gustav Nieritz, Adolf Glasbrenner, Karl Steffen und Gottfried Keller beteiligten sich an Volkskalendern, die Mitte des 19. Jh. hohe Auflagen erzielten. Die Auflage des »Lahrer Hinkenden Boten« betrug 1869 über 600 000 Exemplare.

Die nach 1870 entstehenden *Arbeiterkalender* verbreiteten politisch-ideologische Aufklärung und ergänzten und vertieften die Arbeit der Arbeiterbildungsvereine, indem sie »bis tief in die Kreise drangen, in welche vielleicht niemals ein Zeitungsblatt gelangte«

Kalender für das Jahr 1910 mit Illustrationen von Heinrich Vogeler. Offenbach a. M., Gebr. Klingspor. 14,5 × 23 cm

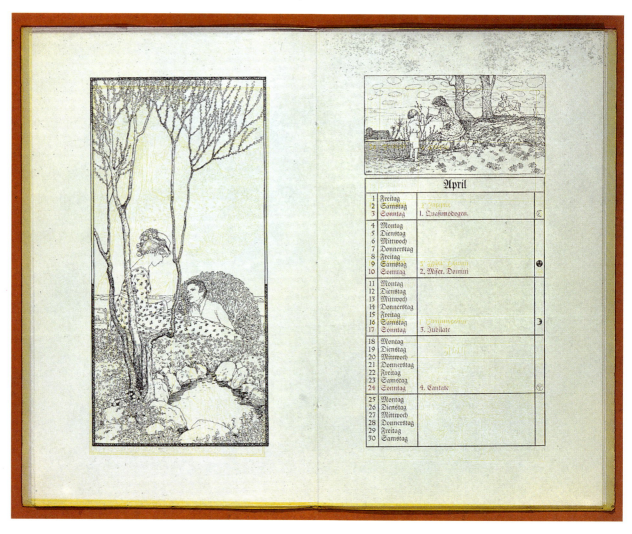

(Mehring). Die bekanntesten waren Wilhelm Brackes »Volkskalender« (1874ff.; 1877: 40 000 Ex.), für dessen Jahrgang 1878 Engels die Kurzbiographie über Karl Marx schrieb, und »Der Arme Conrad« (1876ff.; 1878: 60 000 Ex.). Zu Anfang des 20. Jh. wurde besonders die Form des *Heimatkalenders* populär. Heute sind Kalender unter anderem als Plakat-, Wand-, Abreißkalender (täglich, wöchentlich oder monatlich), Steck- oder Faltkalender, als Text-, Bild- und Terminkalender in Gebrauch, sie erscheinen für alle Gebiete und Berufe.

Kalender sind auf ihre Weise Zeitdokumente und von besonderem kulturgeschichtlichem (Sitten und Gebräuche) und buchgeschichtlichem (Buchhandels- und Druckergeschichte) Interesse. Wegen ihrer Seltenheit sind alte Kalender gesuchte Sammelobjekte. *F. M.*

Lit.: Heitz, P. ; Haebler, K.: Hundert Kalender-Inkunabeln. – Straßburg, 1905. // Lieres, V. von: Kalender und Almanache. – In: Zeitschrift für Bücherfreunde. – Leipzig 18(1926). – S. 101–114. // Dresler, A.: Zur Bibliographie der Wappenkalender. – In: Börsenbl. für d. Dt. Buchhandel. – Frankfurt a. M. 23(1967). – S. 363–364; Nachtr. S. 1468– 1469. // Marwinski, F. ; Marwinski, K.: 43 Wand- und Wappenkalender aus den Jahren von 1568 bis 1781. – Weimar, 1968. // Matthäus, K.: Zur Geschichte des Nürnberger Kalenderwesens. – In: Archiv für Geschichte des Buchwesens. – Frankfurt a. M. 9(1968). – Sp. 965–1396. // Marwinski, F.: Zur Geschichte des Volkskalenders. – In: Marginalien. – Berlin (1969)36. – S. 44–61. // Dresler, A.: Kalender-Kunde. – München, 1972. // Rohner, L.: Kalendergeschichte und Kalender. – Wiesbaden, 1978. // Sührig, H.: Niedersächsische Schreibkalender im 17. Jh. : zur Kulturgesch. e. populären Lesestoffes. – In: Bücher und Bibliotheken im 17. Jh. – Hamburg, 1980. – S. 145–170.

karolingische Minuskel

Im Verlauf der politischen, administrativen, kulturell-religiösen Reformbestrebungen, die vom Hofe Kaiser Karls des Großen ausgingen, entstand die karolingische Minuskel, die zur verbindlichen Schriftform im Verbreitungsgebiet der lateinischen Schrift wurde und der drohenden Auseinanderentwicklung der regional unterschiedlichen Minuskelschriften (Nationalschriften) ein Ende bereitete. Diese Schrift zeichnet sich durch Ausgeglichenheit in Form und Weite der Buchstaben und durch das Gleichmaß der Ober- und Unterlängen aus. Vernünftige Vereinfachungen und eine Anpassung an die Handbewegungen beim Schreiben trugen zur schnellen Verbreitung der karolingischen Minuskel bei, wobei die historische Entwicklung ebenfalls großen Einfluß hatte.

Die ältesten Schriftdenkmäler in deutscher Sprache wie der Heliand (9. Jh.), das Hildebrandslied (9. Jh.), das Wessobrunner Gebet, die Merseburger Zaubersprüche (10. Jh.) sind in karolingischer Minuskel geschrieben. Verbunden mit der Entwicklung der karolingischen Minuskel im 11. Jh. ist auch die endgültige Entwicklung des lateinischen ↗ Alphabets mit 26 Buchstaben.

Trotz ihres Sieges über die beneventanische Schrift im 13. Jh. wurde die karolingische Minuskel vorübergehend durch die gotische Schrift verdrängt, bevor sie als Weiterentwicklung zur Gotico-Antiqua oder Petrarca-Schrift im 14. Jh. erneute Verbreitung fand. Damit künden sich auf dem Gebiet der Schriftentwicklung die Anfänge der Renaissance und der Übergang zur Neuzeit an (↗ Schriftkunst, europäische). *K. K. W.*

Keilschrift

Von der Schreibtechnik ausgehende Bezeichnung für eine Gruppe altorientalischer Schriften, die für verschiedene Sprachen Verwendung fanden und sich vom 4. Jahrtausend bis in das 1. Jh. v. u. Z. nachweisen lassen. Die Keilschrift wurde in Stein gemeißelt oder in weiche, ca. 6–8 cm breite und 10–14 cm lange Ton(ziegel)tafeln (↗ Beschreibstoffe) mit einem Dreikantgriffel aus Bambus, Knochen oder Metall eingedrückt, der keilförmige Abdrucke hinterließ, die, senkrecht, waagerecht und querschief zu Gruppen geordnet, die Schrift ergaben (600–2000 Zeichen) und dann luftgetrocknet oder gebrannt wurden. Die Schreibrichtung verlief in alter Zeit senkrecht und linksläufig, später waagerecht und rechtsläufig, auch furchenwendig. Die Keilschrift entwickelte sich aus der Schrift der Sumerer, einer ursprünglich reinen Bilderschrift, die sich bei weitgehender Phonetisierung zu völlig abstrakten Formen wandelte. Die keilschriftartigen Zeichen entstanden um 2800 v. u. Z., als die Akkader in das Gebiet der Sumerer eindrangen und deren Wort- und Silbenschrift ihrer semitischen Sprache anpaßten. Von den Babyloniern und Assyrern wurde sie weiter ausgebildet. Um 1400 v. u. Z. war sie auch bei den Ägyptern im diplomatischen und wirtschaftlichen Verkehr mit den orientalischen Völkern in Gebrauch.

Seit dem 8. Jh. v. u. Z. wurde die Keilschrift durch die aramäische Buchstabenschrift abgelöst. Die Kenntnis der Keilschrift ging verloren. 1802 gelang dem Göttinger Altphilologen Georg Friedrich Grotefend (1775–1853) der erste Schritt zur Entzifferung der Keilschrift. 1778 hatte der Orientreisende Carsten Niebuhr (1733–1815) die zu Persepolis in Persien gefundenen dreisprachigen Inschriften veröffentlicht und der Däne Friedrich Münter (1761–1830) sie als Inschriften der Achämenidenkönige erkannt. Zu den bedeutendsten Tontafeltexten gehören das Gilgamesch-Epos und die Gesetzesstele des Königs Hammurapi von Babylon (ca. 1800 v. u. Z.), eine 2,25 m hohe Dioritsäule, die die älteste erhaltene Gesetzsammlung der Welt enthält. 1853 wurden die Bibliothek des assyrischen Königs Assurbanipal (668–628 v. u. Z.) mit über 20 000 Tontafeln in Ninive und 1906 ein hethitisches Archiv in Boghazköj (150 km nördlich von Ankara) entdeckt. Heute befinden sich über 500 000 Tontafeln mit Keilschrifttexten in den Museen der Welt. *F. M.*

Lit.: Jensen, H.: Die Schrift in Vergangenheit und Gegenwart. – 3. Aufl. – Berlin, 1969. // Kéki, B.: 5000 Jahre Schrift. – Leipzig, 1976. (akzent ; 23)

Kettenbuch

Als Kettenbücher werden die Bücher bezeichnet, die zum Schutz gegen Diebstahl in mittelalterlichen Bibliotheken am Pult oder einer darüber laufenden Stange angekettet waren. Dabei standen die Bücher vielfach mit der Schnittfläche zum Benutzer. Mit der wachsenden Buchproduktion erlosch diese Sitte im 16. Jh., doch finden sich auch noch heute in England, den Niederlanden und Italien vollständig erhaltene historische Bibliotheken mit Kettenbüchern. Moderne Formen des Kettenbuches sind z. B. Telefonbücher an öffentlich zugänglichen Stellen.
K.K.W.

Kinder- und Jugendbuch

Ein Buch, das entweder direkt für Kinder und Jugendliche geschrieben (auch als spezifisches Kinder- und Jugendbuch bezeichnet) oder für sie aus der für Erwachsene bestimmten Literatur ausgewählt und bearbeitet wurde. Das Kinderbuch wendet sich an Kinder vom Vorschulalter bis etwa zum zwölften Lebensjahr. Das Jugendbuch ist für Leser vom dreizehnten bis etwa zum sechzehnten Lebensjahr bestimmt. Die Grenze zum Buch für Erwachsene ist nicht immer eindeutig zu ziehen. Der Begriff Jugendbuch wird auch als Oberbegriff für das Kinder- und Jugendbuch verwendet. Der Gebrauch der Begriffe ist nicht einheitlich.

Als Teil der Nationalliteratur unterliegt das Kinder- und Jugendbuch den gleichen ästhetischen Gesetzen, die der Literatur insgesamt eigen sind. Es unterscheidet sich vom Buch für Erwachsene durch die Berücksichtigung der altersbedingten Besonderheiten seiner Leser (z. B. in Wortschatz, Satzbau, Erzählweise, einfachere Darstellung des Themas, Wahl des Stoffes) und seiner pädagogischen Haltung. Es umfaßt viele Gattungen und Genres: Bilderbuch, Kinderreime, Fabeln, Märchen, Sagen, Erzählungen, Spiel- und Bastelbücher sowie populärwissenschaftliche Schriften.

Titelseiten zu Erasmus von Rotterdam, Civilitas morum puerilium. Leipzig, J. Schuster, 1731. 8,3 × 14 cm

In der ersten Hälfte des 16. Jh. erschienen die ersten für Kinder und Jugendliche gedruckten Bücher. Die ABC-Bücher (↗ Fibel) dienten zum Lesenlernen und sollten helfen, das Alphabet einzuprägen sowie ersten Lesestoff bieten. Die Zucht- und Sittenbücher spiegeln das Bestreben des sich emanzipierenden Bürgertums wider, eigene moralische Normen zu fixieren, die den Kindern ideale Verhaltensweisen vorstellen (Erasmus von Rotterdam »De civilitate morum puerilium libellus« 1530; bis 1750 immer wieder in neuen Bearbeitungen erschienen). Es erschienen bereits Fabeln, vorwiegend nach Aesop, sowie Schuldramen, religiöse Lieder, Katechismen und Volksbücher, die sich an die Jugend wandten. In der zweiten Hälfte des 16. Jh. kamen Jörg Wickrams Romane und Erzählungen sowie religiöse Spruchbücher hinzu. So sind im 16. Jh. bereits zahlreiche Genres der Kinderliteratur als Vorstufen vorhanden. Die Entwicklung brach durch den Dreißigjährigen Krieg jäh ab. Erst in der ersten Hälfte des 18. Jh. ist der alte Stand wieder annähernd erreicht und durch neue Formen erweitert.

Das für die Jugend bedeutendste Buch des 17. Jh. ist Jan Amos Komenskýs »Orbis sensualium pictus« 1658. Das Werk war zum leichteren Erlernen der lateinischen Sprache geschaffen worden, sollte aber zugleich als Bilderbuch dienen und »einen kurzen Begriff der ganzen Welt und der ganzen Sprache / voller Figuren oder Bildungen / Benahmungen und der Dinge Beschreibungen« geben. Das Buch erlebte bis Ende des 19. Jh. über 200 Auflagen. Im 18. und 19. Jh. löste es eine ganze Flut von Nachahmungen aus. Ausgehend von diesem Werk führte die Entwicklung zum Bilderbuch, Bildwörterbuch und Kinderlexikon. Die eigentliche Kinder- und Jugendliteratur entstand im letzten Drittel des 18. Jh. im Zuge der Aufklärung. Mit Hilfe der Erziehung wollten die Aufklärer neue Menschen heranbilden, die die Emanzipation des Bürgertums gegen die feudalistische Gesellschaftsstruktur erkämpfen sollten.

Kupferstiche aus: J. P. Voit, Unterhaltungen für junge Leute aus der Naturgeschichte. Nürnberg, 1788. 9,5 × 17 cm

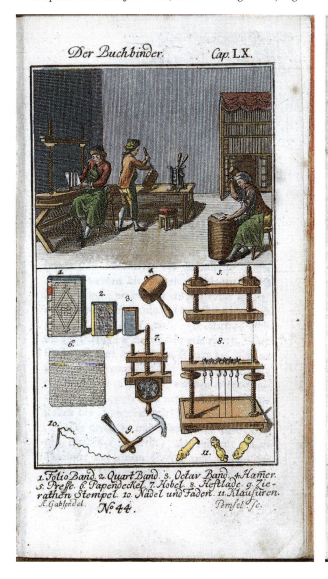
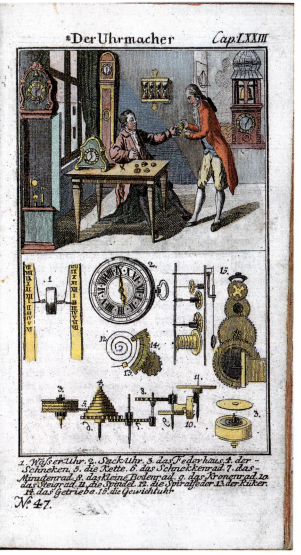

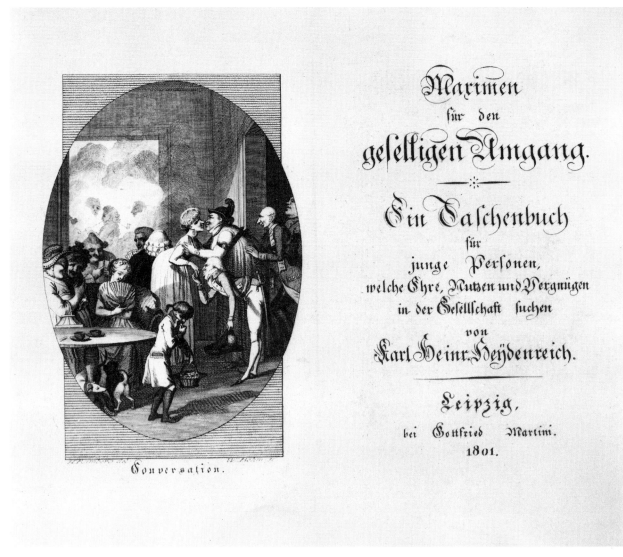

Frontispiz und Titelblatt zu Karl Heinrich Heydenreich, Maximen für den geselligen Umgang. Kupferstich von Heinrich Ramberg. Leipzig, G. Martini, 1801. 9,5 × 16 cm

Im Kinde sahen sie unverfälschtes Menschentum, das man nur noch zu formen und bilden brauchte. Das Kind sollte sich die Erfahrungen von Eltern und Lehrern aneignen, um deren Irrtümer zu vermeiden. So war auch die entstehende Kinderliteratur von didaktischen Tendenzen bestimmt, erst allmählich traten künstlerische Elemente auf. Es überwog die Literatur, die unbedingten Gehorsam des Kindes forderte und dies in aufdringlichen moralisierenden Geschichten mit eindeutiger Nutzanwendung vorstellte. Es erschienen aber bereits für die Entwicklung der Kinderliteratur bedeutende Werke. Christian Felix Weiße (1726–1804) gab die Kinderzeitschrift »Der Kinderfreund« (1775–1782) sowie deren Fortsetzung, den »Briefwechsel der Familie des Kinderfreundes« (1784–1792) heraus. Christian Gotthilf Salzmann (1744–1811), der Begründer der philantropischen Anstalt in Schnepfenthal, veröffentlichte seine »Unterhaltungen für Kinder- und Kinderfreunde« (1778–1788). Der seinerzeit bedeutendste Schriftsteller für die Jugend, Joachim Heinrich Campe (1746–1818), versuchte als erster die verschiedenen Lesealter zu berücksichtigen. Zu seinem wichtigsten Buch »Robinson der Jüngere« (1779) war er durch die Lektüre von Rousseaus »Émile ou de l'éducation« (1762) angeregt worden. Campe verstand es, den abenteuerlichen Stoff von Defoes »Robinson Crusoe« (1719) den Ansichten der Aufklärung entsprechend umzuarbeiten. Für die Entwicklung des Bilderbuches war Friedrich Justin Bertuch (1747–1822) bedeutend. Er gab das »Bilderbuch für Kinder« (12 Bde. 1790 bis 1830) heraus, das in die Reihe der vom Geiste der Aufklärung geprägten Anschauungsbücher gehört. Diese wollten die Kinder des aufstrebenden Bürgertums mit der Natur, mit anderen Ländern und den Errungenschaften von Wissenschaft und Technik bekannt machen. Bertuch stellte Grundsätze zu einem brauchbaren Bilderbuch für Kinder auf, die auch heute noch ihre Gültigkeit haben. Er forderte: Das Bilderbuch muß

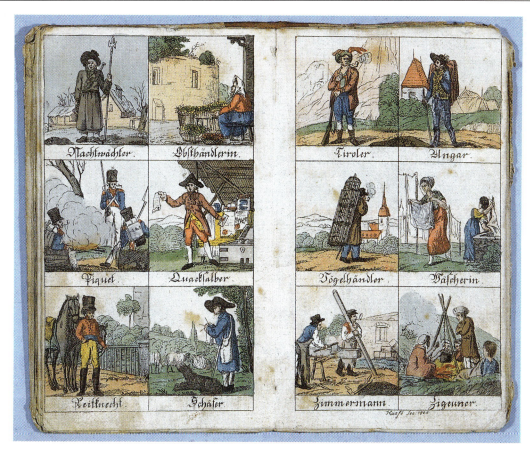

Doppelseite aus: Neues ABC- und Lesebuch für die Jugend. Meißen, um 1830. 8 × 16 cm
Frontispiz und Titelblatt zu Heinrich Müller, Eugenias erstes Buch oder neues Fibellesebuch für kleine Mädchen. Nürnberg, 1830.
10,5 × 16 cm

Lithographie »Die talentvollen Maler«. Aus: Genre-Bilder, erfunden und lithographiert von Theodor Hosemann. Berlin, 1843. 21 × 29,5 cm

schön und richtig gezeichnet sein, damit das Auge des Kindes gleich von Anfang an nur an die wahre Darstellung der Gegenstände und an schöne Formen und guten Geschmack gewöhnt wird. Es muß nicht zu viele und verschiedene Gegenstände auf einer Tafel zusammendrängen, die Gegenstände müssen in den richtigen Proportionen dargestellt werden. Es darf nur sehr wenig und keinen gelehrten Text haben und soll nicht zu kostbar sein, denn das Kind muß damit völlig umgehen dürfen, wie mit einem Spielzeuge.

Anfang des 19. Jh. erfuhr das Kinderbuch besonders durch Christoph von Schmid (1768–1854) eine Hinwendung zur religiösen Tendenz. Durch die Romantik flossen viele bisher nur mündlich tradierte Texte der Volksdichtung in das Kinderbuch ein. Märchen, Sagen, Kinderreime und -lieder erschienen als Kinder- oder Bilderbuch. Von den bedeutenden Sammlern der Volksdichtung (Grimm, Bechstein, Simrock, Hoffmann von Fallersleben) haben allerdings nur wenige für diesen Zweck gesammelt. Einige der wichtigsten Verlage, die sich vornehmlich dem Kinderbuch widmen, entstanden: Winckelmann 1828, J. F. Schreiber 1831, Enßlin & Laiblin 1837, Braun & Schneider 1843, Otto Spamer 1847, K. Thienemann 1849.

Titelseite zu Heinrich Kinderlieb, Lustige Geschichten und drollige Bilder (d. i. Heinrich Hoffmann, Der Struwwelpeter). 2. Aufl. Frankfurt a. M., 1846. 17 × 22 cm

Für die Herausbildung des illustrierten Kinderbuches in der ersten Hälfte des 19. Jh. waren vier Illustratoren, die fast zur gleichen Zeit wirkten, von großer Bedeutung. Ludwig Richter (1803–1884), führender Vertreter der deutschen Spätromantik, hat über 3000 Vorlagen für ↗ Buchillustrationen und Bilderfolgen geschaffen und den ↗ Holzschnitt in Deutschland wieder zum Höhepunkt gebracht. Ein großer Teil seiner gemütvollen Illustrationen war für die Jugend bestimmt. Theodor Hosemann (1807–1875) gilt als der erfolgreichste Kinderbuchillustrator. Über 200 Kinderbücher hat er illustriert. Viele Modelle für seine realistischen Darstellungen fand er im Berliner Volksleben. Franz Graf Pocci (1807–1876) dichtete, malte und komponierte für Kinder. Er illustrierte über einhundert Bücher und schrieb vierzig Puppenspiele. Otto Speckter (1807–1871) wirkte durch seine unpathetischen, sachlichen Illustrationen und seine Vorliebe für Tierdarstellungen. Das erfolgreichste Bilderbuch wurde der »Struwwelpeter« (1845) des Arztes Heinrich Hoffmann. Allein im Originalverlag erschienen über 600 Auflagen, es wurde in alle Kultursprachen übersetzt und erlebte zahlreiche Umformungen und Adaptionen. Mit naiv-kindgemäßen Illustrationen und

Titelholzschnitt von Ludwig Richter zu J. H. Campe, Robinson der Jüngere. 40. Aufl. Braunschweig, 1848.
16 × 22,5 cm

knappen einprägsamen Versen wurden die einfachen Regeln des Sozialverhaltens vermittelt. Die drastisch dargestellte Morallehre, die die Verbindung von Ursache und Wirkung, Vergehen und Strafe zeigt, machte das Buch auch zu einem bequemen Erziehungsmittel. Wilhelm Busch (1832–1908) brachte die ↗ Bildgeschichte, die kaum noch einen Text benötigt, weil deren Bilder die Geschichte erzählen, ins Kinderbuch und gilt als einer der Stammväter der Comics. Er schuf über 50 Bildgeschichten, darunter »Max und Moritz« (1865), in der zum ersten Male Lausbubenstreiche gezeigt und Idole und Schwächen der Erwachsenen vor Kindern der Lächerlichkeit preisgegeben werden. Neben Busch brachten Fedor Flinzer (1832–1911), Adolf Oberländer (1845–1923) und Lothar Meggendorfer (1847–1925) den Humor in die deutsche Kinderliteratur. Letzterer schuf eine große Anzahl von Spiel- und Verwandlungsbüchern, die dem Drang der Kinder zur Selbstbetätigung entgegenkamen. Im letzten Drittel des 19. Jh. setzte eine starke inhaltliche Verflachung des

Illustration von Moritz von Schwind aus: Fünfzehn Radierungen aus den alten und neuen Kinderliedern, hrsg. von G. Scherer. Leipzig, 1849. 21,5 × 30 cm

Kinderbuches ein. Die moralische Mädchenerzählung wurde zur Backfischliteratur. Die historischen Bücher erhielten als »vaterländische« Kinder- und Jugendbücher eine chauvinistische Tendenz. Die Reformbestrebungen Heinrich Wolgasts (»Das Elend der Jugendliteratur« 1896) und die Jugendschriftenbewegung bewirkten eine Besserung.

Die rigorose Ausnutzung der technischen Möglichkeiten in der Buchherstellung führten zu einem Verfall der Buchkunst, der sich beim Kinderbuch besonders in Prachtausgaben, die nur auf Prunk bedacht waren, billigen Serienbändchen und bunten Bilderbüchern widerspiegelte. Die von England ausgehenden Reformbestrebungen, die zum Jugendstil führten, forderten, daß das Innere und Äußere eines Buches, also Schrift, Typographie, Bildschmuck und Einband ein einheitliches Ganzes bilden sollten. Die englischen Kinderbuchillustratoren Randolph Caldacott (1846–1886), Walter Crane (1845–1915) und Kate Grenaway (1846–1901) beeinflußten auch in Deutschland die Bilderbuchillu-

Kinder- und Jugendbuch

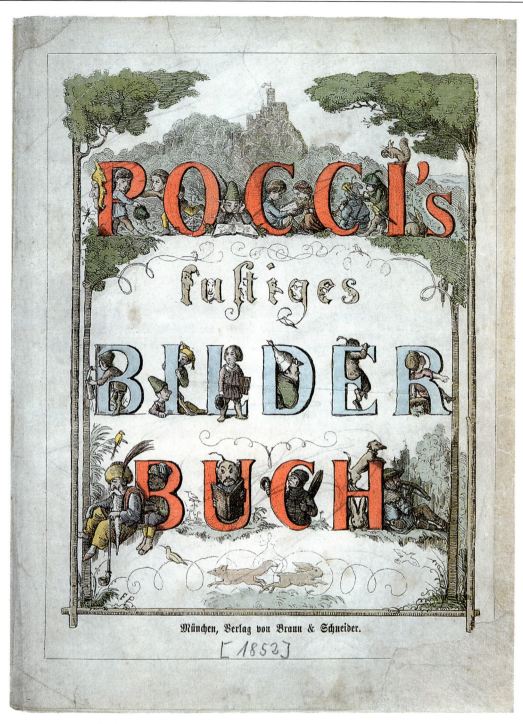

Titelholzschnitt zu Pocci's lustiges Bilderbuch. München, 1852. 20 × 27 cm

stratoren. Im Ergebnis erschien Ernst Kreidolfs »Blumenmärchen« (1898). Illustrierte Kinderbücher schufen auch so bedeutende Künstler wie Karl Hofer (1878–1955), Karl F. von Freyhold (1878–1944), Heinrich Lefler (1863–1919), Joseph Urban (1871–1933), Heinrich Vogeler (1872–1942) und Hans Volkmann (1860–1927). In den siebziger Jahren erschienen bereits die ersten für die Kinder des Proletariats bestimmten Kinderbücher wie »König Mammon und die Freiheit« (1878) von Lorenz Berg. Bedeutend wurde Clara Zetkins Wirken für die Kinderbeilage der »Gleichheit«, »Für unsere Kinder« (1905–1917). In den zwanziger und dreißiger Jahren unseres Jahrhunderts entstand das sozialistische Kinderbuch durch Berta Lask, Auguste Lazar und Alex Wedding u. a. Für die Entwicklung der realistischen Erzählung in der bürgerlichen Kinderliteratur wurde Erich Kästners »Emil und die Detektive« (1928) bedeutend. Die in den zwanziger Jahren einsetzende Auswahl der schönsten Bücher des Jahres bezieht auch das Kinder- und Jugendbuch mit ein und

Illustration von Ivan Bilibin aus: Skazki, Carevna – ljaguška. St. Petersburg, 1901. 25,5 × 32,5 cm
Holzschnitt von Walter Crane aus: The absurd ABC. London, um 1900. 23 × 27 cm

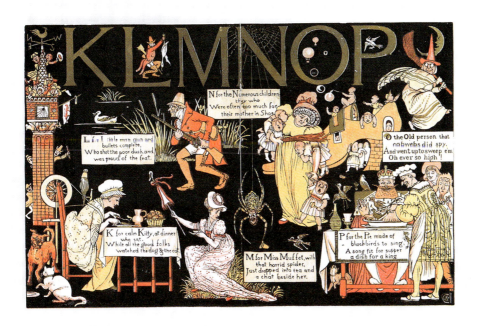

Kinder- und Jugendbuch 250

Illustration von N. Popov aus: Daniel Defoe, Robinson Crusoe. Moskva, 1974. Grand prix der BIB 1975. 13,5 × 19,5 cm

trägt damit zu seiner buchkünstlerischen Förderung bei. Die Kinderbuchillustrationen werden seit 1967 auf der BIB (Biennale der Illustrationen Bratislava) durch eine internationale Jury ausgezeichnet.

In den achtziger Jahren des 19. Jh. entstanden innerhalb der Lehrervereinigungen Jugendschriftenkommissionen, die sich 1892 zu »Vereinigten Prüfungsausschüssen« zusammenschlossen, um dem »Elend« der Jugendschriften Einhalt zu bieten. Sie sichteten die erscheinenden Jugendbücher und gaben empfehlende Verzeichnisse heraus. Als ihr Organ erschien ab 1893 die »Jugendschriften-Warte« (ab 1949 in der BRD als Neue Folge, ab 1973 unter dem Titel »Informationen, Literatur und Medien – Jugendschriften-Warte«). 1933 wurden die Ausschüsse aufgelöst. Nach dem zweiten Weltkrieg entstanden sie in der BRD wieder. Zur Förderung und Koordinierung aller Vorhaben zur Entwicklung der sozialistischen Kinderliteratur der DDR, der Kinderbuchforschung und der Literaturpropaganda wurde 1970 das »Kuratorium sozialistische Kinderliteratur der DDR« gegründet. Der Erfüllung seiner

Aufgaben dient das »DDR-Zentrum für Kinderliteratur«, das ein Bulletin (Nr. 1 ff. 1970, seit 1980 unter dem Titel Kinderliteratur-Report) herausgibt. Das Kuratorium bildet zugleich die nationale Sektion des »Internationalen Kuratoriums für das Jugendbuch« (International Board on Books for Young People, IBBY), das 1951 als Dachorganisation der im Bereich der Kinder- und Jugendliteratur wirkenden und zu nationalen Sektionen zusammengeschlossenen Institutionen geschaffen wurde (Sitz Zürich). Es will die Herausgabe und Distribution wertvoller Jugendbücher sowie die Entstehung von nationalen und internationalen Jugendbibliotheken und die Errichtung wissenschaftlicher Forschungsstellen für die Kinder- und Jugendliteratur fördern. Es vergibt seit 1956 den »Hans-Christian-Andersen-Preis« für das Gesamtwerk eines lebenden Jugendbuchautors und führt alle zwei Jahre Kongresse durch. Als sein Organ gilt die Fachzeitschrift »Bookbird«. Die BRD ist im IBBY durch den »Arbeitskreis für Jugendliteratur« vertreten. Er wurde 1955 in München als Dachorganisation von Institutionen und Organisationen gegründet, die sich in der BRD mit der Förderung der Kinder- und Jugendliteratur befassen. Er gibt die »Informationen des Arbeitskreises für Jugendliteratur« (Jg. 1 ff. München 1976 ff.) heraus. Die »Internationale Forschungsgesellschaft für Kinder- und Jugendliteratur« (IFG) wurde 1970 in Frankfurt a. M. gegründet und hat ihren Sitz am Ort des gewählten Präsidenten.

In wissenschaftlichen Bibliotheken wurde das Kinderbuch nicht systematisch gesammelt. Lediglich in der Deutschen Bücherei Leipzig wird seit 1913 auch die deutschsprachige Kinder- und Jugendliteratur erworben. In der Deutschen Staatsbibliothek Berlin wurde 1951 eine Spezialabteilung für das Kinder- und Jugendbuch geschaffen, die sich als Modellsammlung deutscher und ausländischer Kinder- und Jugendliteratur aller Zeiten bemüht, das alte deutschsprachige Kinder- und Jugendbuch vollständig zu sammeln. Gesamtbestand: 100 000 Bde. Weitere Kinderbuchsammlungen sind in der DDR an der Sächsischen Landesbibliothek Dresden und an der Stadt- und Bezirksbibliothek Magdeburg im Aufbau. In der BRD besitzt die 1948 gegründete Internationale Jugendbibliothek in München 420 000 hauptsächlich nach 1945 erschienene Kinderbücher aus aller Welt. Das Institut für Jugendbuchforschung in Frankfurt a. M. verfügt über 76 000 Bde. Von der Kinderbuchsammlung Karl Hobreckers (1876 bis 1949), die ursprünglich 12 000 Bde. umfaßte, besitzt die Universitätsbibliothek Braunschweig 8000 Bde., das Institut für Jugendforschung in Frankfurt a. M. 400 Bde., die anderen Bände gelten als verloren. H. W.

Lit.: Zeitschriften: Beiträge zur Kinder- und Jugendliteratur. 1 ff. – Berlin, 1962 ff. // Phädrus. 1 ff. – Madison, 1973 ff. // Die Schiefertafel. 1 ff. – Hamburg, 1978 ff.

Bibliographien und *Bestandsverzeichnisse:* Fischer, E.: Die Großmacht der Jugend- und Volksliteratur. – Bd. 1–12. – Wien, 1877–1886. (Neudr. München, 1979) // Les livres de l'enfance du 15. au 19. siècle. – p. 1.2. – Paris, um 1930. (Neudr. London, 1967) // Rümann, A.: Alte deutsche Kinderbücher. – Wien, 1937. // The Osborne collection of early children's books 1566–1910. – Vol. 1.2. – Toronto, 1958–1975. // Children's books in the Rara Book Division of the Library of Congress. – Vol. 1.2. – Totowa, N. Y., 1975. // Wegehaupt, H.: Alte deutsche Kinderbücher 1507–1850. – Berlin, 1979. // Brüggemann, T.: Handbuch zur Kinder- und Jugendliteratur von 1750–1800. – Stuttgart, 1982. // Die Sammlung Hobrecker der Universitätsbibliothek Braunschweig : Katalog d. Kinder- u. Jugendliteratur 1565–1945. – München, 1985. // Wegehaupt, H.: Alte deutsche Kinderbücher 1851–1900. – Berlin, 1985.

Monographien: Wegehaupt, H.: Theoretische Literatur zum Kinder- und Jugendbuch. – Leipzig, 1972. // Das Bilderbuch / hrsg. v. K. Doderer ; H. Müller. – Weinheim, 1973. // Studien zur Geschichte der deutschen Kinder- und Jugendliteratur / hrsg. v. H. Kunze. – Bd. 1 ff. – Berlin, 1974 ff. // Lexikon der Kinder- und Jugendliteratur / hrsg. v. K. Doderer. – Bd. 1–4. – Weinheim, 1975–1982. // Wegehaupt, H.: Bibliographie der in der DDR von 1949 bis 1975 erschienenen theoretischen Arbeiten zur Kinder- und Jugendliteratur. – Berlin, 1978. (Schriftenreihe zur Kinderliteratur ; 6) // Sozialistische Kinder- und Jugendliteratur der DDR. – Berlin, 1979. (Schriftsteller der Gegenwart ; 25) // Literatur für Kinder und Jugendliche in der DDR / hrsg. v. C. Emmrich. – Berlin, 1981. // Kunze, H.: Schatzbehalter : vom Besten aus der älteren deutschen Kinderliteratur. – 6. Aufl. – Berlin, 1981.

Klappentext

Text auf den nach innen umgeschlagenen Teilen des ↗ Schutzumschlages (Klappen) mit kurzer Inhaltscharakteristik, mitunter auch Auszügen aus Rezensionen oder mit einer Kurzbiographie des Autors, zur raschen Orientierung über das vorliegende Werk. Der Klappentext, auch Waschzettel genannt, wird meist vom Lektor verfaßt und verbindet Information mit Werbung. Als »Erfinder« des Klappentextes, der sich seit etwa 1904 rasch durchsetzte, gilt der Verleger Robert Langewiesche. R. R.

Lit.: Muth, L.: Kleine Theorie des Klappentextes. – In: Börsenbl. für d. Dt. Buchhandel. – Frankfurt a. M. 17(1961). – S. 2127–2130. // Gollhardt, H.: Studien zum Klappentext. – In: Börsenbl. für d. Dt. Buchhandel. – Frankfurt a. M. 22(1966). – S. 2101–2112.

Kleinschrifttum

Kleinschrifttum, auch *Ephemera* (griech. ephémeros = nur einen Tag dauernd) bezeichnet Veröffentlichungen geringen Umfangs wie z. B. ↗ Broschüren, Disserta-

Titelblatt eines Verzeichnisses der Postkutschenkurse ab Berlin, 1825. 16 × 22 cm

kleinste Bücher 252

Umschlag des Allgemeinen Mitteldeutschen Fahrplanbuchs, Halle (Saale), Winter 1932/33. 10,5 × 16,5 cm

tionen, ↗ Flugschriften, Vorlesungsverzeichnisse, Fahrpläne. Der qualitative Wert ist oft begrenzt. So wenig bedeutsam aber das einzelne Stück über den aktuellen Anlaß seiner Veröffentlichung hinaus sein mag, als Teil einer bestimmten Gruppe hat es Anspruch auf Beachtung und kann für Forschungen auf Spezialgebieten nützlich sein. Beachtung verdient auch die sich dem Geschmack der Zeit anpassende äußere Gestaltung.

K.K.W.

Lit.: Makepeace, C. E.: Ephemera. – Aldershot, 1985.

kleinste Bücher

Kleinste Bücher oder Minibücher entstehen entweder durch eine entsprechend häufige Brechung des Papierbogens bei Verwendung üblicher, allerdings entsprechend kleinerer Typen, oder auch durch Verkleinerung. Außerdem gehören hierher die sog. mikroskopischen Bücher, die nur mit Lupe gelesen werden können.

Ein frühes Beispiel eines kleinsten Buches ist die um 1490 in Mailand gedruckte Regula Sancti Benedicti. 1896 druckte Salmin in Padua einen Brief Galileo Galileis von 1615 mit einem Satzspiegel von 10 × 7 mm, Buchgröße 16 × 11 mm. Er verwendete dazu eine Type, die bereits für eine Dante-Ausgabe von 1876, den sog. Dantino, verwendet worden war, das berühmteste unter den kleinsten Büchern des 19. Jh. (Satzspiegel 38,5 × 23 mm, Seitengröße 54 × 34,5 mm). Beliebt war in der Vergangenheit auch die Herstellung religiöser Schriften im Miniformat.

Bücher in extrem kleinem Format sind heute vielfach eine Art der Werbung, die die Leistungen der Typographie einer Firma oder eines Landes demonstrieren soll. Sie werden oft in Zusammenhang mit Jubiläen und Ausstellungen (z. B. Buchkunstausstellungen) hergestellt.

Ein Zentrum der Herstellung von Minibüchern lag und liegt in Vimperk (Winterberg), ČSSR. Seit dem 19. Jh. sind kleinste Bücher begehrte Sammelobjekte.

K.K.W.

Lit.: Mikrobiblion: das Buch von den kleinen Büchern. – Berlin, 1928. // Počtovik, P. D.; Zacharova, S. J.: Miniaturnye knigi SSSR. – T. 1.2. – Moskva, 1975. // Horodisch, A.: Über Bücher kleinsten Formats. – In: Börsenbl. für d. Dt. Buchhandel. – Frankfurt a. M. 34(1978)17, A 39–A 50. // Brady, L. W.: Miniature books. – London, 1981.

Klischee

Klischee (franz. cliché = Abklatsch) ist die Bezeichnung für im Hochdruck verwendete Druckstöcke; im engeren Sinne sind es Metallätzungen, vorwiegend in Zink, Kupfer, Blei u. a.

Klischees werden in besonderen Betrieben (Klischeeanstalten) oder in speziellen Betriebsteilen von Druckereien hergestellt. Bei ihrer Verwendung für Abbildungen unterscheidet man zwischen Strichklischee und Autotypie. Kopien von Klischees sind Matern und Stereos oder Galvanos. Nach dem Druck können Klischees in eventuellen weiteren Auflagen oder anderen Werken wiederverwendet werden.

K.K.W.

Kodex

(lat. codex, älter caudex, pl. codices). Bezeichnung für die in der Spätantike (ab 2. Jh.) entstandene und für das Mittelalter typische Vorform des modernen Buches von rechteckiger Gestalt mit beidseitig beschreibbaren Blättern und Einbanddeckeln. Ursprünglich bezeichnete der Begriff als Schreibtafeln gebrauchte Holzscheite und Wachstafeln, die durch Riemen, Ringe oder Bänder zu einem Buch verbunden wurden. Zwei solcher zusammengefügten Tafeln (Diptychon) sind als Urgestalt der späteren Bogenlage anzusprechen. Die Entwicklung zum mehr- oder vielblättrigen »Polyptychon« wurde begünstigt durch die Verwendung des ↗ Pergaments.

Zugleich billiger und vielseitiger verwendungsfähig, verdrängte dieses den ↗ Papyrus als Hauptbeschreibstoff und löste die ↗ Buchrolle als bis dahin gängige Buchform ab. Aus Pergamentbogenlagen verschiedener Stärke zusammengefügte und meist in lederbezogene Holzdeckel gebundene Bücher in unterschiedlichen Größen entstanden: die Kodizes als Erscheinungsformen spätantiker und mittelalterlicher Handschriften. Aus der Spätantike sind einige wenige Papyrus-Kodizes bekannt, im 13. Jh. tauchen die ersten Papierexemplare auf.

Da sich die Kodexform zunächst im Bereich der biblischen und vor allem der juristischen Literatur durchsetzte, verwendete die römische Rechtssprache den Begriff auch inhaltlich, zuerst für die kaiserlichen Gesetzessammlungen (Codex Theodosianus, Codex Justinianeus), nach Einführung des Buchdrucks auch für Gesetzessammlungen überhaupt (Codex iuris canonici, Code Napoléon) sowie für Urkundensammlungen.

Die Bücher der Frühdruckperiode behielten längere Zeit die überkommene Kodexform und damit das Erscheinungsbild von Handschriften bei (↗ Inkunabel). Die über tausendjährige Kodex-Epoche war mit der Einführung des Buchdrucks zu Ende.

Der Begriff Kodex lebt in Bezeichnungen von Handschriften nach ihrem ursprünglichen oder heutigen Standort (Codex Sinaiticus, Codex Escurial) oder nach ihrer Ausstattung (Codex aureus, Codex argenteus) fort. *K.K.*

Lit.: Wattenbach, W.: Das Schriftwesen im Mittelalter. – 4. Aufl. – Graz, 1958. // Geschichte der Textüberlieferung der antiken und mittelalterlichen Literatur. – Bd. 1.2. – Zürich, 1961–1964. // Roberts, C. H. ; Skeat, T. C.: The birth of the codex. – London, 1983.

Kollationieren

(lat. = zusammentragen, vergleichen)

(1) in der Buchbinderei Bezeichnung für die Kontrolle des »zusammengetragenen«, noch ungebundenen ↗ Buchblocks auf Vollständigkeit und richtige Reihenfolge der Lagen und Seiten mit Hilfe der ↗ Bogensignatur, von Flattermarken, Seitenzahlen und des Inhaltsverzeichnisses; heute in der industriellen Buchbinderei in Form von Stichproben durchgeführt;

(2) in Bibliotheken und Antiquariaten das Überprüfen der wertvollen und alten Bücher, damit Mängel festgestellt und gegebenenfalls im Band notiert werden können;

(3) in der Editionstechnik Vergleich von Textfassungen (Handschriften und Drucken) zur Feststellung von Varianten (Lesarten). *K.M.*

Kolophon

(griech. = Gipfel, Abschluß), die am Ende von mittelalterlichen ↗ Handschriften und von ↗ Inkunabeln angebrachte Schlußschrift, aus der in unterschiedlicher Vollständigkeit der Verfasser und der ↗ Titel eines Werkes, die Namen der Schreiber und Illuminatoren bzw. die der Drucker und Verleger sowie Entstehungsort und Datum der Herstellung hervorgehen (s. a. Impressum). Bei den Handschriften kann der Kolophon auch Angaben über Stifter, Besitzer, Bestimmung und

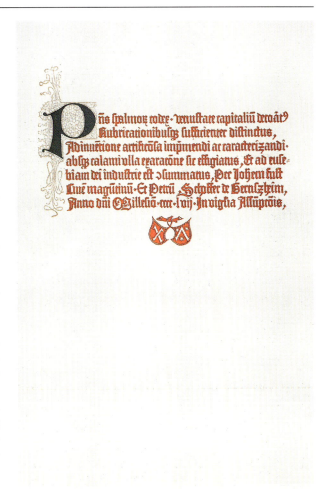

Schlußschrift des Psalterdrucks von Fust und Schöffer, Mainz, 1457. Nach dem Faksimile Zürich, 1968

Schicksal des jeweilgen Objektes und Hinweise auf politisch-historische Ereignisse und soziale Verhältnisse enthalten und dadurch zu einer wichtigen Quelle zur Bestimmung der Handschrift werden. *F.M.*

Lit.: Pollard, A. W.: An essay on colophons. – Chicago, 1905.

Konvolut

Der aus dem Lateinischen stammende Begriff (wörtlich: das Zusammengerollte) bezeichnet im Antiquariatsbuchhandel Bücher und Schriften, die nicht als Einzelstücke, sondern nur zu einem Gesamtpreis verkauft werden. Im Bibliotheks- und Archivwesen versteht man unter Konvolut eine Sammlung zumeist gleichartigen Aufbewahrungsguts, deren Titel in den Katalogen nicht gesondert aufgeführt sind. *K.K.W.*

Koran

Der Koran (arab. al-qur'ān = die Lesung, Rezitation) gilt den Muslims als geoffenbartes Wort des einzigen Gottes, Allāh, an den Stifter des Islam, den Propheten Muhammad (ca. 570–632). Nach mündlicher Überlie-

Blatt aus einem großformatigen Koran für den Ilḫān Ulǧaitu. Iran, Anfang des 14. Jh. Universitätsbibliothek, Leipzig; B.or. 37. 47 × 67 cm

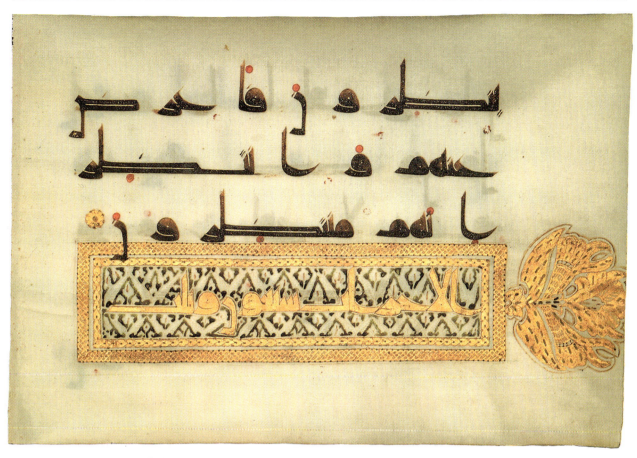

Seite aus einem frühen Koran. Pergament, Kufi, Ornamentleiste vergoldet. Irak oder Syrien, 8.–9. Jh. Museum für Islamische Kunst, Berlin (West); I. 2211. 32,5 × 21,5 cm

ferung entstand während der Regierungszeit des Kalifen 'Utmān (644–655) eine verbindliche Redaktion des Textes. Die frühesten Offenbarungen konzentrierten sich auf Grundprinzipien des Islam wie Einzigartigkeit Gottes, Wiederauferstehung und Jüngstes Gericht. Die späteren (nach dem Auszug aus Mekka 622) beschäftigten sich vorwiegend mit politischen, juristischen und ethischen Problemen, die mit der Errichtung und Konsolidierung der muslimischen Gemeinde in Medina zusammenhingen.

Als heiliges Buch genoß und genießt der Koran bis heute tiefe Verehrung. Auch das einzelne Exemplar des Textes wird mit Ehrerbietung behandelt. Diese Haltung hatte weitreichende Konsequenzen, nicht nur für die Anfertigung von Korankopien, sondern auch für die Einstellung zum Buch überhaupt (↗ Handschriften, islamische, ↗ Schriftkunst, islamische). Bei der prächtigen Gestaltung von Koranexemplaren lag der Akzent zunächst auf den monumentalen stilisierten Buchstaben. Die breitformatigen Blätter des 8./9. Jh. enthielten jeweils nur wenige Zeilen. Hinzugefügt wurden Ornamentbänder unter reichlicher Verwendung von Gold. In den nachfolgenden Jahrhunderten wurde der Schmuck vielseitiger, häufig setzte man zur Differenzierung innerhalb des Textes mehrere Schriftformen ein und dehnte die Illumination auf die ganze Seite aus. Auf Illustrationen verzichtete man auch in späterer Zeit, als religiöse Themen in anderem Zusammenhang dargestellt wurden. *K. R.*

Lit.: Lings, M.: The Quranic art of calligraphy and illumination. – London, 1976. // Der Koran / übers. von M. Henning. – 5. Aufl. – Leipzig, 1983. // Der Koran / übers. von R. Paret. – 2. Aufl. – Stuttgart, 1977.

Kupferstich

Der Kupferstich ist eine graphische Vervielfältigungsmethode im Tiefdruckverfahren. Er wurde von Goldschmieden entwickelt, um ihre gestochenen Verzierungen auf Papier festhalten zu können. Der Stecher, der zugleich auch der entwerfende Künstler sein kann, gräbt mit dem Grabstichel in eine Kupferplatte die Linien ein, die beim Abdruck schwarz erscheinen. Der Stichel drückt beim Einschneiden in die Platte zu beiden Seiten der Furche etwas Metall heraus, den Grat. Dieser Grat muß mit dem Schabeisen wieder geglättet werden, damit der Strich nach dem Druck nicht uneben und ungleichmäßig erscheint. Kleinere Unebenheiten werden mit dem Polierstahl entfernt. Neben dem Grabstichel wurde in der Frühzeit des Kupferstichs bereits auch die »kalte Nadel« benutzt. Mit dieser scharfen Stahlnadel ist es möglich, feinere Linien als mit dem

Kupferstich

Kupferstich von Martin Schongauer »Zu Markt ziehende Bauernfamilie«. Kunstsammlungen zu Weimar. 16,4 × 16,3 cm

Grabstichel herauszuarbeiten. Da ganze Flächen nicht aus der Metallplatte herausgestochen werden können, muß durch eine Vielzahl eng nebeneinandergesetzter feiner Linien, der Schraffur, eine flächenähnliche Wirkung erzielt werden. Ist die Platte fertig graviert, wird sie mit Farbe eingewalzt und anschließend wieder abgerieben, so daß die Farbe nur in den eingeritzten Stellen zurückbleibt. Bei dem eigentlichen Druckvorgang wird die Platte mit einem weichen, saugfähigen Papier bedeckt, das in der Lage ist, die Druckfarbe aus den Rillen herauszuziehen. Zu den Kennzeichen des Kupferstichs gehört, daß die Linien in eine nadelfeine Spitze auslaufen, und die Druckfarbe deutlich erhöht, reliefartig auf dem Papier steht. Die vier Ränder der Druckplatte sind tief ins Papier geprägt. Die Druckerpresse besteht aus zwei horizontal liegenden Walzen, zwischen denen die Platte mit dem Papier auf einem Laufbrett hindurchgeschoben wird.

Mehr als 2000 einwandfreie Abzüge können von einer Kupferplatte nicht hergestellt werden, da sich das Metall, besonders durch das Säubern von überflüssiger Druckfarbe nach dem Einfärben, schnell abnutzt. Der Zeitaufwand zur Herstellung eines Kupferstiches ist wesentlich höher als beim Holzschnitt. (Dürer brauchte z. B. für seinen Stich »Ritter, Tod und Teufel« länger als ein Vierteljahr.) Künstler und Stecher waren nicht immer identisch, die Arbeitsteilung setzte schon relativ früh ein und ist bei alten Stichen daran zu erkennen, daß links unten der Name des Zeichners, rechts der des Stechers zu finden ist.

Kupferstich eines unbekannten oberdeutschen Meisters des 15. Jh. (Schongauer-Nachfolge). Spielkarte »Coppen-Reiter«.
Kunstsammlungen zu Weimar. 7 × 13 cm

Kupferstich des Meisters MZ »Höfischer Schreittanz«, 1500. Kunstsammlungen zu Weimar. 31,7 × 22,3 cm

Die frühesten Kupferstiche sind anonym und unda-
tiert. Sie werden nach Kunstkreisen geordnet, deren
Meister man nach ihren künstlerisch bedeutendsten
Blättern benennt. So spricht man von einem Meister
des Todes der Maria, dessen Stil in die Zeit zwischen
1430–1435 weist. Weiterhin läßt sich ein Meister des
Kalvarienbergs und ein Meister der Liebesgärten nachweisen. Sie stammen alle aus dem niederländischen
Kunstkreis. Unabhängig von den niederländischen
Werkstätten wurde ungefähr zur gleichen Zeit auch in
Deutschland der Kupferstich entwickelt. Die Gruppe
der ersten deutschen Kupferstecher ist im oberdeutschen Raum anzusiedeln. Dort ist der führende Künstler der »Meister der Spielkarten«. Sein Hauptwerk besteht aus einem Kartenspiel von fünf durch Blumen,
wilde Menschen, Vögel, Hirsche und Raubtiere bezeichneten Farben. Viele seiner Darstellungen sind unmittelbar nach Naturvorlagen entstanden. Sie gehören
zu den anmutigsten und schönsten Kunstwerken der
Zeit. Dem Kreis des Spielkartenmeisters zuzurechnen
ist der Meister von 1446, der sein Blatt zum erstenmal
mit einer Datierung versehen hat. Von ihm kennen wir
eine Passionsfolge und eine Serie der 12 Apostel. Seine
Blätter zeichnen sich durch Personendarstellungen in
ernster, strenger Haltung aus. Ein anderer, etwas jün-
gerer Künstler, der »Meister des Johannes Baptista«,
gestaltet zum erstenmal die Landschaft mit weiten Hin-
tergründen – Wasser oder Land und Himmel mit zu-
sammengeballten Wolken.

Wenigstens einen Teil seiner Anonymität verliert der
Meister mit den Buchstaben E. S., die sich auf seinen
reifsten Werken in den Jahren zwischen 1450 und 1467
befinden. Er wurde beeinflußt von dem Meister der
Spielkarten, aber gleichzeitig spiegeln sich in seinen
Blättern auch stilistische Eigentümlichkeiten der niederländischen Schule wider. Neben den einfachen Linien seiner Vorgänger benutzt er Lagen einander sich
kreuzender Linien, die in der Folge als wichtigstes Mittel der Schattengebung angewandt wurden.

Diese Meister kamen wohl alle aus Goldschmiede-
werkstätten. Im Laufe des 15. Jh. benutzten jedoch
auch in zunehmendem Maße Maler die Technik des
Kupferstichs. Der erste namentlich bekannte ist Martin
Schongauer (ca. 1445–1491). Seine Stiche sind stets mit
den Buchstaben M. S. und einer kreuzähnlichen Haus-
marke versehen. Er bringt den Kupferstich zu einem
bisher unerreichten künstlerischen Höhepunkt, indem
er Tiefe und Körperlichkeit durch planvolle Anwendung von Schraffuren, Kreuzlagen und Punkten in die
Zeichnung bringt. Außerdem gelingt es ihm durch zar-
teste Übergänge in Grautöne eine fast farbige Wirkung
in der Schwarzweiß-Kunst des Kupferstichs zu erreichen.

Martin Schongauer hatte eine große Nachfolge in
seiner engeren Umgebung, vereinzelt in Italien und
sehr deutlich in den Niederlanden. Ein Zeitgenosse
Schongauers ist der Hausbuchmeister, der höchst-
wahrscheinlich am Mittelrhein ansässig war. Er ist
nicht nur als Kupferstecher, sondern auch als Maler

und Zeichner bekannt. Mit zarten, ungeordnet erscheinenden Strichen bringt er einen ausgesprochen maleri-
schen Stil in den Kupferstich. Er gestaltet mit gleicher
Liebe und Sorgfalt sakrale und profane Themen. Aller
Wahrscheinlichkeit nach hat er als erster die »kalte Nadel« benutzt.

Albrecht Dürer knüpft in seinem Stil an die Kupferstiche Schongauers an und entwickelt ihn weiter zu äu-
ßerster Vollkommenheit. Seine wichtigsten Blätter
sind: »Ritter, Tod und Teufel«, »Hieronymus im Ge-
häuse« und die »Melancholie«, alle zwischen 1513 und
1514 entstanden. Die Nachfolger Dürers waren die
Kleinmeister Altdorfer, Pencz, die Brüder Beham und
Aldegrever. Ihre sehr kleinformatigen Blätter halten
noch künstlerische Vergleiche mit Dürer aus. In der
zweiten Hälfte des 16. Jh. machte sich jedoch in den
graphischen Techniken eine gewisse Verflachung bemerkbar. Im 17. Jh. wurde die ↗ Radierung zur bedeutendsten graphischen Technik und drängte den Kupferstich in den Hintergrund. Im Gegensatz zum
↗ Holzschnitt, der schon früh in den Buchdruck integriert wurde, blieb der Kupferstich bis ca. 100 Jahre
nach seinem Entstehen illustratives Einzelblatt. Sein
Tiefdruckverfahren ließ sich nur schwer mit dem
Hochdruck der Buchstaben verbinden. So wurde den
Büchern zuerst auch nur ein Titelblatt in der Technik
des Kupferstichs beigegeben. Das früheste Beispiel eines solchen Kupfertitels befindet sich in einem Buch
von Amadeo Berutti (Rom 1517) und wurde von Marcantonio Raimondi mit Formen der italienischen Re-
naissance-Architektur ausgeführt.

Auch die meisten Kupfertitel in anderen Büchern
zeigen diese Schmuckornamente, die sich vielfach variiert bis in die späten Barock halten. Gegen Mitte des
16. Jh. wurden die ersten Bücher mit Kupferstich-Illustrationen ausgestattet. Die frühesten Exemplare erschienen in Italien. In den Niederlanden wurden wenig
später ebenfalls Kupferstichbücher hergestellt. Sie
zeigten vorerst noch starke Beeinflussung durch ihre
römischen Vorbilder, doch entwickelten einzelne Meister bald einen eigenständigen Stil. Besonders hervorzuheben sind die Kupferstich-Illustrationen von
H. Cock (Antwerpen) und H. Goltzius (Brügge).
Nach Deutschland ausgewanderte niederländische
Meister führten auch hier das neue Illustrationsverfahren ein. Immer häufiger wurde der Kupferstich zur Illustration naturwissenschaftlicher Werke benutzt, bevor er von der Radierung, dem Holzstich und der
↗ Lithographie abgelöst wurde.

Neben der Radierung behielt der Kupferstich weiterhin seine Bedeutung zur Vervielfältigung von Abbildungen zeitgenössischer und antiker Kunstwerke. Anfang des 16. Jh. kopierte Marcantonio Raimondi mit
Hilfe des Kupferstichs Bilder seines Lehrers Raffael
und anderer Maler. Um Rubens bildete sich eine Gruppe von Stechern, die sein Werk verbreiteten. Im französischen Barock und Rokoko erlebte der Kupferstich,
vor allem bei Porträtdarstellungen, noch einmal eine
kurze Blütezeit.

Titelkupfer mit Widmung an Ludwig XIV. zu G. A. Canini u. M. Canini, Iconografia. Rom, 1669. 20 × 32,2 cm

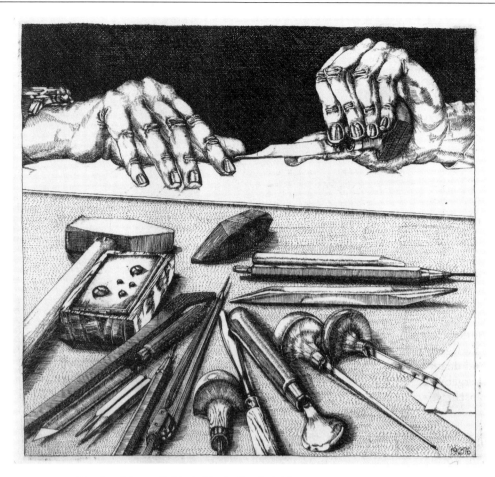

Kupferstich von Baldwin Zettl »Das Lehrblatt«. 1976. 21,6 × 19,7 cm

Um 1770 wurde nahezu jedes in Leipzig verlegte Buch mit Kupfern versehen. Die begrenzte Reproduzierfähigkeit führte zu Nachstichen und Überarbeitungen der Platten, die oft nicht mehr dem Original entsprachen.

Im 20. Jh. haben einige Künstler für sich den Kupferstich wieder neu entdeckt. Es sind besonders zu nennen: Johannes Wüsten, Conrad Felixmüller, Baldwin Zettl. *H.N.*

Lit.: Passavant, J. D.: Le peintre graveur. – Bd. 1–6. – Leipzig, 1860–1864. // Rovinskij, D.: Ausführliches Lexikon der russischen Kupferstecher des 16.–19. Jahrhunderts. – Petersburg, 1895. – 187 Sp. (russ.) // Zoege v. Manteuffel, K.: Der deutsche Kupferstich von seinen Anfängen bis zum Ende des 16. Jahrhunderts. – München, 1922. // Rath, E. v.: Zur Entwicklung des Kupferstichtitels. – In: Buch und Schrift. – Bd. 3. – Leipzig, 1929. // Piltz, G.: Deutsche Graphik. – Berlin, 1968. // Kober, K. M.: Stichel, Nadel, Druckerpresse: e. Einführung in die Kunst der Druckgrafik. – Leipzig, 1981. // Mayer, R.: Gedruckte Kunst. – Dresden, 1984.

Kustoden

Kustoden (lat. custos = Wächter) sind Ordnungshilfen für Lagen und Blätter eines Buches, durch die das erste bzw. letzte Blatt (Seite) einer Lage gekennzeichnet wird; seit der Spätantike mit dem Aufkommen des ↗ Kodex gebräuchlich. Bei mittelalterlichen ↗ Handschriften werden Buchstaben und Ziffern, aber auch das erste Wort der folgenden Lage (Reklamante), das auf dem letzten Blatt der vorhergehenden unten rechts angebracht wurde, verwendet. In Form von Lagenkustoden wurden sie, um 1470 von Italien ausgehend, in den Buchdruck (↗ Inkunabel) übernommen. Bald bildeten sich Blatt- und Seitenkustoden heraus, die bei den Reformationsdrucken des 16. Jh. voll ausgeprägt waren. Aus einer Ordnungshilfe für den Buchbinder (↗ Kollationieren) hatte sich mit der Kustode eine den Leseprozeß unterstützende Hilfe für den Leser entwickelt. Sie wurde von der ↗ Bogensignatur abgelöst. *K.M.*

Ladenhüter
Bezeichnung für jede schwer- oder nichtverkäufliche Ware. Im Buchwesen wird der Begriff speziell für Gegenstände des Buchhandels (Sortiment) verwendet. Er wird relativiert unter den anderen Geschäftsbedingungen des ↗ Antiquariats, das solche Titel vom Sortimenter oder Verleger zu stark herabgesetzten Preisen übernimmt und damit unter Umständen zu wesentlichen Verkaufsergebnissen gelangt.
↗ auch Ramsch K. K.

Leporellobuch
eine nach dem Vorbild des chinesischen Faltbuches entstandene Buchform, deren Blätter durch Parallelfalzungen (Zick-Zack-Falz) seitlich aneinanderhängen und sich dadurch harmonikaartig auseinanderziehen und wieder zusammenschieben lassen, benannt nach dem Diener Leporello in Mozarts Oper »Don Giovanni« (1787). Heute unter anderem verwendet für Kinderbücher, Prospekte und Ansichtskartenfolgen. K. M.

Lesemaschine oder *Leserad* oder *Büchermaschine*
Lesemaschine nannte man zwei drehbare Radscheiben, zwischen denen auf stets waagerechten Brettern Bücher zum Lesen geöffnet lagen; diese oft im Geschmack der Zeit gestaltete Einrichtung ist vor allem aus dem 17. Jh. bekannt, als der Gelehrte noch stärker als in späteren Zeiten für seine Arbeit auf dickleibige Folianten angewiesen war. Noch funktionstüchtige Lesemaschinen sind heute selten und finden sich z. B. in der Bibliothek des Klosters Strahov (Prag) sowie in der Herzog August Bibliothek Wolfenbüttel. K. K. W.

Lexikon
Der Begriff Lexikon (griech. lexikón = Wörterbuch) bezeichnet ein alphabetisch geordnetes Nachschlagewerk. Im Mittelalter diente es als eine Art Register zu den zeitgenössischen Enzyklopädien, in denen das Wissen der Zeit zusammenhängend dargestellt war. Die Verwendung der Begriffe Lexikon und Enzyklopädie im modernen Sinne beginnt im 17. und 18. Jh., wobei sich im Deutschen der Begriff Lexikon, in anderen Sprachen aber der Begriff Enzyklopädie durchsetzt.

Heute vereint ein Lexikon in einem Alphabet Sach-, Personen- und geographische Begriffe, erläutert diese mehr oder weniger ausführlich, gibt zu einzelnen Artikeln auch weiterführende Literatur an. Größere Übersichtsartikel, die zusätzlich in die alphabetische Abfolge aufgenommen werden, können ein größeres Sachgebiet zusammenfassend darstellen. Illustrationen im Text und als Beilagen erhöhen die Anschaulichkeit und

Lesemaschine aus: A. Ramelli, Schatzkammer Mechanischer Künste. Leipzig, 1620

Titelkupfer zu J. J. Hofmann, Lexicon universale. Basel, 1677. 21 × 34 cm

den Aussagewert und stellen oft beachtliche drucktechnische Leistungen dar. Um Lexika aktuell zu halten, werden zum Grundwerk Supplemente und Jahresbände geliefert. In der Auswahl der Stichwörter, in der Art der Darstellung und den thematischen Akzenten sind Lexika Spiegelbild der gesellschaftlichen und geistigen Verhältnisse der Zeit.

Aus der Fülle enzyklopädischer Werke der Vergangenheit haben nur wenige ihren Ruf bis in die Gegenwart erhalten, wie z. B. Pierre Bayles »Dictionnaire historique et critique« (1696–1697). Das von Bayle zusammengetragene Material ist unermeßlich, die Darbietung durch Hauptartikel, Fußnoten und Querverweisungen stellte an die typographische Gestaltung der

Titelblatt zu J. G. Krünitz, Oekonomische Encyklopädie. Berlin, 1782. 12 × 19,6 cm

damaligen Zeit hohe Anforderungen. Für die Entwicklung der Aufklärung war es eines der grundlegenden Werke, das durch die Übersetzung Gottscheds (1741 bis 1744) auch seine Verbreitung im deutschen Sprachgebiet fand. In dem unter dem Namen seines Herausgebers, des Buchhändlers J. H. Zedler bekanntgewordenen »Universal-Lexicon Aller Wissenschaften und Künste, Welche bißhero durch menschlichen Verstand und Witz erfunden und verbessert worden« (1732 bis 1754 in 68 Bänden und vier Supplementen) wurden das aus früheren Jahrhunderten überlieferte Wissen und die derzeitigen Erkenntnisse unter dem spürbaren Einfluß der Frühaufklärung zusammengefaßt wie später nicht mehr in dieser Ausführlichkeit. Wie groß die Be-

Kupferstich aus Zedler: »Grosses vollständiges Universal Lexicon«. Halle und Leipzig, 1732.
Bildgröße 18,2 × 14 cm

nutzungserwartung dieses Lexikons noch heute ist, zeigen die 1961–1964 und 1981 ff. veranstalteten Neudrucke.

Die von Diderot und d'Alembert herausgegebene »Encyclopédie, ou Dictionnaire raisonné des sciences, des arts et des metiers« (1751–1772; insgesamt 17 Textbände, 11 Tafelbände, dazu 5 Ergänzungsbände 1776 bis 1780, 2 Registerbände) kombiniert die Prinzipien der Enzyklopädie und des Wörterbuchs. Viele der enthaltenen Artikel wurden gegen den Widerstand der Zensur veröffentlicht. Sie beeinflußten vor allem in Frankreich das politische Denken, während die Bedeutung in Deutschland erst später erkannt wurde. Die Tafelbände widerspiegeln auf eindrucksvolle Weise den naturwissenschaftlichen, medizinischen und technischen Erkenntnisstand der Zeit.

Mit dem von ihm eingeführten Begriff des »Conversations-Lexikons« entsprach der rührige Leipziger Verleger F. A. Brockhaus dem wachsenden Bildungs- und Informationsbedürfnis interessierter Kreise des Bürgertums und des Adels. Nach dem Erscheinen der noch von einem anderen Verleger begonnenen sechsbändigen Ausgabe des »Conversations-Lexicons mit vorzüglicher Rücksicht auf die gegenwärtigen Zeiten« (1796–1808, 2 Nachtragsbände 1810 und 1811) begann bereits 1812 die nächste, nun ganz von Brockhaus und seinen Mitarbeitern bestrittene Auflage zu erscheinen. Spiegelbild der revolutionären Ereignisse der Mitte des 19. Jh. ist das »Große Conversationslexicon für die gebildeten Stände«, das von 1840–1855 von Joseph Meyer in dessen Bibliographischem Institut Hildburghausen, Amsterdam, Paris und Philadelphia herausgegeben wurde. »Brockhaus« und »Meyer« wurden im deutschen Sprachgebiet ebenso zu Synonymen für Lexika wie die Namen von Herausgebern und Verlegern ähnlicher Unternehmen in anderen Ländern.

In Ländern, die wie Polen oder die ČSSR erst spät zu staatlicher Eigenständigkeit gelangten, bedeutete die Schaffung von Lexika seit der Mitte des 19. Jh. neben der Zusammenfassung des aktuellen Wissensstandes auch ein Mittel, den kulturellen und geistigen Zusammenhalt des Volkes zu festigen.

Titelblatt zu Zedler: »Grosses vollständiges Universal Lexicon«. Halle und Leipzig, 1732. 21 × 33,5 cm

Die erste marxistisch orientierte Enzyklopädie ist die Bol'šaja sovetskaja enciklopedija (1. Aufl. 1926–1947). Unter den vielen ausländischen Mitarbeitern sind Walter Benjamin (Artikel Goethe), Wilhelm Hausenstein (Artikel Barock) und Eduard Fuchs (Artikel Renaissance) zu nennen. Dieses mittlerweile in der dritten Auflage vorliegende Werk wurde Grundlage für die entsprechenden lexikographischen Unternehmungen der einzelnen Unionsrepubliken der UdSSR. Durch Übersetzung wichtiger Artikel, u. a. ins Deutsche, erfuhren die hier dargebotenen Erkenntnisse eine zusätzliche Verbreitung.

Neben der Fülle von Lexika, die für einen weiten und differenzierten Leserkreis, für Frauen, für Jugendliche, für Kinder, bestimmt waren, entstanden bereits im 18. Jh. erste Speziallexika für einzelne Fachgebiete wie etwa J. G. Krünitz' »Oekonomische Encyklopädie« (1773–1858, 242 Bände).

Das Lexikon selbst wurde seit der zweiten Hälfte des 19. Jh. auch zum Bestandteil des bürgerlichen Repräsentationsstrebens, wie die aufwendig gestalteten Ledereinbände und der Goldschnitt zeigen. Im äußeren Erscheinungsbild folgen sie zeitgenössischen Strömungen, wie z. B. die 6. Auflage von Meyers Großem Konversationslexikon mit der von Eckmann entworfenen Schrift und den geschwungenen Linien des Jugendstils auf dem Einband. Ausgeklügelte Subskriptions- und Teilzahlungssysteme sollten auch den weniger Bemittelten die ratenweise Anschaffung dieser Werke ermöglichen.

Der Wert älterer Lexika besteht, bei aller Zeitgebundenheit, in den präzisen Einzelinformationen über Produktionsverfahren, in den biographischen Angaben und der Erläuterung von Begriffen, die heute nur noch von historischem Interesse sind. Deshalb besitzen einzelne ältere Ausgaben mancher Lexika noch heute den Charakter von Standardwerken. *K.K.W.*

Lit.: Zischka, G. A.: Index lexicorum. – Wien, 1959. (Neudr. 1980) // Collison, R.: Encyclopedias : their history throughout the ages. – New York, 1966. // Lexika gestern und heute / hrsg. v. H.-J. Diesner, G. Gurst. – Leipzig, 1976. // Riedel, H.; Wille, M.: Über die Erarbeitung von Lexika. – Leipzig, 1979. (Zentralbl. Bibliothekswesen : Beih. ; 91)

Lieferungswerk

umfangreiches Werk, dessen einzelne Teile aus Gründen der Aktualität und Verlagsplanung in Lieferungen (Folgen, Heften, Faszikeln) von meist mehreren Druckbogen erscheinen und erst nach Abschluß eines Bandes, nach Lieferung von Einbanddecke und Register, zusammengebunden werden. Lieferungswerke entstehen meist auf Subskriptionsbasis (↗ Subskription), die den Käufer in der Regel zur Abnahme des gesamten Werkes verpflichtet. Deshalb müssen Umfang und Preis ebenso wie Erscheinungstermine der Lieferungen und der Abschlußtermin vorher festgelegt und nach Möglichkeit seitens des Verlegers auch eingehalten werden. *K.M.*

Lithographierter Schmuck aus: J. A. Barth, Pacis annis 1814 et 1815 ... monumentum Breslau, 1818

Lithographie

(griech. lithos = Stein, graphein = schreiben), ein Flachdruckverfahren, bei dem druckende und nichtdruckende Teile auf einer Ebene liegen. Die Zeichnung oder die Schrift wird mit einer fetthaltigen Farbe auf einen Kalkstein von großer Saugfähigkeit und gleichmäßiger Feinkörnigkeit (Solnhofener Schiefer) aufgetragen, von dem auf einer speziellen Presse der Druck auf das Papier erfolgt. Dieses auf der Abstoßung von Fett und Wasser beruhende Verfahren wurde nach langen Experimenten von Alois Senefelder (1771–1834) im Jahre 1796 entwickelt und durch weitere Experimente fortgeführt, die in seinem »Vollständigen Lehrbuch der Steindruckerey« (1818, 1821) dargestellt sind.

Zu den von Senefelder selbst entwickelten Verfahren gehören die Federlithographie, bei der die Zeichnung mittels Stahlfeder und einer lithographischen Spezial-

Lithographie von Eugène Delacroix zum »Prolog im Himmel« in der französischen Ausgabe von Goethes Faust. Paris, 1828. Bildgröße 27 × 29,5 cm

tinte aufgetragen wird, die Steingravüre oder Steinätzung, bei denen durch die Nadel bzw. durch Ätzen die Linien in den Stein eingegraben werden, die Kreidemanier, bei der der Stein mit Sand gekörnt wird, die Schabmanier, bei der der Stein mit Schabmesser, Nadel und durch Ätzen bearbeitet wird. Zur Herstellung von Farb- oder Chromolithographien sind mehrere Steinplatten erforderlich, die übereinandergedruckt werden. Die Lithographie, von Senefelder wegen der Verwendung von Chemikalien auch chemische Druckerei genannt, ist die wichtigste Erfindung im graphischen Gewerbe seit Gutenberg und bildet die Vorstufe zu den heutigen Verfahren des Offsetdrucks.

Die lithographischen Verfahren besitzen einen Doppelcharakter. Sie ermöglichen dem Künstler ein schnelles, individuelles Arbeiten auf dem Stein, und sie dienen zugleich der schnellen Vervielfältigung von Noten, Gemälden, Porträts, Handschriften in hoher Auflagenzahl und großer Originaltreue. Noch vor der Veröffentlichung von Senefelders Lehrbuch hatte sich die Lithographie, von München ausgehend, verbreitet. Aufsehen erregte die 1808 veröffentlichte Nachbildung der Dürerschen Handzeichnungen zum Gebetbuch Kaiser Maximilians, die auch von Goethe lebhaft begrüßt wurde und Anlaß zur Gründung einer Steindruckerei in Weimar gab. Da der Steindruck die Stilqualitäten anderer graphischer Techniken vorzüglich imitieren und feinste Tonwerte wiedergeben konnte, war die Vervielfältigung von Gemälden in fast unbegrenzter Auflagenhöhe möglich. Ausdruck hierfür waren die sog. Galeriewerke, in denen bedeutende Gemälde, z. B. der Münchner oder Dresdner Sammlungen, lithographiert und teils in Alben und Mappen, teils als Einzelstücke vertrieben wurden.

Lithographie

Lithographie von Honoré Daumier. Karikatur auf die Börse. Aus: La Caricature provisoire, 1838. 36,5 × 26 cm

Die Reproduktionslithographie, der sich spezielle Betriebe widmeten, umfaßte wissenschaftliche Illustrationen, die Vervielfältigung von Landkarten und Noten, die Wiedergabe von Landschaftsansichten in Reisewerken. Ihre Verwendung für die massenhafte Herstellung von sog. Öl- und Aquarelldrucken, für die Illustration von Kolportageromanen, für Andachtsbilder, macht sie künstlerisch problematisch.

Als Mittel eigenständiger künstlerischer Gestaltung setzte sich die Lithographie erst allmählich durch. 1802 zeichneten Münchner Künstler auf Stein, 1803 wurde die Kunst in Berlin durch Schadow, Schinkel und Blechen ausgeübt. Frühe französische Lithographien stammen aus dem Jahre 1806, Leipziger aus dem Jahre 1809. Um 1815 ist diese Technik über ganz Europa verbreitet, Zentren ihrer Anwendung liegen in Deutschland und Frankreich. Die bis 1821 erschienenen Lithographien werden analog zu denen des Buchdrucks als Inkunabeln bezeichnet.

In den sozialen und politischen Kämpfen des 19. Jh. bewährte sich die Lithographie, indem sie satirische oder karikierende Darstellung und kurzen, prägnanten, ebenfalls lithographierten Text miteinander verband. Sie wurde zum Teil in hohen Auflagen vertrieben, bahnbrechend war Frankreich. Die Lithographie fand ihren festen Platz in Zeitschriften wie »La Caricature« (1838–1843) und »Charivari« (1832–1866), die beispielhaft für den Typ der satirischen Zeitschrift wurden. Neben Grandville, Charlet, Raffet, Decamps wirkte hier auch Daumier, der bis ins hohe Alter rund 4000 Blätter lithographierte, in denen er die politischen, sozialen und moralischen Mißstände seiner Zeit mit Kunstfertigkeit, Phantasie und Ausdruckskraft angriff. Sein Mitstreiter Gavarni wandte sich später mehr den erotisch-sinnlichen Sittenschilderungen zu. In das 19. Jh. fällt auch die Verwendung der Lithographie für Werbezwecke, sie ist hier mit der Entwicklung der Plakatkunst (Toulouse-Lautrec) verbunden.

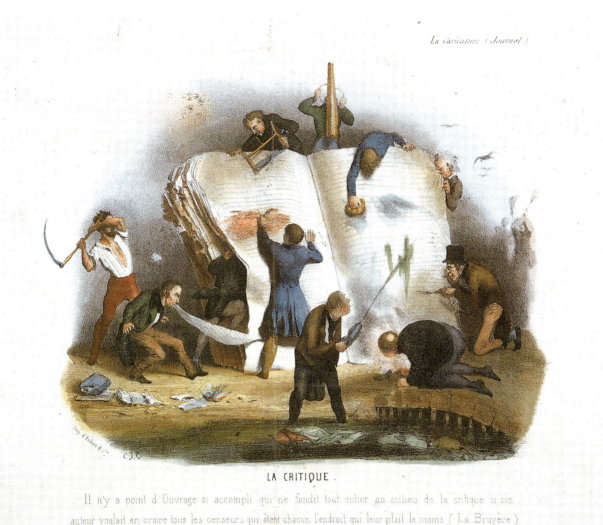

Farblithographie von Charles-Joseph Traviès. Karikatur auf die Buchkritik. Aus: La Caricature, 1842. 36 × 25,5 cm

Nach dem künstlerischen und technischen Verfall der Lithographie in der zweiten Hälfte des 19. Jh. wurde sie um die Jahrhundertwende erneut entdeckt als künstlerisches Ausdrucksmittel, das sich gleichberechtigt neben den anderen graphischen Techniken bis in die Gegenwart behauptet. Engagierte Künstler wie Käthe Kollwitz knüpften an die kämpferischen Traditionen der Lithographie des frühen 19. Jh. an.

Dem künstlerischen und technischen Verfall wirkten die Lithographien in Zeitschriften wie »Pan«, »Jugend« und »Hyperion« entgegen.

Für Zwecke der Buchillustration wurde die Lithographie erstmals durch Delacroix für die französische Ausgabe von Goethes »Faust« 1828 verwendet. Menzel schuf 1851–1857 ein umfangreiches lithographisches Werk über die Uniformen der Armee Friedrichs II. Ähnlich wie die ↗ Radierung wurde auch die Lithographie für Zyklen zu literarischen Texten verwendet, ohne daß es allerdings immer zu einer gemeinsamen Veröffentlichung von Text und Illustration kam. Zu nennen sind Karl Walsers farbige Lithographien zu Gautiers »Mademoiselle des Maupin« (1913) und Heines »Italien« (1919). Max Liebermann verwendete die Lithographie bei seinen Illustrationen zu Kleists Kleinen Schriften (1917), dem »Buch Ruth« und Heines »Rabbi von Bacharach«. Max Slevogt zeichnete mit Kreide und Umdruckpapier oder direkt auf den Stein, wobei künstlerische Produktivität und Phantasie oft über den Text hinauswuchsen. Zu nennen sind hier »Sindbad« (1908), Coopers Lederstrumpf-Erzählungen (1909), Cellinis Autobiographie (1913), Cortez' »Eroberung von Peru« (1919), die Inseln Wak-Wak aus »1001 Nacht« (1921). Künstlerische Doppelbegabungen wie Ernst Barlach, Oskar Kokoschka oder Alfred Kubin bedienten sich zur Illustration ihrer Werke ebenfalls der Lithographie.

Unter den Künstlern der DDR wurde und wird die Lithographie seit der Mitte der fünfziger Jahre vielfach

Brandenburger Evangelistar, Anfang des 13. Jh. Gotische Buchschrift. Initiale M (für Maria Magdalena).
Nach dem Faksimile, Leipzig, 1961

für Zyklen verwendet, die auf literarische Texte zurückgehen wie Harald Metzkes und Arno Mohr zu Brecht, Ursula Mattheuer-Neustadt zu Kalidasa, Hermann Naumann zu Gongora, Norbert Pohl zu Gogol, Rolf Händler zu Babel. Sie blieb bis in die siebziger Jahre vorherrschend. Die Weiterentwicklung der Lithographie zur Offsetlithographie und die Entstehung weiterer Verfahren des Flachdrucks, u. a. Ablösung des Lithographensteins durch die Zinkplatte, der Einsatz mechanischer und chemischer Möglichkeiten, verändern das überlieferte Bild dieser Technik und ergeben neue Möglichkeiten, sich künstlerisch auszudrücken, eine Entwicklung, die auch in anderen Ländern zu beobachten ist.

In den Ländern Vorder- und Zentralasiens wurde die Lithographie in großem Umfang etwa seit den vierziger Jahren des 19. Jh. bis in dieses Jahrhundert hinein zur Vervielfältigung populärer Literatur, von Zeitungen, belehrenden und religiösen Texten verwendet. Sie entwickelte sich hier z. T. vor der Einführung des üblichen Buchdrucks oder nahm überhaupt dessen Stelle ein.

K. K. W.

Lit.: Senefelder, A.: Vollständiges Lehrbuch der Steindruckerey. – 2. Aufl. – München, 1821. // Dussler, L.: Die Incunabeln der deutschen Lithographie (1796–1821). – Berlin, 1925. (Neudr. 1955) // Weber, W.: Saxa loquuntur. Steine reden : Geschichte der Lithographie. – Bd. 1.2. – Heidelberg, 1961–1964. // Mayer, R.: Die Lithographie. – 2. Aufl. – Dresden, 1970. // Schlagintweit, H.: Reproduktionslithographie : Studien zur Funktion technischer, sozialer u. kommerzieller Vorgaben in d. Bilderproduktion d. 19. Jh. – München, Univ., Diss. 1983.

liturgische Bücher

Diese Bücher bilden die Grundlage für den öffentlichen Gottesdienst und für die privaten Andachten. Die wichtigsten liturgischen Bücher sind: Das Sakramentar, das Evangeliar, das Evangelistar, das Missale und die ↗ Gebetbücher. Alle liturgischen Bücher enthalten verschiedene Sammlungen von Bibeltexten, Gebeten und Meßgesängen.

Das wichtigste der liturgischen Einzelbücher ist das *Sakramentar.* Das Kernstück besteht aus dem Meßkanon, der die einzelnen Meßgebete enthält. Seit dem 8./9. Jh. gibt es illustrierte Exemplare, deren wichtigster Bildschmuck aus der in eine Kreuzigung umgebildeten T-Initiale des Gebetes »Te igitur« besteht. Zu dem Gebet für die Annahme des Opfers (»Supra quae«) gibt es Abbildungen zu alttestamentlichen Opferszenen. Die Meßtexte sind nach dem Kirchenjahr und dem Heiligenkalender geordnet. Diese Ordnung geht in ihrer Tradition auf Karl den Großen zurück, der in seinem Herrschaftsbereich die vorher lokal unterschiedlichen Texte vereinheitlichte.

Das *Evangeliar* enthält den vollständigen Text der vier Evangelien. Jedem Evangelium sind Kanontafeln vorangestellt, die die übereinstimmenden Stellen in den verschiedenen Texten anzeigen. Oft sind diese Zahlenkolonnen durch Arkadenbögen und Giebelarchitekturen eingerahmt. Sie bieten Möglichkeiten für eine reiche Ausschmückung. Außerdem gehören zur Illustrierung eines Evangeliars die vier Evangelistenbilder mit ihren Symbolen, einzelne neutestamentliche Szenen und häufig auch eine »Maiestas-Domini«-Darstellung.

Im *Evangelistar* stehen die Texte für die Lesungen an den Sonn- und Feiertagen, die den Evangelien entnommen sind. Die Bebilderung entspricht der des Evangeliars, doch fehlen die Kanontafeln.

Das ↗ *Missale* ist ein Chor- und Meßbuch, in dem die gesungenen und gesprochenen Texte aus den verschiedenen liturgischen Büchern zusammengefaßt sind.   *H.N.*

Lit.: Beissel, S.: Geschichte der Evangelienbücher. – Freiburg i. Br., 1906. // Bohatta, H.: Liturgischer Druck und liturgische Drucker. – Regensburg, 1928. // Gülden, J.; Rothe, E.: Brandenburger Evangelistar. – Leipzig, 1961. // Elbern, H. v.: Über die Illustration des Meßkanons im frühen Mittelalter. – In: Miscellanea pro arte : Hermann Schnitzler zur Vollendung d. 60. Lebensjahres. – Düsseldorf, 1965.

Majuskel

Der aus dem Lateinischen stammende Begriff bezeichnet die Großbuchstaben der griechischen und lateinischen Schrift. Die frühesten überlieferten Formen stammen für die griechische Schrift aus dem 8. Jh. v. u. Z., für die lateinische aus der Zeit nach 600 v. u. Z. und finden sich meist auf Inschriften. Die durch Beschreibstoffe und Schreibgeräte bedingten, ursprünglich eckigen, recht- oder spitzwinkligen Formen wurden mit zunehmender Ausbreitung der Schreibkenntnisse zu Majuskelkursiven »zerschrieben«, es entstanden die griechische, dann die lateinische ↗ Unziale. Im 9. Jh. kam es noch einmal zu einer Pflege der Majuskelschrift, danach wurden die Majuskeln vor allem in der Initialkunst mittelalterlicher ↗ Handschriften und, nach der Erfindung des Buchdrucks, in allen wichtig erscheinenden Wörtern verwendet.

Rechtschreibreformen in allen europäischen Sprachen legten seit dem 17. Jh. die Verwendung von Großbuchstaben fest. Heute *Versalien* genannt, dienen besonders gestaltete Großbuchstaben der Heraushebung von Kapitel- und Abschnittsanfängen und damit der typographischen Gestaltung. Auf die Mittelhöhen der Kleinbuchstaben verkleinerte Versalien, sog. *Kapitälchen*, ergeben eine weitere Gestaltungsmöglichkeit, vor allem zur Kennzeichnung von Personennamen im wissenschaftlichen Satz. K. K. W.

Makulatur

(lat. macula = Fleck). Bezeichnung für 1. Fehldrucke und solche Druckbogen, die aus verschiedenen Gründen nicht ihren eigentlichen Zweck erfüllen und als Altpapier einer anderen Verwendung zugeführt werden, 2. unverkäufliche Druckerzeugnisse (Bücher, Broschüren, Zeitschriften, Zeitungen), die lediglich zu ihrem Papierwert als Altpapier abgestoßen werden, 3. Abfälle des papierverarbeitenden Handwerks und der polygraphischen Industrie. Altpapier kann als Verpackungsmaterial dienen, ist aber vor allem ein wichtiger Sekundärrohstoff für die Papierherstellung (eine Tonne Altpapier ersetzt fünf Festmeter Faserholz).

Von den Buchbindern besonders des 15. und 16. Jh. wurde beschriebenes oder bedrucktes Pergament oder Papier, das aus nicht mehr benötigten Handschriften oder vom Druckausschuß stammte, verwendet (sog. Klebepappe; Deckelbezug aus Pergament bei sog. Manuskript-Einbänden). Die wissenschaftliche Auswertung dieser Makulatur ist Gegenstand der *Makulaturforschung*, die interessante Fragmente zutage gefördert hat. K. M.

Minuskel

Aus dem Lateinischen stammende allgemeine Bezeichnung für Kleinbuchstaben. Im 4. Jh. u. Z. begann die Umgestaltung der griechisch-römischen Kursive, es entwickelte sich das Vierlinienschema der Schrift mit Ober- und Unterlängen. In der griechischen Schrift erreicht die Minuskel Mitte des 10. Jh. ihre größte Schönheit. Im lateinischen Bereich bilden sich eine Anzahl regional begrenzter Schriften, sog. Nationalschriften, heraus. Die bedeutendsten sind die merowingische Schrift (6.–frühes 9. Jh., in Frankreich verbreitet) und die beneventanische Schrift, so genannt nach dem italienischen Kloster Benevento. Sie ist der Schriftstil der Benediktiner des Klosters Monte Cassino und hielt sich in Italien bis ins 13. Jh. Sie zeichnet sich durch eine ästhetisch ansprechende Ausgewogenheit aus. Die bedeutendste Minuskelschrift ist die ↗ karolingische Minuskel.

Durch Aufnahme unzialer Elemente entwickelt sich die lateinische Minuskel zwischen dem 13. und 15. Jh. zu den uns heute vertrauten Schriftformen. K. K. W.

Missale

Das Missale (lat. missa = Sakramentsgottesdienst) ist ein Meßbuch, meist in lateinischer Sprache, das die gesprochenen und gesungenen Texte des römisch-katholischen Gottesdienstes enthält. Es entwickelte sich seit dem 5. Jh. aus der Aneinanderreihung bzw. Verschmelzung mehrerer ursprünglich selbständiger ↗ liturgischer Bücher. 1570 erhielt das Missale romanum generelle Verbindlichkeit für den Gesamtbereich der katholischen Kirche.

Die mittelalterlichen Missale sind oft reich mit ↗ Initialen und Miniaturen geschmückt und in einer

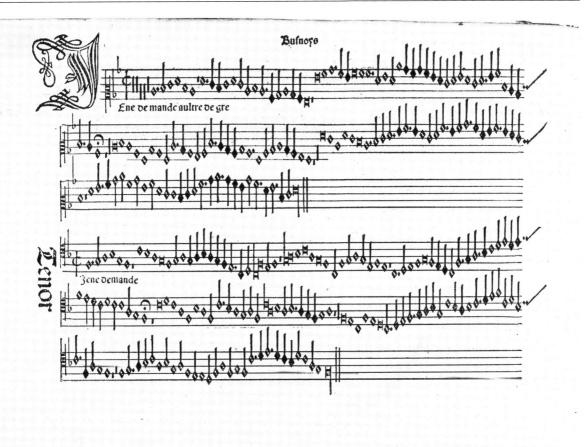

Harmonice musices Odhecaton. Typendruck des Druckers Ottaviano dei Petrucci. Venedig, 1501.
Civico Museo Bibliografico Musicale, Bologna

besonders gut lesbaren, streng geometrischen Schrift (Mönchsschrift) geschrieben, von der sich die früher gebräuchliche Schriftgradbezeichnung Missal ableitete (18 bzw. 60 Punkt). F.M.

Musiknotendruck

Der Musiknotendruck als technische Aufgabe ist dem Druck sprachlicher Texte insofern vergleichbar, als in beiden Fällen eine begrenzte Anzahl definierter graphischer Elemente, miteinander kombiniert, vervielfältigt werden soll. Er stellt jedoch technisch höhere Anforderungen dadurch, daß die Zahl der graphischen Elemente und ihrer Ligaturen ungleich größer ist und daß diese nicht nur horizontal, sondern auch vertikal kombiniert und mit hoher Präzision koordiniert werden müssen. Die Geschichte des Musiknotendrucks erscheint als eine kontinuierliche Folge von Bemühungen, für die Vervielfältigung ständig komplexer werdender Notenbilder die nach dem Standard der Zeit jeweils technisch rationellste und wirtschaftlich günstigste Methode zu finden. Als Hauptverfahren sind vom 15. bis zum 19. Jh. Typendruck, Blockdruck und Plattendruck (von gestochenen Platten) über weite Strecken parallel, aber mit unterschiedlichen Anwendungsbereichen und wechselnden Marktanteilen, in Gebrauch. Seit dem zweiten Drittel des 19. Jh. werden sie durch die auf ↗ Lithographie, Fotografie und deren Kombination fußenden vielfältigen Flachdruckverfahren immer mehr verdrängt.

Typendruck. Gotische und römische Choralnoten erscheinen in süddeutschen und italienischen Drucken seit etwa 1473. Notenlinien (meist in roter Farbe) und Noten sind hier in zwei Arbeitsgängen gedruckt (Zweifachdruck). Für das technisch anspruchsvollere Problem des Typendrucks von mensural (d. h. mit definierten Tondauern) notierter Musik fand der venezianische Drucker Ottaviano dei Petrucci die epochemachende Lösung. Schon mit seinem ersten, 1501 erschienenen Musikdruck (Harmonice musices Odhecaton A) stellte er ein Muster auf, dessen technisch-ästhetische Vollendung nur von wenigen Nachahmern erreicht wurde. Petrucci wurde zugleich der erste Musikverleger; 61 Werke sind aus seiner Presse nachweisbar. Einen wichtigen technischen Fortschritt stellt der sog. einfache Typendruck dar, bei dem jede Notentype aus einer Note und dem zugehörigen Ausschnitt des Liniensystems besteht. Dieses Verfahren wurde zuerst

Geystliche Lieder. Blockdruck von V. Babsts Erben. Leipzig, 1561. Unveränderte 9. Aufl. nach der Erstauflage von 1545. Sächsische Landesbibliothek Dresden. 10,6 × 15,5 cm

Atys, Oper von Jean Baptiste Lully. Ausgabe im Typendruck. Paris, 1689. Sächsische Landesbibliothek, Dresden. 18 × 30 cm

(seit 1528) von Pierre Attaingnant in Paris in großem Stil angewandt und löste innerhalb weniger Jahre den Zweifachdruck ab.

Seit der Mitte des 17. Jh. bleibt der technisch stagnierende Typendruck zunehmend hinter den Anforderungen der musikalischen Notation zurück. Daß er sich gegenüber dem graphisch perfekten Notenstich noch behauptet, ist kommerziell begründet: Der relativ robuste Satz erlaubte, im Gegensatz zu den empfindlichen Stichplatten, nahezu unbegrenzte Auflagen, und eine Typengrundausstattung amortisierte sich vielfach. Prinzipielle technisch-ästhetische Verbesserungen durch Johann Gottlob Immanuel Breitkopf sichern dem Typendruck seit 1754 schließlich eine letzte Blütezeit, die erst durch die auf der Kombination von Notenstich und Lithographie beruhenden Verfahren beendet wird. Für die Wiedergabe von Musikbeispielen innerhalb eines Letternsatzes bleibt der Typendruck noch bis zur Mitte des 20. Jh. in Gebrauch.

Blockdruck. Choral- und Mensuralnoten im Blockdruck sind seit etwa 1485 bis ins 17. Jh. nachweisbar.

Hauptanwendungsgebiet dieses Verfahrens waren musiktheoretische Werke mit kürzeren Notenbeispielen; doch blieb der Blockdruck im 16. Jh. auch für größere Musikdrucke die rentablere Alternative, sofern ein Drucker-Verleger nur ausnahmsweise einen Notendruck herstellte. So sind z. B. die berühmtesten ↗ Gesangbücher der Reformationszeit Blockdrucke.

Stich. Pierre Attaingnant war es bereits gelungen, rhythmisch einfache zweistimmige Melodien in einem Notensystem im Typendruck darzustellen. Den diffizileren Anforderungen der im 16. Jh. aufblühenden Lauten- und Klaviermusik entsprach jedoch der ↗ Kupferstich weit besser. Nach zwei vereinzelten Vorläuferdrucken um 1536 erfolgte in Italien der kommerzielle Durchbruch des Plattendrucks von Musikwerken seit 1586 mit den Ausgaben des römischen Stechers und Verlegers Simone Verovio. Die sukzessive Ausbreitung des Verfahrens über England, die Niederlande, Frankreich und Deutschland nahm jedoch noch ein volles Jahrhundert in Anspruch. Für den Druck von Vokalmusik blieb der Typendruck auch im 17. Jh.

Atys, Oper von Jean Baptiste Lully. Ausgabe im Plattendruck. Paris, 1709. Sächsische Landesbibliothek, Dresden. 20 × 31 cm

1. Sinfonie von Friedrich Goldmann, Ausschnitt aus dem 3. Satz. Partiturdruck nach geschriebener Vorlage. Leipzig, 1972/73. 20 × 25 cm

die bevorzugte Technik. Erst das 18. Jh. bringt die endgültige Vorherrschaft des Plattendrucks. Die technologisch und kommerziell führenden Verlagsorte sind nacheinander London (um 1700), Paris, Wien und Leipzig (um 1800).

Lithographie und Folgeverfahren. Alois Senefelders Erfindung ist von Anfang an eng mit der Aufgabenstellung des Musikaliendrucks verbunden, die ersten, noch durch Reliefätzung gewonnenen, marktfähigen Erzeugnisse seiner Presse (1796) waren Musikstücke. Mit der Entwicklung von Umdruckverfahren (etwa ab 1810), der Einbeziehung der fotografischen Reproduktionstechnik (um 1850) und der Schaffung der ersten leistungsfähigen Schnellpresse für Musikalien (1867 durch C. G. Röder in Leipzig) waren sodann die technischen Grundlagen gewonnen, auf denen der Musikaliendruck noch heute beruht.

Nachdem einmal die Möglichkeit gegeben war, Methoden zur Erstellung des Druckbildmusters gänzlich unabhängig vom Druckverfahren zu entwickeln, reduzierte sich die musikspezifische technische Problemstellung auf die Vervollkommnung dieser Methoden. Seit 1945 errangen hochstandardisierte Schreib- und Durchreibverfahren (z. B. »Notaset«) wachsende Produktionsanteile, und für Musikwerke in kleiner Besetzung kamen leistungsfähige Notenschreibmaschinen auf den Markt. Zur Vervielfältigung komplizierter Partituren zeitgenössischer Musik und umfangreicher Aufführungsmateriale greifen die Verleger jedoch häufig auf das Lichtpausverfahren, eine moderne Version der Autographie, zurück, und für große Ausgaben klassischer Werke mit hohen drucktechnischen Qualitätsansprüchen liefert noch zumeist der Notenstecher die Originaldruckplatten. *W. R.*

Lit.: Luther, W. M.; Schaal, R.: Notendruck. – In: Die Musik in Geschichte und Gegenwart. – Bd. 9. – Kassel, 1961. – Sp. 1667 – 1695. // Davidsson, Å.: Bibliographie zur Geschichte des Musiknotendrucks. – Uppsala, 1965. // Lexikon der grafischen Technik. – 5. Aufl. – Leipzig, 1979. // Poole, H. E.; Krummel, D. W.: Printing and publishing of music. – In: The new Grove dictionary of music and musicians. – Vol. 15. – London, 1980. – S. 232 – 274.

Nachdruck

Bezeichnung für einen unter Umgehung der Rechte und damit zum wirtschaftlichen Nachteil von Originalverleger und Autor hergestellten ↗ Neudruck eines bereits veröffentlichten Werks. Da der Nachdrucker weder Lizenzgebühren noch Autorenhonorar zahlt, produziert er preisgünstiger als der Erstdrucker bzw. -verleger.

Bereits im 15. Jh. nachweisbar, erreichte diese unlautere Geschäftspraxis im 18. Jh. in zahllosen Editiones spuriae (unechten Ausgaben) und Pirated prints (Raubdrucken) ihren Höhepunkt, in Deutschland vor allem in Gestalt des Wiener Verlegers Johannes Th. v. Trattner (1717–1798). Nur unvollkommenen Schutz gegen Nachdruck gewährten den Originalverlegern seit dem 16. Jh. erteilte Privilegien der jeweiligen Obrigkeit. Erst mit Festschreibung der nationalen (Deutschland 1871) und internationalen Urheber- und Verlagsrechte (Berner Konvention 1886, Welturheberrechtsabkommen 1955/1971) wurde das Nachdruckunwesen weitgehend unterbunden. Allerdings erlebt die Gegenwart eine Raubdruck-Renaissance.

Auch die unveränderte Nachauflage eines Druckwerkes wird fälschlich oft als »unveränderter Nachdruck« bezeichnet (↗ Neudruck [2]). K.K.

Lit.: Pütter, J. S.: Der Büchernachdruck nach ächten Grundsätzen des Rechts geprüft. – Göttingen, 1774. // Kunze, H.: Über den Nachdruck im 15. und 16. Jahrhundert. – In: Gutenberg-Jahrbuch. – Mainz (1938). – S. 135 – 143. // Widmann, H.: Der deutsche Buchhandel in Urkunden und Quellen. – Bd. 2. – Hamburg, 1965. – S. 301 – 364. // Rosenfeld, H.: Zur Geschichte von Nachdruck und Plagiat. – In: Archiv f. Geschichte d. Buchwesens. – Frankfurt a. M. 9(1970). – Sp. 337 – 372. // Kunze, H.: Reprint – Nachdruck – Neudruck. – In: Börsenbl. für d. Dt. Buchhandel. – Leipzig 140(1973). – S. 498 – 500.

Neudruck

Unter verschiedenen Aspekten im Buchwesen verwendeter Begriff

(1) als Bezeichnung für Neuausgaben älterer, auch bibliothekarisch nur noch schwer greifbarer Literatur, die nach Absicht der Herausgeber wieder einer breiteren Öffentlichkeit zugänglich gemacht werden soll. Meist mit historisch-kritischem Apparat versehen, sind solche Ausgaben vielfach zugleich Stücke von Schriftenreihen, etwa der »Neudrucke deutscher Literaturwerke des 16. und 17. Jahrhunderts«, »Ostwald's Klassiker der exakten Wissenschaften«, der »Bibliothek des Litterarischen Vereins zu Stuttgart« u. a. m.

Derart editorisch besorgte Neudrucke sind als Originalausgaben (↗ Ausgabe) zu werten.

(2) als allgemein gängige verlagsrechtliche Bezeichnung für die textlich unveränderte oder wenig veränderte Neuauflage eines Werkes, insbesondere, wenn dabei auch die unveränderte Satzeinrichtung der vorhergehenden Auflage übernommen wird (↗ Auflage). Wird dabei der Stehsatz verwendet, handelt es sich technisch um eine bloße Fortsetzung des Auflagendrucks (Nachauflage, Nachschußauflage). Die Kennzeichnung dieser Form einer Erhöhung der unveränderten Neuauflage als Nachdruckauflage oder Nachdruckausgabe wird auch von Originalverlegern häufig und meist in werblicher Absicht geübt, ist aber juristisch unrichtig (↗ Nachdruck).

(3) als Bezeichnung für mit Hilfe von Flachdruckverfahren (anastatischer, fotomechanischer, Offset-, Lichtdruck, Xerographie) hergestellte Druckerzeugnisse, deren Satz nicht mehr verfügbar ist. Die Vervielfältigung erfolgt durch Reproduktion eines Exemplars des Originalwerkes selbst. Die für solche Neudrucke übliche generelle Kennzeichnung als Nachdrucke ist falsch, da der Begriff einmal traditionell juristisch besetzt ist (↗ Nachdruck), zum anderen die o. a. Verfahren nicht nur zur Vervielfältigung bereits erschienener Drucke, sondern auch bei Handschriften, Autographen, Handzeichnungen u. a. unikaten Dokumenten Anwendung finden. Nach dem zweiten Weltkrieg erlangten im fotomechanischen, seit den siebziger Jahren vorab im Offset-Verfahren hergestellte Neudrucke erhebliche wirtschaftliche Bedeutung, weil die Buchmarktlage Neuauflagen vieler vergriffener und selten gewordener Bücher und Zeitschriften erforderte (↗ Antiquariat). Seither hat sich – in Abgrenzung zu den bis in die Einzelheiten originalgetreuen Faksimileausgaben – für solche Neudrucke die englische Bezeichnung *Reprint* international eingebürgert.

Verlegerisch entwickelte sich das Reprint-Geschäft aus der Produktion urheberrechtlich nicht mehr geschützter Titel durch Antiquariate zu einem auf der Basis von Lizenzverträgen mit den Originalverlegern arbeitenden Sonderzweig des Verlagswesens (↗ Verlag). Für das Überlassen anderweitig nicht verfügbarer Originale als Neudruck-Vorlageexemplare werden mit Bibliotheken, Museen u. a. Besitzern Vereinbarungen getroffen. Durch Neusatz, d. h. den Reprints beigefügte Vorworte, Einleitungen oder Supplemente, die Entwicklung von Reprint-Schriftenreihen, die durch Herausgeber betreut werden, u. ä. schafft der Reprint-Verleger auch bibliographische Novitäten. Anteilmäßig stellt das wissenschaftliche Buch die meisten Reprint-Titel. Die Durchschnittsauflage für den spezialwissenschaftlichen Reprint liegt bei 300 Exemplaren (meist im fotomechanischen Druck), rentabel werden auch noch kleinste Auflagen durch Anwendung fotoelektrischer Verfahren; hohe Auflagen (im Offset) werden bei publikumswirksamen älteren Werken wie Kräuter-,

Koch- und Kinderbüchern, Curiosa usw. erreicht. Der teure Lichtdruck wird bei schwierig reproduzierbaren Abbildungswerken und Faksimileausgaben, der veraltete anastatische Druck kaum noch angewendet. Nicht beim Originalverleger erschienene Reprints sind in speziellen Bibliographien verzeichnet. *K. K.*

Lit.: Laufende Bibliographien: Bibliographia anastatica. – 1–10. – Amsterdam, 1964–1973. – Forts. u. d. T.: Bulletin of reprints. 1 ff. – München, 1974 ff. // Guide to reprints. 1 ff. – Washington, 1967 ff.
Bibliographien und *Aufsätze:* Ostwald, R.: Nachdruck-Verzeichnis von Einzelwerken, Serien und Zeitschriften aus allen Wissensgebieten (Reprints). – Bd. 1.2. – Wiesbaden, 1965–1969. // Rosenfeld, H.: Reprint und wissenschaftliche Forschung. – In: Börsenbl. für d. Dt. Buchhandel. – Frankfurt a. M. 25(1969). – S. 3005 – 3006. // Kunze, H.: Reprint – Nachdruck – Neudruck. – In: Börsenbl. für d. Dt. Buchhandel. – Leipzig 140(1973). – S. 498 – 500. // Gnirss, C.: Internationale Bibliographie der Reprints. – Bd. 1–3. – München, 1976.

Paläographie
(griech. = die Kunde von der alten Schrift). Bezeichnung für eine Hilfswissenschaft für diejenigen Disziplinen, die es mit geschriebenen Quellen zu tun haben wie z. B. die Geschichte, die Sprach- und Literaturwissenschaft, die Rechtswissenschaft. Die Paläographie ist eng verbunden mit der Epigraphik, der Numismatik und der Sphragistik, besitzt aber ihre eigenen unverwechselbaren Arbeitsmethoden.

Die Paläographie will die Fertigkeit vermitteln, die alten Schriften richtig zu lesen, sie in ihrer zeitlichen und lokalen Zugehörigkeit zu bestimmen, alte Texte korrekt zu edieren. Die Paläographie ist Teil der Handschriftenkunde, in einigen Sprachen ist dieser Begriff damit gleichbedeutend. Die Paläographie ist immer an eine bestimmte Sprache und deren Zeichen gebunden, doch weisen Arbeits- und Forschungsmethoden paläographischer Untersuchungen zu einzelnen Sprachen viele Gemeinsamkeiten auf und haben sich oft gegenseitig angeregt.

Der Begriff »Paläographie« wurde im Jahre 1708 durch den Mauriner Bernard de Montfaucon in seinem Werk »Palaeographia graeca sive de ortu et progressu literarum« eingeführt. Anlaß war der Streit zwischen Jesuiten und Benediktinern über die Echtheit überlieferter Urkunden und Beschreibungen von Heiligenleben am Ende des 17. Jh., war also am Anfang eine Urkundenkritik, aus der sich die Paläographie als Hilfswissenschaft der Urkundenlehre (Diplomatik) herauskristallisierte. Praktischer Anlaß war, daß durch die Verbreitung des Buchdrucks die Fähigkeit, alte ↗ Handschriften richtig zu lesen und zu deuten, weitgehend verlorengegangen war.

Die Entwicklung der Paläographie war zu diesem Zeitpunkt jedoch nicht auf den Bereich der lateinischen Schrift beschränkt, sie begann um 1700 auch in Rußland mit der kritischen Untersuchung kirchlicher Dokumente, so daß die Paläographie auch als ein Ergebnis der einsetzenden europäischen Aufklärung betrachtet werden kann.

Als Folge der ersten kritischen Auseinandersetzungen begann im 18. Jh. verstärkt die Suche nach alten Handschriften und die Darstellung der Entwicklung der lateinischen, z. T. auch der griechischen Schrift.

Die Angehörigen der Mauriner-Kongregation des Benediktinerordens, C. F. Toustain und R. P. Tassin, verfaßten zwischen 1750 und 1765 den »Nouveau Traité de diplomatique«, der von dem deutschen Sprachforscher J. C. Adelung als »Neues Lehrgebäude der Diplomatik« (9 Bände, 1759–1769) übersetzt wurde. Die Paläographie hielt auch als Lehrfach an den Universitäten Einzug, so in Göttingen durch J. C. Gatterer (1727 bis 1799). In Frankreich, England und Italien entstanden seit dem 18. Jh. Gesellschaften, Zeitschriften und Institutionen, die sich die Sammlung, Erforschung und Edition alter Handschriften und die Verbreitung paläographischer Kenntnisse zum Ziel gesetzt hatten. Aus dem Geist der Romantik und der Zuwendung zu den Denkmälern früherer Zeiten wurde 1819 die »Gesellschaft für Deutschlands ältere Geschichtskunde« gegründet, deren Tätigkeit die Grundlage für die Herausgabe der »Monumenta Germaniae historica« wurde. »Das Schriftwesen im Mittelalter« ihres Mitarbeiters Wilhelm Wattenbach (3. Aufl. 1896) gilt noch heute als Standardwerk. Der Münchner Philologe und Mediaevist L. Traube (1861–1907) versuchte die Paläographie zu einer selbständigen kulturhistorischen Disziplin zu machen. Paläographische Werke können auf keinen Fall auf Abbildungen verzichten – mit der fortschreitenden technischen Entwicklung entstanden umfangreiche Tafelwerke mit Wiedergaben charakteristischer Schriftproben und deren Erläuterung. In allen europäischen Ländern, in denen das lateinische Alphabet verwendet wird, entwickelte sich die paläographische Forschung und ist durch entsprechende Abbildungswerke, die die nationalen Besonderheiten deutlich machen, dokumentiert.

Im slawisch-kyrillischen Raum entwickelte sich die Paläographie analog zum übrigen Europa. Handschriftliche Überlieferungen dauerten hier z. T. länger fort als im übrigen Europa. Die paläographische Forschung des ausgehenden 18. und beginnenden 19. Jh. ist eng verbunden mit der Ediierung alter Dokumente, wobei, wie in Westeuropa, auch hier der Einfluß der Romantik spürbar ist. Einer der bedeutenden Sammler war Graf N. P. Rumjancev (1754–1826), dessen Handschriften und Bücher die Grundlage des gleichnamigen Museums, der heutigen Lenin-Bibliothek, bildeten.

Allegorische Darstellung paläographischer Arbeit. Titelkupfer zu Bernard de Montfaucon, Palaeographia graeca sive de ortu et progressu literarum. Paris, 1708. Bildgröße 19,5 × 32,5 cm

Palimpsest

Codex Theodosianus, eine um 438 zusammengestellte Gesetzessammlung auf Pergament. Der Text, jetzt auf dem Kopf stehend, wurde im 7./8. Jh. abradiert und durch ein Traktat des Pseudo-Apuleius über die Pflanzen ersetzt. Domschatz Halberstadt; Fragment I. 22 × 28 cm

Die auf mannigfache Weise in europäische Sammlungen gelangten Handschriften anderer Kulturkreise und die wissenschaftliche Beschäftigung mit ihnen (Quelleneditionen) waren der Anlaß für paläographische Studien durch europäische Gelehrte, deren Wirken die Grundlage für die Entwicklung dieser Disziplin auch außerhalb Europas bildete.

↗ auch Handschriften K.K.W.

Lit.: Eżegodnik rukopisnogo otdela Puškinskogo doma. 1 ff. – Leningrad, 1971 ff.

Monographien: Traube, L.: Zur Paläographie und Handschriftenkunde. – München, 1909. (Nachdr. 1965) // Gardthausen, V.: Griechische Paläographie. – 1.2. – 2. Aufl. – Leipzig, 1911–1913. // Karskij, E. F.: Slavjanskaja kirillovskaja paleografija. – Leningrad, 1928. // Kirchner, J.: Germanistische Handschriftenpraxis. – München, 1950. // Capelli, A.: Lexicon abbreviaturarum. – Milano, 1961. // Dani, A. H.: Indian Palaeography. – Oxford, 1963. // Foerster, H.: Abriß der lateinischen Paläographie. – 2. Aufl. – Stuttgart, 1963. // Žukovskaja, L. P.: Razvitie slavjano-russkoj paleografii. – Moskva, 1963. // Bischoff, B.: Paläographie. – Berlin, 1965. // Schriftproben zur deutschen Paläographie des 16.–20. Jh. / bearb. v. K. Dülfer u. H.-E. Korn. – T. 1.2. – Marburg, 1966. // Virtosu, E.: Paleografia româno-chirilica. – București, 1968. // Grohmann, A.: Arabische Paläographie. – 1.2. – Wien, 1971. // Mioui, E.: Introduzione alla paleografia greca. – Padova, 1973.

Palimpsest

Als Palimpsest (griech. palin = wieder und psestos = geschabt) werden ↗ Handschriften bezeichnet, deren ursprünglicher Text getilgt und durch einen neuen ersetzt wurde. Dies war bisweilen schon in der römischen Antike üblich. Infolge Verknappung und Verteuerung des ↗ Pergaments wurden in mittelalterlichen Scriptorien ältere Handschriften häufig gelöscht und der ↗ Beschreibstoff erneut benutzt. Papyrushandschriften, die mit einer schwer abwaschbaren Rußtinte beschrieben waren, wurden seltener wiederverwendet. Hingegen ließ sich Metalltinte von dem widerstandsfähigeren Pergament mit dem Messer abschaben, mit Bimstein abreiben oder dadurch entfernen, daß die Pergamentblätter in Milch gelegt und die Schriftzeichen ausgelaugt wurden. Erkennen kann man Palimpseste an den Spuren, die vom ursprünglichen Text zurückgeblieben sind, oder an Zirkeleinstichen, die auf eine andere Liniierung als die des vorliegenden Textes hindeuten.

Die Mehrzahl der überkommenen Palimpseste sind Handschriften des 4. bis 7. Jh., die im 8. und 9. Jh. in Klöstern wie Bobbio und St. Gallen getilgt und neu beschrieben wurden. Überschrieben wurden Texte, die entweder nicht mehr für wichtig gehalten wurden oder ausreichend vorhanden waren. So wurden u. a. antike Klassiker durch christliche Texte und ältere Bibelhandschriften durch die Vulgata ersetzt.

Das Interesse an einer Entzifferung der ursprünglichen Texte wurde durch die Entdeckung geweckt, daß es sich hierbei häufig um unbekannte, sonst nicht erhaltene Werke antiker Autoren handelt. Palimpseste in großer Anzahl wurden zuerst im oberitalienischen Kloster Bobbio gefunden. Die Palimpsestforschung begründete Angelo Mai (1782–1854) während seiner Tätigkeit als Präfekt der Ambrosiana. Er fand die bis dahin unbekannte Schrift Ciceros »De re publica« und den Codex Ephraemi in Paris. Zum Wiedersichtbarmachen der ursprünglichen Texte benutzte man anfangs chemische Reagenzien, die jedoch Pergament und Schrift angriffen. 1914 wandte Kögel erstmals die Fluoreszenzfotografie an. Diese Methode beruht auf der unterschiedlichen Reflexion ultravioletter Strahlen durch glatte und aufgerauhte Oberflächenteile des Pergaments, die fotografisch sichtbar gemacht werden können. Seit 1912 besteht im Kloster Beuron ein Palimpsest-Institut, das seine Forschungsergebnisse in einer seit 1917 erscheinenden Schriftenreihe veröffentlicht.
R. R.

Lit.: Texte und Arbeiten / hrsg. durch d. Erzabtei Beuron. – H. 1–5. – Beuron, 1917–1919. // Kögel, R.: Die Palimpsestphotographie. – Halle, 1920. // Dold, A.: Palimpsest-Handschriften : ihre Erschließung einst und jetzt. – In: Gutenberg-Jahrbuch. – Mainz (1950). – S. 16–24.

Papier

Papier ist ein Filz, überwiegend aus pflanzlichen Fasern, die aus ihrem organischen Verband gelöst, in Wasser aufgeschwemmt und durch Entwässern auf einem Sieb zum Blatt gebildet werden. Der Name wurde vom früher verwendeten Beschreibstoff ↗ Papyrus abgeleitet.

Papierfunde in China aus der Zeit der westlichen Han-Dynastie beweisen, daß sich dort die Technik der Papierherstellung im 2. bis 1. Jh. v. u. Z. herausbildete. Als Rohstoffe dienten zunächst Hanffasern, später Bastfasern von der Rinde bestimmter einheimischer Gehölze, die ursprünglich durch Eingießen des Rohstoffs auf schwimmende gewebte Siebe, dann durch Schöpfen mit flexiblen, aus parallel liegenden Bambusstäben bestehenden Matten zum Blatt verfilzt wurden.

Von China breitete sich die Papiermacherei nach Korea und Japan (Anfang des 7. Jh.), seit dem 8. Jh. weiter nach Westen aus. Die Kenntnis der Papierherstellung gelangte über Mittelasien in den Vorderen Orient zu einem Zeitpunkt, als die Herausbildung eines gemeinsamen islamischen Kulturbereichs hier eine Belebung von Handel, Wissenschaft und Literatur und damit ein Ansteigen des Bedarfs an Beschreibstoffen bewirkte. Im Zuge dieses Aufschwungs wurde die Technik der Papierherstellung in Zentren islamischer Kultur wie Samarkand, Bagdad und Kairo heimisch, breitete sich im gesamten islamischen Kulturbereich aus und ge-

Aufdruck auf einem Ries Papier der Papiermühle Niederlungwitz mit dem Schutzpatron St. Peter und einer Papiermühle. Kolorierter Holzschnitt nach 1630

Der Papyrer. Holzschnitt von Jost Amman aus dem Ständebuch mit Reimen von Hans Sachs. Frankfurt a. M., S. Feyerabend, 1568. 14,3 × 19,9 cm

Blick in eine Papiermühle mit Bütte und Hammerstampfwerk. Holzschnitt von Elias Porzelius, aus: Curiöser Spiegel … Nürnberg, 1689

langte seit dem 10. Jh. über Nordafrika bis in das maurische Spanien. Die arabische Papierherstellung verwendete ausschließlich gebrauchte Hanftaue und Hadern als Rohstoff sowie eine flexible Schöpfform aus Schilfrohrstengeln.

Durch Kontakte mit arabischen Kaufleuten wird die Papierherstellung in Italien eingeführt, und sie gewinnt ökonomisch und technisch ein höheres Niveau. Die europäische Papiertechnik ist durch die Aufbereitung des nunmehr alleinigen Rohstoffs Leinenhadern mit Hilfe eines mit Wasserkraft betriebenen Stampfwerkes, durch die Einführung der tierischen Leimung und durch die Verwendung einer starren Schöpfform aus Draht gekennzeichnet. Die Entwicklung der europäischen Herstellungsmethode ging in der ersten Hälfte des 13. Jh. von der norditalienischen Stadt Fabriano aus. Die Arbeitsteilung zwischen Schöpfer, Gautscher und Leger war durch die starre Drahtschöpfform möglich geworden und bewirkte zusammen mit der Mechanisierung der Rohstoffaufbereitung eine höhere Arbeitsproduktivität. Auf deutschem Boden entstanden die ersten Papiermühlen 1390 in Nürnberg (Ulman Stromer) und ca. 1393 in Ravensburg. Seit Ende des 15. Jh. führten die Erfindung des Buchdrucks, die Ausbreitung des Schrift- und Kanzleiwesens und die Bedürfnisse des aufstrebenden Bürgertums zu einem Ansteigen der Papierverwendung und damit zu einem Aufschwung des Gewerbes und zur Vermehrung der Zahl der Betriebsstätten.

Es entstand ein größerer Teil der Papiermühlen im Einflußgebiet der Feudalherrn und Territorialfürsten. Die von ihnen erlangten Privilegien und Monopole für den Bau und die Rohstoffversorgung wurden von nun an kennzeichnend für das Gewerbe. Es bildete sich ein relativ einheitlicher Typ der Papierwerkstätten heraus, dessen Technologie und Umfang sich bis in das 18. Jh. hinein im wesentlichen nicht veränderte. Fast alle Papiermühlen in dieser Zeit arbeiteten nur mit einer Bütte, die die Grenze ihrer Kapazität bestimmte. Technische Fortschritte in der Rohstoffaufbereitung durch

»Privilegium« zum Sammeln von Hadern in den fünf »Aembtern« Colditz, Rochlitz, Leißnig, Grimma und Borna, ausgestellt am 9. Oktober 1690 vom sächsischen Kurfürsten Johann Georg III. für die Papiermühle Cospuden (Colditz). Deutsches Buch- und Schriftmuseum der Deutschen Bücherei, Leipzig. 39,5 × 33,5 cm

Einführung des Holländers und des Hadernschneiders sowie die zu Manufakturen mit mehreren Schöpfbütten führende ökonomische Entwicklung im 18. Jh. zeigten den Schritt zum kapitalistischen Betrieb an. Nach der Erfindung der Papiermaschine 1799 durch den Franzosen Louis Robert und ihrer allgemeinen Einführung in England und Frankreich in der ersten Hälfte und in Deutschland gegen die Mitte des 19. Jh. sowie durch die den bisherigen Rohstoff Hadern verdrängenden Erfindungen des mechanischen und chemischen Holzaufschlusses erfaßte die industrielle Revolution auch die Papierherstellung und führte zur Herausbildung von kapitalistischen Großbetrieben. Die wachsenden Anforderungen an die Papierherstellung im 20. Jh. brachten den Einsatz immer schneller laufender Papiermaschinen mit immer größerer Bahnbreite.

Das bis zur Einführung der Papiermaschine aus textilen Abfällen hergestellte handgeschöpfte Papier zeichnete sich durch einen unregelmäßig verlaufenden Rand (Büttenrand) aus. Für repräsentative Zwecke werden Handpapiere noch heute nach der handwerklichen Technik hergestellt (DDR: Papierfabrik Wolfswinkel mit Spechthausener Wasserzeichen; ČSSR: Papiermühle Velké Losiny; VR Polen: Papiermühle Duszniki). Auf der Rundsiebpapiermaschine kann der Effekt des Handpapiers nachgeahmt werden (z. B. Rundsiebbütten der Papierfabrik Königstein mit Wasserzeichen Festung Königstein). Die als Rohstoff für die moderne Papierfabrikation benötigten Zellulosefasern werden aus Holz gewonnen, das mechanisch zu Holzschliff (für holzhaltige Papiere) oder chemisch zu Zellstoff (für holzfreie Papiere) aufgeschlossen wird. Neben dem Holz sind als Faserrohstoffe noch Einjahrespflanzen wie Stroh, Schilf und Bagasse sowie mit zunehmender Bedeutung Altpapier zu nennen. Zur Erzielung besonderer Eigenschaften werden auch Asbest- und Glasfasern sowie synthetische Fasern (Polyamid, Polyacrylnitril, Polyester) verwendet. Zur Herstellung von Japanpapier dienen Bastfasern verschiedener in

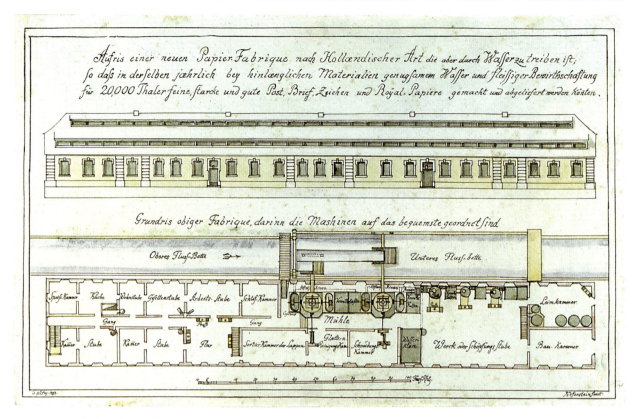

Grundriß und Ansicht einer Papiermühle mit drei Bütten. Kolorierte Federzeichnung nach Keferstein, 1787.
Deutsches Buch- und Schriftmuseum der Deutschen Bücherei, Leipzig.
40,5 × 25,5 cm

Papiermühle in Krelbiz (Cröllwitz) bei Halle (Saale). Kolorierter Kupferstich nach Schade, 1790.
Deutsches Buch- und Schriftmuseum der Deutschen Bücherei, Leipzig.
33,5 × 21,5 cm

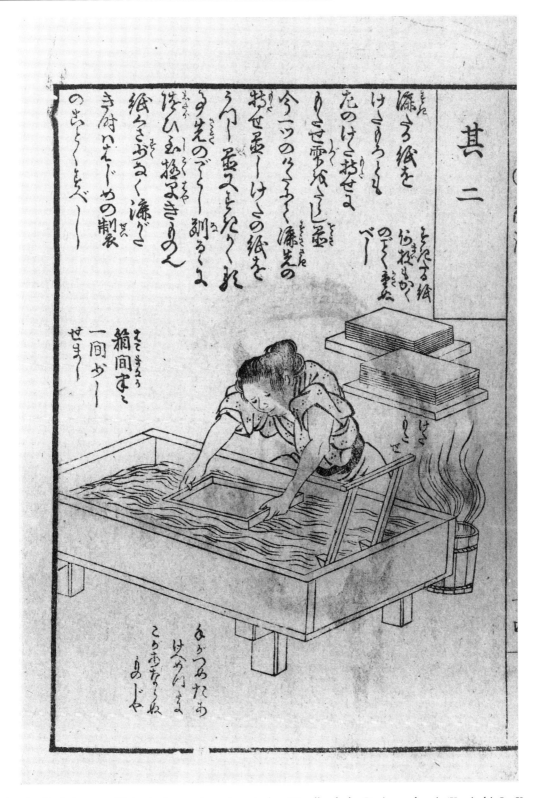

Schöpfen des Papierbogens. Holzschnitt aus einem japanischen Handbuch der Papiermacherei. (Kunisaki, J.: Kamisuki Choho-ki. Osaka, 1798). Nach dem Faksimile, Leipzig, 1925

Ostasien heimischer Pflanzen als Rohstoff, die sich durch ihre Länge und Festigkeit auszeichnen und durch ihre Markierung im Blatt einen besonderen Effekt ergeben. Um die für die Blattbildung notwendige Fasersuspension zu erhalten, werden den in Wasser aufgeschwemmten und durch Reinigungs- und Mahlaggregate vorbehandelten Zellstoff-Fasern Harzleim zur Beschränkung der Saugfähigkeit, Füllstoffe zur Verbesserung der Oberflächengestalt und der Bedruckbarkeit des Papiers sowie andere Hilfsstoffe zugesetzt. Auf der Papiermaschine wird der Faserstoff auf einem laufenden, seitlich gerüttelten Sieb entwässert, wobei die Fasern zur Papierbahn verfilzt werden. Durch anschließendes Trocknen und Glätten wird das Erzeugnis fertiggestellt. Es können dann je nach Erfordernis verschiedene Verfahren zur Veredlung wie Satinieren, Streichen, Beschichten, Imprägnieren, Kreppen, Prägen usw. des Papiers angeschlossen werden. Entsprechend seiner Funktion (Bild- u. Schriftträger, Verpackungsmaterial, industrieller Rohstoff, hygienische u. a. Papiere) werden unterschiedliche Anforderungen an das Papier gestellt. Die dem Verwendungszweck jeweils entsprechende Kombination der dem Papier bei der Herstellung verliehenen Eigenschaften bestimmt die Papiersorte.

Ursprünglich, bei der Handpapierherstellung, war das Papierformat durch die Abmessung der Handschöpfform bestimmt. Bis zum 19. Jh. fertigten die Papiermühlen eine große Anzahl verschiedener Formate mit den unterschiedlichsten Abmessungen und Bezeichnungen. Erst 1883 wurde durch Festlegung von 12 Normalformaten eine Vereinheitlichung aller Papierformate erreicht. Die heute gültige Standardisierung wurde 1920–1922 durch den Fachnormenausschuß graphisches Gewerbe vorbereitet. Der DDR-Standard sieht 3 Reihen (A, B, C) vor, deren Formate auf dem Seitenverhältnis $1 : \sqrt{12}$ beruhen. *W. Sch.*

Lit.: Basanoff, A.: Itinerario della carta dall'oriente all'occidente e sua diffusione in Europa. – Milano, 1965. // Schlieder, W.: Zur Geschichte der Papierherstellung in Deutschland von den Anfängen der Papiermacherei bis zum 17. Jahrhundert. – In: Beiträge zur Geschichte des Buchwesens. – Bd. 2. – Leipzig, 1966. – S. 33 – 168. – Zellstoff – Papier. – 4. Aufl. – Leipzig, 1976. // Weiß, W.: Zeittafel zur Papiergeschichte. – Leipzig, 1983. // Pieske, C.: Das ABC des Luxuspapiers. – Berlin, 1984. // Schlieder, W.: Papier. – Leipzig, 1984.

Papyrus
Bezeichnung für den aus der Papyruspflanze (Cyperus papyrus) gewonnenen Beschreibstoff, mit dem Ägypten im Altertum den gesamten Mittelmeerraum versorgte. Die Stengel der Pflanze werden in Stücke zwischen 15 und 40 cm geschnitten, das Mark streifenförmig herausgelöst und so nebeneinandergelegt, daß sich die Streifen seitlich überdecken. Darüber liegt rechtwinklig eine zweite Schicht. Durch Zusammenpressen entweichen Wasser und Stärke, beide Schichten kleben nun zusammen. Die Einzelblätter werden aneinander-

Darstellung der ersten Papiermaschine von Louis-Nicolas Robert, erbaut 1799

Papyrus Ebers, um 1550 v. u. Z. Universitätsbibliothek Leipzig. Nach einem Faksimile

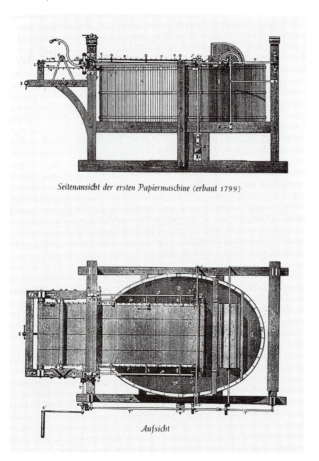

geklebt, so daß entsprechend dem Bedarf bis zu 40 m lange Rollen entstehen, die charakteristische Überlieferungsform der Papyri. Dank des trockenen Klimas Ägyptens haben sich viele Papyri erhalten, die seit dem 19. Jh. aus Schutthügeln und Gräbern geborgen werden.

Die überlieferten Papyri vermitteln Einblicke in das kulturelle, geistige und wirtschaftliche Leben der Zeit, in ihnen haben sich viele Zeugnisse altägyptischer und griechischer Literatur sowie von Texten des Alten und Neuen Testaments erhalten. Ältestes Beispiel ist der Papyrus Prisse, eine Sammlung von Weisheitslehren aus dem 3. Jahrtausend v. u. Z. Zu nennen wäre auch der nach seinem Entdecker benannte Papyrus Ebers (Universitätsbibliothek Leipzig), der über 20 m mißt, auf 1550 v. u. Z. datiert wird und medizinische Texte enthält.

Verwendet wurde Papyrus in Europa bis ins 11., im arabisch-islamischen Kulturbereich bis ins 14. Jh., bevor er vom ↗ Pergament abgelöst wurde. Die Erschließung wird heute von Altphilologen und Ägyptologen betrieben, durch deren Arbeit unsere Kenntnisse über diese Zeit beträchtlich erweitert wurden. Sammlungen von Papyri befinden sich u. a. in Berlin, Leipzig, Gießen, Strasbourg, Paris, Heidelberg. *K. K. W.*

Lit.: Seider, R.: Paläographie der griechischen Papyri. – Bd. 1–3. – Stuttgart, 1967–1986. // Seider, R.: Paläographie der lateinischen Papyri. – Bd. 1 ff. – Stuttgart, 1972 ff.

Pergament

Ein nach der vorderasiatischen Stadt Pergamon benannter Beschreibstoff. Die ungegerbte Haut von Rindern, Schafen, Ziegen und Eseln wird von allen Haar- und Fleischteilen gereinigt, in Ätzkalk gelegt, auf einem Rahmen straff gespannt, danach sauber abgeschabt oder mit Bimsstein abgerieben. Wegen seiner größeren Haltbarkeit löste das Pergament im 4./5. Jh. u. Z. den ↗ Papyrus als Beschreibstoff ab. Wichtig war, daß nach anfänglicher Aufbewahrung in Rollenform mit der Verwendung des Pergaments auch der Übergang zum ↗ Kodex als Vorläufer des heutigen Buches erfolgte. Die Pergamentherstellung verbreitete sich von Vorderasien über Rom und Byzanz durch ganz Europa. Pergament war bis ins 15./16. Jh. der wichtigste Beschreibstoff. Hauptverbraucher waren die Schreiberschulen der Klöster, die das Pergament z. T. selbst herstellten. Als besondere Berufsgruppe entwickelten sich die Pergamenter.

Die Feinheit der Pergamentoberfläche ermöglichte und förderte die qualitative Entwicklung der ↗ Buchmalerei und besonderer Schreiberleistungen. Im 15. und 16. Jh. wurde Pergament auch für besonders kostbare und repräsentative Drucke verwendet (Ausgaben der Gutenbergbibel, der ↗ Aldinen, des Theuerdank). Einzelne Werke wie das Gebetbuch Kaiser Maximilians I. erschienen nur auf Pergament. Auch von der Wittenberger Bibelausgabe Martin Luthers und von der Polyglottenbibel Christoph Plantins wurden einige

Exemplare für Geschenk- und Repräsentationszwecke auf Pergament hergestellt.

Für bibliophile und besonders feierliche Anlässe wird Pergament mitunter auch heute noch als Beschreib- und Druckmaterial verwendet, darüber hinaus seit dem 16. Jh. für ↗ Einbände. *K. K. W.*

Lit.: Lüthi, K. J.: Das Pergament, seine Geschichte, seine Anwendung. – Bern, 1938.

Personalschriften

Unter dem Oberbegriff Personalschriften werden all die Schriften zusammengefaßt, die zur Geburt eines Kindes, bei »runden« Geburtstagen, Hochzeiten, Amtseinführungen, Sterbefällen verfaßt wurden. Hierher gehören auch die Huldigungsgedichte an den jeweiligen Landesherrn, z. B. bei Regierungsantritt, bei gewonnenen Schlachten oder vorteilhaften Friedensschlüssen. Zusammen mit Militärparaden, Feuerwerken, Dankgottesdiensten, Gedenkmünzen und offiziöser Publizistik bildeten sie hier einen Teil des feudal-absolutistischen Repräsentationsstrebens und der Legitimierung des Machtanspruchs. Mitte des 17. Jh. wurde die Abfassung von Personalschriften auch unter Gelehrten, städtischem Bürgertum, Universitätsangehörigen und Geistlichen üblich. Die eigentliche Blütezeit war das 16./17. Jh., danach lebte diese Gattung nur noch in Einzelfällen wie bei Hochzeitszeitungen im privaten Kreise oder in gesonderten Veröffentlichungen beim Tode einer bedeutenden Persönlichkeit des wissenschaftlichen oder politischen Lebens fort.

Charakteristische Kennzeichen einer Personalschrift sind der meist aus der Person erkennbare Anlaß (durch Gedichte und Reden auf den Gefeierten) und die Ausstattung mit Holzschnitten, Kupferstichen, Vignetten und Zierleisten. Allegorien und Embleme, typographische und literarische Spielereien runden vielfach das äußere Bild ab.

Personalschriften lassen sich nach ihrer äußeren Erscheinungsform in Einzeldrucke und Beiträge zu Sammlungen einteilen. Sie können in Prosa, als Reden, als Dramen, Gedichte oder Carmina abgefaßt sein.

Zu den bekanntesten Formen der Personalschriften gehören die *Leichenpredigten*, die aus Predigt, Lebenslauf des Verstorbenen, Leichabdankung, Trauergedichten bestehen. Sie sind bis ins 18. Jh., vor allem aber zwischen 1600 und 1619 sowie zwischen 1650 und 1680, vorwiegend im protestantischen Mitteldeutschland und den oberdeutschen Reichsstädten protestantischer Konfessionszugehörigkeit verbreitet. Der Tote tritt als Repräsentant seines Standes und seiner gesellschaftlichen Funktion hervor, auf die in der Predigt meist ausführlich eingegangen wird. Das äußere Bild, die Verwendung des Quart- und Folioformats und die zunehmende Ausschmückung betonen nicht nur den Ernst des Anlasses, sondern strahlen Würde und Repräsentation aus. ↗ Holzschnitte, im Laufe des 17. Jh. vermehrt ↗ Kupferstiche, zeigen das Porträt des Verstorbenen, die Aufbahrung inmitten der Wappen und

Titelblatt einer Hochzeitsschrift, Halle, 1598. Die Randleisten wurden wiederverwendet, das Wappen und die Silhouette Halles sind eingefügt. 15,5 × 19,7 cm

Embleme und auf oft ausklappbaren Kupfern den Leichenzug.

Personalschriften, insbesondere Leichenpredigten, wurden in der Vergangenheit vor allem von Genealogen ausgewertet. Weitergehende Untersuchungen zur Sozial-, Literatur-, Kunst- und Buchgeschichte stehen erst am Anfang. Daß eine Personalschrift eine über den unmittelbaren Anlaß hinausgehende Bedeutung haben kann, zeigt die Sammlung von Gedichten und Würdigungen auf den Tod des Landgrafen Moritz von Hessen (1632). Um die Solidarität der protestantischen Mächte und Gruppierungen Europas zu demonstrieren, wurden Gedichte aus allen protestantischen Teilen bestellt und in einem Prachtband vereinigt, der ikono-

Titelkupfer des Gedenkbandes »Monumentum sepulcrale« auf den Landgrafen Moritz von Hessen. Frankfurt a. M., 1638.
20 × 30,5 cm

Titelblatt einer Hochzeitsschrift von AdOnis (Adam Olearius), 1648. 17,5 × 27 cm

graphisch, sprach- und literaturgeschichtlich aufschlußreich ist (Monumentum sepulcrale, 1638).

Während die Gattung der Leichenpredigten vom Ernst des Todes geprägt wurden, ging es bei *Hochzeitsgedichten* um so heiterer und zunehmend ungezwungener zu. In ihnen fehlte neben kaum verhüllten Anspielungen auch nicht der Bezug auf antike Vorbilder und das Spiel mit vertrauten Symbolen. Der Autor versteckte sich gern hinter Initialen und Wortspielen, die zu entschlüsseln Teil eines Gesellschaftsspiels war. Die

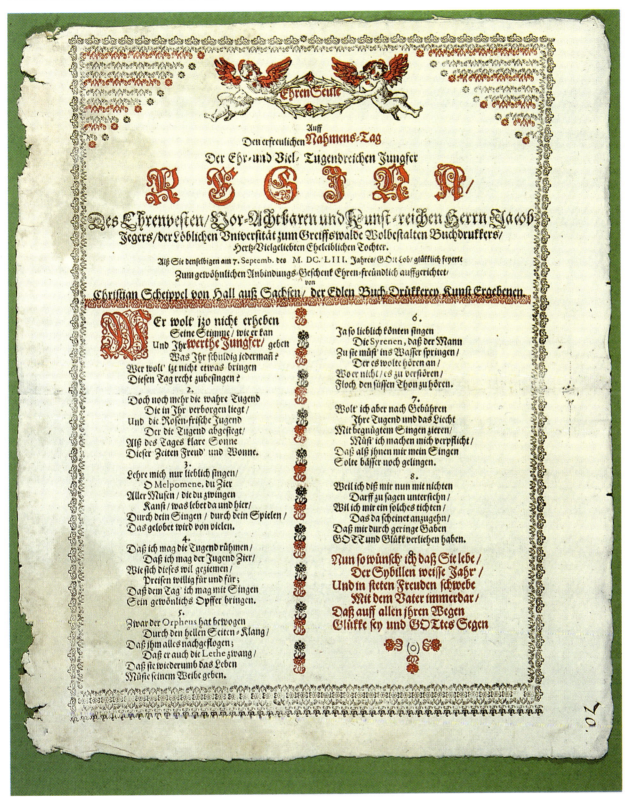

Einblattdruck auf einen Namenstag, 1653. 32,5 × 39 cm

politisch-publizistische Opposition Deutschlands und Frankreichs wandelte beliebte Formen der Personalschriften schon um 1700 in satirische Kampfmittel gegen die Herrschenden um. Zu den Verfassern von Personalschriften, besonders von Gedichten darin, gehören solch namhafte Autoren wie Sigmund von Birken, Andreas Gryphius, Adam Olearius, Martin Opitz.

Die Verbreitung der Personalschriften erfolgte in der Regel außerhalb des Buchhandels durch Verteilung an die Gefeierten, deren Angehörige, Freunde und Bekannte. Überzählige Exemplare wurden von den Druckern vertrieben und waren eine zusätzliche Einkommensquelle.

Im Unterschied zu den äußerlich verwandten Flugschriften (↗ Flugblatt) wird in der Regel das volle ↗ Impressum angegeben. Die Verbreitung außerhalb des Buchhandels ließ größere Sammlungen ursprünglich in Privatbibliotheken entstehen, von wo sie dann in größere öffentliche Bibliotheken gelangten. Auf Grund von Umfragen und der Auswertung von Verzeichnissen wird die Zahl der im deutschen Sprachgebiet noch vorhandenen Leichenpredigten auf rund 240 000 geschätzt. Kaum verläßlich anzugeben ist die Zahl der übrigen Personalschriften, die in Bibliotheken

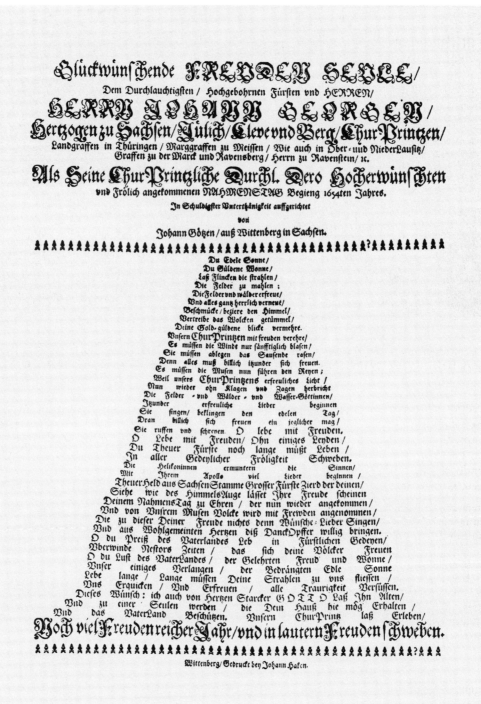

Glückwunsch als Figurensatz auf einem Einblattdruck. Wittenberg, 1654. 31 × 38 cm

Titelkupfer der Leichenpredigt für die Fürstin Christine Sophie, Landgräfin zu Hessen. Halle, 1658. 18 × 30 cm

Der immer grünende Regenten-Baum. Titelkupfer mit Allegorien von M. Krüger. Wolfenbüttel, 1704. 19 × 31,5 cm

meist nicht als besondere Gruppe hervorgehoben sind. Eine der größten Sammlungen ist die Stolberg-Stolbergische Leichenpredigtsammlung (heute in Wolfenbüttel) mit einem gedruckten Katalog. Weitere umfangreiche Bestände befinden sich u. a. in Halle/S., Marburg, Erlangen, Göttingen. *K.K.W.*

Lit.: Roth, F.: Literatur über Leichenpredigten und Personalschriften. – Neustadt a. d. Aisch, 1959. – Leichenpredigten : e. Bestandsaufnahme / hrsg. v. R Lenz. – Marburg, 1980. – Leichenpredigten als Quelle historischer Wissenschaften : [1. Marburger Personalschriftensymposium] / hrsg. v. R. Lenz. – Köln, Wien, 1975. – Gelegenheitsdichtung : Referate der Arbeitsgruppe 6 auf dem Kongreß des Internat. Arbeitskreises f. dt. Barockliteratur Wolfenbüttel. – Bremen, 1977. – Studien zur deutschsprachigen Leichenpredigt der frühen Neuzeit / hrsg. v. R. Lenz. – Marburg, 1981.

Pressendruck

in kleinen Auflagen (meist numerierte Exemplare) für Bücherliebhaber auf ↗ Privatpressen hergestellter Druck mit hohem buchkünstlerischem Anspruch, der in der Regel nicht über den Buchhandel vertrieben wird. Der Pressendruck entstand, um dem durch die zunehmende Industrialisierung verursachten allgemeinen künstlerischen und handwerklichen Verfall seit Mitte des 19. Jh. in der Buchproduktion entgegenzuwirken (↗ Buchkunstbewegung). Im weitesten Sinn bezeichnet man alle unter bibliophilen und buchkünstlerischen Gesichtspunkten auf handwerklicher Grundlage geschaffenen Bücher als Pressendruck. In der Regel werden Pressendruck-Ausgaben durch Numerierung der Exemplare nach qualitativen Gesichtspunkten differenziert (Pergament, Papierqualität, Einbandgestaltung, Beigabe von Originalgraphiken, signierte Exemplare). *F.M.*

Privatdruck

Bezeichnung für eine von einer Privatperson oder auch von Gesellschaften, Vereinen, Firmen oder Institutionen auf eigene Kosten in Auftrag gegebene Schrift, die in beschränkter Auflage erscheint und, nur für einen kleineren Kreis bestimmt, nicht über den Buchhandel vertrieben wird. Oft bibliophil ausgestattet, sind Privatdrucke auch für Sammler von Interesse.

↗ auch Pressendruck *F.M.*

Privatpressen

Unternehmen, die über eine eigene Druckerpresse (meist Handpresse) verfügen und auf eigene Kosten und Risiko ohne gewerbliche Absichten und Streben nach Gewinn mit eigenen Schriften drucken. In der Regel nehmen Privatpressen keine fremden Aufträge an, sie dienen voll und ganz den Intentionen ihres Eigentümers. Da es sich um aufwendige und kostspielige Einrichtungen handelt, bestehen sie meist nur kurze Zeit. Ihre nur in kleinen Auflagen hergestellten Drucke werden nicht vom Buchhandel übernommen, sie unterliegen auch nicht den verlegerischen Zwängen.

In der Geschichte des Buchdrucks werden (1) in Privatbesitz befindliche Offizinen ohne merkantile Absichten auch als Privatpressen bezeichnet. Beispiele hierfür sind die Druckereien von Gelehrten, die von ihnen zur Herstellung ihrer Werke, insbesondere zur Überwachung des Druckes, eingerichtet wurden, z. B. die des Regiomontanus in Nürnberg (1474/75), die des Tycho de Brahe auf der Insel Hven (1584) und die des Naturforschers J. C. Graf von Hoffmannsegg in Berlin (1820). Zu den Privatpressen werden weiterhin die nicht öffentlichen Druckereien der weltlichen und geistlichen Behörden gerechnet sowie Klosterdruckereien, Schloßdruckereien und Druckereien von Instituten und Privatgesellschaften. Sieht man von ihrer geringeren Leistungsfähigkeit ab, bewegten sich diese Privatpressen mit ihrer Produktion im Rahmen des Üblichen. Im 18. Jh. wurden Privatpressen in Frankreich und England Mode. 1757 bis 1789 arbeitete die *Strawberry Hill Press* von Horace Walpole, 1763 erregte die Privatpresse des Publizisten John Wilkes Aufsehen. Giambattista Bodoni konnte seit 1791 in Parma über eine eigene Privatpresse verfügen, Benjamin Franklin, von Beruf Buchdrucker, errichtete während seiner Gesandtschaftszeit in Frankreich eine Privatpresse in Passy bei Paris.

(2) Speziell versteht man unter Privatpressen Druckwerkstätten, die im Zusammenhang mit der ⁊ Buchkunstbewegung entstanden. Sie wurden von Typographen, Buchkünstlern, Bibliophilen und Literaten begründet mit dem Ziel, individuell und bibliophil gestaltete Bücher von hoher handwerklicher und künstlerischer Qualität zu schaffen. Diese auch als ⁊ Pressendrucke bezeichneten bibliophilen Drucke waren für sachverständige und finanzkräftige Sammler bestimmt. Kleine Auflagen von nur wenigen hundert Exemplaren, durchnumeriert und oft handsigniert, sorgfältige handwerkliche Herstellung unter Verwendung ausgesuchter Materialien, zeitlose literarische Texte bekannter Autoren und nicht zuletzt ihr elitärer Charakter sicherten den Absatz. Auf diese Weise konnten ohne Rücksicht auf die dabei entstehenden Kosten Höchstleistungen der Druckkunst erzielt werden. Pressendrucke setzten Wertmaßstäbe, an denen sich die Produzenten von Gebrauchsbüchern orientieren konnten. Das Leistungsniveau des Buchgewerbes wurde wesentlich gehoben. Die von einigen Verlegern herausgegebenen Liebhaber-Drucke konnten, wie z. B. die »Drucke

für die Hundert« (d. h. für hundert Subskribenten, erschienen von 1909 bis 1923) und die »Hyperiondrucke« (erschienen von 1912 bis 1914) des Verlages Hans von Weber, durchaus mit »echten« Pressendrucken konkurrieren. Privatpressen arbeiteten entweder völlig selbständig oder waren mit einem eigenen Verlag verbunden oder kooperierten mit einem fremden Verlag (wie z. B. dem Insel-Verlag) oder einer Institution.

Als eine Vorläuferin der Pressenbewegung gilt die 1789 gegründete englische *Chiswick Press*, die unter dem Drucker Charles Whittingham jun. und dem Verleger William Pickering zu hohem Ansehen gelangte. Sie entdeckten die Caslon-Antiqua wieder und griffen bei der Ausstattung auf französische Buchornamente des 16. und 18. Jh. zurück. Dadurch, daß sie ihre Bücher sorgfältig herstellten und ihren Drucken eine künstlerische Note gaben, wirkten sie dem allgemeinen Verfall im Druckgewerbe entgegen, der durch die wachsende Mechanisierung und die Jagd nach Gewinn durch die Produktion möglichst billiger Bücher verursacht wurde. Die Londoner Caxton-Ausstellung (1877), die die hohen buchkünstlerischen Leistungen des ersten englischen Druckers eindrucksvoll veranschaulichte, gab vermutlich William Morris (1834 bis 1896) erste Anregungen, eine Reform der Buchherstellung in Angriff zu nehmen. 1888 wurde er durch Walter Emery in seiner Idee bestärkt, 1891 gründete er die *Kelmscott Press* in Hammersmith, einer Vorstadt von London (bis 1898 in Betrieb). Morris, vielseitig begabt und als Dichter, Maler, Kunsthandwerker und Sozialreformer aktiv, knüpfte unmittelbar an die Traditionen der Frühdrucker an. Er schloß die Maschine als Produktionsmittel bewußt aus und stellte seine Drucke auf rein handwerklicher Grundlage her. In der Inkunabel-Typographie und in mittelalterlichen Schmuckformen fand er sein Ideal. Aus der Kelmscott-Press gingen 53 Drucke in 66 Bänden und 16 kleinere Drucke hervor. Morris schuf für sie die Golden Type, geschnitten nach einer Antiqua des venetianischen Druckers Nicolaus Jenson aus dem Jahre 1476, angewandt in der »Legenda aurea« (1892), die Troy Type, eine gotische Schrift nach dem Vorbild der Typen Peter Schöffers, Günter Zainers und Anton Kobergers, verwendet in »The Recuyell of the Historyes of Troye« (1892) und die Chaucer Type, einen kleineren Schriftgrad der Troy Type, die er für Chaucers Werke (1896) verwendete, deren Druck sein Hauptanliegen war. Alle drei Schriften wurden von Edward P. Prince geschnitten. Morris arbeitete außerdem mit dem englischen Typographen Emery Walker und den Illustratoren Walter Crane und Edward Burne-Jones zusammen. Buchschmuck und Typographie entwarf er selbst, seine Illustrationen waren in präraffaelitischer Manier gehalten. Durch die holzgeschnittenen gotisierenden Initialen und breite Bordüren erhielten seine Drucke ihr unverwechselbares dekoratives Gepräge. – Obwohl das Werk von Morris sich technisch und stilistisch an den mittelalterlichen Grundlagen der Buchgestaltung orientierte, so sicherten ihm doch seine Ideen – die doppelseitig ge-

AM ANFANG SCHUFF GOTT HIMEL UND ERDEN.
Und die Erde war wüst und leer, und es war finster
auff der Tieffe, Und der Geist Gottes schwebet auff
dem Wasser. ‖ Und Gott sprach, Es werde Liecht,
Und es ward Liecht. Und Gott sahe, das das Liecht
gut war, Da scheidet Gott das Liecht vom Finsternis, und nennet das liecht, Tag, und die finsternis,
Nacht. Da ward aus abend und morgen der erste Tag. ‖ Und Gott
sprach, Es werde eine Feste zwischen den Wassern, und die sey ein Un-
terscheid zwischen den Wassern. Da machet Gott die Feste, und scheidet das wasser unter der Festen, von dem wasser über der Festen, Und
es geschach also. Und Gott nennet die Festen, Himel . Da ward aus
abend und morgen der ander Tag. ‖ Und Gott sprach, Es samle sich
das Wasser unter dem Himel, an sondere Örter, das man das Trocken sehe, Und es geschach also. Und Gott nennet das trocken, Erde,
und die samlung der Wasser nennet er, Meer. Und Gott sahe das es
gut war. ‖ Und Gott sprach, Es lasse die Erde auffgehen Gras und
Kraut, das sich besame, und fruchtbare Beume, da ein jglicher nach
seiner art Frucht trage, und habe seinen eigen Samen bey jm selbs,
auff Erden, Und es geschach also. Und die Erde lies auffgehen, Gras
und Kraut, das sich besamet, ein jglichs nach seiner art, und Beume
die da Frucht trugen, und jren eigen Samen bey sich selbs hatten,
ein jglicher nach seiner art. Und Gott sahe das es gut war. Da ward
aus abend und morgen der dritte Tag. ‖ Und Gott sprach, Es werden
Liechter an der Feste des Himels, und scheiden tag und nacht, und
geben, Zeichen, Zeiten, Tage und Jare, und seien Liechter an der Feste
des Himels, das sie scheinen auff Erden, Und es geschach also. Und
Gott machet zwey grosse Liechter, ein gros Liecht, das den Tag regiere, und ein klein Liecht, das die Nacht regiere, dazu auch Sternen.
Und Gott setzt sie an die Feste des Himels, das sie schienen auff die
Erde, und den Tag und die Nacht regierten, und scheideten Liecht und
Finsternis. Und Gott sahe das es gut war. Da ward aus abend und
morgen der vierde Tag. ‖ Und Gott sprach, Es errege sich das Wasser
mit webenden und lebendigen Thieren, und mit Gevogel, das auff
Erden unter der Feste des Himels fleuget. Und Gott schuff grosse Wal-
fische und allerley Thier, das da lebt und webt, und vom Wasser

1. Mose 1, 1–21

Beginn des Ersten Buch Mose aus der Bibel der Bremer Presse mit Initialen von Anna Simons.
München, 1926

Haupttitel des »Vergil«. Druck der Cranach-Presse. Weimar, 1926. 25 × 32,5 cm

staltete Titelseite geht u. a. auf ihn zurück – einen bahnbrechenden Einfluß auf die europäische Buchkunst. Er löste vor allem in Deutschland und in den USA die Gründung von Privatpressen aus, die im Gegensatz zu ihm nach Wegen suchten, die technischen Errungenschaften der Maschine für das »schöne Buch« nutzbar zu machen.

Die 1900 von T. J. Cobden-Sanderson und Emery Walker in Hammersmith eingerichtete *Doves Press* (sie arbeitete bis 1916) pflegte das rein typographische Buch, sie bediente sich einer zurückhaltenden klassischen Formensprache. Anders als Morris verzichtete sie auf jegliches illustrative Beiwerk. Der besondere Reiz ihrer Bücher liegt in der makellosen Drucktechnik, in der Schönheit der Drucktype und in dem vollendet ausgeglichenen Schriftbild der Seiten. Als Hauptleistung gilt die von 1903 bis 1905 in fünf Foliobänden gedruckte Doves-Bibel. Cobden-Sanderson pflegte persönliche Kontakte mit Carl Ernst Poeschel und Walter Tiemann (Januspresse), den Brüdern Kleukens (Ernst-Ludwig-Presse). Verbindungen bestanden auch zur Bremer Presse und zur Cranach-Presse. – Als der hervorragendste Druck der *Ashendene Press* (gegründet 1894 von C. H. St. John Hornby, tätig bis 1932) ist die Dante-Ausgabe von 1909 zu nennen; ihre Schrift wurde in Anlehnung an eine bei den italienischen Frühdruckern Sweynheym und Pannartz vorkommende Antiqua geschaffen und »Subiaco« genannt. Weitere bedeutende englische Privatpressen waren die von Lucien Pissarro gegründete *Eragny Press* (1894–1914), die von Charles Ricketts betriebene *Vale Press* (1889 bis 1904) und die *Essex House Press* (1898–1910). Nach englischer Auffassung galt nur dasjenige Werk als ein »schöner Druck«, das in einer Privatpresse auf einer Handpresse mit handwerklich-künstlerischen Mitteln unter Verwendung einer eigenen künstlerischen Schrift hergestellt worden war. Nach dem ersten Weltkrieg lebten in England die Privatpressen nicht wieder auf, doch die ihnen zugrunde liegende Idee des qualitätsvollen, ästhetischen Anforderungen genügenden Druckes kam allgemein in der englischen Buchproduktion zur Geltung. In den Jahren zwischen den beiden Weltkriegen brachte die *Nonesuch Press* (gegründet 1923 durch Francis Meynell) ähnlich wie der 1929 in New York durch George Macy ins Leben gerufene *Limited Editions Club*, durch einen entsprechenden Einsatz maschineller Druckverfahren bibliophile Bücher in größerer Auflage und daher zu erschwinglichen Preisen auf den Buchmarkt, die Druckmaschine wurde als »kontrollierbares Werkzeug« verstanden und in den Dienst der Buchgestaltung gestellt.

In Deutschland fiel die Idee der Privatpressen auf fruchtbaren Boden, da diese die neuen Forderungen der Buchkunstbewegung unmittelbar umsetzen konnten. Sie eröffneten allen Beteiligten ein weites Feld zum Experimentieren. Die erste deutsche Privatpresse wur-

Erste Seite der hebräischen Bibel der Officina Serpentis mit Buchschmuck und Initialen von Marcus Behmer. Berlin, 1931.
26 × 40 cm

de 1907 von dem Typographen Walter Tiemann und dem Drucker und Setzer Carl Ernst Poeschel nach dem Vorbild der Doves Press in Leipzig eingerichtet. Ihre *Janus-Presse* bestand bis 1923. Die aus ihr hervorgegangenen fünf Drucke sind von höchster typographischer Qualität. Im gleichen Jahr entstand als Privatdruckerei des Großherzogs Ernst Ludwig von Hessen und bei Rhein in Darmstadt die *Ernst-Ludwig-Presse* (1907–1937), die von Friedrich Wilhelm Kleukens, der 1914 ausschied, und seinem Bruder Christian Heinrich Kleukens geleitet wurde. Auf ihr wurden insgesamt 114 Drucke hergestellt, darunter als 6. Buch 1909 die »Sonette« von Shakespeare in Schwarz- und Rotdruck, die 26 »Bücher der Ernst-Ludwig-Presse« (1908–1920) für den Insel-Verlag Leipzig und die 10 »Stundenbü-cher« (1920–1922) für den Kurt-Wolff-Verlag in München. Außerdem fertigte sie zahlreiche Akzidenz-drucke für den Darmstädter Hof an. Nur wenige Drucke der Presse erschienen illustriert, die meisten wurden rein typographisch gestaltet. 1919 gründeten F. W. Kleukens die *Ratio-Presse* und C. H. Kleukens die *Kleukens-Presse*. Auf seiner 1927 eingerichteten *Mainzer Presse* übertrug C. H. Kleukens den Quali-tätsstandard der Handpresse auch auf die Schnellpres-se, um den Pressendrucken ihre Exklusivität zu neh-men und ein breiteres Publikum zu erreichen. Fritz Hellmuth Ehmcke, der mit F. W. Kleukens und Georg Belwe in der Steglitzer Werkstatt, die als eine Vorläufe-rin der Privatpressen gelten kann, zusammengearbeitet hatte, leitete von 1914 bis 1934 in München die *Rupp-recht-Presse*, aus der 57 Werke hervorgingen, die sämt-lich mit Ehmckeschen Schriften gedruckt wurden.

Die *Bremer Presse* wurde 1911 auf Anregung von Rudolf Alexander Schröder und unter Mitwirkung von Rudolf Borchardt und Hugo von Hofmannsthal durch den Bremer Bibliophilen Ludwig Wolde, der bis 1922 die literarische Leitung innehatte, und Willy Wiegand, in dessen Händen die Druckleitung lag, ins Leben ge-rufen. 1918 siedelte sie nach Bad Tölz, 1922 nach Mün-chen über. Sie bestand bis 1944. 1922 wurde ihr der »Verlag der Bremer Presse« angegliedert. Die Presse hat rund 100 Titel hergestellt, etwa die Hälfte wurde im Schnellpressendruck auf normalem Werkdruckpapier in befreundeten Druckereien gedruckt. Wegen ihrer typographischen und editorischen Qualität und der Konsequenz, mit der das Werkstatt-Team die Konzep-tion des »schönen Buches« nach Cobden-Sanderson verfocht, wurde die Bremer Presse als die »Königin der deutschen Privatpressen« bezeichnet. Anna Simons, Schülerin des englischen Kalligraphen Edward John-ston, zeichnete die Initialen und Titel zu den Drucken, die sich durch strenge Sachlichkeit und Nüchternheit im Schmuck auszeichneten, der Stempelschneider Louis Hoell und die Kunstbuchbinderin Frieda Thiersch waren für die Presse tätig.

Der Schriftkünstler Rudolf Koch und der Drucker Rudolf Gerstung gaben seit 1911 in Offenbach die »*Rudolfinischen Drucke*« heraus, deren Merkmal handwerkliche und geschmackliche Gediegenheit war. Unter der Leitung von E. W. Tieffenbach, der seine Druckschriften Nürnberger Inkunabeldrucken nach-bildete, arbeitete die *Officina Serpentis* seit 1911 in Ber-lin-Steglitz. Die auf handwerklicher Gediegenheit und Verständnis für historische Formen beruhenden Lei-stungen machten diese Presse auch zur Druckerei für die deutschen Bibliophilen-Gesellschaften.

Die *Juniperus-Presse* von F. H. Ernst Schneidler in Stuttgart war von 1921 bis 1925 tätig, sie pflegte eine neuartige, sachliche Typographie und verwendete nur Schriften des Künstlers.

Die *Cranach-Presse* in Weimar (1913–1931) nimmt eine gewisse Sonderstellung unter den deutschen Pri-vatpressen ein. Sie wurde von dem Diplomaten,

Schriftsteller und Kunstmäzen Harry Graf Kessler be-gründet und kooperierte zeitweilig mit dem Insel-Ver-lag. Aus ihr gingen Drucke hervor, die zu den bedeu-tendsten Leistungen der deutschen Buchkunst zählen, darunter die Ausgaben der »Eclogen« des Vergil mit den 43 Holzschnitten von Aristide Maillol (dt. Ausga-be Leipzig, 1926; franz. Ausgabe Paris, 1926; engl. Ausgabe London, 1927), die als eines der schönsten Bücher des 20. Jh. gelten, und der typographisch inter-essante Druck von Shakespeares »Hamlet« mit den Fi-guren- und Szenenholzschnitten von Edward Gordon Craig (dt. Ausgabe Leipzig und Berlin, 1929; engl. Ausgabe London, 1930). Die Presse stellte im Herbst 1931 infolge finanzieller Schwierigkeiten ihre Arbeit ein.

1922 gründete der Weimaraner Hans (Giovanni) Mardersteig, der bei Tieffenbach den Umgang mit der Handpresse erlernt hatte, in Montagnola (Tessin) die später in Verona ansässige *Officina Bodoni*, die nicht nur nach dem berühmten italienischen Buchdrucker benannt wurde, sondern auch mit dessen Schriftmate-rial arbeitete. Die Presse druckte in neun Sprachen und stellte in den 50 Jahren ihres Bestehens 198 Drucke her. Sie verwirklichte damit ihr Programm, bedeutende Werke der Weltliteratur in bibliophilen Ausgaben zu drucken. Besondere Aufmerksamkeit galt dem illu-strierten Buch. 1973 erschien die Neuschöpfung des mit 68 Holzschnitten ausgestatteten Inkunabeldrucks »Le Favole di Esopo«, der erstmals 1479 in Verona ge-druckt worden war.

Zu den Pressedrucken können auch die Haus- und Privatdrucke von Buchdruckereien und Schriftgie-ßereien (Poeschel & Trepte Leipzig, W. Drugulin GmbH. Leipzig, Breitkopf & Härtel Leipzig, D. Stem-pel AG Frankfurt a. M. und Bauersche Gießerei Frank-furt a. M.) und von Kunstgewerbeschulen und Akade-mien gezählt werden.

Die Bewegung der Privatpressen läuft Anfang der dreißiger Jahre aus. Sie hatte ihr Ziel, die Hebung der all-gemeinen Buchkultur, erreicht. Durch die schöpferische Tätigkeit der Privatpressen wurden zahlreiche Druck-schriften neu gestaltet und viele längst vergessene Schriften wiederentdeckt. Das Schriftenrepertoire wurde wesentlich erweitert und die Geschichte des »schönen Buches« um beispielhafte, höchsten künstle-risch-ästhetischen Ansprüchen genügende Leistungen bereichert.

Die nach dem zweiten Weltkrieg in der BRD wieder arbeitenden Pressen zeigten sich z. T. den Traditionen verpflichtet, wie z. B. die *Eggebrecht-Presse* (gegr. 1936, Mainz), die Presse von Josef Weisz (gegr. 1938, München), einem Ehmcke-Schüler, die von Richard von Sichowsky betreute *Grillen-Presse* (gegr. 1950, Hamburg), die *Trajanus-Presse* (gegr. 1951 durch die D. Stempel AG für Gotthard de Beauclair), die *Her-bert-Post-Presse* (gegr. 1953 in Offenbach, seit 1956 in München), die *Otto-Rohse-Presse* (gegr. 1962, Ham-burg). Andererseits wurden sie, wie die *Eremiten-Pres-se* oder die *Rixdorfer Drucke*, zum Sprachrohr einer jungen Generation mit veränderten ästhetischen und politischen Ansichten, die in den großen Verlagsimperien keine verlegerische Heimstatt fanden. Als Gegenströmung zur Verlagskonzentration entwickelten sich in Westeuropa und den USA viele Privatpressen zu erfolgreichen Klein- und Alternativverlagen (↗ Verlag) mit einer beachtlichen Themenvielfalt, die mit eigenen Messen, Werbe- und Vertriebsorganisationen auftreten und neben der künstlerisch-ästhetischen auch die politische, soziale und kulturelle Auseinandersetzung betreiben.

In der DDR hat auf dem Gebiet der Privatpressen besonders das Institut für Buchgestaltung an der Hochschule für Grafik und Buchkunst in Leipzig unter der Leitung von Albert Kapr bedeutende Leistungen hervorgebracht und dadurch anregend auf die Buchkunst der DDR gewirkt.

↗ auch Buchgestaltung, Buchkunstbewegung, Drucken, Typographie   *F. M.*

Lit.: Rodenberg, J.: Deutsche Pressen: e. Bibliographie. – Wien, 1925. (Nachtr. 1925–1930. – Berlin, 1931) // Marwinski, K.: Die Sammlung Dr. Georg Haar in der Thüringischen Landesbibliothek Weimar. – In: Marginalien. – Berlin H. 32, 1968. – S. 33–41. // Cave, R.: The private press. – 2nd ed., rev. and enl. – New York, 1983.

Provenienz

(lat. provenire = her[vor]kommen). Bezeichnung für die Herkunft eines Buches aus Privat- oder Bibliotheksbesitz. Vom Besitzer handschriftlich oder mittels ↗ Stempel angebrachte Besitzvermerke können einem ihm folgenden neuen Besitzer Auskunft über die Provenienz geben (Provenienzvermerk). Ein in den Spiegel des Vorderdeckels eingeklebtes ↗ Exlibris oder ein auf dem Bucheinband (↗ Einband) eingepreßtes Supralibros erfüllen die gleiche Funktion. Sog. Provenienzbände (Bücher aus berühmten Privatsammlungen) zeichnen sich oft durch ihre seltenen und kostbaren Einbände aus (z. B. Ebeleben-Bände, Corvinen, Grolier-Bände). Sie sind von Sammlern seit jeher begehrt gewesen und haben deshalb auch zu Fälschungen Anreiz gegeben. Anhand der mehr oder weniger vollständigen und ausführlichen Provenienzvermerke kann die wechselvolle Geschichte eines Exemplars, seine durch Kauf, Schenkung, Vererbung oder auch Diebstahl bedingte »Wanderung« rekonstruiert werden (habent sua fata libelli = Bücher haben ihr Schicksal).   *K. M.*

Lit.: Helwig, H.: Einführung in die Einbandkunde. – Stuttgart, 1970.

Pseudonym

(griech. pseudónymos = mit falschem Namen auftretend). Bezeichnung für den Deck- oder Scheinnamen eines Autors, der aus persönlichen, beruflichen oder politischen Gründen seine Identität zu verbergen sucht. Angesichts vieler oft gleichartig klingender an-

onymer Buchtitel dienten die Pseudonyme auch als Unterscheidungsmerkmal. Pseudonyme sind seit der Antike bekannt und kamen verstärkt im 16. Jh. auf. Pseudonyme wurden und werden in nahezu allen Ländern mit literarischen Traditionen verwendet. Ihr Auftreten läßt Rückschlüsse über den schriftstellerischen und publizistischen Spielraum einer Zeit zu. Dabei sollte nicht übersehen werden, daß auch Spekulationen mit dem Geheimnisumwitterten und der Neugier sowie ganz persönliche Beweggründe die Wahl eines Pseudonyms bestimmen können. So wählte z. B. Caroline von Günderode als Pseudonym den männlich klingenden Namen Tian, ihre Zeitgenossin Therese Albertine von Jacob bildete aus den Anfangsbuchstaben des Namens das Pseudonym Talvj. Politische Haltungen drückten vor allem im 17. Jh. solch sprechende Pseudonyme wie Alethophilus (Freund der Wahrheit), Irenicus (Der Friedfertige), Teutophilus, Friedlieb, Wahrmund usw. aus, die damit Parallelerscheinungen zu den ↗ fingierten Erscheinungsorten darstellen. Dazu kamen auch solche Pseudonyme, die aus Spielereien oder anagrammatischen Umstellungen entstanden wie Grimmelshausens German Schleifheim von Sulsfort oder Samuel Pufendorfs Veronensis Severinus de Monzambano.

In den Sprachgesellschaften des 17. Jh. wie z. B. der Fruchtbringenden Gesellschaft oder in der Frühzeit der Kaiserlich-Leopoldinischen Akademie der Naturforscher erhielten die Mitglieder einen Beinamen, unter dem sie vielfach auch ihre Werke veröffentlichten. Damit wurde unter den Mitgliedern der Unterschied der Ränge und Titel verschleiert, ein für die damalige titelliebende Zeit bemerkenswerter Vorgang. So hieß der Begründer der Fruchtbringenden Gesellschaft, Fürst Ludwig von Anhalt, »Der Nährende«, Goethe als Mitglied der »Leopoldina« trug den Beinamen »Arion«, nach dem später der Arion-Verlag Weimar benannt wurde. Kurt Tucholsky verwendete nach eigenen Aussagen seine vier Pseudonyme Theobald Tiger, Peter Panther, Ignaz Wrobel und Kaspar Hauser entsprechend dem Charakter der Veröffentlichung. Schriftsteller, Politiker und Publizisten, die ins Exil oder in die Illegalität gehen mußten, verwendeten zu ihrem Schutz Pseudonyme, die sie auch in ihrem späteren Leben beibehielten und unter denen sie bekannt wurden (Stefan Heym für Hellmuth Fliegel).

Die Bildung von Pseudonymen läßt sich auf bestimmte Grundtypen mit speziellen Bezeichnungen zurückführen. Die gebräuchlichsten sind: 1. Allonym: an Stelle der richtigen Verfasserangabe wird der Name einer anderen lebenden Person genannt (Wilhelm Häring, als Willibald Alexis bekannt, versah seinen Roman »Walladmor« mit dem Zusatz »Frei nach dem Englischen des Walter Scott«); 2. Geonym: an die Stelle des Namens tritt ein geographischer Begriff (Vercors, eine Landschaft in den französischen Voralpen, für Jean Bruller, Verfasser von »Schweigen des Meeres«); 3. Prenonym: der Vorname des Verfassers wird als Name angegeben (Jean Paul statt Jean Paul Friedrich

Kupfertitel zu V. Placcius, Theatrum anonymorum et pseudonymorum. Hamburg, 1708. 20 × 33 cm

Kupfertitel zu P. Dahlmann, Schau-Platz. Der Masquirten und Demasquirten Gelehrten bey ihren verdeckten und endeckten Schrifften. Leipzig, 1710. 9,5 × 16,8 cm

Richter); 4. Pseudandronym: hinter einer männlichen Verfasserangabe verbirgt sich eine Frau (Sir Galahad – Berta Eckstein); 5. Ironym: die Wahl des Pseudonyms deutet auf eine ironische oder satirische Absicht hin (Deutobold Symbolizetti Allegorowitsch Mystifizinski für Friedrich Theodor Vischer).

Die Entschlüsselung von Pseudonymen wurde bereits seit deren Entstehen immer wieder versucht und ist für jeden Bibliographen und Bibliophilen reizvoll. In der zweiten Hälfte des 19. und zu Beginn des 20. Jh. entstanden als Teil der allgemeinen historisch-literarischen Quellenforschung in Deutschland und den meisten westeuropäischen Ländern die großen, noch heute verwendeten Pseudonymenlexika. In den ost- und südosteuropäischen Ländern wurde zusammen mit der retrospektiven Erschließung des literarischen Erbes in den letzten Jahren eine Reihe nationaler Pseudonymenverzeichnisse geschaffen.

K.K.W.

Lit.: Holzmann, M. ; Bohatta, H.: Deutsches Pseudonymen-Lexikon. – Wien, Leipzig, 1906. (Neudr. 1970) // Halkett, S. ; Laing, J.: Dictionary of anonymous and pseudonymous English literature. – New and enl. ed. – Vol. 1–9. – Edinburgh, 1926–1962. // Halkett, S. ; Laing, J. : A dictionary of anonymous and pseudonymous publications in the English language. – 3. rev. and enl. ed. – Vol. 1 ff. – Harlow, 1980ff. // Masanov, I.F. : Slovar' psevdonimov russkich pisatelej, učenych i obščestvennych dejatelej. – Č. 1–4. – Moskva, 1955–1960.

Radierung
Die Radierung ist eine Sonderentwicklung des ↗ Kupferstichverfahrens. Die Platte wird mit einer säurefesten, harzigen Masse, dem Ätzgrund, überzogen, auf den der Künstler mit Hilfe der Ätznadel zeichnet, so daß das Kupfer freigelegt wird. Beim Übergießen mit Säure werden die bloßgelegten Stellen in die Platte eingeätzt. Durch unterschiedlich starke Ätzungen der Platten lassen sich verschiedenartige Farbwerte erzielen. Eine Abwandlung ist die *Kaltnadelradierung*, bei der mit einer Nadel mehr oder minder kräftige Linien direkt auf die blanke Kupferplatte gezeichnet werden, wodurch der Abdruck entsteht, ohne daß eine Ätzung erforderlich ist.

Die Radierung erlaubt eine freie, unmittelbare Linienführung des Künstlers, der die Platte und ihre Tonwerte selbst gestaltet. Sie ist Ausdruck der Persönlichkeit des Künstlers, der durch unterschiedliche Behandlung der Plattenteile differenzierte Deutlichkeitsgrade und Tonwerte erzielen kann. Kennzeichen der Radierung sind gleichmäßig feine bis kräftige Linien. Der geätzte Strich ist nicht so scharf wie der gestochene, hat

Max Liebermann »Amsterdamer Judengasse«. Aus: H. Struck, Die Kunst des Radierens. Berlin, 1912. 22,8 × 17,5 cm

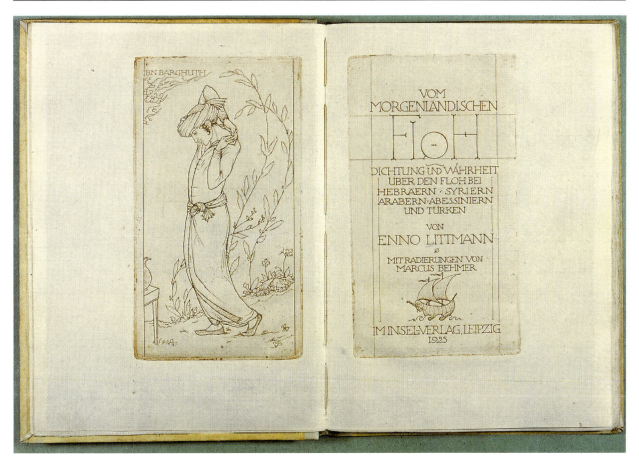

Radierung von Marcus Behmer. Frontispiz und Titelblatt zu E. Littmann, Vom morgenländischen Floh. Leipzig, 1925.
14 × 19 cm

keinen Grat wie bei Kupferstich und Kaltnadel und endet mehr oder weniger stumpf. Die Farbe liegt meist reliefartig erhöht auf dem Papier. Aus der Radierung entwickelten sich zahlreiche Varianten und Mischtechniken, die die Möglichkeiten des künstlerischen Ausdrucks erweiterten. Die älteste datierte Radierung stammt von Urs Graf aus dem Jahre 1513. Prägend für die Entwicklung der Radierkunst waren Hercules Seghers und Rembrandt, die diese Kunst in den Niederlanden im 17. Jh. zur Blüte brachten. Für Deutschland sind die Radierungen zu Matthäus Merians »Topographie« zu nennen. Ein fruchtbarer Vertreter der Radierung war im 17. Jh. auch der durch Landschafts- und Tierbilder bekanntgewordene, aus Prag stammende Wenzel Hollar. Der Lothringer Jacques Callot (1593–1635) stellte u. a. die Schrecken zeitgenössischer kriegerischer Auseinandersetzungen dar.

Im 18. Jh. erlebte die Radierung in Italien durch Canaletto und Piranesi ihre Blüte, deren Stadtansichten bzw. archäologisch-kunsttopographischen Darstellungen neben dem ästhetischen Reiz hohen kunstgeschichtlichen Quellenwert besitzen. In Deutschland ist im 18. Jh. Chodowiecki der einzige Radierer von Bedeutung. Seine Werke wurden überwiegend für Almanache und zeitgenössische Belletristik geschaffen. Bevor sie jedoch ihren Eingang in die Buchgraphik fanden, wurden sie, wie auch die Radierungen anderer Zeitgenossen, durch den Kupferstecher überarbeitet, der mit einer feinen Stichelarbeit die Strichführung regulierte, die dem Aussehen des Kupferstichs die Klarheit und Kraft gibt, die man zu dieser Zeit von ihm erwartete. Die Vermischung von zwei Techniken hat dazu geführt, daß die so entstandenen Illustrationen meist als Kupferstiche bezeichnet werden, obwohl es sich eigentlich um Radierungen handelt.

Mit dem Aufkommen der ↗ Lithographie, des ↗ Stahlstiches und des ↗ Holzstiches wurde die Radierung zunächst in den Hintergrund gedrängt. Erst in der zweiten Hälfte des 19. Jh. erfuhr sie ihre Wiederbelebung, u. a. durch die großen Zyklen Max Klingers und die Themsebilder Whistlers. Die Radierung fand wieder Eingang in die freie Graphik, in graphische Zyklen zu bestimmten Themen oder literarischen Werken sowie in die Buchillustration. Hier sind u. a. zu nennen Liebermann, Corinth, Orlik, Rops, Matisse, Braque, Chagall, Beckmann, Picasso, Behmer, unter den Künstlern der DDR H. und L. Grundig, Bergander, Kretzschmar, Schwimmer, Lachnit. Der persönliche künstlerische Ausdruck verbindet sich in der Verwendung der Radiertechnik mit zahlreichen Experimenten und Kombinationen technischer Art, die die Vielseitigkeit des Verfahrens unterstreichen. *K. K. W.*

Spottbild auf James Lackington, den König der Ramschbuchhändler, der es vom Schuhmacher zum Millionär brachte. Radierung von I. Herbert. London, 1795. 17,9 × 23,2 cm

Lit.: Friedländer, M. J.: Die Radierung. – Berlin, 1921. // Kempe, F.: Die Radierung. – Leipzig, 1967. // Terrapon, M.: L'eau-forte. – Genève, 1975. // Schober, L.: Die Radierung und ihre Technik. – Göttingen, 1979. // Krick, M.: Die Kunst der Radierung. – Wiesbaden, 1985.

Ramsch

(norddt. ramp = Menge; franz. ramas = Haufen) ein für jede alte Ware, die billig in Bausch und Bogen oder in Partien verkauft wird, gebrauchter Begriff. Sinngemäß beschäftigt sich der Ramschbuchhandel mit dem An- und Verkauf von Restauflagen und größeren Posten solcher Werke, die vom Verleger wegen mangelnden Absatzes an das Sortiment »verramscht«, d. h. zu stark herabgesetztem Preis an den Ramschbuchhändler, der meist als Großantiquariat oder Modernes Antiquariat firmiert, verkauft werden. Der Ramscher verkauft grundsätzlich nur an Wiederverkäufer. Die Möglichkeiten der freien Preisgestaltung schließen die Gefahr ihres Mißbrauchs durch Schleuderei ein, vor allem dann, wenn von gutgehenden Titeln eigens für das Verramschen vorgesehene Nachauflagen (Remaindered editions) produziert werden. Die ins 18. Jh. zurückgehende Geschichte des Ramschbuchhandels, der in großem Stil erstmals in England von James Lackington (1746–1815) betrieben wurde, widerspiegelt zugleich den Kampf gegen solche Auswüchse.

↗ auch Antiquariat, Buchhandel   K. K.

Rara

(lat. rarus = selten, begehrt, kostbar). Bezeichnung für seltene und kostbare Bücher, die von jeher das Interesse der Sammler und Bibliotheken gefunden haben. Eine Ausgabe ist selten, wenn sie erstens nur in wenigen Exemplaren gedruckt worden ist (z. B. Pergamentdrucke, ↗ Privatdrucke, ↗ Pressendrucke) oder zweitens wenn von einer ursprünglich hohen Auflage nur noch wenige Exemplare im Handel erreichbar sind (z. B. ↗ Inkunabeln, ↗ Flugschriften, literarische und wissenschaftliche Erstausgaben; ↗ Antiquariat). Der Seltenheitswert eines Exemplars wirkt sich auf die Preisgestaltung aus, die stark von Modetendenzen beeinflußt wird. Rara und ↗ Unika werden in Bibliotheken meist gesondert aufbewahrt und erschlossen (Sondersammlungen).   *K. M.*

Lit.: Becker, P. J.; Brandis, T.; Sonnenburg, L.: Rara-Separierung aus dem Altbestand. – In: Staatsbibliothek Preußischer Kulturbesitz : Mitt. – Berlin (West) 15(1983)2. – S. 94 bis 106.

Reiseführer

Reiseführer, die den Reisenden in einem für ihn unbekannten Gebiet auf Sehenswürdigkeiten aufmerksam machen, günstige Verkehrs- und Unterkunftsmöglichkeiten nennen und spezielle Verhaltensmaßregeln geben, sind seit der Antike bekannt. Das Reisebuch des Pausanias (160–180 u. Z.) ist noch heute für die Geschichte griechischer Kunst wichtig. Im 15. Jh. erschienen ein Fremdenführer für Pilger in die Heilige Stadt (Mirabilia Romae, 1475) und nach Santiago de Compostela (Hermannus Künig von Vach: Die Wallfart und Straß zu Sant Jacob, 1495). Am Beginn der Reiseführer der Neuzeit und des Schrifttums der Apodemik, der Kunst des Reisens, stehen im deutschen Sprachgebiet David Frölichs »Bibliotheca seu cynosura peregrinantium« (Ulm 1644; mit praktischen Ratschlägen, Hinweisen auf sehenswerte Bauwerke, mit Entfernungstabellen und Routenverzeichnissen) sowie Martin Zeillers »Fidus Achates Oder Getreuer Reisgefert« (Ulm 1651). Zeiller schrieb sein Werk in Deutsch, erst später wurde es ins Lateinische übersetzt. Auch er gibt in einer ausführlichen Einleitung praktische Hinweise für das damals oft beschwerliche Reisen und für den Umgang mit anderen Menschen. Der deutschen Ausgabe von 1653 ist ein Dialog zwischen Weghold und Heimrich vorangestellt, in dem das Für und Wider des Reisens erörtert wird. Ähnlich den modernen Reiseführern besaßen auch diese Werke bereits ein handliches Format. Mit der Erleichterung des Reisens und seiner Verbreitung seit dem 19. Jh. entwickelten sich die uns heute vertrauten Reiseführer. Erfolgreichster deutscher Verleger von Reiseführern war Karl Baedeker (1801–1859), der den deutschen Ausgaben auch englische und französische folgen ließ. Der Name Baedeker wurde im deutschen Sprachgebiet, trotz anderer Reiseführerunternehmungen, Synonym für die Gattung, so wie Michelin und Guide bleu für Frankreich, Murray oder Black für England. Die Erwähnung ihrer Namen in diesen Reiseführern ist ein für Hotels und Gaststätten erstrebenswertes Ziel im Kampf mit der Konkurrenz. Ältere Reiseführer, vor allem von seinerzeit weniger erschlossenen Gebieten, sind oft kultur- und landesgeschichtlich interessant.   *K. K. W.*

Lit.: Fordham, H. G.: Guides-routiers, itinéraires et cartes-routiers de l'Europa de 1500 à 1850. – Lille, 1926. // Baedeker's Reisehandbücher 1832–1944; Bibliogr. d. dt., franz. u. engl. Ausg. / v. A. Hinrichsen. – Holzminden, 1981.

Reprint

Bezeichnung für beim Neudruck vergriffener Werke angewandte Druckverfahren sowie für die mit Hilfe dieser Verfahren hergestellten Neudruck-Ausgaben selbst (↗ Neudruck).   *K. K.*

Rubrica

(lat. ruber = rot, rubrica terra = rote Erde, Rötel), eine der ältesten Farben, die bereits im alten Ägypten verwendet wurde (z. B. Papyrus Ebers, auf 1550 v. u. Z. datiert). Sie diente in mittelalterlichen ↗ Handschriften dazu, wichtige Wörter, Textanfänge, Schlußschriften oder bestimmte Abschnitte aus dem Text herauszuheben. Auch konnten einzelne Buchstaben mit einem roten Strich hervorgehoben werden. Die Verwendung der roten Farbe erhielt sehr bald Schmuckfunktion – sie wurde z. T. von besonderen Rubrikatoren aufgetragen wie in den Skriptorien der »Brüder vom gemeinsamen Leben« (15. Jh.).

Auch bei den Drucken des 15. Jh. wurden Textanfänge noch von Hand ausgemalt, z. B. in Gutenbergs 42zeiliger Bibel.

Die rote Farbe wurde meist aus in Wasser zerriebenem, mit Eiweiß und etwas Eigelb angesetztem Zinnober gewonnen. Der Begriff lebt heute fort in Begriffen wie Rubrik, Rubrikator, rubrizieren, allerdings mit anderer Bedeutung.   *K. K. W.*

Sammelband

Mit dem Begriff Sammelband, auch *Adligat* oder ↗ *Konvolut* werden mehrere bibliographisch selbständige und getrennt erschienene Schriften bezeichnet, die zu einem Band vereint sind. Auf diese Weise wurden Einblattdrucke, ↗ Flugschriften, Dissertationen, früheste ↗ Zeitungen zusammengebunden und vor der Vernichtung bewahrt. Die in einem Sammelband vereinten Schriften sind vielfach chronologisch, inhaltlich oder sprachlich aufeinander bezogen und vermitteln dadurch Zusammenhänge, die anderweitig, auch durch Kataloge, kaum zu erhalten sind.

Seit der Herausbildung des modernen Registratur- und Kanzleiwesens am Ausgang des 17. Jh. sind Sammelbände vielfach den Aktenfaszikeln der Archive vergleichbar. Vom Einband her wurden sie so gestaltet, daß sie sich der Bibliothek des Besitzers einfügten, mit fingierten Titelbildungen auf dem Rücken wie »Miscellanea« oder »Neues von ...«. Bei der Neukatalogisierung von Bibliotheken im 19. Jh. wurden solche Sammelbände vielfach aufgelöst und damit wichtige Zusammenhänge zerstört. Bis in dieses Jahrhundert hinein wurden gedruckte Dissertationen, geordnet nach Universitätsorten, Fakultäten und Promotionsjahren, in Bibliotheken in Sammelbänden vereinigt.

K.K.W.

Schmöker

Schmöker, abgeleitet von niederdt. smöken = rauchen, ist ein seit Ende des 18. Jh. aus der Studentensprache eingebürgerter und vom Bildungsbürgertum abwertend gebrauchter Ausdruck für ein durchräuchertes, abgegriffenes und oft inhaltlich triviales Buch. Schmökern bezeichnet die Tätigkeit eines zwar wesentlich zu Unterhaltungszwecken betriebenen, aber doch durch Interesse am Inhalt vertieften Herumlesens in Büchern.

In ähnlichem Sinne wird »Schwarten« gebraucht, herkommend von *Schwarte* (mhdt. Swarte = dicke, harte Haut) als einer verächtlichen studentischen Bezeichnung für den dickleibigen in Schweinsleder gebundenen Wälzer. Wesensverwandt hiermit und ebenfalls von schweinslederner Herkunft ist der »Schinken«, wobei mit »Prachtschinken« vor allem ausstattungsmäßig schwülstige und umfangreiche nichtssagende Luxusausgaben des 19. Jh. gemeint sind.

Unter *Scharteke* (Scarteke, vielleicht von ital. scartata = Wegwerfen von Karten beim Spiel) wird seit dem 16. Jh. ein altes und wegen seines abgestandenen stubengelehrten Inhalts unbrauchbares Buch verstanden.

K.K.

Lit.: Kunze, H.: Von Schmökern, Schwarten und Schinken. – In: Marginalien. – Berlin H. 2, 1957. – S. 12–14.

Schmutztitel oder Vortitel

Bezeichnung für das dem eigentlichen ↗ Titelblatt vorausgehende Blatt, auf dem in Kurzform Angaben über Verfasser und Sachtitel des Werkes, nicht selten auch ein übergeordneter Gesamttitel angebracht sein können. Der Schmutztitel soll das Titelblatt vor Beschädigungen schützen, daher auch die Bezeichnung Schutztitel. Der Begriff entstand, als die Bücher noch in Rohbogen ohne festen Einband verkauft wurden.

F.M.

Schönheit des Buches

Die Schönheit des Buches ist ein Begriff, der von den Empfindungen des gestaltenden Künstlers und des Rezipienten, des Lesers oder Betrachters, abhängt und zu dem eine Fülle von Faktoren beitragen. Ein Buch, darunter werden hier alle durch Druckverfahren hergestellten Werke verstanden, wird dann als schön empfunden, wenn es nicht nur darum ging, Text und Abbildungen zu vervielfältigen, sondern so zu gestalten, daß daraus eine maximale Wirkung entspringt. Der Leser nimmt zunächst einmal den Text als Kombination von Buchstaben und Zeichen auf, ihm werden bestimmte Informationen vermittelt, das Buch erscheint als »Leseapparat« zur Vermittlung eines Textes. Einer derartig engen zweckgebundenen Betrachtung unterliegen aus meist ökonomischen Gründen wissenschaftliche und technische Veröffentlichungen.

Gerade der Blick in die Vergangenheit zeigt aber, und auch Beispiele aus der Gegenwart belegen es, daß für solche zweckgebundenen Werke die gleichen Anforderungen an eine ästhetisch entsprechende Gestal-

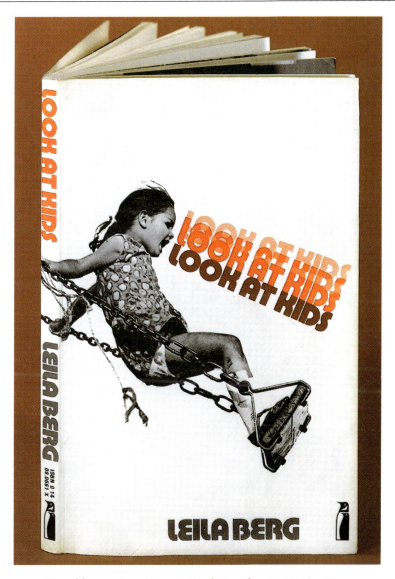

Umschlag zu einem Penguin Book. London, 1972. 13 × 20 cm

tung gelten sollten wie für Werke der Belletristik oder Abbildungswerke.

Die Form als Ganzes vermittelt mit ihren Komponenten wie Schrift, Satzspiegel, Papier, Einband, Illustrationen, Schutzumschlag, Schuber ästhetische Werte, die, wenn sie funktionsgerecht und im Sinne des Anliegens aussagestark sind, unaufdringlich den Glanz des Schönen ausstrahlen.

Die Wertmaßstäbe, die an ein schönes Buch gelegt werden, sind von den ästhetischen Auffassungen einer Zeitperiode oder eines Stils beeinflußt. Buchgestaltung und Buchrezeption werden durch die Produktions- und Lebensweise der Gesellschaft einerseits, die Weltanschauung, den Bildungsgrad, die künstlerische Begabung und den Grad der ästhetischen Bildung der Schöpfer andererseits bestimmt. Dennoch gibt es eine Reihe äußerer Merkmale, die es auch dem künstlerisch weniger versierten Betrachter ermöglichen, die Gestaltung zu beurteilen. Das beginnt am augenfälligsten beim Papier, seiner Qualität, Farbe, Eignung für die verschiedenen Druck- und Illustrationsverfahren. Wichtig ist die Wahl der richtigen Schrift. Obwohl heute die Diskussion um Fraktur oder Antiqua nicht mehr auf der Tagesordnung steht, werden die Variationsmöglichkeiten in der Anwendung neuer Schriften, wie sie beispielsweise solche Techniken wie der Lichtsatz bieten, nicht immer voll genutzt, so daß hier eine Verarmung des Schriftbildes eintritt. Die Wahl des günstigsten Schriftgrades, des nötigen Abstandes zwischen den Wörtern (Ausschluß) und den Zeilen (Durchschuß) tragen ebenso zur Lesefreundlichkeit bei wie die Deckungsgleichheit der Zeilen von Schön- und Widerdruck, also auf der Vorder- und Rückseite eines Blattes. Der Rand sollte zur Breite des Satzspiegels in einem ausgewogenen Verhältnis stehen. Beim klassisch gestalteten Buch beruht das Verhältnis zwischen bedrucktem und unbedrucktem Teil der Seite auf dem goldenen Schnitt. Entsprechend dem Verwendungszweck des Buches ist auch sein Format zu wählen – der Erfolg mancher Taschenbuchreihe gründet sich darauf und

Schönheit des Buches

Doppelseite aus: J. Cleland, Fanny Hill. Helsinki, 1974. Illustration Seppo Polameri. 12,5 × 20,8 cm

Titelblatt zu P. Gamarra, La Mandarine et le Mandarin. Paris, 1970. Illustration René Moreu. 21,2 × 26,3 cm

Doppelseite aus: W. Shakespeare, Ta soneta. [Athen] 1978. 18 × 28 cm

Doppelseite aus: Sukeyuku bun Imanishi, Koromogawa no yakata. Tokio, 1973. 21,5 × 28 cm

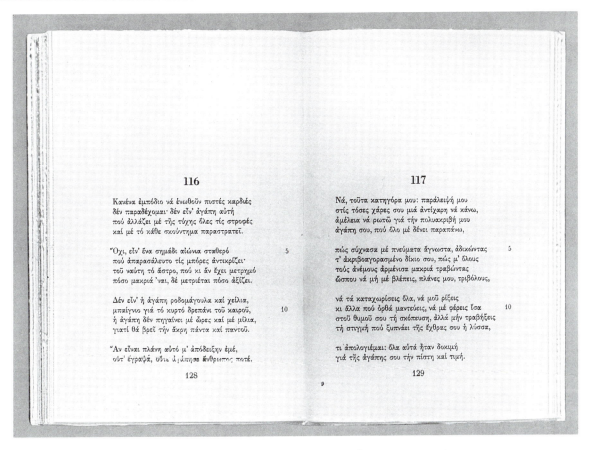

Titelblatt zu A. Carpentier, Ecue-Yamba-O. La Habana, 1977. Illustration R. Martínez. 15,2 × 22,8 cm

auf die entsprechende Nutzung für Text und Illustrationen (Reclam, Insel, Penguin). Illustrationen zum Text sollten ihn ergänzen, auf ihn hinführen, vielleicht auch neue Akzente setzen und die Phantasie anregen.

Die Frage nach der Schönheit des Buches beschränkt sich nicht allein auf das zeitgenössische Schaffen des eigenen Landes. Der Leser oder Betrachter älterer oder ausländischer Druckerzeugnisse sollte auch dann, wenn er sie nicht lesen kann, wegen des Zusammenwirkens vieler ästhetischer Elemente ihre Schönheit erkennen. Das ästhetische Empfinden hängt zudem von nationalen geistig-kulturellen Traditionen ab, deren Wirkung auf das äußere Erscheinungsbild der Bücher, auf Schriftgestaltung und Illustration, ihnen eine spezifische Prägung verleiht.

Gelten die Handschriften des Mittelalters, die frühen Drucke, die Leistungen im Zeitalter der Klassik und Romantik und auch z. T. dieses Jahrhunderts als schön oder vorbildlich, so werden diese Attribute – im Unterschied zur bildenden Kunst, zu den Erzeugnissen des Goldschmiede-, Juwelier- und Glasbläserhandwerks – nur wenigen Druckwerken des 17. Jh. zugebilligt. Dabei tritt gerade hier die Differenzierung der Literaturarten hervor, für die der Aufwand je nach Verwendungszweck unterschiedlich war – das Gefühl für ein schönes Buch war keineswegs verlorengegangen, es manifestierte sich vielleicht nicht immer und überall.

Vor einem ähnlichen Problem steht der Betrachter der Klassiker- und Bibelausgaben in Leder und Goldschnitt, wie sie unter dem Einfluß des Historismus seit der Mitte des 19. Jh. verbreitet waren. Sie stellen heute kunsthistorisch interessante Belegstücke einer vergangenen Kunstrichtung dar, auch wenn sie unser ästhetisches Empfinden nicht mehr treffen. Sieht man diesen Werken ihre Zeitgebundenheit an, so haftet beispielsweise den Dünndruckausgaben des Insel-Verlages aus den zwanziger und dreißiger Jahren eine Art zeitloser Schönheit an. Man greift auch heute noch nach ihnen, nicht nur, um sie zu betrachten und zu durchblättern, sondern auch, um darin zu lesen.

Die Buchgestalter, die danach streben, ein schönes und vielleicht sogar schönstes Buch zu schaffen, wissen

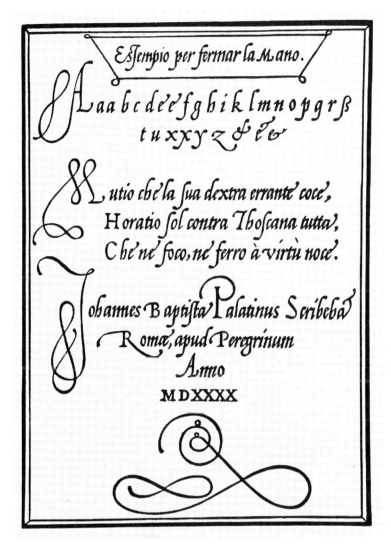

Renaissance-Kursiv aus dem Schreibbüchlein des Joh. Baptista Palatino. Rom, 1540. Holzschnitt. Nach einem Faksimile

um die vielen Faktoren, die seine Schönheit ausmachen. Aus deren Zusammenspiel ergibt sich der Eindruck, der nicht auf den äußeren Anblick beschränkt bleiben sollte, sondern der sich beim Lesen, beim Betrachten der Bilder und beim Umblättern stets von Neuem wiederholt – eine gelungene und in sich ruhende Komposition.

Diesen Eindruck sollten nicht nur Werke der schönen Literatur oder Kunstbände hervorrufen, sondern auch die Bücher anderer Gattungen, für die entsprechend ihrem Verwendungszweck analoge Zielstellungen gelten sollten. So kann durch ansprechend gestaltete Kinderbücher frühzeitig das ästhetische Empfinden geweckt werden, ein Prozeß, der sich über Schul- und Lehrbücher, auch hochspezialisierte Fachliteratur, fortsetzen sollte.

Eine umfassende kulturell-ästhetische Bildung als Bestandteil der Allgemeinbildung wird das Empfinden für ein schönes Buch vertiefen helfen und das Verhältnis des Lesers zum Buch prägen. Dabei dürfen veränderte Produktionsprozesse und Herstellungsbedingungen mit ihrem Zwang zu einer gewissen Standardisierung nicht eine Verarmung des äußeren Bildes zur Folge haben, sondern müssen zu neuen, von allen Beteiligten erarbeiteten und akzeptierten Lösungen führen.

A. K. / K. K. W.

Lit.: Presser, H.: Das Buch vom Buch. – Bremen, 1962. // Kapr, A.: Hundertundein Sätze zur Buchgestaltung. – 2. Aufl. Leipzig, 1977. // Kapr, A.: Schrift- und Buchkunst. – Leipzig, 1982.

Schreibmeister

Der Beruf der Schreibmeister entwickelte sich seit dem 13. Jh. vor allem in den Städten. Sie lehrten Schreiben, Lesen, Rechnen für den praktischen Bedarf und setzten für die Schreibunkundigen Schriftstücke auf. Mit der zunehmenden Verbreitung allgemeiner Bildung und der unterschiedlichen Entwicklung gedruckter und geschriebener Schriften entstanden in nahezu allen europäischen Ländern seit dem Anfang des 16. Jh. sog. *Schreibmeisterbücher*. Sie enthalten Anweisungen zum

Gewunden

Denkieren allen vnnd jeglichem Churfürsten, Fürsten, geistlich-
en vnnd weltlichen, Prelaten, Graffen, Freien, Herren,
Rittern, Knechten, Haubtleuten, Vitzumben, Vögten, Pfleg-
ern, Verwesern, Amptleuten, Schultheissen, Bürgermeistern,
Richtern, Räthen, Bürgern, Gemainden, vnnd sunst allen
anndern vnsern vnnd des heiligen Reichs vnterthanen vnnd
getreuen, Jnn was wirden, standt oder wesen die sindt &.
vnser gnad vnnd alles guts. Erwirdigen, hochgebornen,
Edlen, Ersamen lieben Neuen, Oheimen, Churfürsten,
Fürsten, Andechtigen, vnnd der kirch getreuen, Nach dem
wie von den gnaden Gottis, zu der höhe Römischer König-
klicher wirde, vnuerdient, beruffen vnnd khommen sindt. &

Deutsche Kurrent aus dem Schreibbüchlein des Wolfgang Fugger. Nürnberg, 1553. Holzschnitt. 20,7 × 16,3 cm

Bewelbt

Jch Hanns Cristof vonn Prinmarspach Thue khundt aller,
meniglich, vnnd bekhenn offentlich mit disem brief, Dar
ich mit mein selbs, vnnd meiner gutten freunden gehabtem
zeitlichem Rat, durch meins besten nutz, vnnd anligennder
nottdurfft willen, meren meinen schaden hinfürekhommen,
wissentlich vnnd wolbedächtlich, mit khainen geuerden, forch-
ten noch betrieglichkeiten hindergangen oder eingefurt, sonder
frey, willig vnnd offenbarlich, ein steten, vesten, ewigem
vnwiderrufflichen, jmmerwerenden, vnnd in allen Gristlich,
vnnd weltlichen gerichten vnnd rechten, sonder nach diser
lannden löblichen gewonnheiten krefftigsten vnnd bestent-
lichsten kharsse, Dem Edeln vnd Vesten Jörg von Paisse

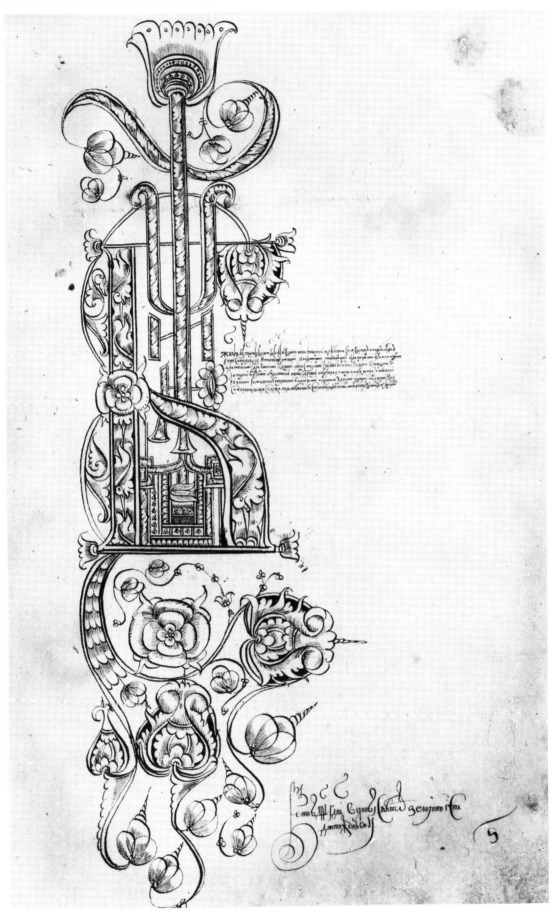

Aus dem Schreibmeisterbuch des Semen Fedorovič Pleščev. Russische Handschrift, Ende des 17. Jh. 19 × 29 cm

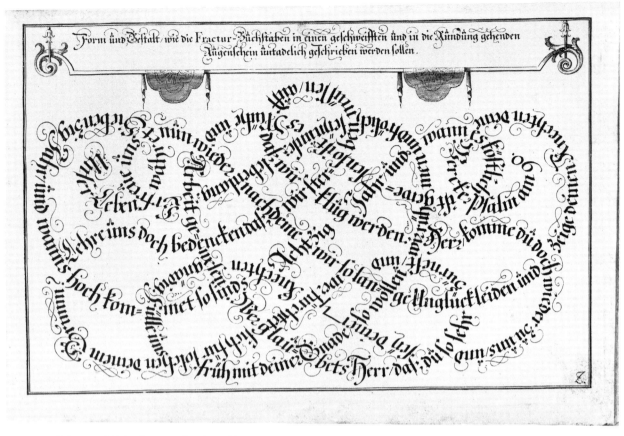

Seite aus: Michael Baurenfeind, Vollkommene Wiederherstellung der ... Schreibkunst. Nürnberg, 1716.
32,5 × 20,5 cm

Erlernen und Gestalten der Schriftarten, je nach ihrem Verwendungszweck, Schriftkonstruktionen und oft eigenwillige Zierschriften. Geschrieben wurde mit der Gänsefeder, wobei mit zunehmender Kunstfertigkeit die ornamentale Ausschmückung der Buchstaben, figürliche und abstrakte Schmuckelemente zunehmen, die alle durch den kontinuierlichen Schwung der entsprechend geschnittenen Feder entstanden. Die Vervielfältigung der Vorlageblätter erfolgte meist durch Holzschnitt und Kupferstich, die reiche Ausdrucksmöglichkeiten erlaubten.

Der bedeutendste deutsche Schreibmeister war Johann Neudörffer d. Ä. in Nürnberg, der 1519 sein »Fundament«, das erste deutsche Vorlagenbuch, veröffentlichte. 1538 folgte sein Hauptwerk »Anweysung zur gemeynen Handschrift«, 1549 das »Gesprechbüchlein zweyer Schüler«. Neudörffer, der auch erheblichen Anteil an der Entwicklung der ↗ Fraktur hatte, trug wesentlich zur Herausbildung des Schreibmeister- und Vorlagenbuches bei, wie es in Abwandlungen in Deutschland bis ins 19. Jh. in Gebrauch blieb. Bis ins 18. Jh. hinein besaß Nürnberg für die Entwicklung von Schreibmeisterbüchern überregionale Bedeutung. Mit dem Vorlagenwerk des Peter Stoy (1614) beginnt die Entwicklung einer spezifisch sächsischen Schule. Mit Wilhelm Schwartz' »Fundamental-Schriften« (Breslau 1658) entwickelte sich eine eigenständige schlesische Schreibmeisterschule. Die künstlerischen Fähigkeiten der frühen Schreibmeister erstarrten im Laufe des 18. Jh. zunehmend in unfruchtbaren Konventionen. Schnörkel und Ornamente, vor allem um Initialbuchstaben, erschwerten die Lesbarkeit und entsprachen nicht mehr den praktischen Erfordernissen.

In Italien entstand seit dem Anfang des 16. Jh. eine große Zahl von Schreibmeisterbüchern, von denen das des Giovan Francesco Cresci (1570) einen ersten Höhepunkt darstellt. Seit dem Ende des 16. Jh. wuchs der Einfluß französischer Schreibmeister, für das 17. Jh. sind Lucas Materot und Louis Barbedor zu nennen, in den Niederlanden u. a. Jan van den Velde, in England John Seddon (ca. 1695), in Spanien neben Juan de Yciar (1547) José de Casanova (1650). In Rußland dienten Schreibmeisterbücher der Verbreitung der von Peter I. eingeführten sog. bürgerlichen Schrift.

Das Wirken der Schreibmeister ist untrennbar mit der Herausbildung der ↗ Schriftkunst in ihren nationalen Ausprägungen verbunden und blieb nicht ohne Einfluß auf die zeitgenössische Typographie und die Elemente des Buchschmucks.   *K. K. W.*

Lit.: Doede, W.: Bibliographie deutscher Schreibmeisterbücher von Neudörffer bis 1800. – Hamburg, 1958. // Funke, F.: Schreibmeisterblätter : Kurrent, Kanzlei, Fraktur. – Leipzig, 1967. // Funke, F.: Schreibmeisterblätter : Lateinische Schriften. – Leipzig, 1970.

Kalligraphische Federspiele aus: Nova Escola a aprender a ler, escrever & cantar des Manoel de Andrade de Figueiredo. Lissabon, 1722. 24,5 × 38 cm

Titelblatt zu Johann Christoph Albrecht, Muster ganz neuen schönen und Regulmäßigen Schreib-Art durch das ganze Alphabet. Nürnberg, 1764. 33 × 20 cm

Seite aus: Johann Merken, Liber artificiosus alphabeti majoris. Elberfeld, 1782. 36,5 × 25 cm

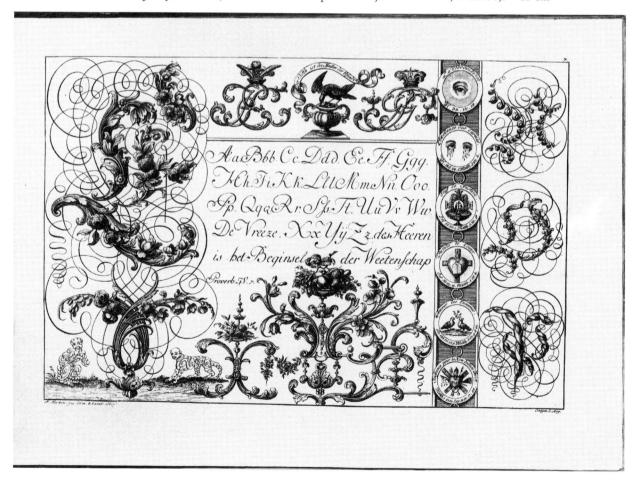

Schreibschrift

(1) Bezeichnung für mit der Hand geschriebene Schriften. Ihre Formen sind vom Schreibwerkzeug (Breitfeder, Spitzfeder, Pinsel, Stift) und vom Stil der Zeit abhängig. Neben der individuellen Note gibt es in den Schreibschriften charakteristische nationale Ausprägungen, die vor allem durch den Stand der Schriftkunst und den praktischen Schreibunterricht in den Schulen bestimmt werden.

(2) Bereits in Gutenbergs Werkstatt wurden beim Druck der Ablaßbriefe von 1454/55 in Blei gegossene Typen für die Wiedergabe von Schreibschrift verwendet. Bis in die Gegenwart wurden und werden Schreibschriften für den Druck geschaffen. Um Beschädigungen und Fehlern beim Gießen der Buchstaben und während des Druckens vorzubeugen, werden viele moderne Schreibschriften ohne Anhänge und Übergänge geschaffen. Der Einsatz der Schreibschriften erfolgt heute meist für ↗ Akzidenz- und Werbedrucksachen, für Titelüberschriften u. ä. *K.K.W.*

Lit.: Kapr, A.: Schriftkunst. – 3. Aufl. – Dresden, 1982. // Kapr, A. ; Schiller, W.: Gestalt und Funktion der Typografie. – 2. Aufl. – Leipzig, 1982.

Schriftenreihe

zusammenfassende buchhändlerische Bezeichnung (die Bibliotheken sprechen von *Serien*) für eine mehr oder weniger große Anzahl gleich ausgestatteter, aber inhaltlich nicht zusammengehörender Bücher, die nach Absicht des Verlegers zu einer Schriftenreihe zusammengestellt werden. Es handelt sich bei den einzelnen in der Schriftenreihe erscheinenden Titeln um in sich abgeschlossene Veröffentlichungen, die in der Regel auch von verschiedenen Verfassern stammen. Schriftenreihen werden kontinuierlich über einen längeren Zeitraum (ohne Periodizität) fortgeführt. Charakteristisch sind für sie der »Reihentitel« (der sich in mehrere Unterreihen aufspalten kann) und das gleiche optische Erscheinungsbild (Format, Bindeart, Umfang, graphische Gestaltung). Der Schriftenreihen-Titel gibt dem Leser eine gewisse Vorinformation, er bürgt für eine bestimmte Qualität. Schriftenreihen können mit oder ohne Zählung für einzelne Bände in Erscheinung treten. Es kann zwischen allgemein orientierten, belletristischen und fachlich bzw. thematisch begrenzten Schriftenreihen unterschieden werden. Schriftenreihen, deren Stoffkreis weit gespannt ist und die von Verlagen nur unter einem allgemein gehaltenen Titel (Verlegertitel), in dem meistens ihr Name enthalten ist, herausgegeben werden, nennt man Verlegerserien oder -sammlungen (z. B. Reclams Universal-Bibliothek, gegr. 1867; Sammlung Göschen, gegr. 1889; Insel-Bücherei, gegr. 1912). Schriftenreihen bildeten sich seit etwa der Mitte des 19. Jh. heraus. Die Verleger spekulierten vor allem mit optischen Reizen und durch günstige Preisgestaltung auf die Kaufkraft und Sammelfreudigkeit neuer Leserschichten, die bis dahin kaum den Zugang zum gedruckten Buch gefunden hatten

(z. B. erschien von 1817 bis 1903 der von dem Weimarer Verleger Voigt begründete »Schauplatz der Künste und Handwerke« mit über 300 Titeln in 500 000 Exemplaren).

Die Lebensdauer von Schriftenreihen ist u. a. von der Leistungsfähigkeit des Verlagsunternehmens und vor allem von ökonomischen Komponenten abhängig. Heute wird ein hoher Prozentsatz aller Neuerscheinungen als Teil einer Schriftenreihe veröffentlicht, wodurch die Verleger ihren Absatz zu einem gewissen Grade zu sichern hoffen. *F.M.*

Schriftkunst

Schriftkunst bezeichnet die künstlerische Gestaltung von Schriftformen. Sie ist der umfassende Begriff erstens für die Kalligraphie (Schönschrift) im handschriftlichem Bereich und zweitens für den Entwurf und die Gestaltung von ↗ Druckschriften (↗ auch Typographie).

Ihre charakteristische Ausprägung erhält die Schriftkunst durch die benutzten Beschreibstoffe, die Schreibinstrumente (wie Pinsel, Feder), die Rechts- und Linksläufigkeit der Schrift und ihren Charakter als Silben- oder Buchstabenschrift. Schriftkunst setzt einen bestimmten Grad der Schriftentwicklung, eine oft über Jahrhunderte gepflegte Tradition, voraus und die Fähigkeit, sich ihrer bedienen zu können. Bei der Schaffung von Schriften für bisher schriftlose Kulturen und der schnellen Alphabetisierung großer Bevölkerungskreise (z. B. europäische Missionstätigkeit, Sowjetunion im 20. Jh.) sind ästhetische Gestaltung, leichte Les- und Schreibbarkeit, die phonetischen Besonderheiten der jeweiligen Sprache und die Erfordernisse von Hand- und Maschinensatz gleichermaßen zu berücksichtigen. So lassen sich aus dem Grad der kunstvollen Beherrschung der Schrift gesellschaftliche Entwicklungsstufen ebenso ablesen wie Wechselbeziehungen zu Architektur, Malerei und Religion. Schriftkunst ist »die durch Zeichen optisch fixierte Sprache, die in meisterlicher Form Lesbarkeit, ornamentale Schönheit und Ausdruckskraft vereint« (Kapr). In ihrer vollkommensten Ausprägung wirkt sie ästhetisch und emotional auch auf den Betrachter, der den Sinn des sprachlich Vermittelten nicht oder nur unter Schwierigkeiten zu erfassen vermag.

Während in Ostasien und im arabisch-islamischen Kulturbereich die kalligraphische Kunstausübung trotz Einführung des Buchdrucks bis in die Gegenwart verbreitet ist, trat in Europa diese Praxis zugunsten der Gestaltung von Druckschriften in den Hintergrund und wurde erst seit Anfang dieses Jahrhunderts wieder Gegenstand der Kunstausübung. *K.K.W.*

Lit.: Kapr, A.: Ästhetik der Schriftkunst. – Leipzig, 1977. // Kapr, A.: Die religiöse Motivierung bei der Veränderung der Schriftformen am Beispiel von Nikolaus Kis. – In: Tótfalusi Kis Miklós : Reports on the conference on the tricentenary of the Amsterdam edition of the Bible. – Debrecen, 1985. – S. 99 bis 103.

Vollkommen ausgebildete griechische Buchstabenformen. Ehreninschrift der Stadt Athen für die Stadt Pergamon.
1. Jh. u. Z. Abguß. Deutsches Buch- und Schriftmuseum der Deutschen Bücherei, Leipzig

Schriftkunst, europäische
Die im wesentlichen von den Phönikern übernommene *griechische Majuskelschrift* hatte sich im 5. Jh. v. u. Z. in den Küstenstädten des Mittelmeeres in mehreren Varianten verbreitet. Sie fand ihre Weiterbildung in einigen heute toten Schriften, wie der etruskischen Schrift, den Runen und der Schrift der Goten (Ulfilas-Bibel). Aus der gemeinsamen griechischen Wurzel entwickelten sich neben der *griechischen* vor allem die *römisch-lateinische* und die *kyrillische Schrift*. Die lateinische Schrift fand ihre Verbreitung in Europa im Einflußbereich der katholischen Kirche, bei der kyrillischen Schrift waren es die Bereiche der russisch-orthodoxen und der bulgarisch-orthodoxen Kirche. Innerhalb der über Europa verstreuten Juden wurde das Hebräische gepflegt, dessen Schreibung für rituale Texte an feste Vorschriften gebunden war, das außerhalb dieses Bereichs aber zeitgenössische Einflüsse der Umgebung aufnahm.

Höhepunkt antiker Schriftkunst ist die Inschrift der Trajanssäule in Rom (113 u. Z.), deren wohlabgewogene *Kapitale* (eine vor allem in der Epigraphik verwendete Form der Majuskel) immer wieder Schreibmeister und Schriftgießer inspirierte. Neben den Gebrauchsschriften für den täglichen Schriftverkehr entwickelten sich für Urkunden und geistliche Werke ↗ *Unzialschriften* mit starken landschaftlichen oder lokalen Ausprägungen, deren Lesbarkeit oft durch das Überwiegen dekorativer Elemente beeinträchtigt war. Die Schriftreform unter Karl dem Großen verbesserte durch Einführung der ↗ *karolingischen Minuskel* die Lesbarkeit und wirkte über Jahrhunderte stilbildend. Sowohl Karl als auch seine Nachfolger förderten die Schreibkunst, die vor allem an den Klöstern betrieben wurde.

Aus der spätkarolingischen Minuskel entwickelte sich die *frühgotische Buchschrift*, die sich zuerst in Nordfrankreich und England, später in den östlichen Teilen Deutschlands und Oberösterreichs weiterentwickelte, so daß seit dem 13. Jh. allgemein von einem gotischen Stil in der Schriftkunst zu sprechen ist. Charakteristisch ist die Brechung der Kleinbuchstaben; an den gotischen Großbuchstaben begeisterte sich die Phantasie der Schreiber, die sie in vielfältig geschmückten Formen schufen. Betont wurde, wie in der Architektur, die Vertikale. Die gotischen Tendenzen der Architektur fanden ihre Ausprägung in der *Textur*, die die Ausgangsschrift für Gutenbergs Erfindung wurde. Die gebräuchlichste der gotischen Schriften war die *Bastarda*, die sich von Paris aus in Deutschland, England, Norditalien, Böhmen, Österreich mit verschiedenen regionalen Varianten ausbreitete. Mit der Einführung des Buchdrucks spaltete sich die europäische Schriftkunst in ↗ Handschriften und ↗ Druckschriften. Beide beeinflussen sich bis in die Gegenwart gegenseitig. Die Erfindung Gutenbergs machte die Schriftformen beständiger. Diese Verfestigung fand ihre Entsprechung im international verbreiteten Beruf der Schreibmeister, die die kalligraphische Kunstfertigkeit und – über den sich ausbreitenden Schulunterricht – die allgemeine Kenntnis des Schreibens förderten. Die italienischen Bibliophilen des 15. Jh. gaben dem geschrie-

Ausgebildete Großbuchstaben (Capitalis quadrata) auf einem Gedenkstein für den römischen Hauptmann Caelius. 1. Jh. u. Z. Abguß. Deutsches Buch- und Schriftmuseum der Deutschen Bücherei, Leipzig

benen Buch noch den Vorzug, so daß die Kalligraphie hier eine hohe Meisterschaft erreichte.

Die Entwicklung des Buchdrucks und die nahezu gleichzeitig einsetzende Entdeckung der Welt, die damit einhergehende Missionierungs- und Kolonisierungstätigkeit bedeuteten für die Entwicklung der europäischen Schriftkunst einen fortwährenden Impuls. So wurden noch in den ersten Jahrzehnten nach Erfindung des Buchdrucks griechische und hebräische Drucktypen entwickelt und mit Erfolg verwendet. In der Folgezeit hatte die europäische Schriftkunst unter anderem die Aufgabe, Druckschriften mit eigenen, den Besonderheiten fremder Sprachen angepaßten Schriftzeichen zu schaffen. Diese Entwicklung wurde wesentlich getragen von den katholischen und protestantischen Missionsaktivitäten, die oft am Ort ihres Wirkens in Übersee eigene Druckereien mit in Europa geschaffenem Typenmaterial unterhielten (z. B. Tranquebar).

Die Schriftgestaltung folgte bis zum Ende des 15. Jh. vielfach den zeitgenössischen Handschriften, sollte doch der Druck ein Mittel zu ihrer schnellen und originalgetreuen Vervielfältigung sein. Es entstand eine große Formenvielfalt mit eigenständigen künstlerischen Leistungen, so daß am Ende des 15. Jh. rund 4000 Typenalphabete gezählt wurden, bei denen die Gestaltung der auf dem lateinischen Alphabet beruhenden Schriften am ausgeprägtesten war.

Zu den besonderen Leistungen gehört auch die Schrift, die Francesco Griffo für Aldus Manutius schuf, auch wenn sie nicht die weite Verbreitung fand wie die Schriften Claude Garamonds, der das Mittelalterlich-Archaische der bisherigen Schriften überwand.

Unter den Typenalphabeten des 15. Jh. tauchen eine Reihe spezifisch deutscher auf, unter denen die *Schwabacher* bis zur Niederschlagung des Bauernaufstandes die am häufigsten verwendete Schrift im deutschen Raum war. Danach zeigt sich eine deutliche Trennung, deren Wurzeln im ideologisch-politischen Bereich zu suchen sind, in ↗ Antiqua und ↗ Fraktur (sog. deutsche Schrift). Nicht zuletzt durch die deutschen Schreibmeister wie Neudörffer, Wyss, Fugger wurde als Handschrift des Bürgertums die *deutsche Kurrent* entwickelt. Von Bedeutung war auch die Einführung der sog. arabischen Ziffern, die im 11. Jh. aus dem islamisch-arabischen Kulturbereich in Spanien auftauchen. Ihre Nützlichkeit für ein schnelles Rechnen, wie es die wirtschaftliche Entwicklung erforderte, führte über mehrere Zwischenstufen zu den Formen, wie sie im Rechenbuch von Adam Ries fixiert sind.

Im 16. Jh. entwickelt sich die Schriftkunst in der Verbindung der Schreibmeister und Schriftschneider mit bedeutenden Druckern und Verlegern (z. B. arbeiteten C. van Dyck in Amsterdam für Elzevier, J. M. Fleischmann für Enschedé in Haarlem). Mit der am Ende des 17. Jh. nach geometrischen Maßen entwickelten Antiqua wurde die Vorform der klassizistischen Antiqua geschaffen, die durch Didot und Bodoni (1740–1813) ihre höchste Ausprägung erhielt. Einen eigenen Charakter tragen die englischen Druckschriften des 18. Jh. von W. Caslon (1692–1766) und dem Kalligraphen J. Baskerville (1706–1766).

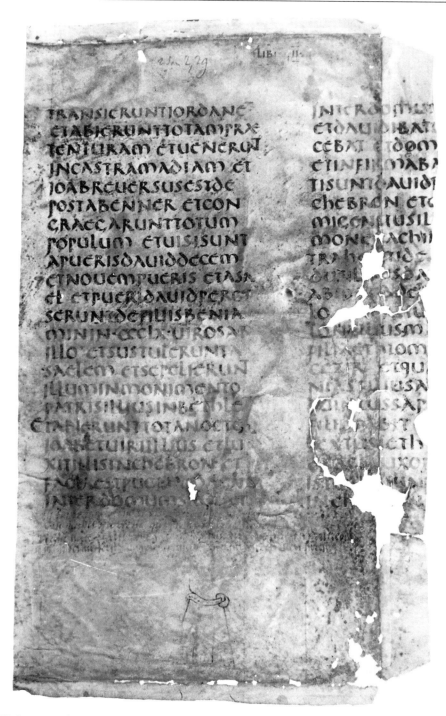

Unziale. Quedlinburger Itala-Fragmente, 4. Jh. Deutsche Staatsbibliothek, Berlin; Ms. Theol. Lat. fol. 485. 20 × 31,5 cm

Die Schreibschriften entwickelten sich im 17. Jh. mit charakteristischen nationalen Unterschieden, wobei je nach Verwendungszweck, Handhaltung, Form der Feder und ästhetischem Gefühl mehr oder weniger kalligraphisch ausgeprägte Formen auftreten. Vor allem in der deutschen *Kanzleischrift* finden sich bis ins 18. Jh. kalligraphische Ausschmückungen, Buchstabenvarianten, Schnörkel und Schwünge von großer Schönheit und Vielfalt – hier boten sich auch Möglichkeiten der Selbstdarstellung des Schreibers, die im Druck begrenzt waren.

Das 19. Jh. sah, bei aller technischen Leistungsfähigkeit, einen Verfall der Druckschriften. Der ökonomische Wettbewerb führte dazu, daß mit neuen Mitteln die Aufmerksamkeit des Käufers, auch die des Käufers von Büchern, immer wieder geweckt wurde. Dazu zählten die in rascher Folge entstehenden, oft interessanten Auszeichnungsschriften für Werbezwecke, die als Textschriften jedoch nicht geeignet waren und deshalb auch außerhalb der üblichen Schriftfamilien standen. Bei den Handschriften fehlte die künstlerisch geschriebene Schrift, die Kalligraphie schien keine Exi-

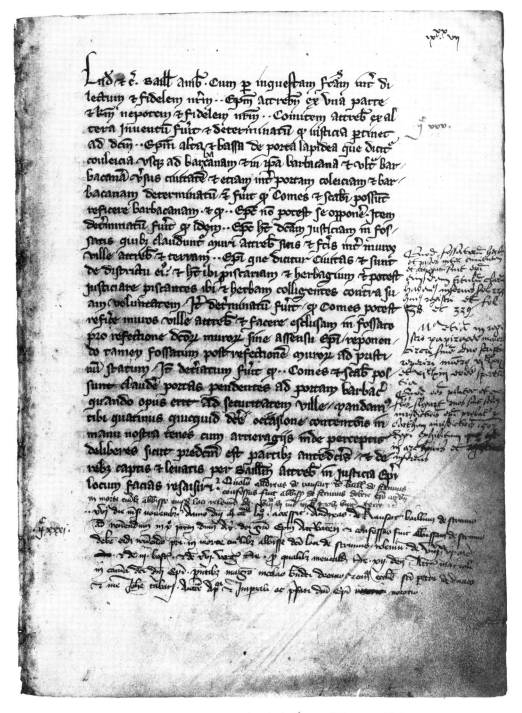

Bastarda aus einer Pergamenthandschrift, um 1340. 22 × 30,5 cm

stenzberechtigung mehr zu besitzen. Zwischen Aufklärung und Französischer Revolution konnte man noch einen Aufschwung der Schreibkunst beobachten – so sind z. B. Briefe bis zur Romantik auch wegen ihrer Schriftformen einer Betrachtung wert –, mit der Einführung der spitzen Stahlfeder seit 1830 und den sog. Schulschriften setzte aber ein deutlicher Verfall der Kurrent ein.

Architekten, Maler und Dichter waren es, die, unterstützt von Mäzenen und Kunsthändlern, am Ende des 19. Jh. sich mit der Schrift beschäftigten. Von England ausgehend, breiteten sich diese unter dem Sammelbegriff »Jugendstil« bekannten Strömungen in Europa und den USA aus. Der Nachzeichnung und dem Neuschnitt bekannter Renaissance-Typen durch W. Morris, St. John Hornby und Cobden-Sanderson folgten in England und den anderen Ländern Europas bald weitere Schriften, die z. T. auf ältere bewährte zurückgingen, z. T. Neugestaltungen darstellten wie die *Times New Roman* von Stanley Morison (1932), die auch für den Maschinensatz verwendbar war. Cobden-Sanderson betonte, daß im Druck der Drucker sich die

Tradition des Schreibers auf der Höhe seiner Kunst fortsetzt, er sprach zu Recht von einer Wechselbeziehung zwischen beiden.

In Deutschland wurden englische Entwicklungen an der Düsseldorfer Kunstgewerbeschule durch A. Simons vermittelt, deren Erfahrungen von P. Behrens, E. R. Weiß und F. H. Ehmcke weitergetragen wurden. Auch die Impulse durch den österreichischen Schriftpädagogen R. von Larisch sind hier zu nennen. O. Eckmann (1865–1902) schuf mit dem Pinsel für die Schriftgießerei Klingspor 1900 eine Antiqua, die von japanischen Pinselzeichnungen, aber auch von Morris und Beardsley beeinflußt ist. Als Meister der gebrochenen Schriften, die mit der Breitfeder entstanden, wurde Rudolf Koch bekannt (1876–1934), dessen Schriften durch seine christliche Weltanschauung bestimmt wurden, die in der Peter-Jessen-Schrift, der *Bibel-Gotisch*, ihren stärksten Ausdruck fand. Der aus Deutschland vertriebene Jan Tschichold schuf in der Schweiz aus der Nachzeichnung der alten Garamond-Antiqua die *Sabon-Antiqua*, die so konstruiert ist, daß sie für Monotype, Linotype und Handsatz gleichermaßen einsetzbar war. Nachdem während des Faschismus in Deutschland Fraktur und Gotisch propagiert worden waren, ohne daß schriftkünstlerische Leistungen zu verzeichnen sind, wurden diese Schriften 1941 mit fadenscheiniger Begründung zugunsten der Antiqua verboten.

Kennzeichnend für die Entwicklung der jüngsten Zeit ist, daß es nicht nur ästhetisch ansprechende und gut lesbare Schriften für konventionelle Druckverfahren zu schaffen galt, sondern auch für den Lichtsatz und das weite Feld der Computer- und Bildschirmtechnik, wobei auch den Erfordernissen der OCR-Verfahren (Optical Character Recognition) Rechnung zu tragen ist.

Die erfolgreichsten Schriftentwerfer der Nachkriegszeit sind in der DDR H. Thannhäuser, A. Kapr und G. Wunderlich, in der BRD G. Trump, ein Schüler E. Schneidlers, H. Zapf und K. Hoefer. Der führende Schriftkünstler Frankreichs ist der aus der Schweiz stammende A. Frutiger. Zur Erneuerung der tschechischen Schriftkunst trug O. Menhart (1897–1962) bei.

Für die Entwicklung der kyrillischen Schrift wurde die Reform unter Peter I. am Anfang des 18. Jh. bedeutsam. Die erste Stufe bildete die sog. *Graždanka*, die in gewisser Anlehnung an das lateinische Alphabet und unter Eliminierung einiger komplizierter Buchstaben des kirchenslawischen Alphabets entstand und die nach der Oktoberrevolution eine weitere Reform erfuhr. Das äußere Bild der kyrillischen Schrift zeigte bis zur Oktoberrevolution den Einfluß zeitgenössischer Strömungen der Schriftkunst anderer Länder, der bedingt war durch Filialen ausländischer Verlage und Schriftgießereien (z. B. Berthold in Berlin). Die Schaffung neuer Alphabete für die z. T. noch schriftlosen Nationalitäten der UdSSR und die vorhandenen technischen Möglichkeiten bestimmten die Schriftkunst der UdSSR bis nach dem zweiten Weltkrieg. Die Entwicklung der Schriftkunst im kyrillischen Bereich wurde und wird bestimmt durch das Wirken u. a. von S. B. Telingater und W. W. Lazursky, beide UdSSR, und W. Jontschew, Bulgarien.

Die ersten Jahrzehnte des 20. Jh. waren in allen Ländern die Zeit der Künstlerschriften, individuell und oft eigenwillig. Unter dem Einfluß der technischen Entwicklungen sind sie zugunsten nüchternerer, wissenschaftlich geplanter Schriften zurückgetreten.

Die Wiederbelebung der Kalligraphie als Ausdruck künstlerischer Betätigung setzte zusammen mit den Bestrebungen von W. Morris, E. Johnston, E. Gill ein. A. Fairbank (geb. 1895) entwickelte eine humanistische Kursiv und verbreitete sie durch Vorträge und Vorlageblätter. Die von ihm begründete Society for Italic Handwriting bemüht sich um eine Förderung der Kalligraphie. Freunde und Anhänger kalligraphischer Kunstübung finden sich in England, den USA, der BRD, den Niederlanden, der Schweiz, der ČSSR, Skandinavien, der UdSSR, Bulgarien. Ihre Bemühungen zeigen sich in kalligraphisch gestalteten Buchumschlägen, Briefköpfen, überhaupt ↗ Akzidenzen, aber auch in ganzen geschriebenen Büchern. Sie wirkten auf die Erneuerung der Schulschriften, wobei die italienische humanistische Kursive eine wesentliche Ausgangsform darstellt. Die Kalligraphie kann als eine anderen Kunstübungen adäquate Betätigung angesehen werden, die das ästhetische Empfinden von Schreibendem und Betrachter entwickelt und schärft. *K. K. W.*

Lit.: Adarjukov, V. Ja.: Bibliografija russkich tipografičeskich šriftov. – Moskva, 1924. // Muzika, F.: Die schöne Schrift in der Entwicklung des lateinischen Alphabets. – 1.2. – Prag, 1965. // Földes-Papp, K.: Vom Felsbild zum Alphabet. – Dresden, 1970. // Tschichold, J.: Meisterbuch der Schrift. – Ravensburg, 1979. // Frutiger, A.: Type, Sign, Symbol. – Zürich, 1980. // Stiebner, E. D.; Leonhard, W.: Bruckmanns Handbuch der Schrift. – 2. Aufl. – München, 1980. // International Calligraphy today / hrsg. v. S. Davis. – London, 1982. // Kapr, A.: Schriftkunst. – 3. Aufl. – Dresden, 1982. // Kapr, A.: Divergierende und konvergierende Tendenzen der lateinischen und kyrillischen (russischen) Schrift. – In: Kapr, A.: Schrift- und Buchkunst. – Leipzig, 1982. – S. 211 – 231.) // Mazal, O.: Paläographie und Paläotypie: Zur Geschichte der Schrift im Zeitalter der Inkunabeln. – Stuttgart, 1984

Schriftkunst, islamische

Innerhalb der vielfältigen, für die mittelalterliche islamische Welt typischen Kunstformen nahm die Kalligraphie einen herausragenden Platz ein. Die Herausbildung einer großen Anzahl von dekorativen Schriftformen wurzelt in der engen Beziehung der arabischen Schrift zu der vom Propheten Muhammad verkündeten Offenbarung. Nach Ansicht muslimischer Religionsgelehrter bestand die eigentliche Funktion der arabischen Buchstaben in der Wiedergabe des göttlichen Wortes (↗ Koran). Kunstvoll gestaltete Schriftzeilen, vorwiegend Koranzitate, erschienen somit am besten geeignet, Moscheen, Medresen oder Grabmäler

Schriftkunst, islamische

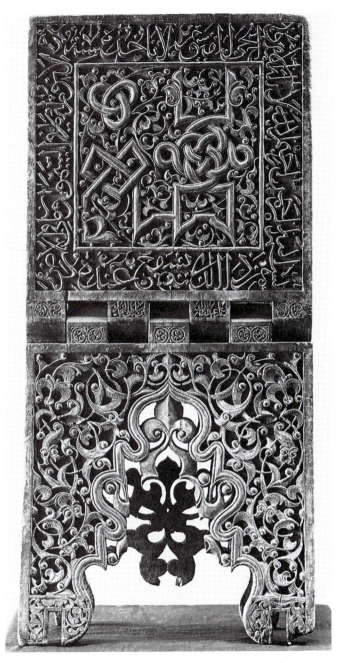

Koranfaltpult, Holz. Kleinasien, 13. Jh. Inschrift in Flechtkufi und im kursiven Duktus Thuluth.
Staatliche Museen zu Berlin, Islamisches Museum; I. 584

Detail einer Inschrift in Flechtkufi von einem Grabmal in Samarkand, Ende des 14. Jh.
Staatliche Museen zu Berlin, Islamisches Museum; I. 1024

Schriftproben aus dem »San zi xing« (Klassiker der drei Zeichen). China, 18. Jh. Von oben nach unten: Normalschrift (kaishu), Konzeptschrift (xingshu), Kanzleischrift (lishu) und Siegelschrift (zhuanshu)

Schriftprobe der Qin-Zeit (um 200 v. u. Z.), Tusche auf Papier, Siegelschrift (zhuanshu). Kalligraphie von Yang Enlin, um 1970. Staatliche Museen zu Berlin, Ostasiatische Sammlung. 35 × 69 cm

zu zieren. In der Auffassung von der Heiligkeit der Schrift schlug sich auch die Tatsache nieder, daß die Schrift als Symbol des Wortes der rationalen Orientierung des Islam adäquat Ausdruck gab. Für den Einsatz der Schrift in den verschiedenen Medien (z. B. als Dekor von Teppichen, Metall- oder Keramikgefäßen) sowie für die Entwicklung der Buchkunst war schließlich bedeutsam, daß die arabischen Buchstaben weder durch profane Benutzung noch durch Adaption an eine andere Sprache (Persisch, Türkisch) wesentlich an Verehrung einbüßten.

Die Herausbildung dekorativer Schriftstile war zunächst eng mit der Anfertigung kostbarer Korankopien verknüpft. Unter Zurückdrängung anderer eckiger und kursiver Varianten setzte sich seit dem Ende des 8. Jh. das Kufi, eine hieratische, anfangs die horizontalen Linien überbetonende Schrift als bevorzugte Form durch (schleichendes Kufi). Bereits im 9. Jh. kam es zur Entwicklung weiterer Varianten dieses Duktus, bei denen die Buchstaben oft mit floralen (blühendes Kufi) und geometrischen Elementen (Flechtkufi) verschmolzen oder mit stilisierten Tier- und Menschenköpfen verbunden wurden (redendes Kufi).

Seit dem 10. Jh. wurden daneben auch verschiedene dekorative Stile der kursiven Schrift ausgebildet. Zu ihrer Abgrenzung trug die zu jener Zeit von bedeutenden Kalligraphen vorgenommene Aufstellung von Regeln bei. Anstelle der in den östlichen islamischen Ländern verbreiteten sechs klassischen Stile der Kursivschrift kam in Nordafrika und Spanien ein auf diese Gebiete begrenzter Duktus in Gebrauch. In engem Zusammenhang mit der Entwicklung der Buchkunst im iranischen Raum seit dem 14. Jh. entstanden die hängenden Schriftformen. Das dazugehörige »Nastalik« wurde die bevorzugte Variante für kostbare persische Handschriften profanen Charakters. Eine Sonderform der Kalligraphie stellt das besonders in der Spätzeit verbreitete »Malen mit Buchstaben« dar, wobei beispielsweise Gebete in einer Weise geschrieben wurden, daß sich die Darstellung eines Vogels, eines Schiffes u. a. ergab. Die Hochschätzung der Kalligraphie führte bereits im Mittelalter dazu, daß Handschriftenproben berühmter Meister gesammelt wurden. Die Traditionslinie der Schriftkunst reicht bis in die Gegenwart, wo die Kalligraphie zum Programm der künstlerischen Ausbildung gehört.

K. R.

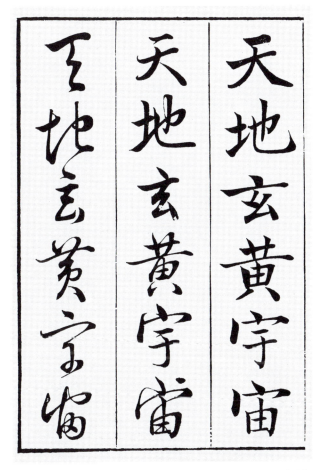

Moderne Schriftproben. Von rechts nach links Konzeptschrift, Halbkursive und Normalschrift. Aus: Y. Hiroko, Sho-Pinselschrift und Malerei in Japan vom 7. bis 19. Jh. Köln, 1975

Kalligraphie von Yang Enlin, um 1970. Gedicht »Chu Sheng« (Die Stimme aus Chu). Signiert und gesiegelt Yu Gong. Normalschrift (kaishu). Staatliche Museen zu Berlin, Ostasiatische Sammlung. 46 × 70 cm

Lit.: Kühnel, E.: Islamische Schriftkunst. – Graz, 1942. (Nachdr. 1972) // Qāḍī Ahmad: Calligraphers and painters / transl. by V. Minorsky. – Washington, 1959. // Schimmel, A.: Islamic calligraphy. – Leiden, 1970. // Safadi, Y. H.: Islamic calligraphy. – London, 1978. // Pedersen, J.: The Arabic book. – New York, 1984.

Schriftkunst, ostasiatische
Die Geschichte der ostasiatischen Schriftkunst bis zur Gegenwart beruht auf der chinesischen Zeichenschrift mit einer rund viertausendjährigen Entwicklung. Die chinesische Schrift ist eine Begriffsschrift, deren Anfänge auf Bildzeichen des 2. Jahrtausends v. u. Z. zurückgehen. Die Theorie der Kalligraphie unterscheidet fünf Schriftarten: 1. Um 1300 v. u. Z. entstanden die archaischen Formen (zhou wen). Sie wurden in der späteren Kalligraphietheorie als *Siegelschrift* (chines. zhuanshu) bezeichnet. Beispiele finden sich auf Bronzegefäßen dieser Zeit in China. In der Untergruppe, der sog. kleinen Siegelschrift (chines. xiao zhuanshu), sind diese Zeichen bereits abgeschliffen und stellen den Schrifttyp der Qin-Zeit (221–207 v. u. Z.) dar. Dieser Typ diente als echte Gebrauchsschrift und wird bis heute als Auszeichnungsschrift auf Titeln klassischer Bücher und als Vorsatzbeschriftung angewandt. Die meisten roten Sammler- und Künstlerstempel auf Bildern und Kalligraphien Chinas, Koreas und Japans basieren auf diesem Typ. Um 200 v. u. Z. bestand bereits ein System von 3000 kanonisierten Zeichen. 2. Die Amtsschreiber- oder *Kanzleischrift* (chines. lishu, japan. reisho) entwickelte sich (206 v. u. Z.–220 u. Z.) während der Han-Zeit. Sie hat sich langsam aus der Siegelschrift durch schnelles Schreiben und den Gebrauch des Pinsels entwickelt und wird bis heute in der Kalligraphie und Buchkunst als Auszeichnungsschrift verwendet. 3. Die Normal- oder *Regelschrift* (chines. kaishu, japan. kaisho) hat sich von allen Typen als letzter erst zwischen dem 2.–4. Jh. u. Z. ausgeprägt. Im Lexikon »Shuo wen jiezi« (Erklärung der Schrift und Analyse der Schriftzeichen) von Xu Shen (Han-Zeit, um 100 u. Z.) sind mehr als 10 000 Zeichen erfaßt. Die Regelschrift blieb noch lange mit der Kanzleischrift vermischt. Eine erste klassische Phase besteht in Texten der Sui- und frühen Tang-Zeit (6.–7. Jh.). Sie ist seither die eigentliche Buchschrift und die Grundlage des im 8. Jh.

beginnenden Typen- und Blockdrucks. 4. Die *Halbkursive* oder Kurrentschrift (chines. xingshu, japan. gyōsho) entstand im 3.–4. Jh. aus dem schnellen Schreiben der Siegel- und Kanzleischrift mit dem Pinsel. Sie zeichnet sich durch bewegte, ausgewogene Strichführung aus und wird in der Buchkunst auch als Drucktyp für Titelschriften verwendet. Gleichzeitig ist sie bis heute die am meisten verwendete Individualschrift. Ein erster Höhepunkt lag bei den Literaten und Malern der Song-Zeit (960–1279). 5. Die *Kursivschrift* (chines. caoshu, japan. sōsho), im europäischen Sprachgebrauch auch als Grasschrift bezeichnet, wird durch starke Verschleifungen und das Zusammenziehen der Grundstriche jedes Zeichens gebildet und kann daher auch von Kennern häufig nur schwer auf die Normalzeichen zurückgeführt werden. Die frühesten Beispiele gehen auf das 1.–2. Jh. u. Z. zurück. Eine erste klassische Phase liegt bei den Meistern der Tang-Zeit (618–907) wie Zhang Xu und Huai Su (8. Jh.). Auf Grund des hohen Abstraktionsgrades bedarf diese Schrift höchster Meisterschaft. Wegen der Schwierigkeiten beim Zeichenlesen wurden dafür vergleichende Lexika angelegt, in denen die Regelschriftzeichen den Kursivzeichen gegenübergestellt sind.

Das Beherrschen einer Vielzahl von Zeichen gilt bis heute als höchster Kunstwert. Im kaiserzeitlichen China gehörten seit dem 7. Jh. bei den Staatsprüfungen Inhalt und Form der Schriften zusammen, so daß auch der Schriftstil bewertet wurde. Daraus ergab sich ein aristokratisches Bildungsgefüge, in dem Beamte und Literaten die maßgebliche Rolle spielten. Vor allem Literaten und Maler tradierten die genannten Schriftarten, doch war die Kalligraphie bis um 1900 in Ostasien keine selbständige Kunst.

Die Verwendung der chinesischen Schriftzeichen verbreitete sich mit dem Buddhismus über ganz Ostasien. Seit Ende des 15. Jh. entwickelten koreanische Meister zusätzlich eine Buchstabenschrift (han'gul). Japan übernahm seit dem 4. Jh. die Zeichenschrift Chinas und fügte aus sprachlichen Gründen seit dem 9. Jh. zwei Silbensysteme hinzu: Die Hiragana- und Katakana-Zeichen. Selbständigen Schriftkunstausdruck erlangten daraus abgeleitete Pinselschriften der Heian-Zeit (10.–12. Jh.), die sog. onnade, Frauenschriften.

Grundsätzlich gelten jedoch die chinesischen Zeichen (hanzi) als Grundlage der Kalligraphie. Sie sind zugleich allgemeines Verständigungsmittel. Ihre weitgehende Verbreitung fand die Schriftkunst durch Pinselformen in der Malerei und in literarisch-wissenschaftlichen Abhandlungen. Die qualitativ hochstehende Holzschnittkunst verwendete ebenfalls die genannten Haupttypen. Die Schriftkunst Ostasiens ist seither eine grundlegende Kunstform, die nicht nur von Literaten, Malern, Kalligraphen und Siegelschneidern, sondern auch von Laien in entsprechenden Vereinigungen gepflegt wird.   S. N.

Ende einer Querrolle der Tang-Zeit »Damen mit Hund«, 7. Jh. Sammler- und Künstlerstempel in Siegelschrift.
Staatliche Museen zu Berlin, Ostasiatische Sammlung

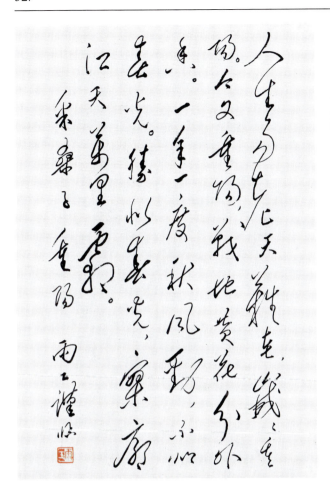
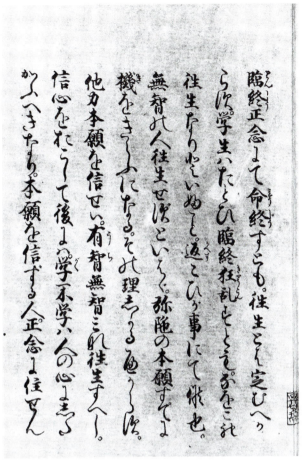

Grasschrift (caoshu) für das Gedicht »Chong Yang« (Doppelsonnenfest). Signiert und gesiegelt Yu Gong, um 1970. Staatliche Museen zu Berlin, Ostasiatische Sammlung. 38,5 × 69 cm

Typische Kombination von chinesischen Halbkursiven und den japanischen Silbenzeichen Hiragana. Aus: »Enkō Daishi den«, Biographie des buddhistischen Mönchs Hōnen Shōnin (1133–1212). Edo, um 1820. Holzplattendruck. 18 × 26 cm

Lit.: Lexikon der Kunst. – Bd. I–V. – Leipzig, 1968–1978. // Willetts, W.: Das Buch der chinesischen Kunst. – Leipzig, 1970. // Ledderhose, L.: Die Siegelschrift in der Ch'ing-Zeit. – Wiesbaden, 1970. // Nakata, Y.: The art of Japanese calligraphy. – Tokyo, 1973. // China-Handbuch / hrsg. von W. Franke. – Opladen, 1974. // Goepper, R.; Hiroko, Y.: Sho-Pinselschrift und Malerei in Japan vom 7. bis 19. Jh. – Köln, 1975. // Horie, T.: Sho (Kalligraphie). – Bd. 30. – Tokyo (Shogakukan), 1978. // Böttger, W.: Kultur im alten China. – 2. Aufl. – Leipzig, 1979. // Illustrated catalogues of Tokyo National Museum : Chinese calligraphies. – Tokyo, 1980. // Yao, S. Wen-Pu: Ostasiatische Schriftkunst. – Berlin (West), 1982. // Pál, M.: Das Drachenauge ; Einführung in die Ikonographie der chinesischen Malerei. – Leipzig, 1982. // Japan-Handbuch / hrsg. von H. Hammitzsch, L. Brüll. – 2. Aufl. – Wiesbaden, 1984. // Schaarschmidt-Richter, J.: Sho – Japanische Schreibkunst. – München, 1985.

Schuber

Schutzhülle für das Buch in Form eines dem jeweiligen Band angepaßten, an einer Seite offenen Futterals. In einfacher Ausführung dient er dem Schutz des Einzelexemplars beim Versand und während der Lagerung (Schutzkarton). Für bibliophile Zwecke werden Schuber unterschiedlicher Qualität (buntpapier- oder gewebeüberzogener Karton, Innenfutter aus Molton oder Samtleder, Stehkanten mit Leder eingefaßt) hergestellt. Um 1800 fanden die ersten künstlerisch gestalteten Verlegerkartonagen bei den ↗ Almanachen und ↗ Taschenbüchern Verwendung.   K. M.

Schutzumschlag

ein zum Schutz des ↗ Einbandes bestimmter, meist mehrfarbig bedruckter, lose um das Buch gelegter Papierstreifen, dessen Höhe dem Format des Buches entspricht und dessen Längsseiten (Klappen) 5 bis 10 cm umgeschlagen sind, damit sie zwischen Buchdeckel und Buchblock Halt finden.

Der Schutzumschlag dient heute vornehmlich Werbezwecken, die Gestaltung fällt in das Aufgabengebiet des Buchgestalters. Seine Ausführung folgt bei allem Streben nach künstlerischer Originalität einem festen Gestaltungsschema: 1. Vordere Klappe mit dem Klappentext (auch als Waschzettel bezeichnet), der meist eine kurze, werbepsychologisch geschickt abge-

Schutzumschlag 328

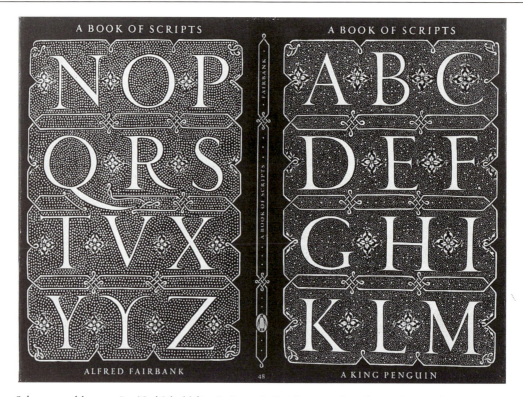

Schutzumschlag von Jan Tschichold für ein Penguin Book, 1949. Gestaltet nach Juan de Yciar, 1547
Schutzumschlag von Albert Kapr zu seiner »Schriftkunst«. Dresden, Verlag der Kunst, 1971.

faßte Buchempfehlung oder auch nur eine Inhaltsangabe enthält, 2. Vorderseite mit dem Titel des Werkes und einem werbewirksamen Blickfang, »Kleinplakat«, 3. Buchrücken mit kurzer Verfasser- und Titelangabe, 4. Rückseite, häufig ohne Schmuck, und 5. hintere Klappe, oft mit einem Autorenporträt und einer Kurzbiographie oder mit Hinweisen auf weitere Publikationen des Verlages. Auch die Innenseiten des Schutzum-

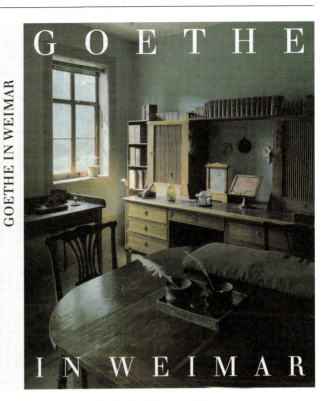

Schutzumschlag von Walter Schiller zu Goethe in Weimar. Leipzig, Edition, 1986
Schutzumschlag von Klaus Ensikat zu H. Melville, Taipi. Berlin, Verlag Neues Leben, 1977

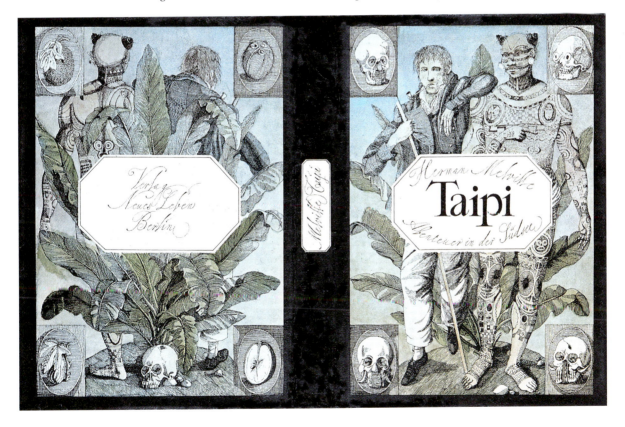

schlags können bedruckt sein. Aus aktuellem Anlaß kann eine sog. Bauchbinde, etwa 5 cm breit, zusätzlich um das Buch gelegt werden. – Die Anfänge des heutigen Schutzumschlags können in den mit Holzschnittornamenten verzierten Papierumschlägen der Drucke des 15. Jh. gesehen werden.

Um 1830 erlebten reich illustrierte und ornamentgeschmückte Broschurumschläge (↗ Broschur) eine erste Blütezeit. Aus dem Kartonumschlag des 19. Jh. entwickelte sich seit der Einführung des Verleger-Gewebe-Einbandes der Schutzumschlag, der seit der Jahrhundertwende mehr und mehr an Eigenständigkeit gewann (Toulouse-Lautrec, Steinlen, Slevogt, T. T. Heine, Gulbransson, Eckmann, Lechter, E. R. Weiß u. a.).

Die Gestaltung soll die Neugier des Lesers wecken und ihn zum Kauf anregen. Künstlerisch anspruchsvolle und gut gedruckte Schutzumschläge bestimmen nicht unwesentlich das »Verlagsgesicht«. Wie die »Schönsten Bücher des Jahres« werden in vielen Ländern auch die besten Schutzumschläge regelmäßig ausgezeichnet (in der DDR seit 1972). *F. M.*

Lit.: Ehmcke, F. H.: Broschur- und Schutzumschlag am deutschen Buch der neueren Zeit. – Mainz, 1951. // Rosner, C.: Die Kunst des Buchumschlages. – Stuttgart, 1954. // Curl, P.: Designing a book jacket. – London, 1956. // Schauer, G. K.: Kleine Geschichte des deutschen Buchumschlags im 20. Jahrhundert. – Königstein/Taunus, 1962. // Kapr, A.: Der Buchumschlag. – In: Kapr, A.: Buchgestaltung. – Dresden, 1963. – S. 228 – 245. // Kroehl, H.: Der Buchumschlag als Gegenstand kommunikationswissenschaftlicher Untersuchungen. – Mainz, 1980. // Brandstätter, C.: Buchumschläge des Jugendstils. – Dortmund, 1981.

Signet ↗ Druckermarke

Sozialistica

Sammelbegriff für das mit der Geschichte der Arbeiterbewegung in Zusammenhang zu bringende Schrifttum. Dazu zählen unter anderem: 1. Ausgaben der Schriften von Karl Marx, Friedrich Engels, W. I. Lenin und anderer Führer und Theoretiker der Arbeiterbewegung, die zu deren Lebzeiten veröffentlicht wurden (alle Aus-

Ausschnitt aus der Titelseite der Neuen Rheinischen Zeitung vom 5. April 1849. Nach einem Faksimile

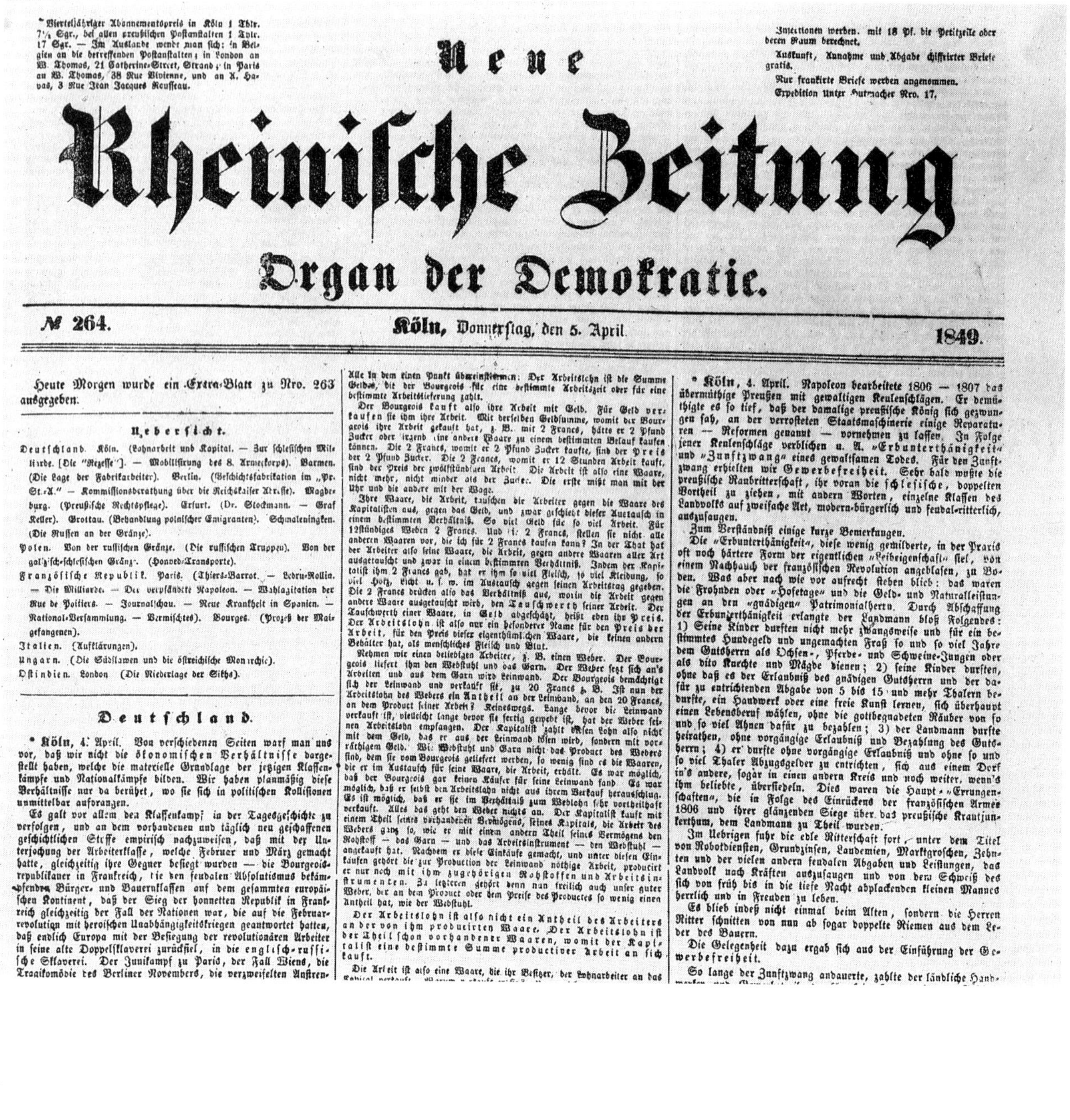
Vierteljähriger Abonnementspreis in Köln 1 Thlr. 7½ Sgr., bei allen preußischen Postanstalten 1 Thlr. 17 Sgr. — Im Auslande wende man sich: in Belgien an die betreffenden Postanstalten; in London an W. Thomas, 21 Catherine-Street, Strand; in Paris an W. Thomas, 38 Rue Vivienne, und an A. Havas, 3 Rue Jean Jacques Rousseau.

Neue Rheinische Zeitung

Organ der Demokratie.

Insertionen werden mit 18 Pf. die Petitzeile oder deren Raum berechnet.
Auskunft, Annahme und Abgabe chiffrirter Briefe gratis.
Nur frankirte Briefe werden angenommen.
Expedition Unter Hutmacher Nro. 17.

№ 264. Köln, Donnerstag, den 5. April 1849.

Titelblatt der ersten französischen Ausgabe des Kapitals von Karl Marx mit handschriftlicher Widmung an seine Tochter Eleanore vom 19. Dezember 1876

gaben in allen Sprachen), sowie Zeitungen und Zeitschriften, die von ihnen herausgegeben wurden. Mit einbezogen werden auch die von ihnen verfaßten, bibliographisch unselbständig erschienenen Artikel und Aufsätze; 2. Schriften über Leben, Werk und Theorie von Marx, Engels und Lenin u. a.; Publikationen des In- und Auslandes auf dem Gebiet des Marxismus-Leninismus; 3. Schriften zur Geschichte und Verbreitung des wissenschaftlichen Kommunismus (Bund der Kommunisten, I., II. und III. Internationale …), grundsätzliche Veröffentlichungen der kommunistischen und Arbeiterparteien des Auslandes (Parteitagsberichte, Protokolle, Reden und Aufsätze ihrer führenden Funktionäre); 4. Schriften zur Geschichte der deutschen Arbeiterbewegung und ihrer Parteien und Massenorganisationen bzw. von Spezialorganisationen der deutschen Arbeiterbewegung; Publikationen, die von den deutschen Arbeiterparteien zentral herausgegeben wurden (z. B. Protokolle und Beschlüsse von Parteitagen und Konferenzen, Stellungnahmen zu Grundfragen der Politik und der gesellschaftlichen Entwicklung); 5. Veröffentlichungen bedeutender Repräsentanten der deutschen und internationalen Arbeiterbewegung. – Weiterhin Schriften zur Gewerkschafts- und Genossenschaftsbewegung, zur Frauen-, Kinder- und Jugendbewegung, zur Arbeitersportbewegung usw., ebenso grundlegende Literatur anderer Organisationen, die für die Geschichte und Entwicklung der deutschen Arbeiterbewegung besondere Bedeutung erlangt haben; schließlich Literatur zu speziellen Problemen (wie z. B. Schul- und Erziehungsfragen, Sozialwesen, Kommunalpolitik), die in der Geschichte der Arbeiterbewegung eine besondere Rolle gespielt haben, und Literatur von und über Persönlichkeiten außerhalb der Arbeiterbewegung, die diese beeinflußt haben. Neben diesem sachbezogenen Schrifttum finden auch relevante Werke der Belletristik Berücksichtigung.

Der größte Teil dieser Schriften diente den unmittelbaren Anforderungen der aktuellen Tagespolitik. Sie wurden auf billigem Papier gedruckt und befinden sich heute aus diesem Grund in einem schlechten Erhaltungszustand. Als wichtiger Bestandteil des kulturellen Erbes bedürfen sie sachkundiger Aufbewahrung und sorgfältiger Pflege. Viele Sozialistica sind heute nur noch schwer nachweisbar, da sie häufig verboten oder konfisziert und vernichtet wurden. Nicht selten erschienen sie getarnt (mit einem unverfänglichen Umschlag und fingierter Verlagsangabe; ↗ Tarnschrift), illegal oder im Exil. Das trifft z. B. für die Schriften aus der Zeit des Sozialistengesetzes, für die Antikriegsliteratur während des ersten Weltkrieges, für die antimilitaristische Literatur aus der Zeit der Weimarer Republik und für die Literatur des antifaschistischen Widerstandskampfes der Jahre 1933 bis 1945 zu.

Bereits 1882 wurde von August Bebel die Forderung nach einer Parteibibliothek erhoben, die alle Veröffentlichungen der Sozialdemokratischen Partei, deren Parteizeitungen und Parteiprogramme und die zeitgenös-

sische Literatur sammeln sollte. An diese frühen Traditionen knüpft unter anderem der als Gemeinschaftsunternehmen der wissenschaftlichen Bibliotheken der DDR seit 1960 an der Deutschen Bücherei Leipzig und der Deutschen Staatsbibliothek Berlin sowie an der Bibliothek des Instituts für Marxismus-Leninismus in Berlin geführte »Zentralkatalog der Literatur zur Geschichte des Sozialismus und der Arbeiterbewegung« an, der die für die Theorie und Praxis der Arbeiterklasse einschließlich ihrer historischen Entwicklung relevante Literatur nachweist. Er erfaßt das etwa seit der Französischen Revolution von 1789 bis 1945 erschienene, in den mitarbeitenden Bibliotheken vorhandene einschlägige Schrifttum (Stand 1985: etwa 27 000 Titel), so auch Arbeiten über die älteren utopischen Sozialisten und die großen Utopisten des 19. Jh. (C.-H. de St. Simon, F.-M.-C. Fourier, R. Owen), die Nationalökonomen des 18. und 19. Jh. (A. Smith, D. Ricardo, J.-C.-S. de Sismondi, J. S. Mill) und über die Philosophen Hegel und Feuerbach, soweit sie vom Standpunkt der Arbeiterklasse aus verfaßt wurden.

Zentrale Sammelstelle der DDR für die Literatur zur »Marx-Engels-Lenin-Forschung« und zur »Deutschen und internationalen Arbeiterbewegung« ist die oben genannte Bibliothek des Instituts für Marxismus-Leninismus, die über einen Bestand von 380 000 Bänden verfügt. Bei den Schriften von Marx und Engels strebt sie Vollständigkeit an und weist 1978 z. B. allein vom »Kommunistischen Manifest« 183 deutsche und 449 fremdsprachige Ausgaben in 66 Sprachen nach.   *F. M.*

Lit.: Scheffler, H.: Der Zentralkatalog der Literatur zur Geschichte des Sozialismus und der Arbeiterbewegung. – In: Zentralblatt für Bibliothekswesen. – Leipzig 75(1961). – S. 529 – 539. // Gablenz, R.; Gebauer, H.: Über die Arbeit am Zentralkatalog der Literatur zur Geschichte des Sozialismus und der Arbeiterbewegung. – In: Beiträge zur Geschichte der deutschen Arbeiterbewegung. – Berlin 4(1962). – S. 977 – 982. – Institut für Marxismus-Leninismus ⟨ Berlin, DDR ⟩ : Benutzungsführer. – Berlin, 1980.

Stahlstich

Der Stahlstich, früher auch *Siderographie*, ist ein Tiefdruckverfahren. Durch Entzug des Kohlenstoffs wird eine Stahlplatte bearbeitungsfähig gemacht. Das dichte Gefüge des Stahls ermöglicht eine besonders feine Linienführung, die dieses Verfahren für Banknoten und Wertpapiere, aber auch für Personen- und Landschaftsdarstellungen zur Anwendung brachte.

Ursprünglich von dem Amerikaner Jacob Perkins für die Herstellung von Banknoten und Landkarten entwickelt, wurde der Stahlstich seit 1823 durch den Engländer Charles Heath genutzt, um Galeriewerke und Landschaftsansichten zu reproduzieren, vor allem von beliebten Reisezielen wie dem Rheintal oder Italien. In der Folgezeit war der Stahlstich in England die Grundlage für die Illustration vor allem zeitgenössischer Autoren wie Dickens, mit dessen Werk vor allem die Stecher George Cruikshank und Hablot Browne

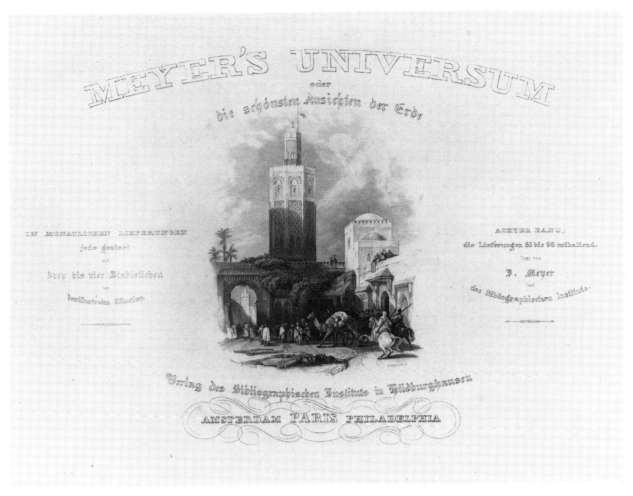

Titelblatt zu Meyer's Universum, Bd. 8. Hildburghausen, 1842. 28 × 20 cm

(Phiz) verbunden sind. In Deutschland führte der Kupferstecher Karl Ludwig Frommel den Stahlstich ein und machte Karlsruhe, neben Nürnberg, zu einem der Zentren seiner Herstellung. Unter den deutschen Künstlern des 19. Jh. lieferte unter anderem Ludwig Richter zahlreiche Vorlagen für Stahlstiche. Der Stahlstich wurde wegen des damit verbundenen Arbeitsaufwandes nur von wenigen Künstlern als direktes Medium verwendet, er diente meist der Schaffung reproduktionsfähiger Vorlagen durch spezielle Ateliers und Werkstätten. Die Härte des Materials ließ Abzüge in gleichbleibender Qualität von hoher Zahl zu und war damit das geeignete Verfahren, um in Werken mit hoher Auflage Illustrationen wiederzugeben. Hiervon profitierten die zeitgenössische Belletristik, die entstehenden Familienzeitschriften, wissenschaftliche und populärwissenschaftliche Veröffentlichungen und Lexika. Einer der bedeutendsten Nutzer des Stahlstichs war das Bibliographische Institut Hildburghausen, später Leipzig, mit den weitverbreiteten Werken »Meyers Universum« und »Meyers Konversationslexikon«. Mit der Entwicklung neuer Reproduktionstechniken, u. a. der Möglichkeit, Kupferstiche zu verstählen und damit eine gleichbleibende Abzugsqualität bei hohen Auflagen zu erzielen, trat in der zweiten Hälfte des 19. Jh. der Stahlstich als Mittel künstlerischer Buchillustration in den Hintergrund.   *H.P./K.K.W.*

Lit.: Perrot, A. M.: Die Gravierkunst nach ihrem ganzen Umfang oder vollständige Anweisung zum Kupferstechen, Radiren, Landkarten-, Schrift- und Noten-Graviren, Stahlstechen und Holzschneiden. – Ulm, 1831. // Volkmann, K.: Der Stahlstich als Buchillustration. – In: Zeitschrift für Bücherfreunde. – Weimar, H. 37, 1933. – S. 211–216. // Volkmann, K.: Der Stahlstich als Kunstgattung. – In: Zeitschrift für Bücherfreunde. – Weimar, H. 39, 1935. – S. 155–159. // Marsch, A.: Meyer's Universum : e. Beitrag zur Geschichte des Stahlstichs und des Verlagswesens im 19. Jh. – 2. Aufl. – Lüneburg, 1973. (Nordost-Archiv ; 3) // Meyer's Universum oder Die schönsten Ansichten der Erde : Sämtl. Stahlstiche / hrsg. v. A. Marsch. – Bd. – 1.2. – Nördlingen, 1985.

Stammbuch

1. als Stammtafel oder Geschlechterbuch Verzeichnis von Familienangehörigen. – 2. Ist das Stammbuch Freundschafts- und Erinnerungsbuch, werden auch die Bezeichnungen *Album amicorum, Philothekon, Stamm- oder Gesellenbüchlein* gebraucht. Es entwickelte sich, vermutlich von Wittenberg ausgehend und

Stammbuch des Johann Albrecht von Thüna mit Wappen und Eintragung von Leopold von Arnim aus dem Jahr 1577.
Zentralbibliothek der Deutschen Klassik, Weimar; Stb 296

durch die Reformation gefördert, seit der Mitte des 16. Jh. zugleich als Autographen-, Sinnbild- und Sinnspruchsammlung. Zu den frühesten bekannten Stammbüchern zählen das des Christoph von Teuffenbach (Einträge 1548–1568) und das des Zerbster Superintendenten Abraham Ulrich und seines Sohnes, des Notars David Ulrich (Einträge 1549?–1596). Anfangs wurden auch durchschossene Exemplare, z. B. von ↗ Emblembüchern, verwendet. Bei der Ausschmückung der Stammbücher versuchten sich Künstler und Dilettanten gleichermaßen. Die eigenschöpferische Tätigkeit der Eintragenden wurde schließlich im 19. Jh. durch industriell hergestellte Vorgaben ersetzt. Bis etwa 1650 herrschen farbig ausgemalte Wappen vor, die bei ↗ Briefmalern in Auftrag gegeben wurden. Dann sind Genre-, Jagd- und Spielszenen, allegorische Darstellungen, Landschafts-, Städte- und Architekturbilder, Szenen aus dem Studentenleben, Silhouetten, Kostümdarstellungen, Quodlibets, aber auch eingeklebte Stiche, Flechtarbeiten aus Haaren oder Papier und Stickereien weit verbreitet. Für den Einband fanden Leder, Samt oder Seide Verwendung. Beliebt waren Querformate in Oktav oder Sedez. Auch in Kästchen wurden Stammbuchblätter lose aufbewahrt. Das Titelblatt des Stammbuches trug den Namen des Besitzers mit gelegentlichen biographischen Notizen oder einer Präambel. Die Reihenfolge der Einträge gab über die gesellschaftliche Stellung des Schreibers Auskunft. Hochgestellten, vornehmen Personen folgten Gönner und Professoren, Verwandte, Freunde und Bekannte. Für die Einträge selbst wurde ein feststehendes Schema benutzt: Text in Versform oder Prosa, Namensunterschrift, Orts- und Datumsangabe, außerdem meist eine verschlüsselte Devise oder ein »Symbolum«. Das Stammbuch war zwischen 1550 und 1850 vor allem bei Studenten und in Bürger- und Handwerkerkreisen in Gebrauch, seine Blütezeit erlebte es im »Zeitalter der Empfindsamkeit« (2. Hälfte des 18. Jh.) mit dem für diese Jahre charakteristischen Freundschaftskult. Heute sind es Poesiealben von Kindern mit Stammbuchbildern und Gästebücher, die die Tradition des Stammbuches fortführen. Stammbücher spiegeln das geistige Umfeld sowohl des Schreibers als auch des Besitzers wider, sie sind auf Grund ihrer Wandlungs- und An-

Stammbuch des Magisters Johannes Frentzel aus Leipzig mit Eintragung aus dem Jahr 1655. Universitätsbibliothek, Leipzig
Stammbuch der Johanna Schönebeck aus Arnstadt mit Eintragung aus dem Jahr 1789. Privatbesitz

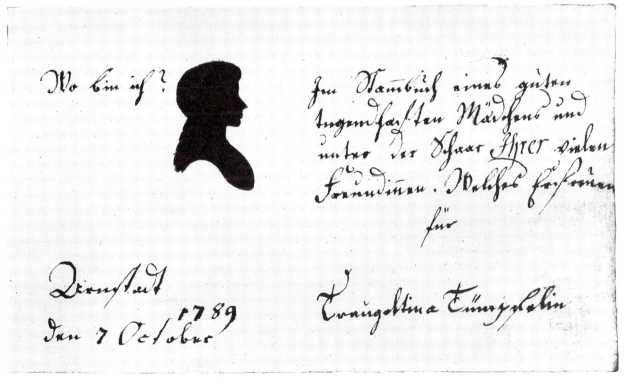

Stammbuch des Ludwig Ferdinand Hübner aus Mühlhausen, stud. theol. in Jena, mit Eintragung aus dem Jahr 1790.
Universitätsbibliothek, Jena; Stb 81

passungsfähigkeit aufschlußreiche Zeitdokumente und interessante kultur-, personen- und familiengeschichtliche Quellen. Als Sammelobjekte waren sie schon im 18. Jh. begehrt. Bedeutende Stammbuchsammlungen befinden sich in Frankfurt a. M. (Museum für Kunstgewerbe; ca. 700), London (The British Library; ca. 600) und Weimar (Zentralbibliothek der deutschen Klassik; ca. 600). K. M.

Lit.: Hölbe, F. W.: Geschichte der Stammbücher. – Camburg, 1798. // Keil, R.; Keil, R.: Die deutschen Stammbücher des 16.–19. Jh. – Berlin, 1893. (Nachdr. Hildesheim, 1975) // Fiedler, A.: Vom Stammbuch zum Poesiealbum. – Weimar, 1960. // Marwinski, K.: »Der Freundschaft und Tugend heilig«, in alten Weimarer Stammbüchern geblättert. – In: Marginalien. – Berlin H. 34, 1969. – S. 33–50. // Angermann, G.: Stammbücher und Poesiealben als Spiegel ihrer Zeit. – Münster, 1971. // Henning, H.: Die Weimarer Stammbuch-Sammlung. – In: Marginalien. – Berlin H. 66, 1977. – S. 46–60. // Goldmann K.: Nürnberger und Altdorfer Stammbücher aus 4 Jahrhunderten : e. Katalog. – Nürnberg, 1981. // Klose, W.: Stammbücher : e. kulturhistorische Betrachtung. – In: Bibliothek und Wissenschaft. – Wiesbaden 16(1982). – S. 41–67.

Stempel

157–163 (1) im Buchbinderhandwerk wichtigstes Werkzeug zur Verzierung von Ledereinbänden in Blind- oder Golddruck (mit der Hand) bzw. -pressung (durch die Maschine). Stempel werden nach ihrer äußeren Form (z. B. Einzel-, Rollen- oder Platten-Stempel, Fileten) und nach ihren Motiven (z. B. Blüten-, Blatt- oder Knoten-Stempel) unterschieden. Aufgrund des verwendeten Stempelmaterials können bei historischen Einbänden durch die Einbandforschung Bucheinbände datiert und lokalisiert und sogar einzelnen Werkstätten oder Buchbindern zugeordnet werden (↗ Einband). – (2) in der Schriftgießerei die Patrize. – (3) Namen-Stempel von Personen oder Körperschaften in einem Buch (meist auf der Rückseite des ↗ Titelblattes) als Eigentumskennzeichnung (↗ auch Exlibris). F. M.

Stereotypie

(griech. stereos = fest; typos = Buchstabe), ein Verfahren zur Abformung von Schriftsatz oder ↗ Klischees in Matern. Die Stereotypie ist im Hochdruck (beim Buch- und Zeitungsdruck, bei Akzidenzen) verbreitet. Das Verfahren war bereits im 15. und 16. Jh. für Metallschnittplatten und Holzstöcke bekannt, erfuhr aber seine Weiterentwicklung erst im 18. Jh., vor allem durch Firmin Didot. 1804 wurde die Gipsstereotypie von Stanhope in London eingeführt. Der durchschlagende Erfolg der Stereotypie kam aber erst mit der Einführung der Papiermatrize durch den Lyoneser Schriftsetzer Claude Genoux 1829.

Ein besonders vorgerichteter Karton wird in feuchtem Zustand auf den Satz aufgelegt, mit einer Bürste aufgeklopft oder aufgepreßt. Die so entstehende Matrize (Mater) kann mehrmals zum Abguß des Satzes verwendet werden; die so hergestellten Ausgaben werden im Impressum auch als Stereotypie-Ausgaben bezeichnet.

Mit der Einführung der Stereotypie wurde auch die Verwendung von Rotationsdruckmaschinen möglich. An Stelle der Papiermatern werden heute auch spezielle Plastmatern verwendet. K. K. W.

Subskription

(lat. sub scribere = unterschreiben)
(1) im Sinne von Vorausbestellung: schriftliche Verpflichtung zur Abnahme eines Werkes nach Erscheinen zum Subskriptionspreis (Ermäßigung von etwa 10 bis 20 % gegenüber dem späteren Ladenpreis, die zu einem

bestimmten Zeitpunkt erlischt; anders als bei der Prä-
numeration wird eine Vorauszahlung nicht verlangt).
Seit etwa dem 17. Jh. im Buchhandel geübte Praxis, die
dem Verleger, besonders bei mehrbändigen und Lieferungswerken, eine nahezu risikolose Kalkulation ermöglichte. In der zweiten Hälfte des 18. Jh. ließen
zahlreiche Autoren ihre Werke im Selbstverlag (↗ Verlag) auf Subskriptionsbasis erscheinen, z. B. F. W. Za-
chariä 1763 bis 1765 seine »Poetischen Schriften« (die
Subskriptionsliste umfaßt 496 Personen) und Klopstock seine »Gelehrtenrepublik« 1773 (3678 Subskribenten in 253 Orten). Die von 1781 bis 1785 bestehende, zum genossenschaftlichen Selbstverlag überleiten-
de Dessauer Buchhandlung der Gelehrten bediente sich
ebenfalls der Subskriptionspraxis. Die mitveröffent-
lichten Subskriptionslisten sind heute wichtige kulturgeschichtliche Quellen.

(2) am Schluß mittelalterlicher Codices (↗ Kodex)
angefügte Wünsche oder Fürbitten für den Schreiber,
den Korrektor oder auch für den Leser (↗ Kolo-
phon).   *K. M.*

Supralibros ↗ Exlibris

Tafelwerk

Als Tafeln werden in der Buchherstellung Abbildungen, graphische Darstellungen, Karten und Pläne bezeichnet, die aus technischen Gründen separat gedruckt werden. Sie illustrieren oder ergänzen (eingeheftet, eingeklebt oder an einem Falz eingehängt) den Inhalt einer Publikation. Bilden sie den Hauptbestandteil eines Werkes, liegt ein Tafelwerk vor (besonders bei kunstwissenschaftlichen, archäologischen und naturwissenschaftlichen, meist großformatigen Abbildungswerken). Der Text spielt in der Regel nur eine untergeordnete Rolle. Werden die Tafeln nur lose in eine Mappe gelegt, spricht man von einem *Mappenwerk*. Im Tafelwerk kann einer der Vorläufer des heutigen Bildbandes gesehen werden. K.M.

Talmud

Abgesehen von der Bibel, ist der Talmud (hebr. = Lehre) das Hauptwerk der jüdischen Religion. Der Talmud besteht aus der Mischna, der die Bibel ergänzenden mündlichen Lehre (insgesamt 63 Traktate), und der Gemara, die die Erläuterung dieser Vorschriften und die Diskussion der Gelehrten über sie enthält.

Titelblatt des Jerusalemer Talmuds. Krakau, 1609. 26 × 36 cm

Titelblatt des ersten Bandes des Jerusalemer Talmuds. Wilna, 1922. 26 × 39,7 cm

Die Mischna wurde im 2. Jh. kodifiziert; die Gemara existiert in zwei Fassungen: die des Jerusalemer Talmuds (Abschluß im 4. Jh.) und die des Babylonischen Talmuds (Abschluß im 6. Jh.). Unter Talmud im engeren Sinne wird die Gemara des Babylonischen Talmuds verstanden.

Komplette Handschriften sind nicht erhalten. Das vollständigste Manuskript des Jerusalemer Talmuds stammt aus dem Jahre 1299 (Universitätsbibliothek Leiden, MS. Scaliger 3); die umfangreichste Handschrift des Babylonischen Talmuds ist von 1343 (Bayerische Staatsbibliothek, MS München 95), die mit Ergänzungen des Fehlenden aus anderen Manuskripten im Jahre 1912 von Strack als Faksimile veröffentlicht worden ist.

Die erste vollständige Druckausgabe des Babylonischen Talmuds wurde 1520–1523 von Daniel Bomberg in Venedig ediert. In der Mitte der Seiten steht der Text, an den Rändern befinden sich Kommentare. Die Seiteneinteilung der dritten Bombergschen Ausgabe (Venedig 1548) ist Modell für die späteren Drucke geworden, so daß die Blattzählung stets dieselbe ist und dementsprechend nach Traktat und Folio zitiert wird. Als beste Ausgabe gilt die bei »Witwe und Gebrüder Romm«, Wilna 1880–1886, erschienene.

Der Jerusalemer Talmud wird jeweils in zwei Kolumnen gedruckt, ebenfalls mit derselben Einteilung und Blattzählung. Die Editio princeps (↗ Ausgabe) erschien 1523/24 in Venedig. Maßgeblich sind die Ausgaben Krakau 1609 bzw. Krotoschin 1866. *H. S.*

Lit.: Strack, H. L.: Einführung in Talmud und Midrasch. – 6. Aufl. – München, 1976. (Beck'sche Elementarbücher)

Tarnschrift

Tarnschriften sind eine Sonderform der sog. verkleideten Literatur. Unter einem harmlosen, unverfänglichen Titel, teilweise auch mit einem fingierten Impressum, enthalten sie kritische Äußerungen zu aktuellen Ereignissen oder anderweitig verbotene Texte. In ihrer Verkleidung stehen Tarnschriften den allegorisch verschlüsselten Darstellungen nahe, die auf Zeitereignisse anspielen. Als frühe Beispiele sind die von Grimmelshausen, Leibniz und unbekannt gebliebenen Autoren verfaßten Kataloge mit fiktiven Büchertiteln, Devotionalien und anderen Gegenständen zu nennen, die eine satirische Tendenz enthalten.

Erneute Bedeutung erhielten Tarnschriften während der faschistischen Herrschaft in Deutschland. Unter unverfänglich klingenden Titeln aus der legalen Buchproduktion und mit deren Verlagsangaben, als Werbebroschüren für Nahrungsmittel und Rasierklingen getarnt, wurden Veröffentlichungen antifaschistischen Inhalts vertrieben, die z. T. einen großen Empfängerkreis erreichten.

Art und Weise des Vertriebs und die Verfolgung durch die faschistischen Behörden haben solche Schriften außerordentlich rar gemacht. Eine umfangreiche Sammlung besitzt das Institut für Marxismus-Leninismus in Berlin. *K. K. W.*

Lit.: Gittig, H.: Illegale antifaschistische Tarnschriften 1933–1945. – Leipzig, 1972. (Zentralbl. Bibliothekswesen ; Beih. 87). // Stroech, J.: Die illegale Presse – eine Waffe im Kampf gegen den deutschen Faschismus. – Leipzig, 1979. (Zentralbl. Bibliothekswesen ; Beih. 90).

Taschenbuch

1. allgemein ein handliches, leicht zu transportierendes Buch in ansprechender Aufmachung und preisgünstiger Ausstattung. In diesem Sinne können die zu Beginn des 16. Jh. auf dem Büchermarkt in Erscheinung tretenden ↗ Aldinen ebenso wie die um 1800 bei Pierre Didot in Paris gedruckten Stereotypie-Ausgaben als Vorläufer des modernen Taschenbuches gelten. Auch die meisten Klassikerausgaben des Bibliographischen Instituts in den zwanziger und späteren Jahren des 19. Jh. und die großen Verlegerreihen aus der Mitte des Jahrhunderts (Reclams Universal-Bibliothek, 1867 ff.) popularisieren bereits die Idee des Taschenbuchs. – 2. Bezeichnung für ein Buch, das ein bestimmtes Wissensgebiet übersichtlich und in komprimierter Form behandelt und dadurch die Qualität eines Nachschlagewerks erreichen kann. – 3. Als anpassungsfähiger

Tarnschrift um 1937, enthält: E. Fischer, Der Arbeitermord von Kemerowo. 8,7 × 11,9 cm

Buchtyp waren kleinformatige, mit Kupferstichen illustrierte Taschenbücher Ende des 18. und im ersten Drittel des 19. Jh. weit verbreitet. Sie enthielten überwiegend Prosabeiträge und dienten der geselligen Unterhaltung (»Taschenbuch der Liebe und Freundschaft gewidmet«) ebenso wie der Vermittlung von Sachinformationen (»Taschenbuch für Forst- und Jagdfreunde«). Oft wird der Titel Taschenbuch synonym zu ↗ Almanach gebraucht. – 4. Das moderne Taschenbuch, das sich in den letzten 30 Jahren herausgebildet hat und aus der Verlagsproduktion nicht mehr wegzudenken ist, erscheint in der Regel im international gebräuchlichen Format 11 × 18 cm, ist broschiert und mit einem werbewirksamen Karton- oder Papierumschlag versehen (Paperback). Als Bestandteil einer ↗ Schriftenreihe verfügt es über eine einheitliche Grundausstattung. Der für den Käufer günstige Preis entsteht durch eine rationelle Buchproduktion (Fließfertigung) und hohe Auflagen. Als Buchtyp kennt das Taschenbuch keine thematische Begrenzung, es werden sowohl Neuerscheinungen als auch Lizenzausgaben veröffentlicht. Ein großer Teil der Belletristik erscheint heute als Taschenbuch, in zunehmendem Maße erreichen populär- und fachwissenschaftliche Texte in Gestalt des Taschenbuches ihren Leserkreis.   *F. M.*

Lit.: Platte, H. K.: Soziologie des Taschenbuches. – In: Platte, H. K.: Soziologie der Massenkommunikationsmittel. – München, 1965. – S. 97 – 136. – Steglich, A.: Kritisches zur Gestaltung von Taschenbüchern. – In: Marginalien. – Berlin H. 22, 1966. – S. 63 – 65.

Thora[rolle], auch *Tora*

Thora ist die Bezeichnung für den Pentateuch, die fünf Bücher Mose. Für den gottesdienstlichen Gebrauch wird der Text auf Pergamentstücke geschrieben, die aneinandergeheftet und zusammengerollt werden. An den Enden befindet sich je ein Holzstab, um den das Pergament gewickelt wird, so daß hier die antike Form der ↗ Buchrolle bis in die Gegenwart verbindlich ist.

Das Pergament muß von rituell reinen Tieren stammen. Die in Form von Kolumnen kalligraphisch beschriebenen Pergamentstücke werden mit Sehnen aneinandergenäht. Das Mindestmaß einer Zeile ist etwa 13 cm; sie muß als Minimum 30 Buchstaben enthalten können. Heute enthält eine Kolumne in der Regel 42 Zeilen und die gesamte Rolle 248 Kolumnen.

Der Beruf des Thoraschreibers ist hoch qualifiziert und erfordert Konzentration. Er muß den Text fehlerfrei in hebräischer Quadratschrift mit dauerhafter, aber löslicher schwarzer Tinte mittels eines Federkiels (meist vom Truthahn) schreiben. Textkorrekturen sind, sofern sie nicht den Gottesnamen betreffen, möglich. Ist der Gottesname verschrieben, so ist das betreffende Pergamentstück unbrauchbar. Um die Rolle zusammenzuhalten, wird ein Band (mappa) um sie geschlungen. Besonders in Süddeutschland waren diese Bänder häufig aus Beschneidungswindeln hergestellt und mit Stickereien verziert, die auch den Namen des Spenders (des neugeborenen Kindes) aufweisen. Über die zusammengerollte Thora wird meist ein Mantel gestülpt, der in der Regel kunstvoll bestickt ist. Darüber wird nach Möglichkeit als Schmuck ein verziertes Schild aus Metall gehängt, und die oberen Stabenden erhalten metallene Aufsätze bzw. eine Krone. Zur Thoravorlesung ist ein Zeigestab vorgeschrieben, da der Text nicht mit der Hand berührt werden darf. Dieser Stab läuft meist in eine Hand (jad) mit vorgestrecktem Zeigefinger aus und wird, bevor die Thora nach gottesdienstlichem Gebrauch in einen Schrein zurückgestellt wird, noch über das Schild gehängt. Durch Abnutzung oder Gewaltanwendung irreparabel gewordene Thorarollen werden auf dem Friedhof bestattet oder in einem besonderen Raum (genisa) gelagert.   *H. S.*

Lit.: Blau, L.: Das althebräische Buchwesen. – Budapest, 1902.

Titel

(1) Bezeichnung für den Inhalt einer Veröffentlichung (Sachtitel), er befindet sich in der Regel auf dem ↗ Titelblatt. Für die Festlegung der Titelfassung sind Autor bzw. Herausgeber und Verleger gemeinsam verantwortlich. Ein Titel kann urheberrechtlich geschützt sein (Titelschutz). In der bibliothekarischen Titelaufnahme wird der Sachtitel zusammen mit der Verfasserangabe als Titel bezeichnet. – Auch für das Titelblatt mit der Gesamtheit der dort aufgeführten bibliographischen Angaben eines Werkes wird die Bezeichnung Titel gebraucht.

(2) in der buchhändlerischen Fachsprache Synonym für eine Publikation in Buch- oder Broschürenform.
                                                    F. M.

Titelblatt

das auf den Schmutz- oder Vortitel folgende zweite Blatt in einem gedruckten Buch, das in der Regel die vollständigsten Angaben zur umfassenden bibliographischen Beschreibung einer Publikation enthält: Sachtitel des Werkes (↗ Titel), oft mit einem Zusatz (Untertitel) zur näheren inhaltlichen oder formalen Erläuterung versehen, Vor- und Zunamen sowie evtl. Beruf und akademischer Grad des Verfassers, Namen der Herausgeber, Bearbeiter, Übersetzer, Illustratoren; außerdem Angaben über die Auflagenbezeichnung (↗ Auflage) und über die Art der Bearbeitung bei Neuauflagen (verbesserte, ergänzte, überarbeitete), ferner über die Anzahl der Abbildungen, Tafeln, Tabellen, Karten usw. Es folgen der Name des Verlages, evtl. mit Verlagssignet (↗ Druckermarke), Erscheinungsort und Erscheinungsjahr. Gelegentlich erscheinen einige dieser Angaben auch im ↗ Impressum auf der Rückseite des Titelblattes oder am Schluß des Buches. Die formale Gestaltung des Titelblattes ist heute in vielen Ländern durch Standards geregelt.

Die mittelalterlichen Handschriften und die frühen Inkunabeln kannten noch kein Titelblatt (↗ Incipit

Titel von 1484 mit Druckermarke von Peter Schöffer, Mainz. Universitätsbibliothek, Leipzig; Mater Med. 277. 15,5 × 21,1 cm

Titelblatt zu einem Bändchen der sog. Elzevierschen Republiken. Leiden, 1634. 5,5 × 10,8 cm

und Explicit), es bildete sich erst ab etwa 1470 heraus, um 1500 hatte es sich aus praktischen Gründen bereits allgemein durchgesetzt. Aus anfangs kurzen Titelfassungen wurden im Laufe des 16. und 17. Jh. wortreiche und mit Schmuckelementen überladene Titelblätter, die mit ornamentalen Holzschnittbordüren und später mit Titelvignetten (↗ Vignette) und dekorativen Titelkupfern (↗ auch Frontispiz) versehen waren. Seit Mitte des 16. Jh. setzte sich das vollständig in Kupfer gestochene Titelblatt (Kupfertitel ↗ Kupferstich), das mit Titelangaben und illustrativer Umrahmung in einem Druckvorgang von einer Platte hergestellt wurde, neben dem typographischen Titelblatt durch (erstes Beispiel: Bearbeitung der »Anatomia« des A. Vesalius von F. Geminus, London 1545).

Titelblätter spiegeln die verschiedensten Stilrichtungen und Modeströmungen unbefangen wider und verkörpern auf ihre Weise ein Stück Kulturgeschichte. In der modernen ↗ Typographie wird häufig die der Titelseite gegenüberliegende Seite in die Gestaltung einbezogen. Die Titelseite bedeutet gewissermaßen den »festlichen Eingang« in das Buch (Kapr) und erfordert in der Ausführung besondere Sorgfalt und eine ausgewogene Typographie.   *F. M.*

Lit.: Das Titelblatt im Wandel der Zeit – Leipzig, 1929. (Buch und Schrift; 3) // Kapr, A.: Buchgestaltung. – Dresden, 1963. // Estermann, A.; Koch, H.-A.: Deutsche Literatur in Titelblättern. – München, 1978.

Titelei

Bezeichnung für die dem eigentlichen Text eines gedruckten Buches vorangehenden Teile wie ↗ Schmutz- oder Vortitel, Vakat- (leere) Seite oder ↗ Frontispiz, auch Angabe von Gesamttiteln, ↗ Titelblatt oder Titelseite (bezieht auch Seite 2 mit ein, die vakat sein oder das ↗ Impressum enthalten kann), ↗ Dedikation oder Vorwort, Inhaltsverzeichnis und Einleitung. Manchmal finden sich Teile der Titelei auch am Schluß des Buches.

Bei Büchern mit geringem Umfang und bei belletristischen Werken ist die Titelei in der Regel Bestandteil des ersten Textbogens, da sie nur wenige Seiten benötigt. Bei wissenschaftlichen Werken dagegen wurde dem Text meist ein besonderer Titelbogen vorangestellt, der aus praktischen Gründen erst im Nachgang zu den übrigen Druckbogen hergestellt wurde und deshalb oft mit einer eigenen Paginierung (meist römische Ziffern) versehen ist. Die ↗ Typographie der Titelei sollte in Satzspiegel, Schriftart und Schriftgrad der ästhetischen Gestaltung der Textseiten entsprechen.   *F. M.*

Typographie

(griech. typos = Buchstabe, graphein = schreiben) (1) in älteren und fremdsprachigen Werken als Firmenbezeichnung gleichbedeutend mit Druckerei – (2) Bezeichnung der Buchdruckerkunst mit beweglichen Lettern, durch die jeder Text unter Beachtung bestimmter ästhetischer Regeln wiedergegeben werden kann – (3) im engeren Sinne die buchkünstlerische Formgebung eines Druckwerks durch den Buchgestalter (Buchkünstler).

Gestaltungsmittel sind vor allem die Schrift, einschließlich ihrer verschiedenen Formen und Grade, die Illustration, der ↗ Buchschmuck (Ornamente, Vignetten, Linien), die Komposition des Satzes (Durchschuß, Umbruch), das ↗ Papier und die Druckfarbe. Die Typographie ist abhängig von Vorbildern und Strömungen auf dem Gebiet der Kunst und Architektur, in ihr lassen sich auch die Einflüsse gesellschaftlicher Prozesse erkennen.

Die erste Meisterleistung der Typographie stellt Gutenbergs Druck der 42zeiligen Bibel dar. In den Jahrzehnten, die Gutenbergs Druck folgten, entstanden viele eigenständige Schriftschöpfungen, darunter die für die weitere Entwicklung der Typographie wichtige ↗ Antiqua in Venedig, nach den Vorbildern italienischer Schriften, und die Schwabacher für volkstümliche und reformatorische Drucke sowie die ↗ Fraktur, die die Schwabacher nach 1525 zurückdrängte. Mit der Herausbildung dieser beiden Grundschriften setzt in der europäischen Typographie eine Spaltung ein: Frankreich und Spanien gehen noch in der ersten Hälfte des 16. Jh. zur Antiqua über, ihnen folgt England um 1600. In den Niederlanden, Skandinavien, Böhmen wird der Wechsel zur Antiqua im Laufe des 18. Jh. vollzogen, während im deutschen Sprachgebiet bis in dieses Jahrhundert beide Schriften Verwendung fanden. Erst nach 1945 setzte sich die Antiqua auch hier endgültig durch. Das Nebeneinander beider Schriften prägte die typographische Gestalt der deutschsprachigen Buchproduktion und war oft Gegenstand ideologischer oder emotionaler Auseinandersetzungen.

Am Anfang des 16. Jh. entstand durch Claude Garamond (gest. 1561) die erste selbständige Schriftgießerei, die die Offizinen mit Typenmaterial belieferte. Es trennte sich der Schriftschneider und -gießer vom Setzer und Drucker. Die Ausdehnung des Buchdrucks auf immer neue Gebiete verlangte auch nach immer neuen Schriften; für liturgische Zwecke und das Repräsentationsverlangen höfischer und bürgerlicher Kreise entstanden bemerkenswerte typographische Leistungen, wobei Frankreich und Italien eine führende Rolle in Europa erlangten.

In seiner Gesamtheit erreichte das bewegte 17. Jh. nicht den hohen Stand der Typographie des 16. Jh.,

doch lassen die Drucke der Elzevier in den Niederlanden sowie Prachtwerke mit Kupferstichen und sorgfältig edierte Texte die Fortsetzung bedeutender Traditionen erkennen. Die Ausgaben zeitgenössischer Schriftsteller erschienen oft in ebenso schmuckloser Gestalt wie die Fülle des Kleinschrifttums an Flugschriften, Dissertationen, Erbauungsliteratur. Sünden gegen etablierte typographische Regeln lassen sich in beliebiger Fülle finden, doch haben sie ihre Ursache oft in den durch starre Zunftregeln bestimmten Arbeitsabläufen der Druckereien. Die Drucke dieser Zeit griffen auf Typen früherer Zeiten (Ligaturen, Kontraktionen) zurück. Auf Titelblättern und im fortlaufenden Text wurden Fremdwörter, Eigennamen und Termini technici in Antiqua gesetzt, die Flexionen hingegen in Fraktur.

Unter dem Einfluß neuer ästhetischer Anschauungen, die sich am Vorbild der griechisch-römischen Klassik orientierten, löste sich die typographische Gestaltung von einem Übermaß an Verzierungen. Titelblätter und Schriften wurden schlichter, nicht zuletzt deshalb, weil die bis in die Anfänge des 18. Jh. fortdauernde Neigung zu weitschweifigen Titeln und Untertiteln fortfiel. Die Orthographie wurde weniger willkürlich, Silbentrennung und Zeilenschlüsse gefälliger gestaltet. François Ambroise Didot schuf 1775 eine klassizistische Antiqua, die sich zusammen mit den von seinen Söhnen geschnittenen Schriften schnell über Europa ausbreitete. Auch die Fraktur wurde durch Drucker und Schriftgießer wie Johann Friedrich Unger und Immanuel Breitkopf neu belebt und fand in Nachschnitten noch im 20. Jh. Verwendung. Im 19. Jh. setzte ein allgemeiner Verfall typographischer Gestaltung ein, wahllos wurden historisierende Formen verwendet. Eine schlechte typographische Gestaltung wurde seit der zweiten Hälfte des 19. Jh. durch eine auf Repräsentation bedachte Einbandgestaltung, oft unter Verwendung von viel Gold, kompensiert und entsprach damit dem Geschmack des zu Reichtum gekommenen Bürgertums.

Als bewußte, ästhetisch ansprechende und kommunikatorisch erfolgreiche Gestaltung eines zu druckenden Werkes tritt die Typographie als selbständige Leistung seit dem Ausgang des 19. Jh. in Erscheinung. Ihre Erneuerung erfolgte von England aus. William Morris schuf für die von ihm betriebene Kelmscott Press nach alten Vorbildern Typen und Buchschmuck unter Betonung der damit verbundenen handwerklichen Fähigkeiten. Nachhaltigeren Einfluß auf die typographische Gestaltung übte jedoch sein Zeitgenosse Thomas James Cobden-Sanderson aus, für den Druckkunst Buchstabenkunst bedeutete. Die Arbeit der von ihm geleiteten Doves Press (1901–1917) beeinflußte die Arbeit von Schriftgestaltern wie C. E. Poeschel, F. H. Ehmcke, Anna Simons und die Arbeit solcher Pressen wie der Bremer Presse, der Rupprecht- und der Cranach-Presse. In schneller Folge entstanden am Anfang des Jahrhunderts neue Schriften wie die Ehmcke-Fraktur, die Tiemann-Medieval, die Weiß-Antiqua, die Antiqua von Peter Behrens oder die Eckmann-Schrift. Mit ih-

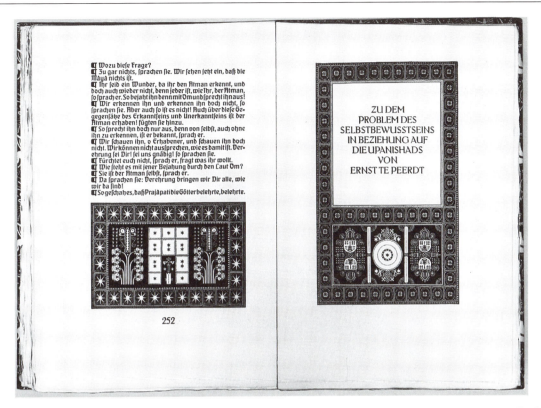

Ehmcke-Fraktur und Ehmcke-Antiqua, Buchschmuck Ernst Schneidler, Schriftgießerei Gebr. Klingspor, Offenbach. Aus: »Die Upanishaden des Veda«. Jena, Diederichs, 1914. 29 × 42,5 cm

Typographie der Gurlitt-Presse; gedruckt bei Otto von Holten, Berlin 1921. Alte Schwabacher. Seite mit farbig gedruckter, originallithographischer Kopfzeichnung von Richard Janthur. Aus: R. Kipling, Das Dschungelbuch

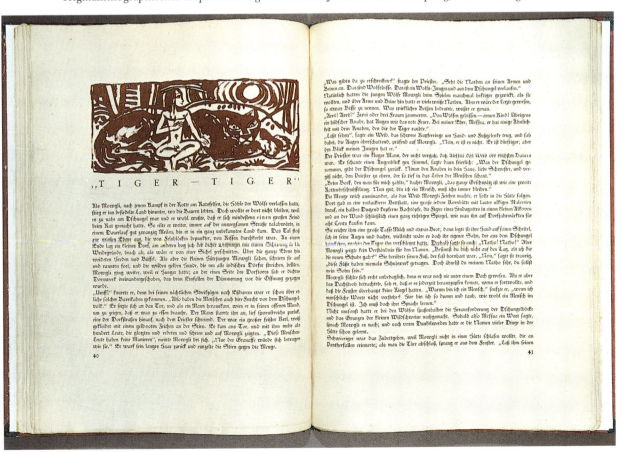

Typographie 344

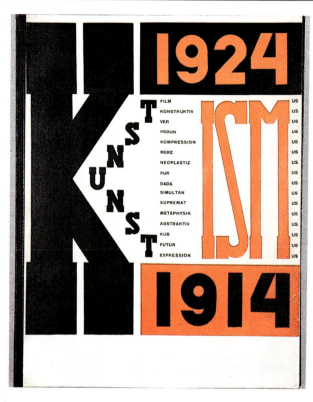

Farbiger Einband von El Lissitzky zu Die Kunstismen. Leipzig, 1925
Shakespeare »Der Sturm«. Mit Illustrationen von Josef Hegenbarth. Gestaltung A. Kapr. Berlin, Rütten & Loening, 1960. 18 × 27 cm

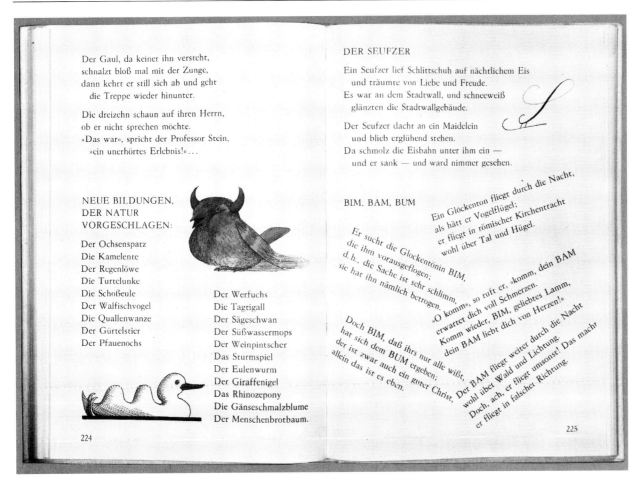

Typographie von Walter Schiller mit Illustrationen von Egbert Herfurth zu F. Fühmann, Die dampfenden Hälse der Pferde im Turm von Babel. Berlin, 1978

nen wurde die vorrangige Stellung der Typographie begründet, sie wurde von nun an als ein der Illustration vergleichbares künstlerisches Ausdrucksmittel gesehen.

Wichtige ästhetische Momente waren die Betrachtung der Doppelseite als typographische Einheit und das Verhältnis von Inhalt und typographischer Gestalt einschließlich aller weiteren Bestandteile wie Illustrationen, Buchschmuck, ↗ Einband, Wahl des Papiers usw.

Die Bemühungen um den typographischen Wandel wären nicht möglich gewesen ohne das Zusammenwirken mit Schriftgießereien wie Klingspor (Offenbach am Main), Bauer (Frankfurt am Main), C. E. Weber (Stuttgart), H. Berthold (Berlin), den Einsatz interessierter Verleger wie Julius Zeitler, Anton Kippenberg, Eugen Diederichs, S. Fischer sowie die Tätigkeit von Druckereien in Leipzig, Berlin, Hamburg, München, Stuttgart und manchen anderen kleinen Orten. Stellvertretend genannt seien hier Poeschel & Trepte, Haag Drugulin, Roßberg (alle Leipzig), Otto von Holten (Berlin). Über sie waren um 1930 die Gestaltungsgewohnheiten der führenden Pressen und Buchkünstler Gemeingut geworden und wurden auch für Massenproduktionen wie Lexika genutzt. Danach erreichten, durch die politische Entwicklung in Deutschland bedingt, typographische Leistungen, z. B. El Lissitzkys, der Bauhauskünstler oder Jan Tschicholds, nicht mehr die nachhaltige Wirkung.

Es gehört zu den Charakteristika der Typographie der ersten Jahrzehnte des 20. Jh., daß die Produktion einzelner Verlage und die Werke einer Reihe zeitgenössischer Autoren ihr eigenes, unverwechselbares Aussehen erhielten. Die technischen Möglichkeiten, die die heutigen Licht- oder Fotosetzmaschinen mit ihrer enormen Leistungsfähigkeit in sich bergen, sind typographisch noch nicht ausgeschöpft, sie erfordern Phantasie, Gestaltungswillen und Einsatzbereitschaft aller Beteiligten für das neue Medium.

Die moderne Typographie hat stets das ganze Buch zu berücksichtigen, das in all seinen Teilen ein abgestimmtes Ganzes darstellen soll. Auch wenn eine durch jahrhundertelange praktische Erfahrungen geprägte klassische Typographie für die Darbietung von Gedichten, Romanen, Dramen weiterhin Verwendung finden wird, so bleibt dennoch, etwa auf dem Gebiet des Akzidenzdrucks und der Werbung, ein weites Betätigungsfeld für Experimente mit Schriften, Farben,

Typographisch gestalteter Einblattdruck von Horst Schuster, Dresden, 1983

Illustrationen, die auf die anderen Anwendungsgebiete der Typographie zurückwirken können. *K.K.W.*

Lit.: Rodenberg, J.: Größe und Grenzen der Typographie. – Stuttgart, 1959. // Schauer, G. K.: Deutsche Buchkunst 1890–1960. – 1.2. – Hamburg, 1963. // Ludovici, S. S.: La tipografia come arte figurativa e G. B. Bodoni. – Parma, 1965. // Johnson, A. F.: Type designs. – 3. ed. – Aldershot, 1966. // Typographie und Bibliophilie: Aufsätze und Vorträge über die Kunst des Buchdrucks aus 2 Jahrhunderten. – Hamburg, 1971. // Tinto, A.: Il corsivo nella tipografia del cinquecento: Dai caratteri italiani ai modelli germanici e francesi. – Milano, 1972. // Frutiger, A.: Type, sign, symbol. – Zürich, 1980. // Halbey, H. A.: Zur Grammatik der Typographie. – In: Richard von Sichowsky: Typograph. – Hamburg, 1982. – S. 13 – 26. // Kapr, A.; Schiller, W.: Gestalt und Funktion der Typographie. – 3. Aufl. – Leipzig, 1983.

typographisches Maßsystem

Um die für Satz und Druck eines Buches notwendigen Druckformen herstellen zu können, müssen alle dafür notwendigen Teile nach den gleichen, aufeinander abgestimmten Maßen hergestellt sein. Das gilt für alle im Bleisatz verwendeten Lettern, für Blindmaterial, Winkelhaken usw. Grundlage hierfür ist das typographische Maßsystem, dessen kleinste Einheit der typographische Punkt mit 0,376 mm Länge ist. Schriftgrade werden nach typographischen Punkten berechnet (z. B. 8-Punkt-Schrift = Petit oder 12-Punkt-Schrift = Cicero).

Das typographische Maßsystem geht auf Fournier den Jüngeren zurück, der es 1774 in seinem »Manuel typographique« veröffentlichte. Anfang des 19. Jh. wurde es von Firmin Didot verbessert und in Deutschland nach 1879 als verbindliches Normsystem eingeführt. Heute wird es vor allem noch im Bleisatz verwendet. Der Lichtsatz hat trotz anderer Möglichkeiten für den Werksatz dieses typographische Maßsystem übernommen. Die stufenlose Verkleinerung von Schriftbildern wird vorzugsweise bei den Auszeichnungsschriftgraden angewendet. *K.K.W.*

Umschlag

Leichter Einband aus Papier oder Karton, der zum vorläufigen oder endgültig gedachten Schutz eines Werkes beim Broschieren um den Buchblock geschlagen wird. Der Umschlag ist fest an den Rücken des Buchblocks angeklebt und trägt fast immer den Titel.

↗ auch Broschur, Buchbinderei[techniken], Einband, Schutzumschlag   *K.K.*

Unikum

(lat. unicus = das Einzigartige, Vorzügliche). Bezeichnung für ein Buch, das 1. nur in einem Exemplar hergestellt wurde (mittelalterliche Handschrift, »künstliches« Unikum bei Drucken) oder 2. nur noch in einem Exemplar vorhanden ist. Es kann sich aber auch 3. um Exemplare handeln, die sich durch Besonderheiten (Provenienzvermerke, Marginalien, handschriftliche

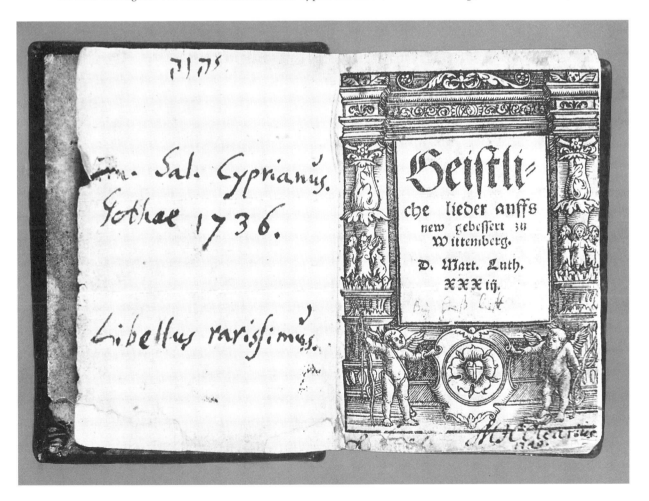

Das sog. Klug'sche Gesangbuch (M. Luther, Geistliche lieder auffs new gebessert. Wittemberg, Joseph Klug, 1533). Einziges erhalten gebliebenes Exemplar der 2. Aufl., die 1. Aufl. gilt als verschollen. Die Namenseintragung ist von dem wichtigsten Vorbesitzer Ernst Salomon Cyprianus. Lutherhalle Wittenberg; s 762/3214. 7 × 10,4 cm

Unziale

Widmungen, Handillustrationen, künstlerischer Handeinband u. ä.) von der übrigen Auflage abheben (z. B. Gebetbuch Kaiser Maximilians mit den Randzeichnungen Dürers und anderer Künstler, 1513/15). Unika und ↗ Rara finden seit Jahrhunderten das besondere Interesse der Sammler, Bibliotheken und Museen. *K. M.*

Unziale
Unziale (lat. uncia = zollhoher Buchstabe) ist eine Majuskelschrift, bei der bereits einzelne Buchstaben über Ober- und Unterlinie hinausragen und bei der auf Serifen (das sind die kleinen Ansatz- und Begrenzungsstriche wie z. B. beim H) verzichtet wird. Sie ist seit dem 2. Jh. u. Z. nachweisbar; durch ihre Rundung zeigt sie den Übergang zu einer leichteren Schreibschrift. Es sind zu unterscheiden die griechische Unziale (4. Jh. bis Ende des Mittelalters), die lateinische Unziale (hauptsächlich 4.–8. Jh.), die gotische Unziale (12.–15. Jh.). Die Unziale fand ihren Niederschlag in einer Reihe von Prachthandschriften, vor allem im christlich-religiösen Bereich.

Auf dem europäischen Festland entwickelte sich durch schnelles Schreiben die Unziale zur *Halbunziale* (Blütezeit im 7.–8. Jh.). Letztere weist bereits Minuskelformen auf. England und Irland hielten dagegen an der Unziale fest und entwickelten eigenständige und charakteristische Formen, die diesen Handschriften ihr charakteristisches Bild geben. Erst mit der normannischen Eroberung 1066 setzte sich auch hier die karolingische Minuskel durch. *K. K. W.*

vergriffen

buchhändlerische Bezeichnung des Sachverhalts, daß kein Exemplar der Auflage eines Druckwerks vom Verlag mehr ausgeliefert werden kann. Tritt dieser Zustand auf Grund hoher Nachfrage und nichtbeabsichtigter Neuauflage, durch Auflagenuntergang bzw. -vernichtung infolge höherer Gewalt oder durch Beschlagnahme ein (↗ Auflage), kann das die Vorstufe eines Seltenwerdens auf dem Buchmarkt bedeuten. Wird er jedoch auf Grund stockenden Absatzes durch Makulieren oder auch durch Verkauf der Restauflage an den Antiquariatsbuchhandel herbeigeführt (↗ Antiquariat, ↗ Ramsch), kann mit längerer Verfügbarkeit des betreffenden Werkes (↗ Ladenhüter) gerechnet werden. Mit dem Vergriffensein des Titels erlischt, soweit nicht anders vereinbart, der Verlagsvertrag mit dem Autor und der Titelschutz für das Werk. *K.K.*

verheftet

Als verheftet bezeichnet man Bücher, bei denen Bögen oder Tafeln nicht in der richtigen Reihenfolge verarbeitet sind oder ganz fehlen. *K.K.W.*

Verlag

Bezeichnung für einen Betrieb, der literarische Dokumente aller Art einschließlich audiovisueller Materialien sowie sonstige der Information und Unterhaltung dienende Medien (z. B. Lehrmittel und Spiele) herstellen läßt und veröffentlicht. Der Verlag erwirbt vom Urheber Manuskripte oder erarbeitet sie in eigener Redaktion, veranlaßt ihre Vervielfältigung, bestimmt die Höhe von Auflage und Verkaufspreis und betreibt den Absatz der Erzeugnisse durch Werbung. Die Abkopplung des graphischen Gewerbes vom Verlagsgeschäft

L'éditeur. Holzstich von Paul Gavarni aus: Les Français peints par eux-mêmes, Bd. 2. Paris, 1853.

fand zwischen der zweiten Hälfte des 16. und dem letzten Drittel des 18. Jh. statt (↗ Buchhandel). Die verlegerische Seite der Buchherstellung beschränkte sich seither zunehmend auf die Konzeption des Produkts, die satztechnische Bearbeitung der Manuskripte und die Überwachung der Fertigungsabläufe. Die Entwicklung des Groß-, Kommissions- und Bucheinzelhandels seit dem 19. Jh. reduzierte auch weitgehend die zuvor dominierenden Probleme der Absatzorganisation.

Die Haupttätigkeit moderner leistungsfähiger Verlage ist wesentlich auf die des Veröffentlichens und Herausgebens konzentriert und gekennzeichnet durch die bedarfs- und marktanalytisch gestützte vielseitige Verwertung der erworbenen oder im Verlag selbst erarbeiteten geistigen Erzeugnisse, auch durch die Vergabe von Lizenzen und sonstigen Rechtstiteln. Die Komplexität des Verlagsgeschehens führte zunehmend zur Beschäftigung von nicht-buchhändlerischem wissenschaftlichem und Fachpersonal in Lektorat (Redaktion), Rechtsabteilung, Werbung und Öffentlichkeitsarbeit.

Dem Profil nach lassen sich im allgemeinen unterscheiden: Verlage für schöne Literatur, Kinder- und Jugendbuchverlage, Kunst- und Musikverlage, wissenschaftliche, Fachbuch- und Schulbuchverlage, Verlage für fremdsprachige Literatur, Zeitschriften- und Zeitungsverlage, Reprintverlage sowie solche für spezielle Publikationsformen (Kalender, Karten, Globen, Lehrmittel usw.). Infolge des seit Mitte des 19. Jh. sprunghaft anwachsenden Informationsbedarfs vermehrte sich z. B. die Zahl der deutschen Verlage binnen 100 Jahren um das Zehnfache (1932 etwa 3000 Verlage mit einer Jahresproduktion von rund 20 000 Titeln), wobei der Anteil permanenter Leistungsträger damals wie heute (z. B. BRD 1985 2176 Verlage mit rund 58 000 Titeln) 20–25 % der Gesamtzahl ausmacht (Großverlage, Verlagsgruppen mit Konzerncharakter, wissenschaftliche Verlage speziellen Profils). In sozialistischen Staaten ist die – staatlich lizenzpflichtige – verlegerische Tätigkeit in die zentrale Planung und Leitung kulturpolitischer und volkswirtschaftlicher Prozesse einbezogen, was die Konzentration verlegerischer Vorhaben auf eine vergleichsweise geringe Zahl von Unternehmen (z. B. DDR 1985 rund 80 Verlage mit einer Jahresproduktion von 6500 Buchtiteln) ökonomisch und inhaltlich-thematisch ermöglicht und rechtfertigt. Der Zwergverlag, dessen extremste Form der Selbstverlag des Autors ist, der für sein Werk keinen Verleger findet oder glaubt, es allein verbreiten zu können, ist, vom Standpunkt der medialen Gesamtentwicklung her gesehen, überholt. Das trifft insgesamt auch für die dominierende und in der Vergangenheit die Entwicklung des Verlagswesens prägende Einzelpersönlichkeit des Verlegers (Cotta, Göschen, Reclam, Meyer, Brockhaus, Diederichs, Kippenberg) zu.

Verlegervereinigungen gibt es in fast allen Buchländern, die die Interessenvertretung ihrer Mitglieder auf nationaler, regionaler oder fachlicher Ebene sind. International sind auf dieser Basis etwa 30 nationale Verbände in der »Internationalen Verleger-Union«, Sitz Zürich, zusammengeschlossen. In sozialistischen Staaten bestehen nationale Verbände in Polen, Ungarn, Jugoslawien und der DDR (im Rahmen des Börsenvereins der Deutschen Buchhändler zu Leipzig), deren Hauptaufgabe die Entwicklung des Verlagswesens in Kooperation mit den staatlichen Leitungen und die Förderung internationaler Zusammenarbeit ist. *K.K.*

Lit.: Zeitschriften: Publisher's world. 1 ff. – New York, 1966 ff.
Monographien und *Aufsätze:* Mumby, F. A.: Publishing and bookselling : a history from the earliest times to the present days. – 4. ed. – London, 1956. // Selle, K. H.: Zur Geschichte des Verlagswesens der Deutschen Demokratischen Republik ... 1945–1970. – In: Beiträge zur Geschichte des Buchwesens. – Leipzig (1972)5. – S. 16 – 72. // Tebbel, J.: A history of book publishing in the United States. – Vol. 1–4. – New York, 1972–1981. // Verlage der Deutschen Demokratischen Republik. – 6. Aufl. – Leipzig, 1981. // Internationales Verlagsadreßbuch mit ISBN-Register. – 11. Ausg. – München, 1984.

Vignette

(franz. vigne = Weinrebe, Weinranke), ein als Buchschmuck verwendetes kleines Zierstück mit ornamentaler, figürlicher oder allegorischer Darstellung, das bereits in mittelalterlichen Handschriften verwendet wurde und vom 16. bis 19. Jh. zum allgemeinen buchkünstlerischen Repertoire gehörte. Seine höchste Vollendung fand es in der Buchkunst des französischen Rokoko. Die Vignette steht zwischen Illustration und reiner Verzierung. Man unterscheidet Vignetten als Friese im Kopf der Buchseite, meist am Kapitelanfang (↗ Fleuron), auf dem ↗ Titelblatt (Titel-Vignette) und am Schluß eines Kapitels oder Buches (im Frankreich des 18. Jh.: Cul-de-lampe).

Typisch für die Vignetten des französischen Rokokobuches sind flatternde Amoretten und sie umschließende Rosengirlanden sowie Ornamente mit C- und S-förmigen Linien zur Rahmenbildung. Hervorragende Meister der französischen Vignettenkunst waren u. a. C. Eisen (1720–1778), H. F. Gravelot (eigtl. Bourguignon, 1699–1773), J. M. Moreau le jeune (1741–1814) und F. Boucher (1703–1770). In Deutschland fand die Vignette besonders in den zahlreichen ↗ Almanachen Ende des 18./Anfang des 19. Jh. u. a. durch D. Chodowiecki (1726–1801) und J. W. Meil (1733–1805) weite Verbreitung. Im Laufe des 19. Jh. beschränkte sich ihre Verwendung mehr und mehr auf den ↗ Akzidenzdruck. Eine Wiederbelebung erfuhr die Vignette mit dem Jugendstil, und sie erfreut sich in der gegenwärtigen Buchkunst zunehmender Beliebtheit. *F.M.*

Lit.: Bouchet, H.: Les livres à vignettes. – P. 1.2. – Paris, 1891. // Fürstenberg, H.: Das französische Buch im 18. Jh. und in der Empirezeit. – Weimar, 1929. // Hausenstein, W.: Rokoko : Franzos. u. dt. Illustratoren d. 18. Jh. – Überarb. Neuausg. – München, 1958. // Timm, R.: Die Vignette in der deutschen Buchillustration des 18. Jh. – In: Marginalien. – Berlin H. 39, 1970. – S. 50 – 68.

Titelvignette von J. W. Meil, 1774
Titelvignette von Heinrich Vogeler, 1904

Titelvignette »Büchertransport« von Werner Klemke. 1974. Holzstich

Vignette von Walter Gramatté für die »Graphischen Bücher« des Kiepenheuer-Verlages
Vignette von J. Kopilow, 1977. Aus: Die Herrin des Feuers Moskau, 1977

Wasserzeichen

Durch Befestigen einer aus Draht gebogenen Figur auf den in der europäischen Papierherstellung (↗ Papier) seit dem 13. Jh. verwendeten starren Schöpfformen gelangte in jeden handgeschöpften Bogen ein Wasserzeichen. Dieses hellinige Gebilde entsteht durch die stellenweise geringere Faserkonzentration, die von dem erhaben auf dem Sieb liegenden Drahtfiligran hervorgerufen wird. In gleicher Weise markieren sich die Bodendrähte und die der Stabilität der Schöpfform dienenden Stegdrähte waagerecht als Rippung bzw. senkrecht als Steglinien im Papierbogen. Im Laufe der Entwicklung verwendete jeder Papiermacher im Prinzip sein eigenes Zeichen. Diese Markierung des Papiers diente zugleich als Herkunfts- und Qualitätsmerkmal.

Die frühen Wasserzeichen stellten lediglich symbolische Figuren dar. Später traten heraldische Darstellungen hinzu, die sowohl feudale Abhängigkeits- und Besitzverhältnisse als auch stilgeschichtliche Formen widerspiegelten. Mit zunehmender Profilierung des Papiermacherberufs und mit wachsender Bedeutung der die Produktion leitenden Person erscheinen Initialen und Namen der Papiermacher im Wasserzeichen. Schließlich, im 18. und 19. Jh., kommen schmückende

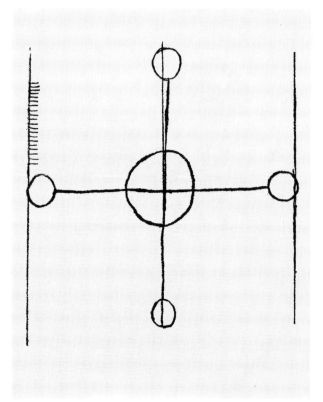

Griechisches Kreuz. Ältestes bisher bekanntes Wasserzeichen, verwendet in Bologna im Jahre 1282. Papiermühle unbekannt. Archivio di Stato Bologna Podesta

Wasserzeichen der Papiermühle Lehesten mit den Initialen des Papiermachers Albinus Abt, 1670. Deutsches Buch- und Schriftmuseum der Deutschen Bücherei, Leipzig

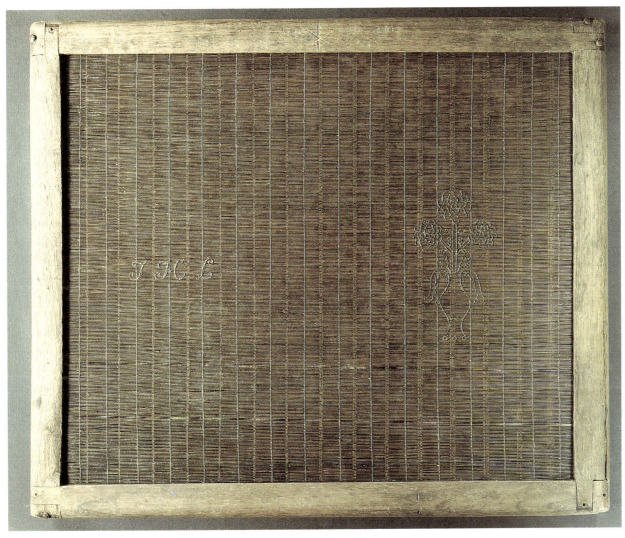

Papierschöpfform der Papiermühle Hagenhausen bei Nürnberg mit den Initialen des Papiermachers Johann Heinrich Loschge und einer Vase mit Rosen als Wasserzeichenfiligran. 1. Hälfte des 19. Jh. Deutsches Buch- und Schriftmuseum der Deutschen Bücherei, Leipzig. 52 × 43 cm

Elemente wie Zierrand, Eckblumen u. a. vor. Gegen Ende der Handpapierzeit werden unter Verwendung gestanzter Bleche Vollwasserzeichen und durch reliefartige Einprägung in gewebte (Velin-) Schöpfsiebe schattierte Wasserzeichen eingeführt. Beim maschinell hergestellten Papier werden in der Langsiebpapiermaschine echte oder natürliche Wasserzeichen in die feuchte, noch bildsame Papierbahn mit Hilfe des Wasserzeichen-Egoutteurs (mit Siebgewebe bezogene Walze) und halbechte Wasserzeichen kurz vor der Trockenpartie in die bereits verfestigte Papierbahn mit Hilfe von Prägerollen (Moletten) eingedrückt. Auf dem Zylinder der Rundsiebmaschine werden die Wasserzeichen nach einem dem der Handschöpftechnik ähnlichen Prinzip hergestellt. Unechte, imitierte oder künstliche Wasserzeichen entstehen durch nachträgliches Einpressen in das fertige Papier.

Die Datierung und Herkunftsbestimmung von Papierdokumenten, die auf dem Vergleich identischer Wasserzeichen oder solcher gleichen Typs in datierten Schriftstücken beruht, ist von besonderer Bedeutung für die Musik-, Kunst-, Literatur-, Druckgeschichte und andere historische Disziplinen. Bedeutende Wasserzeichenforscher waren C. M. Briquet (1839–1918) und K. T. Weiß (1872–1945). Eine der umfangreichsten Wasserzeichensammlungen befindet sich im Deutschen Buch- und Schriftmuseum der Deutschen Bücherei, Leipzig.

W. Sch.

Lit.: Briquet, C. M.: Les filigranes. – Bd. 1–4. – Leipzig, 1923. (Neudr., 11 Bde. – Amsterdam, 1968) // Die Wasserzeichenkartei Piccard im Hauptstaatsarchiv Stuttgart. Findbuch. – 1–14. – Stuttgart, 1961–1983. (Veröffentlichungen der Staatl. Archivverwaltung Baden-Württemberg. Sonderr.) // Weiß, K. T.: Handbuch der Wasserzeichenkunde. – Leipzig, 1961. // Weiß, W.: Wasserzeichen im Maschinenpapier. – In: Jahrbuch der Deutschen Bücherei. – Leipzig 2(1966). – S. 93 – 111. // Monumenta chartae papyraceae historiam illustratia / hrsg. von J. S. G. Simmons. – Bd. 1–11. – Hilversum, 1950–1965. – Bd. 12–15. – Amsterdam, 1970–1982.

Wasserzeichen 354

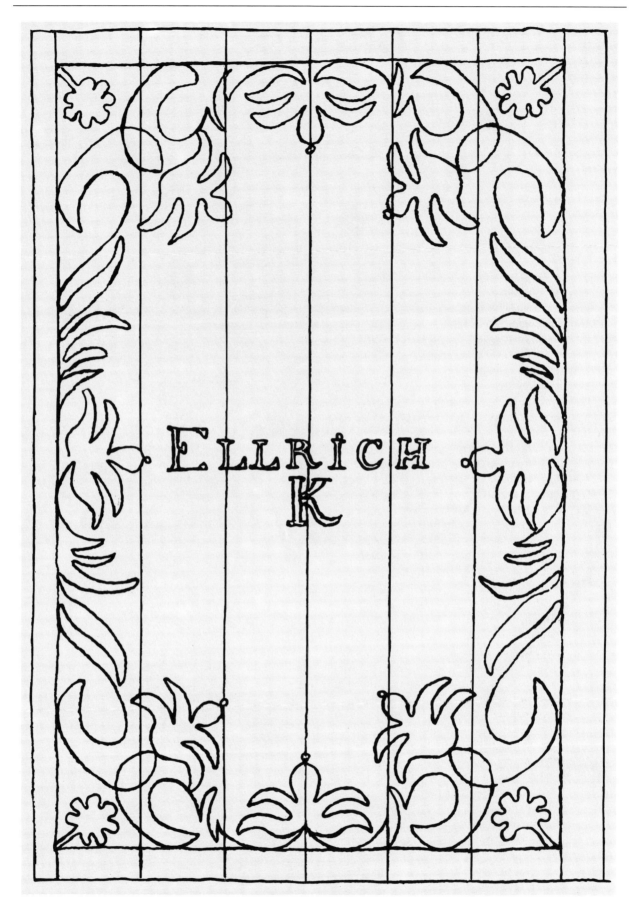

Wasserzeichen der Papiermühle Ellrich mit der Initiale K des Papiermachers C. G. Heinrich Keferstein, 1811.
Deutsches Buch- und Schriftmuseum der Deutschen Bücherei, Leipzig

Zeitschrift
Veröffentlichung, die periodisch (wöchentlich bis jährlich) erscheint und die neuesten Informationen zu dem im Titel genannten Themenkreis oder Fachgebiet der Öffentlichkeit zugänglich macht. Sie wendet sich an einen interessierten, aber begrenzten Leserkreis, den sie eingehender als die ↗ Zeitung und schneller als das Buch unterrichtet. Zeitschriften erscheinen in einzelnen Heften oder Nummern, die durch gleiche Ausstattung, Seitenzählung, Numerierung, Band- oder Jahrgangszählung als zusammengehörig zu erkennen sind. Sie enthalten Aufsätze unterschiedlichen Umfangs von verschiedenen Autoren (Sammelwerk), in der Regel mit Namensnennung, sowie Berichte, Diskussionen, Mitteilungen, Personalnachrichten, Rezensionen, bibliographische Zusammenstellungen. Fachwissenschaftler, aber auch Organisationen und Institutionen treten als Herausgeber in Erscheinung. Je nach ihrer Zweckbestimmung werden erstens wissenschaftliche, populärwissenschaftliche, kulturelle, politische und unterhaltende, mehr allgemein orientierte Zeitschriften und zweitens wissenschaftlich-theoretische, populärwissenschaftliche und praxisorientierte Fachzeitschriften unterschieden.

Zeitschriften haben mit den Zeitungen gemeinsame Wurzeln, die Grenzen zwischen den beiden Publikationsformen sind fließend. Die Zeitschriften bildeten sich seit Mitte des 17. Jh. heraus. Als älteste wissenschaftliche Zeitschrift gilt »Le Journal des sçavans«, das 1665 in Paris gegründet wurde und noch heute fortgeführt wird. Im gleichen Jahr begannen in London die »Philosophical Transactions« zu erscheinen. In Leipzig gab seit 1682 der Professor Otto Mencke unter zeitweiliger Mitarbeit von Leibniz die »Acta eruditorum« heraus; sie enthielt wissenschaftliche Abhandlungen und Rezensionen neu erschienener Werke. Eine der frühesten allgemeinbildenden deutschsprachigen Zeitschriften publizierte Christian Thomasius in Halle von 1688 bis 1690: »Schertz- und Ernsthaffte, Vernünfftige und Einfältige Gedancken über allerhand lustige und nützliche Bücher und Fragen«.

Der allgemeine Aufschwung der Wissenschaften in Europa förderte die Entstehung von »Gelehrten Zeitungen«, die das Neueste aus der gelehrten Welt mitteilten und Literatur rezensierten. Von 1715 bis 1797 erschienen in Leipzig die »Neuen Zeitungen von gelehrten Sachen«. Im 18. Jh., das auch als Jahrhundert der Zeitschrift bezeichnet wird, gab es viele derartige Unternehmen, aus ihnen gingen die allgemeinen Lite-

Titelblatt zu Le Journal des sçavans. Amsterdam, 1679

Titelseite der Zeitschrift »Jugend«. München, 1902. Zeichnung von Adolf Münzer, Paris. 22 × 29 cm

raturzeitschriften hervor, wie z. B. die Jenaer (1785 ff.), die Oberdeutsche (1788 ff.) und die Erlanger Literatur-Zeitschrift (1799 ff.). Die für die erste Hälfte des 18. Jh. charakteristischen »Moralischen Wochenschriften« entstanden nach englischem Vorbild, 1713/14 erschien in Hamburg »Der Vernünftler«, ihm folgten u. a. »Die Discourse der Mahlern« (1721–1723), »Der Patriot« (1724–1726), »Die vernünftigen Tadlerinnen« (1725/26). Diese meist nur kurzlebigen Unternehmen bezweckten die Belehrung und moralische Bewußtseinsbildung, insgesamt die Aufklärung ihrer Leser, glitten aber oft ins Allgemein-Unterhaltende ab.

Um die Mitte des 18. Jh. gesellen sich zu den theologischen und historisch-politischen Zeitschriften juristische, medizinische, ökonomische und naturwissenschaftliche Journale, die erste Spezialisierung im wissenschaftlichen Zeitschriftenwesen zeichnet sich ab. Als »Sammelpunkt der Geister« gewannen literarische Zeitschriften an Bedeutung, sie trugen wesentlich zur Herausbildung der deutschen Nationalliteratur bei. Zu nennen sind Lessings »Briefe, die neueste Literatur betreffend« (1759–1765), seine »Hamburgische Dramaturgie« (1767–1769), Wielands »Teutscher Merkur« (1773–1810), Schillers »Thalia« und »Neue Thalia« (1785–1793), seine »Horen« (1795–1797), Goethes »Propyläen« (1798 bis 1800), das »Athenäum« (1798 bis 1800) der Brüder Schlegel. Nicolais »Allgemeine Deutsche Bibliothek«, als eines der zentralen Rezensionsorgane, bestand von 1765 bis 1806. Die von Gedike und Biester herausgegebene »Berlinische Monatsschrift« (1783–1811) galt als das bedeutendste Forum der Berliner Spätaufklärung, geistiger Träger des Unterneh-

Titelseite der »Zeitschrift für Bücherfreunde«. N. F. 1. Jahrgang 1909/10, Halbj. 1. Leipzig, 1909. 19,5 × 29 cm

mens war die Berliner »Mittwochsgesellschaft«. Das von F. J. Bertuch begründete »Journal des Luxus und der Moden« (1786–1827), das auf das Vorbild des 1672 gegründeten »Mercure de France« zurückgeht, berichtete, reizvoll illustriert, über Literatur, Kunst und geselliges Leben. ↗ Almanache und Taschenbücher als eine Sonderform periodischer Literatur trugen in vielseitiger Gestalt dem Bedürfnis des Bürgertums nach angenehmer Unterhaltung und allseitiger Bildung Rechnung.

Ende des 18. Jh., im Vorfeld der Französischen Revolution, erschienen die ersten politischen Zeitschriften: Schubarts »Deutsche Chronik« (1774–1778), Wekhrlins »Graues Ungeheuer« (1784–1787), das in Rebmanns »Neuem Grauen Ungeheuer« (1795–1797) eine revolutionär-demokratische Fortsetzung fand.

Nach 1795 stieg in Deutschland die Zahl der Zeitschriftengründungen an, u. a. erschienen Posselts »Europäische Annalen« (1795–1820), Hennings »Annalen der leidenden Menschheit« (1795–1801) und Reichardts »Frankreich« (1795–1805) auf dem Zeitschriftenmarkt.

Das bürgerliche politische Zeitschriftenwesen wird von den Karlsbader Beschlüssen (1819) hart betroffen (↗ Zensur). Eine weitergehende Spezialisierung macht sich in den Fachzeitschriften bemerkbar, die die Entstehung neuer Wissenschaftsdisziplinen begleiten. In der illustrierten Zeitschrift (Brockhaus' »Pfennig-Magazin«, 1833–1852), den satirischen Blättern (Reclams »Charivari«, 1842–1851) und den populären Familien-Zeitschriften (Keils »Gartenlaube«, 1853–1943; Hallbergers »Über Land und Meer«, 1858–1925; Velhagen und Klasings »Daheim«, 1865–1925) beginnen neue

Zeitschriftentypen unterhaltenden Charakters. Als erste bedeutende Zeitschrift, in der bereits wichtige Positionen des wissenschaftlichen Sozialismus entwickelt werden, sind die »Deutsch-Französischen Jahrbücher« (1844), herausgegeben von A. Ruge und K. Marx, zu nennen, ihnen folgt die in London erschienene »Kommunistische Zeitschrift« (1847).

Ende des 19. und Anfang des 20. Jh. meldet sich eine junge Generation in zahlreichen neuen Zeitschriften für Politik, Literatur und Kunst kritisch zu Wort. Mit progressiven künstlerischen und literarischen Strömungen zeitweilig eng verbunden, waren einige dieser Blätter von großem öffentlichen und sogar stilbildendem Einfluß. Zu ihnen zählen in Deutschland u. a. der »Pan« (1895–1900), die »Jugend« (1896–1940), begründet von G. Hirth, »Die Insel« (1899–1902), herausgegeben von O. J. Bierbaum, A. W. Heymel und R. A. Schröder, der »Simplicissimus« (1896–1944), begründet von A. Langen, »Der Sturm« (1910–1932), herausgegeben von H. Walden, und »Die Aktion« (1911–1933), herausgegeben von F. Pfemfert.

Ältere Zeitschriftennummern oder -jahrgänge, auch vollständige Zeitschriftenunternehmen, haben sich vor allem in Bibliotheken und Archiven erhalten, allerdings sind sie dort nach Inhalt und bildlicher Ausstattung kaum erschlossen. Zeitschriften-Gesamteditionen und -Querschnitte stellen neuerdings bedeutende Zeitschriftenunternehmen in einer retrospektiven Gesamtschau einem größeren Publikum vor. *F. M.*

Lit.: Kirchner, J.: Das deutsche Zeitschriftenwesen. – T. 1. (= 2., neubearb. Aufl.), T. 2. – Wiesbaden, 1958–1962. // Zeller, B.: Wende der Buchkunst : literar.-künstler. Zeitschr. aus d. Jahren 1895–1900. – Stuttgart, 1962. // Haacke, W.: Die politische Zeitschrift. – Bd. 1.2. – Stuttgart, 1968–1982. // Martens, W.: Die Botschaft der Tugend. – Stuttgart, 1968. // Kirchner, J.: Bibliographie der Zeitschriften des deutschen Sprachgebietes bis 1900. – Bd. 1–3. – Stuttgart, 1969–1977. // Obenaus, S.: Die deutschen allgemeinen kritischen Zeitschriften in der 1. Hälfte des 19. Jh. – In: Archiv für Geschichte des Buchwesens. – Frankfurt a. M. 14(1973/74). – Sp. 1 – 122. // Hocks, P. ; Schmidt, P.: Literarische und politische Zeitschriften 1789–1805. – Stuttgart, 1975. // Raabe, P.: Zeitschriften und Almanache. – In: Buchkunst und Literatur in Deutschland 1750–1850. – Bd. 1. – Hamburg, 1977. – S. 145 – 195. // A la mode : Die Modezeitschriften des 19. Jh. / hrsg. von G. Buxbaum. – Dortmund, 1983. // Gebhardt, H.: Illustrierte Zeitschriften in Deutschland am Ende des 19. Jh. – In: Buchhandelsgeschichte. – Frankfurt a. M. (1983)2. – S. B 41 – B 65. (Börsenbl. für d. Dt. Buchhandel, Frankfurt a. M. ; Beil.)

Zeitung

Veröffentlichung, die periodisch, meist täglich, erscheint (Tagespresse) und aktuelle Nachrichten, Berichte und Meinungen (Kommentare, Leitartikel) zum Gegenwartsgeschehen sowie Beiträge verschiedener Autoren zu Themen aus allen Bereichen des gesellschaftlichen und politischen Lebens (Interviews, Reportagen, Glossen, Feuilletons) enthält. Theoretisch zeitliche Unbegrenztheit (Kontinuität), Regelmäßigkeit des Erscheinens (Periodizität), Neuigkeitswert der Nachrichten (Aktualität), Hinwendung zu einem breiten Leserkreis und allgemeine Zugänglichkeit der Informationen (Publizität) machen außer der mechanischen Vervielfältigung durch den Druck (hohe Auflagen) und der dem Zweck entsprechenden äußeren Form (Lagen, Format, Numerierung) und typographischen Gestaltung (Kolumnen) die wesentlichen Merkmale der Zeitung aus. Je nach ihrer Zweckbestimmung sind Zeitungen von allgemeinem Interesse (Tageszeitungen) und Zeitungen von speziellem Interesse (meist Wochenzeitungen) zu unterscheiden. Letztere wenden sich an einen begrenzten Leserkreis (z. B. Sport-, Frauen-Zeitungen, Zeitungen für bestimmte Berufsgruppen). Die Erfindung des Buchdrucks schuf die notwendigen technischen Voraussetzungen für die Entwicklung der Zeitung, die begünstigt wurde durch den Ausbau des Post- und Verkehrswesens und das stark anwachsende Informationsbedürfnis der Gesellschaft während des 17. Jh. Zu den Vorformen der Zeitung zählen die im 15. Jh. entstandenen, vorwiegend für Kaufleute bestimmten Briefkorrespondenzen (z. B. »Fugger-Zeitung«) und von Diplomaten und Gelehrten veranlaßte »geschriebene Zeitungen«, die bis ins 18. Jh. neben den gedruckten Zeitungen existierten, weiterhin die seit Ende des 15. Jh. oft von Postmeistern herausgegebenen »Ordinari«-Zeitungen, Einblattdrucke und ⟋ Flugblätter, die oft mit groben ⟋ Holzschnitten geschmückt wurden, und schließlich die thematisch begrenzten und nach Bedarf veröffentlichten »Neuen Zeitungen«, die z. T. in objektiver, aktuell-dokumentarischer Berichterstattung, z. T. aber auch in sensationell-marktschreierischer Form Nachrichten über Kriegsereignisse und Naturkatastrophen verbreiteten. 1502 erschien zum ersten Mal nachweisbar das Wort »Zeitung« im Titel einer gedruckten Nachricht (»New Zeytung von orient und auff gange«). Die Flugschriften aus der Zeit der Reformation und des Bauernkrieges nahmen auch Funktionen der Zeitung wahr.

Ab 1588 wurden die Besucher der Frankfurter Messe halbjährlich in chronikartigen Berichten über die Zeitereignisse unterrichtet. Um die Wende zum 17. Jh. bildeten sich die ersten periodischen Blätter heraus. Als älteste Monatszeitung gilt die von dem Augsburger Samuel Dilbaum zusammengestellte »Historische Relation«, 1597 durch Leonhard Straub in Rorschach am Bodensee gedruckt. Als früheste Wochenzeitungen haben sich aus dem Jahre 1609 der »Aviso, Relation oder Zeitung. Was sich begeben und zugetragen hat«, von Julius Adolph von Söhne in Wolfenbüttel gedruckt, und die von dem Straßburger Verleger Johann Carolus herausgegebene »Relation: Aller Fürnemmen und gedenckwürdigen Historien« (bis 1667 nachweisbar) erhalten. Eine bereits regelmäßig illustrierte Zeitung erschien 1620 bei Abraham Verhoeven in Antwerpen. Gefördert durch die territoriale Zersplitterung und konfessionelle Zerrissenheit sowie durch die Ereignisse des 30jährigen Krieges entwickelte sich die periodische Presse in Deutschland reichhaltiger als in anderen Ländern. In zahlreichen Reichs-, Residenz- und Universitätsstädten wurden schon in den ersten Jahrzehnten des 17. Jh. wöchentliche Zeitungen ins Leben gerufen, so z. B. in Frankfurt a. M., Berlin, Hamburg, Köln, Wien, München und Leipzig. Als erste Tageszeitung gelten die »Einkommenden Zeitungen« (1650), die ebenso wie die »Neu einlauffende Nachricht von Kriegs- und Welt-Händeln« (1660) bei Timotheus Ritzsch in Leipzig verlegt wurden. In England trat die erste Tageszeitung 1702, in Frankreich 1777 an die Öffentlichkeit. Der Kopf der Zeitung wurde meist nur typographisch gestaltet, gelegentlich jedoch mit Zierstücken oder ↗ Vignetten geschmückt, beliebte Motive waren Merkur, Postreiter und Stadtansichten, Illustrationen sind äußerst selten.

Im 18. Jh. entstanden nach dem Muster der »Wöchentlichen Franckfurter Frag- und Anzeigungs-Nachrichten« (1722) zahlreiche Intelligenzblätter, die behördliche Bekanntmachungen und Inserate enthielten, aus ihnen erwuchsen die Lokal-Zeitungen. Die 1729 gegründeten »Wochentlichen Hallischen Anzeigen« strebten unter J. P. von Ludewig einen vielseitigen Inhalt an und vereinigten bereits Leitartikel, politischen und lokalen Nachrichtenteil, Feuilleton, Anzeigenteil und Wettervorhersage. Die Pressepolitik des Absolutismus war durch strenge ↗ Zensur gekennzeichnet, die Fürsten versuchten z. B. durch Privilegienvergabe die Presse ihren Zwecken dienstbar zu machen. Die Ereignisse der Französischen Revolution von 1789 hatten eine allgemeine Politisierung der Tagespresse zur Folge. 1798 wurde in Tübingen durch den Verleger Cotta die spätere »Allgemeine Zeitung« gegründet, die bald zu den bedeutendsten großbürgerlichen Blättern zählte. Während und nach den Befreiungskriegen erlebte das Pressewesen einen kurzen Aufschwung (z. B. »Russisch-Deutsches Volksblatt« 1813 von A. von Kotzebue, »Deutsche Blätter« von F. A. Brockhaus 1813–1816, »Rheinischer Merkur« von J. Görres 1814–1816). Die nach dem Wiener Kongreß einsetzende Restauration wirkte sich auf die Presse besonders hemmend aus. Die Karlsbader Beschlüsse (1819), die alle Druckschriften unter 20 Seiten einer scharfen Zensur unterwarfen, blieben bis zum 3. März 1848 in Kraft. 1830/31 erregte die »Deutsche Tribüne« von J. G. A. Wirth, ein radikal-demokratisches Blatt, großes Aufsehen, und wurde verboten. 1843 begann der Leipziger Verleger Weber mit der Herausgabe der »Illustrierten Zeitung«, der Vorläuferin der heutigen Illustrierten. Bei der ideologischen Vorbereitung der Revolution von 1848 spielte die bürgerliche Presse eine maßgebliche Rolle. Im Verlauf der Revolution wurde die Zensur aufgehoben und die Pressefreiheit erkämpft, die jedoch in der Praxis vielfach wieder eingeschränkt wurde. Unter der Chefredaktion von Karl Marx erschien als erste sozialistische Tages-Zeitung die »Neue Rheinische Zeitung« 1848/49 in Köln, die zum Vorbild für die Presse der Arbeiterbewegung wurde.

1848 wurden zahlreiche Zeitungsunternehmen neu gegründet (z. B. die großbürgerlich-liberale Berliner »Nationalzeitung«, die konservative »Neue Preußische ⟨Kreuz-⟩ Zeitung«, das humoristisch-satirische Blatt »Kladderadatsch«. Der Aufschwung im Pressewesen wurde durch die wirtschaftliche und technische Entwicklung (Eisenbahnnetz, Telegraf und Telefon, Rotationsdruck, Autotypie, Setzmaschine, Holzschliffpapier) gefördert, was zur Herausbildung großer Zeitungskonzerne und damit der Tageszeitung im modernen Sinne führte. Im Laufe ihrer Entwicklung wurde die Zeitung zu einem wichtigen politischen und sozialen Faktor. Zeitungen gelten heute als eine wertvolle Quelle für die historische Forschung, doch sind Zeitungsnummern und -jahrgänge aus der Frühzeit der Pressegeschichte selten, vollständige Zeitungsunternehmen nur vereinzelt in Archiven und Bibliotheken erhalten. *F. M.*

Lit.: Schottenloher, K.: Flugblatt und Zeitung. – Berlin, 1922. (Neudr. Wiesbaden, 1985) // Groth, O.: Die Zeitung. – Bd. 1–4. – Mannheim, 1928–1930. // Handbuch der Weltpresse. – 5. Aufl. – Bd. 1.2. – Köln, 1970. // Hagelweide, G.: Deutsche Zeitungsbestände in Bibliotheken und Archiven. – Düsseldorf, 1974. // Bogel, E.; Blühm, E.: Die deutschen Zeitungen des 17. Jh.: e. Bestandsverzeichnis. – Bd. 1–3. – Bremen, 1971–1985. // Dovifat, E.: Zeitungslehre. – 6. Aufl. Bd. 1.2. – Berlin (West), 1976.

Zensur

Die Zensur (lat. censura = Prüfung) stellt das Eingreifen staatlicher und geistlicher Gewalt in den literarischen, künstlerischen und politischen Kommunikationsprozeß dar. Seine Kontrolle und Reglementierung, die bereits aus der Antike bekannt sind, umfaßt das Verbot der Vervielfältigung und des Vertriebs bestimmter Texte und Illustrationen generell oder mit Ausnahmen für einen bestimmten Empfängerkreis, das Verbot des privaten Besitzes oder der allgemeinen Zugänglichkeit in Bibliotheken. Legalisiert wurden diese Vorgänge durch Gesetze über Vorzensur, Einsendepflicht von Neuerscheinungen, Listen verbotener oder empfohlener Literatur, Auflagen an Buchhändler, Verleger und Bibliotheken. Ausdruck einer Zensur sind auch die sog. ↗ gereinigten Ausgaben.

Dem Gedanken der möglichst weitgehenden Zensur liegt die Absicht zugrunde, nur solche Erkenntnisse zuzulassen, die für die Erhaltung des jeweiligen Machtanspruchs produktiv erscheinen. Aus der sich daraus ergebenden Polarität zwischen dem Streben nach geistigem und wissenschaftlichem Fortschritt und den Interessen des Staates entstehen vor allem dann Spannungen, wenn Lösungen durch politische oder soziale Veränderungen nicht erfolgen. Eine rigorose Kontrolle, das bewußte Ignorieren wissenschaftlicher, geistiger, kultureller Entwicklungen oder die Abkapselung vom Ausland richtet sich letztlich gegen die Urheber und führt zu einem nur schwer aufholbaren Rückstand auf allen Gebieten.

»Edict« Friedrichs II. »Wegen der wieder hergestelleten Censur...« Titelblatt, 1749.
Nach einem Faksimile

Eine Kommunikationskontrolle, die flächendeckend und effektiv im Sinne der herrschenden Klasse arbeitet, ist an bestimmte Voraussetzungen gebunden. Dazu gehört, daß alle Drucker und Verleger mit ihrer technischen Ausrüstung und ihrem Geschäftsverkehr erfaßt und kontrolliert werden. Die Überwachung des Außenhandels und ein strenges Zollregime kann die Einfuhr unerwünschten Schrifttums verhindern, die Reglementierung des Binnenmarktes die freie Verfügbarkeit von Papier, Maschinen und anderem Zubehör einschränken. Eine nicht zu unterschätzende Rolle spielen auch nationale Traditionen, soziale und geistige Komponenten, die aus der Vergangenheit fortwirken und das Gesamtbild in einzelnen Perioden und von Land zu Land unterschiedlich erscheinen lassen.

Die Kommunikationskontrolle in Deutschland bietet ein vielfältig schillerndes Bild, das reich ist an allgemeinen und Landesgesetzen, in denen Strafen an Leib, Leben, Eigentum und Bücherverbrennungen ebensowenig fehlen wie auf der anderen Seite der Kampf dagegen. Staatsräson, Profit- und Klasseninteressen sowie persönliche Überzeugung der Literaturproduzenten standen sich oft in vielfacher Brechung gegenüber. Die wirtschaftliche Macht, die Drucker und Verleger zu entwickeln begannen, konnte auch über die Handhabung der Zensur in einer Stadt oder einem Territorium entscheiden.

Allgemeine Grundlagen der Zensur in Deutschland waren die Vereinbarungen von Augsburg (1555) und Münster (1648/49), die in den Wahlkapitulationen der

Karikatur von Anton Klaus auf den durch die Mächte der Hl. Allianz gefesselten und geknebelten deutschen Michel.
Lithographie mit Vierzeiler, 1842. 22,5 × 36,5 cm

deutschen Kaiser stets von neuem beschworen wurden. Dazu kam für die katholischen Landesteile Deutschlands und die anderen katholischen Länder der immer wieder aufgelegte ↗ Index librorum prohibitorum. Der Reichsabschied von Speyer (1570) war weniger ein Instrument der Zensur als vielmehr eine Bestätigung des wirtschaftlichen Entwicklungsprozesses, indem den Druckereien in Reichs-, Universitäts- und Residenzstädten eine Art Gerechtsame verliehen und der Betrieb von Winkeldruckereien außerhalb dieser Orte untersagt wurde.

Offizielles Organ der Zensur für das Reichsgebiet war die Kaiserliche Bücherkommission 1569–1806, deren Wirken letztlich zum Ende der Frankfurter Buchmesse (1765) führte. Die Zersplitterung des Reiches brachte es mit sich, daß in den einzelnen Territorien unterschiedliche Zensurpraktiken herrschten – so waren z. B. in Preußen und Sachsen auch Universitätsprofessoren als Zensoren tätig. Schwerpunkte der Überwachung waren bis ins 18. Jh. hinein Schriften, die den mühsam errungenen Religionsfrieden, die Beziehungen zwischen einzelnen Teilen des Reiches oder zu auswärtigen Mächten stören konnten, sich gegen die verfassungsmäßige Ordnung des Reiches, gegen Kaiserhaus und Reichsstände wandten. Trotz dieser Einschränkungen gab es aber kein wesentliches Ereignis, das nicht von einer entsprechenden Publizistik begleitet wurde – bei der Kleinheit der Territorien war es mitunter leicht, eine Schrift im »Ausland« drucken zu lassen und dann am eigentlichen Bestimmungsort zu ver-

Einband von Thomas Theodor Heine zu H. H. Houben, Hier Zensur – wer dort? Leipzig, 1918. 12,7 × 19 cm

treiben. Nach der »erweiterten Preßfreiheit« unter Joseph II. (1780–1790), die für die österreichischen Lande fast einer Aufhebung der Zensur gleichkam, setzte unter dem Eindruck der Französischen Revolution eine generelle Verschärfung der Zensur und eine besondere Beaufsichtigung der Zeitungen und Zeitschriften ein. So wurde ihnen untersagt, über französische Ereignisse oder über den Vormarsch der französischen Armeen zu berichten.

Nach dem Ende des deutschen Kaiserreichs wirkten die Zensurgesetze fort und wurden in den Karlsbader Beschlüssen 1819 neu formuliert, um alle kritischen und unbotmäßigen Stimmen zu unterdrücken. Für alle Druckerzeugnisse unter 20 Bogen bestand eine strenge Zensur – einer der Gründe, warum Heinrich Heines »Buch der Lieder« 1827 in einer auf 372 Seiten gedehnten Ausgabe erschien. Alle restriktiven Maßnahmen, die, wie die zeitgenössische Karikatur zeigt, mit den Mächtigen der Heiligen Allianz abgestimmt waren, konnten nicht verhindern, daß in Verbindung mit den politischen Bewegungen des Vormärz und der bürgerlichen Revolution von 1848 der Kampf gegen die Zensur, für die sog. Preßfreiheit, Teil des allgemeinen politischen Kampfes wurde. Nach der vorübergehenden Aufhebung der Zensur trat in Preußen, als Reaktion auf die Revolution von 1848, 1851 ein scharfes Pressegesetz in Kraft, das bis zur allgemeinen Aufhebung der Zensur in Deutschland 1874 in Kraft blieb. Danach waren die Arbeiterbewegung bzw. deren Verlage und Publikationsorgane immer wieder der Kontrolle, Beschlagnahme und gerichtlichen Verfolgung ausgesetzt. So wurden nach einer amtlichen Aufstellung während des Sozialistengesetzes (1878–1890) 1025 nichtperiodische Druckschriften sowie eine größere Zahl von Einzelnummern von Periodika beschlagnahmt und verboten.

Die Anwendung unklar definierter moralisch wertender Begriffe wie ↗ Erotica, Pornographie, Schund und Schmutz führte immer wieder zu Beschlagnahmung und Gerichtsprozessen und war der Versuch, kritische oder die Grenzen des Vertrauten überschreitende künstlerische und literarische Werke zu unterdrücken. Immer wieder kam es zu gerichtlichen Auseinandersetzungen mit staatlichen Institutionen über die Beschlagnahme oder das Verbot einzelner Werke, wobei es auch darum ging, sie gegen die Flut der den Markt überschwemmenden pornographischen und verwandten Machwerke abzugrenzen (↗ Erotica). Wenn es auch in Deutschland vor 1933 außer dem sog. Polunbi-Katalog für diese Art von Literatur (»Verzeichnis der auf Grund des § 184 des Reichsstrafgesetzbuches eingezogenen und unbrauchbar zu machenden sowie der als unzüchtig verdachtigen Schriften«) keine Listen verbotener Literatur gab, so waren doch schon Kräfte am Werk, die die schwarzen Listen vorbereiten halfen, durch die nach der faschistischen Machtübernahme 1933 unerwünschte Autoren verboten wurden. Die Zensur setzte ab 1933 bereits gegenüber dem Autor ein, der ohne »Ariernachweis« und Mitgliedschaft in der Reichsschrifttumskammer nicht publizieren durfte, und reichte über ein System von Behörden und Kontrollinstanzen bis zum Leser, dem in Buchhandlungen und Bibliotheken nur noch die Literatur angeboten werden durfte, die den Richtlinien und Listen von Reichsschrifttumskammer, Reichsministerium für Volksaufklärung und Propaganda u.a. entsprach. Auch der private Besitz verbotener Literatur wurde zu einem strafwürdigen Vergehen. Grundlage der Verbote war u.a. die »Liste des schädlichen und unerwünschten Schrifttums« (Leipzig 1938, jährliche Nachträge bis 1943), die als streng vertraulich nur einem kleinen Kreis zugänglich war. Während des zweiten Weltkrieges kamen noch Verbotslisten für neuere anglo-amerikanische Autoren hinzu.

Die Strafen für Verstöße gegen Zensurbestimmungen reichten von der Beschlagnahme des Druckes, meist verbunden mit der Verbrennung durch den Henker unter dem Galgen oder dem Annageln am Schandpfahl, über Geldbußen, Zerstörung der Pressen und Typen bis zur Ausweisung, körperlichen Züchtigung oder Hinrichtung von Drucker und Verleger. Ähnliche Strafen konnten auch Buchführer und Buchhändler treffen, wie die Beispiele Hans Hergots oder Johann Philipp Palms zeigen. Auch kam es nicht selten vor, daß als mißliebig angesehene Manuskripte bereits vor dem Satz eingezogen wurden oder daß sogar die Bibliotheken von Privatpersonen »gesäubert« wurden, wie es dem Ingolstädter Universitätskanzler von Ickstatt noch Mitte des 18. Jh. geschah.

In den Ländern mit einer starken Zentralgewalt wie England oder Frankreich waren Zensurbestimmungen relativ leicht durchzusetzen, die Zahl der Druckorte war meist, wie z.B. in England im 17. Jh., auf wenige Städte beschränkt. Nachdem während der englischen Revolution die Zensur vorübergehend aufgehoben war, wurde sie wegen der Umtriebe der Anhänger der gestürzten Stuart-Monarchie erneut eingeführt. Ein generell großzügiges geistiges Klima und zwischen den Landesteilen abweichende Zensurregelungen machten die Niederlande vor allem im 17. Jh. zu einem wesentlichen Platz für Herstellung und Vertrieb umstrittener Literatur. In Rußland unterstanden bis ins 18. Jh. hinein alle Druckereien staatlichen und kirchlichen Instanzen, die neugegründete Akademie der Wissenschaften hatte wiederholt um Befreiung von Zensurbestimmungen für ihre Veröffentlichungen zu kämpfen.

Das Bild obrigkeitlicher Bevormundung wäre jedoch zu einseitig, zeigte man nicht auch die Gegenkräfte. Gegen das Abschreiben verbotener Texte oder die mündliche Tradierung progressiven Gedankengutes erwiesen sich alle Formen der Zensur letztlich als vergeblich. Getarnt durch ↗ Pseudonyme, harmlos klingende Titel (↗ Tarnschriften), ↗ fingierte Erscheinungsorte erschienen viele Werke, ja, ihre Herstellung und ihr Vertrieb wurden, wie es das Beispiel der Niederlande im 17., das einzelner deutscher Territorien im 18. und 19. Jh. zeigt, zu einem einträglichen Geschäft. Zahlreich waren auch die Tricks der Buchhändler zur Täuschung der Behörden, wozu dunkle, enge Ladenräume und der Versand der Bücher in Rohbogen begünstigend mit beitrugen.

Weitgehend der Zensur entzogen waren jene Schriften, die außerhalb der üblichen Vertriebswege durch Diplomaten, bezahlte Mittelsmänner oder direkte Zusendung verbreitet wurden, wie es vom 16. bis 18. Jh. üblich war. Gleiches gilt auch für zahlreiche ↗ Privatdrucke, die bis ins 20. Jh. hinein veranstaltet wurden und nur für einen begrenzten Kreis von Freunden, Sympathisanten oder Subskribenten erhältlich waren, wie es z.B. mit Franz Bleis Zeitschrift »Der Amethyst« (1905) oder mit den ersten Ausgaben von Schnitzlers »Der Reigen« der Fall war. Als Reaktion auf die Zensur in Großbritannien und den USA, die noch in den zwanziger Jahren zur Vernichtung ganzer Auflagen von Joyces »Ulysses« führte, war die Gründung des Verlages Shakespeare & Company in Paris anzusehen, der neben Joyce auch Werke von D. H. Lawrence, Hemingway, Henry Miller u.a. veröffentlichte. Erst lange nach dem zweiten Weltkrieg konnten die Werke dieser Autoren ungekürzt und unbehindert in ihren Heimatländern erscheinen.   *K. K. W.*

Lit.: Houben, H. H.: Verbotene Literatur von der klassischen Zeit bis zur Gegenwart. – 1.2. – Berlin, 1924–1928. // Eisenhardt, U.: Die kaiserliche Aufsicht über Buchdruck, Buchhandel und Presse im Heiligen Römischen Reich Deutscher Nation (1496–1806). – Karlsruhe, 1970. // Speyer, W.: Büchervernichtung und Zensur des Geistes bei Heiden, Juden und Christen. – Stuttgart, 1981. // Ziegler, E.: Zensurgesetzgebung und Zensurpraxis in Deutschland 1819–1848. – In: Buchhandel und Literatur. – Wiesbaden, 1982. – S. 185–229. // Breuer, D.: Geschichte der literarischen Zensur in Deutschland. – Heidelberg, 1982.

Zimelie

Dieser aus dem Griechischen stammende, vor allem im bibliothekarischen Bereich verwendete Begriff (»Kleinod«) bezeichnet die wegen ihres Alters, ihrer Herkunft, Ausstattung, Einmaligkeit, künstlerischen und kulturgeschichtlichen Bedeutung besonders wertvollen Papyri, Handschriften und Autographe, Erstausgaben bedeutender Werke einer Stilrichtung oder Kunstperiode, Landkarten, Globen u. ä. Sie werden in Spezialabteilungen der Bibliotheken aufbewahrt und erschlossen. Unter besonderen Sicherheitsvorkehrungen werden sie in Schausammlungen und bei besonderen Anlässen der Öffentlichkeit zugänglich gemacht.

↗ auch altes Buch, Rara   *K. K. W.*

ANHANG

LITERATURVERZEICHNIS
(Auswahl)

Bibliographien

ABHB: Annual bibliography of the history of the printed book and libraries. – 1– . – The Hague, 1973–

Bibliographie der Buch- und Bibliotheksgeschichte. – Bd. 1(1980/81). – Bad Iburg, 1982.

Wolfenbütteler Notizen zur Buchgeschichte. – 1– – Hamburg, 1970–

Jahrbuch der Auktionspreise für Bücher und Autographen. – 1– . – Hamburg, 1951–

Monographien und Sammelwerke

Bogeng, G. A. E.: Einführung in die Bibliophilie. Leipzig, 1931.

Buchgestaltung in Deutschland 1740–1890. – Hamburg, 1980.

Buchkunst und Literatur in Deutschland : 1750–1850. – 1.2. – Hamburg, 1977.

Deutsche Buchkunst 1890–1960. – 1.2. – Hamburg, 1963.

Funke, F.: Buchkunde. – 3. Aufl. – Leipzig, 1969.

Handbuch der Bibliothekswissenschaft. – 1–3 nebst Reg. – Wiesbaden, 1952–1965. (Bd. 1: Schrift und Buch; 2. Bibliotheksverwaltungslehre; 3. Geschichte der Bibliotheken.)

Knigovedenie : Ènciklopedičeskij slovar'. – Moskva, 1982.

Knižnoe isskustvo SSSR. – Č. 1– . – Moskva, 1983–

Krejča, A.: Die Techniken der graphischen Kunst. – Prag, 1980.

Kuhn, H.: Wörterbuch der Hausbuchbinderei und der Restaurierung von Einbänden, Papyri, Handschriften, Graphiken, Autographen, Urkunden und Globen. – 3. Aufl. – Hannover, 1985.

Lexikon der Kunst / hrsg. von L. Alscher, G. Feist [u. a.]. – 1–5. – Leipzig, 1968–1978.

Lexikon des Bibliothekswesens. – 1.2. – 2. Aufl. – Leipzig, 1974.

Lexikon des gesamten Buchwesens. – 2. erw. Aufl. – 1– . – Stuttgart, 1985–

Migón, K.: Nauka o książce wśród innych nauk społecznach. – Wrocław, 1976. (Die Buchwissenschaft unter den anderen Gesellschaftswissenschaften.)

Rodenberg, J.: Deutsche Bibliophilie in drei Jahrzehnten. – Leipzig, 1931.

Schauer, G. K. (Hrsg.): Internationale Buchkunst im 19. und 20. Jh. – Ravensburg, 1969.

Schottenloher, K.: Flugblatt und Zeitung. – Berlin, 1922.

Periodica

Al'manach bibliofila. – 1– . – Moskva, 1973–

Archiv für Geschichte des Buchwesens. – 1– . – Frankfurt a. M., 1956–

Aus dem Antiquariat. – Beil. zu: Börsenbl. für den Dt. Buchh. Frankf. Ausg. – 1– . – Frankfurt a. M., 1950–

Beiträge zur Geschichte des Buchwesens. – 1– . – Leipzig, 1965–

Gutenberg-Jahrbuch. – 1– . – Mainz, 1926–

Imprimatur : e. Jahrbuch für Bücherfreunde. – 1–12. – Hamburg, 1930–1954/55. – N. F. 1– . – Frankfurt a. M., 1956/57–

Marginalien : Z. für Buchkunst und Bibliophilie. – H. 1– . – Berlin, 1957–

Philobiblon : e. Z. für Bücherliebhaber. – 1–12. – Wien, 1928–1940.

Philobiblon : e Vierteljahresschrift für Buch- und Graphiksammler. – 1– . – Hamburg, 1957–1982; ab 1983: Stuttgart

Studien zum Buch- und Bibliothekswesen. – 1– . – Leipzig, 1981–

Zeitschrift für Bücherfreunde. – 1–23. – Leipzig, 1909–1931. – N. F. 1–5. – 1932–1936

BILDNACHWEIS

Für die freundliche Unterstützung bei der Beschaffung der Bildvorlagen danken wir:

Biblioteca Apostolica Vaticana 105
Biblioteca Medicea Laurenziana, Florenz (Foto: Donato Pineider, Florenz) 203
Bibliothèque Nationale, Paris 19
Civico Museo Bibliografico Musicale, Bologna 273
Deutsches Buch- und Schriftmuseum der Deutschen Bücherei Leipzig 11, 15, 17, 30, 31, 39, 40, 62, 70, 71, 72, 73, 77, 80, 86, 91, 97, 98, 100, 106, 123, 125, 127, 129, 131, 132, 133, 134, 135, 136, 142, 143, 144, 152, 157, 158, 163, 169, 171, 172, 173, 174, 188, 189, 209, 211, 218, 219, 220, 222, 228, 231, 238, 253, 270, 281, 282, 283, 284, 285, 286, 295, 296, 300, 304, 307, 308, 309, 310, 312, 314, 315, 316, 318, 319, 324, 329, 343, 344, 346, 349, 352, 353, 354, 356, 357, 360, 362
Deutsche Staatsbibliothek, Berlin 10, 55, 69, 102, 116, 156, 162, 194, 198, 207, 240, 241, 242, 243, 244, 245, 246, 247, 248, 249, 250
Georgi-Dimitroff-Museum, Leipzig 339
Domarchiv, Erfurt 67, 227
Dombibliothek, Trier (Foto: D. Thomassin, Trier) 221
Domschatz, Halberstadt 104, 153, 280
Domstift Merseburg 36, 225
Edition Peters, Leipzig 275
Forschungsbibliothek Gotha 111, 115, 143, 159, 176, 196, 197, 199, 236
Grieshaber, Ricarda, Reutlingen 217
Heimatmuseum Neuruppin 56
Insel-Verlag, Leipzig 145
Institut für Marxismus-Leninismus, Berlin 331
Kirchenbibliothek Arnstadt 161
Koninklijke Bibliotheek, 's-Gravenhage 109
Kungliga Biblioteket, Stockholm 121
Kunstsammlungen zu Weimar (Foto: Eberhard Renno, Weimar) 212, 213, 215, 216, 256, 257
Les Editions, Albert René, Paris 59
Märkisches Museum, Berlin 78
Musée Condé, Chantilly (Foto: Photographie Giraudon, Paris) 103, 110
Museum des Kunsthandwerks Leipzig 117
Museum für Geschichte der Stadt Leipzig 79

Nationale Forschungs- und Gedenkstätten der klassischen deutschen Literatur in Weimar 237, 334
Österreichische Nationalbibliothek, Bild-Archiv und Porträt-Sammlung, Wien 107, 108, 201, 204
Privatsammlungen 9, 12, 47, 56, 64, 65, 74, 75, 85, 87, 88, 95, 137, 138, 164, 260, 302, 321, 328, 335, 341, 344, 345, 351
Sächsische Landesbibliothek, Dresden 61, 117, 274, 275; Deutsche Fotothek 79, 320
Schloßmuseum, Gotha 63
VEB E. A. Seemann Verlag, Leipzig 155
Sotheby's, London 25
Staatliche Galerie Moritzburg Halle 54, 166, 182, 183
Staatliche Lutherhalle Wittenberg (Foto: Wilfried Kirsch, Wittenberg) 347
Staatliche Museen zu Berlin, Islamisches Museum 205, 323; Kupferstichkabinett 56, 220; Ostasiatische Sammlung 208, 324, 325, 326, 327
Staatliche Museen Berlin (West), 18; 255
Stadtbibliothek Dessau 32, 224
The British Library, London 113
Turfansammlung der Akademie der Wissenschaften der DDR, Berlin 208
Universitätsbibliothek, Jena 68, 120, 154, 176, 200, 226, 229, 230, 330, 336, 351
Universitätsbibliothek, Leipzig 10, 27, 33, 37, 43, 49, 60, 82, 89, 125, 164, 165, 202, 223, 232, 254, 286, 335, 355
Universitäts- und Landesbibliothek Sachsen-Anhalt, Halle 21, 22, 34, 35, 41, 42, 43, 44, 48, 51, 52, 82, 83, 84, 85, 87, 90, 91, 92, 93, 94, 95, 99, 124, 125, 126, 128, 130, 162, 167, 177, 179, 180, 181, 182, 184, 185, 214, 233, 251, 252, 259, 261, 262, 263, 264, 265, 266, 267, 268, 269, 279, 288, 289, 290, 291, 292, 293, 297, 301, 303, 313, 327, 338, 361
Universitäts- und Landesbibliothek Sachsen-Anhalt, Bibliothek der Deutschen Morgenländischen Gesellschaft, Halle, 118, 206
Wissenschaftliche Allgemeinbibliothek Erfurt 195
Verlagsarchiv des VEB Bibliographisches Institut Leipzig 14, 28, 50, 142, 218, 311, 333, 341, 351

REGISTER

Seitenzahlen in /.../ kennzeichnen die Stichwörter, kursiv gedruckte Seitenzahlen weisen auf Abbildungen hin. Den Personennamen wurden in Klammern (soweit zu ermitteln) die Lebensdaten hinzugefügt, einzelne Begriffe erhielten erläuternde Angaben.

Abbassiden 47
Abbreviatur 231
ABC-Buch 241, *176, 243*
    s. a. Fibel
Abzug /9/, 24, 146, 333
Acta eruditorum 355
ad usum Delphini s. gereinigte Ausgabe
Adam, Paul (1849–1931) 162
Adelung, Johann Christoph (1732–1806) 278
Adligat 306
Ägypten 121, 141, 151, 286, 305
Ägyptisch 210, *211*
Äsop (ca. 6. Jh. v. u. Z.) 233, 241
Aethelwold-Benediktionale 107
Agricola, Georg (1494–1555) 89, *93*
Akkader 239
Die Aktion (Zeitschrift) 358
Akzidenzdruck /9/, 17, 99, 129, 187, 298, 317, 322, 345, 350, *9*
Alastair (d. i. Hans-Henning Voigt) (1887–1969) *130*
Albani-Psalter 107
Albatross Library 127
Alberthus (2. Hälfte 15. Jh.) *70*
Albrecht, Johann Christoph *316*
Album amicorum s. Stammbuch
Alciati, Andrea (1492–1550) 164, 166, *164, 165*
Aldegrever, Heinrich (um 1502– zw. 1555 und 1561) 258
Aldinen /10/, 153, 226, 287, 339, *10*
d'Alembert, Jean-Baptiste le Rond (1717–1783) 90, 264
Alexandria 47, 51
Alexis, Willibald (d. i. Wilhelm Häring) (1798–1871) 299
Allgemeine Zeitung 359
Allonym 299

Almanach /11/, 53, 66, 175, 235, 327, 340, 350, 357, *11, 12*
Alphabet /15/, 211, *14, 15*
Altdorfer, Albrecht (ca. 1480 bis 1538) 217, 258
Alte Schwabacher *146*
altes Buch /15/, 20, 44, 47, 50, 121, 364
Altes Testament 32, 33, 107, 188
Altkirchenslawisch 200
Ambrosiana 281
Amerbach, Johannes (1441–1513) 215
Amman, Jost (1539–1591) 15, 129, 143, 166, 170, *62, 71, 282*
Ammann, Robert (1886–1960) 28
anastatischer Druck 276
Andersen Nexö, Martin (1869 bis 1954) 75
Andrade de Figueiredo, Manoel de (17. Jh.) *343*
Andreae, Hieronymus (gest. 1556) 187
Anker, Hans (1873–1950) 45
Anonyma /16/, 176
Antike 76, 101, 122, 131, 139, 229, 281, 359
Antiphonar 190
Antiqua 10, /16/, 146, 186, 231, 307, 319, 342, *147–150, 228*
Antiquariat 16, /17/, 24, 40, 45, 46, 76, 253, 261, 276, 304, 349, *17–19, 79*
Antiquariat, modernes 19, 24
Apianus, Peter (1495–1552) 91
Apodemik 305
Apokalypse 107
Appian (um 90/100– nach 160) *228*
Apuleius, Lucius (um 125– um 180 u. Z.) 97

Arabeske 122, 131, 152
Arabisch 15, 141, 146, 193, 205, 317, 322
Aramäisch 239
Arbeiterbewegung 81, 183, 332, 359, 362
Arbeiterbibliothek 332
Architektur 89, 122, 321
Aristoteles (384–322 v. u. Z.) 10
Der Arme Conrad (Kalender) 239
Armenbibel s. Biblia pauperum
Armenisch 140
Arndes, Steffen (gest. um 1515) 38, 216, 233
Art Nouveau 130
Ashendene Press 296
Association internationale de bibliophilie 46
Assurbanipal (668– ca. 626 v. u. Z.) 47, 239
Asterix 58, *59*
Astronomie 116
Atlas /20/, 191, *21, 22, 64, 65*
Atlas des Großen Kurfürsten 23, 175, 191, *69*
Attaingnant, Pierre (16. Jh.) 274
Attavanti degli Attavanti (1452 bis 1517) 112
Audubon, John James (1785–1851) 191
Aufbau-Verlag 76
Auflage /24/, 30, 136, 139, 276, 340
Auflagenschwindel 24
Augsburg 62, 72, 83, 134, 182, 216, 229, 236
August, Kurfürst von Sachsen (1526–1586) 160, *131*
Augustinus, Aurelius (354–430) 32
Auktion 19, /24/, 28, 45, 163, *25*
Ausgabe 24, /26/, 175, 190

Ausschluß 307
Auszeichnungsschrift 320
Autograph /26/, 192, 334, *27, 28*
Autopsie /29/, 40
Aviso, Relation oder Zeitung 358

Babel', Izaak (1894–1941) 270
Badier, Florimond (17. Jh.) 160
Baedeker, Karl (1801–1859) 305
Baer & Co. (Antiquariat)
    (1785–1934) 20, *20*
Bagdad 281, *117*
Bagford, John (1650–1716) 45
Baldung, gen. Grien, Hans (1484/
    85–1545) 135, 190, 217
Balgarski Oriol (Zeitschrift) 168
Ballain, G. (16. Jh.) 166
Bamberg 216, 232
Bamberger Apokalypse 106, 113
Bapst, Valentin (Mitte 16. Jh.) *274*
Baqiao 208
Barbedor, Louis (17. Jh.) 314
Barlach, Ernst (1870–1938) 86, 217,
    269
Barock 83, 166, 169, 170, 258
Barrett-Browning, Elizabeth
    (1806–1861) *100*
Barthel, Max (1893–1975) 75
Basel 182, 215, 229, *142*
Baskerville *148*
Baskerville, John (1706–1766) 319
Bastarda 318, *202, 321*
Bauchbinde 329
Bauersche Gießerei 100, 298, 345
Bauhaus 345, *9*
Baurenfeind, Michael (1680–1753)
    314
Bayerische Staatsbibliothek Mün-
    chen 49, 168, 234
Bayern 52
Bayle, Pierre (1647–1706) 262
Beadle, Erastus F. (1821–1894) 191
Beardsley, Aubrey (1872–1898) 85,
    86, 127, 130, 172, 322, *85*
Beatus-Apokalypse 107
de Beauclair, Gotthard (geb. 1907)
    298
Beauneveu, André (1360–1403) 112
Bebel, August (1840–1913) 332
Bechstein, Ludwig (1801–1860)
    238, 244
Beck, Leonhard (um 1480–1542)
    82, *82*
Beckmann, Max (1884–1950) 303
Beer, Eduard *64, 65*
Beham, Barthel (1502–1540) 170,
    258
Beham, Sebald (1500–1550) 170,
    258, *166*

Behmer, Marcus (1879–1958) 98,
    172, 303, *128, 162, 297, 303*
Behrens, Peter (1868–1940) 100,
    145, 162, 322, 342, *145*
Belling, Joseph Erasmus (2. Hälfte
    18. Jh.) *171*
Belwe, Georg (1878–1954) 10, 99,
    298
Bembo-Antiqua *147*
Bembo-Kursiv *147*
Bendemann, Eduard (1811–1889)
    171
beneventanische Schrift 239, 272
Bening (Familie) 112
Benjamin, Walter (1892–1940) 266
Beowulf 200
Berg, Lorenz 248
Bergander, Rudolf (1909–1970) 303
Berger, Daniel (1744–1824) 12
Berger, Heinrich *144*
Bergmann von Olpe, Johann (gest.
    um 1524) 233
Berlin 83, 268, 287
Berlin (West) 50
Berliner Bibliophilen-Abend 46
Bernhardt, Jörg (16. Jh.) 160
Berruti, Amadeo (gest. 1525) 258
Berry, Jean, Duc de (1340–1406)
    112, 188, 201, 235
Bertelsmann-Lesering 75
Berthold (Schriftgießerei) 322, 345
Berthold-Missale 109
Bertuch, Friedrich Justin (1747 bis
    1822) 13, 242, 357
beschnittenes Exemplar /30/
Beschreibstoffe /30/, 208, 210, 239,
    286, 287, *30, 31*
»Bestechen« 70
Bestiarium 107
Beuron 281
Beutelbuch /32/, 152, *32*
Bewick, Thomas (1753–1828) 218,
    218
BIB s. Biennale der Illustrationen
Bibel /32/, 33, 77, 82, 90, 99, 107,
    136, 140, 141, 175, 176, 196, 229,
    233, 287, 305, 342, *33–37, 39*
Bibeldruck 33, *33–35, 37, 226, 230,
    295, 297*
Bibelgesellschaften 33
Bibelillustration /35/, 82, 107, 111,
    216, *36, 37, 39, 107*
»Bible moralisée« 38
Biblia pauperum 38, 61, 233, *60*
Bibliographien und Kataloge 20,
    24, /40/, 49, 73, 146, 168, 193,
    208, 234, *40–44*
Bibliographisches Institut (Verlag)
    333, 339

Biblioklastie 45
Bibliomanie /45/
Bibliophagie 45
bibliophile Gesellschaften 25, /45/,
    97, 294
Bibliophilie 19, 25, 45, /46/, 50, 88,
    112, 131, 151, 168, 175, 187, 192,
    294, 327
Biblioteca Apostolica Vaticana
    234
Bibliotheca Thuana 46
Bibliothek des Literarischen Ver-
    eins zu Stuttgart 276
Bibliothekar 47, 53
Bibliotheken 16, 25, 28, 40, 42, /47/,
    60, 88, 119, 163, 168, 173, 184,
    193, 207, 208, 210, 220, 221, 251,
    292, 234, 363, 364, *48–52*
Bibliothekseinband 71
Bibliothekskatalog *41–43*
Bibliothèque Nationale, Paris 42,
    49, 163, 168, 234
Bibliotherapie s. Buchpflege
Biedermeier 13
Biennale der Illustrationen Bratis-
    lava (BIB) 248, *250*
Bierbaum, Otto Julius (1865–1910)
    98, 358
Biester, Johann Erich (1749–1816)
    356
Bilderbogen /53/, 57, 62, 85, 179,
    54–56
Bilderbuch 176, 240–248
Bildgeschichte /57/, 180, 246, *59*
Bildschirm 150
Bilibin, Ivan Jakovlevič (gest. 1942)
    249
Birken, Sigmund von (1626–1681)
    291
Black 305
Blackwell, Elizabeth (um 1700 bis
    1758) 94, *91*
Blaeu, Joan (1588/1599 1673) 23
Blaeu, Willem Janszoon (1571 bis
    1638) 23
Blake, William (1757–1828) 85
Blechen, Carl (1798–1840) 268
Blei, Franz (1871–1942) 363
Blindband /59/
Blindendruck /59/
Blindpressung 71, 160, 234
Blockbuch 38, /60/, 139, 216, 235,
    60, 61
Blockdruck 274, *274*
Bobbio 199, 281
Boccaccio, Giovanni (1313–1375)
    46, 216, 233
Bocchi, Achille (1488–1562) 166
Bodoni *149*

Bodoni, Giambattista (1740–1813) 17, 66, 294, 319

Böckler, Georg Andreas (17. Jh.) 89, *94*

Börsenverein der Deutschen Buchhändler 78, 81, 101, 350

Boettger sen., Gottlieb (18./ 19. Jh.) *12*

Bogenalphabet 62

Bogensignatur 15, /62/, 70

Boghazköj 239

Boissard, Jean Jacques (1533–1598) 166, *164*

Bologna 77

Bol'šaja sovetskaja enciklopedija 266

Bomberg, Daniel (1470/80– ca. 1550) 339

Bonasone, Giulio di Antonio (16. Jh.) 166

Bondol, Jean de (tätig 1368–1381) 112

Boner, Ulrich (14. Jh.) 216, 233

Book of Durrow 114

Book of Kells 114, 200, *222*

Book of Lindisfarne 114, *113*

Boos, Heinrich (1851–1917) 98

Borchardt, Rudolf (1877–1945) 298

Boucher, François (1703–1770) 170, 350

Boulard, Antoine (1754–1825) 45

Bourdichon, Jean (ca. 1457–1521) 112

Bowdler, Thomas (1754–1825) 190

Bozérian, Gebr. (18./19. Jh.) 161

Bracke, Wilhelm (1842–1880) 238

Bradbury, Ray (geb. 1920) 133

Bradel, Alexis-Pierre (Anfang 18. Jh.) 66

Brahe, Tycho de (1546–1601) 294

Braille, Louis (1809–1852) 59

Brant, Sebastian (1457/58–1521) 179, 216, 233

Braque, Georges (1882–1963) 303

Braun & Schneider (Verlag) 244

Braunbuch 175

Brecht, Bertolt (1898–1956) 270

Breitkopf, Johann Gottlob Immanuel (1719–1794) 122, 139, 187, 274, 342

Breitkopf & Härtel 168, 298, *144*

Breitkopf-Fraktur *147*

Bremen 182

Bremer Presse 99, 294, 298, 342, *295*

Breslau s. Wrocław

Bretonische Seemannskalender 61

Breu, Jörg (1480–1537) 166, *165*

Breviarium Grimani 235, *189*

Brevier 188, 235, *111, 189, 201*

Briefmaler, -drucker 53, 60, /62/, 192, 213, 235, 334, *62, 63*

Briquet, Charles Moise (1839 bis 1918) 353

British Library 42, 49, 163, 168, 173, 234, 336

Brockhaus, Friedrich Arnold (1772–1823) 140, 264, 350, 359

Brokatpapier *132*

Broschüre /64/, 65, 178, 251

Broschur 30, /65/, 71, 151, 329, *64, 65*

Brotschrift 146

Browne, Knight Hablot (Phiz) (1815–1882) 85, 332

Brücke 217

Brüder vom gemeinsamen Leben 305

Brügge *188*

Brühl, Graf Heinrich von (1700–1763) 44, *43*

Bruyn, Günter de (geb. 1920) 53

Bry, Theodor (1528–1598) 166

Bucer, Martin (1491–1551) 190

Buch der Beispiele 215

Buch der Chroniken *232*

Buch der Natur 215

Buchbeschläge /66/, 155, *67, 68, 69, 157*

Buchbinder 133, 152, 153, 160 bis 162, 236, 298, *70–72*

Buchbinderei 65, /66/, 100, 133, 151, 178

Buchblock 65, 70, /73/, 131, 151, 231, 253, 347

Buchclub s. Buchgemeinschaft

buchclub 65 76

Buchclub der Schüler 76

Buchdruck 53, 94, 97–101, 138, 139, 187, 193, 210, 223, 282, 294–298, 317, 319–322, 342, 360 s. auch Drucken

Bucheinband s. Einband

Buchführer 25, /73/, 76, 77, *73*

Buchgemeinschaft /74/, *74, 75*

Buchgestalter 76

Buchgestaltung /76/, 96–101, 229, 231, 233, 234, 252, 294, 296, 298, 299, 306–310, 327, 330, 342–345

Buchhändler 76, *80*

Buchhandel 17–20, 24–26, 49, 73, 74, /76/, 276, 292, 293, 304, 337, 350, 363, *77–79*

Buchhandlung der Gelehrten, Dessau 74, 337

Buchillustration 12, 60, 61, 76, /81/, 98, 99, 101, 129, 130, 216 bis 219, 226, 233, 234, 245–250,

258, 261, 269, 271, 294, 298, 303, 307, 310, 332, 333, 345, *82–88*

Buchillustration einzelner Fachgebiete 23, /89/, 191, 192, 258, 268, *89–95*

Buchillustration, persische 116

Buchklub /74/

Buchkunst /96/, 97–101, 106, 112, 114, 145, 168, 190, 206, 207, 218, 224, 324, 345, 350

Buchkunstausstellung s. Internationale Buchkunstausstellung

Buchkunstbewegung 10, 45, /96/, 162, 293, 296–298, *97–100*

Buchmalerei 62, 122, 210, 222, 233, 271, 287

Buchmalerei, europäische /101/, *102–111*

Buchmalerei, insulare 106, /113/, *113*

Buchmalerei, islamische /114/, 206, 207, *115–118*

Buchmalerei, merowingische 106

Buchmalerei, ottonische 106

Buchmalerei, persische 116, 117

Buchmessen 41, 73, 77, 81, 361, *79*

Buchmuseen /120/

Buchpflege 46, /119/, *120*

Buchrestaurierung /121/, *120*

Buchrolle /121/, 174, 192, 287, 340, *121*

Buchschmuck 76, 82, 97–101, 106–107, 109–114, /122/, 178, 188, 231, 233, 234, 294, 296, 298, 314, 342, 345, 350, *98, 100, 123–130, 297*

Buchschmuck, typographischer 122, *125, 238*

Buchschnitt 70, /131/, 220, *131*

Buder, Christian Gottlieb (1693–1763) 50

Bücherdiebstahl 45

Büchergilde Gutenberg 75, 76, *75*

Bücherkleptomanie 45

Bücherkreis 75

Büchermaschine /261/

Bücherschädlinge 121

Bücherverbot 360–363

Bücherverbrennung /131/

Bücherverzeichnis s. Bibliographien und Kataloge

Bürkner, Hugo (1818–1897) *171*

Büttenrand 283

Buffalo Bill 191

BUGRA s. Internationale Buch- und Graphik-Ausstellung

Buntbücher s. Farbbücher

Buntpapier 66, 220, 327, *132–134*

Burgk, Schloß 174

Burgkmair, Hans d. Ä. (1473 bis 1531) 82, 135, 170, 217
Burne-Jones, Sir Edward Coley (1833–1898) 294
Burroughs, Edgar Rice (1875 bis 1950) 58
Bury, Richard de (1287–1345) 46
Busch, Wilhelm (1832–1908) 57, 246
Byzantinisch 193
Byzanz 47, 287

Cai Lun (um 100 u. Z.) 208
Caldacott, Randolph (1846–1886) 247
Callot, Jaques (ca. 1592–1635) 303
Camerarius, Ludwig (1573–1651) 27
Campe, Joachim Heinrich (1746–1818) 242, *246*
Campion, F. (1. Hälfte 17. Jh.) *82*
Canaletto (d. i. Giovanni Antonio Canale) (1697–1768) 303
Canevari-Einbände 163
Canini, Giovanni Angelo (1617–1666) *259*
Canini, Marcantonio (geb. um 1630) *259*
Cansteinsche Bibelanstalt 33, 141
Capranica, Dominicus (Johannes) (1400–1458) 122
La Caricature (Zeitschrift) 268
Carolus, Johann (1575–1634) 358
Carpentier y Valmont, Alejo (1904–1980) *310*
Casanova, Giacomo (1725–1798) 53
Casanova, José de (1. Hälfte 17. Jh.) 314
Caslon, William (1692–1766) 319
Caslon-Antiqua 294, *148*
Caslon-Kursiv *148*
Cassirer, Bruno (1872–1941) 99
Catel, Franz Ludwig (1778–1856) 12
Cats, Jacob (1577–1660) 166
Caxton, William (1422–1491) 294
Cellini, Benvenuto (1500–1571) 164, 269
Census /135/
Cervantes Saavedra, Miquel de (1547–1616) 85, *219*
Cetinje 140
Chagall, Marc (1889–1985) 39, 303
Chaldäisch 140
Chamisso, Adalbert von (1781 bis 1838) 85, 86
Champollion, Jean François (1790–1832) 211

Changesystem 77
Chapelain, Jean (1595–1674) 83, *82*
Le Charivari (Zeitschrift) 268, 357
Charlet, Nicolas-Toussaint (1792–1845) 268
Chaucer, Geoffrey (ca. 1340–1400) 130, 294
China 139, 208, 210, 217, 281
Chinesisch 325, 326
Chiswick Press 294
Chodowiecki, Daniel (1726–1801) 12, 83, 170, 303, 350
Christie, Agatha (1891–1976) 53
Christie, James (1730–1803) 25
Christophorus *213*
Chronik 111, 200, 233
Chronogramm /135/
Cicero, Marcus Tullius (106–43 v. u. Z.) 281
Cissarz, Johann Vincenz (1873–1942) 98, 145
Cîteaux 109
Clair-obscur-Schnitt /135/, 192, *135*
Cleland, John (1709–1789) *308*
Clemens von Alexandrien (3. Jh.) 210
Cluny 109
Cobden-Sanderson, Thomas James (1840–1922) 17, 97, 162, 296, 298, 321, 342, *163*
Cock, Hieronymus (um 1510 bis 1570) 258
Codex Amiatinus 114
Codex argenteus (Ulfilas-Bibel) 200
Codex aureus 151, *121*
Codex aureus Epternacensis 151, 175
Codex Egberti 106, 113
Codex Manesse s. Manessische Liederhandschrift
Codex Rabulas s. Rabulas-Kodex
Codex regius 200
Codex Rossanensis 33, 101
Codex sinicus 210
Codex Theodosianus *280*
Codex Wittekindeus *102*
Collectio Camerariana 27
Colonna, Francesco (1433–1527) 17, 144, 234, *214, 233*
Comenius s. Komenský
Comics s. Bildgeschichte
Cooper, James Fenimore (1789–1863) 86, 191, 269
Cooper, William (17. Jh.) 25
Coq Hardi 58
Le Corbeau Déchaîné (Zeitung) 58
Córdoba 47

Corinth, Lovis (1858–1925) 99, 100, 303
Corner 25
Cortez, Fernando (1485–1547) 269
Corvey 109
Corvine s. Matthias I. Corvinus
Cotta, Johann Friedrich (1764 bis 1832) 350, 359
Couverture conservée 66
Craig, Edward Gordon (1872 bis 1966) 298
Cranach, Lucas (d. Ä.) (1472–1553) 38, 135, 170, 216, 217, 223, *169*
Cranach-Presse 99, 298, 342, *296*
Crane, Walter (1845–1915) 247, 294, *249*
Cresci, Giovanni Francesco (16. Jh.) 314
Creußner, Friedrich (2. Hälfte 15. Jh.) *73*
Cruikshank, George (1792–1878) 85, 332
Crusius, Carl Leberecht (1740–1779) 129
Crusius, Gottlieb Leberecht (1730–1804) 129
Cul-de-lampe 350
Cuthbert-Evangeliar 114

Daheim (Zeitschrift) 357
Daily Worker (New York) (Zeitung) 58
Dali, Salvador (geb. 1904) 39
Dalimil 200
Danzig (Gdańsk) 48, *49*
Darmstadt 297
Daumier, Honoré (1810–1879) 268, *268*
DDR-Zentrum für Kinderliteratur 250
Decamps, Alexandre Gabriel (1803–1860) 268
Decker, R. von (Verlag) 96
Dedikation /136/, *136, 137, 331*
Defoe, Daniel (1660–1731) 242, *250*
Delacroix, Eugène (1798–1863) 85, 269, *267*
Delalain (Verlag) 12
Demeter, Peter A. (gest. 1939) 100
Demotisch 211
Derome le jeune, Nicolas Denis (1731–1788) 160
Desmoulin, Guyard 38
Deutsch-Französische Jahrbücher 358
Deutsche Bibliothek 49, 168
Deutsche Blätter 359
Deutsche Buchgemeinschaft 75, 76, *74*

Deutsche Bücherei Leipzig 49, 81, 119, 121, 168, 251, 332
Deutsche Chronik 357
Deutsche Exlibris-Gesellschaft 173
Deutsche Staatsbibliothek Berlin 49, 121, 163, 173, 234, 251, 332
Deutsche Tribüne 359
Deutscher Bücherbund 75
Deutsches Buch- und Schriftmuseum der Deutschen Bücherei Leipzig 119, 173, 353
Deybaldt, Johann Lukas (1771 bis 1813) 90, *95*
Diamant-Sutra 210
Dickens, Charles (1812–1870) 85, 332
Diderot, Denis (1713–1784) 90, 264
Didot (französische Druckerfamilie) 17, 66, 319, 336, 339, 342, 346
Didot, Firmin (1764–1836) 336, 346
Didot, François Ambroise (1730–1804) 342
Diederichs, Eugen (1867–1930) 13, 98, 130, 162, 345, 350, *343*
Dilbaum, Samuel (gest. 1618) 358
Dircksz, Cors (geb. 1595) 23
Dircksz, Dirck (geb. 1642) 23
Die Discourse der Mahlern (Zeitschrift) 356
Dissertation 16, 251, 306
Doppeldruck /136/, *137*
Doré, Gustave (1832–1883) 39, 85, 218, *219*
Dorfner, Otto (1895–1955) 100, 162
Dousa, George (geb. 1574) 25
Dousa, Janus (1545–1604) 25
Doves-Bindery 162
Doves Press 97, 296, 342, *163*
Drach, Peter (ca. 1455–1504) 141, *142*
Drobner, Gustav *176*
Druckbogen 62, /137/, *138*
Drucke für die Hundert 99, 294
Drucken 33, 41, /138/, 141, 273–275, 317, 341, 342, 345, 358
Druckermarke, Druckerzeichen /141/, 231, 340, 341, *10, 142–144, 341*
Druckerpresse 138, 140
Druckfahne s. Korrekturabzug
Druckgraphik 53, /145/, 172, 178, 189, 192
Druckschrift 100, 139, 141, /146/, 186, 193, 228, 317, 319–322
Druckschrift, nichtlateinische 140
Druckvermerk s. Impressum

Drugulin, Wilhelm (1822–1879) 96, 98, 99, 298
Dubletten 16
Dublin 114
Ducerceau, Jacques Androuet (ca. 1510/12–1582) 122
Dürer, Albrecht (1471–1528) 38, 82, 170, 187, 215, 223, 233, 256, 258, 267, 347, *123, 135*
Dunhuang 210
»Duodez-Literatur« 11
Dupré, Jean (um 1500) 189
Durchreibung 163
durchschossenes Exemplar /150/, 334
Durchschuß 307, 342
van Dyck, Christoph (gest. 1670) 17, 319

Ebeleben, Nikolaus von (um 1520–1579) 160, 299
Echternach 106
Eckmann, Otto (1865–1902) 17, 100, 145, 162, 266, 322, 330, 342
Eco, Umberto (geb. 1932) 53
Edda 200
Editio castigata s. gereinigte Ausgabe
Edwards, James (1757–1816) 161
Eggebrecht-Presse 298
Egyptienne 17
Ehmcke, Fritz Helmut (1878–1965) 10, 98–101, 298, 322, 324, *100, 343*
Ehret, Georg Dionys (1710–1770) *90*
Einband 10, 16, 32, 47, 59, 65, 66, 70, 71, 96, 121, 130, 133, 136, /151/, 169, 190, 207, 220, 266, 287, 299, 306, 336, 345, 348, *10, 67, 68, 69, 152–159, 161–163, 206*
Einbandfälschung 163
Einbandkunde 163
Einblattdruck 9, 16, 47, 53, 62, 83, 192, 216, 225, 306, 358, *62, 291, 292, 346*
s. auch Flugblatt
Einzelbuchstaben-Setz- und Gießmaschine 140
Eisen, Charles (1720–1778) 170, 350
Elenchus seu Index generalis 44
Elisabeth-Psalter 109
Elzevier (niederländ. Drucker- und Verlegerfamilie) 20, 25, 144, 160, 319, 342, *341*
Emblembücher 83, 144, /164/, 334, *164, 165*
Enchiridion 190

Enders, Emil Alexander (Großbuchbinderei) 101, 161
Endter (Druckerfamilie) 39, *71*
Engels, Friedrich (1820–1895) 52, 239, *220*
England 85, 140, 168, 200, 296, 314, 319, 321, 332, 348, 363
englische Broschur 65
Enschedé (Schriftgießerei) 319
Ensikat, Klaus (geb. 1937) *329*
Enßlin & Laiblin (Verlag) 244
Enzyklopädie s. Lexikon
Ephemera s. Kleinschrifttum
Épinal 57
Eragny Press 296
Erasmus von Rotterdam (ca. 1465–1536) 241, *240*
Eremiten-Presse 298
Erlangen 293
Ernst I. der Fromme, Herzog von Sachsen-Coburg-Gotha (1601–1675) 39
Ernst, Max (1891–1976) 219
Ernst Ludwig, Großherzog von Hessen (1868–1918) 297
Ernst-Ludwig-Presse 10, 99, 296, 297
Erotica 50, /167/, 172, 363, *166, 167*
Erstausgabe 15, 47, 175, 305, 330, *164*
Eselsohr /168/
Eskrich, Pierre (geb. 1515/20) 166
Essex House Press 296
Estienne, Henri (ca. 1470–1520) 122
Etruskisch 318
Eulalia-Lied 200
Europäischer Buchclub 75
Evangeliar 106, 114, 235, 271, *68, 113, 196, 197, 221, 222, 224*
Evangeliar von Ostromir 200
Evangelien 106, 114
Evangelistar 271, *223, 270*
Ève, Nicolas (gest. 1592) 160
Everyman Library 130
Exilliteratur /168/, 178, 332
Exlibris 47, 49, /169/, 218, 299, 336, *169, 171–174*
Exlibris-Society 173
Exlibrisverein 173
Explicit /174/, 221, *253*
Expressionismus 85, 99
Exultet-Rollen 107

Faber, Nicolaus (Anfang 16. Jh.) 72
Faber du Faur, Curt (1890–1966) 50
Fabri, Johannes (2. Hälfte 15. Jh.) *70*

Fabriano 282
Fairbank, Alfred John (geb. 1895) 322
Faksimile 26, 45, 99, 113, 114, /175/, 193, 276, *106*
Fallada, Hans (1893–1947) 190
Fano 141
Farbbücher /175/
Farbfraß 121, /175/
Farbholzschnitt 192, 213, *216, 217*
Farblithographie s. Lithographie
Fatimiden-Bibliothek 47
Favorskij, Vladimir Andreevič (1886–1964) 218, *220*
Fédération internationale des sociétés d'amateurs d'exlibris (FISAE) 46, 173
Federlithographie s. Lithographie
Federzeichnung *87*
Fedorov, Ivan (gest. 1583) *143, 176*
Felixmüller, Konrad (1897–1977) 217, 260
Ferdinand, Erzherzog von Tirol (1529–1595) 112
Ferdinand II., König von Spanien (1452–1516) *111*
Feyerabend, Sigismund (1528 bis 1590) 143, 166, *62, 71, 143, 282*
Fibel /175/, *176, 243*
Fidus (d. i. Hugo Höppner) (1868–1948) 98, 100
Filocalus (4. Jh.) 235
fingierte Erscheinungsorte /176/, 209, 332, 363, *177*
Fiol, Sweipolt (gest. 1525) 140
FISAE s. Fédération internationale des sociétés d' amateurs d'exlibris
Fischart, Johann (1546/47–1590) 141, 166
Fischer, Samuel (1859–1934) 99, 145, 345
Fischer von Erlach, Johann Bernhard (1656–1723) 48
Flachdruck 139, 266, 270, 273, 276
Flattermarke 253
Fleischmann, Johann Michael (1701–1768) 319
Fleischmann-Gotisch *146*
Fleuron /178/, 350
Flinzer, Fedor (1832–1911) 246
Florenz 229
Flugblatt, Flugschrift 41, 47, 50, 62, 64, 66, 83, 140, /178/, 252, 292, 305, 306, 342, 358, *54, 179 bis 185*
Fogel, Johannes (15. Jh.) 152
Foliant 48, /186/, 261
Fontaine, P. Jules 28

Fontenelle, Bernard le Bovier (1657–1757) *83*
Formatangabe 96, 138, /186/, 191
Forschungsbibliothek Gotha 193
Fournier, Pierre Simon (1712 bis 1768) 122, 346, *125*
Fraktur 146, /186/, 307, 314, 319, 322, 342, *146, 147*
Francesco da Bologna s. Griffo
Franck, Paul (Ende 16. Jh.) *15*
Franco, Giacomo (1550–1620) *14*
Frankfurt am Main 49, 50, 77, 78, 81, 182, *144*
Franklin, Benjamin (1706–1790) 294
Frankreich 83, 140, 268, 318, 363
Frenckel, Ulrich (15. Jh.) *67, 70*
Freyhold, Karl F. von (1878–1944) 248
Freytag, Gustav (1816–1895) 50
Friedrich II., römischer Kaiser (1194–1250) *105*
Friedrich II., König von Preußen (1712–1786) 183, *360*
Friedrich III., deutscher Kaiser (1415–1493) 112
Friedrich Wilhelm, Kurfürst von Brandenburg (1620–1688) 23, *69*
Frisner, Andreas (15. Jh.) 38, *142*
Fritzsche, Gottfried Gustav 101, 161
Froben, Johann (ca. 1450–1527) 143
Frölich, David (17. Jh.) 305
Frommel, Karl Ludwig (1789 bis 1863) 333
Frontispiz 44, 83, 129, /187/, 341, *42, 75, 100, 207, 303*
Froschauer, Christoph (d. Ä.) (um 1490–1564) *143*
Fruchtbringende Gesellschaft 299
Frühdruck s. Inkunabel
Frutiger, Adrian (geb. 1928) 322
Fuchs, Eduard (1870–1940) 146, 266
Fühmann, Franz (1922–1984) *345*
Führich, Josef von (1800–1876) 39
Fürst, Paulus (um 1600–1660) 53, 182, *176*
Fürth 134
Füßli, Hans (1477–1538) *179*
Füssli, Johann Melchior (1677 bis 1736) 90, *39*
Fugger, Wolfgang (17. Jh.) 319, *312*
Fulda 66, 106, *102*
Fußnote 231
Fust, Johann (gest. 1466) 141, 231, 234, *253*
Futura-Buchschrift *149*

Galahad, Sir (d. i. Berta Eckstein) (1874–1948) 301
Galanis, Demetrios (geb. 1882) *87*
Galeriewerk 267, 332
Gallus Anonymus (12. Jh.) 200
Gamarra, Pierre (geb. 1919) *308*
Garamond *147*
Garamond, Claude (ca. 1480–1561) 17, 319, 342
Garelli, Pius Nikolaus (1690–1739) 48, *52*
Gartenlaube (Zeitschrift) 13, 357
Le Gascon (17. Jh.) 160
Gatterer, Johann Christoph (1727–1799) 278
Gauguin, Paul (1848–1903) 217
Gautier, Théophile (1811–1872) 86, 269
Gavarni, Paul (d. i. Hippolyte Chevalier) (1804–1866) 85, 268, *344*
Gebetbuch /188/, 271, *32, 188, 189*
Gebetbuch Kaiser Maximilians I. 82, 129, 287, *123*
gebrochene Schriften 146, 186
Gedike, Friedrich (1754–1803) 356
Geiger, Willi (1878–1971) 172
Geigy-Hegenbach, Karl (1866 bis 1949) 28
Gemara 339
Genoux, Claude (1811–1874) 336
Genzsch & Heyse 100
Geonym 299
George, Stefan (1868–1933) 96, 130
gereinigte Ausgabe 167, /190/, 359
Gerstung, Rudolf 298
Gesamtkatalog der Wiegendrucke 43, 234
Gesangbuch /190/, 274, *347*
Gesellschaft der Bibliophilen 46
Gesellschaft der Bücherfreunde 46
Gesellschaft für Deutschlands ältere Geschichtskunde 278
Gesner, Konrad (1516–1565) 41
Gesta Ungarorum 200
Gießen 287
Gilgamesch-Epos 239
Gill, Eric (1882–1940) 145, 322, *145*
Giovio, Paolo (1483–1552) 166
Giuntine 226
Glagolitisch 193, *201*
Glasbrenner, Adolf (1810–1876) 238
Glockendon (Familie) 112
Glockendon, Albrecht (gest. 1545) 235
Godescalc (8. Jh.) 200
Görres, Joseph von (1776–1848) 359

Göschen, Georg Joachim (1752–1828) 13, 350, *11*
Goethe, Johann Wolfgang von (1749–1832) 13, 28, 51, 85, 87, 161, 190, 236, 269, 299, 356, *267*
Göttingen 278, 293
Gogol', Nikolaj (1809–1852) 270
Golden Type 294
Goldene Bulle 112, 113, *108*
Goldschnitt 131
Goltzius, Hubert (1526–1583) 258
Gongora y Argote, Luis de (1561–1627) 270
Goscinny, René (1926–1977) 58, *59*
Goslar 109
Goslarer Rathausevangeliar 110
Gothaischer Hofkalender *12*
Gotico-Antiqua 239
Gotik 109, 110, 112
Gotisch 146, 186, 239, 318, 348, *146, 198, 200, 225, 227, 270*
Gotthelf, Jeremias (1797–1854) 238
Gottsched, Johann Christoph (1700–1766) 363
Graduale 190
Graf, Urs (ca. 1485–1527) 303
Grammatté, Walter (1897–1929) 86, *351*
Grandville (d. i. Jean Jacques Isidore) (1803–1847) 85, 268
Granjon, Robert (ca. 1545–1588) 166
Graphik s. Druckgraphik
graphischer Zyklus 269
Grasschrift (caoshu) *327*
Grassi, Giovannino de (gest. 1398) *109*
Gravelot, Hubert François (eigtl. Bourguignon) (1699–1773) 170, 350
Graždanka 322
Gregori, Gregorio de (1482–1528) 141
Gregorianischer Kalender 235
Grenaway, Kate (1846–1901) 247
Griechisch 140, 141, 146, 193, 211, 272, 278, 318, 348, *196, 197, 318*
Griesebach, Eduard (1845–1906) 96
Grieshaber, HAP (1909–1981) 217, *217*
Griffo, Francesco (16. Jh.) 10, 17, 319
Grillen-Presse 298
Grimmelshausen, Hans Jacob Christoffel von (1625–1676) 299, 339
größte Bücher /191/
Grolier, Jean (1479–1565) 46, 160, 299, *162*

Grolier-Club 46
Groschenheft /191/
Grotefend, Georg Friedrich (1775–1853) 239
Grotesk 17, 101, *149*
Grundig, Hans (1902–1958) 303
Grundig, Lea (1906–1977) 303
Gryphius, Andreas (1616–1664) 291
Gubitz, Friedrich Wilhelm (1786–1870) 238
Günderode, Caroline von (1780–1806) 299
Guide bleu 305
Gulbransson, Olaf (1873–1958) 86, 330
Guldenmundt, Hans (gest. 1560) 64
Gumpertsbibel 38
Gundolf, Friedrich (1880–1931) 130
Gurlitt-Presse *343*
Gustav II. Adolf, König von Schweden (1594–1632) 52
Gutenberg, Johannes (ca. 1406 bis 1468) 33, 122, 139, 186, 229, 317, 342
Gutenbergbibel s. Bibel
Gutenbergmuseum 119

Haag Drugulin 345
Haager Konvention 16
Haecht, Lorenz van (1527–1603) 166
Haeckel, Ernst (1834–1919) *95*
Händler, Rolf (geb. 1938) 270
Halberstadt 109
Halbkursiv (xingshu) *208, 209, 324, 325*
Halle, Julius (Antiquariat) 45
Halle/S. 51, 293
Hamburg 78, 83, 183, 298
Hammer, Peter (Firma) 178
Hammurapi (ca. 1800 v. u. Z.) 239
Handeinband 70, 71, 152–163, *163*
Handkolorierung 38, 53, 60, 62, 189, /192/, 213, 214, 218, 233, *169*
Handsatz 9, 139, 146, /192/, 317, 322
Handschriften 15, 26, 50, 76, 106, 119, 121, 122, 135, 136, 139, 141, 174, 175, 186, /192/, 222, 253, 260, 278, 280, 281, 305, 318, 340, 347, 364
Handschriften, europäische /193/, 221, 235, 272, 348, 350, *105–109, 111, 189, 194–204, 222, 225, 227, 320*

Handschriften, islamische 114, 117, /205/, *205, 207*
Handschriften, orientalische 193
Handschriften, ostasiatische /208/, *208, 209*
Handschriftenkunde s. Paläographie
Harīrī, al-, Abu Muhammad al-Kasim (1054–1122) 116
Harrassowitz, Otto (Antiquariat) 45
Harsdörffer, Georg Philipp (1607–1658) 166
Hasenohr, Curt (1887–1987) *172*
Hauiy, Valentin (1775–1822) 59
Hausbuchmeister (um 1480) 258
Hausenstein, Wilhelm (1882–1957) 266
Heartfield, John (1891–1968) 86
Heath, Charles (1785–1848) 332
Hebel, Johann Peter (1760–1826) 238
Hebräisch 15, 140, 146, 340
s. auch Handschriften
Heckel, Erich (1883–1970) 86
Heemskerk, Maarten (1498–1574) 39
Hegenbarth, Joseph (1884–1962) 100, *344*
Heidelberg 51, 193, 287
Heidelberger Liederhandschrift s. Manessische Liederhandschrift
Heiligenbilder 62, 179
Heine, Heinrich (1799–1856) 86, 269, 362
Heine, Thomas Theodor (1867–1948) 99, 100, 330, *167, 362*
Heinrich II. (973–1024) 106
Heinrich III. (1017–1056) 106
Heinrich der Löwe, Herzog von Bayern (1129–1195) 109
Heinsius, Daniel (1580–1655) 166
Heliand 239
Hell-Dunkel-Holzschnitt s. Clair-obscur-Schnitt, Holzschnitt
Hellwig, Christoph (1663–1721) 236
Helmarshausen 109
Hemingway, Ernest (1899–1961) 168, 363
Herakles 20
Herfurth, Egbert (geb. 1944) *345*
Hergot, Hans (gest. 1527) 363
Hermann (Anfang 14. Jh.) 72
Héroux, Bruno (1868–1944) 172, *173*
Herrad von Landsberg (1167–1197) 107

Hesdin, Jacquemart de (Ende 14. Jh.) 112
Hettner, Otto (1875–1931) 100
Heydenreich, Karl Heinrich (1764–1801) *242*
Heym, Georg (1887–1912) 86, 99, *86*
Heym, Stefan (geb. 1913) 299
Heymel, Alfred Walter (1878 bis 1914) 98, 358
Hieroglyphen /210/, *211*
Hieronymus (347–419) 32, 151, *212*
Hildebrandslied 200, 239
Hildesheim 106, 109
Hiragana *327*
Hirsau 109
Hirsch, Karl-Georg (geb. 1938) 218, *174, 220*
Hirth, Georg (1841–1916) 97, 358
Historienbibel 38, 77
Historismus 96, 307, 342
Hobrecker, Karl (1876–1949) 251
Hochdruck 139, 212, 218, 252, *171*
Hochschule für Grafik und Buchkunst Leipzig 299
Hoefer, Karlgeorg (geb. 1914) 322
Hoefnagel, Georg (1542–1600) 112
Hölderlin, Friedrich (1770–1843) 13
Hoell, Louis 298
Hoerschelmann, Rolf von (1885–1947) 100
Hofer, Karl (1878–1955) 248
Hoffmann, Heinrich (1809–1894) 245, *245*
Hoffmann von Fallersleben (d. i. August Heinrich Hoffmann) (1798–1874) 244
Hoffmannsegg, Johann Centurius Graf von (1766–1849) 294
Hofmann, Johann Jakob (1635–1706) *262*
Hofmannsthal, Hugo von (1874–1929) 298, *125*
Hogenberg, Franz (vor 1540 bis ca. 1590) 23
Holbein, Ambrosius (ca. 1494 bis ca. 1520) 143
Holbein, Hans (d. J.) (1497/98 bis 1543) 15, 143, 217, 223
Holl, Lienhart (15. Jh.) 215
Holländische Antiqua *148*
Holländische Kursiv *148*
Hollar, Wenzel (1607–1677) 303
Holten, Otto von (Druckerei, gegr. 1873) 98, 99, 345, *343*
Holtzwart, Mathias (um 1540 bis nach 1589) 164, 166
Holzschnitt 23, 38, 39, 53, 60, 62,

66, 82, 122, 129, 135, 139, 141, 145, 166, 170, 178, 187, 188, /212/, 218, 233, 245, 258, 287, 326, 358, *212–217*
s. auch Farbholzschnitt
Holzstich 85, 146, 170, /218/, *218–220*
Holztafeldruck 60
Hondius, Jodocus (1563–1611) 23
Honegger, Max (geb. 1860) *172*
Honorar 136
Honoré d'Amiens (um 1300) 112
Horapollon 164
Hornbände 160, /220/
Hornby, Charles Harry St. John (1867–1946) 296, 321
Horvath, Carl Christian (1752 bis 1837) *80*
Hosemann, Theodor (1807–1875) 238, 245, *244*
Huai Su (737– ca. 800) 210, 326
Huang Tingjian (1045–1105) 210
Huber, Ludwig Ferdinand (1764–1804) 13
Huber, Therese (1764–1829) 13
Huber, Wolfgang (um 1490–1553) 217
Hübel & Denck (Großbuchbinderei) 101, 161
Hülleneinband 32
Hugo, Hermann (1588–1629) 166
Hunger, W. *165*
Hupp, Otto (1859–1949) 97
Huttler, Max (1823–1887) 97
Huys, Pieter (16. Jh.) 166
Hymnar 190
Hyperion (Zeitschrift) 98, 269
Hyperiondrucke 294

Ibrahim Müteferrika (ca. 1674 bis 1745) 141
Ickstadt, Johann Adam von (1702–1776) 363
IFLA (International Federation of Library Associations) 53
ILAB s. International League of Antiquarian Booksellers
Illuminator 253
Illuminierung s. Buchillustration, Buchmalerei
Illustration s. Buchillustration
Illustrierte Zeitung 359
Impressum 144, /221/, 229, 253, 292, 339–341
Imprimatur (Zeitschrift) 46
Imprimerie Royale 122
Incipit 174, 187, /221/, 229, *221*
Index librorum prohibitorum /221/, 361

Ingeborg-Psalter 112, *103*
Initiale 106, 122, 130, 192, /222/, 233, 235, 272, 294, 298, *84, 130, 222–229, 270, 295, 297*
Inkunabel 10, 15, 42, 50, 122, 135, 136, 174, 175, 187, 216, 221, /225/, 235, 253, 260, 304, 340, *62, 71, 73, 89, 90, 214, 226, 228, 230–233, 236, 253*
Inkunabelverzeichnis *43*
Insel (Zeitschrift) 98, 130, 358, *98, 99*
Insel-Bücherei 96, 99, 317, *95*
Insel-Verlag 13, 45, 99, 101, 130, 187, 294, 298, 310, *106, 145*
Institut für Buchgestaltung 299
Institut für Jugend[buch]forschung 251
Institut für Marxismus-Leninismus 332, 339
Intelligenzblatt 359
Interimseinband 30, 66
International League of Antiquarian Booksellers 20
Internationale Buch- und Graphik-Ausstellung (BUGRA) 100
Internationale Buchkunstausstellung 101
Internationale Forschungsgesellschaft für Kinder- und Jugendliteratur 251
Internationale Jugendbibliothek München 251
Internationale Vereinigung der nationalen Exlibris-Gesellschaften s. Fédération internationale des sociétés d'amateurs d'exlibris
Internationaler Verband der bibliothekarischen Vereine und Institutionen s. IFLA
Internationales Kuratorium für das Jugendbuch 248
Iona 114
Iran s. Persien
Irland 114, 200, 348
Ironym 301
Isabella I., Königin von Spanien (1451–1504) *111*
Isabella-Psalter 112
Iskra (Zeitung) 168
Islam 114, 116, 117, 206, 207, 208
islamische Buchmalerei s. Buchmalerei, islamische
islamische Schriftkunst s. Schriftkunst, islamische
Istanbul (Konstantinopel) 141, 207
Itala-Fragmente *320*
Italien 258, 282, 314, *153, 159*

Jacob, Louis (1608–1670) 44, *41*

Jacob, Therese Albertine von (1779–1870) 299

Jahr, Christa (geb. 1941) *56*

Janthur, Richard (1883–1956) 86, *343*

Janus-Presse 99, 296

Japan 217, 281, 325, 326

Japanpapier 283

Jean Paul s. Richter, Jean Paul Friedrich

Jenson, Nicolaus (um 1420–1480) 17, 294

Jesuiten 141, 190

Jiddisch 193

Johann Friedrich von Sachsen (der Großmütige) (1503–1554) *161, 169*

Johann Moritz von Nassau (1604–1679) 23

Johann von Neumarkt (um 1310–1380) 112

Johannes de Sacrobusto (13. Jh.) 90

Johannes von Gmunden (um 1380–1442) 235

Johannes von Saaz, Johannes von Tepl (um 1350–1415) 216, 233

Johannot, Tony (1803–1852) 85

Johnston, Edward (1872–1944) 298, 322

Jollat, Mercure (um 1530) 166, *165*

Jončev, Vassil (geb. 1916) 322

Joseph II., deutscher Kaiser (1741–1790) 362

Josua-Rolle 33

Journal de Sçavans 355, *355*

Joyce, James (1882–1941) 168, 363

Juden 141

Jürgens, Harry (geb. 1949) *88*

Jugend (Zeitschrift) 86, 98, 130, 269, 358, *356*

Jugendschriften-Warte 248

Jugendstil 17, 86, 130, 162, 170, 247, 321, 350

Julianischer Kalender 235

Julius, Herzog von Braunschweig (1528–1589) 160

Juniperus-Presse 298

Junius, Hadrianus (1511–1575) 166

Jury, Wilhelm (1763–1829) 12

Kachelofen, Konrad (ca. 1450 bis 1529) 143, *142*

Kästner, Erich (1899–1974) 248

Kairo 281

Kaiserlich-Leopoldinische Akademie der Naturforscher 299

Kaiserliche Bibliothek St. Petersburg 44, *43*

Kaiserliches Schatzhaus (Shōsōin), Nara 210

Kalender 11, 12, 61, 175, 188, 190, 192, 233, /235/, 271, *236–238*

Kalidasa (5. Jh.) 270

Kalīla wa Dimna 116

Kalligraphie 117, 317–320, 322, 324–326, *208, 324, 325*

Kampen, Geerard Jansen van (Ende 16. Jh.) 166

Kanzleibogen 186

Kanzleischrift (lishu) 325, *324*

Kapitälchen 272

Kapitalband 70

Kapitale 318

Kaplan, Anatoli (1902–1980) 88, *174*

Kapr, Albert (geb. 1918) 96, 299, 322, *328, 344*

Karikatur 85, 183, *268, 269, 361*

Karl I., der Große (742–814) 106, 193, 200, 239, 271, 318

Karl II., der Kahle (823–877) 188

Karl II., König von England (1630–1685) 23

Karl IV., deutscher Kaiser (1316–1378) 112

Karl V., deutscher Kaiser (1500–1558) 112

Karl V., König von Frankreich (1338–1380) 112

Karlsruhe 333

karolingische Buchmalerei 106

karolingische Minuskel 16, 198, /239/, 272, 318, 348, *195, 224*

Karsthans 181, *180*

Kartonage 65

Katalog s. Bibliographien und Kataloge

Katalogisierungsregeln 44

Katechismus 176

Kattunpapier *133*

The Katzenjammer Kids 57

Kaukol, Maria Joseph Clemens (18. Jh.) 190

Kaulbach, Wilhelm von (1805 bis 1874) 238

Keferstein, C. G. Heinrich (1. Hälfte 19. Jh.) *354*

Keilschrift /239/

Keller, Gottfried (1819–1890) 238

Kelmscott Press 97, 130, 294, 342

Kersten, Paul (1865–1943) 162

Kessler, Harry Graf (1868–1937) 99, 298

Kettenbuch 48, 153, /240/, *50*

Kiew 199

Kinder- und Jugendbuch 50, 76, 175, 176, /240/, 261, 311, *72, 240–250*

Kinderliteratur-Report 248

Kipling, Rudyard (1865–1936) *343*

Kippenberg, Anton (1874–1950) 99, 345, 350

Kirchner, Christian (17. Jh.) 25

Kirchner, Ernst Ludwig (1880 bis 1938) 86, 99, *86*

Kis, Nikolaus (Miklós) Tótfalusi (1650–1702) 17

Kisch, Egon Erwin (1885–1948) 75

Kladderadatsch 359

Klappentext /251/, 327

Klassizismus 161

klassizistische Antiqua 17

Klaus, Anton (1810–1857) *361*

Klebebindung 70

Klee, Paul (1879–1940) 86

Kleinschrifttum 62, 64, 65, 73, /251/, 342, *251, 252*

kleinste Bücher 47, *252*

Kleinverlag 299

Kleist, Heinrich von (1777–1811) 85, 269

Klemke, Werner (geb. 1917) 218, *88, 351*

Klemm, Walter (1883–1957) 100

Klencke-Atlas 23

Kleukens, Christian Heinrich (1880–1954) 296, 297

Kleukens, Friedrich Wilhelm (1878–1956) 10, 99, 296, 297

Kleukens-Presse 298

Klimt, Gustav (1862–1918) *126*

Klinger, Max (1857–1920) 97, 130, 172, 303

Klingspor-Museum 119

Klingsporsche Gießerei 100, 322, 345, *238, 343*

Klischee 218, /252/

Klopstock, Friedrich Gottlieb (1724–1803) 337

Klug'sches Gesangbuch *347*

Knauer, Mauritius (1612–1664) 236

Knorr & Hirth (Druckerei) 99

Koberger, Anton (um 1440/45 bis 1513) 38, 72, 73, 139, 154, 215, 233, 234, 294, *232*

Koch, Rudolf (1876–1934) 17, 100, 193, 298, 322

Kodex 47, 72, 122, 151, 174, 192, /252/, 260, 287, 337

Kodizes, einzelne s. Codex …

Kögel, Gustav (1882–1945) 281

Koehler & Volckmar AG & Co. 80

Költerer, Jörg (gest. 1540) 112

Koelhoff, Johann (d. Ä.) (gest. 1493) 143, *142*

Köln, 47, 106, 140, 198, 215, 229, *142*

König, Friedrich (1774–1833) 140
Königliche Bibliothek, Kopenhagen 42
Kokoschka, Oskar (1886–1980) 86, 269
Kollationieren 70, /253/, 260
Kollwitz, Käthe (1867–1945) 217, 268
Kolophon 136, 174, 199, 207, 221, 229, /253/, 337, *205, 253*
Kolorierung s. Handkolorierung
Komenský, Jan Amos (1592–1670) 241, *71, 77*
Kommissionsbuchhandel 76, 78
Kommunikationskontrolle s. Zensur
Kommunistische Zeitschrift 358
Konditionssystem 78
Konstantin I., der Große (um 280–337) 47
Konstantinopel s. Istanbul
Konstanz 198
Kontraktion 342
Konversationslexikon s. Lexikon
Konvolut 24, /253/, 306
Konzeptschrift (xingshu) *324, 325*
Kopilov, J. *351*
Koptisch 211
Koran 116, 141, 206, /253/, 322, *254, 255, 323*
Korea 139, 210, 281, 325, 326, 327
Korrekturabzug 139
Kosegarten, Ludwig Theobul (1758–1818) 13
Kosmas von Prag (um 1045–1125) 200
Kotzebue, August von (1761–1819) 359
Kräuterbuch 91, 233
Kraus, Georg Melchior (1737 bis 1806) 13 .
Kraus, H. P. (Antiquariat) 45
Krause, Jacob (1531–1585) 131, 160, *131, 161*
Krauss, Johann Ulrich (1655–1719) 39
Kreidolf, Ernst (1863–1956) 248
Krenner (Sammlung) 168
Kretzschmar, Bernhard (1889 bis 1972) 303
Kroger, Petrus *70*
Krüger, M. *293*
Krünitz, Johann Georg (1728 bis 1796) 266, *263*
Kubin, Alfred (1877–1959) 86, 99, 100, 269
Kühn, Gustav (Firma) 57, *56*
Künig von Vach, Hermann (14./15. Jh.) 305

Kufi 324, *255, 323*
Kugler, Franz (1808–1858) 85, *218*
Kultur und Fortschritt (Verlag) 76
Kulturgut 16
Kummer, Paul Gotthelf (1750 bis 1835) *80*
Kupferstich 11, 12, 23, 33, 38, 39, 53, 83, 122, 129, 139, 145, 146, 166, 170, 178, /255/, 274, 287, 302, 314, 340, 341, 342, *256, 257, 259, 260*
Kuratorium sozialistische Kinderliteratur der DDR 248
Kurfürsten-Atlas s. Atlas des Großen Kurfürsten
Kurfürsten-Bibel 39
Kurrentschrift 319, 321, 326
Kursive 10, 210, 211, 272, 324, 326, *147–149, 311*
Kustoden /260/
Kyrillisch 140, 146, 150, 193, 278, 318, 322, *176, 204*

Labbé, Philipp (1607–1667) 225
Lachnit, Wilhelm (1899–1962) 303
Lackington, James (1746–1815) 304, *304*
Ladenhüter /261/
Lafreri, Antonio (1512–1577) 20
Lahrer Hinkender Bote 238
Lambert von St. Omer (um 1120) 107
Landgrafen-Psalter 109
Landkarten 16, 20, 50, 268, 332
Langbein, August Friedrich Ernst (1757–1835) 13, 358
Langen, Albert (1869–1909) 99, 162
Langewiesche, Robert (1874–1931) 251
Lanston, Tolbert (1844–1913) 140
Larisch, Rudolf von (1856–1934) 322
Lask, Berta (1878–1967) 248
Lateinisch 229, 239, 272, 278, 318, 348, *319*
Lauber, Diebolt (1427–1467) 77, 201
Lawrence, David Herbert (1885–1930) 168, 190, 363
Lazar, Auguste (1887–1970) 248
Lazurskij, Vadim V. (geb. 1909) 322
Lechter, Melchior (1865–1937) 98, 100, 130, 330, *97, 129*
Leclerc, Henri (Antiquariat) *19*
Leeu, Gheraert (gest. 1493) *73*
Lefler, Heinrich (1863–1919) 248
Lehmann, Karl-Ernst (1806–1848) 161

Leibniz, Gottfried Wilhelm (1646–1716) 53, 74, 238, 355
Leichenpredigt 50, 290, 293, *293*
Leiden 48, *50*
Leipzig 59, 62, 73, 77, 78, 81, 139, 140, 161, 229, 275, 287, 297, 345, *142–145*
Leipziger Bilderbogen 56
Leipziger Buchbinderei-AG 101
Leisentritt, Johann (1527–1586) 190
Lemmen, Georges (1865–1916) 98
Lenin, Vladimir Il'ič (1870–1924) 50, 168
Leninbibliothek 278
Leonardo da Vinci (1452–1519) 164
Leporellobuch 61, /261/
Lepsius, Richard (1810–1884) 191, 212
Lerse, Theodor (18. Jh.) *144*
Lesebuch s. Fibel
Lesemaschine, Leserad 48, /261/, *261*
Lessing, Gotthold Ephraim (1729–1781) 12, 53, 356
Lexikon 90, /261/, 333, 345, *31, 262–265*
Libell 178
Liber floridus 113
Liber viaticus 112
librarii 76, 77
Librarium 46
Libri Carucci della Sommaia, Guglielmo, Graf (1803–1869) 45
Lichtdruck 276
Lichtpause 275
Lichtsatz 140, 150, 307, 322, 346
Liebermann, Max (1847–1935) 99, 100, 269, 303, *302*
Liebhabereinband 154
Lieferungswerk 65, /266/, 337
Ligatur 202, 231, 273, 342
Limburg, Brüder von (15. Jh.) 112, 188, *110*
Limited Editions Club 296
Linné, Carl von (1707–1778) 24, 94
Linotype 140, 322
Lipperheide, Franz Freiherr von (1838–1906) 50
Lipsius, Justus (1547–1606) 83, 129
Lissitzkij, El (1890–1941) 101, 345, *344*
Liste des schädlichen und unerwünschten Schrifttums 363
literarischer Almanach 12, 13
Lithographie 11, 66, 85, 139, 145, 146, 170, 179, 192, 226, 258, /266/, 275, 303, *266–269*
liturgische Bücher 235, /270/, 272, *270*

Lode, Odoard Helmont von (gest. 1757) 180
Löslein, Peter (2. Hälfte 15. Jh.) *228*
Lohnschreiber 76, 77
London 81, 275
London, Jack (1876–1916) 75
Lorch 47
Lorck, Carl Berend (1814–1905) 96
Loschge (Firma) 182
Loschge, Johann Heinrich (1. Hälfte 19. Jh.) *353*
Lotos-Sutra 210
Lotter, Melchior (1470–1549) 141, *143*
Lubok 57, *56*
Luce, Louis René (um 1695–1774) 122
Ludewig, Johann Peter von (1688–1743) 359
Ludwig, Fürst von Anhalt-Köthen (1579–1650) 299
Ludwig IX., der Heilige, französischer König (1214–1270) 112
Ludwig XIV., französischer König (1638–1715) 17, 180, 190
Ludwig Psalter 112, 113
Lübeck 215
Lüderitz & Bauer (Buchbinderei) 101
Lüttich 198
Lützelburger, Hans (gest. ca. 1526) 143
Lufft, Hans (1495–1584) 38, *37*
Luther, Martin (1483–1546) 32, 140, 160, 189, 190, 192, 287, *37*, *347*
Luthersche Fraktur *147*
Luyken, Jan (1649–1712) *77*
Lyon 144, 198, 229
Lysippos von Sikyon (4. Jh. v. u. Z.) 23

maasländische Buchmalerei 107, 109
Macarius, Makarije (gest. 1541) 140
MacLeish, Archibald (1892–1982) 53
Macy, George 296
Maeterlinck, Maurice (1862–1949) 98, 130, *97*
Magdeburg 109
Mai, Angelo (1782–1854) 281
Mailand 229
Maillol, Aristide (1861–1944) 298
Mainz 52, 198, 215
Mainzer Presse 298
Mainzer Psalter 141, 231, 234, *253*
Majuskel /272/, 318, 348

Makulatur /272/
Maler, Bernhard (2. Hälfte 15. Jh.) *228*
Malik-Verlag 45, 88
Malory, Thomas (1408–1471) 130, *85*
Manessische Liederhandschrift 99, 112, 113, 175, 200, *106*
Manilapapier 59
Manuskript-Gotisch *146*
Manutius, Aldus (1449–1515) 10, 17, 72, 144, 160, 234, 319, *10*, *214*, *233*
Mappenwerk 338
Marburg 293
Marchand, J. C. (1680–1711) *237*
Mardersteig, Hans (1892–1977) 298
Marginalie 347
Marginalien (Zeitschrift) 46
Marteau, Pierre (Firma) 178
Martínez, Raul *310*
Marx, Karl (1818–1883) 52, 358, 359
Maschinensatz 146, 192, 317
Masereel, Frans (1889–1972) 217, *174*
Mater 336
Materot, Lucas (um 1600) 314
Matisse, Henri (1869–1954) 303
Mattheuer-Neustädt, Ursula (geb. 1926) 270
Matthias I. Corvinus, ungarischer König (1440–1490) 52, 112, 155, 193, 299, *203*
Matthison, Friedrich (1761–1831) 13
Maureske 122, 153
Maximilian I., deutscher Kaiser (1459–1519) 82, 112, 129, 187, 267, 287, 348, *82*, *123*
Maximilian I., Kurfürst von Bayern (1573–1651) 51
Maximilian-Gesellschaft 46
Mearne, Charles (gest. vor 1697) 160
Mearne, Samuel (gest. 1683) 160
Medici, Lorenzo di (1449–1492) 112
Megenberg, Konrad von (1309 bis 1374) 91, 216, *90*
Meggendorfer, Lothar (1847–1925) 246
Meid, Hans (1883–1957) 99, 100
Meier-Graefe, Julius (1867–1935) 98
Meil, Johann Wilhelm (1733–1805) 12, 129, 170, 350, *351*
Meister der Liebesgärten (um 1440/50) 258

Meister der Spielkarten (um1440/50) 258
Meister des Hausbuchs s. Hausbuchmeister
Meister des Johannes Baptista (2. Hälfte 15. Jh.) 258
Meister des Kalvarienberges (1. Hälfte 15. Jh.) 258
Meister des Todes der Maria (1. Hälfte 15. Jh.) 258
Meister E. S. 258
Meister H. B. 38
Meister M. B. 38
Meister M. Z. *257*
Melanchthon, Philipp (1497–1560) 91, 160
Meldeman, Nicolaus (16. Jh.) *62*
Melk 48
Mell, Konrad (1666–1733) 26
Melville, Herman (1819–1891) *329*
Mencke, Otto (1644–1707) 355
Menhart, Oldřich (1897–1962) 322
Mennige 101
Mentelin, Johannes (um 1410 bis 1478) 33, *157*
Menzel, Adolph (1815–1905) 85, 130, 218, 223, 268, *218*
Mercator, Gerhard (1512–1594) 23
Mergenthaler, Ottmar (1854–1899) 140
Merian (Firma) 182
Merian d. Ä., Matthias (1593–1650) 303
Merken, Johann (18. Jh.) *316*
merowingische Buchmalerei 113
merowingische Schrift 272
Merseburger Bibel *36*
Merseburger Zaubersprüche 200, 239
Messerschmitt, Georg (Mitte 16. Jh.) 190
Meßkatalog 41, *40*
Metallschnitt 139, 141, 234
Metz 106
Metzkes, Harald (geb. 1929) 270
Meuser, Caspar (2. Hälfte 16. Jh.) *131*
Meydenbach, Jacob (2. Hälfte 15. Jh.) 91, *89*
Meyer, Joseph (1796–1856) 140, 264, 333, 350
Meyer Cohn, Alexander 28
Meyers Universum 85, 333, *333*
Meynell, Francis (geb. 1891) 296
Mi Fu (1051–1107) 210, *208*
Michelin 305
Mickey Mouse 57
Mielich, Hans (1516–1573) 112
Miller, Henry (1891–1980) 168, 363

Milton, John (1608–1674) 131
Miniaturmalerei 101, 112, 192, 235, 273
Miniaturmalerei, islamische 116, 117
Minibücher s. kleinste Bücher
Minuskel 200, /272/, *194, 195–197, 200, 203, 224, 225*
Mischna 338
Missale 110, 271, /272/, *67, 227*
Modezeitschrift 96
Mönchsband 152
Moholy-Nagy, László (1895–1946) *9*
Mohr, Arno (geb. 1910) 270
Monogrammisten 38, 258
Monotype 127, 140, 322
Monte Cassino 272
Montenay, Georgette de (geb. 1540) 166
Montfaucon, Bernard de (1655–1741) 278, *279*
Monumenta Germaniae Historica 278
Moon, William (1818–1894) 58
Moralische Wochenschriften 356
Moreau le jeune, Jean Michel (1741–1814) 350
Moreelse, Paulus (1571–1638) *135*
Moreu, René *308*
Morier, James Justinian (1780 bis 1849) 94
Morison, Stanley (1889–1967) 321
Morris, William (1834–1896) 17, 85, 97, 130, 162, 321, 322, 342
Moskau 140
Müller, Adam (16. Jh.) *161*
Müller, Georg (1877–1917) 99
Müller, Heinrich (1765–1833) *243*
Müllner, Paul (Ende 14./Anfang 15. Jh.) *68*
München 96, 268, 298
Münchener Bilderbogen 53, *55*
Münter, Friedrich (1761–1830) 239
Münzer, Adolf (1870–1952) *356*
Muhammad (ca. 570–632) 205, 253, 322
Munch, Edward (1863–1944) 217
Murray 305
Musée du Livre 119
Musenalmanach 12
Museum für Kunstgewerbe, Frankfurt a. Main 336
Musikalien 50, 275
Musiknotendruck 61, /273/, *273–275*

Nachdruck 139, 177, /276/
Nachlaß s. Autograph

Nashe, Thomas (1567–1601) *88*
Nastalik 324
Nationalbibliographien 41
Nationalschriften 193, 239, 272
Nationalzeitung 359
Naumann, Hermann (geb. 1930) 270
Naumann, Johann Andreas (1744–1826) 94
Naumann, Johann Friedrich (1780–1857) 94
Nazarener 39
Neruda, Pablo (d. i. Neftalí Ricardo Reyes Basoalto) (1904–1973) *217*
Neudörffer, Johann (1497–1563) 187, 314, 319
Neudruck 18, 47, /276/
Neudrucke deutscher Literaturwerke des 16. und 17. Jahrhunderts 276
Neue Preußische (Kreuz-) Zeitung 359
Neue Rheinische Zeitung 359, *330*
Neue Sachlichkeit 101
Neue Sezession 130
Neue Zeitungen von Gelehrten Sachen 355
Neues Leben (Verlag) 76
Neues Testament 32, 33, 107, 188, 216
Neuffer, Christian Ludwig (1769–1839) 13
Neuland 17
Neuruppiner Bilderbogen 53, *56*
Nibelungenlied 200
Nicolai, Arnold (16. Jh.) 166
Nicolai, Friedrich (1733–1811) 356
Niebuhr, Carsten (1733–1815) 239
Niederlande 33, 83, 112, 168, 258, 303, 314, 363
Nieritz, Gustav (1795–1876) 238
Ninive 47, 239
Nodier, Charles (1780–1844) 160
Nonesuch Press 296
Normalschrift (kaishu) *209, 324, 325*
Northumbrien 114, *194*
Noten 190, 267, 268, 273
Notke, Bernt (1440–1509) 215
Nowgorod 199
Nürnberg 53, 62, 68, 83, 134, 139, 140, 182, 215, 229, 235, 236, 282, 314, 333, *62, 68, 142*

Oberländer, Adolf (1845–1923) 246
OCR 322
Odyssee *220*
Öldruck 268

Oeser, Adam Friedrich (1717 bis 1799) 129
Österreich 318, 322
Österreichische Exlibris-Gesellschaft 173
Österreichische Nationalbibliothek 42, 48, 49, 163, 173, 184, 234
Oettingen-Wallersteinsche Bibliothek 52
Officina Bodoni 298
Officina Serpentis 298, *297*
Offsetdruck 139, 146, 267, 270, 276
Olearius, Adam (1599–1671) 291, *290*
Olivier, Friedrich (1791–1859) 39
Opitz, Martin (1597–1639) 291
Opiz, Georg Emanuel (1775–1841) *79*
Orientalia 50
orientalische Handschriften s. Handschriften, orientalische
Orlik, Emil (1870–1932) 100, 303
Ornamentik 82, 101, 106, 107, 112, 114, 131, 170, 178, 207, 233, 255, 314, *159*
Ortelius, Abraham (1527–1598) 23
Orwell, George (1903–1950) 133
Osianderbibel 39
ostasiatische Handschriften s. Handschriften, ostasiatische
ostasiatische Schriftkunst s. Schriftkunst, ostasiatische
Ostasien 317
Ostrakon 31, *30*
Ostrog *143, 176*
Ostwald's Klassiker der exakten Wissenschaften 276
Ottheinrich, Pfalzgraf bei Rhein (1502–1559) 160
Otto I., römischer Kaiser und deutscher König (912–973) 106
ottonische Buchmalerei 106
Outcault, Richard Felton (geb. 1863) 57
Overbeck, Friedrich (1789–1869) 39
Oxford *77*

Padeloupe le jeune, Antoine Michel (1685–1758) 160
Paläographie 192, /278/, *279*
Palastmuseum Peking (Beijing) 210
Palatino, Giovanbatista (16. Jh.) *311*
Palimpsest /280/, *280*
Palm, Johann Philipp (1766–1806) 183, 363
Pamphlet 64, 178

Pan (Zeitschrift) 86, 98, 130, 269, 358, *125*

Panckoucke, Charles Louis Fleury (1780–1840) 94

Pankok, Otto (1893–1966) 217, *127*

Pannartz, Arnold (15. Jh.) 16, 296

Panzer, Georg Wolfgang (1729 bis 1804) *43*

Paperback 65, 340

Papier 31, 65, 133, 134, 192, 201, 206, 208, 213, 229, /281/, 352, *91, 132–134, 281–286, 352–354*

Papierformat 186, 286, *281*

Papyrus 31, 47, 101, 121, 192, 211, 252, 281, /286/, 287, *286*

Papyrus Ebers 287, 305, *286*

Papyrus Prisse 287

Paris 77, 112, 189, 229, 275, 287, *142*

Pars, Adrian (1641–1719) 44, *42*

Pasquill, Pasquinus 178, 181

Der Patriot (Zeitschrift) 356

Pausanias (2. Jh.) 305

Payne, Roger (1739–1797) 161

Pencz, Georg (um 1500–1550) 170, 258, *63*

Penguin Book *307, 328*

Penny Magazine 85

Pentateuch 340

Penzel, Johann Georg (1754–1809) 12

Pergament 31, 192, 201, 229, 252, 281, /287/, 304, 340, *31*

Pergamon 287

Perikopen 106

Peringer, D. (16. Jh.) *180*

Perkins, Jakob (1766–1849) 332

Persien (Iran) 141, 206, *116, 117, 205–207, 256, 257*

Persisch 140, 324

persische Literatur 117

Personalschriften 16, 66, /287/, *288–293*

Perthes, Friedrich (1772–1843) 78

Peter I., der Große (1672–1725) 314, *322*

Peter-Jessen-Schrift *147*

Petrarca, Francesco (1304–1374) 46, 215

Petrarca-Schrift s. Gotico-Antiqua

Petrucci, Ottaviano dei (1466 bis 1539) 273, *273*

Petrus Comestor (gest. 1179) 38

Pfeffel, Konrad (1736–1809) 13

Pfennig-Magazin 357

Pfister, Albrecht (gest. 1464) 138, 216, 233

Pflanzmann, Jodocus (geb. 1430) 38

Philipp der Kühne, Herzog von Burgund (1342–1404) 112

Philobiblon (Zeitschrift) 46

Philosophical Transactions (Zeitschrift) 355

Philothekon s. Stammbuch

Phiz s. Browne, Knight Hablot

Phöniker 318

Pi Scheng (11. Jh.) 139

Picart, Bernard (1673–1733) 91, *83*

Picasso, Pablo (1881–1973) 303

Pickering, William (1796–1854) 294

Pilote (Zeitschrift) 58

Piranesi, Giovanni Battista (1720–1778) 303

Pirckheimer, Willibald (1470 bis 1530) 46

Pirckheimer-Gesellschaft 46, 173

Pisan, Héliodore Joseph (1822–1890) *219*

Pissarro, Lucien (1863–1944) 85, 296

Pixérécourt, Guilbert de (1773 bis 1844) *28*

Placcius, Vincentius (1642–1699) *300*

Plakat 178, 268

Plantin, Christoph (um 1520–1589) 23, 122, 287

Plantin-Moretus-Museum 119

Plateau, Joseph (1801–1883) 57

Plattendruck 210, 273, 275, *275*

Pleščev, Semen Fedorovič (Ende 17. Jh.) *313*

Pleydenwurff (Pleidenwurff), Wilhelm (vermutl. 1462–1494) 215, 233

Pluquit (Antiquariat) 28

Pocci, Franz Graf (1807–1876) 245, *248*

Poeschel, Carl Ernst (1874–1944) 99, 296, 297, 342

Poeschel & Trepte (Druckerei) 99, 101, 298, 342, 345

Poesiealbum 334

Pohl, Norbert (geb. 1935) 270

Polameri, Seppo *308*

Polen 200

Poliphilus-Antiqua *233*

Polunbi-Katalog 363

Polyglottenbibel s. Bibel, Bibeldruck

Popov, Nikolaj (geb. 1938) *250*

Pornographie 167, 363

Porträt 50

Portugal 140

Porzelius, Elias *282*

Post, Herbert (1903–1978) 17, 298

Post-Antiqua 17

Prachtwerk 97, 247

Prag 52, 112

Preczang, Ernst (1870–1949) 75

Preetorius, Emil (1883–1973) 86, 99, 100

Prenonym 299

Pressendruck 47, 96, /293/, 294, 304

Privatdruck 16, /293/, 304, 363

Privatpressen 99, 130, 293, /294/, *295–297*

Prognostika 180

Prokosch, Frederic (geb. 1908) 127

Provenienz 16, 160, 193, /299/, 347

Psalmen 188, 190

Psalter 33, 106–112, 141, 188, *194, 253*

Pseudandronym 299

Pseudonym 176, /299/, 363, *300, 301*

Ptolemäus (um 90– um 160) 23

Pucelle, Jean (14. Jh.) 112

Pufendorf, Samuel (1632–1694) 299

Punziermaschine 59

Purgold, P. (gest. 1830) 161

Quedlinburger Italafragmente 33

Quentell, Heinrich (gest. 1501) 38, 233

Raabe, Wilhelm (1831–1910) 53

Rabelais, François (um 1494–1553) 85

Rabulas-Kodex 33, 101, 113

Radierung 12, 39, 122, 145, 170, 178, 226, 258, 269, /302/, *302, 303*

Raffael (1483–1520) 258

Raffet, Auguste (1804–1860) 268

Raimondi, Marcantonio (ca. 1480–1534) 258

Ramberg, Johann Heinrich (1763–1840) 12, *242*

Ramsch 20, /304/, 349

Ranke 122, 131, 223

Ranke, Leopold von (1795–1886) 50

Rara /304/, 348

Ratdolt, Erhart (1447–1527/28) 223, 233, *228*

Ratio-Presse 298

Raubdruck 276

Ravensburg 282

Rechtsbuch 111

Reclam, Philipp (1807–1896) 350

Reclams Universalbibliothek 317, 339

Rediger, Thomas (1546–1576) *27*

Regelschrift 325

Regensburg 106, 109, 198, 236
Regiomontanus, Johannes
  (1436–1476) 235, 294, *236*
Regula Sancti Benedicti 252
Reiberdruckverfahren 60
Reich, Philipp Erasmus (1717 bis
  1787) *80*
Reichenau 199
Reichsdruckerei 100
Reims 106, 198
Reiner, Imre (1900–1987) 218
Reiseführer 233, /305/
Rembrandt, Harmensz. van Rijn
  (1606–1669) 303
Renaissance 122, 129, 160, 164,
  233, 239
Renaissance-Antiqua 17
Renaissance-Kursiv *311*
Renner, Paul (1878–1956) 99, 101
Repertorium s. Bibliographien und
  Kataloge
Reprint 276, /305/
Reproduktion 175
Reproduktionslithographie
  s. Lithographie
Reproduktionstechnik 218, 333
Restaurierung s. Buchrestaurierung
Rethel, Alfred (1816–1859) 85, *84*
Reuchlin, Johann (1455–1522) 46
Rheinischer Merkur 359
Rhys, Ernest (1859–1946) 130
Richenbach, Johann (15. Jh.) *158*
Richter, Friedrich Ludwig
  (1803–1884) 85, 130, 218, 238,
  245, 333, *85, 246*
Richter, Jean Paul Friedrich
  (1763–1825) 13, 86, 301
Ricketts, Charles (1866–1931) 85,
  86, 296
Riepenhausen, Ernst Ludwig
  (1765–1840) 12
Ries, Adam (um 1492–1559) 319
Ringelnatz, Joachim (1883–1934)
  88
Ritzsch, Timotheus (1614–1678)
  359
Rixdorfer Drucke 299
Robert, Nicolas-Louis (1761–1828)
  283, *286*
Robertus de Remigio (15. Jh.) 216
Rockner, Vinzenz (Anfang 16. Jh.)
  187
Röder, Carl Gottlieb (Druckerei)
  275
Rösel von Rosenhof, August
  (1705–1759) 94
Rössing, Karl (1897-1987) 100,
  218, *220*
Rohse, Otto (geb. 1925) 298

Rokoko 53, 83, 90, 170, 258, 350
Rollenhagen, Georg (1542–1609)
  164
Rom 199, 229, 287
Romain du Roi 17
Romanik 107
Romm, Witwe und Gebrüder,
  Wilna 339
Rops, Félicien (1833–1898) 303
Rosenberg, Johann Carl Wilhelm
  (1737–1809) *78*
Rosenthal, Jacques (Antiquariat)
  45
Rossano-Kodex s. Codex Rossa-
  nensis
Roßberg (Druckerei) 345
ROSTA-Fenster 57
Rostocker Atlas 23
Rotationsdruck 336
Rothschild, Carl von (1820–1886)
  49
Rotunda 186
Rousseau, Jean-Jacques (1712 bis
  1778) 190, 242
Roville, Guillaume (1518–1559)
  166
Rowlandson, Thomas (1756–1827)
  25
Roxburghe-Club 25, 46, 66
Rubens, Peter Paul (1577–1640)
  39, 83, 129, 258, *82, 124*
Rubrica 253, 286, /305/
Rubrizieren s. Rubrica
Rudolf II., deutscher Kaiser
  (1552–1612) 112
Rudolfinische Drucke 298
Rütten & Loening (Verlag) 76
Ruge, Arnold (1803–1880) 358
Rumjancev, Nikolaj Petrovič
  (1754–1826) 278
runde Schriften 146
Rundgotisch 146, 186
Runen 318
Runge, Philipp Otto (1777–1810)
  66
Rupprecht-Presse 99, 298, 342
Russisch-Deutsches Volksblatt 359
Russische Antiqua *150*
Russische Gesellschaft der Bücher-
  freunde 46
Rußland 57, 140, 193, 278, 314, 363
  s. auch Sowjetunion
Rysselberghe, Théo van (1862 bis
  1926) *128*

Saalbibliothek 48, 49
Sabon, Jakob (um 1535–1580) 122
Sachs, Hans (1494–1576) 53, 62,
  63, 71, 282

Sächsische Landesbibliothek 121,
  163, 251
Saint Albans 107, 235
Saint Denis 188
Saint Sever 107
Sakramentar 271
Salmin (Druckerei) 252
Salomon, Bernard (ca. 1506 bis
  ca. 1561) 122, 166
Saloniki 141
Salzburg 109
Salzmann, Christian Gotthilf
  (1744–1811) 242
Samarkand 281
Sambucus, Johannes (1531–1584)
  166
Sammelband 20, /306/
Sammelwerk 355
Sammler/Sammlung 27–29, 46, 47,
  50, 175, 193, 203, 208, 294, 348
Sammlung Göschen 317
Sandrart, Joachim von (d. Ä.)
  (1606–1688) 39, 89
Sankt Emmeran 47, 151
Sankt Gallen 47, 199, 281
Sankt Omer 107
Sattler, Joseph (1867–1931) 98, 100
Satzzeichen 122
Saubert, Johannes (1592–1646) 227
The Savoy (Zeitschrift) 130
Schadow, Gottfried (1764–1850)
  268
Schäffer, Jacob Christian (1718 bis
  1790) 90, *91*
Schäuffelin, Hans Leonhard (um
  1480–1550) 82
Scharteke 306
Schauplatz der Künste und Hand-
  werke 317
Schedel, Hartmann (1440–1514)
  215, 233, *232*
Schertz- und Ernsthaffte … Ge-
  dancken … (Zeitschrift) 355
Scheuchzer, Johann Jakob
  (1672–1733) 90, *39*
Scheurich, Paul (1883–1945) 100
Schiller, Friedrich von (1759–1805)
  13, 190, 356, *85*
Schiller, Georg *127*
Schiller, Walter (geb. 1920) *329,
  345*
Schinkel, Karl Friedrich (1781 bis
  1841) 268
Schlegel, Gebrüder 13, 356
Schlußschrift s. Kolophon
Schlußstück 122
Schmid, Christoph von (1768 bis
  1854) 244
Schmöker /306/

Schmutztitel 187, /306/, 341
Schnack, Friedrich (1888–1977) 127
Schneider, Reinhold (1903–1958) 193
Schneidler, F. H. Ernst (1882 bis 1956) 100, 224, 298, 322, *343*
Schnellpresse 140
Schnepfenthal 242
Schnitzler, Arthur (1862–1931) 363
Schnorr von Carolsfeld, Julius (1794–1872) 39
Schocken, Salman (1877–1959) 28
Schöffer, Peter (ca. 1420/30–1502) 141, 231, 234, 294, *253, 341*
Schön- und Widerdruck 307, *138*
Schön- und Widerdruckmaschine 140
Schönheit des Buches 76, /306/, *307–310*
Schönsperger, Johann (gest. 1520) 66, 187, *82, 90, 123*
Schönste Bücher 88, 96, 101, 248, 330
Schongauer, Martin (ca. 1445 bis 1491) 143, 258, *256*
Schopenhauer, Arthur (1788–1860) 50
Schreiber, J. F. (Verlag) 244
Schreiberschule 192, 198, 287
Schreibkalender 236
Schreibmeister /311/, 318, 319, *311–316*
Schreibschrift 186, /317/, 320, 348, *150*
Schreibsklaven 76
Schreibwerkzeug 317
Schrift 30, 342
    s. auch Alphabet
Schriftart 140, 146, 174, 221, 314
Schriftenreihe /317/, 340
Schriftfamilie 150, 320
Schriftgarnitur 150
Schriftgießereien 99, 100, 122, 127, 139, 298, 336, 342, 345
Schriftgrad 150, 237, 307, 346
Schriftkunst 15, 100, 314, /31//
Schriftkunst, europäische /318/, *318–321*
Schriftkunst, islamische /322/, 255, *323*
Schriftkunst, ostasiatische /325/, *208, 209, 324–327*
Schriftrolle 210
    s. auch Buchrolle
Schriftschneider 319, 342
Schröder, Rudolf Alexander (1878–1962) 98, 298, 358
Schubart, Christian Friedrich Daniel (1739–1791) 178

Schuber 11, /327/
Schübler, Johann Jakob (gest. 1741) 48, 89, *51*
Schulatlas 20
Schuman, Robert (1886–1963) 28
Schund und Schmutz 363
Schuster, Horst (geb. 1930) *346*
Schutzumschlag 66, 96, 130, 163, 221, 251, /327/, *328, 329*
Schwabacher 146, 186, 319, 342, *146, 343*
Schwaertzer, Sebaldus (Anfang 18. Jh.) 89
Schwarte 306
Schwartz, Wilhelm (Mitte 17. Jh.) 314
Schweiz 168
Schweizerische Bibliophilen-Gesellschaft 46
Schweizerisches Gutenberg-Museum 119
Schwimmer, Max (1895–1960) 303, *87*
Schwind, Moritz von (1804–1871) 85, 238, *247*
Scriptorien 76, 106
Seddon, John (1644–1700) 314
Seghers, Hercules (1589/90 bis ca. 1638) 303
Seide 210
Selbstverlag 350
Semeca-Missale 110, *104*
Senefelder, Alois (1771–1834) 139, 266, 275
Sensenschmidt, Johannes (gest. 1491) 38, 141, *142*
Serie 317
Shakespeare, William (1564–1616) 130, 190, 297, 298, *129, 309, 344*
Shakespeare & Company (Verlag) 168, 363
Short-title catalogue 42
Sichowsky, Richard von (1911 bis 1975) 298
Siderographie s. Stahlstich
Siegelschrift (zhuanshu) 325, *208, 324, 326*
Signatur s. Bogensignatur
Signet s. Druckermarke
Simier, Germain (gest. nach 1826) 161
Simons, Anna (1871–1951) 224, 298, 322, 342, *295*
Simplicissimus (Zeitschrift) 86, 98, 358
Simrock, Karl (1802–1876) 244
Slevogt, Max (1868–1932) 99, 100, 172, 223, 269, 330
Société des Bibliophiles français 46

Society for Italic Handwriting 322
Söhne, Julius Adolf von (gest. 1616) 358
Solger, Adam Rudolph (1693 bis 1770) 44, 48
Solis, Virgil (1514–1562) 129, 166, 170
Soncino 140
Sonntag, Carl jun. (1884–1930) 100
Sorg, Anton (2. Hälfte 15. Jh.) *231*
Sotheby & Co. 25, *25*
Sowjetunion 150, 235, 322
Sozialistica 64, /330/, *330, 331*
Spamer, Otto (1829–1886) 244
Spamersche Druckerei 100
Spanien 140, 314
Speckter, Otto (1807–1871) 245
Sperling, Karl Wilhelm Heinrich (gest. 1876) 161
Speyer *142*
Spezialatlas 20
Spielkarten 62, 133, 178, 258, *257*
Stadt- und Bezirksbibliothek Magdeburg 251
Stahlstich 12, 85, 139, 145, 146, 170, 192, 303, /332/, *333*
Stammbuch 166, /333/, *334–336*
Stampfer, Simon (1792–1864) 57
Stanhope, Charles (1753–1816) 336
Stargardt, J. A. (Antiquariat) 28, 45
stationarii 77
Stationers' Company 81
Steffen, Karl (19. Jh.) 238
Steglitzer Werkstatt 10, 99, 298, *100*
Steifbroschur 65
Stein, Aurel (1862–1943) 210
Stein von Rosette 212
Steiner-Prag, Hugo (1880–1945) 100, 101
Steinlen, Théophile (1859–1923) 330
Steinschrift *149*
Stempel 71, 151–153, 160, 161, 178, 233, 299, /336/
D. Stempel A.-G. 100, 298
Stereotypie /336/, 339
Stimmer, Tobias (1539–1584) 129, 166
Stöckel, Wolfgang (ca. 1473–1540) 144
Stolberg-Stolbergische Leichenpredigtsammlung 50, 293
Stoy, Peter (17. Jh.) 314
Strack, Hermann Leberecht (1848–1922) 339
Strahov 48
Straßburg 182, 190, 215, 229, 287, *144*
Straßburger Eide 200

Straub, Leonhard (1550–1607) 358
Strawberry Hill Press 294
Stroefer, Theodor (19. Jh.) 97
Stromer, Ulman (2. Hälfte 14. Jh.) 282
Studio (Zeitschrift) 130
Stundenbuch 111, 188, 189, 234, 235, *109, 110, 188*
Der Sturm (Zeitschrift) 358
Stuttgart 298
Style Honoré 112
Subiaco 296
Subskription 74, 266, 336
Sumerer 239
Supralibros 47, 155, 160, 299, *161* s. auch Exlibris
Sutra 210, *208*
Sweynheym, Konrad (gest. 1477) 16, 296
Swift, Jonathan (1667–1745) 85
Syracuse/USA 50

Tafelwerk 46, 94, 191, 192, 278, /338/
Talmud 140, /338/, *338*
Tapete 133
Tarnschrift 332, /339/, *339*
Tarzan 58
Taschenbuch 11, 65, 238, 307, 327, /339/, 357, *307*
Tassin, René Prosper (1677–1777) 278
Tausendundeine Nacht 86, 269
Telingater, Solomon Benediktovič (1903–1969) 322
Teuffenbach, Christoph von (Mitte 16. Jh.) 334
Textur 318, *199*
Textverarbeitung 150
Thannhäuser, Herbert (1898–1963) 322
Theuerdanck 82, 129, 187, 287, *82*
Thienemann, K. (Verlag) 244
Thiersch, Frieda (1889–1947) 100, 298
Thoma, Hans (1839–1924) 100
Thomasius, Christian (1655–1728) 355
Thorarolle /340/
Thou, Jacques Auguste de (1553–1617) 160
Thouvenin, Joseph (1790–1834) 160, 161
Tiefdruck 139, 255, 332
Tieffenbach, Eduard Wilhelm (1883–1948) 298
Tiemann, Walter (1876–1951) 17, 98–101, 130, 145, 187, 224, 296, 297, 342, *145*

Times (Schrift) *149*
Tinius, Johann Georg (1764–1846) 45
Tintenfraß 121
Tipografia della Congregazione de Propaganda Fide 141
Tischbein, Johann Heinrich (1751–1829) *171*
Titel 181, 187, 231, 253, 339, /340/, *341*
Titelbild s. Frontispiz
Titelblatt 20, 83, 122, 127, 135, 144, 187, 221, 229, 235, 258, 336, /340/, 341, 342, 350, *40–43, 52, 75, 86, 99, 100, 128, 129, 164, 180, 251, 290, 303, 309, 310, 331, 333, 338, 341, 355*
Titelei 59, 73, 136, 229, /341/
Titelkupfer 129, 187, *124, 293*
Titelvignette *351*
Töpffer, Rodolphe (1799–1846) 57
Tontafel 47, 239, *30*
Torarolle s. Thorarolle
Tory, Geofroy (1480–1533) 144, *142*
Totenbücher 101
Toulouse-Lautrec, Henri de (1864–1901) 268, 330
Tournes, Jean de (1504–1564) 166
Tours 106
Toustain, Charles-François (1700–1754) 278
Tractat 178
Trajanssäule 318
Trajanus-Presse 298
Tranquebar 319
Trattner, Johann Thomas Edler von (1717–1798) 276, *125*
Traube, Ludwig (1861–1907) 278
Trautz, Georg (1806–1879) 161
Traven, B. (ca. 1890–1969) 75
Traviès, Charles-Joseph (1804 bis 1859) *269*
Les très riches heures 112, 113
Trew, Christoph Jakob (1695 bis 1769) 94, *90*
Trier 106
Trierer Evangeliar 114, *221*
Trimberg, Hugo von (1235–1313) *202*
Troy Type 294
Trump, Georg (1896–1985) 101, 322
Tschechoslowakisches Buchmuseum 119
Tschichold, Jan (1903–1974) 101, 145, 322, 345, *145, 328*
Tschörtner, Hellmuth (1911 bis 1979) 145, *145*

Tucholsky, Kurt (1890–1935) 299
Tübingen *144*
Türkei 141, 206
Türkisch 193, 324
Tunkmarmorpapier *132, 134*
Turfan 210, *208*
Typendruck 210, 273, *273*, *274*
Typographie 10, 15, 47, 65, 97, 100, 101, 139, 221, 231, 262, 294, 314, 319, 341, /342/, *343–346*
Typographische Gesellschaft Leipzig *172*
typographischer Buchschmuck 122
typographisches Maßsystem 139, 150, /346/

Ubbelohde, Otto (1867–1922) 172
Uderzo, Albert (geb. 1927) 58, *59*
Über Land und Meer (Zeitschrift) 375
Uffenbach, Zacharias Conrad von (1683–1734) 48
Uher, Edmond (geb. 1892) 140
Ulfilas-Bibel 318
Ulm 216
Ulrich, Abraham (16. Jh.) 334
Umschlag 65, /347/, *64, 65, 252, 307*
Ungarn 51, 52, 200
Unger, Johann Friedrich (1753–1804) 187, 342
Unger-Fraktur *147*
Unikat 112, 305
Unikum /347/, *347*
Universitätsbibliothek Braunschweig 251
Universitätsbibliothek Jena 121
Universum-Bücherei für Alle 75
Unziale 272, 318, /348/, *320*
Urban, Joseph (1871–1933) 248
Urheberrecht 276
Utrecht-Psalter 106, 188

Vaenius (Veen), Otto van (1556–1629) 166
Vale Press 296
Valéry, Paul (1871–1945) *87*
Vatikan 193
Vehe, Michael (gest. 1539) 190
Velde, Henri van de (1863–1957) 162
Velde, Jan van de (1568–1623) 314
Venedig 83, 141, 229
Ver sacrum (Zeitschrift) 86, 130, *126*
Vérard, Antoine (1450–1519) 189
Verband der Bücherfreunde 76
Vercors (Jean Bruller) (geb. 1902) 299

Verein der Bücherfreunde 75
Vergil, Publius Vergilius Maro
    (70–19 v. u. Z.) 10, 298, *296*
vergriffen /349/
Verhaeren, Émile (1855–1916) *128*
verheftet /349/
Verhoeven, Abraham (Anfang
    17. Jh.) 358
verkleidete Literatur 339
Verlag, Verleger 18, 76–81, 40, 41,
    45, 168, 244, 294, 337, 345,
    /349/, *349*
Verlags-Almanache 13
Verlagskataloge 45, *44*
Verleger s. Verlag
Verlegereinband 11, 66, 71, 131,
    151, 162, 330
Verlegerserie s. Schriftenreihe
Verne, Jules (1828–1905) 191
Die vernünftigen Tadlerinnen
    (Zeitschrift) 356
Die Vernünftler (Zeitschrift) 356
Verona 199, 298
Verovio, Simone (Anfang 17. Jh.)
    274
Versalien 272
Versteigerung s. Auktion
Vesalius, Andreas (1514/15–1564)
    90, 341, *92*
Vignette 122, 178, 287, 341, 342,
    /350/, 359, *44, 351*
Vimperk (Winterberg) 252
Vincente, Don (19. Jh.) 45
Vischer, Friedrich Theodor
    (1807–1887) 301
Vogeler, Heinrich (1872–1942) 86,
    98, 100, 127, 162, 172, 248, *99,
    238, 351*
Voigt, Hans-Henning s. Alastair
Voit, Johann Peter (1747–1811) *241*
Volk und Welt (Verlag) 76
Volkmann, Hans (1860–1927) 248
Volksbücher 82, 229, 236, 241, *73*
Volksschriftenvereine 75
Volksverband der Bücherfreunde
    75
Voltaire, François Marie Arouet de
    (1694–1778) 50, 86, 190
Vorsatzpapier 15
Vorzugsausgabe 24
Vulgata 33
Vyšehrader Kodex 200

Walbaum *148*
Walbaum, Justus Erich
    (1768–1839) 17, 187
Wales 200
Walker, Emery (1851–1933) 294,
    296

Wallau, Heinrich (1852–1925) 97
Walpole, Horace (1717–1797) 294
Walser, Karl (1877–1943) 99, 100,
    269
Wang Xianzhi (344–386) 210
Wang Xizhi (307–365) 210
Wappenbücher 233
Wappenkalender 236
Warschau 51
Wasmuth, Ernst (Verlag) 45, *44*
Wasserzeichen 15, /352/, *352–354*
Wattenbach, Wilhelm (1819–1897)
    278
Weber, C. E. (Schriftgießerei) 345
Weber, Hans von (1872–1924) 98,
    99, 294
Weber, Johann Jakob (1803–1889)
    359
Webmuster-Meister *70*
Wedding, Alex (d. i. Grete Weis-
    kopf) (1905–1966) 248
Weiditz, Hans (um 1500–1536) 217
Weidlich, Jakob (16. Jh.) 160
Weigand'sche Buchhandlung *144*
Weigel, Christoph (1654–1725) *77*
Weigel, Johann August Gottlob
    (1773–1846) 25
Weimar 48, 298
Weingarten 109
Weischner, Lukas (16. Jh.) 160
Weisheitssutra 210
Weiß, Emil Rudolf (1875–1942)
    98, 100, 322, 330, 342, *125*
Weiß, Karl-Theodor (1872–1945)
    353
Weiß-Antiqua *149*
Weiß-Kursiv *149*
Weiße, Christian Felix (1726–1804)
    242
Weißkunig 82
Weisz, Josef (1894–1969) 298
Weller, Emil (1823–1886) 178
Wenssler, Michael (15. Jh.) *142*
Wenzel (Vaclav) IV., König von
    Böhmen (1378–1419) 112
Wenzelbibel 112, *107*
Werbung 129, 320
Werkschrift 146
Wessobrunner Gebet 239
Wetherhan, Johannes (15. Jh.) *70*
Whistler, James MacNeill
    (1834–1903) 303
Whittingham, Charles (1767–1840)
    294
Wickram, Jörg (um 1505–ca. 1560)
    241
Widmung s. Dedikation
Wiegand, Willy (1884–1961) 99,
    298

Wiegendruck s. Inkunabel
Wieland, Christoph Martin
    (1733–1813) 356
Wiemeler, Ignatz (1895–1952) 100,
    162
Wien 48, 275, *48, 52*
Wiener Bibliophilen-Gesellschaft
    46
Wiener Genesis 33, 101, 113, 200
Wiens, Paul (1922–1982) 193
Wilde, Oscar (1854–1900) 86, 130
Wilkes, John (1727–1797) 294
Willehalm 112
Willibrord-Evangeliar 114
Winchester 106
Winckelmann (Verlag) 244
Winterberg s. Vimperk
Wirffel, Joerg (2. Hälfte 15. Jh.) *70*
Wirth, Johann Georg August
    (1798–1848) 359
Wissenschaftliche Buchgesellschaft
    75
Wittenberg 160, 333, *161, 179*
Wittmann, Charles (19. Jh.) *19*
Wöchentliche Hallische Anzeigen
    359
Woeiriot (Voiriat), Pierre
    (1531/32– ca. 1596) 166
Wolde, Ludwig (1884–1949) 99,
    298
Wolfenbüttel 48, 50, 293
Wolff (Firma) 182
Wolff, Kurt (1887–1963) 99, 298
Wolfram von Eschenbach (um
    1170– um 1220) 112
Wolgast, Heinrich (1860–1920) 247
Wolgemut, Michael (1434–1519)
    215, 233
Wonnecke von Caub, Johann (gest.
    1523/24) 91, *89*
Woudanus, Jan Corneliusz van't
    (um 1570–1615) *50*
Wrocław (Breslau) 51
Wüsten, Johannes (1896–1943) 260
Wyss, Urban (gest. 1561) 319

xylographischer Druck s. Holzta-
    feldruck

Yale-Universität 50
Yarrow 114
Yciar, Juan de (geb. 1525) 314, *328*
The Yellow Book (Zeitschrift) 130
Yunosuke, Mishima 88, *84*

Zachariae, Friedrich Wilhelm
    (1726–1777) 337
Zainer, Günter (gest. 1478) 38, 235,
    294

Zainer, Johann (1472–1523) 233, 294

Zanetti, Antonio Maria (1680 bis 1757) *216*

Zapf, Hermann (geb. 1918) 322

Zech, Paul (1881–1946) 53

Zedler, Johann Heinrich (1706 bis 1763) 263, *264, 265*

Zeiller, Martin (1589–1661) 305

Zeitler, Julius (1874–1943) 345

Zeitschrift 57, 86, 96, 98, 130, 268, 269, 333, /355/, *355–357*

Zeitschrift für Bücherfreunde 46, 98, *357*

Zeitung 50, 140, 178, 270, 306, 355, /358/

Zensur 16, 50, 140, 177, 183, 190, 221, 238, 264, 357, 359, *360–362*

Zentralbibliothek der deutschen Klassik, Weimar 336

Zentralkatalog der Literatur zur Geschichte des Sozialismus und der Arbeiterbewegung 332

Zetkin, Clara (1857–1933) 248

Zettl, Baldwin (geb. 1943) 260, *260*

Zeugdruck 62

Zhang Xu 326

Zieralphabet *14, 15*

Ziffern, arabische 319

Zimelie /364/

Zobeltitz, Fedor von (1857–1934) 46

Zola, Émile (1840–1902) 75

Zschokke-Verein 75

Zürich *143*

Zweig, Stefan (1881–1942) 28

Zwergverlag 350

Zwickauer Verein zur Verbreitung guter und wohlfeiler Volksschriften 75

Zwiebelfisch 99

Zwitterdruck 136